國家出版基金項目
NATIONAL PUBLICATION FOUNDATION

顧頡剛全集

顧頡剛古史論文集

卷十一

中華書局

卷十一目録

周易卦爻辭中的故事[*]

周易這部書，用了漢以後人的眼光來看它，真是最古的而且和"道統"最有深切關係的了。爲什麼？因爲他們説，演卦的是伏羲，重卦的是神農（也有人説是伏羲，也有人説是文王），作卦辭、爻辭的是文王（也有人説是周公，也有人説是孔子），作象傳、象傳等的是孔子：所有的經和傳都出於聖人的親手之筆，比了始於唐、虞的尚書還要古，比了"三聖傳授心法"的堯典和禹謨還要神聖。

倘若我們問起他們的證據來，他們便可指了繫辭傳的話而作答，説：

> 古者包犧氏之王天下也，仰則觀象於天，俯則觀法於地……於是始作八卦以通神明之德，以類萬物之情。

這是伏羲畫卦的證據。又：

> 包犧氏没，神農氏作，斲木爲耜，揉木爲耒，耒耨之利以教天下，蓋取諸益。

---

* 原載燕京學報第六期，1929 年 12 月；又 1930 年 11 月修改，載古史辨第三册。

這是神農重卦的證據。因爲益的卦文爲☳☴，是震和巽兩卦叠起來的，如果神農不重卦，他就不能取了益的卦象而作耒耜了。又：

> 易之興也，其當殷之末世，周之盛德邪？當文王與紂之事邪？是故其辭危。

這是文王作卦辭和爻辭的證據。因爲繫辭傳中説到包犧、神農、黄帝、堯、舜，只説他們觀了易象而制器，没有提着易辭；這裏既稱"文王與紂之事"，又云"其辭危"，可見卦爻辭定是文王所作的了。又：

> "初六，藉用白茅，无咎。"子曰："苟錯諸地而可矣，藉之用茅，何咎之有！慎之至也。"
>
> "不出户庭，无咎。"子曰："亂之所生也，則言語以爲階……是以君子慎密而不出也。"

這是孔子作彖傳、象傳等等的證據。因爲論語裏邊稱孔子曰"子"，稱他的話爲"子曰"，這裏記載相同，可見繫辭傳是孔子的話而門弟子筆記的；至於彖傳、象傳不稱"子曰"，則直是孔子手作的。

其他，説伏羲重卦的，其證據在周禮的"外史氏掌三皇五帝之書"和繫辭傳説的聖人作書契取象於夬；蓋伏羲爲三皇之一而已有書，足徵他已經取象於重卦的夬了。（孔穎達説。其實他不必這樣的轉彎抹角，淮南子要略篇已明言"伏羲爲之六十四變"了。）説文王重卦的，其證據在史記周本紀的"西伯……囚羑里，蓋益易之八卦爲六十四卦"。説周公作卦爻辭的，其證據在左傳昭二年，晉韓起來聘，觀書於太史氏，見了易象與魯春秋，曰："周禮盡在魯矣！"因周禮爲周公所制，故易象所繫之卦爻辭應爲周公所作。説孔子作卦爻辭的，其證據在史記周本紀、日者傳，法言問神篇，漢書藝文志、揚雄傳，論衡對作篇等都説文王重卦，沒有説他作卦爻辭，而藝文志所説的"人更三聖"，韋昭注以爲伏羲、文王、孔子；既伏羲只畫卦，文王只重卦，則卦爻辭自然是孔子所作的了。（康有爲説，見孔子改制考卷十。）

此外，又有説卦辭爲文王作，爻辭爲周公作的。他們以爲繫辭傳中既説"當文王與紂之事邪，是故其辭危"，文王之有辭自無疑義：但升的爻辭言"王用亨于岐山"，武王克殷之後始追號文王爲王；明夷的爻辭言"箕子之明夷"，武王觀兵之後箕子始被囚奴：文王都不應豫言。左傳中既於易象言"周公之德"，則爻辭當是周公作的，文王僅有卦辭而已。（繫辭傳言"作易者其有憂患乎"，文王囚羑里固爲憂患，周公被流言之謗亦得爲憂患。前人所以只言"三聖"，不數周公者，蓋以父統子業之故。）這是調停繫辭傳與爻辭内容衝突的一種解釋。（詳見周易正義卷首，孔穎達引馬融、陸績等説。）

以上許多理由，從我們看來，直如築室沙上。他們所根據的只有繫辭傳、左傳、史記、漢書等幾部戰國、秦、漢間的書。他們用了戰國、秦、漢間的材料，造起一座從三皇直到孔子的易學系統。不幸戰國、秦、漢間人的説話是最沒有客觀的標準的，愛怎麽説就怎麽説，所以大家在這種書裏找尋著作周易的證據，説來説去總不免似是而非；除了伏羲畫卦和孔子作易傳而外，聚訟到今天，還都是不能解決的問題。其實，就是伏羲畫卦和孔子作易傳的話，從我們看來，也何曾有堅强的根據。神農，已是起得够後的了，他到了戰國之末方始在古帝王中佔得一個位置；伏羲之起，更在其後，簡直是到了漢初纔成立的：當初畫卦和重卦的時候，他們這些人連胚胎都够不上，更不要説出生了。此事説來話長，當另作三皇五帝考一文論之。至孔子作易傳，繫辭傳中似乎有一段很好的話足以證明：

子曰："顏氏之子其殆庶幾乎？有不善，未嘗不知；知之，未嘗復行也。易曰：'不遠復，无祇悔，元吉。'"

這裏所謂"顏氏之子其殆庶幾乎"，即論語先進篇中的"回也其庶乎"；這裏所謂"有不善，……未嘗復行"，即論語雍也篇中的"有顏回者好學，不遷怒，不貳過"。繫辭傳的話和論語所云這樣地密合，足見"子曰"的"子"實是孔子。但是，我們倘使懂得了戰國、秦、漢間的攀附名人的癖性和他們說話中稱引古人的方式，就可以知道這是易學家拉攏孔子的一種手段。禮記裏、莊子裏這類的話正多着呢。如果不信，那麼，孔子既經引了復卦的爻辭來贊美顏淵，爲什麼論語裏卻沒有這一句？就使退一步，承認繫辭傳裏的"子曰"確是孔子的話，也不能即此證明彖傳和象傳等是孔子所作。爲什麼？因爲象傳等的著作，孔子自己沒有說，孔子的門弟子也沒有說，連繫辭傳也還沒有說。

這種事情的問題還不大；一部周易的關鍵全在卦辭和爻辭上：沒有它們就是有了聖王畫卦和重卦也生不出多大的意義，沒有它們就是生了素王也做不成易傳。所以卦爻辭是周易的中心。而古今來聚訟不決的也莫過於卦爻辭。究竟這兩種東西（也許是一種東西）是文王作的呢？是周公作的呢？是孔子作的呢？這是很應當研究的問題，因爲我們必須弄清楚了它的著作時代，纔可抽出它裏邊的材料（如政治、風俗、思想、言語……）作爲各種的研究。

甲　積極方面

現在，我先把卦爻辭中的故事抽出來，看這裏邊說的故事是哪幾件，從何時起，至何時止，有了這個根據再試把它的著作時代估計一下。因爲凡是占卜時引用的故事總是在這個時代中很流行的，一說出來大家都知道的。例如現在的籤訣，紙條上端往往寫着"伍子胥吳市吹簫"、"姜太公八十遇文王"、"韓信登壇拜將"、"關雲長秉燭達旦"……的故事，就因爲這些故事是習熟於現在人的口耳之間的，只要説了這件故事的名目便立刻可以想出它的涵義。但也有不直稱一件故事的名目而就敘述這件故事的内容的，例如牙牌數中的一條説：

三戰三北君莫羞，一匡天下霸諸侯。
若經溝壑殉小節，蓋世功名盡射鈎。

我們如果不讀左傳和論語或列國志，便不能明白它説的曹沫和管仲的故事。周易的卦爻辭的性質既等於現在的籤訣，其中也難免有這些隱語。很不幸的，古史失傳得太多了，這書裏引用的故事只有寫出人名地名的我們還可以尋求它的意義；至於隸事隱約的則直無從猜測了。所以我做這個工作決不能做得完滿，我只想從這些故事裏推出一點它的著作時代的古史觀念；借了這一星的引路的微光，更把它和後來人加上的一套故事比較，來看明白後來人的古史觀念。這兩種觀念一分明，周易各部分的著作人問題也許可以算解決一半了。

一　王亥喪牛羊于有易的故事

喪羊于易，无悔。（大壯六五爻辭）
鳥焚其巢，旅人先笑後號咷，喪牛于易，凶。（旅上九爻辭）

這兩條爻辭，從來的易學大師不曾懂得，因爲周易成爲聖經的時候這件故事已經衰微了，不能使人注意了。象傳於大壯説："喪羊于易，位不當也"，雖很空洞，還過得去；於旅説："喪牛于易，終莫之聞也"，説得含糊得很，實使人索解不得。王弼注云："以旅處上，衆所同嫉，故喪牛於易，不在於難"，這是把"易"字當作"輕易"講的。朱熹注云："'易'，容易之易，言忽然不覺其亡也；或作'疆埸'之'埸'，亦通，漢書食貨志'埸'作'易'"，則他雖維持王説，也疑其是地方了。

自從甲骨卜辭出土之後，經王靜安先生的研究，發見了商的先祖王亥和王恒，都是已在漢以來的史書裏失傳了的。他加以考核，竟在楚辭、山海經、竹書紀年中尋出他們的事實來，於是這個久已失傳的故事又復顯現於世。今把這三種書裏的文字鈔録在下面：

> 王亥託於有易、河伯僕牛。有易殺王亥，取僕牛。（山海經大荒東經）
>
> 殷王子亥賓於有易，而淫焉，有易之君綿臣殺而放之。是故殷主甲微假師於河伯以伐有易，滅之，遂殺其君綿臣也。（郭璞山海經注引真本竹書紀年）
>
> 該秉季德，厥父是臧；胡終弊於有扈，牧夫牛羊？干協時舞，何以懷之？平脅曼膚，何以肥之？有扈牧豎，云何而逢？擊牀先出，其命何從？恒秉季德，焉得夫朴牛？何往營班禄，不但還來？昏微遵跡，有狄不寧，何繁鳥萃棘，負子肆情？……（楚辭天問）

靜安先生謂天問中的"有扈"乃"有易"之誤，因爲後人多見有扈，少見有易，又同是夏時事，所以改寫的。又謂"有狄"亦即"有易"，古時"狄""易"二字本來互相通假，其證甚多。於是斷之曰：

此十二韻以大荒東經及郭注所引竹書參證之，實紀王亥、王恒及上甲微三世之事。……"狄""易"二字不知孰正孰借，其國當在大河之北，或在易水左右。蓋商之先自冥治河，王亥遷殷（顧剛按：此用今本紀年説），已由商丘越大河而北，故游牧於有易高爽之地。服牛之利（顧剛按：吕氏春秋勿躬篇云："王冰作服牛。"靜安先生謂篆文"冰"作"仌"，與"亥"相似，"王冰"亦"王亥"之誤）即發見於此。有易之人乃殺王亥，取服牛，所謂"胡終弊於有扈，牧夫牛羊"者也。其云"有扈牧豎，云何而逢？擊牀先出，其命何從"者，似記王亥被殺之事。其云"恒秉季德，焉得夫朴牛"者，恒蓋該弟，與該同秉季德，復得該所失服牛也。所云"昏微遵跡，有狄不寧"者，謂上甲微能率循其先人之跡，有易與之有殺父之讐，故爲之不寧也。……（殷卜辭中所見先公先王考）

有了這一段説明，於是這個久被人們忘卻的故事便從向來給人看作荒唐的古書裏鈎稽出來了，這真是一個重大的發見！

既經明白了這件事情的大概，再來看大壯和旅的爻辭，就很清楚了。這裏所説的"易"，便是有易。這裏所説的"旅人"，便是託於有易的王亥。這裏所説的"喪羊"和"喪牛"，便是"胡終弊於有扈，牧夫牛羊"，也即是"有易殺王亥，取僕牛"。這裏所説的"鳥焚其巢，旅人先笑後號咷"，便是"干協時舞，何以懷之？平脅曼膚，何以肥之？有扈牧豎，云何而逢？擊牀先出，其命何從？"也即是"殷王子亥賓於有易而淫焉，有易之君緜臣殺而放之"。想來他初到有易的時候曾經過着很安樂的日子，後來家破人亡，一齊失掉了，所以爻辭中有"先笑後號咷"的話。如果爻辭的作者加上"无悔"和"凶"對於本項故事爲有意義的，那麽可以説，王亥在喪羊時尚無大損失，直到喪牛時纔碰着危險。這是足以貢獻於靜安先生的。（民國十五年十二月在廈門草此文，甚快，欲質正靜安先生，旋以校中發生風潮，生活不安而罷。今日重寫，靜安先生之墓已宿草矣，請益無由，思之悲歎。）

還有一件事情應當注意的。呂氏春秋説"王氷作服牛"，世本作篇説"胲作服牛"，大荒東經説"王亥託於有易、河伯僕牛"，天問説"焉得夫朴牛"，靜安先生已證明"王氷"與"胲"之即王亥，"僕牛"與"朴牛"之即服牛，而云：

> 蓋夏初奚仲作車，或尚以人挽之。至相土作乘馬（頡剛案：此與奚仲作車俱見世本作篇），王亥作服牛，而車之用益廣。古之有天下者，其先皆有大功德於天下。……然則王亥祀典之隆（頡剛案：卜辭中祭王亥之牲用三十牛、四十牛，以至三百牛），亦以其爲製作之聖人，非徒以其爲先祖。周、秦間王亥之傳説胥由是起也。（殷卜辭中所見先公先王考）

這個假設很可能：一個人若沒有特別使人紀念的地方便不能成爲傳説中的人物。但他説"周、秦間之傳説胥由是起"，這句話卻有應商量之處。因爲這個傳説從商初起，直到周、秦，經過了一千多年的時間，是無疑義的，不能説至周、秦間纔起來；而且這個傳説傳到了周、秦之間，已成強弩之末了，除了民間的流傳以及偶然從民間微細地流入知識界之外，操着知識界權威的儒、墨、道諸家是完全忘記的了，不理會的了。所以繫辭傳中便説：

> 黃帝、堯、舜垂衣裳而天下治，蓋取諸乾、坤；刳木爲舟，剡木爲楫，舟楫之利以濟不通，……蓋取諸渙；服牛乘馬，引重致遠，以利天下，蓋取諸隨。……

它已把"服牛乘馬"的創作歸到黃帝、堯、舜的名下去了！三國時的宋衷，他注釋世本，見有"胲作服牛"之文，又不敢違背繫辭傳中的話，便注道：“胲，黃帝臣也，能駕牛。”宋羅泌作路史，又因宋衷業已説明胲爲黃帝之臣，便在疏仡紀中寫道：“黃帝……命馬師皇爲牧正，臣胲服牛始駕，而僕躋之御全矣。”倘使靜安先生不作這番爬梳抉剔的工夫，胲是做定黃帝時的人了！他們爲什麼要這樣講？只爲秦、漢以來的人看三皇、五帝之世是制度文物最完全、最美盛的時代，胲的制作之功只有送給那個時代尚可在歷史中佔得一個地位。不然的話，只有直捷痛快地説是黃帝、堯、舜制作的，更輪不到提起胲的名字了。古史系統的伸展使得原有的名人失色，這是一個例子。

就在這一件事情上可以明白，卦爻辭與易傳完全是兩件東西：它們的時代不同，所以它們的思想和故事也都不同；與其貌合神離地拉攏在一塊，還不如讓它們分了家的好。

二　高宗伐鬼方的故事

高宗伐鬼方，三年克之，小人弗用。（既濟九三爻辭）
震用伐鬼方，三年有賞于大國。（未濟九四爻辭）

詩商頌殷武篇説：“昔有成湯，自彼氐、羌，莫敢不來享，莫敢不來王”，可見商的勢力早已遠被西北民族。到高宗時，伐鬼方至三年之久而後克之，可稱是古代的大規模的戰爭，所以作爻辭的人用爲成功的象徵。鬼方之在西北，經靜安先生的考證，可無疑義。大雅蕩篇中借文王的口氣痛斥殷商，其中一事云：“内奰于中國，覃及鬼方”，恐即指此事，因爲到了紂的時候，周室早已興盛，無論商的國力衰微，不容有伐鬼方的事，就算有這力量，也給周國把路綫擋住了。殷高宗伐鬼方，是東方民族壓迫西方民族的一件最大的事，故爲西方民族所痛恨。周國的人替鬼方抱不平，借這個理由來痛罵殷商，即以此故。不料到了後來，周也吃了鬼方的大虧，赫赫的宗周竟給犬戎滅掉了。（犬戎即鬼方之異稱，見靜安先生鬼方昆夷玁狁考。）

今本竹書紀年於武丁三十二年書"伐鬼方，次於荆"，於三十四年書"王師克鬼方，氐、羌來賓"，這是它混合了周易的"三年克之"和商頌殷武的"撻彼殷武，奮伐荆楚，……自彼氐、羌，莫敢不來享"的話而杜撰的。商頌、三家詩皆謂正考父作於宋襄公之世。（史記宋世家云："襄公之時，修仁行義，欲爲盟主，其大夫正考父美之，故追道契、湯、高宗、殷所以興，作商頌。"陳喬樅謂此魯詩説，齊、韓二家並同。）魏源詩古微説："殷武，美襄公之父桓公會齊伐楚也。高宗無伐荆楚事；其克鬼方，乃西戎，非南蠻。"此説甚是。其實今本紀年於伐鬼方事牽涉荆楚固是錯誤，而一定要派在三十二年到三十四年，滿足三年之數，也未免拘泥古人文字。我的意思，以爲殷高宗的"三年克鬼方"，正與殷高宗的"三年諒闇不言"是同樣的約舉之辭，不是確實之數。（關於他諒闇的事，今本紀年也説"元年，王即位"，"三年，夢求傳説，得之"。）試看周易中的數目字，最喜歡用"三"和"十"。説"十"的，如"十年乃字"（屯），"十年不克征"（復），"十年勿用"（頤），"十朋之龜勿克違"（損、益）等。説"三"的更多，如"王三錫命"（師），"王用三驅"（比），"三歲不得"（坎），"三歲不興"（同人），"三歲不覿"（困、豐），"晝日三接"（晉），"革言三就"（革），"三日不食"（明夷），"田獲三狐"（解），"田猶三品"（巽），"婦三歲不孕"（漸），"三人行則損一人"（損），"有不速之客三人來"（需），"或錫之鞶帶，終朝三褫之"（訟）等。可見作卦爻辭的人常以"三"爲較多之數，"十"爲甚多之數。（書中"百"僅兩見，"千""萬"則未一見。）"伐鬼方，三年克之"這句話，未必説是十足打了三年的仗，只不過表明鬼方不易克，費力頗多，費時頗久罷了。

既濟爻辭中的"小人弗用"，不知是對於占卦的人説的話，如觀初爻的"小人无咎"之類呢？還是連着克鬼方説的，如師上爻的

"大君有命：開國承家，小人勿用"之類呢？又未濟爻辭的"有賞于大國"是怎麼一回事呢？均以故事早已失傳，現在無從知道。

三　帝乙歸妹的故事

帝乙歸妹，以祉，元吉。（泰六五爻辭）

帝乙歸妹，其君之袂不如其娣之袂良，月幾望，吉。（歸妹六五爻辭）

"歸妹"，商代嫁女之稱。甲骨卜辭中亦有之，如"乙未，帝妹丅⼣⿰"，"貞妹其至，在二月"。（均見戩壽堂殷虛文字第三十五頁。）王弼易注云："妹，少女也"，這是對的。

帝乙嫁女，嫁到哪裏去呢？這一件事爲什麼會得成爲一種傳說呢？此等問題歷來無人討究，這個故事也早已失傳，除易爻辭外任何地方都看不見了。

但是，我以爲這件事還可從詩大明篇中鈎索出來。大明篇云：

摯仲氏任，自彼殷商，來嫁于周，曰嬪于京。乃及王季，維德之行。太任有身，生此文王。

這是說王季之妃太任是由殷商娶來的，她是文王的母親。又云：

文王初載，天作之合，在洽之陽，在渭之涘。文王嘉止，大邦有子。大邦有子，倪天之妹。文定厥祥，親迎于渭。造舟爲梁，不顯其光。有命自天，命此文王，于周于京。纘女維莘，長子維行；篤生武王。保右命爾，燮伐大商！

這是説的文王娶妻的情形，又説武王之母是莘國之女。(此間雖沒有説出武王之母的名姓，但據思齊篇的"思齊太任，文王之母，……太姒嗣徽音，則百斯男"的話看來，她是名太姒。)關於這段文字，前代學者都看作一件事，以爲莘國之女即大邦之子，爲文王所親迎的。(例如劉向列女傳：云："太姒者，有莘姒氏之女，仁而明道，文王嘉之，親迎於渭，造舟爲梁。")但我覺得這一段裏所記的事並沒有這樣簡單。

其一，它説"大邦有子，俔天之妹"。"俔"，説文云："譬喻也。"這句的意義是説："這個大邦之女髣髴像天的少女一般。"所謂"大邦"是不是指莘國，所謂"俔天之妹"是不是指莘國之女，這是一個可以研究的問題。按：周在文王時已甚强大，若娶的是莘女，則國際地位平等，何必有如此尊崇之情。而周之稱殷商則屢曰"大邦"(尚書召誥"天既遐終大邦殷之命"，顧命"皇天改大邦殷之命"；又大明的"肆伐大商"，康誥的"殪戎殷"，亦是)，自稱則曰"小邦"(大誥"興我小邦周")；恐此詩所謂"大邦"也是指的殷商。至"俔天之妹"更與"帝乙歸妹"一語意義相符。文王與帝乙及紂同時，在他的"初載"，帝乙嫁女與他，時代恰合，這件事是很可能的。否則王季和文王同樣娶於東方，爲什麼大明篇中對於文王的婚禮獨寫得隆重？否則帝乙歸妹的事本與周人毫無關係，爲什麼會深印於周人的心目中而一見再見於周易？

第二，它説"纘女維莘"。纘者，繼也。(例如閟宮篇的"至于文、武，纘大王之緒"。)太姒若爲文王的元配，爲什麼要説繼？以前的經師講不通了，便想到"太姒嗣徽音"上去，以爲她繼續了太任的女事。鄭玄毛詩箋云："天爲將命文王君天下於周京之地，故亦爲作合，使繼太任之女事於莘國，莘國之長女太姒則配文王維德之行。"這樣的解釋，恐怕詩義還不至如此迂曲罷？如果直講爲繼配，則大邦之子或死或大歸，而後文王續娶於莘，遂生武王，文義便毫無扞格。并且這樣一講，也用不着把太姒説成天妹，而云"文王聞太姒之賢，尊之如天之有女弟"（鄭箋語）。

因爲有以上兩個理由，所以我以爲周易中的"帝乙歸妹"一件事就是詩經中的"文王親迎"一件事。

帝乙爲什麼要歸妹與周文王呢？這是就當時的情勢可以推知的。自從太王"居岐之陽，實始翦商"（魯頌閟宮）以來，商日受周的壓迫，不得不用和親之策以爲緩和之計，像漢之與匈奴一般。所以王季的妻就從殷商嫁來，雖不是商的王族，也是商畿內的諸侯之女。至於帝乙歸妹，詩稱"俔天之妹"，當是王族之女了。後來續娶的莘國之女，也是出於商王畿內的侯國的，這只要看晉、楚戰於城濮之役（左氏僖二十八年傳），晉文公登有莘之虛以觀師，可知當年的莘國即在春秋時衛境內，而衛國封土即是殷虛。（史記正義引括地志云："古莘國在汴州陳留縣東五里故莘城是也"，又引陳留風俗傳云："陳留外黃有莘昌亭，本宋地莘邑也"，與左傳中的有莘之虛雖非同地，但在商之畿內則同。）周本是專與姜姓通婚姻的，而在這一段"翦商"的期間卻常娶東方民族的女子了。這在商是不得已的親善，而在周則以西夷高攀諸夏，正是他們民族沾沾自喜之事呢。

帝乙歸妹的故事早失傳了，別種古書裏都沒有講起的。所以歸妹爻辭中所謂"其君之袂不如其娣之袂良"，我們不得其解。倘使加以猜想，或者文王對於所娶的適夫人不及其媵爲滿意。再深猜一層，或者因爲"纘女維莘（其娣）"，所以"長子（其君）維行"了。但這僅足備或然的一説，我也不敢自信。至於"月幾望"一語，又見於小畜上九，中孚六四的爻辭，當是卦爻之象，未必是這件故事的一部分。泰爻辭所説的"以祉"，左傳解作"祉，祿也；帝乙之元子歸妹而有吉祿"，似乎是這件故事的一部分了；但看否九四"无咎，疇離祉"的話，也許是指的卦象，説占得了這一爻的是可以得吉祿的。

帝乙歸妹的故事雖失傳，但"纘女維莘"的一件事怕是因傳訛而起了變化了。帝繫云："鯀娶于有莘氏，有莘氏之子謂之女志氏。產文命"，則鯀娶於有莘了。天問云："成湯東巡，有莘爰極，何乞彼小臣而吉妃是得?"則成湯娶於有莘了。（呂氏春秋本味云："有侁氏女子采桑，得嬰兒于空桑之中，……命之曰伊尹，……長而賢，湯……使人請之有侁氏，有侁氏不可；……湯于是請取婦爲婚，有侁氏喜，以伊尹媵女"，這可以作爲天問這一問的説明。孟子云，"伊尹耕于有莘之野而樂堯、舜之道"，史記云，"伊尹欲干湯，乃爲有莘氏媵臣"，都是從這一個故事上演化出來的。）史記云："帝紂乃囚西伯於羑里，閎夭之徒患之，乃求有莘氏美女，……因殷嬖臣費仲而獻之紂，紂大説，……赦西伯"，則紂納有莘氏之女了。夏、商的兩個開國之君與商代的一個亡國之君都娶有莘氏之女，這也是一件奇巧的事。我們看了上面説的，王亥可以做黃帝時的人，則文王之妃由傳説的演變而跟鯀和湯和紂發生了關係也未始不是可能的事呵。

四　箕子明夷的故事

箕子之明夷，利貞。（明夷六五爻辭）

箕子爲殷末的仁人，他不忍見殷之亡，致有"爲奴"（論語）及"佯狂"（楚辭）的痛苦。他的故事是古代的一件大故事，古書中常常提起，不待我們作解釋。

這裏所説的"箕子之明夷"，"明夷"二字當是一個成語，故周易取以爲卦名，如"无妄"、"歸妹"之類。後來這個成語失傳了，使得我們没法知道它的確實的意義。以前的人解"夷"爲"傷"，這是但見"夷于左股"而爲之説。説"闇主在上，明臣在下，不敢顯其明智"（孔疏），又是專就"箕子之明夷"立説。竊謂此卦離下坤上，明入地中，簡直就是暗晦之義；夷者滅也，明滅故暗晦。

“箕子之明夷”這句話，髣髴現在人説的“某人的晦氣”而已，不必
替這二字想出什麼大道理來。這個猜想不知對否？

這條爻辭，歷來又有一個問題，便是説“箕子”二字不是人
名。漢書儒林傳云：

> 蜀人趙賓……爲易，飾易文，以爲“箕子明夷”，陰陽氣
> 亡箕子；箕子者，萬物方荄玆也。

這是訓“箕”爲“荄”，詁“子”爲“玆（滋）”的。惠棟周易述又説：

> “其”，讀爲“亥”。坤終于亥，乾出于子，故其子之
> 明夷。

這是訓“箕”爲“亥”，以“箕子”二字爲十二辰之名也。焦循易通釋
又説：

> “箕子”，即“其子”。中孚九二：“鳴鶴在陰，其子和
> 之。”鼎初六：“得妾以其子。”

這是讀“箕”爲“其”的。他們爲什麼要這樣説？只因繫辭傳中有
“易之興也，其當殷之末世，周之盛德邪？當文王與紂之事邪？”
的話，所以要把卦爻辭的作者注定爲文王，但箕子明夷的事卻在
武王之世，文王是見不得的；若要維持文王作卦爻辭的信用，那
麼只有把箕子的事犧牲了的一法，所以他們便用了別種解釋把這
兩個字混過了。可是易傳中的象傳總比趙賓們的時代早些，
它説：

> 內文明而外柔順，以蒙大難，文王以之。……內難而能

正其志，<u>箕子</u>以之。

它爲什麽要在<u>明夷</u>的<u>象傳</u>裹把<u>文王</u>和<u>箕子</u>對舉呢？這至少可以證明，在作<u>象傳</u>的時候，<u>周易</u>的本子上已寫作"箕子"，解作<u>箕子</u>了。這是很早的一個本子，我們如果沒有<u>文王</u>作爻辭的成見橫梗在心頭，想替它辨護的，我們就應當承認這個較早的本子中的文字。

五　康侯用錫馬蕃庶的故事

<u>康侯</u>用錫馬蕃庶，晝日三接。（<u>晉</u>卦辭）

這也是以前的<u>易學</u>大師不當作故事講的。

<u>王弼</u>和<u>孔穎達</u>都説："康，美之名也。"<u>孔</u>更説："侯，謂昇進之臣也。"至<u>朱熹</u>則直云："康侯，安國之侯也。"

他們所以要這樣解釋，一來不知道<u>周</u>初有<u>康侯</u>其人，二來即使知道<u>周</u>初有<u>康侯</u>其人，但爲要維持<u>文王</u>作卦爻辭的成説，也須藏起這個證據，猶如"箕子"的被解爲"荄滋"、"亥子"和"其子"。

<u>康侯</u>，即<u>衛康叔</u>：因爲他封於<u>康</u>，故曰"康侯"，和<u>伯禽</u>的封於<u>魯</u>而曰"魯侯"一樣；又因他是<u>武王</u>之弟，故曰"康叔"，和"管叔"、"蔡叔"們的名號一樣。惟"康叔"一句，書上屢屢説到，而"康侯"之名則但見於彝器中，故大家對於這兩個名字有生熟的不同。<u>康侯</u>鼎的銘辭云："康侯 ✦ 作寶尊。"<u>劉心源</u>奇觚室吉金文述（卷一）論之曰：

　　説文："對，爵諸侯之土也。……坒，古文，'封'省。封，籀文，從坒。"……然"封"古文實當作"坒"，從坒從⊥；⊥，古文土字。籀文從坒從土，蓋迻古文之上下偏旁於左右耳。

　　説文"⻀，从生，下達也。"余以古刻及小篆偏旁从⻀者證之：如"邦"从⻀，説文作𦩅，宗周鐘"具見廿又六𦩅"，西宮𤮎"齊𦩅"，叔向父敦"奠保我𦩅我家"，毛公鼎"女辥我𦩅我家"，𠂤卣"策乃𦩅"，所從之⻀皆从"⿱"，不从"生"。此銘作"⻀"，確是⻀字。毛公鼎"弘我邦我家"之"邦"作"𦩅"，齊刀"邦"作"𦩅"，皆變⻀从𡊅。古文凡直筆中作注形者，小篆改爲橫筆，十即十，𡉈即壬，土即土，𠦑即干，是也。⻀即⻀，亦其例。古刻从⻀之字既可从𡊅，知⻀即⻀即封矣。

　　書康誥："小子封"，傳："封，康叔名"。書序："封康叔于衛"；馬注："康，國名"；傳："康，畿內國"；鄭注："康爲謚號"。世本："康叔居康，從康徙衛"，此銘云："康侯⻀作"，明係自作，則康非謚也。不言"衛侯"，知作器在克殷以前。

在這一篇考證裏，使我們確實知道：康叔在未徙衛的時候是稱康侯的。

　　尚書中的康誥是武王命康叔監殷時的誥（理由甚多，當於另作尚書中的周初史料一文中論之），康叔的封康更在其前。如果封建制度是周的創制，則康叔的受封爲康侯恐怕是周代的第一個封國呢。所以康誥裏稱他爲"孟侯"，孟者長也。後來人單記得了"小子封"，卻忘記了"孟侯"，又以"小子"作小孩子解，於是康叔變爲武王的同母少弟。又因康誥篇首有一段錯簡，而這段錯簡是説周公作洛邑的，於是康叔的監殷移到了成王時去。其實，"王若曰，孟侯，朕其弟，小子封"一句話，除了武王具備説這話的資格之外再没有第二人，而"小子"只是階位的高下，並非年歲的長幼，並不能證明他是少弟。否則君奭篇中，周公亦自稱"予小子旦"，難道他説這番話的時候還是一個小孩子嗎？

　　周易中，屯言"利建侯"者二，豫言"利建侯"者一，師上六言

"大君有命：開國承家，小人弗用"，足徵作周易卦爻辭之時，封建親戚以爲王屏藩者已多。倘卦爻辭爲文王作而文王時尚無封建之制，則自不當有此等言語，不僅箕子、康侯等事與名在時間上不能相及而已。

康侯用錫馬蕃庶的故事久已失傳。就本文看，當是封國之時，王有錫馬，康侯善於畜牧，用以蕃庶。(詩鄘風定之方中言建國作宮之事而云"騋牝三千"，魯頌言魯國之盛而云"駉駉牡馬，在坰之野；薄言駉者，有驈有皇，有驪有黃，以車彭彭，思無疆，思馬斯臧"，可見古代國家以畜牧爲財富。禮記曲禮云："問國君之富，數地以對……問士之富，以車數對；問庶人之富，數畜以對。"這是禮家有意分別貴賤的説法，實則問國君之富也可數畜以對的。)至"晝日三接"，則文義實不易解，不敢妄爲之説。其六二爻云："受兹介福于其王母。"如果卦辭與爻辭的意義相關，這也許説的是康侯的事。

除了以上幾事約略可以考定之外，還有幾條爻辭也是向來説成文王的故事的。

其一，升六四云：

王用亨于岐山，吉，无咎。

王弼注云："岐山之會，順事之情，無不納也。"孔氏正義申之曰："六四處升之際，下體二爻皆來上升，可納而不可距，事同文王岐山之會，故曰：'王用亨于岐山'也。"這是把"王"釋爲文王，把"亨于岐山"釋爲岐山之會的，該有岐山之會一段事。但文王有岐山之會嗎？在我們看得見的文籍裏毫沒有這件事的踪影，不知道王弼是怎樣知道的？周之居岐，從公亶父(非太王)起，到文王時已好幾代了。周之稱王，從太王起，到文王時已三傳了。這條爻辭只可證明周王有祭於岐山的事，至於哪一個周王去祭或是每一個周王都應去祭，這一條爻辭是説的一件故事或是説的一個典禮，我們都無從知道。

其二，隨上六云：

拘係之，乃從維之，王用亨于西山。

易緯乾鑿度云：“譬猶文王至崇之德，顯中和之美，拘民以禮，係民以義，當此之時，仁恩所加，靡不隨從，咸悦其德，得用道之正，故言‘王用亨于西山’。”鄭玄注云：“是時紂存，未得東巡，故言‘西山’。”這也是把“王”釋爲文王的。其没有確實的根據，和上條一樣。推求他們所以一定要説爲文王的緣故，只因他們先承認古代都是大一統的，天子之下不得稱王；有之，則是受命的新王。他們以爲太王王季都是克殷以後追王的，文王則是新受命而稱王的，卦爻辭又是文王作的，所以周易裏邊説“王”而又説“岐山”、“西山”的除了文王就没有别人。我們現在既知道古諸侯稱王並不是一件大不了的事（靜安先生曾於金文中尋出矢王、彔之𤔲𤝱王、𢎥之幾王等名。按國語中有楚王、吳王、越王，史記中有戎王、亳王、豐王，可見只要國力充足，儘可稱王自娱），那麽，便不必對於周的稱王作種種的解釋而將周易中的“王”專歸於文王了。

其三，既濟九五云：

東鄰殺牛，不如西鄰之禴祭，實受其福。

班固幽通賦云：“東鄰虐而殲仁兮”，以“東鄰”爲紂。鄭玄注禮記，於坊記引此文下注云：“‘東鄰’，謂紂國中也；‘西鄰’，謂文王國中也。”周易集解引崔憬曰：“居中當位於既濟之時，則是當周受命之日也。"他們以"西鄰"屬文王，正和上條的"西山"一樣，只因周在商的西面，而且周和商的對峙是在文王時（孟子説"文王以百里"，則文王之前不得與商對峙；論語説"三分天下有其二以服事殷"，則文王時周國驟然擴大，具備了與商對峙的資格；到武王殪戎殷而有天下，也不必對峙了），故謂西鄰東鄰應屬於文王與紂。其實那時"鄰國相望"，就使有這故事也何嘗定屬於商、周呢。

易林裏，對於既濟這條爻辭有一個很奇怪的解釋：

東家殺豬，聞臭腥臊。神怒不顧，命絶衰國。亳社火燒，宋公夷誅。（益之否）
東家殺牛，汚臭腥臊。神怒西顧，命絶衰周。亳社災燒，宋人夷誅。（揆之明夷、鼎之小畜、噬嗑之巽）

它把這件故事的時代移得很後了，"東家"一名變爲指周，説因他們祭神不潔而致"神怒西顧"的。（西顧是嚮秦吧?）但下面又説"亳社火燒，宋公夷誅"。按春秋哀四年"六月辛丑，亳社災"，左氏無傳；杜預注云："亳社，殷社，諸侯有之，所以戒亡國。"然則這個亳社是魯國的亡國之社，它火燒了，爲什麼要使宋公受夷誅呢？又按十二諸侯年表，魯哀公四年爲宋景公二十六年，景公是一個修德之主，克終其天年的，並没有夷誅的事。大約易林這條，隨意把周易和春秋合用，又隨便寫些字句，並不是全條説的一件故事，所以不能用它來作周易中的事件的解釋。但它説的"神怒不顧，命絶衰國"的話，卻可以用它的反面理由來解釋"西鄰之禴祭，實受其福"一語。這條爻辭，我也覺得似有一個故事隱藏在裏面，不過我們無從知道清楚罷了。

此外，又有許多爻辭似乎在稱説故事的，例如：

　　伏戎于莽，升其高陵，三歲不興。（同人九三）

　　係用徽纆，寘于叢棘，三歲不得，凶。（坎上六）

　　明夷于南狩，得其大首，不可疾貞。（明夷九三）

　　震來厲，億喪貝，躋于九陵，勿逐，七日得。（震六二）

　　睽孤，見豕負塗，載鬼一車；先張之弧，後說之弧。匪寇，婚媾；往遇雨則吉。（睽上九）

　　或錫之鞶帶，終朝三褫之。（訟上九）

　　日昃之離，不鼓缶而歌，則大耋之嗟，凶。（離九三）

　　田有禽，利執言，无咎。長子帥師，弟子輿尸，貞凶。（師六五）

　　密雲不雨，自我西郊；公弋取彼在穴。（小過六五）

　　中行告公從，利用爲依遷國。（益六四）

　　豐其蔀。日中見斗，遇其夷主，吉。（豐九四）

　　顯比，王用三驅，失前禽，邑人不誡，吉。（比九五）

　　像這樣的話還多，姑且舉出十二條。這些話也許只就了卦爻的象而繫之辭，也許用了與卦爻的象相合的故事而繫之辭；只爲我們現在習熟於口耳間的故事惟有戰國、秦、漢以來所傳說的（其實戰國前期的故事我們已不甚知道，看天問便知），而西周人所傳說的則早已亡佚，故無從判別。將來地下材料發見愈多，這些話或有漸漸明白之望；但完全明白總是不會的了。"幽室一已閉，千年不復朝"，古書中的疑義沈霾終古的何可勝道，我們還是不要像從前的經師一般，把一部古書滿講通了罷！

　　周易中的故事，可知的盡於此了。這種故事大半是不合於道統說的需要而爲人們所早忘卻的。但是周易從筮書變成了聖經之後，爲要裝像聖經的樣子，道統的故事也就不得不增加進去了。所以象傳於革卦便說：

　　天地革而四時成；湯、武革命，順乎天而應乎人：革之時義大矣哉！

於明夷便說：

　　內文明而外柔順，以蒙大難，文王以之。

繫辭傳也說：

　　易之興也，其當殷之末世，周之盛德邪？當文王與紂之事邪？

關係最大的要算是繫辭傳中敘述五帝觀象制器的一段話：

　　古者包犧氏之王天下也，仰則觀象於天，俯則觀法於地，觀鳥獸之文與地之宜，近取諸身，遠取諸物，於是始作八卦以通神明之德，以類萬物之情。作結繩而爲罔罟，以佃以漁，蓋取諸離。
　　包犧氏沒，神農氏作，斲木爲耜，揉木爲耒，耒耨之利以教天下，蓋取諸益。日中爲市，致天下之民，聚天下之貨，交易而退，各得其所，蓋取諸噬嗑。
　　神農氏沒，黃帝、堯、舜氏作，通其變，使民不倦，神而化之，使民宜之。……黃帝、堯、舜垂衣裳而天下治，蓋取諸乾、坤。刳木爲舟，剡木爲楫，舟楫之利以濟不通，致遠以利天下，蓋取諸渙。服牛乘馬，引重致遠，以利天下，蓋取諸隨。重門擊柝，以待暴客，蓋取諸豫。斷木爲杵，掘地爲臼，臼杵之利，萬民以濟，蓋取諸小過。弦木爲弧，剡木爲矢，弧矢之利，以威天下，蓋取諸睽。

上古穴居而野處；後世聖人易之以宮室，上棟下宇，以待風雨，蓋取諸大壯。古之葬者厚衣之以薪，葬之中野，不封不樹，喪期無數；後世聖人易之以棺槨，蓋取諸大過。上古結繩而治；後世聖人易之以書契，百官以治，萬民以察，蓋取諸夬。

有了以上這些話，於是周易和伏羲氏、神農氏、黃帝、堯、舜、湯、文王、武王，以及沒有署名的"後世聖人"都發生了關係，他們的一舉一動都依據了易義，而周易（或爲避去"周"字，但言"易"，言"六十四卦"）竟成了他們一班聖人的"枕中鴻寶"。我們看了他們的話，簡直可以説，中國的古文化都發源於卦象；如果沒有伏羲的畫卦和某人的重卦，就不會有中國的文化。這比了詩、書、禮、樂、春秋的時代高了多少，價值大了多少？怪不得西漢之末古文學派起來，要把周易從詩、書、禮、樂之下升到六經之首，而曰："易道深矣，人更三聖，世歷三古！"（漢書藝文志）但是，倘若我們剥去了易傳，單來看易經，我們還能見到這"三聖"和"三古"的痕跡嗎？（其實，作繫辭傳的人於"易之興"説了兩個"邪"，於觀象制器説了十二個"蓋"，他也不敢全稱肯定呢！）

所以，我們可以説：易經（即卦爻辭）的著作時代在西周，那時沒有儒家，沒有他們的道統的故事，所以它的作者只把商代和商、周之際的故事叙述在各卦爻中。易傳（這不是一種書名，是象傳、象傳、繫辭傳、文言傳、説卦傳、序卦傳、雜卦傳的總名）的著作時代至早不得過戰國，遲則在西漢中葉（論衡云："孝宣皇帝之時，河內女子發老屋，得逸易、禮、尚書各一篇，奏之，宣帝下示博士，然後易、禮、尚書各益一篇。"隋書經籍志云："及秦焚書，周易獨以卜筮得存，惟失説卦三篇；後河內女子得之。"則宣帝時所益的一篇之易即是説卦傳），那時的上古史系統已伸展得很長了，儒家的一套道統的故事已建設得很完成了，周易一部新書加入這個"儒經"的組合裏，於是他們便把自己學派的一副衣冠罩上去了。捧場者的時代越後，本書的時代越移前，周易就因此改換了它的原來的筮書的面目。

我這樣説，也許讀者不以爲然，起來駁道："易經中不説伏羲、神農，不説黃帝、堯、舜，不説禹、湯、文、武，只是不説而已，並不是當時没有這些古史。易傳中説伏羲、神農，説黃帝、堯、舜，説湯、文、武，他們知道的這些古史也許和易經的作者一樣，只是他們説了出來而已，並不是他們把新發生的傳説插進去的。你看了易經没有講這些，就以爲易經的作者不知道，看易傳講了這些就以爲易傳的作者有意改變易經的面目，然則湯和文王是易經中所没有講的，難道我們可以説作者不知道有這兩個人嗎？難道我們可以説這兩個人不是真實的人嗎？"

我對於這個駁詰的回答，是：凡是一種事實成爲一時代的共同的知識時，縱有或言或不言，而其運用此事實的意識自必相同。爲什麽？因爲他們的歷史觀念相同之故。現在易經中的歷史觀念和易傳中的歷史觀念處於絶端相反的地位：易經中是斷片的故事，是近時代的幾件故事；而易傳中的故事卻是有系統的，從邃古説起的，和戰國、秦、漢以來所承認的系統，所承認的這幾個古人在歷史中所佔有的地位完全一致。所以我們可以知道：這些歷史事實的異同是它們的著作時代有與没有的問題，而不是它們的作者説與不説的問題。如果不信，試看易林。易林是漢人作的筮辭，與易經的卦爻辭同其作用的；只因它的著作時代在道統的故事和三皇、五帝的故事建設完成之後，而又加上了些漢代的神仙家的氣味，所以在這一部書裏便有以下這些話：

黃帝所生，伏羲之宇。兵刃不至，利以居止。（屯之萃，

履之家人）

黄帝出游，駕龍乘鳳，東上泰山，南道齊、魯，邦國成喜。（臨之升，同人之需）

紫闕九重，尊嚴在中。黄帝、堯、舜，履行至公。冠帶垂衣，天下康寧。（訟之賁）

堯、舜、禹、湯，四聖敦仁。允施德音，民安無窮。（復之大過）

文厄羑里，湯囚夏臺。仁聖不害，數困何憂。免于縲絏，爲世明侯。（豫之屯）

天所祚昌，文以爲良。篤生武王，姬受其福。（臨之旅）

看了以上諸條，我們可以知道易傳中的故事，易林中幾乎完全説了，惟有神農氏沒有提起。但我們可以説，易林與易傳的作者的歷史觀念是相同的，所以他只是沒有提起神農而已，並不是他不知道神農。我們再看易林與易經（即卦爻辭）的故事的比較怎樣呢？它説：

泉涸龍憂，箕子爲奴，干叔隕命，殷破其家。（家人之革）

日出阜東，山蔽其明。章甫薦履，箕子佯狂。（賁之屯，剥之泰，晉之小過）

三首六身，莫適所閑。……箕子佯狂，國乃不昌。（大畜之履）

龍潛鳳池，箕子變服，陰孽萌作。（中孚之既濟）

箕仁入室，政衰弊極。抱其祭器，奔于他國；因禍受福。（頤之解）

日暮閉目，隨陽休息。箕子以之，乃受其福。舉事多言，必爲悔殘。（恒之睽）

天命赤鳥，與兵徼期。征伐無道，<u>箕子</u>遨游。（<u>既濟</u>之<u>豐</u>）

<u>易經</u>中説了一句"<u>箕子</u>之<u>明夷</u>"，<u>易林</u>中竟衍爲數十句；而<u>王亥</u>、<u>高宗</u>、<u>帝乙</u>、<u>康侯</u>則一句不提（"<u>康侯</u>"曾提過一次，但云"<u>實沈</u>、<u>參虚</u>，封爲<u>康侯</u>"，則這個"侯"指的是<u>晉侯</u>，"康"字亦作安康解；<u>實沈</u>主<u>參</u>，<u>參</u>爲<u>晉</u>星，見<u>左氏昭元年傳</u>），這爲的是什麽？就是<u>易林</u>的時代與<u>易經</u>的時代相差太遠，它們的歷史觀念就無法相同：<u>王亥</u>和<u>康侯</u>則不知道，<u>高宗</u>與<u>帝乙</u>則忘記了；只有<u>箕子</u>的故事經歷<u>周</u>、<u>秦</u>不但没有枯死，并且比原有的還要生動矯健，所以<u>易林</u>裏也就特別地多提了。説得嚴格一點，便是<u>易林</u>裏的<u>箕子</u>也何嘗即是<u>易經</u>中的<u>箕子</u>，他乃是<u>戰國</u>、<u>秦</u>、<u>漢</u>間的<u>箕子</u>呵！

有了這一度的比較，我想大家該明白了：<u>易傳</u>和<u>易林</u>的接近遠過於其和<u>易經</u>的接近。<u>易經</u>作於<u>西周</u>初葉（説初葉，因爲它没有初葉以後的故事），雖是到<u>易傳</u>的著作時代不過九百年左右（理由詳下），但在這九百年之中，時代變遷得太快了，使得作傳的人只能受支配於當時的潮流而不能印合於經典的本義了。

乙　消極方面

我們若是肯撇去了<u>易傳</u>而來看<u>易經</u>，則我們正可借着著作<u>易經</u>時的歷史觀念來打破許多道統的故事。在這個工作中，我們並請<u>易傳</u>和<u>易林</u>來幫忙，因爲<u>易經</u>所没有的就是<u>易傳</u>和<u>易林</u>所有的，<u>易傳</u>和<u>易林</u>所没有的就是<u>易經</u>所有的，我們不妨利用了這三部書來劃分清楚兩個時代。

一　没有堯、舜禪讓的故事

　　堯、舜禪讓的故事是極盛於戰國時的，看孟子，看墨子，看堯典和禹謨，誰不信這是真事實。但周易中卻没有。就説尚書，我們若肯暫時擱起開頭數篇，先讀商、周書，這件故事在商、周時尚未發生也十分清楚。武王誥康叔，只説"往敷求于殷先哲王"（康誥），只説"自成湯咸至于帝乙，成王畏相"（酒誥）。周公戒成王，只説"昔在殷王中宗，……其在高宗……其在祖甲……"（無逸）他們説到古代名王，只記得幾個商代之君。但一到僞古文尚書，就忍不住了，"予弗克俾厥后惟堯、舜，其心愧恥若撻于市"（説命）的話就不自覺地説出來了。僞尚書是苦心刻畫作成的，爲什麼作者會得違背了商、周人的説話的成例？只爲在著作僞尚書的時候，那時的歷史觀念已經不許他不説堯、舜了！同樣，我們來看周易，在卦爻辭裏只説起王亥、高宗、帝乙，和尚書中所記的武王、周公們的説話相類：僅記得幾個近代的王，没有對於較古的唐、虞有什麼稱引。但一到易傳，就必得説出"黃帝、堯、舜垂衣裳而天下治，蓋取諸乾、坤"來了。的確，從乾卦初爻的"潛龍"，到二爻的"見龍"，以至到五爻的"飛龍"，恰合舜的一生從"往于田"到"明明揚側陋"，到"格于文祖"；而用九的"見群龍无首"不啻爲"視棄天下如敝屣"的象徵。至於坤六五的"黃裳，元吉"，更可説爲"無爲而治"，"允執其中"。獨奈何以乾、坤二卦中不肯漏出一個"舜"字來呢？又象傳於大畜言"剛上而尚賢"，於履言"剛中正，履帝位而不疚"，大畜和履的卦爻辭儘有説出禪讓的故事的可能，爲什麼它們也只説了些不相干的話呢？試看易林，便有以下許多説話：

　　　　天地九重，堯、舜治中。正冠衣裳，宇宙平康。（大有

之坎）

　　唐、虞相輔，鳥獸喜舞。安康無事，國家富有。（隨之坤；臨之解小異）

　　厄窮上通，與堯相逢。登升大麓，國无凶人。（豫之艮）

　　被服文德，升入大麓。四門雍肅，登受大福。（隨之大壯，剝之噬嗑）

　　歷山之下，虞舜所處。躬耕致孝，名聞四海。爲堯所薦，禪位天下。（觀）

　　堯聞大舜，聖德增益。使民不懼，安無怵惕。（遯之隨）

現在只鈔下這幾條，其他合言“堯、舜”及“堯、舜、禹”的尚多。爲什麽易林和易經不同，它把這件故事講得這樣起勁呢？只爲它的著作時代便是這件故事很風行的時代。在那個時代意識中，堯、舜的不得不加進易傳和易林正和他們的不得不加進僞古文尚書一樣。

　　頡剛案：前年寫此段時，謂乾卦恰合舜的一生，不過是一種設想罷了，不料近見宋翔鳳過庭錄（卷一）亦有此推論，且一一比合，尤屬巧不可階。這也是周易故事的一說，因錄其文如下：

　　　　乾之六爻，明禪讓之法也。此堯、舜之事也。初之“潛龍”，其“有鰥在下”乎？孟子曰：“舜之居深山之中，與木石俱，與鹿豕游，其所以異於深山之野人者幾希。”此即“遯世无悶，不見是而无悶，確乎其不可拔”，潛龍之德也。“及其聞一善言，見一善行，若決江、河，沛然莫之能禦”，此乾初之善也。乾之九二，坤五來降，陰陽始通；“釐降嬪汭”，當此爻矣。厤試諸難，乾乾夕惕，乾象爲歲，爻又直三，“三載詢事考言”，其當九三乎？四之“或躍”，其攝天子乎？夫攝天子則疑於爲君，爲君則堯尚存；正朔未改則疑於爲臣，爲臣而用人行政俱自舜出：故爲疑辭以"或"之。……"飛龍在天，利見大人"，其受正改朔之辭乎？蓋堯崩而後舜踐天子之位，攝天子者相堯之辭也。論語："堯曰：'咨爾舜：天之厤數在爾躬，允執其中，四海困窮，天禄永終！'"堯之命其命於"受終文祖"之時乎？鴻水之滔天，丹練之不肖，亢龍之悔也，天禄之終也。……上九失位，降居坤三……三於爻位爲三公，王者之後，當天禄之終，宜退居三公之位，此丹練爲二王後之法也。堯之數終而舜受之，舜之數終而禹受之，知進退存亡而不失其正者，其唯堯、舜乎！此衆陽之象，群聖人之相繼有治而無亂，故"乾元用九，天下治"也。（"簫韶九成"……即乾用九……之義。）

這真是非常切合。周易以禪讓開始，何等光明正大！可是我們還免不得發問：何以在卦爻辭中不肯漏出一"堯"字，一"舜"字來呢？（"或躍在淵"與高遷適反，以之比附攝天子似不合。又以初二三四五爻屬舜而以六爻屬堯，亦似突兀。照他説法，是乃先有亢龍之悔而後"見龍在田"了。何不索性也把它説爲舜事，以蒼梧道死，商均不肖，算作他的亢龍之悔呢？）卦爻辭中沒有説堯、舜而他説爲堯、舜，然則我們用了他的方式來推周易的故事，從沒有文字處作索隱，似乎周易的作者已逆知袁世凱的一生，早把他記在乾卦裏。託跡淮軍，非"潛龍勿用"乎？理事朝鮮，非"見龍在田"乎？練兵小站，非"乾乾夕惕"乎？放歸彰德，非"或躍在淵"乎？總統民國，非"飛龍在天"乎？身敗洪憲，非"亢龍有悔"乎？軍閥聞風競起，非"見群龍"乎？若然，則周易不但記舊聞，且亦善作豫言，大可作推背圖觀矣。甚哉經師之誣罔也！（周易中語可以用來講堯、舜之事和可以用來講袁世凱之事是一樣

的，但周易中語不就是記堯、舜之事和不就是記袁世凱之事
也是一樣的。若因其理有可通，即以爲事實皆隱伏在内，則
種種玄虛之説就紛紛起來，無以逃於誣罔之罪了。）

二　没有聖道的湯、武革命的故事

湯克夏，武王克商，那自然是真的事實。但他們這種行動並
没有什麼了不得的理由，他們只説自己是新受了天命來革去別人
以前所受的天命的。例如詩大明篇所説的：

> 有命自天，命此文王；……篤生武王。保右命爾，燮伐
> 大商。……上帝臨女，無貳爾心！

這便是當時革命中的標語。再説得清楚暢盡些，便如書多士的一
番話：

> 上帝引逸，有夏不適逸，則惟帝降格，嚮于時。夏弗克
> 庸帝，大淫泆有辭，惟時天罔念聞。厥惟廢元命，降致罰，
> 乃命爾先祖成湯革夏。……在今後嗣王誕罔顯於天，……惟
> 時上帝不保，降若兹大喪。……今惟我周王丕靈承帝事。有
> 命曰割殷，告勑于帝。……非我一人奉德不康寧；時惟天
> 命，無違！

從這些話裏可以知道那時所謂"革命"的意義是這樣：前代的君不
盡其對於上帝的責任，所以上帝便斬絶他的國命，教別一個敬事
上帝的人出來做天子。（長發云："湯降不遲，聖敬日躋，昭假遲
遲，上帝是祇"，大明云："維此文王，小心翼翼，昭事上帝，聿
懷多福"，這便是湯和文王的革命的資格。）那時的革命者與被革

命者都站在上帝的面前，對上帝負責任。那時的革命，是上帝意志的表現。但到了戰國，神道之説衰而聖道之説興，於是這班革命家也受了時代的洗禮而一齊改換了面目。我們看孟子中所説的湯、武就不是詩、書中的湯、武了。例如：

湯始征，自葛載，十一征而無敵於天下。東面而征西夷怨，南面而征北狄怨，曰：“奚爲後我？”民之望之，若大旱之望雨也。歸市者弗止，芸者不變。誅其君，弔其民，如時雨降，民大悦。書（這是戰國時人所造的尚書，理由另文論之）曰：“徯我后，后來其無罰！”（滕文公下）

“有攸不惟臣，東征；綏厥士女，匪厥玄黄，紹我周王見休，惟臣附於大邑周。”（這幾句也是戰國人所造的尚書。）其君子實玄黄於匪以迎其君子；其小人簞食壺漿以迎其小人。救民於水火之中，取其殘而已矣！（滕文公下）

經他這樣一講，湯、武的征誅乃全出於不忍之心。這便是他們對於人民負責任，對於自己的良心負責任，而不是對於上帝負責任了。王者的功業經了這樣一布置，於是起了一個大變化。有了這樣的大變化，所以孟子對於武成要懷疑（“血之流杵”不像是“如時雨降”時的樣子），他想用了這新傳説來毀滅舊史料。有了這樣的大變化，所以論語堯曰篇（這是論語中最不可信的一篇）就以“堯—舜—禹—湯—武王”列出一個聖道的系統來，孟子盡心篇也就以“堯舜—湯—文王”列出一個傳道的系統來了。在這個道統之下，湯、武的征誅和堯、舜的禪讓具有同等的地位：他們的手段雖不同，目的卻一致，因爲都是愛民與救民的；他們只是時代有異，不得不分成兩種做法而已。自從有了這一個道統説，堯、舜、禹、湯、文、武便成了面目相同的人物了。

現在，我們來看周易。六十四卦中，如師，如同人，如謙，

如豫，如晉，……都說到行師攻伐，但湯、武征誅的故事沒有引
用過一次。既濟和未濟只説高宗伐鬼方，也不提起湯、武的故
事。這還不奇；最奇怪的，革卦也不提一字。"湯、武革命"，不
是説明革的卦象的最適當的例子嗎？掛在口邊的現成材料也會忘
記，這是怎的？因爲這樣，所以象傳就起來補道：

> 天地革而四時成；湯、武革命，順乎天而應乎人：革之
> 時義大矣哉！

易林也起來補道：

> 開牢闢門，巡狩釋冤。夏臺羑里，商文悦喜。（訟之臨；
> 大過之師略異）
> 五精亂行，政逆皇恩。湯、武赫怒，天伐利域。（中孚
> 之革）
> 經棄整冠，意盈不厭。桀、紂迷惑，讒佞傷賢，使國亂
> 傾。（解之賁）
> 天厭禹德，命興湯國。祓社釁鼓，以除民疾。（復之革）
> 鬼哭於社，悲傷无後。甲子昧爽，殷人絶祀。（睽之頤；
> 渙之大壯；大過之坤略異。）
> 八百諸侯，不期同時，慕西文德。興我家族，家門雍
> 睦。（臨之遯）
> 商紂牧野，顛覆所在。賦斂重數，黎元愁苦。（需之益）
> 周師伐紂，戰於牧野。甲子平旦，天下喜悦。（渙之夬、
> 復，謙之噬嗑，節之升）

既經是"匪厥玄黄"，"簞食壺漿"以迎的，既經像"大旱之雨"以望
的，不當有這許多歌頌的話嗎？

三　没有封禪的故事

自從戰國、秦、漢間燕、齊、魯的方士和儒者倡導了封禪説以來，古時七十二代的帝王便没有不到泰山去封禪的。史記封禪書中寫管仲所記得的十二代，是：

> 昔無懷氏封泰山，禪云云。虞羲封泰山，禪云云。神農封泰山，禪云云。炎帝封泰山，禪云云。黄帝封泰山，禪亭亭。顓頊封泰山，禪云云。帝俈封泰山，禪云云。堯封泰山，禪云云。舜封泰山，禪云云。禹封泰山，禪會稽。湯封泰山，禪云云。周成王封泰山，禪社首。皆受命，然後得封禪。

看這一段話，可知封禪是古代的一個大典，凡是受命之君没有不舉行這個大典的。只有一點例外，是"紂在位，文王受命，政不及泰山；武王克殷二年，天下未寧而崩"（封禪書），所以周室受命之後，直到成王手裏纔封禪。然而文王、武王雖没有舉行這個典禮，他們對於這個邃古以來的定制是一定知道的。卦爻辭無論是文王作，或是周公作，總應當提起一聲。何以"聖人以神道設教"的觀卦裏竟毫無封禪的痕跡？又何以益六三言"王用亨于帝"，升六四言"王用亨于岐山"，隨上六言"王用亨于西山"，都不提起封禪？

説到這裏，或者有人起來駁我，説："盧植注禮器'因名山升中於天'，謂'封太山，告太平'，然則易有升卦，即是封禪。升六四的'王用亨于岐山'，不過因文王不能到泰山去，所以改在岐山罷了。"我對於這個駁語的解答，以爲祭山是一件事，封禪又是一件事。祭山是各國各時代都有的，故論語有"季氏旅於泰山"，左傳有"至於夷王，王愆於厥身，諸侯莫不並走其望以祈王身"
（昭二十六年）的話。封禪卻不同，只有受命的天子纔可行，不是
受命的便沒有這個希望。所以升卦的"王用亨于岐山"，既只言
"亨（享）"而不言封禪，可知僅是祭山而非封禪。至於盧植何以要
把"升"字講作封禪，這只要看詩周頌就可明白：

　　　　時邁其邦，昊天其子之，實右序有周。薄言震之，莫不
　　震叠。懷柔百神，及河喬嶽。允王維后！（時邁）
　　　　於皇時周！陟其高山，隨山喬嶽，允猶翕河。敷天之
　　下，裒時之對，時周之命！（般）

這兩首詩都是説祭喬嶽和祭河的，不曾見一"封"字或"封禪"字。
所以到了東漢初，衛宏作詩序，還説：

　　　　時邁，巡守告祭柴望也。
　　　　般，巡守而祀四嶽河海也。

他雖是"巡守"呵，"柴望"呵，"四嶽"呵，充滿着堯典的氣味，但
還不曾説是封禪。到了班固作白虎通德論，就在封禪篇中寫道：

　　　　詩云："於皇時周！陟其高山。"言周太平封泰山也。

那麼，般這一篇是説封禪的了。到了鄭玄作毛詩箋，又於詩序下
注道：

　　　　巡守告祭者，天子巡行邦國，至於方嶽之下而封禪也。
　　（時邁）

於是，時邁也是説封禪的了。周頌絶没有説起封禪，但後來的經
師可從它裏邊尋出封禪的材料來；然則易有升卦，我們何嘗不可
學一學這班經師的成法，把它講成了封禪呢！

可是，我們與其在卦爻辭裏尋出假封禪的材料，還不如到易
林裏去尋些真封禪的材料爲好。易林説：

> 德施流行，利之四鄉。雨師灑道，風伯逐殃。巡狩封
> 禪。以告成功。（益之復，莘之比，巽之小過）

四　没有觀象制器的故事

繫辭傳説：“易有聖人之道四焉，……以制器者尚其象。”這
是説看了易象來制器是聖人的一道。例如涣卦☴，上巽下坎，巽
爲木，坎爲水，聖人看了這個卦象，便會想起木在水上可以造些
什麽東西出來；結果就造成了一條船。繫辭傳舉出了許多聖人制
器的事實，可以使我們知道從伏羲到堯、舜的創作，可以使我們
知道現在天天用着的器物的來源，所以從劉歆的三統曆以來，已
經把這些事情安插到上古史裏去了。但是，易道中既有這樣重大
的事，爲什麽卦爻辭中竟一字不提（在離卦中不提網罟，在益卦
中不提耒耜，在隨卦中不提服牛乘馬……）？朱熹於泰六五注云：
“帝乙歸妹之時亦嘗占得此爻。凡經以古人爲言，如高宗、箕子
之類者，皆放此。”照他所説，古人占得了這一爻的尚且把這個事
件記在卦爻辭下，何以古聖人曾用了這一卦的象發明出許多重要
的東西來的竟這樣地寂寞無聞，直待繫辭傳而始把他們表章
了呢？

講古聖賢的創作的專書，是世本的作篇。繫辭傳中既有這一
大篇的聖人制器的故事，那麽這些故事自然應當在世本中各佔地
位了。但是，不幸得很，世本與繫辭傳所記的制作的東西雖差不

多，而制作的人則完全不一樣。我們可以列一個表來比較一下：

繫辭傳	世本作篇
庖犧氏作八卦	無
庖犧氏作罔罟	句芒作羅（又御覽引，"芒作網"。）
神農氏作耒耜	垂作耒耜、作耨（又御覽引，"咎繇作耒耜"；又引，"鮌作耒耜"。）
神農氏作市	祝融作市
黃帝、堯、舜（原文未分別哪一個人，故只能照樣録之）作舟楫	共鼓、貨狄作舟
黃帝、堯、舜作服牛乘馬	胲作服牛；相土作乘馬；奚仲作車
黃帝、堯、舜作重門擊柝	無（但有"鮌作城郭"。）
黃帝、堯、舜作杵臼	雍父作杵臼
黃帝、堯、舜作弧矢	揮作弓；牟夷作矢
後世聖人作宮室	堯使禹作宮室
後世聖人作棺槨	無
後世聖人作書契	沮誦、蒼頡作書

由以上的比較，使得我們知道繫辭傳中的制器的故事無一與世本相同。這是古代的極重大的事，爲什麼竟會這樣地差異呢？這個原因，我們可以先作兩種假設：

1. 繫辭傳的話全爲誣妄，故不爲世本的作者所承認；
2. 作世本時尚無繫辭傳，故僅録其自己的傳聞，而當時所傳聞的都不是繫辭傳所説的那一套。

這第一個假設，我以爲是不成立的，因爲作世本的人所記的事大一半是根據傳説來的，其一小部分則出於作者的附會（例如小雅何人斯篇中有"伯氏吹壎，仲氏吹箎"的話，而何人斯篇説是蘇公刺暴公的，世本便説，"塤（壎），暴辛公所造；箎，蘇成公所作"，這真是一個可笑的推斷），他並不曾做過一番細密的考據功夫。繫辭傳中的話既說得這樣神聖，對於民生又如此有關係，假使能給世本的作者看見，他一定大大地採用，決不會深閉固拒，僅說"伏羲、神農作琴瑟；黃帝作冕旒"，而絕口不談那些依據了易象而制作的東西的。因此，我的意見傾向於第二個假設：那時沒有繫辭傳，所以世本不說。世本的著作時代已經夠後（言伏羲，採帝繫，當是秦、漢間人所作），繫辭傳乃更在其後。因爲它出現得太遲了，向來又沒有這些故事，所以戰國諸子中都不曾提起古聖人觀象制器一類的話，不但世本的作者不知道而已。

　　然則繫辭傳中這段故事是作者憑空想出來的嗎？這也不然。淮南子氾論訓上有一段話和這段文字大同小異，我們也可把它們列成一個比較表，在比較之後加以討論：

淮南子	繫辭傳
古者民澤處復穴，冬日則不勝霜雪霧露，夏日則不勝暑蟄蚊蝱；聖人乃作爲之築土構木以爲宮室，上棟下宇以蔽風雨，以避寒暑，而百姓安之。……	上古穴居而野處，後世聖人易之以宮室，上棟下宇以待風雨，蓋取諸大壯
古者剡耜而耕，摩蜃而耨，……民勞而利薄；後世爲之耒耜耰鉏，……民逸而利多焉。	神農氏作，斵木爲耜，揉木爲耒，耒耨之利以教天下，蓋取諸益。
古者大川名谷衝絕道路，不通往來也；乃爲窬木方版以爲舟航。	黃帝、堯、舜氏作，……刳木爲舟，剡木爲楫，舟楫之利以濟不通，致遠以利天下，蓋取諸渙。
故地勢有無得相委輸，乃爲牪蹏而超千里，肩荷負擔之勤也，而作爲之揉輪建輿，駕馬服牛，民以致遠而不勞。	服牛乘馬，引重致遠以利天下，蓋取諸隨。
爲摯禽猛獸之害傷人而禁御也，而作爲之鑄金鍛鐵以爲兵刃，猛獸不能爲害。	弦木爲弧，剡木爲矢，弧矢之利以威天下，蓋取諸睽

在這樣比較之下，可見它們不但意義全同，即文字亦多相同的（如"上棟下宇以待風雨"，"服牛乘馬，引重致遠"等）。關於這個問題，我們也可作兩個假設：

1. 淮南子襲用繫辭傳；
2. 繫辭傳襲用淮南子。

這第一個假設，我以爲理由也不充足。因爲淮南子中是常稱引易文的（先秦諸子中稱引易文的僅一荀子，禮記中也有一些，足徵當時引用周易的人實在不多），劉向別録云："淮南王聘善爲易者九人，從之採獲，署曰淮南九師書。"（御覽六〇六引）可見劉安對於易學是很肯提倡的。假使他那時已有繫辭傳，已有觀象制器的故事，則蘇飛、李尚一班人著氾論訓的時候爲什麼不用這有憑有據的繫辭傳來證實自己的説話呢？

氾論訓這一段的主要意義，是：

> 故民迫其難則求其便，困其患則造其備。人各以其所知去其所害，就其所利。常故不可循，器械不可因也。則先王之法度有移易者矣。

這原是他們的變法論。戰國、秦、漢間一班道家最喜尊古賤今，以爲愈古則愈康樂。淮南子中雖也有此種議論，但在這一段裏則一反此説，以爲愈到後世則器用愈完備。這是一個極鋭利、極真切的觀察。作繫辭傳的人肯不把所有的制作一起送給伏羲，而連説"後世聖人易之"，這也不能不説是進步的思想；但他把制作的原因一起歸功於易象，而八卦爲伏羲所創造，後世聖人的制作只是從伏羲的八卦中演繹出來的，還是一種迷信古初的見解。所以如此之故，只爲他講的是易，總想把易推尊起來：他把神農、黃帝一班人拉進易的境域爲的是擡高易的地位，他把民生日用的東西歸功於聖人的觀象制作也爲的是擡高易的地位。淮南子中這一段話是要證明"先王之法度有移易"，而他這一段話乃是證明了"伏羲之法度無移易"。那麼，八卦是伏羲畫的，觀象也是由伏羲起的，他儘可自己觀自己所畫的卦象而制作了神農、黃帝們所制作的東西，爲什麼他只做得網罟便停了手呢？爲什麼他把這許多眼前的功業都讓給了"後世聖人"呢？所以，淮南子這一段話是一氣貫注地陳説下去的，是一種健全的議論；而繫辭傳這一段話則遲回瞻顧，既欲説伏羲的了不得，又欲表示後世聖人的有進步。此無他，繫辭傳襲用淮南子之文而改變其議論的中心，故這一段話裏遂包容了兩個論點耳。

　　以上所説的，只是觀象制器的故事的出現的時代問題，而不是這件故事的可否成立問題。依我看來，這件故事簡直不能成立。創造一件東西，固然是要觀象，但這個象乃是自然界之象而非八卦之象。例如看了一塊木頭浮在水面，從此想下去，自然可以想出造船；至於卦象，則僅木在水上耳，並沒有表示其不沉的德性，如何可以想出造船來呢？如繫辭傳所言，看了"巽（木）上坎（水）下"的渙會造出木頭船，爲什麼看了"乾（金）上坎（水）下"的訟想不出造鐵甲船？爲什麼看了"離（火）上坎（水）下"的未濟想不出造汽船？又爲什麼看了"離（電）上坤（地）下"的晉想不出造無綫電？爲什麼看了"坤（地）上震（雷）下"的復想不出造地雷？汽船、無綫電……既已制作矣，這班發明家觀的是什麼象？觀易象的聖人造不出這種器物來，造出這種器物的又不去觀易象，那麼，這種神聖的故事不亦太可憐乎？因爲這樣，所以在繫辭傳以前沒有人説過觀象制器的話，在繫辭傳以後也不曾有人做出觀象制器的事；結果，徒然使得僞古史中添了一大筆虛賬。這個虛賬可以分成兩部分：第一部分是新制作説，第二部分是新五帝説。新制作説戰勝了舊制作説，所以宋衷的世本注裏把作網的句芒算做伏羲臣，把作耒耜的垂算做神農臣，把作杵臼的雍父算做黃帝字（一本作黃帝臣），把作矢的牟夷和作舟的共鼓算做黃帝臣。新

五帝説戰勝了舊五帝説，所以伏羲、神農遂爲後世言古史者的不
祧之祖，不像吕氏春秋、五帝德、史記五帝本紀的只説黄帝、顓
頊、帝嚳、堯、舜了。（後人無法處置這兩個不同的系統，只得
把伏羲、神農升到三皇裏去。但三皇在秦是天皇、地皇、泰皇，
在西漢後也是天皇、地皇、人皇，總没有伏羲、神農們。没有法
子，就把天皇、地皇們犧牲了。倘使没有繫辭傳的這番稱揚，伏
羲、神農的地位至多只能和有巢氏、燧人氏們一樣，決不會像現
在這樣地有堅實的地盤的。此問題非數語所可盡，當於另作三皇
五帝考一文中詳論之。）繫辭傳之與僞古史，其關係蓋如此。

　　於是我們對於周易的經傳可以作大體的估量了。
　　作卦爻辭時流行的幾件大故事是後來消失了的，作易傳時流
行的幾件大故事是作卦爻辭時所想不到的：從這些故事的有與没
有上，可以約略地推定卦爻辭的著作時代。它裏邊提起的故事，
兩件是商的，三件是商末周初的，我們可以説，它的著作時代當
在西周的初葉。著作人無考，當出於那時掌卜筮的官（即巽爻辭
所謂“用史巫紛若”的史巫）。著作地點當在西周的都邑中，一來
是卜筮之官所在，二來因其言“岐山”，言“缶”，都是西方的色
彩。（離九三，“不鼓缶而歌”；李斯上秦王書曰：“擊甕扣缶而呼
嗚嗚快耳者，真秦之聲也”，楊惲報孫會宗書曰：“家本秦也，能
爲秦聲，……酒後耳熱，仰天撫缶而呼嗚嗚”，可見缶是秦地的
主要樂器，秦地於西周時則王畿也。）這一部書原來只供卜筮之
用，所以在國語（包左傳）所記占卜的事中引用了好多次；但那時
的筮法和筮辭不止周易一種，故國語所記亦多不同。此書初不爲
儒家及他家所注意，故戰國時人的書中不見稱引。到戰國末年，
纔見於荀子書，比了春秋的初見於孟子書還要後。春秋與易的所
以加入“詩、書、禮、樂”的組合而成爲六經的緣故，當由於儒者
的要求經典範圍的擴大。

到周易進了“經”的境域，於是儒者有替它作傳的需要。在作傳的時候，堯、舜禪讓的故事，湯、武征誅的故事早流行了，就是黃帝、神農、伏羲諸古帝王也逐漸出來而習熟於當時人的口耳之間了，所以易傳裏統統收了進去，請他們作了周易的護法。這時候（漢初），正值道家極發達的當兒，一般的儒者也受了道家的影響，所以易傳裏很多道家意味的説話（詳見燕京學報第二期中許地山先生和馮友蘭先生兩篇論文）。這時候，世本出來了，淮南子也出來了，作繫辭傳的人就取了世本中的古人創作的一義和淮南子中的“因其患則造其備”的一義，杜造了觀象制器的一大段故事，以見易的效用之大。易本來只是一部卜筮之書，經他們用了道家的哲理，聖王的制作和道統的故事一一點染上去，它就成了一部最古的，最玄妙的，和聖道關係最密切的書了。於是它從六經之末跳到六經之頂！

現在呢，我們要把這時代意識不同，古史觀念不同的兩部書——周易和易傳——分開來了。我們要謝謝它們，從它們的乖異上使我們得到一個估計西周和秦、漢間的文籍的尺度。

（此文之作，開始於民國十五年十二月，嗣因廈門大學風潮輟筆。至十七年八月，以編纂中山大學上古史講義，摘録稿中要點，寫成一篇。十八年十月，燕京大學行開幕典禮，囑宣讀論文，遂以摘本應命。越一旬，燕京學報徵文，又費旬餘之力，整理原稿，成爲此篇。綜計首尾四年，始能勉强完稿，生活不安，即此可見。爰記始末於此，以見居今之世從事研究之難。舍館初定，匆促寫此，不及細檢，慮多誤謬，願讀者正之。中華民國十八年十一月三日，顧剛記於北平西郊之成府。）

論易繫辭傳中觀象制器的故事[*]

　　去年秋間作周易卦爻辭中的故事一文，刊入燕京學報第六期。作完了之後又發生了些新見解，因就編講義的方便，編入中國上古史研究講義裏去。適之、玄同兩先生見之，皆有函討論。今以月刊索稿，即以講義原文及兩先生函件發表。其中有複錄周易卦爻辭中的故事一文的，現在也不刪了。

十九，四，十四，頡剛記。

周易這部書，以前的儒家是不大過問的，論語中雖有"五十以學易，可以無大過矣"一句話，但這是古論語（古文學派的論語本子）的文字，若魯論語則作"五十以學，亦可以無大過矣"（見經典釋文）。錢玄同先生說：

　　　　漢高彪碑，"恬虛守約，五十以學"，即從魯論。我以爲論語原文實是"亦"字，因秦、漢以來有"孔子贊易"的話，故漢人改"亦"爲"易"以圖附合。（古史辨第一册中編）

---

*　1930 年 1 月作，係中國上古史研究講義第二五章。原載燕大月刊第六卷第三期，1930 年 10 月 10 日；又載古史辨第三册。

以前的人有説孔子作卦爻辭的，有説孔子作易傳的，實在都是渺茫得很。但卦爻辭雖與孔子無關，卻是一部古書。它裏邊稱引的故事都是商代及周初的（見我所作周易卦爻辭中的故事一文），可信是西周時的著作。不過它原來只是一部占卜的書，没有聖人的大道理在内。自從戰國後期給儒者表章了（這表章的儒者我以爲是騶衍一派提倡陰陽五行的人），纔在六藝中佔得一個地位，和春秋成爲孔門中帶有神祕性的兩種經典；荀子、禮記、淮南子等就引用它來論事，像引用詩和書的句子一樣了。

易傳共有七種：彖傳、象傳、繫辭傳、文言傳、説卦傳、序卦傳、雜卦傳。因爲彖傳、象傳、繫辭傳各有二篇，七種傳共有十篇，所以漢以後人又稱爲“十翼”。史記中太史公自序裏曾引司馬談的兩段話：

易大傳：“天下一致而百慮，同歸而殊塗。”

有能紹明世，正易傳，繼春秋，本詩、書、禮、樂之際？

足徵在司馬談之世已有易傳了。但孔子世家裏有一句：

孔子晚而喜易、序、彖、繫、象、説卦、文言。

卻頗可疑。康長素先生新學僞經考辨之云：

説卦、序卦、雜卦三篇，隋志以爲後得，蓋本論衡正説篇河内後得逸易之事。法言問神篇，“易損其一也，雖憃知闕焉”，則西漢前易無説卦可知。扬雄、王充嘗見西漢博士舊本，故知之。説卦與孟、京卦氣圖合，其出漢時僞託無疑。序卦膚淺，雜卦則言訓詁，此則歆所僞竄，並非河内所出。宋葉適嘗攻序卦、雜卦爲後人僞作矣（習學記言）。歆既僞序卦、雜卦二篇，爲西漢人所未見，又於儒林傳云“費直徒以象、象、繫辭十篇文言解説上下經”，此云“孔氏爲之象、象、繫辭、文言、序卦之屬十篇”，又叙“易經十二篇”而託之爲“施、孟、梁丘三家”，又於史記孔子世家竄入“孔子晚而喜易、序、象、繫、象、説卦、文言”，顛倒眩亂。學者傳習，熟於心目，無人明其僞竄矣！（漢書藝文志辨僞）

他説序卦、雜卦並出劉歆僞竄固然没有確實的證據，但現存的易傳不是漢初的舊本那是可以知道的。王充論衡正説篇云：

　　孝宣皇帝之時，河内女子發老屋，得逸易、禮、尚書各一篇，奏之。宣帝下示博士，然後易、禮、尚書各益一篇。

隋書經籍志云：

　　及秦焚書，周易獨以卜筮得存，唯失説卦三篇。後河内女子得之。

無論漢宣帝時新加入的是説卦等三篇，或但説卦一篇，要之司馬遷是不會看見十翼的全份的。

易傳不出於孔子，也不是一人的手筆，歐陽修的易童子問裏説得很透徹：

　　……繫辭……文言、説卦而下，皆非聖人之作；而衆説淆亂，亦非一人之言也。……文言曰：“元者，善之長也；亨者，嘉之會也；利者，義之和也；貞者，事之幹也。”是謂乾之四德。又曰：“乾元者，始而亨者也；利貞者，性情也。"則又非四德矣。謂此二說出於一人乎，則殆非人情也。
繫辭曰："河出圖，洛出書，聖人則之。"所謂圖者，八卦之
文也，神馬負之，自河而出，以授於伏羲者也；蓋八卦者，
非人之所爲，是天之所降也。又曰："包羲氏之王天下也，
仰則觀象於天，俯則觀法於地，觀鳥獸之文與地之宜，近取
諸身，遠取諸物，於是始作八卦。"然則八卦者是人之所爲
也，河圖不與焉。斯二說者已不能相容矣；而說卦又曰：
"昔者聖人之作易也，幽贊於神明而生蓍，參天兩地而倚數，
觀變于陰陽而立卦。"則卦又出於蓍矣。八卦之說如是，是固
何從而出也？謂此三說出於一人乎，則殆非人情也。人情常
患自是其偏見，而立言之士莫不自信；其欲以垂乎後世，惟
恐異說之攻之也；其肯自爲二三之說以相牴牾而疑世，使人
不信其書乎！故曰非人情也。凡此五說者，尚不可以爲一人
之說，其可以爲聖人之作乎！……至於"何謂""子曰"者，講
師之言也；說卦、雜卦者，筮人之占書也；此又不待辨而可
以知者。（卷下）

近來馮芝生先生（友蘭）也說：

　　易之彖、象、文言、繫辭等是否果係孔子所作，此問
題，我們但將彖、象等裏的哲學思想與論語裏的比較，便可
解決。
　　我們且看論語中所說孔子對於天之觀念：
　　　子曰："獲罪於天，無所禱也！"（八佾）
　　　夫子曰："予所否者，天厭之！天厭之！"（雍也）
　　　子曰："天生德於予，桓魋其如予何！"（述而）
　　　子曰："吾誰欺？欺天乎？"（子罕）
　　　子曰："噫！天喪予！天喪予！"（先進）

　　據此可知論語中孔子所説之天完全係一有意志的上帝，一個"主宰之天"。

　　但"主宰之天"在易彖、象等中没有地位。我們再看易中所説之天：

　　　　大哉乾元，萬物資始，乃統天。雲行雨始，品物流
　　形。……（乾彖）

　　　　天地以順動，故日月不過而四時不忒。（豫彖）

　　　　反復其道，七日來復，天行也。……（復彖）

　　　　天地感而萬物化生。（咸彖）

　　　　天地之道，恒久而不已也。……（恒彖）

　　　　天尊地卑，乾坤定矣。……在天成象，在地成形，
　　變化見矣。是故剛柔相摩，八卦相盪。鼓之以雷霆，潤
　　之以風雨。日月運行，一寒一暑。……（繫辭）

這些話究竟是什麽意思，我們暫不必管。不過我們讀了以後，我們即覺在這些話中有一種自然主義的哲學；在這些話中決没有一個能受"禱"，能受"欺"，能"厭人"……之"主宰之天"。這些話裏面的天或乾，不過是一種宇宙力量，至多也不過是一個"義理之天"。

　　一個人的思想本來可以變動，但一個人決不能同時對於宇宙及人生真持兩種極端相反的見解。如果我們承認論語上的話是孔子所説，又承認易彖、象等是孔子所作，則我們即將孔子陷於一個矛盾的地位。……

　　孔子所講，本只及日用倫常之事。……至其對於宇宙，他大概完全接受傳統的見解。蓋孔子只以人事爲重，此外皆不注意研究也，所以他説："未能事人，焉能事鬼！……未知生，焉知死！"（燕京學報第二期，孔子在中國歷史中之地位）

他們都説得很明白了，孔子決不是易傳的作者，易傳的作者也決

不止一個人。我們知道，道家是提倡自然主義的，道家是發生於
戰國而極盛於漢初的。我們又知道，周易的加入儒家的經典是戰
國末年的事，易傳中有幾篇是漢宣帝時纔出來的。那麼，我們可
以斷說：那發揮自然主義的易傳的著作時代，最早不能過戰國之
末，最遲也不能過西漢之末，這七種傳是公元前三世紀中逐漸產
生的；至其著作的人，則大部分是曾受道家深刻的暗示的儒者。

　　我們既知道了易傳的時代，便可抽出這裏邊所提起的古史了。
易傳中講古史的只有一段文字，但這一段文字卻是非常重要的：

　　　　古者包犧氏之王天下也，仰則觀象於天，俯則觀法於
　　地，觀鳥獸之文與地之宜，近取諸身，遠取諸物，於是始作
　　八卦以通神明之德，以類萬物之情。作結繩而爲罔罟，以佃
　　以漁，蓋取諸離。

　　　　包犧氏沒，神農氏作。斲木爲耜，揉木爲耒，耒耨之利
　　以教天下，蓋取諸益。日中爲市，致天下之民，聚天下之
　　貨，交易而退，各得其所，蓋取諸噬嗑。

　　　　神農氏沒，黃帝、堯、舜氏作。通其變，使民不倦；神
　　而化之，使民宜之。易窮則變，變則通，通則久，是以自天
　　祐之，吉无不利。黃帝、堯、舜垂衣裳而天下治，蓋取諸
　　乾、坤。刳木爲舟，剡木爲楫，舟楫之利以濟不通，致遠以
　　利天下，蓋取諸渙。服牛乘馬，引重致遠以利天下，蓋取諸
　　隨。重門擊柝以待暴客，蓋取諸豫。斷木爲杵，掘地爲臼，
　　臼杵之利，萬民以濟，蓋取諸小過。弦木爲弧，剡木爲矢，
　　弧矢之利以威天下，蓋取諸睽。

　　　　上古穴居而野處；後世聖人易之以宮室，上棟下宇以待
　　風雨，蓋取諸大壯。古之葬者厚衣之以薪，葬之中野，不封
　　不樹，喪期无數；後世聖人易之以棺椁，蓋取諸大過。上古
　　結繩而治；後世聖人易之以書契，百官以治，萬民以察，蓋

取諸夬。（繫辭下傳）

這一段記載的意思是說：我們所有的日用器物都是伏羲、神農、黄帝、堯、舜這一班聖人看了易六十四卦的象而制作的，而六十四卦的本根八卦則是伏羲仰看了天，俯看了地，又看了許多鳥獸人物的儀態而造出來的。這就是說一切的物質文明都發源於易卦，没有易卦則聖人便想不出這種種東西來。所以繫辭傳又說：

> 易有聖人之道四焉：以言者尚其辭，以動者尚其變，以制器者尚其象，以卜筮者尚其占。

用易於卜筮，我們在國語裏可以看見許多。用易於言，我們在荀子和禮記裏也見到了不少。用易於動，書裏雖没有記載，但看左傳記邲之戰，知莊子引了師卦初爻的“師出以律，否臧凶”一語以見晉師之將敗（宣公十二年），可見一個將帥如要得勝，應當記着“師出以律”這句話而後動；這也是可以有的一件事。至於用易於制器，除了繫辭傳中這一段話以外，别種書裏毫無記載，並且連類似的話也没有。

聖人看了易象而制器是怎樣一件事呢？照繫辭傳中的話推測起來，是把許多東西分配在八卦之下，再把重疊的兩卦看作這兩件東西合在一起時的樣子，如果能從此得到一個解悟，一件新器具就可以産生出來了。爲要明白這些制作的故事，我們應取說卦傳讀一下：

> 乾爲天，爲圜，爲君，爲父，爲玉，爲金，爲寒，爲冰，爲大赤，爲良馬，爲老馬，爲瘠馬，爲駁馬，爲木果。
> 坤爲地，爲母，爲布，爲釜，爲吝嗇，爲均，爲子母牛，爲大輿，爲文，爲衆，爲柄；其於地也爲黑。

震爲雷，爲龍，爲玄黃，爲專，爲大塗，爲長子，爲決躁，爲蒼筤竹，爲萑葦；其於馬也爲善鳴，爲馵足，爲作足，爲的顙；其於稼也爲反生；其究爲健，爲蕃鮮。

巽爲木，爲風，爲長女，爲繩直，爲工，爲白，爲長，爲高，爲進退，爲不果，爲臭；其於人也爲寡髮，爲廣顙，爲近利市三倍；其究爲躁卦。

坎爲水，爲溝瀆，爲隱伏，爲矯輮，爲弓輪；其於人也爲加憂，爲心病，爲耳痛，爲血卦，爲赤；其於馬也爲美脊，爲亟心，爲下首，爲薄蹄，爲曳；其於輿也爲多眚，爲通，爲月，爲盜；其於木也爲堅多心。

離爲火，爲日，爲電，爲中女，爲甲冑，爲戈兵；其於人也爲大腹，爲乾卦，爲鼈，爲蟹，爲蠃，爲蚌，爲龜；其於木也爲科上槁。

艮爲山，爲徑路，爲小石，爲門闕，爲果蓏，爲閽寺，爲指，爲狗，爲黔喙之屬；其於木也爲堅多節。

兌爲澤，爲少女，爲巫，爲口舌，爲毀折，爲附決；其於地也爲剛鹵，爲妾，爲羊。

這是把宇宙間的許多東西分爲八類，而以乾、坤等八個卦每卦統率一類；好像五行家把宇宙間的東西分成五類而以五行統率之似的。我們懂得了這個，便可知道所謂："舟楫之利，……蓋取諸渙"者，因爲渙卦的象是☴☵，上卦是巽，下卦是坎，巽爲木，坎爲水，木在水上，便是舟楫，所以黃帝們看了這個卦象就會造出舟楫來了。又可知道所謂："上古結繩而治，後世聖人易之以書契，蓋取諸夬"云者，因爲夬卦的象是☱☰，上兌下乾，兌爲口舌，乾爲金，古代的筆是刀筆，屬於金類的，聖人看了這個卦象，發明了上面説、下面寫的方法，就成爲書契了。

但我們僅僅懂得了這些卦象是不足以完全説明聖人觀象制器的

方法的，我們還須懂得"互體"。何謂互體？凡卦爻二至四，三至五，兩體交互，也可各成一卦，故一卦中含有四卦。如上面説的：

重門擊柝以待暴客，蓋取諸豫。

豫的象是䷏（震、坤），其二爻至四爻爲☶（艮），其三爻至五爻爲☵（坎），所以豫卦的意義不盡於原始的震、坤二卦，更須索之於重卦中所涵的艮、坎二卦。因此，我們要知道"重門擊柝以待暴客"的意義，一定要把震、坤、艮、坎四卦的象兼而求之，方得完全明白。九家易（集荀爽、京房等的易説而成）道：

豫，……下有艮象；從外示之，震復爲艮（按這是説把震卦倒轉來看）；兩艮對合，重門之象也。柝者，兩木相擊以行夜也。艮爲手，爲小木，又爲持；震爲足，又爲木，爲行；坤爲夜，即手持二木夜行擊柝之象也。坎爲盜暴，水暴長無常，故以待暴客。既有不虞之備，故取諸豫矣。（李鼎祚周易集解卷十五引）

他們説明黄帝們想出重門擊柝的經歷，宛然目覩，何等難能可貴！

但我們若要完全明瞭繫辭傳中這篇古史，僅僅懂得看卦象，看互體，還嫌不够，一定要懂得"卦變"。何謂卦變？一卦六爻，如果把其中的兩爻掉換一下，這一個卦便會變做別一個卦。例如復的卦象爲䷗，如果把初爻移到二爻去，就成了䷆（師）了；又把初爻移到三爻去，就成了䷎（謙）了。……但卦雖變了，還可用了所變的卦來解釋原卦，因爲原卦和變卦中包含的陰陽爻是相當的，卦義自有互相補足的可能。知道了這一義，便可看："斲木爲耜，揉木爲耒……蓋取諸益"這句話了。益的卦象爲䷩（巽、震）；其互體則爲☷（坤）☶（艮）；如更把初爻和四爻互易，即成爲否☷☰，又得了乾、坤二卦。故虞翻道：

> 否四之初也。巽爲木，爲入；艮爲手；乾爲金，手持金
> 以入木，故斲木爲耜。……艮爲小木，手以撓之，故揉木爲
> 耒。……坤爲田；巽爲股進退；震足動耜，艮手持末，進退
> 田中，耕之象也。（周易集解卷十五引）

説得多麼切實，耕田的樣子完全在益卦裏表現出來了。又，“日
中爲市，致天下之民，聚天下之貨，交易而退，各得其所，蓋取
諸噬嗑”的解釋也是這般。噬嗑的卦象爲☲☳（離、震）；其互體爲
☶（艮）和☵（坎）；其卦變以初爻與五爻相易，亦爲否（☷☰—乾、
坤）。故虞翻云：

> 否五之初也。離象正上，故稱日中也。艮爲徑路；震爲
> 足，又爲大塗。否乾爲天，坤爲民，故致天下民之象也。坎
> 水艮山，群珍所出，聚天下貨之象也。震升坎降，交易而
> 退，各得其所。（同上）

也是説得絲毫不漏。又：

> 服牛乘馬，引重致遠以利天下，蓋取諸隨。

隨象爲☱☳（兌、震）；其互體爲☶（艮）和☴（巽）；其卦變以初爻與
上爻相易，亦爲否（☷☰—乾、坤）；故虞翻云：

> 否乾爲馬，爲遠；坤爲牛，爲重。坤初之上爲引重；乾
> 上之初爲致遠。艮爲背，巽爲服；在馬上，故乘馬。巽爲
> 繩，繩束縛物；在牛背上，故服牛。（同上）

我鈔到這裏，不禁嘆一口氣道：八卦是怎樣一件神妙的東西！這陰陽的卦畫會得把宇宙間的東西全都收了進去；還不算，更會從互體和卦變上把各種東西的相互關係闡明詳盡至此，伏羲氏真不愧爲首出御世的聖王了！

但是，不幸得很，纔一贊歎，我胸中的疑竇已起來了。伏羲氏畫八卦這一件事情，我們在較古的書裏雖不曾見過，但淮南子中有"八卦可以識吉凶，……伏羲爲之六十四變"的話，史記中有"伏羲至純厚，作易八卦"的話，可見伏羲畫卦重卦之説在西漢初年是已存在了的。至於伏羲、神農、黃帝、堯、舜們依據了卦象而制作的東西是何等的驚天動地，利用厚生，何以我們尚没有在商、周以至戰國，甚至西漢的書裏見過一面呢？我們在前面讀過一部專記古人創作的書——世本，爲什麽這些觀象制器的事情它都没有記載呢？爲什麽它記載的這些事物的創作者都不是這幾個人呢？不信，我們試把繫辭傳和世本兩書的記載列成一個比較表：

繫辭傳	世本作篇
庖犧氏作八卦	無
庖犧氏作罔罟	句芒作羅（一云"芒作網"）
神農氏作耒耜	垂作耒耜，作耨（又"咎繇作耒耜""鯀作耒耜"）
神農氏作市	祝融作市
黃帝、堯、舜（原文未指定哪一個人，只得如此寫）作舟楫	共鼓、貨狄作舟
黃帝、堯、舜作服牛乘馬	胲作服牛；相土作乘馬；腸作駕
黃帝、堯、舜作重門擊柝	無（但有"鯀作城郭"）
黃帝、堯、舜作臼杵	雍父作杵臼
黃帝、堯、舜作弧矢	揮作弓；牟夷作矢
後世聖人作宮室	堯使禹作宮室
後世聖人作棺槨	無
後世聖人作書契	沮誦、蒼頡作書

伏羲、神農們的觀象制器是古代極重大的事，爲什麼在這個比較
表裏，兩書所載竟全然異樣，凡易繫辭傳中所給與伏羲、神農們
的，世本竟一一地送給了別個人呢？注世本的宋衷對於這個問題
没法解決了，只得寫道：

> 勾芒，伏羲臣。垂，神農臣。共鼓、貨狄，二人並黃帝
> 臣。胲，黃帝臣。相土、膼，皆黃帝臣。雍父，黃帝字。
> （一本引作“黃帝臣”。）揮，黃帝臣。牟夷，黃帝臣。沮誦、
> 蒼頡，黃帝之史官。

這樣一解釋，足見伏羲、神農們雖非親手制作，也是命令他們的
臣下制作的，繫辭傳和世本的話並不衝突。他的圓謊的本領可謂
甚大。不過古人固然有許多死無對證，聽你安排的，但也有證據
鑿確，不聽你支配的。即如作服牛的胲，王靜安先生證明他即是
甲骨文中的王亥，商人的先祖，他的時代便只够得到夏而够不到
黃帝時。相土亦商的先祖，商頌裏説“相土烈烈，海外有截”，則
那時商的國勢已盛，也不會過早。兩個漏洞現了出來，其他的話
的信用自然倒地了。宋衷的拉攏式既不可用，那麼，我們對於這
兩部書的不同應當怎樣去解釋呢？依我想來，我們可以先作兩個
假設，再加研究：

1. 繫辭傳的話是錯誤的，故不爲世本的作者所承認；
2. 作世本時尚無繫辭傳，亦無類於繫辭傳的説話，故世本的
   作者只記其自己所傳聞的。

這第一個假設，我以爲不能成立。世本的作者所記的事，大一半
是根據傳説來的，其小半則出於作者的附會。根據傳説的，如本
講義二十三章所引的吕氏春秋與世本比較之文。出於附會的，如
詩小雅中有“伯氏吹壎，仲氏吹篪”之句（何人斯），而此篇是漢儒
解作蘇公刺暴公的，他便説，“塤（壎），暴辛公所造；蘇成公作

簏”，這是很可笑的。作者對於引用的材料拉來就算，絕不曾做過一番精密的考據功夫。如今<u>繫辭傳</u>中這一段話既說得這樣地冠冕堂皇，這班聖人所制作的東西又是十分切合百姓日用的，假使給他看見，他一定全盤承受，決不會深閉固拒，僅僅說些“<u>伏羲</u>、<u>神農</u>作琴瑟，<u>黃帝</u>作冕旒”的話。現在他不說，足見他沒有看到。<u>世本</u>的時代已經够後了，<u>繫辭傳</u>中這一段話的時代乃更在其後。

　　其次，我們來看<u>史記</u>。<u>司馬遷</u>作<u>史記</u>，是“考信於六藝”的，是“厥協六經異傳”的，凡是經書裏所有的材料，除了詰屈聱牙不易解釋的（如<u>盤庚</u>、<u>大誥</u>之類）之外，他總是儘量地使用。<u>繫辭傳</u>又是他看見的，他曾在<u>自序</u>裏引過“天下一致而百慮，同歸而殊途”一語（<u>繫辭下傳</u>）。如何他對於這一段與古史極有關係的文字竟忘記了呢？就算他不願把<u>伏羲</u>、<u>神農</u>列入本紀，但<u>黃帝</u>、<u>堯</u>、<u>舜</u>是他尊信的，如何他不把他們的觀象制器的故事記入了呢？

　　<u>繫辭傳</u>中有了這段神聖的故事，而特別注意古人制作的<u>世本</u>竟不理會它；網羅古今史事，且特別注重六藝的<u>史記</u>也不理會它。它爲什麽會得這樣孤零零地沒有人緣？

　　說到這裏，我們只得研究它的來路了

　　<u>淮南子氾論訓</u>中有一段話，意義和它很相合，只是沒有指明制器的聖王，也沒有說起制器的人是取象於<u>易</u>卦。現在也列出一個表來比較一下：

淮南子	繫辭傳
古者民澤處復穴，冬日則不勝霜雪霧露，夏日則不勝暑蟄蚊虻；聖人乃作爲之築土構木以爲宮室，上棟下宇以蔽風雨，以避寒暑，而百姓安之。	上古穴居而野處；後世聖人易之以宮室，上棟下宇以待風雨，蓋取諸<u>大壯</u>。
古者剡耜而耕，摩蜃而耨，……民勞而利薄；後世爲之耒耜耰鉏，……民逸而利多焉。	<u>神農氏</u>作，斲木爲耜，揉木爲耒，耒耨之利以教天下，蓋取諸<u>益</u>。

續表

淮南子	繫辭傳
古者大川名谷衝絕道路，不通往來也；乃爲窬木方版以爲舟航。	黃帝、堯、舜氏作……刳木爲舟，剡木爲楫，舟楫之利以濟不通，致遠以利天下，蓋取諸渙。
故地勢有無得相委輸，乃爲鉏鋙而超千里，肩荷負擔之勤也，而作爲之揉輪建輿，駕馬服牛，民以致遠而不勞。	服牛乘馬，引重致遠以利天下，蓋取諸隨。
爲摯禽猛獸之害傷人而無以禁御也，而作爲之鑄金鍛鐵以爲兵刃，猛獸不能爲害。	弦木爲弧，剡木爲矢，弧矢之利以威天下，蓋取諸睽。

在這比較之下，可見這兩段文字不但意義全同，即所用成語亦多相同。不過繫辭傳的詞句寫得簡潔些，並且每一事替它在易卦裏尋出一個根據而已。照以前人的說話，繫辭傳是孔子作的，前於淮南子約三百五十年，其出於淮南子的襲用可無疑義。但淮南王是一個信仰易學的人，他曾聘善爲易者九人，做成一部淮南道訓，一名淮南九師書（見漢書藝文志及劉向別錄）；就是淮南子中也引用易文不少。假使他們那時的易傳裏已有這章文字存在，他們爲什麼不把它引來做自己立說的佐證呢？爲什麼說到創作的人只言“聖人”而不言神農、黃帝，只言“後世”而不言“後世聖人”呢？可見淮南子中寫這段文字的意思只要說明時代愈後則器物愈完備，困難愈減少的一個觀念；一到了繫辭傳中那一章的作者的手裏，便借他來說明卦象的神奇，以爲一切文明皆發源於卦象，當伏羲畫卦之時已蘊藏了無數制器的原理，遂開神農、黃帝時的燦爛的文化：它們的論點是不同的。

　　但是，細想起來，繫辭傳的話頗不合理。因爲照它說，制器之理既全具於卦象，則畫卦之後馬上可以推演出許多新東西東，而伏羲是畫卦的人，他早已把卦象卦變弄清楚，看明白了，爲什

麼他只把這個方法使用了一次，作成了罔罟之後就停手，不再造
船以便捕魚，乘馬以便打獵呢？神農既會觀象而制耒耜，爲什麼
不再觀象而制杵臼，使田裏出產的五穀可以舂掉了秕皮呢？如説
制器之理雖具而不顯明，必待觀象者的徐生妙悟，則卦象之用尚
有未盡，伏羲、神農們也不能推爲聰明叡智的聖人了。況且黄
帝、堯、舜之後也不乏聖人，何以再没有觀象而制器的呢？夏以
下也屢有新器出來，何以再没有從易象裏推演而成的呢？

　　於此可見所謂“以制器者尚其象”本是莫須有的事。這很明
顯，制器時看的象乃是自然界的象而不是卦爻的象。例如造船，
一定是看見了木頭浮在水面而想出來的。倘單看渙卦，則但知木
在水上而已，這不沉的德性如何可以看得出來？何況易卦中既有
木在水上的渙（☴☵），還有水在木上的井（☵☴），爲什麼聖人看了井
卦的象不因其要沉入水底而輟其制作呢？若説聖人是知道木性不
沉的，故不因觀了井象而不作，那麼，他便不必因觀了渙卦而始
悟出造船的道理來了。

　　再有，這章中説的聖人觀了某卦的象故制出某種的器，細想
起來也很可笑。因爲六十四卦是由最簡單的陰陽爻排列而成，這
卦和那卦本没有嚴密的界限；加以互體和卦變的一搬動，更可由
人顛之倒之地瞎講，講得頭頭是道了。不信，請讓我玩一套把戲
給諸君看。它説：

　　　日中爲市，致天下之民，聚天下之貨，交易而退，各得
　　其所，蓋取諸噬嗑。
　　　舟楫之利……蓋取諸渙。

這是十分確定的事實了。但我説：不對！

　　　日中爲市，乃取諸渙。

爲什麽？因爲渙象爲☴☵（巽、坎），其互體爲☳（震）和☶（艮），其卦變以二爻與四爻相易爲☰☷（否—乾、坤）。我可以遵照了易學先師的方法而斷之曰：

> 巽爲近利市三倍，"爲市"之象也。坎爲通，"交易"之道也。震爲大塗，艮爲徑路，通都之人循大塗而來會，僻邑之人則行小徑而至也。乾爲天，日麗乎天，故曰"日中"。坤爲地，萬物之所從出，故曰"致天下之貨"。巽又爲進退，交易則進，既畢則退也。

這樣説來，倒也着實"像煞有介事"，於是神農氏只得隨順了我的話，看了渙卦之象而作市了！倘使我們又要把黃帝作舟楫的事説成取象於噬嗑，也很方便。因爲這卦的象是☲☳（離、震），其互體爲☶（艮）和☵（坎）；艮爲木，坎爲水，已可把它説成舟楫；而震爲龍，離爲鼈蟹蠃蚌，都是水族，乘舟入水豈不是傚法於此種動物呢！

寫到這裏，真使我短氣了！易理的圓融如此，想要把它應用的如何可以捉住它的真實的意義？照那樣講，只要看了一個卦儘够造出無數東西來了，爲什麽古先聖王只能於一卦之下制成一件東西呢？許多卦中既有同樣的象存在，爲什麽他們只會取了這一卦的象而失掉了那幾卦的象呢？費了聖人的許多心思制成了幾件東西，然而世本中沒有記載，所記載的古聖人的制作都不是由觀卦來的，除了繫辭傳這一章之外再沒有同樣的故事，可見圓融得無路不通的實際上卻是一無所通。

然則，這一章文字是什麽時候出來的呢？關於這個問題，我們應先看象傳。象傳是最早用"象"去解釋易卦辭的。它説：

> 雲（☵），雷（☳），屯。

山（☶）下出泉（☵），蒙。

上天（☰）下澤（☱），履。

地（☷）中有山（☶），謙。

澤（☱）滅木（☴），大過。

風（☴）行地（☷）上，觀。

明（☲）出地（☷）上，晉。

雷（☳）雨（☵）作，解。

火（☲）在水（☵）上，未濟。

它以☰爲天，以☷爲地，以☳爲雷，以☵爲水，爲雲，爲雨，爲泉，以☶爲山，以☴爲風，爲木，以☲爲火，爲明，以☱爲澤，意義甚爲簡單，所取之象都是自然界中最重大的幾件東西，並没有像説卦傳那樣的細碎複雜。這可見象傳爲原始的説卦傳，而説卦傳乃是進步的象傳，其間時代相差頗久。到了京房、荀爽一班經師出來，最喜歡弄這種玩意兒，於是又添了許多東西進去。陸德明經典釋文於説卦傳末注云：

> 荀爽九家集解本，乾後更有四：爲龍，爲直，爲衣，爲言。坤後有八：爲牝，爲迷，爲方，爲囊，爲裳，爲黄，爲帛，爲漿。震後有三：爲王，爲鵠，爲鼓。巽後有二：爲楊，爲鸛。坎後有八：爲宮，爲律，爲可，爲棟，爲叢棘，爲狐，爲蒺藜，爲桎梏。離後有一：爲牝牛。艮後有三：爲鼻，爲虎，爲狐。兑後有二：爲常，爲輔頰。（卷二）

照這樣子做下去，大可做成一部卦象字典了，這個風氣始於西漢而極盛於東漢。到了三國，雖然還有虞翻等張其軍，而王弼作易注，便完全把它推翻了。他説：

言者所以明象，得象而忘言；象者所以存意，得意而忘
象。猶蹄者所以在兔，得兔而忘蹄；筌者所以在魚，得魚而
忘筌也。……得意在忘象；得象在忘言。故立象以盡意而象
可忘也；重畫以盡情而畫可忘也。是故觸類可爲其象，合義
可爲其徵。義苟在健，何必馬乎！類苟在順，何必牛乎！爻
苟合順，何必乾乃爲牛！義苟應健，何必乾乃爲馬！而或者
定馬於乾，案文責卦。有馬無乾，則僞說滋蔓，難可紀矣。
互體不足，遂及卦變。變又不足，推致五行。一失其原，巧
愈彌甚。縱復或值而義無所取，蓋存象忘意之由也。忘象以
求其意，義斯見矣！（周易略例明象）

這是他對於漢代易學的一個大破壞。他的易注不注繫辭傳、説卦
傳諸篇。他的弟子韓康伯補注此數篇，於説卦傳卦象一大段亦不
注，而於繫辭傳中觀象制器一章則注云：

離，麗也。罔罟之用必審物之所麗也。魚麗於水，獸麗
於山也。
噬嗑，合也。市人之所聚，異方之所合。設法以合物，
噬嗑之義也。
渙者，乘理以散通也。
隨，隨宜也。服牛乘馬，隨物所之，各得其宜也。
睽，乖也。物乖則爭興，弧矢之用所以威乖爭也。
宮室壯大於穴居，故制爲宮室取諸大壯也。
夬，決也。書契所以決斷萬事也。

他不以卦象解釋而以卦名意義解釋，似乎也講得過去；但他對於
作末耜所取的益就沒法講了，所以他不注。其實，當初聖人若是
觀了卦名而制器的，則繫辭傳中即不應説"以制器者尚其象"而應

説"以制器者尚其名"了。況且舟楫的制作，與其説是觀了渙的卦名而來，何如説觀了既濟的卦名爲更適當呢？所以王弼的一派在易學上雖有破除迷妄的功績，但對於這一章文字實在不曾講得妥貼。

所以然者何？因爲這一章文字的基礎是建築於説卦傳的物象上的，是建築於九家易的互體和卦變上的。必須用了物象、互體、卦變等等來講，纔能講得出神入化，見得伏羲、神農一班聖人的睿明通知。若依王弼的忘象求意之説，除了根本推翻之外没有别法。所以我們可以下一句斷語，説：在没有説卦傳之前，没有互體和卦變説之前，這章文字是不會出現的。

説卦傳出於象傳之後，我們知道了。互體和卦變之説是什麼時候起來的呢？書上没有提起。我們現在看得見的聚集漢代易説最完全的要推唐李鼎祚的周易集解，這是對於王弼的"忘象的"易學起的反動，而輯集虞翻、荀爽等"存象的"二十餘家之書而成的。書中又引九家易。經典釋文云：

> 荀爽九家集注十卷：不知何人所集。稱荀爽者，以爲主故也。其序有荀爽、京房、馬融、鄭玄、宋衷、虞翻、陸績、姚信、翟子玄。……（序録）

這九個人中，京房是西漢人，荀爽、馬融、鄭玄是東漢人，宋衷以下是三國人。可見這存象一派，京房爲其先覺。漢書儒林傳云：

> 京房，受易梁人焦延壽。延壽云嘗從孟喜問易。會喜死，房以爲延壽易即孟氏學。翟牧、白生不肯，皆曰非也。至成帝時，劉向校書考易説，以爲諸家易説皆祖田何、楊叔、丁將軍，大誼略同；唯京氏爲異，黨焦延壽，獨得隱士之説，託之孟氏，不相與同。由是易有京氏之學。

這又可見京房是自己開闢一個新學派而託之於孟喜的，與漢代傳統的易學特別不同。漢書藝文志易類載：

　　　孟氏京房十一篇，
　　　災異孟氏京房六十六篇，

就是他一手造成的學說。自從他自出主張，變更師法，一時風從，於是打倒了易學正統的施讐、楊何、梁丘賀諸人而獨霸，所以經典釋文記易學書籍只能從孟喜京房起（第一部子夏易傳是假的），九家易輯錄三國以前的易說也只能從京房起了。互體和卦變是東漢的易學家的專業，而這一派是以京房爲宗師的，那麼這幾種方法的來源便不難指定了。

　　施讐、楊何們的遺說雖無傳，猜測起來，其講易當如象傳、彖傳之類，不甚有詭異的意味。自從京房一派起來，用了種種纖巧的方式，把一部易經講得天花亂墜。人情愛新奇而厭平凡，所以他們的易說就佔着絕對的優勢了。

　　繫辭傳中這一章，它的基礎是建築於說卦傳的物象上的，是建築於九家易的互體和卦變上的。我們既知道說卦傳較彖傳爲晚出，既知道說卦傳與孟、京的卦氣圖相合，又知道京房之學是託之於孟氏的，又知道京房是漢元帝時的人，那麼，我們可以斷說：繫辭傳中這一章是京房或是京房的後學們所作的，它的時代不能早於漢元帝。因爲它出在西漢的後期，所以世本的作者不能見它，史記的作者不能見它，其他早一些的西漢人也都不能見它。因爲它出在西漢的後期，所以它可以採取了淮南子中的"去害就利"一段話來做它的底本，又可以搶奪了世本作篇中的許多人的制作來獻與伏羲、神農等幾個最有名的古帝王。

　　這個結論或者有人看了要問：繫辭傳一書不是司馬遷的父親已引過嗎？爲什麼這章文字會到漢元帝後始出現呢？就說是京房

一班人假造的，然易經的本子尚有施讎、梁丘賀諸家，這僞作的一章即使僥倖插進了孟喜一家的本子，如何可以遍僞他家而盡欺天下之目呢？我說：古書的被人竄亂是常有的事情，一篇之書，大體不僞而部分僞的，所在多有，最顯著的如"孔子生"的插入春秋，百篇書序的插入史記，都是。繫辭傳雖可爲司馬談所見，而伏羲們觀象制器的一章儘不妨到西漢後期纔出來。至於周易經傳的本子，因京房之學日盛，遂使他的本子成爲定本，新出漢石經可見。（經典釋文云："'剝刖'，京作'劓刖'"（困）。去年洛陽發見漢石經殘石，"剝刖"正作"劓刖"，故知東漢學官定本即是用京房的。）京房本立爲定本，載在石經，這不夠統一別的本子嗎？

　　這章的著作者及其著作時代，我們已大略考定了。至於他爲什麼要僞作這一章，上面還沒有說得詳盡。我以爲這僞作的意義有三：其一，是要擡高易的地位，擴大易的效用；其二，是要拉攏神農、黃帝、堯、舜入易的範圍；其三，是要破壞舊五帝說而建立新五帝說。

　　易既入於六藝，立於學官，當然一班治易的人要把它說得神通廣大，纔可替本書佔身份，也替自己佔身份。春秋本是一部簡明的記事書，他們尚且可以把它講出許多奧妙。何況易，陰陽爻是可以排列成許多方式的，卦爻辭是在可解不可解之間的，要附會起來當然更容易。所以第一步說易卦及卦辭、爻辭是講宇宙觀和人生觀的，於是成了彖傳、象傳、繫辭傳等。第二步說宇宙間的萬事萬物都是受支配於八卦的，一個卦可以作爲無數事物的象徵，於是成了說卦傳。第三步說世間的文明都是從易裏推演出來的，古聖人之所以能夠制作即是懂得了這個推演的方法而然，於是成了繫辭傳中的一章。有了這一章，而後繫辭傳中所謂"開物成務"，所謂"立成器以爲天下利"，所謂"百姓日用而不知"，都得到了實際的證明了。這是僞作者的第一義。

　　易與伏羲的關係，在西漢初年已說起。他們發生關係的緣故。大約因爲易的偶像成立的時候正是伏羲的偶像成立的時候（戰國末、西漢初），故於無意中湊合了。（好像堯、舜的傳説發達時正值儒家興起，黄帝的傳説發達時正值道家和神仙家興起，所以他們就做了這幾派的教主。）但易的境域裏僅僅有個伏羲還嫌不熱鬧，而且伏羲又不是儒家所十分崇拜的，應當再拉幾個有名的聖王進去纔是。恰好那時傳説中的古史系統是把伏羲放在神農、黄帝、堯、舜們的上面的，於是便把神農、黄帝、堯、舜一齊請進，叫他們跟了伏羲的腳步走，而後聖聖傳心，易的地位便更尊嚴了。這是僞作者的第二義。

　　五帝之説，自戰國以迄西漢，都確定爲"黄帝—顓頊—帝嚳—堯—舜"，但堯、舜以有儒家的捧場，黄帝以有道家及神仙家的捧場，他們的勢力歷久不衰。至顓頊與帝嚳二人，則偶像之成係因其爲各民族的祖先（看上章史記中各國先世表可知）：到了西漢，民族既融合爲一，没有這個偶像的需要，又没有思想家替他們開出些新國土來，他們的勢力不由得不日就衰落了。然而那時的伏羲、神農的傳説起得不久，正在社會上風行。惟以五帝久已定局，三皇也没有改組的消息，他們得不到一個正統的地位。本章的作者看準了這一點，大膽起一次革命，擁戴伏羲、神農，放逐顓頊、帝嚳，使五帝的組織變成"伏羲—神農—黄帝—堯—舜"，個個都是當時有實力的。因爲他擁戴的是"大的新鬼"，放逐的是"小的故鬼"，所以輿論翕然，不聞異議，而伏羲、神農的寶座遂至今不撤了。這是僞作者的第三義。

附

胡適：論觀象制器的學説書 *

頡剛兄：

　　頃讀你的周易卦爻辭中的故事，高興極了。這一篇是極有價值之作。不但是那幾個故事極有趣，你考定繫辭傳的著作年代也很有意思，引起我的興趣。世本所據傳説，必有一部分是很古的，但世本是很晚的書，繫辭不會在其後。繫辭説制器，尚不過泛舉帝王，至世本則一一列舉，更"像煞有介事"了。此亦世愈後而説愈詳之一例，不可不察。王亥固是很古，而蒼頡等則很今了。世本不採繫辭，也許是因爲繫辭所説制作器物太略了，不够過癮。繫辭那一章所説，只重在制器尚象，並不重在假造古帝王之名。若其時已有蒼頡沮誦作書契之傳説，又何必不引用而僅泛稱"後世聖人"呢？

　　至於淮南子汜論訓不明説引繫辭此段，也不足證明繫辭在淮南王書之後。我以爲汜論訓所説必是依據繫辭而稍加發揮。其所以不明白引用繫辭者，正爲繫辭所重在觀象制器，而淮南主旨在制器應用，同爲制器，而解釋制器之因根本不同，故淮南作者不能引用繫辭"來證實自己的説話"。

　　至於説司馬遷爲什麽不引用繫辭此段的黃帝堯舜制器的事呢？此一點似不難明白。繫辭傳只是説理之書，太史公從不曾把此書當作史實看，故不把這些話收入五帝本紀中去。然"伏羲作八卦……而天下治"，日者列傳中有之，此則出自司馬季主口中，由他信口開河，不妨讓他存在，後世讀者必不會以爲太史公認此

　　* 原載燕大月刊第六卷第三期，1930 年 10 月 10 日；又載古史辨第三册。

言爲史實也。

三統曆引此文也不過"宓戲氏之所以順天地，通神明，類萬物之情也"一語，此即班書律曆志序所謂"伏羲畫八卦，由數起"，亦即史記日者列傳所謂"伏羲畫八卦"也。若謂班志引劉歆此語即足證劉歆之時已有繫辭此文，則我們也可說司馬季主與淮南王書之時已有此文了。

繫辭此文出現甚早，至少楚漢之間人已知有此書，可以陸賈新語道基篇爲證。道基篇裏述古聖人因民人的需要，次第制作種種器物制度，頗似氾論訓，而文字多與繫辭接近，如云："先聖乃仰觀天文，俯察地理，圖畫乾坤，以定人道"；又云："黃帝乃伐木構材，築作宮室，上棟下宇，以避風雨"；又云："奚仲乃撓曲爲輪，因直爲轅，駕馬服牛，浮舟杖檝，以代人力"。新語一書，前人多疑之，四庫提要懷疑最力，故我從前不注意此書。去年偶讀龍谿精舍唐晏校補本，細細研究，始知此書不是僞書。其中甚多精義，大非作僞者所能爲。提要説，穀梁傳晚出，而道基篇末有"穀梁傳曰"，時代尤相牴牾。但此書所引穀梁傳的話，今本穀梁傳實無其文；若新語作於穀梁傳出現之後，何不稱引晚出之書？

我的意思以爲新語與氾論訓同受繫辭此文的暗示。兩書各有所主張，都不用"制器尚象"之義，故放膽發揮而不直引其文。兩書皆説理之作，故不妨自由去取。兩書之用此等制作之事，與先秦學者言必稱堯舜正同。司馬遷則是史家，不能如此自由，故他不用此文制作之事，正與他不用韓非陸賈淮南王書中的制作之事同一理由，似不足奇怪。

至於"觀象制器"之説，本來只是一種文化起源的學説。原文所謂"蓋取諸某象"，正如崔述所謂"不過言其理相通耳，非謂必規摹此卦然後能制器立法也"。繫辭本説："易者，象也；象也者，像也。"所謂觀象，只是象而已，並不專指卦象，卦象只是象之一種符號而已。

　　故我在中國哲學史論"象"，把繫辭此章與全部六十四卦的象傳合看(頁85—86)，使人明白這個思想確是一個成系統的思想，不是隨便説説，確曾把全部易都打通了，細細想過，組成一個大理論。如説，"山下出泉，蒙，君子以果行育德"，此豈可説是僅觀卦象而已？又如説，"地中有山，謙，君子以捋多益寡，稱物平施"，此豈可説是僅觀卦象而已？凡此等等，卦象只是物象的符號，見物而起意象，觸類而長之，"見乃謂之象，形乃謂之器"。此學説側重人的心思智慧，雖有偏處，然大體未可抹殺。你的駁論(六期，一〇〇四)太不依據歷史上器物發明的程序，乃責數千年前人見了"火上水下"的卦象何以不發明汽船似非史學家應取的態度。此意我曾以之責劉掞藜，不意今日乃用來質問你。事物之發明，固有次第，不能勉強。瓦特見水壺蓋衝動，乃想到蒸汽之力，此是觀象制器。牛敦見蘋果墜地，乃想到萬有引力，同是有象而後有制作。然瓦特有瓦特的歷史背景，牛敦有牛敦的歷史背景。若僅説觀象可以制器，則人人日日可見水壺蓋衝動，人人年年可見蘋果墜地，何以不制作呢？故可以説"觀象制器"之説不能完全解釋歷史的文化，然不可以人人觀象而未必制器，乃就謂此説完全不通，更不可以説"在繫辭傳以後也不曾有人做出觀象制器的事"。

　　現代哲學家 E. J. E. Woodbridge 曾説：

"He looks at a wilderness, but even as he looks beholds a garden."

　　他望着一片荒野，但就當他望的時候，他已看見了一個花園。

心裏的"花園"的"象"，便規定了這片荒野的將來規模。制器尚象，不過如此。飛鳥之像，便是飛艇的祖宗。墨翟王莽以下，二千多年，凡夢想飛行者皆以飛鳥爲意象。到二十世紀初期始有"重於空氣"的飛機的發明，飛行始成功。然其原來的暗示仍出於飛鳥。不過後世機械之學已大明，故Wright弟兄能做出墨翟王莽所不能做的飛機耳。

　　制器尚象之説只是一種學説，本來不是歷史。六十四卦的象傳皆不明説某帝某王，只泛説"君子""先王"而已。繫辭傳此章便坐實了某帝某王，可説有稍後出的可能。然象傳六十四條皆有觀象制作之意，與繫辭此章確是同一學説，同出於一個學派。

　　司馬遷不用此章作史料，是他的卓識。崔述用此章作唯一可信的上古史料，是他的偏見。你受了崔述的暗示，遷怒及於繫辭，也不是公平的判斷。至於你的講義中説制器尚象之説作於京房一流人，其説更無根據。京房死於西曆前三十七年，劉歆死於紀元後二十二年，時代相去太近。況且西漢易學無論是那一家，都是術數小道，已無復有"制器尚象"一類的重要學説。孟喜焦延壽京房之説雖然失散，而大旨尚存在史傳及輯佚諸書之中，可以覆按。

　　以上所説，於尊作本文毫不相犯，我所指摘皆是後半的餘論。至於本文的價值，此函開始已説過。我不願此文本論因餘論的小疵而掩大瑜，故草此長函討論。久不作長書，新年中稍有餘暇，遂寫了幾千字，千萬請指教。

　　　　　　　　　　　　　　　　胡適。十九，二，一夜。

附

跋 [*]

頡剛案：適之先生此函，接讀後即有無數話要説，不幸初以無閒，後因有病，至今未能寫成。可是材料卻搜集得很多了，對於這一個問題大可作徹底的解決了。我希望這篇文字能於一年內寫好，在將來的古史辨中發表。

適之先生對於我的態度，不免誤會。他説制器應當觀象，舉瓦特牛頓的事爲例。其實，我在論文中早已説：“創造一件東西，固然是要觀象，但這個象乃是自然界之象而非八卦之象。”講義中也説“制器時看的象乃是自然界的象而不是卦爻的象”。至於易傳中這章文字，明明是教我們看了卦象而制器，這是萬萬不可能的事，這一章文字不是用互體和卦變之説也是萬萬講不通的，所以我敢説它是“術數小道”之下的産物。

十九，十二，十二，顧頡剛記。

---

[*] 原載古史辨第三册。

論觀象制器書 [*]

適之先生：

接到先生的信，幾乎一年了，至今始得作答，其無閒暇可知也。亦以此問題牽涉頗多，非得一星期之暇不能作答，故遲延至今。

先生以爲繫辭傳中觀象制器的故事不出後人屬作，其理由有：

1. 繫辭説制器不過泛舉帝王，至世本則一一列舉，此爲世愈後而説愈詳的一例。至世本所以不採繫辭，是因繫辭説的太略。

2. 淮南子是依據繫辭而稍加發揮，其所以不明白引用繫辭，因它們解釋制器之因根本不同。

3. 司馬遷不以繫辭此文當作史實看，故不收入五帝本紀。

4. 繫辭此文出現甚早，可用陸賈新語道基篇作證，證明楚漢間人已知有此書。

5. 西漢易學無論哪一家，都是術數小道，無復有制器尚象一類的重要學説。

這五個理由，我都不敢以爲然，請畢其説。

先生説："繫辭説制器，尚不過泛舉帝王，至世本則一一列舉，便像煞有介事了。此亦世愈後而説愈詳之一例。"這個意思，

---

[*] 原載中國文化與中國哲學 1988 年號，深圳大學國學研究所。附文同。

我不敢讚同。〔傳説的演化固以"世愈後而説愈詳"爲通則，但也有世愈後而説愈簡的，因爲許多系統都併到一個系統之下了。最顯明的證據，如堯典的九官，本各有各的起源，各人背後均有一大堆傳説，但到堯典的作者把它們組織爲一串，從此時間空間均被統一，許多堆傳説失傳了，只剩這一大堆了。世本固然是很晚的書，可以説一定在戰國以後的。但它的材料卻有所自來。〕我們試把呂氏春秋審分覽中兩段話鈔出：

> 奚仲作車，蒼頡作書，后稷作稼，皋陶作刑，昆吾作陶，夏鯀作城：此六人者，所作當矣。（君守）
>
> 大橈作甲子，黔如作虜首，容成作曆，羲和作占日，尚儀作占月，后益作占歲，胡曹作衣，夷羿作弓，祝融作市，儀狄作酒，高元作室，虞姁作舟，伯益作井，赤冀作臼，乘雅作駕，寒哀作御，王冰作服牛，史皇作圖，巫彭作醫，巫咸作筮：此二十官者，聖人之所以治天下也。（勿躬）。

這兩段文字中共舉了二十六人。我們試把它和世本作一比較：

呂氏春秋	世本	比較
奚仲作車	奚仲作車（山海經海内經注）	同
蒼頡作書	蒼頡作書（尚書序正義） 沮誦、蒼頡作書（廣韻九）	增加
后稷作稼		未言
皋陶作刑	皋陶作五刑（路史注） 伯夷作五刑（御覽六三六）	增加
昆吾作陶	昆吾作陶（史記注）	同
夏鯀作城	鯀作城郭（禮記祭法正義）	同
大橈作甲子	大橈作甲子（書舜典正義） 黄帝令大橈作甲子（路史後紀注）	增加

吕氏春秋	世本	比較
黔如作虜首畢沅校云，不可解，疑虜首當是蔀首	隸首作算數？（史記曆書索隱）	存疑
容成作曆	容成造曆（書舜典正義）	同
羲和作占日	羲和占日（史記曆書索隱）	同
尚儀作占月	常儀占月（同上）	同
后益作占歲	后益作占歲（御覽十七）	同
胡曹作衣	胡曹作衣（御覽六八九） 伯余作衣裳（淮南子氾論訓注）	增加
夷羿作弓	揮作弓（禮記射義正義）	異
祝融作市	祝融作市（易釋文）	同
儀狄作酒	儀狄造酒（尚書酒誥正義）	同
高元作室	禹作宮室（爾雅釋文）	異
虞姁作舟	共鼓貨狄作舟（山海經海內經注）	異
伯益作井	化益作井（易釋文） 黄帝見百物始穿井（初學記七）	增加
赤冀作臼	雍父作臼（廣韻四四）	異
乘雅作駕畢沅校注，舊校云："雅，一作持。"案荀子解蔽篇云，乘杜作乘馬，楊倞注云，"吕氏春秋作一駕"，一字或衍文。疑舊校"持"字乃"杜"字之誤，"杜"即"相土"也。	相土作乘馬（周禮夏官校人注） 胲作駕（事物紀原七）	異　　半同
寒哀作御（古寒韓通）	韓哀作御（漢書王褒傳注）	同
王冰作服牛	胲作服牛（初學記二九）	同
史皇作圖	史皇作圖（御覽七五〇）	同
巫彭作醫	巫彭作醫（山海經海內經注）	同
巫咸作筮	巫咸作筮（周禮龜人）	同

以上二十六條，相同者凡十四，增加者凡五，異者凡五，未言與存疑者各一。惟增加者其未增加之部分仍與呂氏春秋相同，故凡得十九，已逾三分之二。可見呂氏春秋所錄之傳說與世本所錄之傳說甚相同，我們若不說呂氏春秋之文是世本以後人所增入，則不能不承認世本之說之有來歷。然而他們兩書有一點不同，就是呂氏春秋不說帝王制作，而世本則兼說帝王制作。如“大橈作甲子”，呂氏只此一語耳，而世本則既有“大橈作甲子”，又有“黃帝令大橈作甲子”。“伯益作井”，呂氏亦僅有此一語耳，而世本則既有“化益作井”，又有“黃帝見百物始穿井”。這一點看似小異同，其實所關甚大。因爲呂氏春秋的審分覽及其所屬的君守、任數、勿躬三篇完全講作君的方法，而歸本於君無爲而臣盡能。故審分覽云：

　　人與驥俱走，則人不勝驥矣。居於車上而任驥，則驥不勝人矣。人主好治人官之事，則是與驥俱走也，必多所不及矣。

君守篇云：

　　人主好以己爲，則守職者捨職而阿主之爲矣。阿主之爲有過，則主無以責之，則人主日侵而人臣日得，是宜動者靜，宜靜者動也。尊之爲卑，卑之爲尊，從此生矣。此國之所以衰而敵之所以攻之者也。奚仲作車，……此六人者所作當矣，然而非主道者。故曰作者憂，因者平。惟彼君道，得命之情，故任天下而不强，此之謂全人。

又任數篇云：

　　古之王者其所爲少，其所因多，因者君術也，爲者臣道也。爲則擾矣，因則靜矣。因冬爲寒，因夏爲暑，君奚事哉？故曰，君道無知無爲而賢於有知有爲，則得之矣。

勿躬篇云：

　　人之意苟善，雖不知，可以爲長。故李子曰，非狗不得兔，兔化而狗則不爲兔。人君而好爲人官，有似於此。其臣蔽之，人時禁之；君自蔽則莫之敢禁。夫自爲人官，自蔽之精者也。袚篲日用而不藏於篋，故用則衰，動則暗，作則倦。衰暗倦三者，非君道也。大橈作甲子，……此二十官者，聖人之所以治天下也。聖王不能二十官之事，然而使二十官盡其巧，畢其能，聖王在上故也。聖王之所不能也，所以能之也；所不知也，所以知之也。養其神、修其德而化矣，豈必勞形愁弊耳目哉！

他是竭力反對君主自作聰明的，他以爲制造器物是臣下的事，君主不應管的。倘使那時已有易傳中的觀象制器的一段神聖的故事，一切的制作均歸之於聖王觀卦象的，他何得這般說呢？就使他這般說了，何得一手掩盡天下目，禁止博士們的駁詰呢？若說繫辭傳的故事爲泛舉之詞應在前，世本的故事爲列舉之詞應在後，將何以解於呂氏春秋的不言呢？就說呂不韋挾其震主之威，不惜抹煞易傳的故事，然試觀易傳的故事，戰國時人有言及的嗎？若世本的故事，則春秋、戰國、秦、漢間人言之者甚多，今試舉如下（今截至西漢之初，約略至世本出時）：

奚仲作車——奚仲作車。（荀子解蔽）

　　　　　薛之皇祖奚仲居薛，以爲夏車正。（左傳定元年）

奚仲之巧非斲削也。（晏子形勢）

番禺生奚仲，奚仲生吉光，吉光是始以木爲車。（山海經海内經）

奚仲爲車。（淮南子脩務訓）

蒼頡作書——好書者衆矣，而倉頡獨傳者，壹也。（荀子解蔽）

古者蒼頡之作書也，自環者謂之私，背私謂之公。（韓非子五蠹）

昔者蒼頡作書而天雨粟，鬼夜哭。（淮南子本經訓）。

蒼頡作書。（淮南子脩務訓）

蒼頡之初作書，以辨治百官，領理萬事。（淮南子泰族訓）

后稷作稼——誕后稷之穡，有相之道。（詩大雅生民）

思文后稷，克配彼天，立我烝民，莫匪爾極。貽我來牟，帝命率育。（詩周頌思文）

赫赫姜嫄……是生后稷，降之百福，黍稷重穋，稙穉菽麥，奄有下國，俾民稼穡。（詩魯頌閟宮）

稷勤百穀而山死。（國語魯語）

好稼者衆矣，而后稷獨傳者，壹也。（荀子解蔽）

后稷是播百穀，稷之孫曰叔均，是始作牛耕。（山海經海内經）

后稷作稼穡而死爲稷。（淮南子氾論訓）

后稷耕稼。（淮南子脩務訓）

有西周之國，姬姓，食穀。有人方耕，名曰叔均。帝俊生后稷，稷降以百穀。稷之弟曰臺

　　　　　　　墾，生叔均，叔均是代其父及稷播百穀，始
　　　　　　　作耕。（山海經大荒西經）
皋陶作刑——淑問如皋陶，在泮獻囚。（詩魯頌泮水）
　　　　　　　皋陶瘖而爲大理。
　　　　　　　皋陶鳥喙，是謂至信，決獄明白，察於人情。
　　　　　　　（淮南子脩務訓）
昆吾作陶——
夏鮌作城——夏鯀作三仞之城。（淮南子原道訓）
大橈作甲子——
黔如作虜首——
容成作曆——容成造曆。（淮南子脩務訓）
　　　　　　　容成氏曰：“除日無歲，無内無外。”（莊子則陽
　　　　　　　按漢書藝文志有容成子十四篇）
羲和作占日——吾令羲和弭節兮，望崦嵫而勿迫。（離騷）
　　　　　　　有女子名曰羲和，方浴日於甘淵。羲和者帝
　　　　　　　俊之妻，生十日。（山海經大荒南經）
尚儀作占月——有女子方浴月，帝俊妻常羲生月十有二，此
　　　　　　　始浴之。（山海經大荒西經）
后益作占歲——帝令重獻上天，令黎卬下地，下地是生噎，
　　　　　　　處於西極以行日月星辰之行次。（山海經
　　　　　　　大荒西經）
　　　　　　　共工生后土，后土生噎鳴，噎鳴生歲十有
　　　　　　　二。（山海經海内經）
胡曹作衣——胡曹爲衣。（淮南子脩務訓）
夷羿作弓——羿善射。（論語憲問篇）
　　　　　　　羿焉躍日？……帝降夷羿，革孽夏民，胡射夫
　　　　　　　河伯而娶彼雒嬪？（楚辭天問）
　　　　　　　羿與鑿齒戰於壽華之野，羿射殺之。……羿持

弓矢。（山海經海外南經）

帝俊賜羿彤弓素矰以扶下國，羿是始立恤下地

之百艱。（山海經海內經）

后羿……恃其射也，不修民事而淫於原獸。

（左傳襄四年）

羿除天下之害而死爲宗布。（淮南子氾論訓）

羿左臂脩而善射。（淮南子脩務訓）

祝融作市——

儀狄作酒——儀狄爲旨酒，禹飲而甘之，遂疏儀狄而絕旨

酒。（淮南子泰族訓）

儀狄作酒。（淮南子脩務訓）

高元作室——

虞姁作舟——帝俊生禺號，禺號生淫梁，淫梁生番禺，是始

爲舟。（山海經海內經）

伯益作井——伯益作井而龍登玄雲，神棲崑崙。

赤冀作臼——

乘雅作駕——乘杜作乘馬。（荀子解蔽）

寒哀作御——

王冰作服牛——王亥託於有易河伯僕牛。（山海經大荒東經）

史皇作圖——史皇產而能書。（淮南子脩務訓）

巫彭作醫——開明東有巫彭、巫抵、巫陽、巫履、巫凡、巫

相，夾窫窳之屍，皆操不死之藥以距之。窫

窳者，蛇身人面，貳負臣所殺也。（山海經

海內西經）

巫咸作筮——在太戊，時則有若伊陟臣扈格於上帝，巫咸乂

王家。（書君奭）

巫咸國……在登葆山，群巫所從上下也。（山

海經海外西經）

> 大荒之中……有靈山，巫咸、巫即、巫盼、巫
> 彭、巫姑、巫真、巫禮、巫抵、巫謝、巫
> 羅，十巫從此升降百藥爰在。（山海經大荒
> 西經）

即此可見這些故事皆有其深長之歷史，非咄嗟所可辦。呂氏春秋
集之於先，世本集之於後。至於易傳中的故事，我們試也列而
求之：

> 庖犧作八卦——今易之乾坤足以窮道通意也，八卦可以
> 　　　　　　　識吉凶，知禍福矣，然而伏羲爲之六
> 　　　　　　　十四變。（淮南子要略）

　　庖犧氏作罔罟
　　神農氏作耒耜
　　神農氏作市
　　黃帝、堯、舜作舟楫
　　黃帝、堯、舜作服牛乘馬
　　黃帝堯、舜作重門擊柝
　　黃帝、堯、舜作杵臼
　　黃帝、堯、舜作弧矢
　　後世聖人作宮室
　　後世聖人作棺槨
　　後世聖人作書契

試問這些故事，詩、書中有嗎？諸子中有嗎？即此可知此種故事
並無其歷史，它有一個中心思想，即道統，以爲聖聖相傳，帝統
之遞嬗即道德之遞嬗，出於咄嗟之間。換言之，即呂覽與世本之
故事以傳說爲其背景，而易傳的故事乃以道統的思想爲其背景
也。先生謂世本之與易傳，乃以世之後而說加詳，其實傳說面目
本是複雜，其所以約者乃因其自己組成一系統。猶之古來民族本
甚複雜，自戰國時人欲組成一個系統，乃有帝系姓之作，而一切

民族遂悉爲黃帝之孫，五帝、三王莫非同祖。若謂後必視前爲伙頤，將謂先有黃帝子孫之説而後有玄鳥、生民諸篇乎？

先生説淮南子不明引繫辭此段，正爲繫辭所重在觀象制器，而淮南子主旨在制器應用，同爲制器而解釋制器之因根本不同，故不引它來證實自己的話。這個意見，我亦不敢贊同。

淮南子作於道家極盛之世，故其中含有道家言論甚多。道家是主張無爲的，所以對於物質文明極力排斥。如：

> 太清之始也，和順以寂寞，質真而素樸，……機械詐僞莫藏於心。逮至衰世，鐫山石，鏨金玉，擿蚌蜃，消銅鐵而萬物不滋。……鑽燧取火，構木爲臺，焚林而田，竭澤而漁，而萬物不繁。……積壤而丘處，糞田而種穀，掘地而井飲，疏川而爲利，築城而爲固，拘獸以爲畜，則陰陽繆戾，四時失叙，……而萬物燋夭。（本經訓）

照它所説，它對於作網罟，作耒耜，作弓矢以及鑿井、築城等事，當非一一反對。所以它説：

> 昔者蒼頡作書而天雨粟，鬼夜哭。伯益作井而龍登玄雲，神棲崑崙。能愈多而德愈薄矣。故周鼎著倕，使銜其指，以明大巧之不可爲也。（本經訓）
> 昔者夏鯀作三仞之城，諸侯背之，海外有狡心。禹知天下之叛也，乃壞城平池。（原道訓）
> 儀狄爲酒，禹飲而甘之，遂疏儀狄而絶旨酒，所以遏流湎之行也。……故民知書而德衰，知數而厚衰，知券契而信衰，知械機而實衰也。（泰族訓）

它爲什麼罵來罵去只罵着呂氏春秋及世本中的制作家，而不罵到

易傳中的觀象制器的帝王呢？這些帝王，它並不是不敢罵的，
曾説：

> 至德之世，甘瞑於溷瀾之域而徙倚於汗漫之宇，……是
> 故聖人呼吸陰陽之氣，而群生莫不顒顒然仰其德以和順。當
> 此之時，莫之領理，決離隱密而自成；渾渾蒼蒼，純樸未
> 散，帝薄爲一而萬物大優。是故雖有羿之知而無所用之。及
> 世之衰也，至伏羲氏，其道昧昧芒芒然，吟德懷和，被施頗
> 烈，而知乃始昧昧晽晽，皆欲離其童蒙之心而覺視於天地之
> 間，是故其德煩而不能一。乃至神農黃帝，剖判大宗，竅領
> 天地，襲九窾，重九𤎩，提挈陰陽，嫥捖剛柔，枝解葉貫，
> 萬物百族，使各有經紀條貫，於此萬民睢睢盱盱然莫不竦身
> 而載聽視，是故治而不能和下。（俶真訓）

在這一段裏説在至德之世順了自然何等和順，到伏羲時用了知
識，便差了若干，到神農、黃帝時用知識更甚，所以又差了若
干。觀象制器的故事，從他們看來，一方面是嗜欲的侵襲，一方
面是聰明的發泄，應當罵一下，爲什麼卻一字不提呢？這些聖帝
們的制作，作淮南的人並不是不知道的，例如：

> 神農之初作也，以歸神；及其淫也，反其天心。（泰族
> 訓）

即是。可是神農這個制作，乃是不見於易傳而見於世本的呵！
（禮記樂記正義等引世本“神農作琴”。）又如：

> 古者民茹草飲水，採樹木之實，食蠃蚌之肉，時多疾病
> 毒傷之害，於是神農及始教民播種五穀，……嘗百草之滋

味，水泉之甘苦，令民知所避就。當此之時，一日而遇七十毒。(脩務訓)

但這個制作也是不見於易傳而見於世本的呵！(王應麟急就篇補注引世本"神農和藥濟人"。)作淮南子的人是常稱引易文的，爲什麼對於易傳中這些故事視若無睹，不說"神農之初作市也以懋遷有無；及其淫也，壟斷而病民"，也不說"自伏羲爲網罟，貪者竭澤而漁，遂使水族燋夭"呢？就說不罵他們而要稱譽他們，也有一例：

　　昔者蒼頡作書，容成造曆，胡曹爲衣，后稷耕稼，儀狄作酒，奚仲爲車：此六人者皆有神明之道，聖智之跡，故人作一事而遺後世，非能一人而獨兼有之。各悉其知，貴其所欲達，遂爲天下備。(脩務訓)

這裏説他們六人有了神明之道，聖智之跡，每人只作了一件東西遺傳下來，不能一人兼有幾件東西，因爲知識是有限制的。他難道没有看見易傳上寫的伏羲作了八卦又作網罟，神農作了耒耜又作市，黄帝、堯、舜作了舟楫又作服牛乘馬，又作重門擊柝，又作杵臼，又作弧矢嗎？何以它竟説"非能一人而獨兼有之"呢？

　　從這種種方面看來，淮南子很肯説制作，又很肯批評伏羲、神農們，又很肯引易文，但竟不理會易傳中這段極有價值的記載，不能不説出乎情理之外。要使這一段文字先淮南子而存在，我們對於這件奇怪的事實在没法作解釋。如果我們説，那時没有這段文字，所以淮南子中不用，這就很明白了！

　　先生説，司馬遷從不曾把繫辭傳當作史實看，故不把這些話收入五帝本紀中去。這個意思，我亦不敢贊同。文王作易的故事，亦出於繫辭傳，云：

> 易之興也，其於中古乎？作易者其有憂患乎？
>
> 易之興也，其當殷之末世，周之盛德邪？當文王與紂之事邪？是故其辭危。

可見這段故事實在渺茫得很，所以連用了兩個疑問的"乎"，兩個疑問的"邪"。然而太史公就信爲史實了。故於周本紀上説：

> 西伯……囚羑里，蓋益易之八卦爲六十四卦。

他用"蓋"字，還有些疑問的口氣。至太史公自序則云：

> 昔西伯拘羑里，演周易；孔子厄陳、蔡，作春秋。

於答任少卿書云：

> 西伯拘而演周易；仲尼厄而作春秋。

則竟以文王演易與孔子作春秋作同等的史實看待了。他哪裏不曾把繫辭傳當作史實看呢！且自序中又云：

> 余聞之先人曰，虙戲至純厚，作易八卦。

要是繫辭傳中觀象制器的一大段故事是原來有的，司馬遷説伏羲作易八卦是根據它來的，那麼他已採取了此段文字，已看此段文字爲史實了，爲什麼伏羲作網罟以下的故事他全不採用呢？

司馬遷於五帝本紀的贊中説：

> 學者多稱五帝尚矣，然尚書獨載堯以來，而百家言黃

帝，其文不雅馴，薦紳先生難言之。孔子所傳宰予問五帝德及帝繫姓，儒者或不傳。……余並論次，擇其言尤雅者，故著爲本紀書首。

可見他作五帝本紀時，他曾向古籍裏搜集材料，但百家之言他是不信了，在儒家經典裏只有尚書上溯到堯，此外並沒有更遠的記載。經裏既沒有，他只得求於傳記。但是傳記裏也只有五帝德及帝繫姓兩篇是説堯以前的事的，是從黃帝説起的，所以他的五帝本紀也由黃帝開頭了。倘使繫辭傳這段文字是原來有的，這正是他"寤寐求之，求之不得"的東西，他爲什麼忍得撇棄呢？況且司馬遷審擇史料的標準只在神話與非神話之間，凡是講聖帝明王的仁義道德的（就是儒家所存想之古帝王），他不管其是否可靠，一概採取。即以五帝德而論，幾乎全篇是空話，又它寫這一帝與那一帝的事跡總是一個方式，如：

（甲）聰明——黃帝：生而神靈，……長而敦敏，成而聰明。

　　　　　　顓頊：洪淵以有謀，疏通而知事。

　　　　　　帝嚳：生而神靈，……聰以知遠，明以察微。

　　　　　　帝堯：其知如神。

　　　　　　帝舜：敦敏而知時，……睿明通知。

　　　　　　禹：敏給克濟，……明耳目。

（乙）仁義——黃帝：撫萬民……勤勞心力耳目，節用水火材物，生而民得其利百年。

　　　　　　顓頊：養材以任地，……治氣以教民，……動靜之物，小大之神，日月所照，莫不砥礪。

　　　　　　帝嚳：博施利物，不於其身，……順天之義，知民之隱，仁而威，惠而信，……取地之材而節用之，撫教萬民而利誨之。……日月

　　　　　　　所照，風雨所至，莫不從順。

　　帝堯：其仁如天。……富而不驕，貴而不
　　　　　豫，……其言不貳，其行不回，四海之
　　　　　內，舟輿所至，莫不說夷。

　　帝舜：好學孝友，……寬裕溫良，……畏天而
　　　　　愛民，恤遠而親親。其言不惑，其德
　　　　　不懝。

　　禹：其德不回，其仁可親，其言可信，……亹
　　　　亹穆穆，爲綱爲紀。……四海之內，舟車
　　　　所至，莫不賓服。

(丙)成天——黃帝：治五氣，……順天地之紀、幽明之故、
　　　　　　死生之說，……時播百穀草木，……歷
　　　　　　離日月星辰。

　　顓頊：履時以象天，依鬼神以制義，治氣以
　　　　　教民。

　　帝嚳：歷日月而迎送之，明鬼神而敬事之。

　　帝堯：四時先民治之。

　　帝舜：羲和掌曆，敬授民時。

　　禹：履四時，……戴九天。

(丁)平地——黃帝：度四方。

　　顓頊：北至於幽陵，南至於交趾，西濟於流
　　　　　沙，東至於蟠木。

　　帝堯：流共工於幽州以變北狄，放驩兜於崇山
　　　　　以變南蠻，殺三苗於三危以變西戎，殛
　　　　　鯀於羽山以變東夷。

　　帝舜：南撫交趾大教，鮮支、渠廋、氐羌，北
　　　　　山戎、發、息慎，東長鳥夷羽民。

　　禹：巡九州，通九道，陂九澤，度九山，……

　　　　　　　　履四時，據四海。

這種陳陳相因的句子，毫無個性的描寫，即在八股文中亦非上等文字，哪裏有充做史料的價值。而司馬遷卻以爲“其言尤雅”，一齊採入五帝本紀了。但他也不是漫無別擇，原有他的擇取標準，所以五帝德中的文字有被他所删除的，如：

　　黃帝——乘龍扆雲

　　顓頊——乘龍而至四海

　　帝嚳——春夏乘龍，秋冬乘馬

這數句他就不要，因其帶有神話色彩，人哪裏可以乘龍呢！至於

　　帝堯——彤車乘白馬

他就毫不遲疑地寫進了。其實從我們看來，這件毫無神話性的故事，何嘗不與乘龍同其荒渺呵！

　　我們知道了這個標準，再來看繫辭傳，即可知道繫辭傳中這一大段故事毫没有被他删除的必要。豈但没有删除的必要呢，簡直可以説他必須採録。其一，這是一個帝統的記載，他因爲尚書獨載堯以來，逼得向空疏的五帝德中取材，現在易傳竟載伏羲以來，這不是一個很好的根據嗎？其二，這是一個道統的記載，自伏羲至堯、舜，聖聖相傳，以同樣的態度制成許多百姓日用的器物，收得化民成俗的功效，這不是比了五帝德中的治氣履時之績更該記載嗎？其三，這是一個毫無神話性的故事，所舉的多是民生日用的東西，何等切實於人事！假使這一段故事還不當它史實看，則淺薄無聊的五帝德之文自然更應當一腳踢出歷史之外了。

　　所以當司馬遷作史記時，有伏羲作八卦的傳説，有文王演卦的傳説，他都收進了。然而周易中没有伏羲作八卦之文，故於五經中獨舉尚書，以爲其年歷最遠；更没有伏羲作網罟，神農作耒耜……之文，故更無一語及之。

　　如果不信，我們試舉史記以後的史，看看他們對於這些事情信不信。其一，是三統歷。劉歆的三統歷即漢書律歷志的前身，

他所引的世經云：

> 太昊帝：易曰，庖犧氏之王天下也，言庖犧繼天而王，
> 　　　　爲百王先首。……作網罟以田漁、取犧牲，故
> 　　　　天下號曰庖犧氏。……
> 炎帝：易曰，庖犧氏没，神農氏作。……教民耕農，故
> 　　　天下號曰神農氏。
> 黃帝：易曰，神農氏没，黃帝氏作。……始垂衣裳，有
> 　　　軒冕之服，故天下號曰軒轅氏。

又如班固白虎通德論：

> 古之時……民人但知其母，不知其父，……伏羲仰觀象
> 於天，俯察法於地，因夫婦正五行，始定人道，畫八卦以治
> 下，故謂之伏羲也。……
> 古之人民皆食禽獸肉，至於神農，人民衆多，禽獸不
> 足，於是神農因天之時，分地之利，制耒耜，教民農作，神
> 而化之，使民宜之，故謂之神農也。

又如應劭的風俗通義説：

> 謹按，易稱古者伏羲氏之王天下也，仰則觀象於天，俯
> 則觀法於地，始作八卦以通神明之德，以類萬物之情，結繩
> 爲網罟，以佃以漁。伏羲氏没，神農氏作。斲木爲耜，揉木
> 爲耒，耒耜之利以教天下。日中爲市，致天下之民通其變，
> 使民不倦，神而化之，使民宜之。唯獨叙二皇，不及遂人。
> 遂人功重於祝融、女媧，文明大見。大傳之義，斯近之矣。
> （三皇）

　　黃帝始制冠冕，垂衣裳，上棟下宇以避風雨。禮文法
度，興事創業。（五帝）

又加許慎説文序：

　　古者庖犧氏之王天下也，仰則觀象於天，俯則觀法於
地，視鳥獸之文與地之宜。近取諸身，遠取諸物，於是始作
易八卦以垂憲象。及神農氏結繩爲治，而統其事，庶業其
繁，飾僞萌生。黃帝之史倉頡，見鳥獸蹄迒之跡，知分理之
可相別異也，初造書契，百工以乂，萬品以察，蓋取諸夬。
夬揚於王庭，言文者宣教明化於王者朝廷，君子所以施禄及
下，居德則忌也。

又如王符的潛夫論：

　　伏羲作八卦，結繩爲網以漁。……
　　神農代伏羲氏，……是始斲木爲耜，揉木爲耒耨，日中
爲市，致天下之民，聚天下之貨，交易而退，各得其
所。……
　　黃帝軒轅代炎帝氏，……是始制衣裳。……
　　少暤代黃帝氏，……是始作書契，百官以治，萬民以
察。……

這樣看起來，是三統曆以後無不以繫辭傳這一段文字爲古代史的
骨幹的。何以易傳自戰國到西漢歷數百年，煌煌著於經典而絲毫
不發生影響；一至西漢之末，就插入了歷史，到東漢竟成了正統
的歷史觀念呢？這是好奇怪的一件事。倘使它不從西漢後期出
來，真使我們無法作解釋。

自從東漢以來，這些故事的歷史性更確定了。許多理學家叙述道統的歷史，必始於伏羲，其根據全在於此。司馬遷所不屑理會的，遂成了堯、舜、文、武、周公、孔子的大道所從出發的源頭了，學者們對於這一大段故事視爲神聖而不敢平視了。雖以崔述考古史之精核，而考信錄中對於此事卒不敢獻疑，僅云：

> 按唐、虞以前，未聞有稱王者。"王天下"云者，據三代之稱而加之上古者也。此傳之所以不逮經，學者不可以辭害意也。（補上古考信錄卷上包犧氏條）

> 按傳文所謂取諸某卦者，不過言其理相通耳，非謂必規摹此卦，然後能制器立法也。而古未有書，後人亦無由知其所由作，故稱"蓋"也。蓋者，疑詞也。今並刪之，後不復注。（同上）

他也只會替它把不可通之點作遮飾之辭，不敢直破其壁壘。這段文字的權威也就可想而知了。司馬遷是希望紹明世，繼孔子的人，他對於這些文字敢不當它史實看嗎？

到現在，中華民國已十九年了，而小學校的歷史教科書還是寫着這大段故事。試舉一例：

> 人民生活和政治的進步不是一時的事情，要經歷數千年才能有今日，中國古書説，有巢氏教民架木爲巢，燧人氏教民鑽木取火，伏羲氏教民佃漁畜牧，教民嫁娶，神農氏教民稼穡，制醫藥，立市廛，這幾個時代都是非常久遠的。

> 到黃帝、堯、舜時代，人民生活和政治更有進步了。古書説，黃帝、堯、舜垂衣裳而天下治，刳木爲舟，剡木爲楫，舟楫之利以濟不通；服牛乘馬，引重致遠，以利天下；重門擊柝，以待暴客；斷木爲杵，掘地爲臼，臼杵之利，萬

民以濟；弦木爲弧，剡木爲矢，弧矢之利，以威天下。又有宮室棺椁書契的著作。古書又説，黃帝始畫野分州，建爲萬國，立步制畝，置立井里。

上面所説種種事業，決不是一人一時能做得到，這不過古書攏總算在黃帝幾個人身上罷了。但是古代各民族的酋長，本兼有護民教民的義務，他把他新發明的知識教導民衆去行，也是當然有的。（小學校高級用新時代歷史教科書第三册第一課，商務印書館出版）

因爲繫辭傳中的制作的故事和戰國以來的制作的傳説太衝突了，害得一班作古書注解的人們竭盡了彌縫的能事。試看高誘注淮南子：

"伯余之初作衣也"——伯余，黃帝臣。世本曰，伯余制衣裳。一曰，伯余，黃帝。（氾論訓）

"容成造曆"——容成，黃帝臣。造作曆，知日月星辰之行度。

"胡曹爲衣"——易曰，黃帝垂衣裳，胡曹亦黃帝臣也。

楊倞注荀子云：

"倕作弓，浮游作矢"——弓矢，舜以前有之。此云倕作弓，當是改制精巧，故亦言作也。（解蔽篇）

"奚仲作車"——奚仲，夏禹時車正。黃帝時已有車服，故謂之軒轅。此云奚仲者，亦改制耳。

至宋衷注世本，則更加以系統的貫串：

"勾芒作羅"——勾芒，伏羲臣。

"垂作耒耜"——垂，神農之臣也。

"蚩尤以金作兵器"——蚩尤，神農臣也。

"大撓作甲子"——大撓，黃帝史官。

"隸首作算數"——隸首，黃帝史也。

"容成作調曆"——容成，黃帝之臣。

"沮誦、蒼頡作書"——沮誦、蒼頡，黃帝之史官。

"史皇作圖"——史皇，黃帝臣也。

"胡曹作冕"——胡曹，黃帝臣。

"伯余作衣裳"——伯余，黃帝臣也。

"共鼓、貨狄作舟"——二人並黃帝臣。

"倕作鐘"——垂，黃帝工人。

"揮作弓"——揮，黃帝臣。

"牟夷作矢"——牟夷，黃帝臣。

"雍父作杵臼"——雍父，黃帝字也。（廣韻引作黃帝字，御覽引作黃帝臣。）

"胲作服牛"——胲，黃帝臣也。

"无句作磬"——毋句，堯臣也。

"巫咸作筮"——巫咸，不知何時人。

他所以說不知何時人，並非他的缺疑，乃是因爲"在太戊……巫咸入王家"著在尚書，若其他的人都推到神農、黃帝時去而留巫咸在商，這就不調和了。我們所以覺得古帝王們制作之多，就因爲這兩種故事的合流。不信，請看綱鑑易知錄（這是傳說的結晶）。今舉黃帝爲例：

〔綱〕立六相暨史官　〔紀〕黃帝得六相而天地治，神明至。……帝命倉頡爲左史，沮誦爲右史，倉頡見鳥獸之跡，體類象形而制字。

〔綱〕立占天官　〔紀〕帝受河圖，得其五要，乃設靈臺，立五
官以叙五事。命鬼臾蓝占星，斗苞授規，正日月星辰之
象。……命羲和占日，尚儀占月，車區占風。

〔綱〕命大橈作甲子。……命容成作蓋天及調曆。……命隸首
定數。……

〔綱〕作冕旒正衣裳　〔紀〕帝作冕，垂旒充纊，爲玄衣黄裳，
以象天地之正色，……於是衮冕衣裳之制興。

〔綱〕作器用　〔紀〕帝命寧封爲陶正，赤將爲木正，以利器
用。揮作弓，夷牟作矢，以威天下。

〔綱〕作舟車　〔紀〕帝命共鼓、化狐刳木爲舟，剡木爲楫，以
濟不通。邑夷法斗之周旋，作大輅以行四方。由是車制
備，服牛乘馬，引重致遠，而天下利矣。……

這種事情，是呂覽及世本的作者所想不到的，是"厥六經異傳，
整齊百家雜語"的司馬遷所没有知道的，但是在東漢以後，就成
爲公同的信仰了。

先生説，西漢易學無論是哪一家，都是術數小道。這句話也
是不確的。漢書藝文志所録漢代易學著作，周氏、服氏、楊氏、
蔡公、韓氏、王氏、丁氏，均有易傳；淮南則有道訓；施、孟、
梁丘三家則有經及章句。此數家之書今雖不可得見，但就看得見
的零章碎句而論，則易傳及道訓皆當爲議論之文，而章句則爲訓
詁。試舉發議論的數例：

孔子讀易至損益，未嘗不憤然而歎曰：益損者其王者之
事與？事或欲以利之，適足以害之；或欲害之，乃反以利
之。利害之反，禍福之門户，不可不察也。（淮南子人間訓）
易曰，"潛龍勿用"者，言時之不可以行也。故君子終日

乾乾，夕惕若厲，无咎。終日乾乾，以陽動也；夕惕若厲，以陰息也。（同上）

　　五帝官天下，三王家天下。家以傳子，官以傳賢。若四時之運，功成者去。不得其人，則不居其位。（蓋寬饒引韓氏易傳奏封事）

這都和彖傳、象傳、文言、繫辭的方式相似。所以漢書儒林傳說：

　　丁寬……景帝時爲梁孝王將軍，距吳、楚，號丁將軍，作易說三萬言，訓故舉大誼而已。（顏師古注："故，謂經之旨趣也。"）今小章句是也。寬授同郡碭田王孫，王孫授施仇、孟喜、梁丘賀，繇是易有施、孟、梁丘之學。

於此可見丁寬的易學是舉大誼的，而漢代立於學官的施、孟、梁丘三家均從丁氏出，自不會流入術數小道。這並不是他們的聰明，只因西漢前期的學風是在追尋孔子的微言大義，周易雖是卜筮之書，但既經拉入六藝，自必加以聖人的一套衣裳，故自然傾向到大義一方面來了。至於占卜方面，則漢書藝文志數術略蓍龜家中自有：

　　周易三十八卷，周易明堂二十六卷，周易隨曲射匿五十卷，大筮衍易二十八卷，大次雜易三十卷，于陵欽易吉凶二十三卷，任良易旗七十一卷，易卦八具。

這都是術數小道而與施、孟、梁丘三家無關的。到了西漢後期，災異之說大興，流入六藝，於是尚書有洪範五行傳，詩經有翼奉之學，春秋有穀梁傳，而易經亦有京房一派的學說起來，於是周易的經學一派復與術數小道合流了。所以漢書儒林傳說：

　　　　至成帝時，劉向校書，考易說，以爲諸家易說皆祖田何、楊叔、丁將軍，大誼略同，惟京氏爲異，黨焦延壽，獨得隱士之說，託之孟氏，不相與同。

即此可見西漢易學的流入術數小道，應自京房始。自從京房以後，他的學說一天比一天興盛。漢書藝文志中記他的著述，只有：

　　　　孟氏京房十一篇；災異孟氏京房六十六篇；京氏段嘉十二篇。

而隋書經籍志中記他的著述乃有：
　　　　周易十卷漢魏郡太守京房章句
　　　　周易占十二卷京房撰
　　　　周易妖占十三卷京房撰
　　　　周易守林三卷京房撰
　　　　周易集林十二卷京房撰
　　　　周易飛候九卷京房撰
　　　　周易飛候六日七分八卷京房撰
　　　　周易飛候六卷京房撰
　　　　周易四時候四卷京房撰
　　　　周易錯卦七卷京房撰
　　　　周易混沌四卷京房撰
　　　　周易委化四卷京房撰
　　　　周易逆刺占災異十二卷
讀此，可見京房在西漢以後已成了術數的易學家的偶像了，一切的術數都向他身上推，可見他勢力之大。我們再在後漢書裏搜集寫明習某專家易學的人，得下列若干條：

郎顗傳：顗……父宗……學京氏易，顗少傳父業。

梁統傳：統子松，松弟竦……少習孟氏易。

鄭玄傳：造太學，師事京兆第五元，先始通京氏易。

范升傳：長習梁丘易。

光武十五傳：沛獻王輔……善説京氏易。

袁安傳：安……祖父良習孟氏易，……安少傳良學，……子京習孟氏易，……京子彭少傳父業，……彭弟湯少傳家學。

　　杜喬傳：喬少……治京氏易。

　　楊震傳：震子秉……兼明京氏易。

　　儒林傳：劉昆……平帝時受施氏易於沛人戴賓。

　　　　　　洼丹……世傳孟氏易。

　　　　　　楊政……少從代郡范升受梁丘易。

　　　　　　孫期……少習京氏易。

　　　　　　景鸞……能理施氏易。

　　文苑傳：夏恭……習孟氏易。

　　方術傳：樊英……少受業三輔，習京氏易。

　　　　　　唐檀……少游太學，習京氏易。

這些記載雖然不完不備，但即在此不完不備的記載中看來，也以京氏爲最多，孟氏次之。至於施與梁丘，不過一些殘餘而已。而且樊英則以受業三輔而習京氏易，唐檀則以游太學而習京氏易，鄭玄則以造太學而始通京氏易，可見在國都中，在太學中，京氏之學實已居於獨尊的地位。此熹平石經之所以用京氏易也！況且自從京房託之孟氏以後，京氏學與孟氏學早已混合，故藝文志中有兩種孟氏、京房，而宋朱震漢上易傳所録之卦氣圖云出孟喜，而實即京房之學（只要看虞翻世治孟氏易，而其解經如此，可見）。故在東漢時居次盛的孟氏學，未必不即爲京氏的別派。（陸德明經典釋文叙録云，"後漢費氏興"，此語實不可信。在後漢書中，未見有一人專修費氏學也。）

因爲這個緣故，所以現在的易傳不即是西漢的易傳。例如漢書郊祀志劉向引易大傳曰，"諂神者殃及三世"。又如司馬遷自序引易曰"差以毫氂，謬以千里"。又賈誼新書胎教篇引易曰"正其本而萬物理"。這些話都是現代的易傳所沒有的。從前有的，後來既可以沒有，然則現在有的，當時何嘗不可以沒有呢。

孔穎達周易正義云：

案諸儒象卦制器，皆取卦之爻象之體；今韓氏之意，直取卦名，因以制器。案上繫云，"以制器者尚其象"，則取象不取名也。韓氏乃取名不取象，於義未善矣。今既遵韓氏之學，且依此釋之也。

是他亦不贊成韓氏的觀名制器之說。只爲"疏不破注"，只得依他。於是孔氏疏云：（與朱注同者加○）

離，麗也；麗，謂附著也。言罔罟之用必審知鳥獸魚鱉所附著之處，故稱離卦之名爲罔罟也。

制耒耜取於益卦，以利益民也。

日中爲市，聚合天下之貨，設法以合物，取於噬嗑，象物噬嗑乃得通也。

自此已下凡有九事，皆黃帝、堯、舜取易卦以制象。……何以連云堯、舜者，謂此九事，黃帝制其初，堯、舜成其末，事相連接，共有九事之功。……案皇甫謐帝王世紀載此九事皆爲黃帝之功；若如所論，則堯、舜無事，易繫何須連云堯、舜？則皇甫之言未可用也。

取諸乾、坤者，衣裳辨貴賤，乾、坤則上下殊體，故云取諸乾、坤也。

渙，散也。渙卦之義取乘理以散動也。舟楫以乘，水以載運，故取諸渙也。

隨者，謂隨事之所宜也。今服用其牛，駕乘其馬，服牛以引重，乘馬以致遠，是以人之所用各得其宜。

豫者，取其豫有防備。韓氏以此九事皆以卦名而爲義者，特以此象文取備豫之義，其事相合，故其餘八事皆以卦名解義，量爲此也。

小事之用，過而濟物。杵臼亦小事，過越而用以利民，故取諸小過也。

睽謂乖離，弧矢所以服此乖離之人，故取諸睽也。

造制宮室，壯大於穴居野處，故取大壯之名也。

送終近遠，欲其甚大過厚，故取諸大過也。

夬者決也，造立書契所以決斷萬事，故取諸夬也。

這一章文字，自從出現以來，漢代人怎樣的解說，我們不知道。我們看得見的最早的解釋，只有唐李鼎祚的周易集解中所引的荀爽、虞翻等說。他們解釋這一段文字是用互體及卦變的，具如前文所引。其後鍾會、王弼反對互體與卦變，王弼作易注，不注繫辭以下，我們也不知道他們對於這一章是怎樣解的。其後王弼的弟子韓康伯解釋此章，但就卦名立義，亦具如前文所引。荀爽等說是講得頭頭是道的，但我們嫌他太支離了。韓康伯的解釋牽強得很，但我們對於他也很原諒，因爲打破了互體和卦變之後，這章書就沒法講了。不信，請看朱熹的周易本義：（沿用荀、虞者加△，沿用孔疏者加○，自創·）

作結繩而爲罔罟，……蓋取諸離——兩目相承而物麗焉。

斲木爲耜，揉木爲耒，……蓋取諸益——二體皆木，上
入下動，天下之益莫大於此。

日中爲市，……蓋取諸噬嗑——日中爲市，上明而下
動；又借噬爲市，嗑爲合也。

黃帝、堯、舜垂衣裳而天下治，蓋取諸乾、坤——乾坤
變化而無爲。

刳木爲舟，……蓋取諸渙——木在水上也。

服牛乘馬，……蓋取諸隨——下動上説。

重門擊柝，……蓋取諸豫——豫備之意。

斷木爲杵，掘地爲臼，……蓋取諸小過——下止上動。

弦木爲弧，剡木爲矢，……蓋取諸睽——睽乖然後威以
服之。

上古穴居而野處，後世聖人易之以宮室，……蓋取諸大
壯——壯固之意。

古之葬者厚衣之以薪，……後世聖人易之以棺椁，蓋取
諸大過——送死大事而過於厚。

上古結繩而治，後世聖人易之以書契，……蓋取諸
夬——明決之意。

他這一章的注釋，一半取自卦象，一半取自卦名，可謂折衷於
荀、虞與韓康伯之間，但我們看了能明白嗎？這樣的觀象制器，
似乎太簡捷了，太容易了。

老實告訴先生：我從前初研究這個問題時，先看周易本義，
不懂，再看周易注疏，又不懂。懷疑了多少時候，直到看見了周
易集解方才明白。但是荀爽、虞翻等的解説太纖巧了，又使我不
能相信。至於這一段故事我初不曾疑惑，以爲它早在民間流行而
爲易家所收集的，直到看見了世本和淮南子，而始覺得這段文字
連故事也不存在，它簡直是易師憑空杜撰的。

其實，這段故事在宋代已有不少人懷疑，朱熹云：

> 十三卦所謂蓋取諸離，蓋取諸益者，言結繩而爲網罟，
> 有離之象，非觀離而始有此也。（朱子語類卷六十五）

> 不是先有見乎離而後爲網罟，先有見乎益而後爲耒耜。
> 聖人亦只是見魚鱉之屬，欲有以取之，遂做一個物事去攔截
> 他；欲得耕種，見地土硬，遂做一個物事去剔起他，卻合於
> 離之象，合於益之意。（語類卷七十五）

這已是不承認伏羲們觀了卦象而制器，乃以爲伏羲們的制器有合
於卦象了。至葉適則説得更徹底，他道：

> 十三卦亦近世學者所標指，而其説尤爲不通。包犧氏始
> 爲岡罟，神農氏始爲耒耜、交易，黃帝、堯、舜始爲衣裳，
> 其後乃有舟楫、馬牛、臼杵、弧矢、宮室、棟宇，甚矣其不
> 考於易也！易十三卦義，詳矣，乃無毫釐形似之相近者。
> （習學記言卷四）

他簡直指這一段爲不通，爲無毫釐形似之相近者。倘使沒有聖道
之維護，這段故事還不該打倒嗎？又黃震曰：

> 晦庵云，蓋字乃模樣是恁地。又云，亦曰其大意云，讀
> 漢書所謂獲一角獸蓋麟云，皆疑辭也。王氏曰，取諸益之
> 類，當時未有是卦，……夫子知前聖之心而言之也。愚恐夫
> 子言於已有六十四卦之後，若曰，古人制某器，合於今日某
> 卦之理，蓋取者推其理云耳。（黃氏日鈔卷六）

所謂“知前聖之心而言之”，即是前聖本無此事，出於後人設想。

王安石云：

> 易曰："黄帝、堯、舜垂衣裳而天下治，蓋取諸乾、坤。"説者曰："垂衣裳以辨貴賤，乾坤尊卑之義也。"夫垂衣裳以辨貴賤，自何世始？始於黄帝，獨曰黄帝可也；於堯、舜，曰堯，曰舜，可也。兼三世而言之，吾疑焉。（易策問）

這是不滿意於黄帝、堯、舜的籠統而言。其實他的籠統而言，正因在傳説中無可依據之故。

（華按：以下爲顧師摘録大象與繫辭傳的材料及可取象之卦作的比較表，原稿中没有説明，"比較"及"可取象之卦"兩項名稱原無，是我加上去的，故加括號以資識别。）

（比較）	大象	繫辭傳	（可取象之卦）
（1）無關	明兩作離，大人以繼明照於四方。	作結繩而爲網罟，以佃以漁，蓋取諸離。	屯、需
（2）無關	風雷，益，君子以見善則遷，有過則改。	斲木爲耜，揉木爲耒，耒耨之利以教天下，蓋取諸益。	无妄
（3）衝突	雷電，噬嗑，先王以明罰敕法。	日中爲市，致天下之民，聚天下之貨，交易而退，各得其所，蓋取諸噬嗑。	何不取諸同人、需、隨
（4）無關	天行健，君子以自强不息。地勢坤，君子以厚德載物。	黄帝、堯、舜垂衣裳而天下治，蓋取諸乾、坤。	何不取諸履鼎？泰？
（5）無關	風行水上，渙，先王以享於帝立廟。	刳木爲舟，剡木爲楫，舟楫之利以濟不通，致遠以利天下，蓋取諸渙。	

續表

（比較）	大象	繫辭傳	（可取象之卦）
（6）衝突	澤中有雷，隨，君子以嚮晦入宴息。	服牛乘馬，引重致遠以利天下，蓋取諸隨。	觀、困？
（7）衝突	雷出地奮，豫，先王以作樂崇德，殷薦之上帝。	重門擊柝以待暴客，蓋取諸豫。	何不取諸師？噬嗑、大有、損、萃
（8）無關	山上有雷，小過，君子以行過乎恭，喪過乎哀，用過乎儉。	斷木爲杵，掘地爲臼，臼杵之利萬民以濟，蓋取諸小過。	井
（9）衝突	上火下澤，睽，君子以同而異。	弦木爲弧，剡木爲矢，弧矢之利以威天下，蓋取諸睽。	何不取諸師？大有
（10）無關	雷在天上，大壯，君子以非禮弗履。	上古穴居而野處，後世聖人易之以宮室，上棟下宇以待風雨，蓋取諸大壯。	需、剝、隨
（11）衝突	澤減木，大過，君子以獨立不懼，遁世無悶。	古之葬者厚衣之以薪，葬之中野，不封不樹，喪期無數，後世聖人易之以棺槨，蓋取諸大過。	小過？
（12）無關	澤上於天，夬，君子以施祿及下，居德則忌。	上古結繩而治，後世聖人易之以書契，百官以治，萬民以察，蓋取諸夬。	何不取象乎姤？巽？小畜

　　大象（華按：以下這些材料，原稿亦無說明，爲上面比較表中"可取象之卦"的大象之文）

　　（屯）雲雷，屯，君子以經綸。

（需）雲上於天，需，君子以飲食宴樂。

（師）地中有水，師，君子以容民畜衆。

（小畜）風行天上，小畜，君子以懿文德。

（履）上天下澤，履，君子以辨上下，定民志。

（泰）天地交，泰，後以財成天地之道，輔相天地之宜，
　　以左右民。

（同人）天與火，同人，君子以類族辨物。

（大有）火在天上，大有，君子以遏惡揚善，順天休命。

（謙）地中有山，謙，君子以裒多益寡，稱物平施。

（隨）澤中有雷，隨，君子以嚮晦入宴息。

（觀）風行地上，觀，先王以省方觀民設教。

（噬嗑）雷電，噬嗑，先王以明罰敕法。

（剥）山附於地，剥，上以厚下安宅。

（无妄）天下雷行，物與无妄，先王以茂對時，育萬物。

（損）山下有澤，損，君子以懲忿窒欲。

（姤）天下有風，姤，后以施命告四方。

（萃）澤上於地，萃，君子以除戎器，戒不虞。

（井）木上有水，井，君子以勞民勸相。

（鼎）木上有火，鼎，君子以正位凝命。

（巽）隨風，巽，君子以申命行事。

（既濟）水在火上，既濟，君子以思患而豫防之。

先生信中的意思，即是朱熹、黄震的意思，以爲不必有此
事，要當有此理，這個意思我也不反對，所以我在論文中説：

創造一件東西固然是要觀象，但這個象乃是自然界之
象，而非八卦之象。

又於講義中説：

> 制器時看的象乃是自然界的象，而不是卦爻的象，例如
> 造船一定是看見了木頭浮在水面而想出來的，倘單看渙卦，
> 則但知木在水上而已，這不沉的德性如何可以看得出來？何
> 況易卦中既有木在水上的渙（☴☵），還有水在木上的井（☵☴），
> 爲什麼聖人看了井卦的象，不因其要沉入水底而輟其制作
> 呢？若説聖人是知道木性不沉的，故不因觀了井象而不作，
> 那麼他便不必因觀了渙象而始悟出造船的道理來了。

可見我所以反對的這個觀卦象而制器，並不是説制器不要觀自然
界之象。先生説了許多觀自然界之象的話來反對我，而沒有舉出
觀卦象制器不成立的反證，可見先生正和我在一條路上走，不但
不足以駁我，反足以證成我的話。

繫辭傳中觀象制器的故事連用十二個蓋字，可見作者本没有
確定説伏羲制網罟必取之離，神農作耒耜必取之益……他只是説
明在他的想象中應當如此而已。不過他雖沒有確定的意思，而後
來人卻把他確定了。不必説一班經學家，就是思想家的阮籍也
會説：

> 庖犧氏當天地一終，值人物憔悴，利用不存，法制夷
> 昧……於是始作八卦引而伸之，觸類而長之。……事用有
> 取，變化有成，南面聽斷，向明而治；結繩而爲網罟，致日
> 中之貨，脩耒耜之利，以教天下，皆得其所。黃帝、堯、舜
> 應時當務，各有攸取，窮神知化，述則天序。（通易論）

連史學家的崔述也盡數删去其“蓋取諸……”而録入考信録中，承
認爲真的事實，其勢力之大可想而知；如果再要替他回護，使得

這個百孔千瘡的假故事生存於今日學術創明之世，實在太便宜了。

推原此段故事的來源有，其一爲繫辭傳，傳云：

一陰一陽之謂道，繼之者善也，成之者性也，仁者見之謂之仁，知者見之謂之知，百姓日用而不知，故君子之道鮮矣。顯諸仁，藏諸用，鼓萬物而不與聖人同憂，盛德大業至矣哉！

易有聖人之道四焉，……以制器者尚其象。……夫易，聖人之所以極深而研幾也，惟幾也故能成天下之務。

是故……見乃謂之象，形乃謂之器，制而用之謂之法，利用出入，民咸用之，謂之神。……備物致用立成器，以爲天下莫大乎聖人。

是故，形而上者謂之道，形而下者謂之器，化而裁之謂之變，推而行之謂之通，舉而措之天下之民，謂之事業。

他說了許多制器、成務與百姓日用等大議論，已見易的效用之大；可是空話易說，實利難舉，如果竟沒有卦象和制器的事，不要給人家問倒了嗎？爲維持這一說起見，因有補入這一段故事的必要。

其二是象傳，象傳於每卦之下，都說“君子以……”，“先王以……”，“聖人以……”，頗有給這一段故事的作者暗示的可能。

西漢前期皆不言此故事，而西漢後期以下皆不肯不說此故事，在這件故事的有與沒有上，可以劃分兩個時代，所以這段故事實有後出的可能；所以疑爲京氏僞作者，只因互體與卦變之說似從京氏起，而此段故事之起義，除了互體和卦變之外沒法解說，兼以京氏易立於學官之後，孟氏爲所搖亂，施與梁丘爲其驅逐，在其獨尊之下……

附

王煦華後記

顧頡剛師於一九二九年十一月寫成周易卦爻辭中的故事（刊於燕京學報第六期）一文，最後一節爲没有觀象制器的故事。此文作完後，顧師又有一些新見解，此時他正在燕京大學講中國上古史研究，就於一九三〇年一月編入講義第二十五章（後來題爲論易繫辭傳中觀象制器的故事，發表在燕大月刊第六卷第三期）。胡適見到後，不以爲然，於一九三〇年二月寫信給他商討。

顧師到這年的十一月底才寫覆信。此信寫作經過，在他的一九三〇年的日記中有以下的記載：

十一月二十七日　鈔易學材料，擬答適之先生二月中來書。

十一月二十九日　草答適之先生論觀象制器書得四千餘言，未畢。

十二月一日　口述周易一文，由履安書之，得四千餘言，尚未畢。因寫字多便心宕，而此文又不能不作，故口授履安書之。

十二月二日　搜集易學材料。

十二月三日　口述周易一文，得二千餘言。

十二月四日　修改周易文字。

十二月五日　作答適之先生書三千言，仍口述，履安筆記。

十二月十二日　編古史辨第三册，作適之先生函之書後。

以上記載中的"口述周易一文，由履安書之"即是給胡適的信稿。現存的信稿中，有一萬餘字，確是他的夫人殷履安的筆跡。此信沒有寫完，他在"適之先生函之書後"中說：

　　　　適之先生此函，接讀後即有無數話要說，不幸初以無閒，後因有病，至今未能寫成。

這個信稿有兩個部分。第一部分是用努力月刊毛邊紙稿紙寫的，共十六頁，約三千餘字，都是顧師的親筆。內容是指出胡適"以爲繫辭傳中觀象制器的故事不出後人羼作"的五個理由，及對第一個理由"不敢以爲然"的説明，其餘則是摘鈔的材料，而這些摘鈔的材料，已都用入第二部分中去了。第二部分是用另一種比"努力"大了一倍的毛邊紙稿紙寫的，共五十三頁，這部分從"先生說，繫辭說制器"開始，內容是對胡適的五個理由，逐一説明他"不敢以爲然"的道理，其中第一、第二都是他親筆寫的，第三、第五是他口述，他的夫人殷履安筆記的，其中有顧師修改的筆跡和增加的文字。對胡適的第四個理由的反駁，沒有寫。

　　根據上述的情況，這次整理時，以第二部分爲主，第一部分只用來補上第二部分所沒有的內容。這就是整理稿中的"這五個理由，我都不敢以爲然，請畢其説"以前，都是原第一部分的；在"先生說繫辭說制器，尚不過泛舉帝王"一段中，把原第一部分中的關於"傳説的演化"的論述插了進去，並加方括號以資識別。除了改正明顯的筆誤外，其他未作任何改動。

　　這通長達二萬字的信稿，雖未寫畢，但仍是他一篇論述觀象制器的重要文章，爲此把它整理出來公開發表。

　　　　　　　　　　　　　王煦華　一九八七，八，十五。

致李鏡池：論易經的比較研究及象傳與象傳的關係書 *

鏡池吾兄：

今天把你標點的周易經傳覆看一遍。有些地方是改了。有些未改的也寫在邊上或書眉，以待你的審核。

我覺得分段之後，再應分大段與小段。小段爲提行，大段爲空一行。繫辭傳、文言傳等均不能不如此。但這事也甚困難。請你再審查一下。

我對於標點易經的意見，以爲"文法的比較"最爲重要。因爲易經中所說的話，不但我們不懂，即做易傳的人也不懂（看象傳的只會敷衍字句可知）。那麼，我們要標點它，只有從文法上去求出它的成語（縱不能知道它的意義，也須知道哪幾個字是可以聯綴在一起的），使我們的標點不致把那時的成語打碎，已算盡了我們的職責。試舉一例。例如乾九三之"厲无咎"，我們從全部易經中可以歸納出一個用"厲"字作成語的通則來，如下：

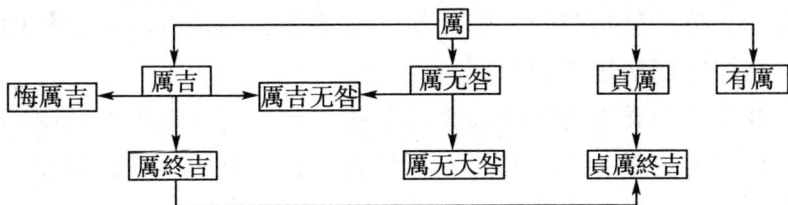

---

* 原載古史辨第三冊。附文同。

(一)"厲"——如既濟上六的"濡其首,厲"。

(二)"厲吉"——如頤上九的"由頤,厲吉"。又遯九三之"係遯有疾厲畜臣妾吉"疑亦係"厲吉"一語之伸展,如"利貞"之伸作"利牝馬之貞"。但"厲"字如不爲"吉"字之副詞而爲形容詞(如上條)時,也許其解釋應爲"有疾則厲,畜臣妾則吉"。

(三)"厲終吉"——如蠱上六的"有子考无咎,厲終吉"。

(四)"悔厲吉"——如家人九三的"家人嗃嗃,悔厲吉"。

(五)"厲无咎"——如復六三的"頻復,厲无咎"。

(六)"厲无大咎"——如姤九三的"其行次且,厲无大咎"。

(七)"厲吉无咎"——如晉上九的"維用伐邑,厲吉无咎"。

(八)"貞厲"——如革九三的"征凶,貞厲"。

(九)"貞厲終吉"——如訟六三的"食舊德,貞厲終吉"。

(一〇)"有厲"——如兑九五的"孚于剥,有厲"。

從前人每把乾之"厲无咎"講作能惕厲(即勉勵)則无咎。從以上諸語看來,並無此意。"厲"似不是好字,也許和"吝"同紐通假,或與"吝"義略同。故"厲終吉"猶云"雖厲而終吉","厲无咎"猶云"雖厲而无咎","貞厲終吉"猶云"貞雖厲而終爲吉"。

我很希望你把六十四條卦辭,三百八十四條爻辭,一一寫在片上,把這四百四十八張片子常常排比,把其中相同或相類之句子,相同或相類之成語,相同或相類之文字,不憚細瑣,一一鈔出比較。這是最切實的一步工作。這樣做去,定有許多意外的發見,爲經師們所想不到者。

我今天對看你的鈔本彖傳和象傳,有一個新意思在我眼前一爍,似乎前途很有光明似的。只是我現在沒有功夫研究周易,所以寫在這裏,請你注意。

我前疑彖傳即是象傳,後來因爲有了新象傳,把"彖"字略略改變,變成"象"字,遂分二種,此意昨天已向你説了。你亦從繫辭傳中翻出"彖者，言乎象者也"一語，以見這兩種本無大別。

今天看這兩種，知道：

彖傳
象傳中之爻的部分（即所謂小象）}——是注重卦爻之位的

象傳中之卦的部分（即所謂大象）——是提出卦之意義的

彖傳中所說的卦爻之位，如"剛中正"，"柔得中而上行"，"剛中而柔外"，"損下益上，其道上行"等。象傳中所說的卦爻之位，如"從上吉也"，"上逮也"，"上窮也"，"上使中也"，"以中直也"，"得中道也"，"志舍下也"，"志在外也"，"位正當也"，"位不當也"等。象傳中爻的部分，除了這一點講位之次序的猶有些意義外，其餘簡直望文生訓，或把爻辭改頭換面，或說些自己也不懂得的囫圇吞棗的話。

至象傳中之卦的部分，或說"先王以……"，或說"聖人以……"，或說"君子以……"，雖是有許多附會，卻自有其組織。他把世界上的"事作"分成六十四類而分隸於每卦之下，使得周易切合人事。這思想和手段似乎比作那一部分的高明得多。

所以我疑心象傳之爻的部分原與彖傳相合，這一種出現在前；至象傳的卦的部分則是後來出的。自從出了後一種，而前一種遂被分裂。現在試寫出一卦：

周易原文	假定的彖傳原文
蒙，亨。匪我求童蒙，童蒙求我。初筮告，再三瀆；瀆則不告。利貞。	蒙，山下有險，險而止，蒙。 （按：此即名彖傳之本義。今在彖傳中。） "蒙，亨"，以亨行，時中也。"匪我求童蒙，童蒙求我"，志應也。"初筮告"，以剛中也。"再三瀆，瀆則不告"，瀆蒙也。蒙以養正，聖功也。 （按：此爲解釋卦辭之語，末一句即聖人之事作。今在彖傳中。）

續表

周易原文	假定的象傳原文
初六，發蒙，利用刑人，用説桎梏，以往，吝。	利用刑人，以正法也。
九二，包蒙，吉。納婦，吉。子克家。	子克家，剛柔接也。
六三，勿用取女，見金夫，不有躬，无利。	勿用取女，行不順也。
六四，困蒙，吝。	困蒙之吝，獨遠實也。
六五，童蒙，吉。	童蒙之吉，順以巽也。
上九，擊蒙，不利爲寇，利禦寇。	利用禦寇，上下順也。 （按：以上爲解釋爻辭之語。今在象傳中。） 山下出泉，蒙，君子以果行育德。 （按：此爲後作之象傳。）

　　我們看，此傳釋卦辭的"童蒙求我，志應也；初筮告，以剛中也，⋯⋯"其句法與釋爻辭的"利用刑人，以正法也；子克家，剛柔接也⋯⋯"的方式何等相同？這兩種東西不有出於一人之手的可能嗎？

　　至於君子怎麽樣，先王怎麽樣，就是在現在所稱爲彖傳的裏邊也尋得到。試舉數例，與今象傳之文作一比較：

觀 ⎰ 聖人以神道設教（今彖傳）
　　⎱ 先王以省方觀民設教（今象傳）

坎 ⎰ 王公設險以守其國（今彖傳）
　　⎱ 君子以常德行，習教事（今象傳）

鼎 ⎰ 聖人亨以享上帝而大亨以養聖賢（今彖傳）
　　⎱ 君子以正位凝命（今象傳）

它們有的相同，有的不相同。不過彖傳中這類話不多，不像象傳的每卦必有，而且有固定的方式的。故我懷疑象傳之文即是把彖傳這種話擴充而成的。如果如此，其時代的後先就可判定了。

頡剛。十九，三，廿一。

附

李鏡池：論易傳著作時代書

頡剛先生：

　　上星期曾把易傳中的彖象兩傳的著作後先猜想過，同時說及繫辭傳爲較後出。其大約的年代，彖象二傳當著於戰國末年至秦漢之間；至繫辭傳恐怕是從漢初直到西漢末。讓我現在更說說我對於繫辭文言二傳的推想。願你切實指教。

　　我頗疑文言傳就是繫辭傳中的一部分，後人因爲它解釋乾坤二卦頗爲完備，所以分出，另立名目。其實文言傳並非一人所著，故解易乾卦之言在一傳中就有四種不同的說法。在文言傳的編者——只是編者，非著作者——看來，這不同的說法原沒有甚麼要緊的。他原來沒有想到是孔子作不是孔子作的問題。

　　易傳中，別的傳都是很有系統，很有條理的，只有文言繫辭是"雜拌"。文言雖說經過某個編者的組織，卻並不高明。繫辭傳簡直就是零片斷簡，東一段，西一段。而後人的分章，有些地方很是勉強，例如"精氣爲物""顯諸仁"兩段。

　　繫辭（包括文言）實是西漢時代一班易學家說易的遺著的彙錄。

　　南宋徐氏易傳燈一書，未見。據四庫總目說："……謂繫辭下傳'易之爲書'三章，皆漢儒易緯之文，誣爲夫子之作，以誑後世，亦沿歐陽修之誤。"四庫所非，我們或許以爲是呵！

"牴牾"與"煩複"兩點，爲歐陽修所以致疑。這就是我所謂"雜拌"，所謂"易説彙録"。繫辭傳既是這樣一種東西，則它不是一人之作固可以斷定，不是一時代之作也可以由假定而至於判決了。

文言傳的文章與繫辭相仿，而牴牾煩複亦差近之。所以我想它們原是易家店中的雜貨攤上的東西；後來來了一個顧客，把其中一部分挑選了，重新裝璜，另標牌號，於是乎"文言攤""繫辭攤"等一起冒了孔家店的牌，公賣假貨，不特文言失其本來面目，即繫辭亦非復當年的真相了。

學生鏡池。三，三一，十九年。

致胡適：告輯集鄭樵
事實及著述書[*]

適之先生：

上兩星期，詩辨妄的序雖没有做下，卻做了兩篇文字：（1）鄭樵傳，（2）鄭樵著述考。鄭樵在宋史裏只有三百餘字的傳，實在太不詳備。我在夾漈遺稿及莆田縣志裏找到些事蹟，同他另做一篇傳，約有萬字。他的著述名目，我也在各處書裏輯到六十餘種，又輯到一點說明，他一生的苦心孤詣也不致完全埋没了。這兩篇文字日內可以謄清，到京時即行奉覽。

我想把詩辨妄列爲辨僞叢刊的第一種，古今僞書考爲第二種。僞書考我本想和其他辨僞書重行排輯的，但我改不掉的性情，只是過求完備，範圍越化越大，以至不能作而後已。我爲避免這一層困難，只得將着手的部分縮小。僞書考我在去年春間曾經注釋一過，雖未完備，所謄亦是無幾。這書原文有二萬字，注釋亦二萬字，再加上一篇序，一篇姚際恒的傳，一篇他的著述考，便可完功。如此，也有七八萬字了。考信録作爲第三種；原書太多，或分了幾次出版。

學生顧頡剛。十一，二，三。

---

* 原載古史辨第一册。

致錢玄同：論詩經歌詞轉變書[*]

玄同先生：

今將“詩辨妄擬目”一紙奉覽，請審核。

本來我想在序裏詳細把漢儒詩學加一批評，後來因範圍太大，不是短時期所能作完，所以把牠獨立爲漢儒的詩學和詩經的真相一文，以便逐節去做。詩辨妄的幾個附錄，大致已經弄好，只要謄清，就算完工。非詩辨妄我也加上一個跋。

等我全部謄清之後，必須請先生爲我審查一過。如肯做一篇序，那是最好；否則亦不敢强求。

我想做一篇歌謠的轉變，説明唐風中的杕杜和有杕之杜同是一首乞人之歌，邶風中的谷風和小雅中的谷風同是一首棄婦之歌，小雅中的白駒和周頌中的有客同是一首留客之歌，只是一首的分化，不是各別的兩首。從此可以證明“風”和“雅”“頌”只是大致的分配，並没有嚴密的界限。

頡剛敬上。十一，二，十九。

---

* 原載古史辨第一册。

附

錢玄同：論詩經真相書

頡剛先生：

手示具悉。

詩辨妄底目録甚好，我狠願意給它做序，不過我對於詩經没有什麽研究，並無新義可以發揮，打算就寫出這樣三個意思：

(一)詩經只是一部最古的"總集"，與文選，花間集，太平樂府等書性質全同，與什麽"聖經"是風馬牛不相及的("聖經"這樣東西，壓根兒就是没有的)。這書的編纂，和孔老頭兒也全不相干，不過他老人家曾經讀過它罷了。

(二)研究詩經，只應該從文章上去體會出某詩是講的什麽。至於那什麽"刺某王"，"美某公"，"后妃之德"，"文王之化"等等話頭，即使讓一百步，説作詩者確有此等言外之意，但作者既未曾明明白白地告訴咱們，咱們也只好闕而不講；——況且這些言外之意，和藝術底本身無關，儘可不去理會它。

(三)將毛學究鄭獸子底文理不通處舉出幾條，"昭示來兹"。

您看把這三個意思做成一篇序，行嗎？

您所説"歌謡底轉變"一個意思，狠好，我狠盼望您做成這篇文章。您説唐風中的杕杜和有杕之杜是兩首叫花子底詩，極新穎，極確切，我讀來信後將它們默誦一過，逼真是叫花子底口吻，不禁失笑。我想這一類新解，您一定還狠多，我狠希望您陸續地發表出來。

　　　　　　　　　　　玄同。一九二二，二，二二。

致胡適：論詩序附會
史事的方法書*

適之先生：

　　聞平伯在時事新報上攻擊蔡先生關于紅樓夢的答辨。平伯之作我未見。我意，蔡先生的根本錯誤有兩點：第一，別種小説的影射人物只是換了他的姓名，男還是男，女還是女，所做的職業還是這項職業；何以一到紅樓夢，就會男變成女，官僚和文人都變成了宅眷？第二，別種小説的影射事情總是保存他們原來的關係；何以一到紅樓夢，就會把向無關係的發生了關係？例如蔡先生考定寶玉爲允礽，林黛玉爲朱竹垞，薛寶釵爲高江村，試問允礽和朱竹垞有何戀愛的關係？朱竹垞和高江村又有何吃醋的關係？這兩項是蔡先生無論如何不能解答的。若必説爲性情相合，名字相近，物件相關，則古往今來無數萬人那一個不可牽引到紅樓夢上去？實在蔡先生這種見解是漢以來的經學家給與他的。我從前讀易經，覺得解釋的話圓通得很，坤卦未始不可講成乾卦，革卦未始不可講成鼎卦。近讀詩經，又有同樣的感想，覺得他們的説法無施不可。我們若拿二南與鄭風調過了，唐風與齊風調過了，也未始不可就當時事實解釋得妥妥貼貼伏伏貼貼。我常想我們要打破他們的附會，須得拿附會的法子傳示給別人看。我們儘可以把人家萬不信的事情附會出來。上月作詩序辨，要證明詩序的靠不

住，曾經造做唐詩三百首的序。我說：——

　　倘使唐代只傳下這三百首詩，但没有題目，又不曉得作者，我們只知道是唐朝人所做的，若要硬代他做序，自然可就唐朝的事實去想，也就可說：

　　　　海上（海上生明月），楊妃思禄山也，禄山辭歸范陽，楊妃念之而作是詩也。

　　　　煙籠（煙籠寒水月籠沙），傷陳也。陳之宫女離散，猶有暮年鬻歌於江上者，其遺民聞之而興故國之思也。

若這三百首詩不能曉得牠傳下的時代，又不懂得詩體的變遷，我們更可以說：

　　　　寒山（寒山轉蒼翠），美接輿也。安貧樂道，不易其志焉。

　　　　吾愛（吾愛孟夫子），時人美孟軻也。梁襄王不似人君，孟子不肯仕於其朝，棄軒冕如敝屣也。

這樣做去，在我已是極端的附會，但實在尚不能算錯，因為確是有所根據。若照他們不近情理的亂說，更可以道：

　　　　寥落（寥落古行宫），好道也。國君好神仙之術，宫闈化之，遐齡相對，惟說玄宗（玄妙之義理）也。

　　　　今夜（今夜鄜州月），思治也。小人（小兒女）亂政（未解憶長安），大夫燕處憂讒，願得明君而事之也。

倘使果有這種的書流傳下來，請問我們嫉惡的感情應當興奮到怎樣程度？然而詩序至今有人信為孔子所作，乃至詩人所自作的呢！若說我這假唐詩序是詩人自作或朱熹所作，這班人能信嗎？若不信，不是五十步笑百步嗎？

　　既然講詩經的可把美詩講為刺詩，男女講為君臣，那麼講紅樓夢的亦何嘗不可把男子講成女子，政事講成家事。所以我想將來若能有暇，不妨把紅樓夢附會到漢魏去，到六朝去；或者漢魏六朝比清朝還可有更適宜的人物牽合上去。

　　　　　　　　　　　　　　　　　　學生顧頡剛。
　　　　　　　　　　　　　　　　十一，三，十三。

致胡適：告編著詩
辨妄等三書書*

適之先生：

前日接讀來函，敬悉。

鄭樵著述考謄了一萬字出來，送上。此文原爲詩辨妄的附錄，所以詩傳和詩辨妄的記述與評論全鈔在"附録三"裏去。現在既把他獨立，只得又摘要寫了一點。序亦重做過。請先生再審查一下。

我對於詩辨妄的辦法，想把他分做三種書：

(1)鄭樵：

(a)鄭樵傳。(史志傳附。)

(b)鄭樵著述考。

(2)詩辨妄。

(a)序。

(b)詩辨妄輯本。

(c)鄭樵詩學緒論(由通志，遺稿等書内輯出)。

(d)六經奥論中的詩經一卷(每篇爲之辨，用上二種爲標準)。

(e)鄭樵詩説的批評：

(一)非詩辨妄。

---

* 原載古史辨第一册。

　　　　　(二)諸家評論。

　　(3)漢儒的詩學和詩經的真相：

　　　　　(a)删詩問題。

　　　　　(b)三家。

　　　　　(c)毛傳。

　　　　　(d)詩序。

　　　　　(e)鄭箋。

　　　　　(f)漢代歌謠書的失傳。

　　　　　(g)歌謠的詩經。

以上除第三種非一時所能作就外，一二兩種已經寫清一半，其餘亦都有草稿，有十數天的閒暇便可脫稿。鄭樵一種大約有五萬餘字，詩辨妄一種大約有四萬餘字，皆可單行。第三種逐篇發表，等一二年後再集爲一種書。

　　　　　　　　　　　學生顧頡剛。十一，三，十八。

致胡適：論閩中文化[*]

石岑先生要我作稿，一時竟無以報命。偶在篋中檢得去年與適之先生論閩中文化一事，雖所考不深，似尚足以塞責，因鈔入民鐸。

十二，十一，一，頡剛記。

宋代福建的文化與王審知確有關係。新五代史説：

> 審知雖起盜賊，而爲人儉約，好禮下士。王淡（唐相溥之子）、楊沂（唐相涉從弟）、徐寅（唐時知名進士）皆從審知仕宦。又建學四門，以教閩士之秀者。（卷六十八，閩世家。）

這是在仕學方面的。又説：

> 招來海中蠻夷商賈，海上黃崎，波濤爲阻。一夕，風雨雷電震擊，闢以爲港。閩人以爲審知德政所致，號爲甘棠港。（同上。）

這是在商業方面的。此外再有一個重要的理由，伯祥説："唐末

---

* 原載民鐸雜誌第四卷第五號，1923 年。附文同。

黃巢之亂，區域極大，西至陝西，東至山東，南至廣東，中間江浙湖湘河南都經他的蹂躪。福建偏處一方，未遭擾及，當時湖南江西浙江的故家世族搬去的很多，所以能觳成就一種文化。但那時土著仍舊没有開化。到近代，原來搬去的故家世族反給土著同化了。上府（建寧、邵武、延平、汀州）還好，下府人民的智識程度，就低劣極了。不但没有刻書，没有學問家，連科第也極少。"伯祥又説："客家只是在南洋營商業是有本領的，至於文化，殆可説無關。"這兩段話，先生以爲怎樣？

志書專事形式，很不容易看出文化的流轉與商業的盛衰的痕跡，這真是一件缺憾。

我作鄭樵傳，看他的環境，他的父國器曾經捐貲築過蘇洋陂，可以見得他的先世是一個富家。他住在夾漈山中三十餘年，山上造了許多草堂庵閣，又周游名山大川，以不事生計而能如此，也可見得他的本身還是富有。但不幸他爲了專傾學問，後來竟窮下了，所以獻皇帝書裏説："念臣困窮之極，而寸陰未嘗虛度，……廚無煙火，而誦記不絶。"看他所著的書，在福建刻書極便利的地方，竟大都没有刻出，他的貧窮就可知了。

虞集鄭氏詩傳序上有兩句話，亦可知福建商業之盛。一是"故御史中丞馬公伯庸，延祐末，奉旨閱海貨於泉南"，海貨而由政府派大員去閱，可見其輸入之多。一是"閩人刻書摹印，成市成邑，散布中外，極乎四海"，刻書而至於成市成邑，可見當時印刷之業，福建爲全國之中心。

（下略）

十一，三，十八。

這一封信寫的很草率，自知這些意見是很浮薄的。但這一種大問題，歷來竟很少人討論，實是學術界的恥辱。希望這篇東西登出之後，有幾位福建人自己去搜集材料，自己去討論研究。本地人的研究，自比外路人模糊影響的揣測要高出百倍。那末，我這封信雖寫得不好，但能引起好的結果，便是"拋磚引玉"了！

附

胡適來信

（上略）

我講楊時以後的哲學，忽然想起"北宋南宋間的福建何以有那樣發達的文化？何以當日福建竟成了一個文化的中心？何以臨安還比不上福建諸縣？宋版書也是臨安與福建本最多；葉德輝有'宋刻書之盛，首推閩中'的話。閩中造紙，自是一個原因。但此似不是全因。究竟刻書是文化的原因呢？抑文化盛了方才刻書也盛呢？如係前者，則刻書之因又是什麼呢？如係後者，則文化之盛又因爲什麼呢？"——這個問題似乎很值得研究。當日福建的經濟狀況不知有可考否？

你在鄭樵傳上引有莆田志，不知志中有此項材料否？莆田近海，疑有商業上的重要。哲學家的出產地——將樂（楊時），延平（李侗），崇安及建陽（朱子）……——都在閩江支流上，似皆有交通上及商業上的重要。他們都近建安，建安又是刻書的中心。此問題的解答，可使我們給哲學史上"道南"一案添一個新的解釋。

種族一方面，似也有點關係。南方近世的一大特別的民族，叫做"客人"，亦稱"客家"（Hakka）——凡海外殖民最有成功者都屬於此族。據稱此種民族之遠祖乃隨王審知入閩之九族，散處八閩，漸入廣東。自五代至北宋末年，爲時不久，不到二百年，這種民族就能把八閩開化到一個文化中心的地位了嗎？

草草寫了這一大段，甚望知道你的意見。

致胡適：論鄭樵與北宋
諸儒關係書*

適之先生：

　　鄭樵傳已於前日謄完，囑伯祥送覽。

　　這一篇傳的不愜意之處，就是沒有把他的學問與北宋諸儒關係之處說出。照我想，他的編通史，或是受司馬光編資治通鑑的觸發。他的辨毛詩，當然是受歐陽修詩本義，蘇轍詩傳的影響。他的拿一切字歸到六書，據中興藝文志說是出於王安石的字說，惜字說的大概情形亦不容易知道。他的辨石鼓，或亦出於歐陽修。我因爲這問題牽涉太大，一時不易知道明白，所以就闕去，等將來讀書多一點後再補。

　　這篇傳請先生批評。如有應改正處，請指出，以便改做。

　　　　　　　　　　學生顧頡剛。十一，四，九。

詩辨妄序[*]

　　去年，我和適之、玄同兩先生擬把攻擊僞書僞史及謬妄習說的各類文字輯録出來，成爲辨僞叢刊。我們的意思，以爲若要整理國故，必須先把習俗上的蒙蔽掃除盡了，然後方可下手；倘使不把這個欺人的局面打開，所謂整理也不過是敷衍門面。因爲這種作僞造謡，在在可把時代和學說的真相弄亂了，甚至顛倒而適得其反。我們若不能別釐清楚，決不會有各種正當確切的社會史和學術史出來；不但沒有史，連清楚的歷史觀念也不會有。試舉一個極顯明的例。我們聽到唐、虞、夏幾個名詞，就覺得對他起了美感，因爲普通的歷史觀念應該那時是黃金時代；唐、虞、夏的事蹟我們是無法知道了，單是商、周二代我們在較可靠的史料——詩、書——上看，就在在可以見到當時的社會實在是愁苦悲慘。這爲什麼名實不能一致？因爲戰國的游談之士要把他改成快樂的世界，因爲漢以後的儒生要把他改成王道的政治。(關於此問題，俟將來詳論。)若是不把這部分的僞史打破，做政治史的就說那時如何有周官的官制，井田的田制，做社會史的就說那時如何有文王的德化，紂徒的倒戈，在作者固然是有根有據的從"故書雅記"裏輯集出來，但實在能有"史"的價值嗎？整理國故，無非是要就從前的事物學問還他一個本來面目，給他一個時代價值，安置他到適當的地位裏去。若照這樣"搭拉籃裏盡是菜"的辦

---

　　* 1922 年 2 月作，未畢。録自底稿。

法，只要"有"便"信"，固然也可使他秩然有序，不過這個秩序總
不是真秩序。倘使一個學問社會都肯安於自欺而厭於推求，——
如從前人的態度——，原也無所不可。若是已經有了"無徵不信"
的精神，處處要問出一個究竟，寧可闕疑而不肯輕信的，這種態
度便須根本推翻！什麼史，什麼比較之學，都應暫且擱起，先把
靠不住的東西徹底打破了再説！

所以我們當時曾經擬了一篇書目，打破僞史的如崔述的考信
録，打破僞書的如康有爲的新學僞經考，打破謬妄習説的如鄭樵
的詩辨妄。我們先把從前人的創見表揚出來，再把他考證申補，
成爲定論。詩辨妄一書，當時我只在周孚集裏見到非詩辨妄，以
爲可從此輯出；後來偶然翻覽圖書集成，可巧又在經籍典內發見
了完全的一卷；又在朱熹的詩集傳內録得二條，語類內録得一
條。因此，便把這書編録完成，先行出版，作爲辨僞叢刊的第
一種。

鄭樵此書，因爲他抨擊的過於勇猛，不免驚世駭俗，所以當
時人反對他的已有好許多，雖經刻版，實在也不甚通行。明代以
後，看見他的人極少，所以永樂間修的詩經大全裏也不曾收進；
但反對的聲浪卻從前代流傳下來。因爲學術界中懂得他的意思的
人不多，所以此書不易傳播；便是見到傳本，也沒有人肯珍視，
那裏説得到重刊！圖書集成的一卷，疑是從永樂大典裏轉鈔下
的。大典目録上雖並未記出此書，惟詩經一部的諸家評論有好幾
卷，或者因爲他通論詩學，放在裏邊也未可知。可惜大典散失
了，這話也無從證實。現在把這些尋得的材料分爲兩卷；更將歷
來批評鄭氏詩學的話集合攏來，做兩個附録，使得讀者容易見到
這書的影響，和學者對於詩學的觀念。

詩辨妄之作，是專反對毛傳詩序及鄭箋的。當西漢的時候，
學問界對於學問，實在荒疏極了。一個人專守一部經書，所以爲
解釋的，只有相習的師説：沒有比較的材料，也沒有考據的觀

念。當時的大師，猶如後來的八股學究，只要會得亂説，自然成一家之學。講詩經的，有齊、魯、韓諸家。齊學竟把詩經放到五行災異裏去，以貪狼風知道客人的姦邪，以天變主張應遷都城，以十月之交知道白鶴館的大災（均見漢書翼奉傳），竟把詩經做成了占卜的傢伙。魯、韓二家固是沒有這般的荒謬，然而他們只會把"三百五篇當諫書"，以關雎爲刺康王夫人晏起，以苤苢爲采來治丈夫的惡疾，以"好逑"爲和好衆妾，以"發夕"爲發旦（載驅），他們的程度也就可想而知了。毛詩後起，那時許多古書漸漸通行得廣了，他多得了一點講説的材料，人家看他甚有來歷；他自己説是子夏所傳的，又加上了一個大帽子，所以他的生意竟自罩過三家。毛詩能夠居三家之上，未始不是詩學上一個進步。但在漢朝時極熾盛的附會的空氣裏，他總免不了附會的習尚，所以雖不説關雎是刺詩，也必説"不淫其色，風化天下"；雖不説苤苢是采來治惡疾，也必説"宜懷姙焉"。其餘可笑的附會也很多，如靜女詩中所謂"俟我於城隅"，只是約定一個期會的地方罷了，傳中偏説"城隅，以言高而不可踰"。丘中有麻的"彼留子嗟""彼留子國"，原不能强解，他竟説"留，大夫氏；子嗟，字也；子國，子嗟父"，既硬定出姓名來，還硬定出親子的關係來，這種附會，真是出於意外。

　　當時三家説詩，既各把三百篇派定人物，結果就成了詩序，説某詩是某人爲什麼而作的，或者是爲那一個人而作的。毛詩後起，自然也要模仿做序。起初毛詩的序是很零碎的，並沒有成一部書，到東漢初的衛宏，把他集録加增，方始成爲定本。後人不考他的來源，以爲毛公詩學既受自子夏，毛詩的序應該就是子夏所作。毛詩的傳和序既都成了子夏的學説，自然是詩學的正宗了，所以三家漸微，毛詩獨盛。倘使毛詩真能把詩經講得不錯的，他成爲正宗原是可喜，無如傳既隨文附會，序比傳更附會到十分。他們把詩盡歸到正變裏去，不許有一篇不爲美刺時君之作。周南十一篇傳裏不過説得兩篇的后妃，序裏竟派定了八篇，連"赳赳武夫"也説是"后妃之化"。小雅下半段，傳中説及幽王的甚少，序則篇篇派到幽王身上。鵲巢的傳説"尸鳩不自爲巢，居鵲之成巢"，原是不錯；序中竟説爲"夫人德如尸鳩，乃可以配"，試問尸鳩有什麼德行？羔羊的傳説"大夫羔裘以居"，本是很平常的事；序中説爲"節儉正直，德如羔羊"，試問羔羊又怎能有節儉正直的德行？（略本宋代曹粹中説。）最好笑的，如鄭樵所駁辨的召旻、蕩、雨無正等篇，簡直不成文理。作序的人，附會到那裏就到那裏，有人就拉人，拉不到人就空敷衍。他們並没有歷史的知識，卻要胡亂支配歷史；並没懂得詩經的真意義，卻要胡亂支配詩人的心理。在他們未始不以爲整理成功，結果弄得滅裂得不成樣子。所以有了詩序，毛詩就更壞了。

　　到了東漢末年，經學上的趨勢漸漸由家學變到通學，一個人可以兼治許多經，一經可以兼學好幾家。鄭玄就是通學的代表，他懂的經學最多。他於詩經，先學了韓詩，後來改到毛詩；作的毛詩箋，又把三家的説話引用了不少。他不但用三家，又喜把自己的禮學大出主張。他把七家——自己、毛傳、序、齊、魯、韓、緯——的成見都儘量填塞到詩箋裏去了。毛傳固是附會，但大部分還是隨文解釋；詩序雖篇篇附會，但還是籠統説一個大意：到了鄭玄的詩箋出來，才弄成了句句附會。惟其他解釋得最詳，所以附會得更深切周至。即把第一篇關雎做個例。毛傳説："后妃有關雎之德，是幽閒貞專之好女，宜爲君子之好匹。"他的意思，固是附會，但以爲后妃即是淑女，更無别人插進，還可講得。到了詩序，説"是以關雎樂得淑女以配君子"，固然更是亂道，但尚可説爲詩人的意思是願有淑女配君子，故代述君子思慕之情。到了鄭箋，就大不然了。他本了魯詩，解君子好逑的"逑"爲"怨耦"，解好逑的"好"爲"和好"，於是對待的兩人，就變成了鼎足的三方：君子是王，淑女是后妃，另出了一班相怨的衆妾。

於是"君子好逑"就成了"爲君子和好衆妾之怨者"。因爲他極歡喜講禮，所以説衆妾是"三夫人九嬪以下"。"參差荇菜，左右流之"，毛傳雖解"流"爲"求"，但"左右"二字没有解，還許他有本義存在。到了鄭箋，又説"左右，助也"，於是講爲"三夫人九嬪以下都幫助后妃求荇菜"。"窈窕淑女，寤寐求之"，毛傳只訓解了"寤寐"的字義；鄭箋則説，"言后妃覺寐則常求此賢女，欲與之共己職也"。因此"淑女"又從后妃變到后妃所求的"賢女"，更多出一方面的人物來了。可笑這詩本是君子求淑女，一到鄭玄的手裏，就會弄成后妃尋同事！"琴瑟友之"，"鐘鼓樂之"，毛傳解爲"友樂""宜有樂"，還是針對淑女而言。到了鄭箋，又説"琴瑟在堂，鐘鼓在庭，言共（供）荇菜之時，上下之樂皆作，盛其禮也"。於是這些琴瑟鐘鼓，就成了祭祖宗的樂器了。其他可笑之處，也説不盡。總括一句話，他可以附會到怎樣程度，就到怎樣程度，決不肯有一些放鬆。他滿見了許多附會的書義，所以他勉力做一個附會的集大成者！（我原作的序，本想把傳、箋、詩序在此詳細辨論一番，因爲做得太長了，只算得我自己的文字，不成爲此書的序，所以把他獨立爲一文，題爲漢儒的詩學和詩經的真相，附在後面；此間只略説一過。）

毛詩孤行，直到北宋，專是他一面的勢力。學者自安于愚，依聲學舌，不肯動一點天君，所以聽不到一點反對的聲浪。到歐陽修，他熬不住了，把自己理性的見解，作了一部詩本義，屢屢對於毛詩樹異議。同時，蘇轍有詩集傳，只取小序的第一句。曹粹中有放齋詩説，指出序傳抵牾之處。詩經一向在迷雲暗霧之中，到此方才因學者理性的啟發，漸漸地露出一綫光明。到了南宋，學者的理性啟發得更多了，於是鄭樵著詩傳及詩辨妄，王質著詩總聞，程大昌著詩議，朱熹著詩集傳，敢於離漢儒而獨立了。南宋幾個人中，鄭樵雖是生得最前，卻是疑得最勇。他是最不肯輕信傳説的人，他如何耐得住對於毛詩三書的嫌惡。他罵作詩序的爲"村野妄人"，作傳、箋的爲"村里陋儒"，態度固是不謙恭，卻實在出於疾惡如仇的真感情。他見到毛、鄭書中尚存可存之處，也肯説他"識理"，可見他反對漢儒並不是有什麼成見。

他對於詩經之學，詩辨妄是他的破壞，詩傳是他的建設。詩傳雖不傳，尚可就本書内得到他一點宗旨。他道：

> 釋詩者於一篇之義不得無總序，故樵詩傳亦皆有序焉。

他因爲舊日的傳、箋靠不住，所以自己去作序。詩經的序到底後人能作與否，現且按下，但總可見到他要把經文本來的旨趣表達出來和把謬妄的傳説掃除下去這一點的堅心了。通志昆蟲草木略的序裏説他作詩傳的意思較詳，結論是：

> 臣之序詩，專爲聲歌，欲以明仲尼之正樂。臣之釋詩，深究鳥獸草木之名，欲以明仲尼教小子之意。

可見他的宗旨要把詩學建設在聲歌、名物上面。把詩經建設在聲歌、名物上面，比較了漢儒建設在美刺、廢興、升降上面的，真不知要高出幾萬倍來！

他在鳥獸草木之學，曾經下過大功夫。他説"已得鳥獸草木之學，然後傳詩"，所以他在詩傳之外，又有詩名物志。他在聲歌方面的意見，通志樂略的正聲序論裏有很好的説話。他道：

> 嗚呼！詩在於聲，不在於義，猶今都邑有新聲，巷陌競歌之，豈爲其辭義之美哉，直爲其聲新耳！……孔子曰："吾自衛反魯，然後樂正，雅、頌各得其所。"亦謂雅、頌之聲有別，然後可以正樂。又曰："關雎，樂而不淫，哀而不傷。"亦謂關雎之聲和平，聞之者能令人感發而不失其度。若誦其

文，習其理，能有哀樂之事乎！

這段話説明詩教在聲樂上，不在義理上，議論最是透闢。他不能聽見三百篇的歌聲，單從文字上猜度出他們的歌聲，爲他們作序，固也免不了臆見，但這個意思是完全不錯的。因爲他有這樣的見解，所以他不肯在字義上解釋風、雅、頌，要在聲歌解釋風、雅、頌，他道：

> 風土之音曰風，朝廷之音曰雅，宗廟之音曰頌。

因爲他有這樣的見解，所以他不承認王風在列國之間是由雅跌到風，他説：

> 王國十篇，洛人風土之歌也。豈其諸國皆有風土而洛獨無之乎！

因爲他有這樣的見解，所以敢把樂府和詩經打成一氣，他説：

> 上之回，聖人出，君子之作也，雅也。艾如張，雉子班，野人之作也，風也。……燕歌行，其音本幽薊，則列國之風也。煌煌京洛行，其音本京華，則都人之雅也。（樂府總序）

可見他只要把詩經放在親切的事實上，不願把詩經放在冥漠的禮義之説上。

他的講詩，雖是標出這兩項宗旨，其實還不止此，他真懂得文學的意義。因爲他很肯在事實上研究，所以文學的情感也能見到。他於芣苢詩説：

茉莒之作，興采之也，如後人之采菱則爲采菱之詩，采藕則爲采藕之詩，以述一時所采之興爾，何他義哉！

又于關雎詩説：

"關關雎鳩，在河之洲"，每思淑女之時，或興見關雎在河之洲，或興感雎鳩在河之洲。

最爽快的一段話，是：

詩三百篇，第一句曰"關關雎鳩"，后妃之德也。是作詩者一時之興，所見在是，不謀而感於心也。凡興者，所見在此，所得在彼，不可以事類推，不可以理義求也。興在鴛鴦，則"鴛鴦在梁"，可以美后妃也。興在鳲鳩，則"鳲鳩在桑"，可以美后妃也。興在黄鳥，在桑扈，則"緜蠻黄鳥"，"交交桑扈"，皆可以美后妃也。如必曰關雎然後可以美后妃，他無預焉，不可以語詩也！

這一段話説得何等的切實通達！可惜他的書竟失傳了！

他在詩辨妄裏有幾項宗旨，他對詩序，

(1)説明他所以定某詩爲某人之故(24)(25)(28)(29)(30)

(2)説明他所以没有指定的人之故(27)

(3)升降的不合法(26)

(4)不合事實(12)(20)(23)(31)(35)(36)(37)(38)

(5)序文之所由來(33)(34)

(6)憑空妄造(40)

(7)誤謬所由(42)

(8)不通(21)(34)

(9)決非出於子夏而出於漢儒(4)

對於毛

(1)不知興義(45)

(2)不懂實物(天文、名物)，解釋的不合(10)(13)(15)

(3)攻擊他的託子夏(1)(2)

對於鄭

(1)太泥於三禮刑名度數

(2)胡說附會(46)

附辨(1)爾雅

(2)易傳(6)

(3)漢儒

詩辨妄按[*]

附録一　周孚非詩辨妄跋

　　周孚，字信道，濟南人，寓居丹徒。一一六六年（乾道二年）中進士，官真州教授。一一七五年前後（淳熙初），他就死了。他行輩雖較鄭樵稍後，尚可算得並世。他們二人的學問態度，鄭樵是喜歡思辨的，他是謹守古訓的，精神極不一致，所以詩辨妄出來不久，他就做了這部書把他駁了。這書序中説凡四十二事，實在有五十一事。

　　屠繼序在困學紀聞集證裏説："淳熙間，漁仲書爲周信道孚所駁，旋即散佚。"這句話雖未必可靠，但詩辨妄受了他一回攻擊，流行上生了阻礙，確是應有的事。因爲大家正是怕着鄭樵的變古易常，聽得有這一部專門非駁的書，必定説道："鄭樵妄作聰明，輕棄古訓，應該有這一個通儒出來把他駁倒!"以保守性質極發達的學術社會，自然該有這部書。有了這部書，自然更可教

　　* 原載辨僞叢刊詩辨妄，樸社，1933 年 7 月。1950 年代略有修訂。其中非詩辨妄跋先載北京大學研究所國學門週刊第六期，1925 年 11 月 18 日。

保守黨增加不少的氣燄。我現在把牠編做一個附錄，讓讀者看看最出力反對鄭樵的人的説話。

周孚之於詩學，實在已經不是墨守漢儒的人：他很肯相信蘇轍的詩集傳，已經敢説詩序不是一個人所作（見（4）條）。蘇轍以爲詩序的第一句是真的，後面引申的話是後人續附的。鄭樵生蘇轍之後，更進一步，連頭句也推翻了，在勢固亦甚便。但周孚的天資不能像他一樣高超，思理不能像他一樣精鋭，所以蘇轍的見解就成了他的一重門限，只能退而不能進了。

鄭樵所説的話，勇往而少檢點，錯誤的地方自然也有；但他見到的大體自是不錯的。周孚深恨他的膽大妄爲，但竟不能從根本上把他駁了。他不能説出詩學何以必須服從漢儒，序、傳及箋何以一定可靠，他們受的聖人之意何以確切不移。他只會零零碎碎在六卷書中提出二千字來攻擊。他的自序中説："撮其害理之甚者見於予書"，可見這提出的二千字應該怎樣的抓得要領。但我們試把他所説的分析一看，就不得不歎一口氣。他書裏除了（3）、（5）、（12）、（16）、（19）、（38）數條是有理由可説的外，其餘實在没有什麽價值。現在排在下面——

（一）只舉了出處而不加可否。如（46），鄭樵説葛覃不是"喻女在母家形體浸浸日長大"，他的駁辨只是説："此歐陽子之説也，申言之何益！"又如（34）所引原文説召旻和蕩的序不通，（39）説雨無正的序不通，他又是説："此蘇子之説也，申言之何益！"這些話只是考出牠的來源，至於意思上有無"害理"，一點没有着落。爲什麽申言之無益，他也没有説及。不曉得他還是認爲無可辨呢？還是辨不來呢？

（二）空言搪塞。如（1）、（2），説毛詩真是子夏傳下來的，並不是毛公的假話，但子夏傳詩的證據一點没有。（20）説"螽斯"即是"斯螽"，但二名所以能顛倒之故也没有説出。

（三）所答非所問。（21），何彼禯矣的序上説"雖則王姬，亦下嫁於諸侯”，鄭樵因爲這句話裏的“雖則”和“亦”兩個挈合詞用得可笑，所以説“不知王姬不嫁諸侯嫁何人”。周孚没有弄清楚他的文義，以爲他不懂得“下嫁”二字，所以單把下嫁一義説了；其實和鄭樵的話漠不相關。又如(17)，鄭樵説風、雅、頌三名有聲無字，都借字用的；並没有説從孔子時才借起。他卻回答説：“風雅頌之名其來久矣，非仲尼之所自立也。”

（四）不通。即如上條，鄭樵説風、雅、頌三名是借字，周孚要駁他這句話，自然應該説明他所以是本字而不借字之故。但他説：“使止借字而無義，則胡不以風爲雅，雅爲頌乎?”他不知道借字也要依原來的聲，並不是可以胡亂借用的。又如(36)，鄭樵以正月中有“赫赫宗周，襃姒烕之”的話，斷爲東遷後詩。他駁道：“烕則滅爾，非實滅也。”何謂滅非實滅，這個意思真使人不能懂得！

（五）鬧意氣。(44)，鄭樵説毛、鄭輩是“村裏陋儒”，這是他見到毛、鄭壞處而言。又説“毛、鄭輩亦識理”，這是他見到傳、箋中尚有可取處而言。從善嫉惡，没有成見，正可見鄭樵的真性情。但周孚竟不許他没有成見，按着這兩句話説道：“理非村裏陋儒所能識也！”這不過和他鬪氣罷了。(31)，鄭樵説鄭玄訓詩太泥於三禮的形名、度數，這是説他太泥於禮，並不是説訓詩絕對不可用禮。如雅、頌裏的詩，儘有可以用禮去解釋的，倘能適如其量地加以訓解，他原不反對。但周孚因爲他既經有非薄鄭玄的話，便須把詩與禮完全隔絕，所以看見鄭樵説“作序者不識燕饗異儀”，就以爲他違背了平素的主張，指他爲“詩外求義”了。其實詩外求義，真要讓漢儒獨步！

（六）遁辭。(35)，鄭樵據了春秋，説家父是東周桓王時人，不得仕於西周幽王之朝。這自是很確鑿的證據。周孚不能找出西周時刺幽王的家父，又不能證明東周的家父決不是做節南山的，於是説：“魯有兩單伯，安知周無兩家父乎！”照這樣的逢到講不通時就把一人分爲二人，他的辨論還有什麼阻礙！（23），鄭樵說，簡兮是美君子能射御歌舞，不得爲刺詩。他反對不得，於是説：“蓋不用傳注，以私意而度詩，則何所不可！”（28），鄭樵説陳國幽、僖二公的事跡無從知道，序中定宛丘等爲刺詩，可見只本於謚法。他也想不出反對的話，只説：“安知立謚者不本其行事而後謚之耶？”下一條又説：“靈公之行應謚，則幽、僖安知其不本跡也？”他自己覺得説“安知”不妥當，所以找補一句道：“且十二公之間獨以是二君，則其説必有所受之矣。”其實這兩句話——“蓋不用傳注，以私意而度詩，則何所不可”，“其説必有所受之矣”——只是他自己心裏沒有理由的信條，不能算做駁辨別人的理由。鄭樵惟其不信序、傳，惟其不信序、傳之真有所受，所以要做詩辨妄。周孚若不能説出序、傳所受的來歷和牠們本身的真價值來，單把自己的信條背誦而出，則所謂“非”者原不過一種遁辭而已。他説“理直者一言而是，理曲者委曲蓋庇而跡愈彰”（30），這便是他對於自己的議論的斷案。

　　（七）成見。周孚因爲預先把這些信條放在腦中，所以和別人辨難時不必尋證據，也不必講理由，只拿信條出來量度；凡是不合於他的信條的，就可判定爲不對。因此，他的書裏大部分只是成見。他逢到鄭樵不遵古書處，就説：“古書是如此的，你那得如彼呢！”所以鄭樵對於詩序雖是很能够把他牽扯竊取的痕跡切切實實的指出來，但周孚看了，終不肯就他所以指出這些痕跡之故去辨駁，單説詩序之文何以如此而不如彼，分明是有來歷的了。這有一個譬喻。譬如一個强盜搶了人家許多東西，當時沒有查穿，他就成了富家，安穩度日。但他既沒有才學可以經營事業，又不是有先人傳下來的遺產可以坐喫，這闊綽的場面從何而來？在有思想的人看見了這種蹊蹺的行徑，就應該促起疑心，留神研究了。沒奈何這一鄉的人過於庸懦，又不肯動天君，看見了他的大門上貼了“忠厚傳家久，詩書繼世長”的門聯，就確信他是個世家；拜在他的門下的也很多。積了歲年，居然有一位偵探看出他的破綻來了；箱籠上有某家的封條，卷軸上有某家的印章，什物上又有某家的記號。於是斷定他這份家私不是由正當的方法取來的，是竊奪來的；斷定這一家不是世家，是個暴發戶。他鼓了勇氣到外面去宣佈。周孚是一向佩服這家主人，投身在他的門下的。他聽見了這位偵探的話，大不謂然，也不去細細探聽，密密研究，就説道：“這一家，我們和他往來了好久了，我們深信他沒有竊奪的嫌疑；至於這些東西，不在別家而獨在他家，可見是他原有的了！”這種説話，在友誼和師情上未始不爲真心幫助，但決不是辨明“非盜贓”的好方法。因爲他的説話只從感情上出發，不從理智上出發；只是成見，不是論辨。他儘管自稱“非難”，而偵探的話的價值並不因此而減損。

詩序中，附會得到的就附會，附會不到的就編造。種種花樣，另篇細説。即就周孚所非鄭樵的而論，牆有茨何以説爲公子頑，乃因其在“指定爲文公詩”之前。河廣何以説爲宋襄公之母，乃因其爲衛國之貴族。照詩序的義例，國風應該是“言一國之事”的，序詩者既要派定一個人，自然就國君和貴族中揀選一個近情的人安插下了。鄭樵見到這層，所以把他推翻。周孚有成見梗着，所以就駁他道：——

衛詩之言淫亂者多矣，何獨以此爲公子頑？（24）
　不謂宋人寓於衛而思宋之詩，而獨以爲襄公之母，蓋古之傳詩者此説爾，而毛公承之耳。（25）

这就是他表顯他的信條的地方。

鄭樵很有文學的眼光，於關雎、茉莒兩詩説得極好。周孚一點理會不得，他的惟一辨駁的理由，只是“使止以雎鳩爲興……”，何必曰“關關雎鳩”（45），“茉莒非常用之物，人何事而采之"(11)。鄭樵因爲詩序所下的風、雅、頌的定義極不妥當，都換過了。他批評不了這個新定義，於是又把舊定義搬了出來，但不說一聲所以應當維持的理由(17)。他只會拿信條來壓人，再也講不出道理。最可笑的，他的書裏有兩段矛盾的文字，比較一看，就可澈底瞭解他的態度。他全書的議論，以(5)條爲最好。鄭樵推翻了詩序，卻在自己的詩傳裏另外爲三百篇做序。他駁道：

> 仲尼之作春秋也，始於其祖之所逮聞。蓋以千歲之後言千載之前，雖仲尼猶以爲難。而鄭子乃能之，則是其智過於仲尼也。就使能之，亦不過隨文附會之學，吾不欲觀之久矣！

照我們想，他知道"隨文附會之學"的不好，自可漸漸地引起他對於詩序的覺悟了。但他臨到講詩序時，又一變了他對於鄭樵的態度。他道(72)：——

> 檜爲鄭桓公所滅，其事在春秋前；自季子聽樂而檜已無譏矣。況於子夏之時，相去數百年之久，其理雖可推而其世不可知。其理可推，則序其所以作詩之故；其世不可知，則不指名其人：慎之至也！

試問子夏"推理"而作的序，和鄭樵的"隨文附會之學"有什麼兩樣？何以鄭樵的便"不欲觀之久矣"，而子夏的乃是"慎之至"呢？這等的批評，不是證明他懷着滿肚子的成見嗎？

（八）沒有歷史觀念。(73)，鄭樵根據了杜預的長曆，斷定十月之交的日食爲東周莊王二年，即魯桓公十七年；春秋所書的"冬十月朔，日有食之"，和詩經的"十月之交，朔日辛卯，日有食之”，即是一事。周孚駁他道：——

> 春秋……不書日，左氏以爲官失之也。則十月之食，自
> 仲尼、丘明已不知其日矣。鄭子以長曆之故而信爲辛卯，則
> 是以杜預爲過於仲尼也，其可乎！

他不知道天文曆法的推算應當後人比前人進步：所以從前官守會
失記，後來私家卻能算出；所以孔子雖不能知道二百年前日食的
日子，杜預卻不妨知道一千年前。他以爲孔子不知道，就不應該
再有人知道了，這很可證明他沒有歷史的觀念。

　　（九）不懂得鄭樵的學問精神。鄭樵歎息於三家之亡(8)，他
的意思只是可惜和毛詩比較的材料太少了。周孚誤會了他的意
思，以爲他的詩學要廢毛氏而從三家，所以説：“鄭子未見齊、
韓而遽棄毛氏，不幾於邯鄲之學步者乎！”他的意思，以爲經學家
應當束身在一個家派裏的：從前齊、魯、韓、毛四家盛行，學者
可以擇其一家；現在三家亡了，只有毛詩，要做詩學的自然只可
向毛詩去討生活。鄭樵既要廢棄毛詩，必得皈依三家；三家既亡
了，毛詩也就不能廢棄了。其實鄭樵那裏是這樣的一個人，他有
自己的思想可用，有自己的裁斷可信：沒有齊、魯、韓是如此，
有了齊、魯、韓還是如此。他原要多收集些研究材料；周孚卻誤
會了他，以爲他要求別立一個信仰的標準。這是他的一個大誤
會；他不懂得鄭樵的學問精神，根本就在此處。因爲他只是信服
古書，而鄭樵則必信自己的觀察和研究，所以他攻擊的話處處隔
膜。再舉一個例。鄭樵於鳥獸草木之學所以看重本草而輕爾雅之
故，因爲爾雅僅取材於六經的傳注，而本草則爲從來醫家所習，
務在識真，所載自然較爲可靠。周孚不懂得這層意思，所以於
(11)説：“大抵鄭子之學，其於物理所以異於毛、鄭者，以其信本
草而非爾雅也。吾之於書，則求其是而已矣，豈以異於先儒爲功

乎!"於(48)又説:"取其(爾雅)義而棄其書,鄭子誠忍人哉!"他不知道鄭樵所以非薄爾雅,因爲裏邊有"昧於言理"的,又有"不達物之情狀"的(均見爾雅注後序),惟其他要"求是",所以不能不爲改正。照周孚的説法,對於古書一批評,一改正,就算"棄"了;不和先儒兩樣,就算"求是"了。抱了這種淺陋的見解,那裏會得得到一些學問的氣息!更那裏會得明白鄭樵的學問的真相!

從這許多條看起來,他自己既有必信古訓的成見,又不能瞭解鄭樵的不信古訓的精神,在我想,他要做非詩辨妄真無從做起。但他竟是强辭奪理地做了。可憐到了今朝,只留下許話柄!

我要表章這部書,並不是爲牠足以補正鄭樵的缺失,正要顯顯中國學術社會的恥辱。中國學術社會因爲有了"信古而不動天君"的大毛病,所以使得二千年來只有因襲的儒術,不能把真實的學問發揮光大。雖有鄭樵一輩人把學問的真處見到了,竭力地提倡,但因爲和舊習慣衝突,就有許多守舊黨起來,重重阻礙他,使得他志願不能發展,著作不能流傳。這班守舊黨對待學問家的方法,並不是以相等的學識把他駁倒,只是拿因襲的傳統把他壓倒。因襲的傳統在牠的自身固然無甚價值,但自有牠在歷史上積叠而成的力量,不怕不將新發的學問之芽摧殘乾淨。所以鄭樵精心結撰的詩辨妄出來不久,就會歸於散失,而周孚勉强做成的非詩辨妄則至今流傳。大家看着牠,還是歡欣鼓舞地説道:——

鄭樵作詩辨妄,決裂古訓,橫生臆解,實汩亂經義之渠魁。南渡諸儒,多爲所惑,而孚陳四十二事以攻之,根據詳明,辨證精確,尤爲有功於詩教。今樵書未見傳本,而孚書巍然獨存,豈非神物呵護以延風雅一脈哉!是尤爲可寶貴者矣!(四庫總目卷一五九)

十一,二,八。

附錄二　通志中詩説按

頡剛案：詩辨妄雖亡而通志猶在，通志中不少論詩之語，此皆鄭樵治詩之中心思想，足以補亡者也。故輯爲一編，附録於此。

附録三　六經奧論選録按

頡剛案：是書始刻於明，題鄭樵著。朱彝尊經義考，全祖望鮚埼亭集及四庫提要皆疑之，以其引"薛常州"（季宣）、"晁公武"，又稱朱文公，皆在鄭氏之後，而其天文總辨中論及鬼料竅，且云"夾漈先生嘗得是書而讀之"，尤爲不可掩之牴牾。然鄭氏好詆諆前人，不爲學術界所容，積毀銷骨，作僞書者何求而託之於彼？且若有意作僞而託之於彼，亦安肯復稱"夾漈先生"等等以自顯其僞跡耶？考黃虞稷千頃堂書目，有"車似慶六經奧論六卷"，注云"舊以爲鄭樵著，非"，已明定作者爲車氏。而其下"不知姓氏"之著作中又有"莆陽二鄭六經圖辨"十卷。福建通志藝文志中有"鄭厚、鄭樵六經圖辨"，則所謂二鄭者即鄭樵及其從兄鄭厚也。吳騫拜經樓中藏有鈔本六經雅言圖辨（今在北平圖書館），亦題爲"莆陽二鄭先生"，且署云"甲科府教許一鶚家藏，甲科府教方澄孫校正"。吳氏題記云："劉后村集有'跋許教一鶚廷對策'……不知即此人否。"斯言而信，則南宋之末已有其書。又吳氏跋云："予得舊鈔六經雅言圖辨八卷……細玩之，則與通志堂所刊六經奧論名異而書略同，但諸圖與卷次多寡，行款先後微別耳。"其第二跋云："大約皆二鄭門弟子輩各據其師説，掇拾而綴成之，故書中頗有參差而自相矛盾者。"（兩跋均見愚谷文存卷四）洵如其言，是六經奧論之前身爲六經雅言圖辨，而圖辨則其門弟子所編録者也。觀夾漈遺稿中獻皇帝書，鄭氏自述其所著，有諸經序一種，不傳於後，倘此又爲雅言圖辨之前身耶？又觀明黎溫所作六經奧論凡例云："夾漈先生所著是書，……特發場屋之資"，錢謙益絳雲樓書目論策類有十先生奧論之書，則知當時人所需求於是書者，殆如清代之十三經策案之類，非取其論斷之精，乃取其範圍之廣，便於持題應對耳。知此，而後此書之所以流傳與其所以改變之故，可以不煩言而解。故予假定：鄭氏作諸經序，及身未刻，身後爲習舉子業者所利用（正如清代人之以三通序及九通序爲場屋之資），竄易增删爲六經雅言圖辨，以其原本鄭氏，故題"莆陽二鄭先生"；又經車似慶之改編，遂爲六經奧論；鄭氏之名雖未消失，而牴牾亦寖寖多矣。

又案：此書有最奇突之一事，直使人墮入十丈迷霧中者。十三載前，予初輯詩辨妄，檢圖書集成經籍典第一百五十一卷，詩經部總論三，則"宋鄭樵詩辨妄"赫然在焉。凡二十三篇，始於四家詩，終於序草木類兼論詩聲。大喜過望，手鈔出之。越數月，得見六經奧論，乃知自第二十二篇以上即奧論之第三卷，而末篇則爲通志昆蟲草木略之序。當日何以集二書爲一卷而題爲詩辨妄，實無從索解。疑編集成者録自永樂大典，然檢大典目録亦不載。六經奧論已久失其本來面目矣，兹又襲之而改題一最早之名（奧論第四卷春秋經，集成經籍典卷一八六録之而題爲鄭樵春秋傳，春秋傳亦鄭氏原有著述之一），何也？若謂其書確爲詩辨妄，編圖辨與奧論者録之，何以其中有辨妄者，又有護妄者，一卷之書，衝突乃爾？又何以周孚所非駁者乃不皆可見？吾人從事校訂之業，常感秦、漢以上文籍問題之繁多，慨然興歎，以爲整理之難逾於治棼絲。孰意即南宋之文獻而亦有如此之困難與複雜耶?

　　兹刊印詩辨妄,即從奥論中選録其不與辨妄之旨相背者,又鄭氏於詩學主聲而不主義,又選其議論之與此義近者,凡九篇,列爲附録之三。此蓋冀遇其真,非敢謂所録者必爲鄭氏語也(如詩序辨一篇中有與葉夢得説相同者——葉説見文獻通考經籍考五引。葉行輩雖較鄭稍早,然未必鄭勒其文以爲已有。其末段與周孚所引同,信爲鄭氏之説,則又不似全篇非真者。疑後人掇拾二書爲之。又關雎辨、國風辨與詩序辨中並有襲程大昌詩論之語,程後於鄭,亦爲後人併合諸家書以成文之證)。所不録者,亦未敢謂其必非鄭氏語也。失出失入之咎,我自任之。學者欲見全文,有原書在。他日得暇,當將奥論與圖辨合校付印,以備"經學通論"之一格耳。

民國二十二年六月十三日,顧頡剛記。

附録四　歷代對於鄭樵詩説之評論按

　　頡剛案:前輯詩辨妄時,涉獵所及,曾將歷代評論此書及鄭樵詩説之文字輯録若干。今當付印,因列之於附録。明知不勝掛一漏百之嫌,竊自附於窺豹一斑之義。蓋八百年來之人對於鄭氏之毀譽,得此亦可以識其大略矣。若求詳備,待諸異日。

　　又案:讀虞集序,知詩傳終宋之世未刊,元翰玉倫徒始取刻之。詩辨妄一書或從未一刊,其寫本僅爲周孚、朱熹、陳振孫數人所見,故惟有此數人者得舉其文,其他皆依聲學舌而已。頃見明萬曆中沈守正所作詩經説通(北平圖書館藏),其凡例云:"説詩無慮百家,廢序者獨夾漈、紫陽耳。聰明競出,頗足解頤。今異同駢録，使知詩道之廣博也。”其引用書目分“正引”、“雜引”兩類；正引中，“鄭樵夾漈辨妄”在焉。驚喜之甚，以爲可繼續輯得若干矣。翻覽終卷，曾無所見。偶有一二語，皆前人所常引者耳。乃知此君實未嘗見詩辨妄，欲炫其博，故虛書此名。士之無行，有如是耶！又觀四庫總目歎息於韓詩之亡，謂“自鄭樵以後，說詩者務立新義，以掊擊漢儒爲能，三家之遺文遂散佚而不可復問”。曾不思鄭氏固主張“事無兩造之辭則獄有偏聽之惑”，欲藉三家糾正毛氏者。以韓詩之亡蔽罪於彼，適得其反。從此可知鄭氏詩學，知者絕寡，攀附也，攻擊也，術雖有異，其爲捕風捉影則一也。意者此書之亡乃在宋季乎？抑馬伯庸、齊履謙取稿以去，遂致散佚乎？虞集序云：“閩人刻書摹印，成市成邑，散布中外，極乎四海。”以印刷業之發達若此，而五十餘種之稿本終於未刻，徒勞後人之猜想，斯亦不可解也。朱彝尊作經義考，分書籍爲“存、佚、未見”三類；其列詩辨妄於未見之中，蓋不知書之究亡與否。吾觀明人修大全，所收錄宋人之說至多，朱熹之詩集傳既爲正注，而其說又承自鄭氏，苟鄭氏之書未亡，豈有不錄者。今既無之，則知當明初已不可見矣。又詩經大全以元劉瑾詩傳通釋爲藍本，變動絕少，乃亦不錄鄭氏之文，則知在元代已不可見矣。況翰克莊但刻詩傳而不刻詩辨妄，亦見彼時傳本已絕矣。至於朱彝尊之世，佚固久矣，不必緩其詞曰“未見”也。以見者如是之鮮，亡佚如是之早，而其名乃昭垂於天壤之間；雖時受戟指之罵，正徵其影響之深，具有疾雷破山之力量。天下固有如是之嗇於實而豐於名者乎？此固非鄭氏之所願哉！

民國二十二年六月十七日，顧頡剛記。

鄭樵詩辨妄輯本跋 [*]

　　一星期來，心臟病劇發，不能撰孟姜女故事研究文字，故檢出此稿付刊。

　　三年前，以輯録辨僞叢刊，從周孚非詩辨妄（涉聞梓舊本；四庫全書本在蠹齋鉛刀編内）中輯出此書，加以朱熹詩集傳及語類中所引，分爲通論、詩序辨、傳箋辨、雜説四篇。原期在他書中續有所得，故遲遲未敢發表，但三年來所見元明人詩説竟未有引及此書者；雖不能謂更無發見之望，而繼續蒐輯之業必甚難爲矣。如此獨鑑千古之書，以數腐儒之反對而遂失傳，失傳之後又僅於反對之言中得知其梗概，洵可悲也。

　　舊作非詩辨妄跋一篇，當於下期發表。

　　　　　　　　　　　　　　　頡剛記。十四，十一，三。

---

[*]　原載北京大學研究所國學門週刊第五期，1925 年 11 月 11 日。

鄭樵傳[*]

（一一〇四——一一六二）

　　鄭樵是中國史上很可注意的人。他有極高的熱誠，極銳的眼光，極廣的志願去從事學問。在謹守典型又欠缺徵實觀念的中國學界，真是一個特出異樣的人物。但正因爲他特出異樣，所以激起了無數的反響，有説他武斷的，有説他杜撰的，有説他迂僻的，有説他博而寡要的，有説他疏漏草率的，有説他切切於仕進的。大家没有曉得他的真性情，真學問，隨便和他加上幾個惡名。從他的當世直到清代的中葉，他一向擔負了不良的聲望。雖也有少數人説他在名物上是極精賅的，但他的學問的全體到底是那般樣子，依然未能認識。雖有通志放在三通之内，但大家的眼光只看爲三通裏最壞的一部。自從章學誠出來，辨明著述與纂輯不是同等的事業，又做了申鄭，答客問諸篇，把他的真學問真力量暢盡的説了，於是他的地位方才漸漸有提高的樣子。

　　宋史儒林傳裏也有他的傳文，但只有寥寥三百餘字，極浮淺的把他説了。宋元學案裏更少了，連了他的從兄鄭厚，只有三十一字（卷四十六鄭僑條）。他的兒子翁歸爲他做的家傳，不幸已失傳了好久了。所以我們要曉得他的事實很不容

---

* 1922 年 1—4 月作。原載國學季刊第一卷第二號，1923 年 4 月。後略修改。

易。幸而有殘本的夾漈遺稿三卷流傳下來；更幸而在康熙四十四年修的莆田縣志裏（卷二十一，儒林傳中鄭厚鄭樵二條）和乾隆二年修的福建省志裏（卷一百八十八，宋興化縣儒林傳）都有一篇較詳的傳文。這兩篇傳雖是仍只五六百字，但比較宋史總算着實的多了（兩志雖在宋史之後，但看他們叙述的次序和事蹟的繁簡，自可斷定這傳文出於宋史之前，爲宋史所本）。我現在就把這三種書裏尋出的材料，再加上別種書裏的零碎記載，同他做一篇詳細的傳。雖則他一生的事蹟依舊不得完備，但比了單讀宋史總是好的多了。

可以參考的材料，尚有鄭厚的藝苑厄言（說郛中有節錄本），梁玉繩的瞥記（內引及汪應辰薦鄭樵狀），周必大的辛巳親征錄。在京時事務太忙，未得覓讀；歸家後要看又不得了。記在這裏，備將來的補綴。

鄭樵，號漁仲，福建興化軍莆田縣人。生於一一零四（宋徽宗崇寧三年），卒於一一六二（高宗紹興三十二年）。他的一生正當南宋和北宋的交界。（疑年錄）

他的父親國器是太學的學生。鄭國器曾經賣去了自己的田，築蘇洋陂的堤岸，當地的人都稱頌他的恩惠。一一一九年，他從太學裏回來，病死在蘇州。那時鄭樵只有十六歲，就冒暑到蘇州，護柩歸葬。從此，他謝絕了人事，在越王山下造了房子，安心讀書，不去做科舉的生涯了。他在山裏，自己供給極清苦，燒飯打掃的事也都親身去做。過了一些時候，又到夾漈山造了草堂住下。（省志，縣志）

他和他的堂兄厚（號景韋，生一一○○），在小時候就都有脫略不羈的風度。他們二人才氣相同，十分投契。他們同在夾漈山讀書，往往寒月一窗，殘燈一席，讀書到天亮，不覺得喉舌的疲勞。或者掩了書卷，滅了燈火，閉目而坐，想那所讀的書的意味，別人來呼喚也聽不見。打聽得人家有藏書，就到那家去請求閱覽，不問他們的容納與否。看完了，也就走了。二三月間，他們手裏提了飯囊酒甕，向深山走去。碰到了奇泉、怪石、茂林、修竹，凡是看得心裏舒服的，就坐臥其下，喝酒做詩，連歸家也忘記了。牧童樵夫看見他們的形狀奇怪，決不定是人是鬼，只敢遠遠的站着探望，面目上顯出無限的疑惑。他們夏天不必衣葛，冬天不必穿袍，喫飯不當頓，頭髮經月不梳，面目衣裳垢膩積得重重也不洗。他們自己覺得"貞粹之地油然禮義充足"，但他們的弟兄、親戚、鄉黨、朋友都説他們是癡，是愚，是妄，甚而至於不屑和他們算做同輩。他們處世又極介介，不肯去廣交游。所以天地雖大，他們的身子在社會裏竟像沒有可以安插的地方。(遺稿卷下投宇文樞密書)

那時太學裏行了"三舍"的法子，學生只要通了一經就夠了。鄭厚到了太學裏，卻能做兼通的功夫。他從太學歸來，和鄭樵在薌林(夾漈山的一個地方)講學，跟着他們讀書的很多。宇文虛中一見他們(那時在一一二六或二七年，虛中正是由樞密落職奉祠住在福州的時候)，很覺得驚異，給他們一封信道，"士弊於科舉久矣，安知亦有淵源深渺，不爲俗學所漬如二公者乎!"(宋史，縣志鄭厚傳)

一一二六年，金兵陷下汴京。一一二七年(鄭厚年二十八，樵年二十四)，徽宗和欽宗被擄北去。那時漢族人民驟然受了一個大刺戟；鄭樵弟兄是血性男子，自然更加憤激。他們因爲宇文虛中是時勢上極有關係的人物，又很賞識他們，到過鄭家兩次，經過很暢快的交談，他們也極感激知遇，所以寫了一封二千五百字的長信，歷述自己的才氣性格，把自己比作程嬰、杵臼、荆軻、聶政、紀信、馬援、范滂、顏杲卿一類的人，要想在時勢上有所作爲。結論説：

　　　　然則厚也，樵也，何人也？沉寂人也！仁勇人也！古所
　　謂能死義之士也！謂人生世間，一死耳！得功而死，死無
　　悔！得名而死，死無悔！得義而死，死無悔！得知己而死，
　　死無悔！死固無難，恨未得死所耳！今天子蒙塵，蒼生鼎
　　沸，典午興亡，卜在深源一人耳。厚兄弟用甘一死以售功，
　　售名，售義，售知己，故比見閣下以求其所也！

這封信去後雖不知道怎樣結果，但宇文虛中在一一二七年便因議
和之罪流竄韶州去了，明年，他又奉使金國，就終身被留住了，
即使願意薦引他們，也是做不到的了！（遺稿，宋史）

　　他们還有投江給事書一篇，大約亦是此時所作。他們説自己
是田家子，又是經生，沒有什麼大本領。所靠得住的，就是胸中
沒有膏肓之疾，肯真心實意爲人排難解紛。他們碰見了不平的
事，熱情湧盪起來，就要趕出去幫助人家，仿佛來不及似的。倘
使不能就去，這一夜可就眠不着了！他們的信上又説：

　　　　且爲閣下言之。峨冠博帶，曳裾投刺者，或挾親而見，
　　或挾故而見，或階緣親故先容而後見也。跡相仍，袂相屬
　　也。然有畫一奇，吐一策，爲閣下計者乎？有人於此，親非
　　崔盧，故非王貢，又無左右介紹爲之先容，敢仗天下大計堂
　　堂求見，閣下謂此人胸中當何如哉？……厚與樵見今之士大
　　夫齷齪不圖遠略，無足與計者，用自獻於閣下。

這封信去了也不見下文。其故雖不可知，但他們抱了一肚子的奇
氣去同"非親非故"的士大夫去自獻，想得着他們的真知和倚重，
從此達到"攄生靈之憤，刷祖宗之辱"的大志，這總是不容易成就
的事了！（遺稿卷下）

　　從這兩封信上，可以證明他們二人在少年時極有"用世"的大

志願。但這等一任天真的去幹，那裏會插進政界。他們受了好些挫折，於是移轉方向，專向學問方面發展去。他們就在夾漈山中布置起來。鄭厚住在溪的東面——人家就稱呼他溪東先生；——鄭樵住在溪西瑞雲潭——人家就叫他溪西先生，他自己也稱做溪西遺民（四庫提要作西溪逸民，似誤）。溪東有溪東草堂，溪西有夾漈草堂，此外又有天耏庵、幻住庵、通游閣、宴寂閣等建築（後來又有修史堂）。鄭樵有題夾漈草堂一詩，序中說：

> 斯堂本幽泉、怪石、長松、修竹、榛、橡所叢會，與時風、夜月、輕煙、浮雲、飛禽、走獸、樵薪所往來之地。溪西遺民於其間爲堂三間，覆茅以居焉。斯人也，其斯之流也？（遺稿卷上）

又有題溪東草堂一詩，云：

> 春融天氣落微微，藥草葱茅脈脈肥。植竹舊竿從茂謝，栽桃新樹忽芳菲。天寒堂北燃柴火，日暖溪東解虱衣。興動便攜樽到嶺，人生真性莫教違！（遺稿上）

可見他們隱居的生活是很舒服的。他們住在山中，一意做“稽古之學”，不和人家往來。鄭樵更立下三個志願：要多讀古人的書籍，要盡通百家的學問，要研究六經而做它們的羽翼。他希望做一個學者，不希望做一個文人，看自己不在劉向揚雄以下。（宋元學案，縣志卷一輿地類，遺稿，宋史）

但鄭樵的才氣豈是書本上的學問限制得他的；況且他有了“西窗盡是農岐域，北牖無非花葛鄉”（夾漈草堂詩）的環境，又那得不和自然界接近。所以他入山之初雖是志在六經和其他古書，但後來研究的範圍越放越大，天文、言語、動物、植物、醫藥上就都下實際的功夫了。他沒有可以請教的先生，一切出於自己的摸索。他說自己學天文的經過道：

> 天文藉圖不藉書……圖一再傳便成顛錯。……臣向盡求其書，不得其象；又盡求其圖，不得其信。一日，得步天歌而誦之。時素秋無月，清天如水，長誦一句，凝目一星。不三數夜，一天星斗盡在胸中矣。（通志天文序略）

又說他學動植物的經過道：

> 臣少好讀書，無涉世意；又好泉石，有慕弘景心。結茅夾漈山中，與田夫野老往來，與夜鶴曉猿雜處。不問飛潛動植，皆欲究其情性。（通志昆蟲草木略序）

因爲他有了這一副實驗的精神，所以他最恨的是“空言箸書”。從前學者所做的書，凡要成一家之言的，總是說的道德和政治；凡要做善述的賢人的，總是在章句訓解上用功夫。這兩方面的態度雖不同，但他們不肯在實物上留心則是一樣。董仲舒說的最老實：

> 能說鳥獸之類者，非聖人所欲說也。聖人所欲說，在於說仁義而理之。……觀於衆物，說不急之言而以惑後進者，君子之所甚惡也！（繁露重政篇）

他看得讀書人是只應該說仁道義的，一講到仁義以外的自然界，就不對了，一班君子就應該嫌惡他，屏棄他。這和樊遲請學稼，孔子罵他爲“小人”是一樣的意思。因爲中國的傳統思想是如此，成了病態的科舉，所以科學不會發達，單是漢唐的注疏，明清的八股，堆山積海的製造出來。鄭樵是最恨這一類的空話的，所以他說：

　　自武帝立五經博士，開弟子員，設科射策，勸以官祿，
訖於元始，百有餘年，傳業者寖盛，枝葉繁滋，一經説至百
餘萬言，大師衆至千餘人，蓋禄利之路然也。且百年之間其
患至此，千載之後弊將若何！況禄利之路必由科目，科目之
設必由乎文辭。三百篇之詩盡在聲歌；自置詩博士以來，學
者不聞一篇之詩。六十四卦之易該於象數；自置易博士以
來，學者不見一卦之易。皇頡制字盡由六書；漢立小學，凡
文字之家不明一字之宗。伶倫制律盡本七音；江左置聲韻，
凡音律之家不達一音之旨。經既苟且，史又荒唐，如此流
離，何時返本！（通志總序）

他看着不懂聲歌的詩博士，不懂象數的易博士，不明六書的小
學，不達七音的聲韻，……都是無本之學，都是不切實物之學，
所以他一力的反對。他自己做的詩傳就建設在聲歌上面，象類書
就建設在六書上面，分音之類就建設在七音上面。他惟一的宗
旨，就是必使學問在實物上出發，而不使學問在書本上出發。他
看着歷來學者專好説門面話，覺得可笑；看着不懂名物的傳注家
只會敷衍經文，含糊過去，尤其覺得可笑。所以他説：

　　凡書所言者，人情，事理，可即己意而求之，董遇所謂
"讀百遍，理自見"也。乃若天文、地理、車輿、器物、草
木、蟲魚、鳥獸之名，不學問，雖讀千迴萬復，亦無由識
也。奈何後之淺解家只務説人情物理，至於學之所不識者反
没其真，遇天文則曰"此星名"，遇地理則曰"此地名"，"此
山名"，"此水名"，遇草木則曰"此草名"，"此木名"，遇蟲

魚則曰"此蟲名"，"此魚名"，遇鳥獸則曰"此鳥名"，"此獸
名"，更不言是何狀星，何地，何山，何水，何草，何木，
何蟲，何魚，何鳥，何獸也！縱有言者，亦不過引爾雅以爲
據耳，其實未曾識也！（遺稿卷中寄方禮部書）

這一則話，揭破歷來傳注家的黑幕可謂極其深切著明了。他因爲
不願意做這一等的經學家，所以他説自己：

已得鳥獸草木之真，然後傳詩。已得詩人之興，然後釋
爾雅。（昆蟲草木略序）

又説：

故有此（爾雅）訛誤者則正之，有闕者則補之。自補之
外，或恐人不能識其狀，故又有畫圖。爾雅之學既了然，則
六經注疏皆長物也。（寄方禮部書）

他必定要對於這部書有完全的了解，對於這門學問有系統的知
識，然後再去做傳注。譬如詩經，他看出它的用處在聲歌，要懂
得它的説話在研究名物，無所謂正變美刺。所以他自己要做詩傳
時，就先做系聲樂府來整理聲歌，做本草成書、本草外類、詩名
物志來整理名物；等到兩方面都貫通了，然後再做詩傳。他的心
思裏，只有通盤籌算的學問，只有歸納事實而成的學問，但沒有
"天經地義"，"專己守殘"的經書和注疏。他只看得書籍是學問由
以表現的東西，而不是學問由以出發的東西。所以憑你是古書，
它表現的不對，就得做"正誤"的功夫；它表現的不儘量，也得做
"補闕"的功夫。他看古人與今人只是先後的分別，應該同在學問
上努力，一層層的走上去（通志總序云，"開基之人不免草創，全

屬繼志之士爲之彌縫"），絕沒有古書神聖不可侵犯的觀念。這種
觀念，在現在稍有科學頭腦的人看來固是平平無奇，但在八百年
前的學界裏實在是超越時代的卓見。我不敢説在全部的中國史裏
沒有類似他的見解的人，但我敢説在全部的中國史裏再沒有像他
看的真確，做的勇敢的人。

中國的社會和學術界看各種行業，各種學問，甚而至於各種
書籍，差不多都是獨立的，可以各不相謀，所以不能互相輔助以
求進步。這種界限，鄭樵是極端反對的。所以他説：

> 儒生家多不識田野之物，農圃人又不識詩書之旨，二者
> 無由參合，遂使鳥獸草木之學不傳。（通志昆蟲草木略序）

又説：

> 自司馬遷天官書以來，諸史各有其志，奈何曆官能識星
> 而不能爲志，史官能爲志而不識星，不過採諸家之説而合集
> 之耳，實無所質正也！（寄方禮部書）

又説：

> 自班固以斷代爲史，無復相因之義；雖有仲尼之聖亦莫
> 知其損益，會通之道自此失矣！語其同也，則紀而復紀，一
> 帝而有數紀；傳而復傳，一人而有數傳；天文者，千古不易
> 之象，而世世作天文志；洪範五行者，一家之書，而世世序
> 五行傳。如此之類，豈勝繁文！語其異也，則前王不列於後
> 王；後事不接於前事；郡縣各爲區域，而昧遷革之源；禮樂自
> 爲更張，遂成殊俗之政。如此之類，豈勝斷絹！（通志總序）

他要打破職業上文人與工人的阻隔，以爲凡是做一種學問，都得親自去認識材料，不能專靠書本上的記載。所以儒生家做鳥獸草木之學，就該親身到田野裏去和農圃人接近；史官要做天文志，就該懂得星象，有曆官的本領。至於書籍上的阻隔，如各種斷代的史書沒有一貫的統系，更是應該改造的，所以他主張做通史。這種"會通"的精神是怎樣的偉大！

他爲學的宗旨，一不願做哲學，二不願做文學，他實在想建設科學。他批評哲學和文學道：

> 義理之學尚攻擊；辭章之學務雕搜。耽義理者則以辭章之士爲不達淵源；玩辭章者則以義理之士爲無文彩。要之，辭章雖富，如朝霞晚照，徒焜耀人耳目；義理雖深，如空谷尋聲，靡所底止。二者殊途而同歸，是皆從事於語言之末而非爲實學也。（圖譜略原學篇）

又説：

> 如論語所謂"學而時習之，不亦説乎"，無箋注，人豈不識！孟子所謂"亦有仁義而已矣，何必曰利"，無箋注，人豈不識！中庸所謂"天命之謂性，率性之謂道"，無箋注，人豈不識！此皆義理之言，可詳而知，無待注釋。有注釋則人必生疑，疑則曰，"此語不徒然也"，乃舍經之言而泥注解之言，或者復舍注解之意而泥己之意以爲經意，故去經愈遠。正猶人夜必寢，且必食，不須告人也，忽而告人曰，"吾夜已寢矣，旦已食矣"，聞之者豈信其直如此耳，必曰"是言不徒發也，若夜寢旦食又何須告人"！先儒箋解虛言致後人疑惑，正類此。因疑而求，因求而迷，因迷而妄，指南爲北，俾日作月，欣欣然以爲自得之學，其實沈淪轉徙，可哀也

哉！（爾雅注序）

他生在理學極盛的時候，敢説出這樣反理學的話，豈不使人咋舌。至於他自己爲學的宗旨呢？他説：

　　善爲學者，如持軍，治獄。若無部伍之法，何以得書之紀。若無覈實之法，何以得書之情。（圖譜略明用篇）

這就是他的真本領！他看得做學問要像持軍一般有部伍的法子，要像治獄一般有覈實的法子，這就是極明白的科學觀念。他雖説的是"書"，但這樣的做去，早已越過了書的境界了。他因爲要"部伍"，所以他對於各種事物都有很詳細的分析：象類書裏把二萬四千餘字都分配到六書，又以三百三十母爲形主，八百七十字爲聲主；分音之類以四聲爲經，七音爲緯，成爲極明白的韻書；從前的氏族書是極模糊的，他的氏族志卻分成三十二類；從前的目錄分類是很簡單的，他的群書會記卻分成四百二十二類。他的宗旨，總在"明類例"，有了類例，事物就可釐然就範了。又因爲要"覈實"，所以他於各種學科都要去畫圖：在他的著作裏，有器物圖，有鄉飲禮圖，有韻圖，有天文圖，有爾雅圖（上三種是書中的一部分，不是書名），有百川源委圖；又有圖書志一卷，説明圖譜的重要。他總要把事物的實狀清清楚楚的表現出來，不受一點文字的限制。

　　可憐這種精神正是中國學術界裏頂缺乏的！説到做學問，就要把一個人束縛在家法之内。説到讀書，就要把没有整理過的材料儘量記憶。至於學問的全部是怎樣的，一種學問内的條理是怎樣的，卻全不曾想到。所以鄭樵自己雖是對於學問有極明白的見解，但在這種的學術社會裏到底生不出一點效果來：他的事業没有人肯接續去做；他的學問竟至和他的生命相終始！一班義理家、辭章家罵他，不必説了。最氣不過的，是一班考據家。原來中國的學問較近於科學的，還是考據之學。他們學問的出發點也是在事物上面，他們對於鄭樵的學問應該有一種了解了。但是你説一聲“爾雅注上把‘劉劉杙’爲‘安石榴’是錯了”，我説一聲“通志藝文略裏，張弧的素履子在儒家和道家中兩出了”，於是公同斷定鄭樵的學問真是十分牴牾疎漏。這些檢舉果然是不錯，但大家須知道鄭樵的真學問原不在精上，也不在博上，乃在“部伍”和“覈實”的兩個方法上。一個人的知識必不能把全世界的事物統記憶了；一個人的力量也必不能把全世界的事物統考驗過了。鄭樵在舉世不做實驗功夫的時候，他要使得各種學問都得着一個實際的條理，自不能不拚着一身去做；但用盡了他一個人的氣力，所得能有幾何！考據家見不到他的實在學問是如何的，更見不到整個的學問領域是怎樣大的，只會摘取了零碎的事實去比長較短，那得不由他們尋出了幾個漏洞！漏洞尋出了，方法永遠看不見，而鄭樵逢到古人不合處不肯留一點餘地，又最犯他們的忌，於是他就成爲衆惡所歸了！我們要認識他，試看他自己對於爾雅是怎樣的態度。他説，爾雅以十數言而總一義，是不達於言理；又隨文敷義，是不達於物之情狀。照考據家的眼光看來，他既經這樣説了，應該是根本瞧不起這部書了。但他又説：“爾雅訓釋六經極有條理；……樵酷愛其書得法度。”可見他所以取爾雅之故原在這個條理法度上面。他的見解，以爲錯誤的地方是隨時可以改正的，單是這個條理法度是學問的骨幹；有了這個骨幹，才可有方法去對付事物，才可支配事物到學問的部下。這是他的學問的真功夫，非薄他的人能懂得嗎？

　　他因爲極富於“覈實”的精神，所以他喜歡尋出各種事物的真面目，不肯隨便聽信着傳説。他在詩辨妄裏説：

　　　詩、書可信，然不必字字可信。（非詩辨妄引，下同）

他對於經文的態度尚且如此嚴正，何況傳注！所以不信易經的
彖、象出於孔子，而以爲戰國時的兩家；不信爾雅出於周公，而
以爲在離騷之後；不信石鼓是史籀所書，而以爲秦物。他最恨的
是附會，所以説：

　　　載籍本無説，腐儒惑之而説衆。（寄方禮部書）

又説：

　　　亂先王之典籍而紛惑其説，使後學不知大道之本，自漢
　　儒始！（詩辨妄）

他最恨的漢儒傳注有兩類書，一是詩經，一是春秋。他以爲詩經
主在樂章，春秋主在法制，原没有什麼深微的意義。但春秋有三
傳，詩經有毛傳、衛序、鄭箋，都是有力的附會，把經上的話盡
説成褒貶、美刺，弄得把真面目抹糊塗了。所以他做詩辨妄，尋
出他們附會的痕跡，把詩序根本推翻，把傳、箋大加删削，使得
他們不能再來欺人。又做春秋考，把三傳文字並列比較，尋出他
們所以錯誤之故，並且杜絶他們褒貶的妄説。有了詩辨妄，然後
詩經的真面目露出來了，原來是民間傳唱的歌和士大夫的詩，正
和後世的樂府一樣。於是他更把詩經和樂府比較起來，説道：

　　　上之回，聖人出，君子之作也，雅也。艾如張，雉子
　　班，野人之作也，風也。……燕歌行，其音本幽薊，則列國
　　之風也。煌煌京洛行，其音本京華，則都人之雅也。（樂略
　　樂府總序）

又説：

　　　詩在於聲，不在於義。猶今都邑有新聲，巷陌競歌之，
豈爲其辭義之美哉，直爲其聲新耳！……孔子曰……"關雎
樂而不淫，哀而不傷"，亦謂關雎之聲和平，聞之者能令人
感發而不失其度。若誦其文，習其理，能有哀樂之事乎！
（樂略正聲序論）

經他這樣的一説，詩經就是極平常的一部書了；從前人辛辛苦苦
把詩經分配到聖功王道上去，或是卜筮占驗上去的，這番功夫都
是白費的了！

　　他辨妄的宗旨，在災祥略的序裏説得最暢。他説：

　　　仲尼既没，先儒駕以妖妄之説而欺後世，後世相承罔敢
失墜者，有兩種學：一種妄學，務以欺人；一種妖學，務以
欺天。

　　　凡説春秋者，皆謂孔子寓褒貶於一字之間，以陰中時
人，使人不可曉解。三傳唱之於前，諸儒從之於後，盡推己
意而誣以聖人之意。此之謂欺人之學！

　　　説洪範者皆謂箕子本河圖洛書以明五行之旨。劉向創釋
其傳於前，諸史因之而爲志於後，析天下災祥之變而推之於
金木水火土之域，乃以時事之吉凶而曲爲之配。此之謂欺天
之學！

　　　夫春秋者，成周之典也；洪範者，皇極之書也。臣舊作
春秋傳，專以明王道，削去三家褒貶之説，所以杜其妄。今
作災祥略，專以記實跡，削去五行相應之説，所以絕其
妖。……

　　　嗚呼，天地之間，災祥萬種，人間禍福，冥不可知，奈
何以一蟲之妖，一氣之戾，而一一質之以爲禍福之應，其愚
甚矣！

他的災祥略只記某年月日有日食，某年某月有地震，某年有大旱或大水，實在是一部地文史，加不上"災祥"兩字。他的春秋傳則專在典章制度上注意，使得春秋確實成爲一部史書。

他自叙道：

　　十年爲經旨之學。以其所得者作書考，作書辨訛，作詩傳，作詩辨妄，作春秋傳，作春秋考，作諸經序，作刊謬正俗跋。

　　三年爲禮樂之學。以其所得者作謚法，作運祀議，作鄉飲禮，作鄉飲駁議，作系聲樂府。

　　三年爲文字之學。以其所得者作象類書，作字始連環，作續汗簡，作石鼓文考，作梵書編，作分音之類。

　　五六年爲天文地理之學，爲蟲魚草木之學，爲方書之學。以天文地理之所得者作春秋地名，作百川源委圖，作春秋列傳圖，作分野記，作大象略。以蟲鳥草木之所得者作爾雅注，作詩名物志，作本草成書，作本草外類。以方書之所得者作鶴頂方，作食鑑，作採治錄，作畏惡錄。

　　八九年爲討論之學，爲圖譜之學，爲亡書之學。以討論之所得者作群書會記，作校讎備論，作書目正訛。以圖譜之所得者作圖書志，作圖譜有無記，作氏族源。以亡書之所得者作求書闕記，作求書外紀，作集古系時錄，作集古系地錄。

　　此皆已成之書也。其未成之書，在禮樂則有器服圖，在文字則有字書，有音讀之書，在天文則有天文志，在地理則有郡縣遷革志，在蟲魚草木則有動植志，在圖譜則有氏族志，在亡書則有亡書備載。……

　　如詞章之文，論說之集，雖多，不得而與焉。（遺稿卷上獻皇帝書）

他的一生把全部的生命力專放在做學問的上面，從没有顧及生計，雖則他自奉極其淡薄，但他常要到名勝地方去搜訪圖書和古物，他的性子又是喜歡施捨，只要有益於人就肯勉力供給，於是窮下來了，弄得廚房裏屢屢不能舉火。但在這個時候，他依然執筆不休，雖是窮到極端，卻不曾把寸陰虛度。（遺稿，省志）

鄭厚在這許多年裏，不能像他堂弟一樣的努力了，不久就入了政界。一一三五年（紹興五），他在禮部得了第二次的薦舉，奏賦第一，廷對六千言，盡情把時政指説了一番。高宗聽得他的名望已久，下詔特循兩資，給他升擢差遣，授左從事郎，泉州觀察推官。没有過多少時候，就因事去職。隔了一年，又除授昭信節度推官，改左承事郎，知湘鄉縣。因爲他的説話時時和古聖賢違悖，所以被御史所劾奏，十年不得調動。他就死在湘鄉縣的任上。遺著有存古易、藝圃折衷兩種。（縣志鄭厚傳）

鄭樵的名望漸漸的大了起來，所做的文字流傳頗廣。朝中大官如李綱、趙鼎、張浚等都很器重他。一一四九年（紹興十八，他四十五歲），他把所做的書繕寫了十八韻，一百四十卷，徒步二千里，到杭州闕下，把這些書獻上了。有獻皇帝書一篇，申説他的懷抱。（宋史，獻皇帝書）

他爲什麼要獻書呢？他家裏人丁極不興旺，他的弟兄都先他死了（他有弟名樞，見遺稿卷上，餘無考），他的兒子也殤了（他的幼子翁歸生於一一五五，已在獻書後六年，從直齋書録解題所記推出），他自己又是暮景逼迫而來了。他讀了白樂天的“恐君百歲後，滅泯人不聞；賴藏中秘書，百代無湮淪”的詩，總是嗚咽流涕。他想，書是做成了，但既没有子弟可傳，又没有名山石室可藏，倘使一旦死了，豈不是此書與此身同歸朽蠹，豈不是辜負了平生一番學問功夫！他在獻皇帝書裏説：

萬一臣之書有可採，望賜睿旨，許臣料理餘書，續當上進。……使臣得展盡底藴，然後鶴歸蕙帳，狐正首邱，庶幾履陛下之地，食陛下之粟，不孤爲陛下之一民也！（獻皇帝書，遺稿卷下上宰相書）

這真是他發揮學問的哀音了！

這封奏書獻了上去之後，果然有詔許他把著作送秘書省投納收藏。他很得意，以爲"蓬山高迥，自隔塵埃；芸草芬香，永離蠹朽：百代之下，復何憂焉！"（上宰相書）於是還到草堂，更加勉勵。就他讀書的學生，一時增至二百餘人。鄭樵的性情非常忼爽，有來質疑問學的，日夜講說，不嫌得倦怠；看見了人家的好處，就稱譽如不及。不久，他遭了母喪，住在墳屋裏守孝。部使者舉了他三回的孝廉，兩回的遺逸，他都不就。（縣志，省志）

他是一個徵文考獻的大家，他決不會因爲自己的書藏在秘府裏就滿意了。他後來有一篇上宰相書（一一五九年所作），說他到京師來有三個志願：

(1) 傳自己的書（已在上面說過）。

(2) 整理圖書金石——宋代南渡之後，文物失去不少。秘書省年年求書，他極願意幫同討理（求書闕記及外記就是他根據了秘書省所頒的闕書目録而做的），使得東南的圖書，今古的圖譜，沒有一點遺漏。至於銘碣鼎彝一類東西，也願去整理一番。（獻皇帝書說："今天下圖書，若有若無，在朝在野，臣雖不一一見之，而皆知其名數之所在。"）

(3) 編輯通史——史家據一代之史，不能通前代之史，使得後代與前代不能聯絡，這是他最恨的。所以他要用了司馬遷的會通的法子，把歷代的史打一個統賬。他不但要打史書的統賬，而且要集天下之書爲一書，除掉說空話的書籍以外他都要採取。

他的第二項志願實在想辦一個規模極大的皇家圖書館。他擬了八種求書的法子；如果照了他的説法去做，只要世上存着一部，總是漏不掉的。若是秘書省讓他掌管了，真不知道宋代的文獻該有怎樣的美備。第三項的志願，不但想把他終身的學問都彙集在這裏，更想把全部的學問都安放到它應有的位置，實在是古今著作家中野心最高的一個計畫。他因爲想做到這一項的志願，又想把他的書成爲官書，所以逢人便鼓吹。他有寄方禮部書一篇（一一五五年前後所作），説道：

> 有史有書，學者不辨史、書。史者，官籍也；書者，儒生之所作也。自司馬以來，凡作史者皆是書，不是史。又諸史家各成一代之書而無通體。樵欲自今天子中興，上達秦漢之前，著爲一書，曰通史，尋紀法制。嗚呼！三館四庫之中不可謂無書也，然欲有法制，可爲歷代有國家之紀綱規模，實未見其作。此非有朝廷之命，樵不敢私撰也！營營之業，煢煢之志，幸禮部侍郎而成就之！

他根據這個宗旨，草就修史大例十二篇，尋伺機會做去。

一一五七年（紹興二十七），侍講王綸賀允中（省志作工部侍郎王綸）在高宗前薦他，説：“鄭樵終老韋布，可謂遺才。”高宗就下詔召他到行在。明年，二月，召對。他又把這番意思申説了，並將修史大例獻上去。高宗道：“聽到你的名望好久了，講説古學，自成一家，何其相見之晚呢！”看了這句話，似乎鄭樵很可借着皇帝的意旨，大大的做一番事業。但資格的限制，連皇帝也莫可如何。鄭樵是不應科舉的，只是一個白衣，雖則他極有學問，但資格上只能算一個雜流，職官上只可補一名吏員。所以高宗雖是和他相見恨晚，不但不能特設一個通史局，請他做總裁，連史館的修撰，秘書省的著作郎、校書郎，也都没有他的分；單給他一個從九品的"右迪功郎"的官銜（加上一個"右"字，便是表明他是雜流），叫他做"禮兵部架閣"一職。把一個大學問家屈抑在官府的案牘裏，真使得英雄無用武之地。那時他不知爲了何事，御史葉義問把他彈劾起來。他力請還山，高宗就叫他改監潭州南嶽廟，並給了札子與他，叫他歸去鈔寫通志。（宋史，縣志，省志，玉海）

　　通志是他畢生的大事業；並且借了官書的力量，流傳得最完備，最廣遠。現在他的別種書都失傳了，假使他不做這部書，他的學問精神我們更將無從了解。通志的敘述，從三皇到隋代，有帝后紀傳二十卷，年譜四卷，典章事物的略二十種，五十二卷，列傳一百二十四卷。本紀和列傳是把各史合攏來的，只使得它們沒有重復衝突之處。年譜和二十略是他自己做的，但禮、刑、職官等略是節錄杜佑通典的文字。他做的一部分，只有年譜及都邑略是臨時編集，其餘氏族、六書等略乃是把他平日所做的書刪節而成。這一部書僅費了一番刪節和鈔寫的功夫，極粗淺的整理了一番，並沒有精細的結構。所以致此之故，因爲這書出於急就。他在上宰相書裏說：

　　　去年（一一五八）到家，今年（一一五九）料理文字，明年
　　　（一一六〇）修書。若無病不死，筆札不乏，遠則五年，近則
　　　三載，可以成書。

他在這封信上雖則說三年五載，但通志即在一一六一年脫稿，實在還不足二年。他因爲急於覆皇帝的命，又恐怕自己病死，急急的把他修完，範圍這麼大，時間這麼短，自然不免有淺薄潦草的地方。然而第一步的會通功夫，他總是已經做了。他至少可以給後人一個會通的觀念，讓後人繼續去工作。假使他在三十年隱居的時間就把精神專注在這部書上，一生只做一部書，當然有很好

的組織，極精密的剪裁；但私人的著作又恐不易推行，不得流傳了！

最痛心的，他在通志裏還没有把自己的書多多收進。像氏族略，固已節録他的氏族志了；像藝文略，固已節録他的群書會記了：雖卷數相差甚多（氏族志五十七卷，氏族略六卷；群書會記三十六卷，藝文略八卷），而體系自是完備。至於天文略原有他的天文志可採，昆蟲草木略也有他的動植志可採，但當時只把步天歌、本草成書等編録起來，使我們至今不能見到他完全的系統和細密的分類，實在是一個大缺憾。更可惜的，他生平所畫的圖本來也都可以插入，但他以爲“流傳易訛，所當削去”（天文略序），除了韻圖之外，一個也没有放進，於是他一生所畫的許多圖就完全亡佚了！

後人因爲他屢次上書自薦，譏笑他“切切於仕進”。但我們不要冤枉他，須知道他的求仕完全爲了學問。這有兩個證據。第一，他的性情是狷介的，居鄉數十年從不曾到過守令的衙門裏去。做通志的紙墨費雖是詔從官給，但他只把南嶽廟的俸禄應用，到底没有向官府支取過。門人的束修，也一無所受。他的做官，那裏是爲的錢財！第二，他在上宰相書裏説：

> 萬一使樵有所際會，得援國朝陳烈、徐積，與近日胡瑗，以命一官本州學教授，庶沾寸禄，乃克修濟。或以布衣入直，得援唐蔣義、李雍例，與集賢小職，亦可以校讐，亦可以博極群書，稍有變化之階，不負甄陶之力。

可見他原來想做一個州學教授，或是一個集賢院的小職，借此可以讀書和著述。他非分的妄想只有一項，即是以布衣而做文學的官職。他又何曾想做禮兵部架閣，去循資升遷呢！（縣志，省志，遺稿）

一一六一年，他做完了通志，就到闕下去請當面上書。恰巧高宗車駕到建康，戒嚴，不能看見。有詔遷爲樞密院編修官。不久，又令兼權"檢詳諸房文字"。但他忍不住了，他借着請修"金國正隆朝的官制對於中國官制秩序的比較"的機會，就請求到秘書省翻閱書籍。果然得到許可。秘書省是他的目的物，他垂涎了好久了，一旦得請，是何等的欣幸！從此，他又可以達到第二項的志願了！通志裏的藝文略固是他整理書籍的著作，但大部分的書籍他只有知道，並未曾看見，不能說是完備的工作；如今得入秘書省，更可把整理書籍的事業進展一步了！他從前做的許多書也都有修正的機會了！他又可以得到不少的新著作了！但沒有多少時候，又給御史參了一本，把他的幸運打消了！（宋史，縣志）

他的一生，研究學問和發揮他所做的學問勤勞已極，但社會上卻沒有如何的容納他，沒有給他多大的幫助。他耐着窮，耐着苦，抱着"著述之功由人不由天"的精神（上宰相書），抱着"不辱看來世，貪生托立言"（示弟樵詩）的野心，只管拚命的做上去，但別人愛重他的很少，甚且加以阻礙。他只是做古學，做科學，並沒有和當時的政治家有什麼衝碰，但竟來了兩次的御史參劾（御史參劾爲了何事，史上沒有說明，想來總是和參劾鄭厚一樣，爲的是"立論與古聖賢多悖"）。他爲學問而求一小官，但別人只笑他不高尚（周必大的親征錄說他切切於仕進，宋史也就跟了他這樣說）。他的學說，並世的人如王厚之，如周孚，都把他痛駁了；雖是駁的是枝葉，或者連枝葉也夠不上，只是亂罵了一番，然而一般人就以爲根本把他駁倒了。朱熹是懂得他的學問的，但因爲他的資望不高，時期過近，所以做詩集傳時雖是襲取了他的方法和言論，而懶得稱揚他的姓名；或者因爲他反對理學，所以不願意把他表章呢。

一一六二年的春天，他就死了。那時他五十九歲；他的兒子翁歸只有八歲。他家裏真窮了，翁歸在窮困中過了一生，活了八十餘歲。他很有父風，安貧食苦，不肯在錢財上爭競。但就因爲他沒有錢，所以福建雖是刻書極便當的地方，鄭樵的遺書終於沒有刻出。就現在推想，恐怕鄭樵生時刻出的，只有詩辨妄、石鼓文考等幾種，因爲除了這幾種都不見於當時人的稱引了。他一生在山中講學，也曾收了幾百個學生，但沒有繼起的人，又沒有傳布他的學說的人，他的著作始終不曾有過整個的表章。隔了一百六十餘年，元代虞集做他的詩傳序時，鄭氏子孫還藏着他的手筆五十餘種；以後不知作何下落。宋末陳振孫的書錄解題尚收入他的遺書十餘種，但後來各家書目上也就不見了。到如今，他的完全的書只有通志一種；爾雅注已沒有補，沒有圖，夾漈遺稿只是一部略之又略的詩文集，決不是他的定本。他重要的著作，如詩傳、詩辨妄、春秋傳、春秋考、春秋地名、天文志、動植志、群書會記、亡書備載，都失傳了。可憐三十年精心結撰的著作，它的些些影子只留在一部書上，只留在一部用了一年半的時間草草集成的書上！（縣志，直齋書錄，經義考）

　　社會上用了很冷酷的面目對他，但他在很艱苦的境界裏已經把自己的天才儘量發展了。我們現在看着他的遺著，只覺得這一團飽滿充足的精神可以給我們無盡的鼓勵。他的精神不死！

　　　這篇鄭樵傳本是爲新潮三卷三號做的。因爲新潮一時尚不能出版，故著者讓我們取來，先在這裏發表。

　　　　　　　　　　　　　　　　　胡適。

鄭樵箸述考 *

　　我做這篇文字的動機，起於輯集鄭樵的詩辨妄。在輯集的時候，不免將他的箸述通看一遍。看了之後，覺得他失傳的箸作多極了，於是就想將他所做的書開一个名單。但後來漸積漸多，不但錄出他的書名，並將關於這些書的記述和批評也收集起來，不期而得三萬餘字。現在我把這些材料略一整理，在季刊上發表。

　　鄭樵的學問，鄭樵的箸作，綜括一句話，是富於科學的精神。他最恨的是"空言箸書"，所以他自己做學問一切要實驗。他爲了考古就到四方去游歷。他爲了做動物植物之學，就"與田夫野老往來，與夜鶴曉猿雜處"。他要曉得一切事物的實狀，所以他的箸作裏有許多畫圖。他很能觳做"分析"的工夫，所以把民族分成三十二類，書籍分成四百二十二類；字書裏把所有文字都分配到六書，韻書裏把所有文字都分配到七音。他一方面做分析，一方面就去"綜合"起來：他所做的書每一類裏必有一部書是籠罩全體的；結末做的通志就是他一生學問的綜合。他覺得學問是必須"會通"的，所有各家各派的不能相通的疆界，都應該打破。可憐他最富的精神就是中國學術界最缺乏的精神，他雖是勉力做書，勉力鼓吹，大家不但不能受到他的感化，并且把他盡情痛罵。自從他的當世，延至清代的中葉，他永是捱罵，永是擔負了

---

　　* 1922—1923 年作。原載國學季刊第一卷第一、第二號，1923 年 1、4月。後略修改。

惡名。直到章學誠起來，才能了解他的學問的真相，作公平的判斷。我在此文之外，再做鄭樵傳一篇，把他的學問詳細一説。

鄭樵因爲他三十餘年中做了一千多卷的箸作，所以他自己就編了夾漈書目一卷。不幸這部書早已失傳，他箸述的大意，也就湮没了。現在我們只能從他的獻皇帝書裏知道他的書名五十種，此外左右采訪也不過十餘種。但他的獻皇帝書是作於一一四九年，他卒于一一六二年，以他勇於箸作的性情，到了學問成熟的期間，這十三年之内當然不止這十餘種。元代虞集在鄭氏詩傳序中曾經説起：

> 故御史中丞馬公伯庸，延祐末(1320年頃)，奉旨閱海貨於泉南，觀於鄭氏，得十數種以去，將刻而傳之。馬公敭歷清要，出入臺閣，席不暇煖，未及如其志而殁。泰定中(1325年頃)，故太史齊公履謙奉使宣撫治閩，亦取十餘種，將刻而傳之。太史還朝，不一二年而殁，亦不克如其志。

又説：

> 西夏斡公克莊……自南行臺而貳閩憲也，……求諸鄭氏之子孫，夾漈之手筆猶有書五十餘種。

從這上看來，可見他的箸述當有八九十種。虞集文中的"猶有"二字，很可證斡克莊所見的乃是馬、齊二人攜取之餘。馬、齊二人取去了鄭樵的手蹟三十種，没有刻，都死了，這些書就没有下文了。所以虞集又希望道：

> 二家皆有子弟，安知無能承其先志者乎？

但他的希望到底沒有實現。福建在宋代是刻書最盛的地方，鄭樵的子孫守了祖宗的手蹟二百年沒有刻，也可以想見他們的貧寒。他的書受了這許多挫折，能彀保存到現在的，只有一部通志是完書；爾雅注已沒有圖；夾漈遺稿只是一部極不完全的詩文集；六經奧論又有僞書的嫌疑，即使真出他手，但有許多別人插進去的説話是決不可諱的。其餘都亡了！

現在從下列諸書裏輯出他的箸述的目録和批評：——

(A)鄭樵所做的書：

1. 夾漈遺稿——内獻皇帝書、寄方禮部書、上宰相書三篇材料最多，亦最關重要。

2. 通志——鄭樵作通志時，頗將平生箸述擇要録入二十略，所以他的佚書也可在内輯出幾種。他箸作的本意屢屢在裏邊説及，均關重要。

3. 爾雅注——録其序跋。

(B)宋人的記載：

1. 中興館閣書目——從玉海録出。這就是鄭樵獻書秘書省的記載。但當時獻上一百四十卷，而玉海所引僅系聲樂府、象類書、字始連環、論梵書、春秋地名五種，合計不過五十卷。不知道是書目上原來沒有全呢？還是王應麟没有全引呢？

2. 中興四朝藝文志——從通考的經籍考内録出。這書是南宋時四朝國史的一部分。既爲國史的藝文志，應當蒐羅書目比秘閣還要完備；但通考所引只有象類書及通志二條。通考輯録書目，如郡齋讀書志、直齋書録解題，都是完全收入，不應於此志獨加删削；這便可見得此志的脱略。

3. 朱子語類——詩辨妄一條。

4. 章樵的古文苑注——石鼓文一篇，章樵按語裏説及鄭樵的書，又引王厚之一文，駁鄭樵論石鼓的，均録出。

5. 陳振孫的直齋書録解題——他於 1235 年頃，曾佐興化軍。

他歡喜傳寫書籍，又與鄭樵的兒子鄭翁歸相識，所以鈔得鄭樵的箸作十九種。現在他所鈔的書大都亡了，賸下了幾條解題，幾乎是孤證，我們還可因此知道一點約略。只可惜他不懂得鄭樵的學問，不能有確當的批評和提要。

6. 王應麟的玉海。

(C)元人的記載：

1. 馬瑞臨的文獻通考經籍考——他是激烈反對鄭樵的一個人，但他所見的鄭樵箸作似乎只通志略一種；詩傳和詩辨妄已經沒有見了，所以批評的很隔膜；其餘只是完全鈔錄直齋書錄解題罷了。

2. 宋史藝文志——這書引的書名果然較多，但雜亂極了。論尚書的書考，會放入小學類。記金石的集古系時錄既放入小學類，又說"不知作者"。鄉飲禮一書，禮類與儀注類兩見，內包亦各不同。我們只能在這部書上曉得一點他箸述的卷數。

(D)明人的記載：

1. 黎溫的六經奧論序。

2. 焦竑的國史經籍志。——這書只是鈔錄各種書目而成，沒有什麼關係。現在只錄他和別種書目不同的地方。

(E)清人的記載：

1. 朱彝尊的經義考。

2. 康熙朝的莆田縣志——康熙四十四年，知縣金臯謝修的。他的傳文，頗有別地方所不見的話，當是依據宋以來舊志。

3. 古今圖書集成經籍典——裏邊引書辨訛三篇，詩辨妄二十三篇，春秋傳十篇；但內有二篇是通志裏的文字，其餘都在六經奧論，恐不可靠。

4. 四庫全書總目提要。

5. 章學誠的文史通義、校讎通義。

他在獻皇帝書裏將箸作分成了"經旨之學"、"禮樂之學"……九類。他的分類是根據實質分的，所以用不到經、史、子、集的界限。所以春秋地名不歸"春秋"而歸在"地理"，詩名物志不歸"詩經"而歸在"蟲魚草木"。現在照了他分列。通志是他會通了一生學問而作的，所以把它另列爲一類。其餘文集及零碎箸作別立三類。一共十三類，目次如下：

Ⅰ. 經旨之學。　　　　Ⅱ. 禮樂之學。

Ⅲ. 文字之學。　　　　Ⅳ. 天文地理之學。

Ⅴ. 蟲魚草木之學。　　Ⅵ. 方書之學。

Ⅶ. 校讐之學。（原作"討論之學"。以目録校讐之學包括不完"討論"一名，所以改了。）

Ⅷ. 亡書之學。　　　　Ⅸ. 圖譜之學。

Ⅹ. 通志。　　　　　　Ⅺ. 文集。

Ⅻ. 書目。　　　　　　ⅩⅢ. 附録：（1）存疑。（2）傳文。

Ⅰ. 經旨之學

書考（獻皇帝書。）

　　　六卷。（宋志。）

〔通志，藝文略〕"按易、詩、書、春秋皆有古文，自漢以來，盡易以今文。惟孔安國得屋壁之書，依古文而隸之。安國授都尉朝，朝授膠東庸生；謂之'尚書古文之學'。鄭玄爲之注，亦不廢古文，使天下後學於此一書而得古意。不幸遭明皇更以今文，其不合開元文字者謂之'野書'。然易以今文雖失古意，但參之古書，於理無礙亦足矣。明皇之時，去隸書既遠，不通變古之義，所用今文，違於古義尤多。臣於是考今書之文，無妨於義者，從今；有妨於義者，從古。度古今文義兩不相違，曰書考。逮武成而未及終篇。”

書辨訛（獻帝書。）

七卷。（通志，直齋。）

〔直齋書録〕“其目曰：‘糾繆’四，‘闕疑’一，‘復古’二。”

〔經義考〕“或作書辨論……存。”

剛案，此書不見於清代各家書目，朱氏謂之“存”，不知有何依據。

〔莆田志本傳〕“其論書，則先按伏生，孔壁之舊，與漢儒所傳，唐世所易，以辨其古今文字之所以訛。”

〔圖書集成經籍典卷一二四引〕（1）古文今文辨。（2）讀書當觀其意。（3）中星辨。

剛案，上二篇見奧論卷二，下一篇見卷六。

詩傳（獻帝書，寄方禮部書。）朱德潤序稱爲“詩傳訓詁”。

二十卷。（直齋，宋志。）

〔寄方禮部書〕“以詩之難可以意度者，在於鳥獸草木之名也，故先撰本草成書……外類。二書既成乃敢傳詩。……辨大小序之妄，然後知樵所以傳詩者得聖人意之由也。詩主在樂章而不在文義。”

〔通志昆蟲草木略序〕“夫樂之本在詩，詩之本在聲。……臣之序詩，於風雅頌曰，‘風土之音曰“風”；朝廷之音曰“雅”；宗廟之音曰“頌”。’而不曰‘風，風也，教也；雅者，正也，言王政之所由廢興也；頌者，美盛德之形容也。’於二南，則曰‘周爲河、洛，召爲岐、雍。河、洛之南瀕江，岐、雍之南瀕漢。江、漢之間，二南之地，詩之所起在於此。屈、宋以來，騷人墨客多生江、漢。故仲尼以二南之地爲作詩之始’。而不曰，‘南，言化自北而南’。於王、黍離、豳、七月，則曰‘王爲王城，東周之地；

豳爲幽豐，西周之地。七月者，西周之風；黍離者，東周之風'。
而不曰'黍離降國風'。

"臣之序詩，專爲聲歌，欲以明仲尼之'正樂'。臣之釋詩，
深究鳥獸草木之名，欲以明仲尼'教小子'之意。……

"已得鳥獸草木之真，然後傳詩。"

〔直齋書録〕"謂小序非子夏作，可也。盡削去之，而以己意
爲之序，可乎！樵之學雖自成一家，而其師心自是，殆孔子所謂
'不知而作'者也。"

〔朱德潤鄭氏詩傳序(經義考卷一〇六引)〕"莆田林子發氏攜
宋鄭夾漈先生詩傳訓詁……校正是本，俾德潤讀之。愚按，蕉溪
黃氏(黃震)謂文公朱氏因雪山王公質，夾漈鄭公樵，去美刺以言
詩；又嘗於鄭傳取其切於詩之要者以備集傳矣。獨惜當時門人學
子各宗其宗，而不能參會折衷之，以見全書之有補於學者。……
今觀鄭氏傳引，山川、草木、蟲魚之辨，五音、六律、六呂之所
諧，誠可以發揮後學之未究，而渙明千載之微辭奧義者也。如以
'雀無角'爲雀之角，以'龍盾之合'爲二盾之衛，'露被菅茅'非雨
露之露，'有豕白蹢'爲江豚之豕，豳之風、雅、頌爲四器、十二
器之聲合，其他如國風、二雅、三頌名物度數，毫分釐析，豈非
'詩傳'之大備者乎！……德潤於朱、鄭之學有得焉：蓋朱氏之學
淳，故其理暢；鄭氏之學博，故其理詳。學者不可不兼賅而並進
也。……"

〔虞集鄭氏詩傳序(經義考卷一〇六引)〕"齊、魯、韓詩不傳，
而毛氏猶存，言詩之家千數百年守此而已。至宋，歐陽子疑詩序
之非而著本義。蘇欒城亦疑而去之，不免猶存其首句。譬諸山下
之泉，其初出也，壅塞底滯，而端亦微見矣；漸而清通，沛如江
河，後因於先而擴之，而水之源流遠矣：亦有其時也。至於朱子
詩傳之出，然後悉屏去大小序，別爲一編，存而不廢；以待考
辨；即經以求其故，自爲之說：而天下學者從之。國家定以爲

是，然後其説與聖賢之言詩者合，而學者有所用功矣。

“集之幼也，嘗從詩師得鄭氏經説，以爲大序不出於子夏，小序不出於毛公，蓋衛宏所爲而康成之爲説如此。心竊異之，欲求其全書不可得。中歲備員勸講，有阿魯灰叔仲自守泉南，入朝爲同官，始得其録本讀之。見其説風、雅、頌之分，蓋本諸音節之異於比、興、賦也。訓詁多不得興之説，而爲序者掇拾傅會以愚惑乎後之人；鳥獸草木之名，天文地理之説，或疎或繆，非一端也。剖晰訓詁之舊，痛快決裂，無復遺蘊。向之所謂纏繞穿鑿者，幸一快焉。……

“蓋竊感鄭氏去朱子之鄉若是其近，以年計之，不甚相遠，門人學者，里閈相錯，而不通見於一時，何哉？雖各自爲説，而多同者。豈閩多賢人，學者老於山林，嘗有其説，未達於外，而兩家各有所采乎？將二氏之卓識皆有以度越前人，不待相謀而有合乎？世遠地廣，未之有考也。

“西夏斡公克莊嘗以禮經舉進士。………其僉憲淮西也，以項氏易玩辭足補程朱之遺，諗於集也，爲序其説而刻之。自南行臺而貳閩憲也，以爲閩在山海之間，豈無名家舊學，諮詢之暇，且有以表章之。予因及鄭氏之詩；即使録以來示，且曰，‘果可傳也，略爲我序之’。故著其説如此。……”

剛案，讀此序，可見詩傳在元代曾有刻本。不知尚有傳本否。

又案，虞集謂朱熹與鄭樵“不待相謀而有合”，實誤。朱熹明在鄭樵之後，采鄭氏書。黃震、朱德潤之言可信。朱子語類卷八〇云，“舊曾有一老儒鄭漁仲，更不信小序，只依古本與疊在後面。某今亦只如此，令人虛心看正文，久之其義自見。”可見朱熹治詩學用鄭樵的法子，原不諱言。不過鄭樵前朱熹不久，又沒有赫赫的盛響，所以朱熹雖是用他的方法，取他的解説，但不甚高興提出他的名字來。

又案，元代劉瑾作詩傳通釋，明永樂中本之以修詩經大全，凡朱子一派的經說集録甚多。鄭樵當然屬於這一派，但這兩部分裏一點没有引到。可見鄭樵的書流傳極少，雖經學家亦不易看見。翰克莊即有刻本，亦未必行之甚廣。

〔莆田志本傳〕"説詩，則辨大小序之文，別風、雅、頌之音，正二南王化之地，明鳥獸草木之實。"

詩辨妄（獻帝書。）

六卷。（通志，直齋，宋志。）

〔通志藝文略〕"按詩，舊惟魯、齊、韓三家而已，魯申公，齊轅固，燕韓嬰也。終於後漢，惟此三家並立學官。漢初，又有趙人毛萇者，自言其詩傳自子夏，蓋本論語'起予者商'之言也。河間獻王雖好之，而漢世不以立學官。毛公嘗爲北海相，其詩傳於北海；鄭玄，北海人，故爲之箋。毛詩自鄭氏既箋之後，而學者篤信鄭玄，故此詩專行，三家遂廢。齊詩亡於魏；魯詩亡於西晉；隋唐之世猶有韓詩可據。迨五代之後，韓詩亦亡。致令學者只憑毛氏，且以序爲子夏所作，更不敢擬議。蓋事無兩造之辭，則學有偏聽之惑。臣爲作詩辨妄六卷，可以見其得失。"

〔朱子語類卷八〇〕"詩序實不足信。向見鄭漁仲有詩辨妄，力詆詩序，其間言語太甚，以爲皆是'村野妄人'所作。始亦疑之，後來子細看一兩篇，因質之史記、國語，然後知詩序之果不足信。因是看行葦、賓之初筵、抑數篇，序與詩全不相似。以此看其他詩序，其不足信者煞多。以此知人不可亂説話，便都被人看破了！……"

〔周孚非詩辨妄自序〕"周子曰，古之教人者未嘗有訓詁也，故曰'不憤不啟，不悱不發，不以三隅反則不復也。'自聖人没而異端起，先儒急於警天下之方悟者，故即六經之書而訓詁之，雖其教與古異，而意則一也。自漢以來，六經之綱維具矣，學者世相傳之，雖聖人起，未易廢也。而鄭子乃欲盡廢之，此予所以不得已而有言也！故撮其害理之甚者見於予書；而其爲詩之義則有先儒之傳在。嗚呼，聚訟之學，古人惡之，安知不有以是規予者哉，然予之所不暇恤也！於是總而次之，凡四十二事，爲一卷。"

剛案，周孚的非詩辨妄都是些枝辭碎義，實在沒有什麼價值。因爲他代表一班學究説話，所以爲學究所歡迎，這書便因此而有很大的名望。我現在把這書從涉聞梓舊内録出，又以四庫本蠹齋鉛刀編校對，豫備放在詩辨妄的後面，做一個附録。關於他的議論，也做了一個跋，把他批評了。

〔直齋書録〕"辨妄者，專指毛、鄭之妄。"

〔通考經籍考〕"按夾漈專詆詩序，晦庵從其説。所謂'事無兩造之辭，則獄有偏聽之惑'者，大意謂毛序不可偏信也。然愚以爲譬之聽訟，詩者，其事也；齊、魯、韓、毛，則證驗之人也。毛詩本書具在，流傳甚久，譬如其人親身到官，供指詳明，具有本末者也。齊、魯、韓，三家本書已亡，於他書中間見一二，而真偽未可知，譬如其人元不到官，又已身亡，無可追對，徒得風聞道聽，以爲其説如此者也。今捨毛詩而求證於齊、魯、韓，猶聽訟者以親身到官所供之案牘爲不可信，乃採之於旁人傳説，而欲以斷其事也，豈不誤哉！"

剛案，鄭樵爲書之義，以詩經建設在樂章上，以解釋建設在名物上，更把拘章的傳説一切推翻。藝文略中立語不善，似乎薄毛氏而尊齊、魯、韓，於是來馬端臨的反對。使馬氏看見他的書，或者可以不是這樣説，因爲三家的精神原和毛氏一致，鄭樵是反對這種精神，並不是反對某家宗派。且就馬氏的話而論，他能保證親身到官的不説謊話嗎？

〔四庫提要〕"孔穎達等因鄭箋而爲正義……終唐之世，人無異詞。……至宋，鄭樵恃其才辨，無故而發難端；南渡諸儒始以掊擊毛、鄭爲能事。……然朱子從鄭樵之説，不過攻小序耳，至於詩中訓詁，用毛、鄭者居多。後儒不考古書，不知小序是小序，傳箋自傳箋，闋然佐鬥，遂併毛、鄭而棄之。……"（卷十五毛詩正義條。）

"鄭樵作詩辨妄，決裂古訓，橫生臆解，實汨亂經義之渠魁。南渡諸儒，多爲所惑，而孚陳四十二事以攻之，根據詳明，辨證精確，尤爲有功於詩教。今樵書未見傳本，而孚書巋然獨存，豈非神爲呵護以延風雅一脈哉！……"（卷一六〇蠹齋鉛刀編條。）

〔圖書集成經籍典卷一四一引〕鄭樵詩辨妄自序一篇。

〔又經籍典卷一五一引〕(1)四家詩。(2)二南辨。(3)關雎辨。(4)國風辨。(5)風有正變辨。(6)雅非有正變辨。(7)豳風辨。(8)風雅頌辨。(9)頌辨。(10)商魯頌辨。(11)逸詩辨。(12)諸儒逸詩辨。(13)亡詩六篇。(14)樂章辨。(15)刪詩辨。(16)詩序辨。(17)詩箋辨。(18)讀詩法。(19)詩有美刺。(20)毛鄭之失。(21)詩亡然後春秋作。(22)秦以詩廢而亡。(23)序草木類兼論詩聲。

剛案，末一篇即是通志昆蟲草木略的序；其餘都在六經奧論卷三。奧論卷末有解經不可牽強一篇，集成沒有。第一篇集成題爲四家詩，奧論題爲毛氏傳。其他文字亦略有異同，不過真是極少。我起初疑集成是從永樂大典轉錄來的，因爲大典寫夾行，不甚便於細注，而奧論本之注多爲集成本所沒有。但奧論的凡例説，

"詩之論辨，錯雜尤多。至故更考次第，始爲定卷，皆歸一類；觀者詳之。"

這凡例並沒有署欵，不知道是那一个人的；看黎溫序中有"謹予校正"的話，自可假定爲黎溫所做。黎溫的序作於成化九年，離永樂大典的編纂已有五十年了。這序次既是黎溫所定，不應大典豫先與之符合。所以我的"集成中的詩辨妄本於大典"的推想可以作廢。但我終不敢信爲出於編纂集成諸

臣的僞題，因爲鄭樵在學術界上並不佔重要地位，詩辨妄更是衆矢之的，他們決不會有保存遺書的見解；而且集成中方且編入子貢詩傳、申培詩說，他們決不會對於詩經真有研究，確然知道鄭樵詩學的位置。我猜想黎溫校定之後，集成編纂之前，必然有一个人痛惜鄭樵書籍的失傳，就現存文字同他輯集，加上原來的名目；但没有揀擇的眼光，弄得名不副實。到編纂集成時，他們也不去看看新刻的通志堂經解裏的六經奧論，就胡亂把他編上了。

　　又案，六經奧論一書實在有可疑的地方。即就詩經一卷而論：毛氏傳即葉夢得的毛詩說；詩序辨即葉夢得的衛宏毛詩說；國風辨及讀詩法又與程大昌詩議的第十四、十七兩章略同。葉夢得在鄭樵之前，尚可説爲鄭樵鈔襲他；程大昌在鄭樵之後，詩議又不是一部大箸作，要多多取材的，兩个人都説不上鈔襲。就議論而言，他是很反對毛傳、詩序、鄭箋的，但裏邊竟説毛詩"貫穿先秦古書"，詩序"委曲明白"，鄭箋"不出臆見"。他是主張風、雅、頌是由聲音上分別的，但風雅頌辨上竟主張以意義爲分別。他是主張"詩爲人心之樂不以世之興衰而存亡"的，但詩亡然後春秋作一篇竟會説"美刺之詩亡，而褒貶之書作"。即使説他的思想上有早晚的不同，也不致於如此的走成兩極端。但亦有相同的，如關雎辨説，"古人學詩，最要理會詩之聲"，國風辨又説，"詩者，聲詩也，……古者三百篇之詩皆可歌，歌則各從其國之聲。……夫風之詩出於土風，而雅之詩則出於朝廷大夫爾。……雅、頌之音與天下同，列國之音隨風土而異。若謂降黍離而爲國風，則豳詩亦可降耶！"這種話就與他平生主張没有兩樣。又如亡詩六篇裏説，"六亡詩乃笙詩，……初無辭之可傳"，删詩辨裏説，"删詩之説與春秋始隱終獲麟之事，皆漢儒倡之"，這些都與他平素的疑古精神相一致。在

這種地方看，實在有可信的價值。所以我假定六經奧論一
書，有真出於鄭樵的，亦有拿別人的話雜湊的，總之出於後
來人的纂輯，不是鄭樵的真本。餘論記在奧論條（附録
一）内。

又案，集成所引詩辨妄自序，根於經義考；經義考根於
通考；通考並没有看見原書，不過要發抒他的反對的議論，
所以抓了藝文略的"按語"加以删節，算做他的自序；實在是
不可信的。

辨詩序妄（寄方書。）

一百二十七篇。（同上。）

剛案，詩辨妄兼辨傳、箋，而此專辨詩序，當是全書中
之一部份。

原切廣論（寄方書。）

三百二十篇。（同上。）

〔寄方禮部書〕"以學者所以不識詩者以大小序及毛、鄭爲之
蔽障也，……作原切廣論三百二十篇，以辨詩序之妄，然後人知
自毛、鄭以來所傳詩者皆是録傳。……觀原切廣論，雖三尺童子
亦知大小序之妄説。……豈孤寒小子欲斥先賢而爲此輕薄之行
哉！蓋無彼以傳其妄，則此説（詩主在樂章而不在文義）無由明，
學者亦無由信也。"

剛案，此名只見於寄方禮部書，爲書之義即詩辨妄之
義，疑即詩辨妄之異名。又原切廣論與詩辨序妄同見於一
文，篇數很不同而意義没兩樣，亦不可解。

春秋傳（獻帝書，寄方書。）

十二卷。（寄方書，通志，直齋，玉海，宋志。）

〔寄方禮部書〕“辨三傳之妄，然後知樵所以傳春秋者得聖人意之由也。春秋主在法制而不在褒貶。”

〔通志謚略〕“嗚呼！春秋紀實事，而褒貶之説行。……當其時已紛紜矣，後之人何獨不然。臣想褒貶之説不已，則春秋或幾乎息矣，於是作春秋考、春秋傳。”

〔通志藝文略〕“又有春秋傳十二卷，以明經之旨，備見周之憲章。”

〔通志災祥略〕“凡説春秋者，皆謂孔子寓褒貶於一字之間，以陰中時人，使人不可曉解。三傳唱之於前，諸儒從之於後，盡推己意而誣以聖人之意，此之謂‘欺人之學！’……夫春秋者，成周之典也。……臣舊作春秋傳，專以明王道，削去三家褒貶之説，所以杜其妄。”

〔圖書集成經籍典卷一八六引〕(1)看春秋須立三節。(2)“褒貶”。(3)“例”非春秋之法。(4)論“始隱”。(5)終“獲麟”。(6)三傳各有得失。(7)左氏非丘明辨。(8)左氏喜言詩、書、易。(9)公穀二傳。(10)論左氏解。

　　剛案，前九篇見奥論卷四，末一篇見通志藝文略，春秋五家傳注中。

春秋考（獻帝書，寄方書。）

　　十二卷。（寄方書，玉海，宋志。）　一卷。（直齋。）

〔寄方禮部書〕“以學者所以不識春秋者，以三傳爲之蔽障也，作春秋考十二卷，以辨三家異同之文。春秋所以有三家異同之説，各立褒貶之門户者，乃各主其文之詞。今春秋考所以考三家有異同之文者，皆是字之訛誤耳。乃原其所以訛誤之端由，然後人知三傳之錯。……觀春秋考，雖三尺童子亦知三傳之妄。……豈孤寒小子欲斥先賢而爲此輕薄之行哉！蓋無彼以傳其妄，則此説（春秋主在法制而不在褒貶）無由明，學者亦無由信也。”

〔通志藝文略〕"按春秋之經，則魯史記也，初無同異之文，亦無彼此之説。良由三家所傳之書有異同，故是非從此起。臣作春秋考，所以是正經文，以凡有異同者皆是訛誤。古者簡編艱繁，學者希見親書，惟以口相授。左氏世爲楚史，親見官書，其訛差少，然有所訛從文起。公、穀，漢之經生，惟是口傳，其訛差多，然有所訛從音起。以此辨之，了無滯礙。"

〔玉海卷四〇〕"凡經文音義之訛者正之。"

（莆田志本傳）"傳春秋，則首三家之文，參以同異，而斷其簡策傳寫於口耳授受之互有異。"

　　剛案，春秋傳是考明周代的法制的，春秋考是辨明三傳的訛誤的。莆田志所記，乃是春秋考，不是春秋傳。"傳春秋"的"傳"字應當改成"考"字。

諸經序（獻帝書。）

　　剛案，此恐即六經奧論之所本，見奧論條按語。

刊謬正俗跋（獻帝書。）

　　八卷。（直齋，玉海，宋志。）

〔玉海卷四四〕"鄭樵跋正八卷，辨其（刊謬正俗）差舛。"

Ⅱ. 禮樂之學

器服圖（獻帝書。）

　　剛案，獻皇帝書中列於未成書類。

謚法（獻帝書，上宰相書。）　直齋題"鄭氏謚法"。

三卷。(直齋，宋志。)

〔通志謚略〕"謚法別昭穆，而美刺之説行。當其時已紛紜矣，後之人亦何獨不然。臣恐……美刺之説不已，則周公之意其亡矣，夫於是作謚法。使百代之下爲人臣，爲人子者知尊君，嚴父，奉亡如存，不敢以輕重之意行乎其間以傷名教者也。"

〔直齋書録〕"上卷序五篇，中卷謚三篇，下卷後論四篇。"

剛案，直齋所記與今通志謚略完全一致，可見謚略全取謚法爲書。

運祀議(獻帝書，上相書。)

鄉飲禮(獻帝書，上相書。)

三卷。(宋志。)

〔通志禮略〕"臣謹按，鄉飲酒者，王道之始也。尚齒尊賢，莫尚乎此。自漢歷唐，未嘗廢也。惟宋家以淳化中講究未備，遂爾因循。近日緣明州舉行其事，朝廷遂下明州會例而頒之天下。未幾而廢，以明州之士不識禮意，不可以行也。何哉？鄉飲酒者，惟儀禮詳明，所以唐太宗但録其一卷而頒之。明州之行，不知本儀禮，但取禮記鄉飲義；不本全經，何以行事！臣爲是作鄉飲禮三種書，蓋本儀禮於古，而參開元禮於今，復取歷代而損益之。"

鄉飲駁議(獻帝書。)

一卷。

剛案，宋史藝文志於鄉飲禮一書複見，儀注類作三卷，禮類作七卷：蓋禮類所收即禮略所謂鄉飲禮三種書，合三種而言，故多四卷。又直齋書録於鄉飲禮題七卷，通考引此條作"計七卷"，謂之"計"，亦可見其不止一種書。今宋志於鄉飲禮題三卷，於鄉飲禮圖亦題三卷，則駁議自當爲一卷。

鄉飲禮圖（宋志儀注類。）
　　　三卷。（同上。）

系聲樂府（獻帝書，上相書。）　宋志，"府"誤作"譜"。
　　　二十四卷。（館閣書目，宋志。）
　　〔通志總序〕"詩者，人心之樂也，不以世之興衰而存亡。繼
風雅之作者，樂府也。史家不明仲尼之意，棄樂府不收，乃取工
伎之作以爲志。臣舊作系聲樂府，以集漢、魏之辭，正爲此也。
今取篇目以爲次。曰'樂府正聲'者，所以明風雅。曰'祀享正聲'
者，所以明頌。又以'琴操'明絲竹，以'遺聲'準逸詩。"
　　〔通志樂略遺聲序論〕"遺聲者，逸詩之流也。今以義類相從，
分二十五正門，二十附門，總四百十八曲，無非雅言幽思。當採
其目，以俟可考。今採其詩以入系聲樂府。"
　　〔中興館閣書目（玉海卷一〇六引）〕"系聲樂府二十四卷。紹
興中，鄭樵撰集前代樂府系之聲樂，以三百五十一曲系之風雅
聲，八十四曲系之頌聲，百二十曲系之別聲，四百十九曲系之
遺聲。"
　　　剛案，讀此可見通志樂略，完全取材於系聲樂府，不過
樂略只記了題目，沒有録出他的全文。

Ⅲ．文字之學

象類書（獻帝書，上相書。）　通志六書略序作"象類之書"。
　　　十一卷。（玉海，通考，宋志。）

〔通志六書略序〕"臣舊有象類之書，極深研幾，盡制作之妙義。奈何小學不傳已久，見者不無驚駭。今取象類之義約而歸於六書，使天下文字無所逃，而有目者可以盡曉。"

〔通志六書略論子母〕"立類爲母，從類爲子。母主形，子主聲。……説文，形也……廣韻，聲也……説文以母統子，廣韻以子該母。臣舊作象類書，縱三百三十母，爲形之主；八百七十子，爲聲之主：合千二百文而成無窮之字。許氏作説文，定五百四十類爲字之母。然母能生而子不能生，今説文誤以子爲母者二百十類。……此臣所以去其二百十而取其三百三十也。"

〔中興館閣書目（玉海卷四十五引）〕"象類書……論文字象類。謂獨體爲文，合體爲字。文有八象，字有六類，八象不至，則有假借之文；六類不及，則有假借之字。"

〔中興藝文志（通考經籍考十七引）〕"中興後，安石之字説既廢，樵復理其緒餘，初有象類之書，復約而歸於六書：象形類六百八，指字類百七，會意類七百四十，轉注類三百七十二，諧聲類二萬一千八百十，假借類五百九十八。"

字書（獻帝書，寄方書。）

　　剛案，獻皇帝書列於未成書類。

〔寄方禮部書〕"其字書謂字家之學以許慎爲宗，許慎雖知文與字不同，故立文以攝字，然又不知制文字之機，故錯説六書也。夫文之立，有形，有象，有機，有體。形者，如草木之名，所以狀其形，所以昭其象。機者，如一二三三之文是也。體者，本無所取義，但辨其體耳，如五六七八九是也。許慎實不知文有此也。字者以母統子，則爲諧聲；子統子，母統母，則爲會意。……如草木之類，是母文矣。以盧附草爲蘆；以狄附草爲荻。以盧附木爲櫨；以狄附木爲楸。盧與狄但從草木之類而爲聲音，不能自立體者，謂之子文。故五百四十之中，皆無盧狄文也。此之謂諧聲。凡從蟲者有蟲類，凡從皿者有皿類，……蟲皿……皆母文也。以蟲合皿爲蠱，只是以二母文相合而取其意耳。二體既敵，無所附從，故不曰諧聲而曰會意也。”

〔通志七音略〕“音書主於母，必母權子而行，然後能別形中之聲。……所以臣更作字書，以母爲主。”

六書證篇（通志六書略。）

〔通志六書略論一二之所生〕“臣六書證篇實本説文而作，凡許氏是者從之，非者違之。其同乎許氏者，因畫成文，文必有説；因文成字，字必有解。其異乎許氏者，每篇總文字之成，而證以六書之義：故曰六書證篇。然許氏多虛言，證篇惟實義。許氏所説多滯於死，證篇所説獨得其生。蓋許氏之義著於簡書而不能離簡書，故謂之死；證篇之義舍簡書之陳跡，能飛行走動不滯一隅，故謂之生。……説文於‘一’，則曰‘惟初太始，道立於一，造分天地，化成萬物’，故於一之類則生元，生天，生丕，生吏。然元從上，丕從地，吏從又，皆非一也。惟天從一。證篇於‘一’則曰，‘一’，數也，又象地之形，又象貫物之狀。在上爲一，故生天，生百。在中爲貫，故生冊（音貫），生𫝀（古文車）。在下爲地，故生旦，生丕。爲貫爲地者無音，以無所麗，則復爲一矣，是以無音。……此臣所作證篇之旨也。”

辨體（寄方書。）

〔寄方禮部書〕“字書雖多，學者不知制作之意。……以文之變，自古文籀體而變爲小篆，小篆變隸，隸變楷。又三代之時，諸國不盡同，猶今諸番之所用字皆不同也。秦始皇混一車書，然後天下之書皆用秦體。以其體有不同，故曰辨體。”

剛案，此書各家書目均未引及。寄方禮部書中，以論韻書而及“分音”，以論字書而及“辨體”。鄭樵既有分音之類一

書，此間對舉，當是書名。又此辨歷代文字異同，與上述數
書以子母立説者不同，故當另出。

續汗簡（獻帝書。）

石鼓文考（獻帝書。）　金石略稱爲“石鼓辨”；國史經籍志稱爲“注
石鼓文”；古文苑稱爲“石鼓文音釋”，又作“釋音”。
　　　三卷。（直齋，通考。）　一卷。（宋志，國史經籍志。）
　　〔通志金石略〕“臣有石鼓辨，明爲秦篆。”
　　〔王厚之論石鼓文（古文苑注卷一引）〕“石鼓文，周宣王之獵
碣也。……韋應物、韓愈稱述爲尤詳。至本朝歐陽修作集古録，
始設三疑，以韋韓之説爲無所考據。後人因其疑而增廣之。南渡
之後，有鄭樵者，作釋音，且爲之序，乃摘秂（秂）殹（也）二字，
以爲見於秦斤秦權而指以爲秦鼓。僞劉詞臣馬定國以宇文泰嘗蒐
岐陽而指以爲後周物。嗚呼！二子固不足爲石鼓重輕，然近人稍
有惑其説者，故予不得不辨。……小篆之作，本於大篆：秂殹二
字見於秦器固無害。況秂字從山，取山高奉秂之義，著在説文，
字體宜然，非始於秦也。……好異者附會異説而詆訿之，亦已甚
矣！……紹興己卯内，予得此本於上庠，……因取薛尚功鄭樵二
音參校同異，并考覈字書而是正之。”
　　〔章樵古文苑注〕“石鼓文十篇，近世薛尚功鄭樵各爲之音釋；
王厚之考正而集録之，施宿又參以諸家之本，訂以石鼓籀文真
刻，壽梓於淮東倉司。……此編（古文苑）……字畫音訓每與鄭本
合，豈鄭爲音釋時嘗得此本參校邪？惟甲乙之次與薛鄭本俱不
同。今合諸家之説……載於下；甲乙仍其舊，以薛鄭之次附
於左。”
　　　剛案，鄭樵石鼓文考雖亡，猶可從古文苑注輯録。惟注
所録者，專是音釋；其論辨所在之序，則不可見矣。

論梵書（獻帝書，上相書。）　獻皇帝書題爲"梵書編。"

　　　一卷。（直齋，通考。）　三卷。（館目，宋志。）

　　　剛案，通志六書略五有論華梵三篇，論華文與梵文不同
處；通考節録之爲此書解題。

分音之類（獻帝書，上相書，寄方書。）　通志作"韻書"。

　　　〔寄方禮部書〕"世有韻書雖多，學者不達聲音之意。……樵
於是爲韻書，每韻分宮、商、角、徵、羽，與半徵、半宮，是爲
七音，縱橫成文，蓋本浮屠之家作也，故曰分音。"

　　　〔通志七音略〕"韻書主於子，必子權母而行，然後能別聲中
之形。……所以臣……更作韻書，以子爲主。"

　　　〔通志藝文略〕"切韻之學起自西域。舊所傳十四字貫一切音，
文省而音博，謂之婆羅門書。然猶未也。其後又得三十六字母，
而音韻之道始備。中華之韻只彈四聲，然有聲有音，聲爲經，音
爲緯。平、上、去、入者，四聲也，其體縱，故爲經。宮、商、
角、徵、羽、半徵、半商，七音也，其體橫，故爲緯。經緯成
文，臣所作韻書備矣。釋氏謂此學爲小悟，學者誠不可忽也！"

　　　剛案，韻書一名不見於遺稿中三書，獨見於通志。核通
志藝文略所言之韻書，與寄方禮部書所言之分音之類意義全
同。且寄方禮部書謂"樵於是爲韻書，……故曰分音"，則其
爲一書亦甚明也。

類韻（?）（上宰相書。）

　　　剛案，上宰相書云，"觀樵之分音、類韻、字始連環之
類，則知樵所作韻書非沈約之徒所得而聞"，似分音與類韻
爲二書；然不見於他處徵引，或是分音之類之訛文亦未
可知。

音讀之書（獻帝書。）

　　　　剛案，獻皇帝書中列於未成書類。

字始連環（獻帝書，上相書。）

　　　　二卷。（館目，直齋，宋志。）

　　〔中興館閣書目（玉海卷四十五引）〕"論字畫音韻"。

　　〔直齋書録〕"大略謂六書惟類聲之生無窮；音切之學自西域
流入中國，而古人取音指字乃與韻圖脗合。"

　　　　剛案，通志七音略序云，"臣初得七音韻鑑一書，一唱
而三歎，胡僧有此妙義，而儒者未之聞。及乎研究制字，考
證諧聲，然後知皇頡、史籀之書已具七音之作，先儒不得其
傳耳。今作諧聲圖，所以明古人制字通七音之妙。"以此數語
與在直齋書録對勘，可見通志中諧聲制字六圖蓋出於字始
連環。

Ⅳ. 天文地理之學

天文志（獻帝書，寄方書。）　通志作"天文書"。

　　　　剛案，獻皇帝書中列於未成書類。

　　〔寄方禮部書〕"樵於爾雅之外又爲天文志。以自司馬遷以來，
諸史各有其志，奈何曆官能識星而不能爲志，史官能爲志而不識
星，不過採諸家之説而合集之耳，實無所質正也。樵天文志略於
災福之説，傳記其實而圖其狀也。"

　　〔通志天文略〕"臣之所作天文書，正欲學者識垂象以授民時
之意，而杜絶其妖妄之源焉。"

分野記（獻帝書，上相書。）

大象略（獻帝書，上相書。）
　　〔上宰相書〕"觀樵分野記、大象略之類，則天文志可知。"
　　　　剛案，此天文志即通志之天文略，非上書。

百川源委圖（獻帝書。）
　　　　剛案，通志地理略有四瀆一篇，當是取材於此。

春秋地名（獻帝書，寄方書。）　直齋書録及宋志作"春秋地名譜。"
　　　　十卷。（寄方書，館目，直齋，宋志。）
　　〔寄方禮部書〕"地理家緣司馬遷無地理書，班固以來皆非制
作之手，雖有書而不如無也。樵爲是故，作春秋地名。雖曰'春
秋地名'，其實地理之家無不該貫，最有條理也。"
　　〔上宰相書〕"觀春秋地名，則樵之地理志異乎諸史之地理。"
　　〔中興館閣書目（玉海卷十五引）〕"凡分類國邑地六，山一，
水六爲叙十。"

春秋列傳圖（獻帝書。）

郡縣遷革志（獻帝書。）　寄方禮部書題爲"郡縣改更"。
　　　　剛案，獻皇帝書中列於未成書類。

Ⅴ. 蟲魚草木之學

動植志（獻帝書。）

剛案，獻皇帝書中列於未成書類。

本草成書（獻帝書，寄方書，上相書。）
　　二十四卷。（寄方書。）
　　〔寄方禮部書〕“以詩之難可以意度明者，在於鳥獸草木之名也，故先撰本草成書。其曰成書者爲自舊注外陶弘景集名醫別録而附成之，乃爲之注釋最爲明白。自景祐以來，諸家補注紛然無紀。樵於是集二十家本草及諸方家所言補治之功，及諸名物之書所言異名同狀、同名異狀之實，乃一一纂附其經文，爲之注釋。凡草經諸儒書異録備於一家書，故曰成書。舊經有三品，合三百六十五種，以法天三百六十五度，日星經緯以成一歲也。弘景以爲未備，乃取名醫別録以應成歲之數而兩之。樵又別擴諸家以應成歲之數而三之。”

　　〔通志昆蟲草木略〕“爾雅一種，爲名物之宗。然孫炎、郭璞所得既希，張揖、孫憲所記徒廣。大抵儒生家多不識田野之物，農圃人又不識詩、書之旨，二者無由參合，遂使鳥獸草木之學不傳。惟本草一家，人命所係，凡學之者務在識真，不比他書只求説也。神農本經有三百六十，以應周天之數。陶弘景，隱者也，得此一家之學，故益以三百六十，以應周天之數而兩之。臣少好讀書，無涉世意，又好泉石，有慕弘景心，結茅夾漈山中，與田夫野老往來，與夜鶴曉猿雜處，不問飛潛動植，皆欲究其情性。於是取陶隱居之書，復益以三百六十，以應周天之數而三之。”

本草外類（獻帝書，寄方書。）
　　五卷。（寄方書，宋志。）
　　〔寄方禮部書〕“自纂成書外，其隱微之物留之不足取，去之猶可惜也。纂三百八十八種，曰外類。”

詩名物志（獻帝書，上相書。）

〔通志昆蟲草木略序〕“陸璣者，江左之騷人也……爲毛詩作鳥獸草木蟲魚疏。然璣本無此學，但加採訪，其所傳者多是支離。自陸璣之後，未有以此明詩者。”

爾雅注（獻帝書，寄方書，上相書。）

三卷。（直齋，宋志。）

存：（1）津逮祕書本。（2）四庫全書本。（3）學津討原本。（4）侯官鄭杰刊巾箱本（乾隆己亥）。（5）貴州刻本（嘉慶中）。

〔自序〕“大道失而後有六經，六經失而後有爾雅，爾雅失而後有箋注。爾雅與注，俱奔走六經者也；但爾雅逸，箋注勞。爾雅者約六經而歸爾雅，故逸。箋注者，散爾雅以投六經，故勞。有詩書而後有爾雅，爾雅憑詩書以作，往往出自漢代箋注未行之前，其孰以爲周公哉！爾雅，應釋者也；箋注，不應識者也。人所不識者，當釋而釋之，曰‘應釋’。人所不釋者，當釋而不釋，（剛案，此間疑有脫文。）所識者，不當釋而釋之，曰‘不應釋’。古人語言，於今有變，生今之世，仍由識古人語，此釋詁所由作。五方言語不同，生於夷何由識華語，此釋言所由作。物有可以理言之，以理言之；有不可以理言，但喻其形容而已：形容不明，故借言之訓以爲證，此釋訓所由作。宗族婚姻，稱謂不同，宮室器樂，命名亦異，此釋親、釋宮、釋器、釋樂所由作。人之所用者，人之事爾，何由知天之物，此釋天所由作。生於此土，識此土而已，九州之遠，山川丘陵之異何由歷，此釋地、釋丘、釋山、釋水所由作。動物、植物，五方所產各有名，古今所名亦異謂，此釋草、釋木、釋蟲、釋魚、釋鳥、釋獸、釋畜所由作。何物爲六經？集言語、稱謂、宮室、器服、禮樂、天地、山川、草木、蟲魚、鳥獸而爲經，以義理行乎其間而爲緯，一經一緯，錯綜而成文，故曰〈六經之文〉。爾雅謂：言語、稱謂、宮室、器服、禮樂、天地、山川、草木、蟲魚、鳥獸之所命不同，人生不應識者也，故爲之訓釋；義理者，人之本有，人生應識者也，故嬰兒知好惡，瞽者聾者知信義，不憑文字而後顯，不藉訓釋而後知，六經所言早爲長物，何況言下復有言哉！故爾雅不釋焉。後之箋注家反是，於人不應識者則略，應識者則詳；舍經而從緯，背實以從虛，致後學昧其所不識而妄其所識也。蓋人所不應識者，經也，實也，不得釋則惑，得釋則明。若曰，‘關關雎鳩，在河之洲’，不得釋則人知‘雎鳩’爲何禽，‘河洲’爲何地哉！人所應識者，緯也，虛也，釋則不顯，不釋則顯。董遇有言，‘讀百遍，理自見’者，爲此也。若‘雎鳩’，‘河洲’不得旨，言雖千誦何益哉！何謂釋則不顯？且如論語所謂‘學而時習之，不亦説乎’，無箋注，人豈不識！孟子所謂‘亦有仁義而已矣，何必曰利’，無箋注，人豈不識！中庸所謂‘天命之謂性，率性之謂道’，無箋注，人豈不識！此皆義理之言，可詳而知，無待注釋。有注釋則人必生疑，疑則曰，‘此語不徒然也！’乃舍經之言而泥注解之言，或者復舍注解之意而泥己之意以爲經意，故去經愈遠。正猶人夜必寢，且必食，不須告人也；忽而告人曰，‘吾夜已寢矣，旦已食矣’，聞之者豈信其直如此耳，必曰，‘是言不徒發也；若夜寢旦食，又何須告人！’先儒箋解虛言，致後人疑惑，正類此。因疑而求，因求而迷，因迷而妄，指南而北，俾日作月，欣欣然以爲自得之學，其實沈輪轉徙，可哀也哉！此患無他，生於疑爾。其疑無他，生於本來識者而作不識者解爾。

　　“爾雅訓釋六經，極有條理，然只是一家之見，又多徇於理而不達乎情狀，故其所釋六經者，六經本意未必然。樵酷愛其書得法度；今之所注只得據爾雅意旨所在，因採經以作證，不可叛之也。其於物之名有拘礙處，亦略爲之摭正云爾。謹序。”

　　〔又後序〕“一字本一言，一言本一義。饘自饘，飦自飦，不得謂翩爲鱸。訊自訊，言自言，不得謂訊爲言。褋自褋，袍自袍，不得謂袍爲褋。袞自袞，黻自黻，不得謂袞爲黻。不獨此也，大抵動以十數言而總一義。今舉此四條，亦可知其昧於言理。詩云，‘奉璋峨峨’，謂助祭之士執圭璋峨峨然；釋言：‘峨峨，祭也。’‘伐木丁丁’，丁丁者，伐木聲也；‘鳥鳴嚶嚶’，嚶嚶者，鳥聲也：奈何曰：‘丁丁，嚶嚶，相切直也！’此亦三條，亦可知其不達物之情狀。爾雅所釋，盡本詩書，見爾雅自可見，不待言也。離騷曰：‘令飄風兮先驅，使涷雨兮灑塵。’故釋風雨云：‘暴雨謂之涷。’此句專爲離騷釋，知爾雅在離騷後，不在離騷前。謂華爲荂，謂草木初生爲芛，謂蘆笋爲蘿，謂藕紹緒爲茭，皆江南人語，又知作爾雅者爲江南人。謹序。”

〔寄方禮部書〕“凡書所言者，人情事理可即己意而求，董遇所謂‘讀百遍，理自見’也；乃若天文、地理、車輿、器服、草木、蟲魚、鳥獸之名，不學問，雖讀千回萬復，亦無由識也。奈何後之淺鮮家只務説人情物理，至於學之所不識者反没其真：遇天文，則曰此星名；遇地理，則曰，此地名，此山名，此水名；遇草木，則曰，此草名，此木名；遇蟲魚，則曰，此鳥名，此獸名，更不言是何狀星，何地，何山，何水，何草，何木，何蟲，何魚，何鳥，何獸也！縱有言者，亦不過引爾雅以爲據耳，其實未曾識也。然爾雅之作者盖本當時之語耳，古以爲此名，當其時又名此也。自爾雅之後以至今，所名者又與爾雅不同矣。且如爾雅曰‘芍，鳧茈’，‘茨，蒺藜’者，以舊名芍今曰鳧茈，舊名茨今曰蒺藜，所以曉後人也。乃若所謂‘朮，山薊’，‘梅，枏’，此又惑人也。古曰朮，當爾雅之時則曰山薊，或其土人則曰山薊也。古曰梅，當爾雅之時則曰枏，或其土人則曰枏也。今之言者又似古矣：謂之朮，不謂之山薊，謂之梅，不謂之枏也。人若以朮爲山薊，則人必以今朮爲非朮也；以梅爲枏，則人必以今梅爲非梅也。樵於是注釋爾雅。爾雅，往人……纂經籍之所難釋者而爲此書，最有機綜，奈何作爾雅之時所名之物與今全別；現書生所辨容有是非者，樵於所釋者亦不可專守云爾。故有此訛誤者則正之；有闕者則補之；自補之外，或恐人不能盡識其狀，故又有畫圖。爾雅之學既了然，則六經注疏皆長物也。”

剛案，讀此可見當時爾雅注有補文，有畫圖，今皆不可見矣！

〔通志昆蟲草木略序〕“已得鳥獸草木之真，然後傳詩；已得詩人之興，然後釋爾雅。”

〔直齋書録〕“其言……爾雅明則百家箋注皆可廢，……爲説雖僞，而論注釋之害則名言也。”

〔毛晉跋〕“舊有爾雅注什餘家，……湮而不傳。惟郭景純考采二九載，詮成三卷，最爲稱首。第晉代迄今幾千餘年，況本文多江南人語，而郭氏居河東，古今世殊，南北俗異，意義聲音之間誠有未盡合者。迨宋，邢昺、杜鎬九人疏之，非不詳洽。漁仲又懼後人舍經而泥箋注，復舍箋注而泥己意，別出手眼，採經爲證，不畔作者本旨。郭氏所謂‘擁篲清道，企望塵躅’者，其在斯乎？余……客秋從錫山購得斯帙，……實南宋善版，狂喜竟日，亟授梓人。其間淆訛……一一更定。又如‘弇，同也’，‘葷，醜芳’，‘蛭，蟣’，‘倉庚，鶬黄也’，及‘由膝以下爲揭，由膝以上爲涉，由帶以上爲厲’數條，俱已脱落；未見其注，不敢妄補。始信落葉難掃，雖宋刻不無遺憾云。”

〔四庫提要〕“南宋諸儒大抵崇義理而疏考證，故樵以博洽傲睨一時，遂至肆作聰明，詆諆毛鄭。……惟作是書，乃通其所可通，闕其所不可通，文似簡略，而絶無穿鑿附會之失，於説爾雅家爲善本。中間駁正舊文，如後序中所列‘饁，餉’，‘訊，言’，‘襧，袍’，‘袞，黻’四條，‘峨峨’，‘丁丁’，‘嚶嚶’三條，注中所列釋詁‘台’，‘朕’，‘陽’之‘予’爲‘我’，‘賚’，‘畀’，‘卜’之‘予’爲‘與’一條，‘關關’，‘嘤嘤’當入釋訓一條，釋親據左傳辨

正‘娣姒’一條，釋天‘謂之景風’上脱文一條，星名脱‘實沈’，
‘鶉首’，‘鶉尾’三次一條，釋水‘天子造舟’一條，釋蟲‘食根蟊’
一條，釋魚‘鯉鱣’一條，‘蝮虺首大如臂’一條，皆極精確。惟
‘魚枕謂之丁’一條，牽引假借以就其六書略之説，又堅執作爾雅
者江南人，凡郭璞所云蜀語，河中語者，悉駁辨之，是則偏僻之
過，習氣猶未盡除。又汪師韓集有書此書後一篇，駁其誤改郭注
者，以‘劉劉杙’爲‘安石榴’，以‘藬雕篷’爲‘其米雕胡’二條；補
郭注而未確者，‘孟，勉也’以爲‘孟’即‘瞽’，‘於，代也’，以爲
更詞二條；仍郭注之誤未改者，訓‘郵，過也’爲道路所經過，不
知‘郵’古字同‘尤’，訓‘比目魚’爲‘王餘’，不知吳都賦‘雙則比
目，片則王餘’二條：亦頗中其失。至於議其……經文脱……
字，……當爲毛氏寫本之誤，併以詆樵則過矣。”

Ⅵ. 方書之學

〔鶴頂方〕（獻帝書。）
　　　　二十四卷。（宋志。）

食鑑（獻帝書。）
　　　　四卷。（宋志。）

採治録（獻帝書。）

畏惡録（獻帝書。）

Ⅶ. 校讐之學

群書會記(獻帝書，上相書。)　玉海及宋志俱誤作"群玉會記"。

　　　　三十六卷。(玉海，通考，宋志。)　二十六卷。(直齋。)

　　〔上宰相書〕"觀群書會記，則知樵之藝文志異乎諸史之藝文。"

　　〔通志校讐略編次必謹類例論〕"欲明天者，在乎明推步；欲明地者，在乎明遠邇；欲明書者，在乎明類例。噫！類例不明，圖書失紀，有自來矣。臣於是總古今有無之書，爲之區別，凡十二類：

　　　　經類第一。　　禮類第二。　　樂類第三。

　　　　小學類第四。　史類第五。　　諸子類第六。

　　　　星數類第七。　五行類第八。　藝術類第九。

　　　　醫方類第十。　類書類第十一。文類第十二。

經一類分九家，九家有八十八種書；以八十八種書而總爲九種，可乎！禮一類分七家，七家有五十四種書，以五十四種書而總爲七種書，可乎！樂一類爲一家，書十一種。小學一類爲一家，書八種。史一類分十三家，十三家爲書九十種；朝代之書則以朝代分，非朝代書則以類聚分。諸子一類分十一家，其八家爲書八種，道、釋、兵三家書差多，爲四十種。星數一類分三家，三家爲書十五種。五行一類分三十家，三十家爲書三十種。藝術一類爲一家，書十七種。醫方一類爲一家，書二十六種。類書一類爲一家，分上下二種。文類一類分二家，二十二種；別集一家爲十九種書，餘二十一家，二十一種書而已。總十二類，百家，四百二十二種，朱紫分矣。散四百二十二種，可以窮百家之學；歛百家之學，可以明四十二類之所歸。

"易本一類也，以數不可合於圖，圖不可合於音，讖緯不可合於傳注，故分爲十六種。詩本一類也，以圖不可合於音，音不可合於譜，名物不可合於詁訓，故分爲十二種。禮雖一類而有七種，以儀禮雜於周官，可乎！春秋雖一類而有五家，以啖趙雜於公穀，可乎！樂雖主於音聲，而歌曲與管弦異事。小學雖主於文字，而字書與韻書背馳。編年一家而有先後。文集一家而有合離。日月星辰豈可與風雲氣候同爲天文之學！三命元辰豈可與九宮太一同爲五行之書！以此觀之，七略所分，自爲苟簡；四庫所部，無乃荒唐！

"今所紀者，欲以紀百代之有無。然漢魏之書最爲希闊，故稍略；隋唐之書於今爲近，故差詳；崇文四庫及民間之藏乃近代之書，所當一一載也。"

〔通志校讎略編次必記亡書論〕"古人亡書有記，故本所記而求之。魏人求書有闕目録一卷，唐人求書有搜訪圖書目一卷，所以得書之多也。……臣今所作群書會記，不惟簡別類例，亦所以廣古今而無遺也。"

剛案，通志藝文略全本此書而作，惟星數一名易爲天文而已。此書有三十六卷，而藝文略只八卷，固以卷帙併合，諒此書於類例存亡之間有甚詳之説明，亦未可知。

又案：直齋書録解題於此書記云："大抵記世間所有之書，非必其家皆有之也。"以好書籍編目録之陳振孫，乃對於此書毫不瞭解其"簡別類例總集存亡"之精神，疑其不盡爲家藏，猜其大抵爲世間所有，可見鄭樵之學儘管精密，曾不能使人懂得，發生出什麼影響。

校讎備論（獻帝書，上相書。）

〔上宰相書〕"觀圖書志，集古系時録，校讎備論，則知樵校讐之集於劉向、虞世南之徒有一日之長。”

　　剛案，通志校讐略列論題凡二十一，爲論六十九篇，當即本於此書。

書目正訛（獻帝書。）

　　〔通志校讐略編次之訛論〕“隋志最可信，緣分類不考，故亦有重複者。嘉瑞記、祥瑞記二書，既出雜傳，又出五行。諸葛武侯集誠、衆賢誡……數種書，既出儒類，又出總集。……實由分類不明，是致差互。若乃陶弘景天儀説要，天文類中兩出；趙政甲寅元曆序，曆數中兩出：……是不校勘之過也。以隋志尚且如此，後來編書出於衆手，不經校勘者，可勝道哉！於是作書目正訛。”

Ⅷ・亡書之學

亡書備載（獻帝書。）

　　剛案，獻皇帝書中列於未成書類。

求書闕記（獻帝書。）

　　七卷。（玉海，宋志。）

　　〔獻皇帝書〕“臣竊見兵火之餘，文物無幾，陛下留心聖學，篤志斯文，擢用儒臣，典司東觀，於是内外之藏，始有條理，百代之典，煥然可觀。臣伏覩秘書省歲歲求書之勤，臣雖身在草萊，亦欲及兹時效尺寸。顧臣究心於此殆有年矣，今天下書圖若有，若無，在朝，在野，臣雖不一一見之，而皆知其名數之所在；獨恨無力鈔致，然紀記之耳。”

〔通志校讎略求書之道有八論〕“求書之道有八：

一曰‘即類以求’。凡星曆之書求之靈臺郎；樂律之書求之太常樂工。……

二曰‘旁類以求’。凡性命道德之書可以求之道家；小學文字之書可以求之釋氏。……

三曰‘因地以求’。孟少主實錄蜀中必有；王審知傳，閩中必有。……

四曰‘因家以求’。錢氏慶系圖可求於忠懿王之家。……潘佑文集今長樂有之，以其後居長樂。……

五曰‘求之公’。禮儀之書，祠祀之書，斷獄之書，官制之書，版圖之書，今官府有不經兵火處，其書必有存者。……

六曰‘求之私’。書不存於秘府而出於民間者甚多。……

七曰‘因人以求’。鄉人陳氏嘗爲湖北監司，其家或有田氏之書，臣嘗見其荆州田氏書目。若跡其官守，知所由來，容或有焉。……

八曰‘因代以求’。書之難求者，爲其久遠而不可跡也；若出近代人之手，何不可求之有！……”

〔通志校讎略亡書出於民間論〕“按漳州吳氏書目，算術一家有數件古書，皆三館四庫所無者。臣已收入求書類矣。”

〔玉海卷五十二〕“紹興十七年，鄭樵按秘省所頒闕書目錄集爲求書闕記七卷，外紀十卷。”

求書外記（獻帝書。）

十卷。（玉海，宋志。）

IX．圖譜之學

（剛案，獻皇帝書以集古系時、系地二録入亡書，恐誤。今改入圖譜。）

圖書志（獻帝書，上相書。）

一卷。（直齋，通考。）

〔直齋書録〕“志者，蓋述其箸作之意也。”

剛案，獻皇帝書謂“以圖譜之所得者作圖書志”，上宰相書謂“觀圖書志則知樵校讐之集於劉向之徒有一日之長”，則圖書志乃是論圖譜之學者，即通志圖譜略所載索象、原學、明用諸篇之義。直齋書録於此書解題連夾漈書目而下，謂自述其箸作之意，語恐未盡。蓋此書述其箸作之方法則有之，似非述其所著之書之大意也。

圖譜有無記（獻帝書。）

二卷。（宋志。）

〔通志總序〕“即圖而求易，即書而求難。舍易從難，成功者少。臣乃立爲二記：一曰記有，記今之所有者，不可不聚；二曰記無，記今之所無者，不可不求。”

剛案，今通志圖譜略有記有、記無二篇，此書雖亡而實存。記有篇不分類。記無篇分類如下：

(1)地理。　　(2)會要。　　(3)紀運。

(4)百官。　　(5)易。　　　(6)詩。

(7)禮。　　　(8)樂。　　　(9)春秋。

(10)孝經。　　(11)論語。　　(12)經學。

(13)小學。　　(14)刑法。　　(15)天文。

(16)時令。　　(17)算數。　　(18)陰陽。

(19)道家。　　(20)釋氏。　　(21)符瑞。

(22)兵家。　　(23)藝術。　　(24)食貨。

(25)醫藥。　　(26)世系。

集古系時録（獻帝書，上相書。）　宋志，"古"下衍"今"字。

　　　十卷。（直齋，通考。）　一卷。（宋志。）

　　　剛案，通志金石略以時代爲次，唐代碑記更以書家爲
次，當本此書。

集古系地録（獻帝書。）

　　　十一卷。（直齋，通考。）

　　　〔直齋書録〕"大抵因集古（歐陽修集古録）之舊，詳考其時與
地而系之。二書相爲表裏。"

氏族志（獻帝書。）

　　　五十七卷。（通志氏族略序。）

　　　剛案，獻皇帝書列於未成書類。

氏族源（獻帝書，氏族略序。）

氏族韻（氏族略序。）

　　　〔通志氏族略序〕"臣……又有氏族源、氏族韻等書，幾七十
卷。今不能備，姑載其略云。"

　　　〔通志氏族略，卷二十九。〕"臣謹按舊氏族家皆以聲類，或以
字別。今之所修，盡本所系，故以國，以邑，以地，以人，以

官，以爵，以姓，以謚爲主。其有不得所系者，則莫爲之主，遂從舊書從聲分類云耳。"

　　剛案，以上三書均爲通志氏族略所本。氏族韻尚可以四聲歸之，氏族志與氏族源則不復可別。今録通志所分"得姓受氏"三十二類於下，以見志、源二書之大凡。

(1)國（郡國附）。　　　　(2)邑。

(3)鄉。　　　　　　　　(4)亭。

(5)地（所居附）。　　　　(6)姓（氏附）。

(7)字。　　　　　　　　(8)名。

(9)次（親附）。　　　　　(10)族（夷狄大姓附）。

(11)官。　　　　　　　　(12)爵。

(13)凶德。　　　　　　　(14)吉德。

(15)技。　　　　　　　　(16)事。

(17)謚。　　　　　　　　(18)爵系。

(19)國系。　　　　　　　(20)族系。

(21)名氏（國邑鄉附）。　(22)國爵（邑爵附）。

(23)邑系（邑國附）。　　(24)官名（官氏附）。

(25)邑謚。　　　　　　　(26)謚氏。

(27)爵謚。　　　　　　　(28)代北複姓。

(29)關西複姓。　　　　　(30)諸方複姓。

(31)代北三字姓。　　　　(32)代北四字姓。

Ⅹ. 通志

通志。（寄方書，上相書，）寄方禮部書中，初定名爲"通史"。

　　二百卷。

　　存：（1）元刻本（<u>京師圖書館</u>及<u>江甯圖書館</u>均有）。（2）<u>明</u>
　　刻本。（3）<u>武英殿</u>本（<u>乾隆</u>十三年刻）。（4）<u>浙江書局</u>
　　刻本。

　　〔<u>寄方禮部書</u>〕"<u>樵</u>於<u>春秋</u>有云，有文有字，學者不辨文字；
有史有書，學者不辨史書。史者，官籍也；書者，儒生之所作
也。自<u>司馬</u>以來，凡作史者皆是書，不是史。又諸史家各成一代
之書而無通體。<u>樵</u>欲自今天子中興，上達<u>秦漢</u>之前，著爲一書，
曰'<u>通史</u>'，尋紀法制。嗚呼！三館四庫之中不可謂無書也，然欲
有法制可爲歷代有國家者之紀綱規模，實未見其作。此非有朝廷
之命，<u>樵</u>不敢私撰也，營營之業，熒熒之志，幸禮部侍郎而成
就之！"

　　〔<u>上宰相書</u>〕"修書自是一家，作文自是一家。修書之人必能
文，能文之人未必能修書。如之何後世皆以文人修書！……凡賦
物不同形，然後爲造化之妙；編書不同體，然後爲自得之
工。……後之史家初無所得，自同於<u>馬遷</u>。<u>馬遷</u>之書，<u>遷</u>之面
也；假<u>遷</u>之面而爲己之面，可乎！……按<u>馬遷</u>之法，得處在表，
用處在紀傳：以其至要者條而爲綱，以其滋蔓者釐而爲目。後之
史家既自不通<u>司馬遷</u>作表之意，是未知<u>遷</u>書之所在也。且……史
家據一代之史，不能通前代之史；本一書而修，不能會天下之書
而修：故後代與前代之事不相因依。又諸家之書散落人間，靡所
底定，安得爲成書乎！<u>樵</u>前年所獻之書，以爲水不會於海則爲濫
水，途不通於<u>夏</u>則爲窮途，論會通之義，以爲<u>宋</u>中興之後不可無
修書之文；修書之本不可不據<u>仲尼</u>、<u>司馬遷</u>會通之法。……

　　"去年到家，今年料理文字，明年修書。若無病不死，筆札
不乏，遠則五年，近則三載，可以成書。其書上自<u>義皇</u>，下終<u>五</u>
<u>代</u>，集天下之書爲一書，惟虛言之書不在所用。雖曰繼<u>馬遷</u>而
作，凡例殊塗，經緯異制，自有成法，不蹈前修。觀<u>春秋</u>地名，
則<u>樵</u>之地理志異乎諸史之地理。觀群書會記，則知<u>樵</u>之藝文志異

乎諸史之藝文。觀樵分野記、大象略之類，則天文志可知。觀樵諡法、運祀議、鄉飲禮、系聲樂府之類，則禮樂志可知。觀樵之象類書、論梵書之類，則知樵所作字書非許慎之徒所得而聞。觀樵分音、類韻(剛按，"分音類韻"或是"分音之類"之誤)，字始連環之類，則知樵所作韻書非沈約之徒所得而聞。觀本草成書、爾雅注、詩名物志之類，則知樵所識鳥獸草木之名於陸璣、郭璞之徒有一日之長。觀圖書志、集古系時録、校讎備論，則知樵校讎之集於劉向、虞世南之徒有一日之長。以此觀之，則知樵之修書斷不用諸史舊例，明驗在前。……樵……三十年著書，十年搜訪圖書，竹頭木屑之積亦云多矣，將欲一旦而用之可也。嗚呼，功業難成，風波易起，深恐傳者之誤，謂擅修國史，將容置喙矣！"(剛案，末句有訛脱。)

　　〔通志總序〕"百川異趨，必會於海，然後九州無浸淫之患。萬國殊途，必通諸夏，然後八荒無壅滯之憂。會通之義大矣哉！……

　　"臣今總天下之大學術而條其綱目，名之曰'略'，凡二十略；百代之憲章，學者之能事，盡於此矣。其五略，漢唐諸儒所得而聞；其十五略，漢唐諸儒所不得而聞也。

　　(1)生民之本在於姓氏。……男子稱氏所以別貴賤；女子稱姓所以別婚姻。……臣今所推有三十二類……故作氏族略。

　　(2)文字之本出於六書：象形，指事，文也；會意，諧聲，轉注，字也；假借者，文與字也。……臣今驅天下文字盡歸六書，軍律既明，士乃用命。故作六書略。

　　(3)天籟之本，自成經緯：縱有四聲以成經，橫有七音以成緯。……故作七音略。

　　(4)天文之家在於圖象。……臣今取隋丹元子步天歌，句中有圖，言下成象，靈臺所用，可以仰觀。不取甘、石本經，惑人以妖妄，速人於罪戾。故作天文略。

(5)九州有時而移，山川千古不易。……臣今準禹貢之書而理川源，本開元十道圖以續今古。故作地理略。

(6)都邑之本，金湯之業。臣……以梁汴者四朝舊都，爲痛定之戒；南陽者疑若可爲中原之新宅。故作都邑略。

(7)古之帝王存亡皆用名。……周公制禮，不忍名其先君，武王受命之後，乃追諡太王、王季、文王，此諡法所由立也。本無其書，後世僞作周公諡法，欲以生前之善惡爲死後之勸懲。……‘幽’、‘厲’、‘桓’、‘靈’之字本無凶義，諡法欲名其惡，則引辭以遷就其意。……臣今所纂，並以一字見義，削去引辭而除其曲說。故作諡略。

(8)今之祭器，出於禮圖；徒務說義，不思適用；形制既乖，豈便歆享！……故作器服略。

(9)樂以詩爲本，詩以樂爲用。……詩者，人心之樂也，不以世之興衰而存亡。繼風雅之作者樂府也。……故作樂略。

(10)學術之苟且，由源流之不分；書籍之散亡，由編次之無紀。……故作藝文略。

(11)冊府之藏不患無書；校讐之司未聞其法。欲三館無素餐之人，四庫無蠹魚之簡，千章萬卷日見流通，故作校讐略。

(12)古之學者左圖右書，不可偏廢。劉氏作七略，收書不收圖；班固即其書爲藝文志：自此以還，圖譜日亡，書籍日冗。所以困後學而隳良材者皆由於此。……故作圖譜略。

(13)金石之功寒暑不變；以此稽古，庶不失真。……臣於是采……蒼頡石室之文，下逮唐人之書，各列其人而名其地。故作金石略。

(14)天地之間災祥萬種；人間禍福冥不可知。若之何一蟲之
妖，一物之戾，皆繩之以五行！……臣故削去五行而作
災祥略。

(15)語言之理易推，名物之狀難識。……五方之名本殊，萬
物之形不一。必廣覽動植，洞見幽潛，通鳥獸之情狀，
察草木之精神，然後參之載籍，明其品彙。故作昆蟲草
木略。

凡十五略，出臣胸臆，不涉漢唐諸儒議論。禮略所以叙五禮，職
官略所以秩百官，選舉略言掄材之方，刑法略言用刑之術，食貨
略言財貨之源流：凡茲五略，雖本前人之典，亦非諸史之文
也。……

　　"桓君山曰，'太史公三代世表旁行邪上，並效周譜。'古者紀
年……謂之譜，太史公改而爲表。今復表爲譜，率從舊也。然西
周經幽王之亂，紀載無傳……'共和'之名已不可據，況其年乎！
今之所譜自春秋之前稱世，謂之'世譜'；春秋之後稱年，謂之
'年譜'。

　　"紀傳者，編年紀事之實蹟，自有成規，不爲智而增，不爲
愚而減。故於紀傳，即其舊文，從而損益。……唐書、五代史，
皆本朝大臣所修，微臣所不敢議，故紀傳迄隋。若禮樂政刑，務
存因革，故引而至唐云。……"

　　　剛案，鄭樵做通志，本來想要從古代直到當世，看寄方
禮部書可見。後來給札歸鈔，不想做到當世了，但還想做到
五代，看上宰相書可見。等到寫定的時候，不但沒有到五
代，也沒有到唐，只到得隋就止了。節節退步，非但不能記
本朝的事，甚至不敢損益本朝大臣所修的史，他的委曲以求
成書的心在此很可見出。

〔通志總目〕

卷次	篇名	卷數	總數
1.	三皇紀，	1	
2.	五帝紀，	1	
3.	三王紀，	1	
4.	秦紀，	1	
5.	前漢紀，	1	
6.	後漢紀，	1	
7.	魏紀，	1	
8.	蜀紀，	1	
9.	吳紀，	1	
10.	晉紀，	1	
11.	宋紀，	1	
12.	南齊紀，	1	
13.	梁紀，	1	
14.	陳紀，	1	
15.	後魏紀，	1	
16.	北齊紀，	1	
17.	後周紀，	1	
18.	隋紀，	1	
19—20.	后妃傳，	2	以上帝后紀傳，凡二十卷。
21—24.	年譜，	4	以上年譜四卷。
25—30.	氏族略，	6	
31—35.	六書略，	5	
36—37.	七音略，	2	
38—39.	天文略，	2	
40.	地理略，	1	
41.	都邑略，	1	

42—45.	禮略，	4
46.	謚略，	1
47—48.	器服略，	2
49—50.	樂略，	2
51—57.	職官略，	7
58—59.	選舉略，	2
60.	刑法略，	1
61—62.	食貨略，	2
63—70.	藝文略，	8
71.	校讐略，	1
72.	圖譜略，	1
73.	金石略，	1
74.	災祥略，	1
75—76.	昆蟲草木略，	2

以上二十略，凡五十二卷。

77.	周同姓世家，	1
78—85.	宗室傳，	8
86—87.	周同姓世家，	2
88—164.	列傳，	77
165.	外戚傳，	1
166.	忠義傳，	1
167.	孝友傳，	1
168.	獨行傳，	1
169—170.	循吏傳，	2
171.	酷吏傳，	1
172—174.	儒林傳，	3
175—176.	文苑傳，	2
177—178.	隱逸傳，	2

179.	宦者傳，	1
180.	游俠傳，	1
181—183.	藝術傳，	3
184.	佞幸傳，	1
185.	列女傳，	1
186—193.	載記，	
194—200.	四夷傳，	7

以上列傳，凡一百二十四卷。

〔通志二十略取材表〕

篇名	所取之材	知其取材之故
氏族略	氏族志，氏族源，氏族韻。	序説。
六書略	象類書，論梵書。	序説，推勘。
七音略	字始連環，分音之類。	推勘。
天文略	步天歌，大象略，分野記。	序説，推勘。
地理略	百川源委圖，通典州郡總序，開元十道圖。	序説，推勘。
都邑略	（臨時輯録）	
禮略	通典禮類。	校對。
謚略	鄭氏謚法。	推勘。
器服略	器服圖，通典嘉禮。	猜測，校對。
樂略	系聲樂府。	序説。
職官略	通典職官類。	校對。
選舉略	通典選舉類。	校對。
刑法略	通典刑類。	校對。
食貨略	通典食貨類。	校對。
藝文略	群書會記。	推勘。
校讎略	校讎備論，書目正訛。	推勘。

圖譜略	圖書志，圖譜有無記。	序説，推勘。
金石略	集古系時録。	推勘。
災祥略	天文志。	猜測。
昆蟲草木略	本草成書，詩傳，爾雅注。	序説。

〔玉海卷四十七〕"紹興二十八年，二月，乙巳，鄭樵召對，授迪功郎。其所著通志令有司給札寫進。通志二百卷，樵以歷代史册及采他書，上自三皇，下迄隋代，通爲一書，做遷，固體爲本紀列傳，而改表爲譜，改志爲略。"

〔莆田縣志本傳〕"自監南嶽廟，還家論著，閱四年，通志成。……生平所考論者，弘綱機要皆聚於此。乃詣闕請上之。會車駕幸建康，戒嚴，樵未得見。……明年春，高宗至自建康，命以通志繳進；會病卒。"

剛案，通志不是在紹興二十八年鄭樵召對時就叫他寫進的，玉海所説的不可靠。應該依莆田縣志上所説，是他監廟還家時所作。理由見於我所做的鄭樵傳。

〔通考經籍考卷二十八〕"按鄭氏此書，名之曰'通志'，其該括甚大。卷首序論譏詆前人，高自稱許，蓋自以爲無復遺憾矣。然夷考其書，則氏族、六書、七音等略考訂詳明，議論精到，所謂'出臣胸臆，非諸儒所得聞'者，誠是也。至於天文、地理、器服，則失之太簡。如古人器服之制度至詳，今止轉疊一二而謂之器服略可乎！若禮及職官、選舉、刑法、食貨五者，則古今經制甚繁，沿革不一，故杜岐公通典之書五者居十之八。然杜公生貞元間，故其所記述止於唐天寶。今通志既自爲一書，則天寶而後，宋中興以前，皆合陸續銓次，如班固漢書續史記武帝以後可也。今通志此五略，天寶以前則盡寫通典全文，略無增損；天寶以後則竟不復陸續；又以通典舊注稱爲己意，附其旁，而亦無所發明（通志此五略中，所謂'臣按'云云，低一字寫者，皆通典舊注耳），疏略如此，乃自謂'雖本前人之典而亦非諸史之文'，不

亦誣乎！夾漈譏司馬子長‘全用舊文，間以里俗，采摭未備，筆
削不遑’；又譏班孟堅‘全無學術，專事剽竊，自高祖至武帝七
世，盡竊遷書，不以爲慚’。至其所自爲書則不堪檢點如此。然
則著述豈易言哉！”

〔四庫全書總目卷五十〕“通史之例肇於司馬遷。……其例綜
括千古歸一家言，非學問足以賅通，文章足以鎔鑄，則難以成
書。……樵負其淹博，乃網羅舊籍，參以新意，撰爲是編。……
其紀傳删錄諸史，稍有移綴，大抵因仍舊目，爲例不純。其年譜
仿史記諸表之例，惟間以大封拜、大政事錯書其中，或繁或漏，
亦復多歧。均非其注意所在。其平生之精力，全帙之精華，惟在
二十略而已。……

“其氏族、六書、七音、都邑、昆蟲草木五略，爲舊史之所
無。案史通書志篇曰，‘可以爲志者其道有三：一曰都邑志，二
曰氏族志，三曰方物志。’樵增氏族、都邑、草木昆蟲三略，蓋竊
是文。至於六書、七音，乃小學之支流，非史家之本義；矜奇炫
博，氾濫及之，此於例爲無所取矣。餘十五略雖皆舊史所有，然
謚與器服乃禮之子目，校讐、圖譜、金石乃藝文之子目：析爲別
類，不亦冗且碎乎！且氏族略多挂漏。六書略多穿鑿。天文略只
載丹元子步天歌。地理略則全鈔杜佑通典州郡總序一篇；前雖先
列水道數行，僅雜取漢書地理志及水經注數十則；即禹貢山川亦
未能一一詳載。謚略則別立數門，而沈約、扈琛諸家之謚法悉删
不錄；即唐會要所載‘杲’字諸謚亦並漏之。器服略，‘器’則所載
尊彝爵觶之制，制既不詳，又與金石略復出；‘服’則全鈔杜佑通
典之嘉禮。其禮、樂、職官、食貨、選舉、刑法六略，亦但删錄
通典，無所辨證。至職官略中以通典注所引之典故悉改爲案語大
書，則更爲草率矣。藝文略則分門太繁；又韓愈論語解，論語類
先後兩出；張弧素履子，儒家道家兩出；劉安淮南子，道家雜家
兩出；荆浩筆法記乃論畫之語，而列於法書類；吳興人物志、河

西人物志乃傳記之流，而列於名家類；段成式之玉格乃酉陽雜俎之一篇而列於寶器類，尤爲荒謬。金石略則鐘鼎碑碣，核以博古考古二圖，集古金石二録，脱略至十之七八。災祥略則悉鈔諸史五行志。草木昆蟲略則并詩經爾雅之注疏亦未能詳核。

"蓋宋人以義理相高，於考證之學罕能留意，樵恃其博洽，睥睨一世，諒無人起而難之，故高視闊步，不復詳檢，遂不能一一精密，致後人多所譏彈也。特其採摭既已浩博，議論亦多警闢，雖純駁互見，而瑕不掩瑜，究非游談無根者可及。至今資爲考鏡，與杜佑、馬端臨書並稱'三通'，亦有以焉。"

〔文史通義内篇五申鄭〕"子長孟堅氏不作而專門之史學衰。陳范而下，或得或失，粗足名家。至唐人開局設監，整齊晉隋故事，亦名其書爲一史，而學者誤承流別，不復辨正其體，於是古人著書之旨晦而不明。至於辭章家舒其文辭，記誦家精其考核，其於史家似乎小有所補，而循流忘源，不知大體，用功愈勤，而識解所至亦去古愈遠而愈無所當。

"鄭樵生千載而後，慨然有見於古人著述之源，而知作者之旨不徒以詞采爲文，考據爲學也，於是遂欲匡正史遷，益以博雅，貶損班固，譏其因襲，而獨取三千年來遺文故册，運以別識心裁；蓋承通史家風而自爲經緯，成一家言者也。

"學者少見多怪，不究其發凡起例，絶識曠論，所以斟酌群言爲史學要删，而徒摘其援據之疎略，裁剪之未定者紛紛攻擊，勢若不共戴天。古人復起，奚足當吹劍之一吷乎！

"若夫二十略中，六書七音與昆蟲草木三略，所謂以史翼經本非斷代爲書，可以遞續不窮者比，誠所謂專門絶業，漢唐諸儒不可得聞者也。創條發例，鉅製鴻編，即以義類明其家學，其事不能不因一時成書粗就隸括，原未嘗與小學專家特爲一書者絜長較短，亦未嘗欲後之人守其成説不稍變通。夫鄭氏所振在鴻綱，而末學吹求則在小節，是何異譏韓彭名將不能鄒魯趨蹌，繩伏孔鉅儒不善作雕蟲篆刻耶！

　　“夫史遷絕學，春秋之後一人而已。其範圍千古，牢籠百家者，惟創例發凡，卓見絕識，有以追古作者之原，自具春秋家學耳。若其事實之失據；去取之未當，議論之未醇，使其生唐宋而後，未經古人論定，或當日所據石室金匱之藏及世本，諜記，楚漢春秋之屬不盡亡佚，後之溺文辭而泥考據者相與錙銖而校，尺寸以繩，不知更作如何掊擊也！今之議鄭樵者何以異是！孔子作春秋，蓋曰‘其事則齊桓，晉文，其文則史’，其義則孔子自謂有取乎爾。夫事即後世考據家之所尚也，文即後世詞章家之所重也，然夫子所取不在彼而在此，則史家著述之道豈可不求義意所歸乎！自遷固而後，史家既無別識心裁，所求者徒在其事其文；惟鄭樵稍有志乎求義，而綴學之徒囂然起而爭之。然則充其所論，即一切科舉之文詞，胥吏之簿籍，其明白無疵，確實有據，轉覺賢於遷固遠矣！

　　“雖然，鄭君亦不能無過焉。馬班父子傳業，終身史官，固無論矣；司馬溫公資治通鑑，前後一十九年書局自隨，自辟僚屬，所與討論又皆一時名流，故能裁成絕業，爲世宗師。鄭君區區一身，僻處寒陋，獨犯馬班以來所不敢爲者而爲之，立論高遠，實不副名；又不幸而與馬端臨之文獻通考並稱於時，而通考之疎陋轉不如是之甚。末學廥受本無定識，從而抑揚其間，妄相擬議，遂與比類纂輯之業同年而語；而衡短論長，岑樓尺木，且有不敵之勢焉。豈不誣哉！”

　　剛案，文史通義及校讐通義中，論鄭氏通志的話很多；申鄭篇原名續通志叙書後（見貴陽刻本申鄭篇題下注），是專爲鄭樵辯護的；他後來又作答客問三篇，其上中兩篇也引申申鄭篇的意思。申鄭篇説“鄭氏所振在鴻綱，而末學吹求則在小節”，這是章氏爲他辯護的根本態度。章氏所謂鴻綱，即是“獨取三千年來遺文故册，運以別識心裁；承通史家風而自爲經緯，成一家言。"但申鄭諸篇究竟不曾説出通志的別識心裁在於那一點。文史通義別有釋通篇，雖不專論鄭樵，卻能指出通志的價值。通志本名"通史"，見寄方禮部書；而後人不知此意，乃使此書與文獻通考一類的書並列，故章氏深替鄭樵抱不平。釋通篇很鄭重的指出通志乃是一部獨具別識心裁的通史；他説通史凡有四類，而通志代表第一類：

> "梁武帝以遷固而下，斷代爲書，於是上起三皇，下訖梁代，撰爲通史一編，欲以包羅衆史。史籍標通，此濫觴也。嗣是而後，源流漸別。（1）總古今之學術，而紀傳一規乎史遷，鄭樵通志作焉。（原注：通志精要在乎義例；蓋一家之言，諸子之學識，而寓於諸史之規矩，原不以考據見長也。後人議其疏陋，非也。）（2）統前史之書志，而撰述取法乎官禮，杜佑通典作焉。（3）合紀傳之互文，而編次總括乎荀（荀悦漢紀）袁（袁宏後漢紀），司馬光資治通鑑作焉。（4）彙公私之述作，而銓錄略倣乎孔（孔逭文苑）蕭（蕭統文選），裴潾太和通選作焉。此四子者，或存正史之規（通志），或正編年之的（通鑑），或以典故爲紀綱（通典），或以詞章存文獻（通選）。史部之通，於斯爲極盛也。"

章氏所以獨取通志，乃是因爲這書能"總古今之學術。"他把通志和通典看作兩類的書，杜佑側重典章制度，而鄭樵則能兼重學術藝文，這個區別，可算是章學誠的卓識。通鑑仍是一部朝代興亡史，於文化史很少關係；通典能注重典章制度，已高一等，而終不免忽略了學術與文藝。能知通志是補正通典的大缺陷之書，則知通志典故諸略雖全鈔通典，正自無害其爲一家之書。我們可以説，通志乃是綜合紀傳志表各體，總括典章學術的一部通史。書中前面的紀與譜，後面的列傳，雖也有刪併之功，而因襲的方面居多。鄭樵的創造的部分正在六書、七音、諡略、樂略、校讎、金石、昆蟲草木諸略，申鄭篇對於六書、七音，與昆蟲草木三略，尤爲推崇；釋通篇説通史有六便，其"均類例"一條，亦舉此三略爲例。其實通志各略可貴者不止此三篇。諡略駁正舊説，樂略知樂府之足繼風雅；金石略能知金石器物在史學上的功用，並且"各列其人而名其地"，更爲有卓識。校讎一略，注重方法，章學誠的校讎通義即是繼此而作的。章學誠説：

> "鄭樵生千載而後，慨然有會於向歆討論之旨，因取歷朝著録，略其魚魯亥豕之細，而特以部次條別，疏通倫類，考其得失之故，而爲之校讎。蓋自石渠天禄以還，學者所未嘗窺見者也。"（校讎通義序）

又説：

> "其論求書之法，校書之業，既詳且備。"（同上）

凡此，皆是章氏所謂別識心裁。不幸鄭樵當時成書太速，有開山的義例，有獨具的心裁，而缺乏了考索修飾的工夫，遂使這一部異書爲後來一班挑剔文義的小儒所指摘非議。這就是章氏所謂"鄭君亦不能無過焉"的了。（以上案語一節，因頡剛覺得不滿意，有信來囑爲修改，我大胆替他重作了一節；因校印匆匆，不及寄給他徵求他的同意，故附記於此。胡適。）

　　又案，章學誠對於鄭樵不滿意的地方，犖犖大者也有幾端。第一，他以爲史文惟恐出於自己，無所謂盜竊。班固是史學很好的人，他鈔司馬遷諸家的書並没有什麼嫌疑。鄭樵因爲自己主張作通史，而班固是斷代爲史的第一人，所以屢次有意挑剔；這是不對的。第二，鄭樵極看重圖譜，特立了圖譜一略，但他自己做的通志裏卻没有圖。到如今，圖譜略裏著録的圖都失傳了。假使他做通志時就把圖譜略裏的圖加了進去，這些圖就不會亡逸。而且現在讀通志的人對於書上説的形勢和名象依然不能明白。所以他説，"爭於著録之功小；創定史體之功大"，鄭樵只爭於著録，這是他錯誤了。（剛案，通志天文略序説圖畫流傳易訛，所以削去，可見通志裏没有圖畫之故，都因爲那時印刷術的不工，恐怕反而弄錯。假使鄭樵生在今日，没有這一層的危險，他所做的史裏必然多多插入圖畫了。）第三，著録的事，應當依了學術流別去分類，所以一人一書儘可出入幾類。鄭樵不明白這個"互著"的道理，所以藝文略的經部著了石經，金石略裏就没有石經了。藝文略有了地動圖，文翁學堂圖等，圖譜略裏也就不載這些了。這不是牴牾錯雜嗎！（剛案，這正可與四庫提要合看。提要因爲藝文略裏淮南子一書復見於道家和雜家，説他不合；章學誠則正因爲他不能充互著之義，説他不合。這觀點的不同，就是見解高低的區别。）以上幾條，都是評論他宗旨上的錯誤，可説是愛而能知其惡，不是那班專會挑剔小瑕疵的人所能具備的眼光了。

　　又案，歷來評論通志的人太多了，等將來專論通志時再來輯集；現在只鈔馬章二家及四庫提要的話作一個代表。

通志略。
　　（1）明陳宗夔刊本。（2）于敏中重刊陳本。（3）雍正己巳汪啟淑刊本。

〔通考經籍考卷二十八〕"此書刊本，元無卷數，止是逐略分爲一二耳。中興四朝藝文志别史類載通志二百卷，其後叙述云，'中興初，鄭樵采歷代史及他書，自三皇迄隋，爲書曰通志：倣遷固爲紀傳，而改表爲譜，志爲略。'則其爲書似是節鈔删正歷代之正史，如高峻之小史，蘇子由之古史，而非此二十略之書也。但二十略序文後言，'於紀傳，即其舊文，從而損益；制誥分疏，實之别録。唐書，五代史，本朝大臣所修，非微臣敢議，故紀傳迄隋。若禮樂刑政，務存因革，故引而至唐云'，則亦略言其作書之意。豈彼二百卷者自爲一書，亦名之曰通志，而於此序附言其意耶？或併二十略共爲一書耶？當俟續考。"

剛案，讀此可見通志略在宋元間已是單行；足本之通志反不若單行之二十略流傳得廣。雖像馬氏這般的歡喜徵文考獻，尚不能見。

〔莆田縣志鄭鈇傳〕"鄭鈇（宋末元初人）……嘗與陳子修校通志略，盡復夾漈詮次之舊。"

剛案，讀此可見通志略有被後人竄亂的地方。不知道現在通行的本子是不是即鄭鈇等校正的本子？

通志六書略（宋志。）

五卷。（同上。）

剛按，此書或當時單行，或書目中別出，所以做宋史藝文志的人把他另列在小學類裏。

修史大例（莆田志。）

十二篇。（同上。）

〔莆田縣志本傳〕"紹興二十七年，以侍講王綸、賀允中薦，應召。明年，上殿，奏言：'臣處山林三十餘年，修書五十種，皆已成；其未成者，臣取歷代之籍始自三皇，終於五季，通爲一書，名曰通志。參用馬遷之體，而異馬遷之法。謹摭其要覽十二篇，名曰修史大例先上之。'"

通志叙論（宋志。）

二卷。（同上。）

剛案，這書當時諒有單行本，像現在的三通序一般，所以宋志也把它別出。

Ⅺ.文集

<u>十説</u>（宋志雜家類。）
　　　　二卷。（同上。）

<u>谿西集</u>（莆志。）
　　　　五十卷。（同上。）

<u>夾漈遺稿</u>
　　　　三卷。
　　　存：（1）四庫全書本。（2）函海本。（3）藝海珠塵本。（4）
　　　　重刊函海本。
　　〔四庫提要卷一五九〕“<u>樵</u>銳於著述，嘗上書自陳，稱所作已
成者凡四十一種，未成者八種；當時頗以博洽著，而未嘗以文章
名。其集自<u>陳振孫</u>書録解題以下亦皆不著録。此本前後無序跋，
不知爲何人所編。上卷古近體詩五十六首；中卷記一篇，論一
篇，書二篇；下卷書三篇。其詩不甚修飾，而蕭散無俗韻。其文
溴漾恣肆，多類<u>唐李觀</u>、<u>孫樵</u>、<u>劉蜕</u>，在<u>宋</u>人爲別調。其獻皇帝
書自譽甚至；<u>上宰相書</u>、<u>上方禮部書</u>益放言高論，排斥古人，<u>秦</u>
<u>漢</u>來著述之家無一書能當其意。至投<u>宇文樞密</u>、<u>江給事</u>二書，置
學問而誇抱負，傲睨萬狀，不可一世，其量殊嫌淺狹。然<u>南</u><u>北宋</u>
間記誦之富，考證之勤，實未有過於<u>樵</u>者，其高自位置亦非盡無
因也。……”
　　　<u>剛</u>案，投<u>宇文樞密</u>、<u>江給事</u>二書實作於<u>鄭樵</u>的早年。那
　　時<u>宋室</u>剛才南渡，正是國家受了非常的恥辱之後，<u>鄭樵</u>的事

功之心又比學問之心高得多，所以他大誇其抱負而求見用，
只爲編遺稿的人把這二書排在末一卷，所以反像他在埋頭著
述之後忽然一反平日的態度而改言事功了。四庫館臣没有考
他們的時代，就説他"置學問而誇抱負"，這是錯的。

〔夾漈遺稿目録〕
第一卷（詩）：

(1)題夾漈草堂。　　　　　(2)題南山草堂。

(3)穀城山松隱巖。　　　　(4)送芹齋。

(5)題溪東草堂。　　　　　(6)湘妃怨。

(7)昭君怨。　　　　　　　(8)輓通判黄子方。

(9)昭君解。　　　　　　　(10)靈龜潭。

(11)北山巖。　　　　　　(12)東山採藥。

(13)過桃花洞，田家留飲。　(14)蘔林閒居二首。

(15)晨雨。　　　　　　　(16)夜雨。

(17)村雨。　　　　　　　(18)潤雨。

(19)滌愫十首。　　　　　(20)家園示弟樞八首。

(21)夏日題王右丞冬山書屋圖。（四庫本作"夏日題蘔林李徵
　　仲家藏王右丞山水障子真蹟。"這依函海本。）

(22)弔采石渡頭將軍。　　(23)採茶行。

(24)秋水歌（效少陵）。　　(25)負耒歌。

(26)插秧歌。　　　　　　(27)餉饁歌。

(28)漫興十首。　　　　　(29)福寧州藍溪寺前蒙井。

第二卷（文）：

(1)重修木蘭陂記。　　　　(2)論秦以詩廢而亡。

(3)獻皇帝書。　　　　　　(4)寄方禮部書。

第三卷（文）：

(1)上宰相書。　　　　　　(2)與景韋兄投宇文樞密書。

（3）與景韋兄投江給事書。

剛案，此必谿西集的摘本。谿西集有五十卷，這書只有三卷，真是不完備極了。鄭樵在獻皇帝書裏説，"如詞章之文，論説之集，雖多，不得而與焉。"他根本看不起文人，所以他對他自己做的文章，大概也不很注重。他極盡心力的保存他的專門著述，但論説詞章就很隨便，所以容易失散了。

又案，函海和藝海珠塵兩種本子，都是把四庫著録的原本做根據的。四庫著録的原本是宋刻呢，還是翻刻呢，它没有説明，我們也無從曉得。四庫全書的一本，是把根據的原本修飾過的，所以和函海珠塵兩本有不相同的地方。函海本有幾處闕文；四庫本則不闕，但看它繕寫的字跡和全文不同，顯見是校官的補綴。

又案，此書雖到四庫全書始行著録，但乾隆朝以前亦不是絶不可見。看朱彝尊引及他的獻皇帝書（經義考中六經奧論條），可知。

XII. 書目

夾漈書目（直齋，通考。）

一卷。（同上。）

〔直齋書録〕"記其生平自著之書。"

〔寄方禮部書〕"餘書或著而未成，或成而未寫。如韻目録一卷。……韻字之書極多，雖二三人亦未易得也。"

剛案，看這條，他的目録是依韻編的。但"韻字之書極多"一語未得其解。或者他的著述的材料是依韻編的，所謂"如韻目録一卷"，乃是著述材料的目録，不是著述的目録。

ⅩⅢ. 附記

（1）存疑

六經奧論

　　　六卷。

　　　存：（1）通志堂本。（2）四庫全書本。（3）藤花榭本。（4）

　　　　　嘉慶甲子蔡熙曾刻本。

〔黎温序文〕"……宋德隆盛，……文運光啟，……應生於濂
洛關閩之群哲。於是諸經皆有傳義之説，如日麗中天，聖道丕
顯，而頓回鄒魯洙泗之風教。粵若夾漈鄭先生……亦出於宋隆平
之世，典教之際，述作是書，而爲六經管轄之論啟其關鍵，闡發
幽祕，俾學者直觀升堂之精蘊，是則有功於聖門誠不鮮矣！

"温自往年游於盱郡，常請益於灣溪子由危先生。講論之暇，
出家藏厥祖訓導邦輔所録是書，啟誨於温。既而舊冬遂請是稿，
敬携入於書林。一旦，訪謁日新劉氏克常，細閱其義，欣然珍
留，擊節歎曰：'滄海誠有遺珠矣！'而请予校正之。……

"明成化九年，孟春月，昭武黎温撰。"

〔六經奧論凡例〕

（1）夾漈先生所著是書，目之爲六經奧論，特發場屋之資，
　　考論深有本原。惜乎舊本相傳，錯雜紕繆。愚故以次定
　　之，庶俾讀者則無惑矣。

（2）六經總論如夫子作六經，秦人禍六經，漢儒傳經之類，
　　凡諸條目，悉列於卷首，俾開卷一覽皆知其大概焉。

(3)六經之論，總在於卷端而不離析，則爲統紀；餘列諸經，分爲卷數：則知次第之不紊矣。

(4)……

(5)易、書、詩三經，舊本條目錯雜甚多，愚敬收歸各卷，以爲一定。

(6)諸經之圖悉依舊本，增入各卷之內，以便觀覽。

(7)易學舉正與先天圖數，舊本錯在於後；今並置之於首卷之中。

(8)書禹貢，職方九州同異之辨，及禹貢職方山川之名，與九州之總圖，舊本亦錯附於末；今悉收歸二卷之內。

(9)詩之論辨錯雜尤多，愚故更考次第，始爲定卷，皆歸一類。……

(10)……

〔六經奧論目録〕

卷首(總論六經)：

(1)夫子作六經。　　　　(2)魯共王獻古文。

(3)河間獻王獻書。　　　(4)劉向校中書。

(5)劉歆校祕書。　　　　(6)六經總論。

(7)漢世傳經之人。　　　(8)朝廷立五經博士。

(9)六經古文辨。　　　　(10)六經字音辨。

(11)諸儒著述訓釋圖。　　(12)六經注疏辨。

(13)詩、書逸篇猶存於春秋之世。　(14)讀詩、易法。

(15)讀詩、書、春秋法。

卷一(易經)：

(1)三易。　　　　　　　(2)宓戲先天之易。

(3)文王後天之易。　　　(4)先天圖。

(5)未成之卦自上畫下圖。　(6)已成之卦自下畫上圖。

(7)宓戲八卦。　　　　　(8)文王八卦。

(9)河圖。　　　　　　　　　(10)洛書。

(11)禹叙九疇圖。　　　　　　(12)河圖洛書辨。

(13)又辨。　　　　　　　　　(14)河圖七八九六之數。

(15)河圖八卦大衍之數。　　　(16)蓍用七八九六之數。

(17)揲蓍法。　　　　　　　　(18)舊約卦法。

(19)今約法。　　　　　　　　(20)内外體。

(21)易經總論。　　　　　　　(22)上下經辨。

(23)卦辭作於文王。　　　　　(24)爻辭作於周公。

(25)十翼出於夫子。　　　　　(26)彖辭。

(27)象辭。　　　　　　　　　(28)文言。

(29)繫辭。　　　　　　　　　(30)説卦。

(31)序卦。　　　　　　　　　(32)无咎，悔，亡。

(33)占筮。　　　　　　　　　(34)易舉正。

(35)易之遺書。

卷二(書經)：

(1)書脱於秦火，又有大不幸之幸。　　(2)今文尚書序。

(3)伏生口授二十八篇。　　　　(4)古文尚書序。

(5)孔壁續出二十五篇。　　　　(6)今文古文尚書辨。

(7)禹貢地理辨。　　　　　　　(8)禹貢職方九州同異辨。

(9)辨禹貢職方山川地名。　　　(10)禹貢洪範相爲用。

(11)禹貢九州之圖。　　　　　(12)洪範禹貢堯典相類。

(13)洪範之數出於洛書。　　　(14)洛書。

(15)九疇數。　　　　　　　　(16)書序。

(17)書疑。　　　　　　　　　(18)武成辨。

(19)君牙伯冏呂刑辨。　　　　(20)秦誓。

(21)讀書當觀其意。

卷三(詩經)：

(1)毛氏傳。　　　　　　　　(2)二南辨。

(3)關雎辨。 　　　　　　　(4)國風辨。

(5)風有正變辨。 　　　　　(6)雅非有正變辨。

(7)豳風辨。 　　　　　　　(8)風雅頌辨。

(9)頌辨。 　　　　　　　　(10)商魯頌辨。

(11)逸詩辨。

(12)諸儒逸詩辨。("諸儒",恐是"論語"之誤。)

(13)亡詩六篇。 　　　　　　(14)樂章圖。

(15)刪詩辨。 　　　　　　　(16)詩序辨。

(17)詩箋辨。 　　　　　　　(18)讀詩法。

(19)詩有美刺。 　　　　　　(20)毛鄭之失。

(21)詩亡然後春秋作。 　　　(22)秦以詩廢而亡。

(23)解經不可牽強。

卷四(春秋經):

(1)春秋總辨。 　　　　　　(2)"始隱"辨。

(3)終"獲麟"。 　　　　　　(4)正朔總論。

(5)六經正朔圖。 　　　　　(6)春秋用夏正辨。

(7)六經皆用夏正辨。 　　　(8)周易用夏正辨。

(9)周禮用夏正辨。 　　　　(10)詩用夏正辨。

(11)因舊史以修春秋。 　　　(12)例非春秋之法。

(13)褒貶。 　　　　　　　　(14)春秋之文詳略。

(15)看春秋須立三節。 　　　(16)三傳。

(17)公穀二傳。 　　　　　　(18)穀梁傳。

(19)左氏非邱明辨。

(20)左氏善言詩書易。

卷五(禮經記,樂書):

(1)三禮總辨。 　　　　　　(2)三禮同異辨。

(3)儀禮辨。 　　　　　　　(4)樂書。

(5)樂書傳授。 　　　　　　(6)禮以情爲本。

(7)禮文損益辨。　　　　　(8)禮記總辨。

(9)禮記傳授。　　　　　　(10)月令。

(11)王制。　　　　　　　　(12)中庸。

卷六(周禮經)：

(1)周禮辨。　　　　　　　(2)周禮傳授。

(3)天文總辨。　　　　　　(4)中星辨。

(5)中星圖。　　　　　　　(6)漢古郡圖。

(7)分野辨。　　　　　　　(8)山河兩戒圖。

(9)雲漢圖。　　　　　　　(10)三辰圖。

(11)五服九服辨。　　　　　(12)六服朝禮。

(13)封國圖。　　　　　　　(14)周禮圖。

(15)孟子、王制圖。　　　　(16)王制開方合周禮數。

(17)王制開方法。　　　　　(18)封國辨。

(19)貢助徹法。　　　　　　(20)田稅辨。

(21)溝洫辨。　　　　　　　(22)讀法辨。

(23)牛耕耦耕辨。

〔經義考卷二四五〕"按世傳六經奧論六卷，成化中盱江危邦輔藏本，黎溫序而行之，云是鄭漁仲所著；荆川唐氏輯稗編從之。今觀其書，議論與通志略不合。漁仲嘗上書曰，'十年爲經旨之學，以其所得者作書序，作書辨譌，作詩傳，作詩辨妄，作春秋考，作諸經序，作刊謬正俗跋。五六年爲天文、地理、蟲魚、草木之學，以其所得者作春秋列國圖，作爾雅注，作詩名物志……'，而奧論曾未之及。則非漁仲所著審矣。"

〔四庫提要卷三三〕"舊本題宋鄭樵撰。……崑山徐氏刻九經解，仍題樵名。今檢書中論詩皆主毛、鄭，已與所著詩辨妄相反。又天文辨一條，引及樵説，稱'夾漈先生'，足證不出樵手。又論詩一條，引'晦庵'説。考宋史樵本傳，卒於紹興三十二年；朱子詩傳之成在淳熙四年，而晦庵之號則始於淳熙二年，皆與樵不相及。論書一條，並引朱子語録，且稱朱子之諡，則爲宋末人所作具有明驗。不知顧湄校九經解時何未一檢也？第相傳既久，所論亦頗有可採，故仍録存之，綴諸宋人之末，而樵之名則從删焉。"

〔鮚埼亭集外編卷三四，跋六經奧論〕"竹垞先輩跋六經奧論，據漁仲所上書只有書考、書辨譌，……而無奧論；且謂其書議論頗與通志略不合。然其於是書之妄則有未盡者。蓋漁仲卒於高宗末年，其於乾淳諸老，則前輩也，而書中稱薛常州者四，則孝宗以後人之書矣。稱朱文公者一，則寧宗以後人之書矣。又引晁公武易解，皆漁仲後輩也。而最發露者，其天文總辨中論鬼料竅一條，謂'夾漈先生嘗得是書而讀之'，尚得以爲漁仲所著乎！乃笑明中葉人傳是書爲漁仲而行之者，蓋終未嘗讀是書也。予又觀其論易，謂先天諸圖康節得之希夷將啟手足之際，則作是書者其於人之系代源流本不知也。其引福州道藏所刻郭京周易舉正，則意其亦閩人。而要其中議論固有發前人所未逮者，如論秦誓之類是也。惜其撰人之不傳耳。"

剛案，這部書經過全祖望與四庫提要的考論，自爲宋末人所做無疑。但我的意思終不敢説定它和鄭樵全没關係。第一，這書的治學方法頗與鄭樵相一致。鄭樵歡喜做圖譜，這書裏有中星圖、分野圖、封國圖、山河兩戒圖等。鄭樵歡喜講校讐，這書裏有魯共王、河間獻王的獻書，向歆父子的校書，漢世傳經的人名，今古文尚書的序録……等條。鄭樵歡喜做分析的功夫，這書裏如六經正朔圖，六經字音辨，三傳各有得失……等條，都是能用很好的分析方法的。第二，這書的議論頗和鄭樵類似。鄭樵説"詩之本在聲"，它的國風辨也説"歌則各從其國之聲"。鄭樵不信序，它的詩序辨與雅非有正變辨也疑詩序。鄭樵説取興無義，它的讀詩易法也説取興不可以理義求。鄭樵説春秋不主在褒貶，它的褒貶條也説春秋只是實錄其事。鄭樵要拆去三傳的蔽障，所以辨三傳異同之文，指出它們的訛誤；它的三傳，公穀二傳，穀梁傳等條考它們的異同，辨它們的是非，也很清楚。鄭樵的經説傳下來的雖不多，但即在他的僅存的經説上看來，符合的地方已是很多了。固然有許多是不合於他的學説的，如詩箋辨中説鄭玄不出臆見，但在奧論的本身上已就發生了衝突——如毛鄭之失中即指出他的曲解。第三，這書有極好的議論。如左氏非邱明辨説做左傳的左氏是六國時人，不是論語上的左邱明。終獲麟説春秋終於獲麟是偶然的事，並没有什麼大意義；後人説孔子有意把這事做絶筆，乃是推尋聖人太過。因舊史以修春秋説孔子決不會把私意增損舊史；後人説他專天子之事，也是求之過高。例非春秋之法説春秋的記事只是詳本國而略外國，並没有所謂例；若是真有例的，何以忽褒忽貶，全無一定。三禮同異辨説三禮各各不同，後人只是糅異作同，硬把儒者的意見與先王的禮制打亂了。禮文損益辨説商周的興，所以要損益禮文，有三個緣故：一是看諸侯的從違，二是盛本朝的文物，三是張大先王的制度。凡是這一類的解釋，都是要打倒聖人的權威和儒者的習慣；這種精神很和鄭樵相像。若是不出於鄭樵而出於別人，這人何以全無名氣，又何以定要假託了鄭樵？

我對於這書的假定，是：

這書原來是鄭樵的諸經序，傳到後來，給人竄亂了：加上許多別人的説話，改成了六經奧論的名目；自宋至明，經過好幾次的重編，成爲今本。

我所以説它原來是鄭樵的諸經序，因爲諸經序的體裁照我們的理想應當和奧論相像。我所以説它經過別人的竄亂，因爲黎溫的凡例上説，"特發塲屋之資"，又説，"惜乎舊本相傳，錯雜紕繆"。他説這話，可見這書原來是考塲裏用的，和近

世的十三經策案之類差不多。這種書是最容易改變面目的，
所以黎溫也覺得它錯雜紕繆。凡是考塲裏用的書，總要門類
繁多，使得一拿到題目就可檢來鈔襲和脱調。鄭樵的諸經
序，固然是爲了論辨經學源流而做的書，但供給做經義文時
的取材，是最便利不過的；正如他的通志叙論原意只要説明
史學的家法，但因爲它的門類多，所以也成了“塲屋之資”，
供給做史論時的取材了。宋史藝文志既把通志叙論提出著
録，説不定諸經序也有單行的刊本。諸經序既經用到考塲裏
去，就免不了要經過書賈和學究的改竄了。這一家書舖裏這
樣改，那一家書鋪裏又那樣改，自然日益失真。同在一書，
終獲麟，三禮同異辨，……何等的警闢，但夫子作六經，六
經總論，……又何等的陳腐！同在一卷，終獲麟説獲麟不過
適逢其會，聖人之意初不在此，看聖人何等的平淡；但論始
隱説周家歷年八百，隱公元年正是後四百年的第一年，孔子
在這年起頭是要記載周史的後一半，這樣聖人又何等的神
詭！若這書，是一個人做出來的，何以態度倏忽變更如此？
依了我上面的假定，就可以説，終獲麟，三禮異同辨，……
是鄭樵諸經序上的文字；夫子作六經，論始隱，……是書賈
加入的文字。他們看這書没有綜括六經推尊孔子的大文章，
所以一定要加上“天不生堯舜，百世無治功；天不生夫子，
萬世如長夜”的腐爛文字。他們看這書只有終獲麟而没有始
隱，所以一定要加一篇始隱辨，發揮他們的“春秋始隱之意
在周不在魯”的謬見。他們全不瞧瞧意思上是不是一貫，只
會要求題目上是不是完全；因爲題目全了，他們的營業就好
了！諸經序的改名爲六經奧論也是同一的理由：諸經序的名
目太平淡了，不能招致顧客；六經奧論是一個好名目，可以
顯出内容的美滿。我一向疑惑，鄭樵是屢屢被人痛駡的，何
以竟有人自己做了書不居名，也不去依附程頤、朱熹等名望

特高的人，偏來影戲他的名兒，豈不是太不會冒名了嗎？現在才明白了！

（2）傳文

夾漈家傳（直齋，通考。）所著書目附。

一卷。（同上。）

〔直齋書録解題〕"莆田鄭翁歸述其父事蹟。樵死時，翁歸年八歲；安貧不競。頃佐莆郡時猶識之。"

致錢玄同：論詩經經歷
及老子與道家書[*]

玄同先生：

　　前旬接到來書，讀悉一切。

　　先生説我的詩説好，使我狠慚愧。我極希望對於詩經用力研究一番，無如找不到這個機會。到上海後，振鐸要我做一篇關於詩經的論文，我就擬定了詩經的厄運與幸運的題目，預備把詩經的經歷詳細一説。

　　所謂厄運，是：

(1)戰國時詩失其樂，大家没有歷史的知識，而强要把詩經亂講到歷史上去，使得詩經的外部蒙着一部不自然的歷史。

(2)删詩之説起，使詩經與孔子發生了關係，成了聖道王化的偶像。

(3)漢人把三百五篇當諫書，看得詩經完全爲美刺而作。

(4)宋人謂淫詩宜删，許多好詩險些兒失傳——此説若在漢代起了，一定發生效力。

所謂幸運，是：

(1)詩篇有了一個結集，不致隨許多逸詩一齊亡了。

---

*　原載古史辨第一册。錢信先載小説月報第十四卷第五號，1923 年 5 月 10 日，題錢玄同與顧頡剛函。

(2)漢人不當牠尋常的詩歌看，所以漢書藝文志中許多歌詩完全亡失，而此巍然僅存。

(3)宋代歐，鄭，朱，王輩肯求牠的真相，不爲傳統的解釋所拘；雖然蒙蔽之處還是很多，倒底漏了一綫曙光。

(4)到現在，可以一點沒有拘束，赤裸裸地把牠的真相表顯出來了。

我起初想，這些意思可以一次説完，不料做了半個月，只説得第一項的厄運。這篇計分五節：

(1)傳説中的詩人與詩本事　把尚書、左傳、國語中所記的詩人與詩本事集了起來，分別牠們的可信不可信；並指出牠們互相牴牾之處，證明詩人與詩本事在漢以前已不能明瞭。何況漢儒作序。

(2)周代人的用詩　説明詩經中一部分詩是貴族爲應用而做的，又一部分詩是平民的歌謠，給樂工採取入樂的。當時的用詩有四種：一是典禮，二是諷諫，三是賦詩，四是言語。典禮與諷諫是牠本身固有的應用，賦詩與言語是引伸出來的應用。凡是引伸出來的應用，只要達出用詩的人的意思，並不希望印合於作詩的人的意思，所以可以隨便亂用。他們雖是亂用，卻不預備在詩上推考古人的歷史，又不希望推考作詩的人的事實，所以不會傷損詩經的真相。（這一義很關重要。從前説詩的人把用詩的人的意思就算做作詩的人意思，所以引起了無數糾紛。他們全不理會"斷章取義"，以爲古人既這麼用就不會錯。野有蔓草與褰裳原來都是情詩，但因給趙孟韓宣子稱贊了，就決不算是情詩了。）

(3)孔子對於詩樂的態度　孔子對於詩上，完全是傳統思想，要勸人去用。在樂上，因爲他遭值的時勢正是新舊絶續之交，他是酷好雅樂的人，所以對於時勢痛下針砭。那時的音樂潮流在論語上可以看出有三個趨向：一是僭越，二是新聲的流行，三是雅樂的敗壞。雅樂到了孔子時決不能維持原來的地位了，所以孔子的正樂與社會上毫無關係。

(4)戰國時的詩樂　戰國時，詩的形式變了，有長篇的"騷"，有不歌而誦的"賦"，有倔詩之類不規則的詩。樂也不同了：春秋時樂調簡單，樂與歌詩合一，戰國時樂調複雜了離得開歌詩了，所以那時器樂重於歌樂，甚至齊宣王有三百人吹竽而不必有歌詩。詩經到這時候，幾乎與社會上斷絕關係了。幾個服膺孔子之道的人拼命鼓吹禮樂，但自己何嘗懂得古樂詩。既然不懂而又要硬去講牠，於是只得在歷史上胡亂揣測了。

(5)孟子說詩　孟子會說"知人論世"，"以意逆志"，但他自己是最不會"論世"和"逆志"的。一部詩經，大部分是東周的詩，他卻說"王者之跡熄而詩亡"。"戎狄是膺，荊舒是懲"，明明是頌僖公的詩，他卻說成周公的事。倘使他自己標明和春秋時人一例的用詩，他愛怎麼說就怎麼說，原也沒有什麼妨礙。現在他已經標明了"論世"和"逆志"，是已有了歷史的態度了。有了歷史的態度還是這般亂講，流毒所至，遂開漢人信口開河與割裂時代的先聲，這是決不可對他輕易諒恕的。

這些意思，請先生批評。我自恨空有求學之志而無求學之力，胸中的問題愈聚愈多，總沒有法子找到閒暇去解決牠們。這一篇文字自謂解決了幾個問題，但匆忙的集材恐怕是免不了錯誤的。

　　先生囑我爲國學季刊作文，我也久有這個意思。我想做的文是層累地造成的中國古史（下見本冊中編與錢玄同先生論古史書）。此後，我想做的是孔子與六經的關係及老子與道家。

　　我以爲孔子只與詩經有關係，但也只勸人學詩，并沒有自己删詩。至於易、書、禮、春秋，可以説是與他没有關係；即使有關係，也在"用"上不在"作"上，例如看報不即爲主筆，聽戲不即爲伶人。

老子決當如梁任公先生説，是戰國末年的書。於梁舉的證據外，我又得兩個證據：

其一，戰國後期，因爲游學之風極盛，誦習簡編，要求簡鍊易記，所以大家作"經"：墨家有墨經，荀子上引有道經，韓非子上有内外儲説之經。老子之文與此同類，當爲好言道妙之士所作之經。若戰國前期，則尚不會有此類著作。

其二，老子痛恨聖智，與莊子胠篋，韓非子五蠹、顯學雖歸宿不同，而出發點則一。實在因爲到戰國後期，社會上所受的游士的損害重極了，不由得不做一致的呼聲。這種思想在春秋末年及戰國初期也是不會有的。

至於"道家"二字，我好久疑惑，覺得這個名詞起於漢代，非戰國所有。戰國時結群成派的只有儒墨二家，此外則人自爲説，雖收徒弟，没有很大的勢力（如許行等）；或者原没有一定的主義，做什麽事就説什麽話（如蘇秦，張儀等）。漢代所謂"道家"，都是要把自己的心意越出於現實世界之外的；這種人貴於優游自得，決不能聚徒成黨，與儒墨分席。所以我做這一篇，要證明的，是老子非孔子之師，道家非戰國所立（老子也決不在莊子之前）。

以上所説的許多意思，拉雜極了，統請先生與適之先生諸位指正。

　　　　　　　　　　　顧剛敬上。十二，二，二十五。

附

錢玄同：論詩説及羣經辨僞書

頡剛先生：

別來將及一年了。

近閲小説月報第十四卷第一號，得讀鄭振鐸先生底讀毛詩序，極佩。"最後一頁"中預告將有先生底詩經的厄運與幸運一文，更盼早日快讀也。不是我瞎恭維先生，我認爲先生對於詩經的研究最爲精闢；雖專篇未見，然即兩年來所見先生"東鱗西爪"之詩説，覺得無一不好。我極望先生將此書好好地整理它一番。救詩於漢宋腐儒之手，剝下它喬裝的聖賢面具，歸還它原來的文學真相，是狠重要的工作。

但我別有一種希望，先生底詩説，除登入小説月報中的以外，可否分些給北大底國學季刊？小説月報是文學的雜誌，當然應該登載；但是我們又狠希望北大底國學季刊中多些"離經畔道""非聖無法"之材料，免得它漸漸地"遺老化"。這一層，我狠希望先生幫忙——不僅是關於詩經的。

棲霞牟庭（原名廷相，字陌人，號默人，與郝懿行同時）著有詩切一書，未刊行。他底兒子牟房刻雪泥屋遺書目録，把詩切序與詩篇義（牟庭所撰的小序）載在裏邊。這書目我近來買到了，打算把詩切序與詩篇義標點印行。（我還有一部牟庭底周公年表，説東山是周公"悼亡"之詩，這一段可以鈔出，附記於東山底詩篇義之後。）我去年看李慈銘底越縵堂日記，才知道有牟氏此書。越縵堂日記第十五册桃花聖解盦日記丁集第三十八至四十頁提及牟氏著作，大罵了一頓：一則曰，"默人之學，盡棄古説，專任肊斷，持論不根"；再則曰，"嚮壁虛造，無所取資，恃其精心，敢於立異"；三則曰，"夜郎自大，恣意肆言，卒爲學究之偭荒，經儒之梟賊"。他專罵詩切的話，則曰，"痛攻毛詩，悉反小序，甚至改定篇名，蓋近病狂之言"；又舉牟氏新説三十餘條，目爲"風狂囈語，名教罪人"。李慈銘本是一個見解極陋的經生，他尤其甘心做鄭玄府上底丫頭；我看他用這樣的話痛罵牟氏，逆揣牟氏書中必多精義。果然，詩切序與詩篇義中極多新穎的議論，不讓姚際恒底詩經通論，方玉潤底詩經原始與龔橙底詩本誼，而且比姚、方與龔三人還要大膽。但不知詩切之稿尚在人間否，適之已託人在山東尋訪了。

（近見華國月刊第二"期"第四册但燾底法學卮言中有這樣幾句話："丁君惟汾以棲霞牟庭所著同文尚書示章太炎先生；其書卷帙繁重，難於刊行"。我想同文尚書稿本既然存在，則詩切稿本或者也還存在，我見到丁鼎丞——惟汾——先生時，自當詳細問他。現在把這話記在這兒，希望讀者先生們可以留心采訪。一九二五年九月二十二日，玄同。）

清乾隆時，湘潭羅典（字慎齋）有説詩之作，中多怪話，如東門之枌中"視爾如荍"，他把"荍"字解作男子生殖器。這話見於民國元年中國學報之江叔海底筆記中。我曾問過楊遇夫黎劭西兩先生，據説羅氏此書有刻本但不容易買到。

一年以來，我蓄志要蒐集關於"群經"之辨僞文字。我以爲推倒"群經"比疑辨"諸子"尤爲重要。因"諸子"是向來被人目爲"異端"的，故"管子、列子是僞書"，"莊子底外篇和雜篇非莊周所作"……這類話，除清朝這班好讀僞書的經師外，皆不以爲是説不得的。若"群經"則不然。閻百詩惠定宇諸人費盡九牛二虎之力，才推倒了"古文尚書"；然康有爲之新學僞經考，至今痛詆之者還是很多：因爲推倒"群經"，他們總認爲"宜正兩觀之誅"也。然正惟其如此，咱們所肩"離經畔道"之責任乃愈重。我以爲不把"六經"與"孔丘"分家，則"孔教"總不容易打倒的；（其實還是孔丘被誣之沉冤未雪呢！一部論語，確是古代底大學者底言論。乃無端將幾部無條理，無系統，真僞雜糅，亂七八糟的什麼"經"也者硬算是孔二先生底著作，還造了許多妖魔鬼怪之談，什麼"三統"唎，什麼"四始"唎，……強説是他老先生説過這樣不通可笑的話，他真被冤誣了!)不把"經"中有許多僞史這個意思説明，則周代——及其以前——底歷史永遠是講不好的。我覺得宋以來有四個大學者，本來都是可以有大成就的，因爲被"經"罩住了以致大蒙其害。四人者，朱熹、顏元、章學誠、崔述是也。去年鈔得一部葉適底習學記言，其中常有"疑古"之論，疑得有理的很不少，於是更引起我幹此工作之興趣。現在打算隨見隨鈔，俟略略有些眉目，便擬著手編纂也。此志願實自先生前年冬天來書論堯、舜、夷、齊事蹟之僞造引起，我甚感謝先生。

　　　　　　　　　　弟玄同。一九二三，二，九。

附

錢玄同與顧頡剛函按 *

　　前兩月玄同先生寄給我的信。我的覆信一部分分登在努力的讀書雜志(五月六號)上。玄同先生這封信中名言甚多，振鐸要求登在小説月報上，所以就發表出來。至於姚際恒方玉潤兩家的詩注，固然有重印的價值，但出後能不能供給社會的需要還不能預定，所以本館爲鄭重起見，尚不能即行重印。好在大家的讀書興趣一天一天的提高，這種有價值的書自然會從許多人的要求中把牠重印出來，這是可以預祝的。

　　　　　　　　　　十二，五，十一，顧頡剛附記。

* 原載小説月報第十四卷第五號，1923 年 5 月 10 日。

詩經在春秋戰國間的地位[*]

詩經這一部書，可以算做中國所有的書籍中最有價值的；裏邊載的詩，有的已經二千餘年了，有的已經三千年了。我們要找春秋時人以至西周時人的作品，只有牠是比較的最完全，而且最可靠。我們要研究文學和史學，都離不掉牠。牠經過了二三千年，本質還沒有損壞，這是何等可喜的事！我們承受了這份遺產，又應該何等的寶貴牠！

詩經是一部文學書，這句話對現在人説，自然是沒有一個人不承認的。我們既知道牠是一部文學書，就應該用文學的眼光去批評牠，用文學書的慣例去注釋牠，才是正辦。不過我們要説"詩經是一部文學書"一句話很容易，而要實做批評和注釋的事卻難之又難。這爲什麼？因爲二千年來的詩學專家鬧得太不成樣子了，牠的真相全給這一輩人弄糊塗了。譬如一座高碑，矗立在野裏，日子久了，蔓草和葛藤盤滿了。在蔓草和葛藤的感覺裏，只知道牠是一件可以附着蔓延的東西，決不知道是一座碑。我們從遠處看見，就知道牠是一座碑；走到近處，看着牠的形式和周圍的遺跡，猜測牠的年代，又知道牠是一座有價值的古碑。我們既知道牠是一座有價值的古碑，自然就要走得更近，去看碑上的文

---

* 原載小説月報第十四卷第三、第五號，1923 年 3 月 10 日、5 月 10 日，題詩經的厄運與幸運；編入古史辨第三册時，因本篇未作完，略加修改，易署此題。

字；不幸蔓草和葛藤滿滿的攀着，擋住了我們的視綫，只在空隙裏看見幾個字，知道上面刻的是些什麽字體罷了。我們若是講金石學的，一定求知的慾望更迫切了，想立刻把這些糾纏不清的藤蘿斬除了去。但這些藤蘿已經經過了很久的歲月，要斬除牠，真是費事的很。等到斬除的工作做完了，這座碑的真面目就透露出來了。

我做這篇文字，很希望自己做一番斬除的工作，把戰國以來對於詩經的亂説都肅清了。不過像我這般力弱，能夠達到我的願望與否實在不敢説定。但無論如何，總可以使得蔓草和葛藤減少一點，因爲摘去幾瓣大的葉，斬斷幾條嫩的枝，雖是力弱的人，只要肯做，也是做得到的。

我做這篇文字的動機，最早是感受漢儒詩學的刺戟，覺得這種的附會委實要不得。後來看到宋儒清儒的詩學，覺得裏邊也有危險。我久想做一篇文字，説明詩經在歷來儒者手裏玩弄，好久蒙着真相，並且屢屢碰到危險的"厄運"，和雖是一重重的經歷險境，到底流傳到現在，有真相大明於世的希望的"幸運"。我關於這個問題，聚的材料已經不少了，但我心中覺得不滿足，自己問道：——

歷來的經學家爲什麽定要把詩經弄壞呢？

他們少數人鬧，爲什麽大家不出來反對，反而滅没了自己的理性去盲從他們呢？

我因爲要解答這一類問題，就想把詩經在牠的發生時代——周代——中的位置考查一下，看出：

没有詩經以前，這些詩是怎麽樣的？

那時人對於牠們的態度是怎麽樣的？

漢代經學家的荒謬思想來源是在何處？

爲什麽會有這種荒謬思想的來源？

因此，我把春秋戰國時關於"詩"與"樂"的記載鈔出了多少條，比較看來，果然得一近理的解釋。這篇的前五章，就是説明這一點意思。

我做這件工作時最感困難的，便是取材的膽怯。因爲除了詩經本身以外，凡要取來證成詩經的差不多沒有一部書籍完全可靠。尚書固是一部古書，但即在完整的今文尚書中，文體的不同也是很顯著的事實。試把周書一部分翻開來看，大誥、康誥等是一組，無逸、金縢等又是一組：上一組詰屈聱牙，不容易懂；下一組便文義明白，一目瞭然。我們若是承認詰屈聱牙是真西周文字，便不得不承認文義明白的是非西周文字，因爲處於同一的時代而有截然差異的兩種文體，是不會有的事（除了後世人的摹古）。我們就是讓步到極頂，也只能説出於後來史官的追記。出於追記，即是得之傳聞，不一定可靠。左傳和國語固是記載春秋時事最詳細的，但做書人的態度既不忠實，並且他確是生在戰國時的，這部書又經過了漢儒的幾番竄亂，可靠的程度也是很低。儀禮是記載周代禮節最詳細的，但禮節這等的繁縟，物品這等的奢華，決不是"先進野人"之風，恐是春秋末年或戰國初期的出品。論語是記載孔子的言行最詳細的，但説及曾子的死，至少出於孔子的再傳弟子所記，也是戰國初期的出品。禮記更後了，大部分是西漢人所作，這是可以把漢人的記載證明的。我們要研究春秋時人對於詩經的態度，卻不得不取材於戰國時乃至漢代的記載，這確實的程度已經打了折扣，何況春秋時人對於詩有種種的應用，而戰國時人只有説話中偶爾引到，別的地方就用不着了，我們能保證他們的記載沒有隔膜與錯誤嗎？所以我作此文，爲説明計，不得不取材於上幾書，而取材時總是使得心中起了怯弱的感覺。

我對於自己的安慰和對於讀者的請求，只有把這些書上記的事實不看作固定的某一事，而看作流動的某一類事的動作狀況。

譬如我們作宋史，決不能把水滸傳裏的故事插了進去；但我們要知道宋代的强盜狀況，便覺得水滸傳中材料甚多。如：徽宗時何以四方盜起？這些强盜是如何結合的？他們的目的怎樣？行爲怎樣？言語怎樣？這種問題，水滸傳中很能解釋。宋江、盧俊義等的本身事實，水滸傳中寫的固是不會確，但像水滸傳中所寫宋江、盧俊義等經歷的背景，必然有在世上。我們要知道的是社會狀況，而小說上寫的正是社會狀況。這些社會狀況，除了小說竟尋不到記載；小說上的記載又描寫得入情入理：我們懷了一個探看背景的願望，對於小說的記載，不取牠的記事而專取牠的背景，似乎不致大謬。我這文中所引的故事，請大家也把這等的眼光去看罷！

我慚愧我的學淺；我大膽發布這篇文字，只是給求真的慾望所逼迫，希望洗刷出詩經的真相。我能不能達到這個希望固不可知，但我總願意向着這方面走。所有錯誤及漏略的地方，請大家指正！

一　傳說中的詩人與詩本事

古人比現在人歡喜唱歌。現在的智識階級發抒情感，做的是詩詞，寫在紙上，只讀不唱；非智識階級發抒情感，唱的是山歌，很少寫在紙上，也沒有人注意。古人不是這樣：智識階級做的是詩，非智識階級做的也是詩；非智識階級作的詩可以唱，智識階級做的詩也可歌唱。所以古人唱在口裏的歌詩，一定比現在人多。那時的音樂又很普及，所唱的歌詩，入樂的自然不少。這三百多篇詩的詩經，就是入樂的詩的一部總集。我們看了這部書，可以知道古代詩歌的一點樣子；但當時的詩歌我們見不到的

依然很多，因為作詩的人是無窮的，做出來的詩篇也是無窮的，
沒有收入詩經的真不知有多少，試看古書所記：——

　　公入而賦：“大隧之中，其樂也融融。”姜出而賦：“大隧
之外，其樂也泄泄。”（左傳隱元年）

　　鄭……伐宋，宋華元……御之；……宋師敗績，囚華
元。……宋人以兵車百乘，文馬百駟，以贖華元於鄭。半
入，華元逃歸。……宋城，華元為植，巡功。城者謳曰：
“睅其目，皤其腹，棄甲而復！於思，於思，棄甲復來！”使
其驂乘謂之曰：“牛則有皮，犀兕尚多；棄甲則那！”役人曰：
“從其有皮，丹漆若何？”華元曰：“去之！夫其口眾，我寡。”
（左傳宣二年）

　　邾人莒人伐鄫。臧紇救鄫，侵邾，敗於狐駘。……國人
誦之曰：“臧之狐裘，敗我於狐駘！我君小子，朱儒是使！
朱儒，朱儒，使敗我於邾。”（左傳襄四年）

　　子產從政一年，輿人誦之曰：“取我衣冠而褚之；取我
田疇而伍之！孰殺子產？吾其與之！”及三年，又誦之曰：
“我有子弟，子產誨之；我有田疇，子產殖之。子產而死，
誰其嗣之！”（左傳襄三十年）

　　晉侯以齊侯宴；中行穆子相。投壺，晉侯先；穆子曰：
“有酒如淮，有肉如坻：寡君中此，為諸侯師！”中之。齊侯
舉矢，曰：“有酒如澠，有肉如陵：寡人中此，與君代興！”
亦中之。（左傳昭十二年）

　　南蒯……將適費，飲鄉人酒。鄉人或歌之曰，“我有圃，
生之杞乎？從我者子乎？去我者鄙乎？倍其鄰者恥乎？已
乎！已乎！非吾黨之士乎？”（左傳昭十二年）

　　惠公入而背外內之賂。輿人誦之曰：“佞之見佞，果喪
其田。詐之見詐，果喪其賂。得之而狃，終逢其咎。喪田不

懲，禍亂其興！"（國語晉語三）

　　楚狂接輿歌而過孔子曰："鳳兮！鳳兮！何德之衰？往者不可諫；來者猶可追。已而！已而！今之從政者殆而！"（論語微子篇）

　　有孺子歌曰："滄浪之水清兮，可以濯我纓。滄浪之水濁兮，可以濯我足。"（孟子離婁篇）

這都是隨口唱歌，並沒有音樂的輔助。這一類的"徒歌"，當時不知有多少首，但現在傳下來的只有千萬分之一了。詩經中一半是這類的歌，給人隨口唱出來的；樂工聽到了，替牠們各各的製了譜，使得變成"樂歌"，可以複奏，才會傳到各處去，成爲風行一時的詩歌。假使當時沒有被樂工采去，不久也就自然的消滅了。

　　要問詩經上許多詩篇做的人是誰，這個問句可是沒法回答。不必説這些詩篇沒有記事的引子，便看主於記事的左傳，也只説"城者"，"國人"，"輿人"，"鄉人"，沒有指定姓名。不必説記載古事的左傳，便看現在最流行的樂歌，四季相思、孟姜女尋夫、小黑驢，真可以説風靡一時了，但試問是那一個人做的，有人能回報出來嗎？不必説沒有書籍記載的歌曲，便看書上記得明白的詩篇，也有同樣的疑惑。古詩十九首，文選上全沒有作者的姓名，玉臺新詠上把九首歸到枚乘名下，到底是不是枚乘所作，我們能斷定嗎？"庭院深深"的一闋蝶戀花，到底是馮延己做的，還是歐陽修做的，我們能弄明白嗎？四時讀書樂是元代翁森做的，但一般人算做朱熹了。這種傳誤，年代還是相近；最可笑的，"黎明即起"的一篇治家格言，是明末朱用純做的，因爲他姓朱，所以大家算做四百年前的朱熹，稱爲朱子家訓。實在一首詩文只要傳誦得普遍了，對於作者和本事的傳説一定失了真相。詩經是一部古代極流行的詩歌，當然逃不了這個公例。所以我們對於詩經的作者和本事，決不能要求知道得清楚，因爲這些事已經沒有法子可以知道清楚了。

詩經裏有在詩中自己説出作者名姓的，如：——

家父作誦，以究王訩。（小雅節南山）
寺人孟子，作爲此詩。（小雅巷伯）
吉甫作誦，其詩孔碩。（大雅崧高）
吉甫作誦，穆如清風。（大雅烝民）

又有雖不説出作者，便把作詩的緣故自己説出來的，如：

維是褊心，是以爲刺。（魏風葛屨）
作此好歌，以極反側。（小雅何人斯）
君子作歌，維以告哀。（小雅四月）
王欲玉女，是用大諫。（大雅民勞）

又有雖沒有把作詩的緣故説出來，但文義明白，看了便可知道的，如：——

蔽芾甘棠，勿翦，勿敗！召伯所憩。（召南甘棠）

這首詩的意思一看就明白：作詩的人一定是很尊敬召伯的，所以召伯曾休息過的甘棠就勸人不要去斫伐傷損。這類的詩很多，不必列舉。

以上三類自然是最靠得住；次之就是古書中的記載。但古書的可靠程度就低了幾等，因爲傳説中的事實是未必一定準的。如：——

武王既喪，管叔及其群弟乃流言於國曰：“公將不利于孺子！”周公乃告二公曰：“我之弗辟，我無以告我先王！”周公居東二年，則罪人斯得。于後，公乃爲詩以貽王，名之曰鴟鴞。（尚書金縢篇）

我們試打開豳風鴟鴞篇來一證，牠的原文是：

鴟鴞！鴟鴞！既取我子，無毀我室：恩斯，勤斯，鬻子之閔斯！

迨天之未陰雨，徹彼桑土，綢繆牖户：今女下民或敢侮予！

予手拮据，予所捋荼，予所蓄租，予口卒瘏，曰予未有室家！

予羽譙譙；予尾翛翛；予室翹翹，風雨所漂搖：予維音嘵嘵！

這是一個人借了禽鳥的悲鳴來發洩自己的傷感。牠的大意是先對鴟鴞説：“鴟鴞，我養育這兒子不容易，你既經把牠取了去，再不要來拆毀我的房子了！”再轉過來對下面站着的人道：“在天好的時候，把房子造堅固了，你們就不能來欺侮我了！”又自己悲傷道：“我爲了這所房子，做得這等勞苦，我的毛羽壞了，我的房子又在風吹雨打之中，危險得很，使我不得不極叫了！”讀了這首詩，很可見得這是做詩的人在憂患之中發出的悲音。説周公在避居時做的，原也很像；但這話應在“管叔流言”時説的，不應在“罪人斯得”後説的，金縢篇所記即使是真，也有時間的錯誤。況且詩上並没有確實説出是周公，金縢篇也不像西周時的文體，我們決不能輕易承認。再看孟子公孫丑篇稱引這詩“迨天之未陰雨”幾句，便連引孔子的話道：“爲此詩者，其知道乎？”孟子引來的

孔子固是靠不住，但至少可説是孟子的意思。孔子孟子都是最喜
歡稱道周公的，爲什麼只説這詩的作者大概是一個“知道”的人，
而不説是周公，好像他們並没有讀過金縢篇的樣子呢？在這種種
疑點之下，我們對於鴟鴞一詩的作者，依然不能指定。

　　左傳上關於詩經的記事也有好幾則。説出作詩的人的，有許
穆夫人作載馳一事：——

　　　　狄人伐衛，……衛師敗績，遂滅衛。……初，惠公之即
　　位也少，齊人使昭伯烝於宣姜，……生齊子、戴公、文公、
　　宋桓夫人、許穆夫人。……及敗，……衛之遺民男女七百有
　　三十人，益之以共滕之民爲五千人，立戴公以廬於曹。許穆
　　夫人賦載馳。（閔二年傳）

我們翻出鄘風載馳篇來看，第一章説的是：

　　　　載馳載驅，歸唁衛侯。驅馬悠悠，言至於漕（即曹）。大
　　夫跋涉，我心則憂。

這一定是衛國有難，所以去唁了。第三章説的是：

　　　　女子善懷，亦各有行。許人尤之，衆穉且狂。

可見去唁衛侯的是女子，而且這女子是和許國有關係的。要不是
左傳看了詩經去造事實，這段記載可以算得可靠。

　　又有幾首詩，左傳上雖没有説出作者但説及牠的本事
的，如：——

　　　　秦伯任好卒，以子車氏之三子——奄息、仲行、鍼

虎——爲殉，皆秦之良也。國人哀之，爲之賦黃鳥。（文六年傳）

這件事在詩上已經寫得明明白白：

> 交交黃鳥，止於棘。誰從穆公？子車奄息（下二章云："子車仲行"，"子車鍼虎"）。維此奄息，百夫之特。臨其穴，惴惴其慄。彼蒼者天，殲我良人！如可贖兮，人百其身！

這當然可無疑的了。又如：——

> 衛莊公娶於齊東宮得臣之妹，曰莊姜，美而無子；衛人所爲賦碩人也。（隱三年傳）

我們翻開衛風碩人篇來看，第一章説的是她的家世：

> 碩人其頎，衣錦褧衣。齊侯之子；衛侯之妻，東宮之妹；邢侯之姨；譚公維私。

第二章説的是她的容貌：

> 手如柔荑；膚如凝脂；領如蝤蠐；齒如瓠犀；螓首；蛾眉。巧笑倩兮；美目盼兮。

這也説得很相符合。要不是做左傳的人依據了詩經去附會，這首詩的來源也可信了。又如：——

> 鄭人惡高克，使帥師次於河上；久而弗召，師潰而歸。

高克奔陳。鄭人爲之賦清人。

這句話就有些相信不過了，因爲詩上説：

清人在彭，駟介旁旁，二矛重英，河上乎翱翔。

寫的只是武士游觀之樂，全没有“弗召”及“師潰”的意思。這句話是真是假，没有證據可以判斷；只能作爲一個懸案。

　　我們審定這種材料所以嚴一點，並不是不願意知道做詩的事實，實在不願意做苟且的信從，把自己來欺騙；更不願意對於古人有輕忽誣蔑的舉動，使得他們原來的樣子由我們弄糊塗了。漢代的經學家因爲要顯出自己的聰明，硬把三百篇的故事製造齊備，結果徒然鬧了許多笑話。實在不但漢代人不能知道，連春秋戰國間人也不能知道。試看國語上説：

襄王十三年，鄭人伐滑。王使游孫伯請滑；鄭人執之。王怒，將以狄伐鄭。富辰諫曰：“不可！……周文公之詩曰：‘兄弟鬩於牆，外禦其侮。’若是，則鬩乃内侮，而雖鬩不敗親也。……”（周語中）

照牠這樣説，常棣一詩是周公做的。再看左傳上：

鄭伯……不聽王命：王怒，將以狄伐鄭。富辰諫曰：“不可！……召穆公思周德之不類，故糾合宗族于成周而作詩曰：‘常棣之華，鄂不韡韡。凡今之人，莫如兄弟。’其四章曰：‘兄弟鬩於牆，外禦其侮。’如是，則兄弟雖有小忿，不廢懿親。……”（僖二十四年傳）

看了這一段，常棣一詩又是召穆公做的了。這首詩到底是周文公做的，還是召穆公做的，還是一個無名的人做的？富辰説的到底是那一人？國語與左傳的記載到底是那一種靠得住？我們對於這些問題都是回答不來的了！

我們對於三百篇的作者和本事，並不希望有一個完滿的回答，因爲没有人可以回答，單是空空的希望也是無益的。至於我們爲了不知道做詩的本事，就此不懂得詩篇的内容，也無足羞慙，因爲這不是我們的過失，只是古人没有把材料給與我們。

二　周代人的用詩

我們要看出詩經的真相，最應研究的就是周代人對於"詩"的態度。詩經裏有許多祝神敬祖的詩，有許多燕樂嘉賓的詩，有許多男女言情的詩，又有許多流離疾苦的詩。這許多詩爲什麼會聚集在一處？這許多詩如何會流傳下來？這許多詩何以周代人很看重牠？要解釋這種問題，就不得不研究那時人所以"用詩"的是怎樣。

要説用詩的方法，先説作詩的緣故。

作詩方面，大别有兩種：一種是平民唱出來的，一種是貴族做出來的。平民唱出來，只要發洩自己的感情，不管牠的用處；貴族做出來，是爲了各方面的應用。國風的大部分，都是采取平民的歌謠。這在詩經本身上很可看出，如：

　　誰謂雀無角！何以穿我屋？誰謂女無家！何以速我獄？雖速我獄，室家不足！（召南行露）

這明明是受了損害之後說出的氣憤話，決不是樂工或士大夫定做出來供應用的。至於：

> 螽斯羽，詵詵兮；宜爾子孫振振兮！（周南螽斯）
>
> 桃之夭夭，灼灼其華；之子於歸，宜其室家。（周南桃夭）

這分明是定做出來的頌辭了。在大小雅裏，采的民謠是少數（如我行其野、谷風等），而爲了應用去做的占多數（如鹿鳴、文王等）。頌裏便沒有民謠了。民謠的作者隨着心中要說的話說去，並不希望他的作品入樂；樂工替牠譜了樂章，原意也只希望貴族聽了，得到一點民衆的味兒，並沒有專門的應用；但貴族聽得長久了，自然也會把牠使用了。凡是定做出來的，都由於應用上的需要而來。如：

> 呦呦鹿鳴，食野之苹。我有嘉賓，鼓瑟吹笙。吹笙鼓簧；承筐是將。人之好我，示我周行！（小雅鹿鳴）

這是很恭敬的對賓客說的一番話，是爲宴賓而做的詩。又如：

> 有客宿宿；有客信信。言授之縶，以縶其馬。（周頌有客）
>
> 皎皎白駒，食我場藿；縶之維之，以永今夕。所謂伊人，於焉嘉客。（小雅白駒）

這是很真摯的留客人多住幾天的話，也是爲宴賓而做的詩。又如：

　　王命申伯："式是南邦；因是謝人，以作爾庸"。王命召伯："錫申伯土田"。王命傅御："遷其私人。"（大雅崧高）

這是周王錫命申伯的話，篇末説明吉甫作了這首詩贈與申伯的，是爲慶賀而做的詩。又如：

　　王命南仲："往城于方"。出車彭彭，旟旐央央。"天子命我，城彼朔方"。赫赫南仲，玁狁于襄！（小雅出車）

這是記南仲的功績，或是爲了慰勞南仲而在他凱旋時做的詩。這種的事一時也説不盡。總之，這些詩都是爲了應用而做的。

　　爲了應用而做的詩，和采來的詩而應用牠的，大概可以分做四種用法：一是典禮，二是諷諫，三是賦詩，四是言語。詩用在典禮與諷諫上，是牠本身固有的應用；用在賦詩與言語上，是引伸出來的應用。引伸出來的應用，全看用詩的人如何，而不在詩的本身如何。

　　典禮的種類很多，所以用詩的方面也很多；最寬廣的分類可以分成兩種：對於神的是祭祀，對於人的是宴會。

　　祭祀的詩，看詩經本身就很明白。如小雅楚茨説祭祀的樣子詳細極了，且有工祝祝頌的説話，我們可以決定牠是一首祭祀時應用的詩。原文如下：

　　楚楚者茨，言抽其棘。自昔何爲，我蓺黍稷。我黍與與；我稷翼翼。我倉既盈，我庾維億。以爲酒食，以饗以祀，以妥以侑，以介景福。

　　濟濟蹌蹌，絜爾牛羊，以往烝嘗：或剥，或亨，或肆，或將。祝祭於祊，祀事孔明。先祖是皇；神保是饗。孝孫有慶：報以介福，萬壽無疆！

執爨踏踏，爲俎孔碩：或燔，或炙，君婦莫莫。爲豆孔庶，爲賓，爲客。獻醻交錯：禮儀卒度，笑語卒獲。神保是格；報以介福，萬壽攸酢！

我孔熯矣，式禮莫愆。工祝致告，徂賚孝孫："苾芬孝祀，神嗜飲食，卜爾百福，如幾，如式！"既齊既稷，既匡既敕，"永錫爾極，時萬時億！"

禮義既備，鐘鼓既戒，孝孫徂位，工祝致告。神具醉止，皇尸載起。鼓鐘送尸，神保聿歸。諸宰君婦，廢徹不遲。諸父兄弟，備言燕私。

樂具入奏，以綏後錄。爾殽既將，莫怨具慶。既醉既飽，小大稽首："神嗜飲食，使君壽考！孔惠孔時，維其盡之。子子孫孫，勿替引之！"

這一首詩把祭祀的原因，祭祀時的狀況，祭祀後賓客的祝頌，原原本本的都寫出了，我們可以假定這詩是依了祭祀手續的時間逐次奏的。但這詩上雖說"鐘鼓既戒"，"樂具入奏"，而奏樂的樣子還沒有敘述完備。把奏樂的樣子敘述完備的，有周頌的有瞽：

有瞽，有瞽，在周之庭：設業，設虡，崇牙樹羽，應，田，縣鼓，鞉，磬，柷圉；既備乃奏，簫管備舉。喤喤厥聲，肅雝和鳴。先祖是聽！……

又如商頌的那亦與上首略同：

猗與，那與，置我鞉鼓；奏鼓簡簡，衎我烈祖。湯孫奏假，綏我思成。鞉鼓淵淵；嘒嘒管聲；既和且平，依我磬聲。於赫湯孫，穆穆厥聲！庸歌有斁；萬舞有奕。……

在這上，可見祭祀用詩，是"樂""歌""舞"三事同時合作的。阮元
有一篇釋頌是很好的解釋：

> "頌"字即"容"字也。故説文"頌，皃也"。……"容""養"
> "羕"一聲之轉；……今世俗傳之樣字……從"頌，容，羕"轉
> 變而來。……所謂商頌，周頌，魯頌者，若曰"商之樣子"，
> "周之樣子"，"魯之樣子"而已。
>
> 何以三頌有樣而風雅無樣也？風雅但弦歌笙間，賓主及
> 歌者皆不必因此而爲舞容；惟三頌各章皆是舞容，故稱爲
> "頌"，若元以後戲曲，歌者舞者與樂器全動作也。風雅則但
> 若南宋人之歌詞彈詞而已，不必鼓舞以應鏗鏘之節也。……

大概頌是樂詩中用得最鄭重的，不是很大的典禮不輕易用；最大
的典禮莫過於祭祀，所以頌幾乎完全用在祭祀上。

用在宴會的各種典禮上的詩也是很多，我們上面舉的鹿鳴、
白駒、有客、崧高都是。儀禮上鄉飲酒禮、燕禮、鄉射禮、大射
儀各篇，都有樂工歌詩的記載。今舉鄉飲酒禮的一節：

> 設席於堂廉，東上。工四人，二瑟；瑟先。相者二人，
> 皆左何瑟，後首，挎越，内弦，右手相。樂正先升，立於西
> 階東。工入，升自西階，北面坐。相者東面坐，遂授瑟；乃
> 降。工歌鹿鳴、四牡、皇皇者華。……
> 笙入，堂下磬南。北面立；樂南陔、白華、華黍。……
> 乃間歌魚麗，笙由庚；歌南有嘉魚，笙崇丘；歌南山有
> 臺，笙由儀。
> 乃合樂：〔周南〕關雎、葛覃、卷耳；〔召南〕鵲巢、采
> 蘩、采蘋。
> 工告於樂正曰："正歌備"；樂正告於賓，乃降。

這一篇寫奏樂的程序清楚極了。

宴會時各種游藝也是用樂詩做節制的。如投壺：——

> 司射進度壺，間以二矢半；反位，設中東面，執八算，興。……命弦者曰："請奏貍首，間若一。"太師曰："諾。"左右告矢具，請拾投。……（禮記投壺）

又如會射：——

> 故射者進退周還必中禮。内志正，外體直，然後持弓矢審固。持弓矢審固，然後可以言中。此可以觀德行矣。其節：天子以騶虞爲節，諸侯以貍首爲節；卿大夫以采蘋爲節；士以采蘩爲節。……是以諸侯君臣盡志於射以習禮樂。……詩曰："曾孫侯氏，四正具舉。大夫，君子，凡以庶士，小人莫處，御於君所：以燕，以射，則燕，則譽。"言君臣相與盡志於射，以習禮樂，則安則譽也。（禮記射義。貍首一詩已亡，有人説"曾孫侯氏"一首即是貍首。）

這種種樂詩的應用，無非使得宴會中增高歡樂的程度，和幫助禮節的進行。現在樂詩雖失傳，宴會中的歌唱侑酒，行禮時的作樂，正和古人的意思是一樣的。

諷諫方面，左傳與國語都屢次説起。如：——

> 自王以下，各有父兄子弟以補察其政：史爲書，瞽爲詩，工誦箴諫，大夫規誨，士傳言，庶人謗。（左傳襄十四年師曠語）
> 故天子聽政，使：公卿至於列士獻詩，瞽獻曲，史獻

書，師箴，瞍賦，矇誦，百工諫，庶人傳語，近臣盡規，親
戚補察，瞽史教誨；耆艾修之，而後王斟酌焉。是以事行而
不悖。(國語周語中，邵公諫厲王語。)

　　吾聞古之王者，政德既成，又聽於民，於是乎使工誦諫
於朝，在列者獻詩，使勿兜；風聽臚言於市，辨祅祥於謠，
考百事於朝，問謗譽於路：有邪而正之，盡戒之術也。先王
疾是驕也！(國語晉語六，范文子戒趙文子語。)

從這幾則看，可見公卿列士的諷諫是特地做了獻上去的；庶人的
批評是給官吏打聽到了告誦上去的。我們看詩經中也有這事的痕
跡，如：──

　　好人提提，宛然左辟，佩其象揥。維是褊心，是以爲
刺！(魏風葛屨)
　　昊天不平；我王不寧。不懲其心，覆怨其正。家父作
誦，以究王訩。式訛爾心，以畜萬邦。(小雅節南山)
　　爲鬼爲蜮，則不可得。有靦面目，視人罔極，作此好
歌，以極反側！(小雅何人斯)

他們作詩的宗旨，爲了要去譏刺好的褊心，要去窮究國王昏亂的
緣故，要去窮究他人的反側之心。固是這種罵人的詩未必直接送
與所罵的人看，但若別人聽到了，轉達與所罵的人，也可以促成
他的反省。所謂"師箴，瞍賦，矇誦"，就是要使瞎子樂工做轉達
的人。再看上面引的城者對華元的謳，輿人對子產的誦，鄉人對
南蒯的歌，也是"庶人謗"的一類。
　　所可怪的，左傳記了二百六十年的事，不曾見過"獻詩，獻
曲，師箴，瞍賦"的記載。只有楚國左史倚相口裏說起一件故事
是這一類的，但是西周的事：

昔穆王欲肆其心，周行天下，將皆必有車轍馬跡焉。祭公謀父作祈招之詩以止王心，王是以獲没於祗宫。……其詩曰：“祈招之愔愔，式昭德音。思我王度：式如玉，式如金，形民之力而無醉飽之心。”（昭十二年傳）

國語上也有一段故事：

昔衛武公年數九十五矣，猶箴儆於國，曰：“自卿以下，至於師長士，茍在朝者，無謂老耄而舍我；必恭恪於朝，朝夕以交戒我；聞一二之言，必誦志而納之以訓導我！”在輿有旅賁之規，位宁有官師之典，倚几有誦訓之諫，居寢有褻御之箴，臨事有瞽史之導，宴居有師工之誦；史不失書，矇不失誦，以訓御之。於是作懿戒以自儆也。（楚語上）

這兩段事即使可靠，也都是春秋以前的事。恐怕這種事在春秋前很多，而在春秋時就很少了。我所以不敢説春秋時絶無的話，因爲看詩經中如：

心之憂矣，如或結之！今兹之政，胡然厲矣！燎之方揚，寧或滅之！赫赫宗周，褒姒威之！（小雅正月）
周宗既滅，靡所止戾。正大夫離居，莫知我勩。三事，大夫，莫肯夙夜。邦君，諸侯，莫肯朝夕。庶曰式臧，覆出爲惡！（小雅雨無正）

這種詩都很長，很有組織，意義完全爲了警戒與規勸，可以斷定是士大夫爲了諷諫而做的。詩中又有“周宗既滅”一類的字樣，當然是東周的士大夫做的。可見東周時這類的風氣還沒有歇絶。但這類的詩都在大小雅中，大小雅是王朝的詩，或者獻詩誦諫的事是王朝所獨有，也未可知。左傳既不注意王朝，自然没有這類的記載，至於列國，本只有"庶人謗"的徒歌，所以左傳國語所記輿人之誦等都是很簡短的；又没有給樂工收入樂府，三百篇中就見不到了。

賦詩是交換情意的一件事。他們在宴會中，各人揀了一首合意的樂詩叫樂工唱，使得自己對於對方的情意在詩裏表出；對方也是這等的回答。這件事左傳上記得最多，那時士大夫也是看得最重。往往因爲一個人不合於這個禮節，就給別人瞧不起；凶一點就鬧起來。如：——

> 宋華定來聘……公享之，爲賦蓼蕭；弗知，又不答賦。昭子曰："必亡！宴語之不懷，寵光之不宣，令德之不知，同福之不受，將何以在！"（昭十二年傳）

這已經罵得够受的了；再看下面一件事：

> 晉侯與諸侯宴於温，使諸大夫舞，曰："歌詩必類，齊高厚之詩不類！"荀偃怒，且曰，"諸侯有異志矣！"使諸大夫盟高厚。高厚逃歸。於是叔孫豹，晉荀偃，宋向戌，衛寧殖，衛公孫蠆，小邾之大夫盟曰："同討不庭！"（襄十六年傳）

這不是因了賦詩的小事鬧出一場大禍嗎！因爲那時看賦詩的關係這等樣重，所以在宴會時選擇人才很是要緊的事。如左傳記晉公子重耳到秦國：

> 他日，公享之。子犯曰："吾不如衰之文也，請使衰

從。"公子賦河水；公賦六月。趙衰曰："重耳拜賜。"公子降
拜稽首；公降一級而辭焉。衰曰："君稱所以佐天子者命重
耳，重耳敢不拜！"(僖二十三年傳)

子犯因爲不及趙衰會説話，所以推薦了趙衰陪了重耳；果然秦穆
公賦了六月，趙衰就叫重耳拜賜了。所以要拜賜的緣故，因爲六
月篇是周宣王命尹吉甫帥師伐玁狁的事，詩上有"王于出征，以
佐天子"的話，秦穆公賦牠，是表示他對於重耳的一番期望，所
以重耳應該拜謝他的厚意。可見宴會賦詩是要主賓互相稱美和祝
頌，使得各人的好意從歌詩裏表顯出來；同時要受的方面知道賦
詩的人的好意，表顯出受詩以後的快樂和謙謝。再看下一事：

　　　晉侯使韓宣子來聘，……公享之。季武子賦緜之卒章。
韓子賦角弓；季武子拜曰："敢拜子之彌縫敝邑，寡君有望
矣！"……既享，宴於季氏，有嘉樹焉，宣子譽(游也)之。武
子曰："宿敢不封殖此樹，以無忘角弓！"遂賦甘棠。宣子曰：
"起不堪也！無以及召公。"(昭二年傳)

這一段寫當時俯仰揖讓的樣子真是活現在眼前。季武子賦緜的末
章，是贊美韓宣子的懂道理和有能力，角弓説"兄弟昏姻，無胥
遠矣"，所以季武子拜謝他聯絡兩國的美意。甘棠拿召公來比韓
宣子，更是即景生情的佳話。賓主到了這步田地，實在是會交
際啊！
　　現在再把左傳裏兩次最有名的賦詩鈔在下面：

　　　鄭伯享趙孟於垂隴，子展，伯有，子西，子産，子大
叔，二子石從。趙孟曰："七子從君，以寵武也：請皆賦以
卒君貺；武亦以觀七子之志。"子展賦草蟲；趙孟曰"善哉，

民之主也！抑武也不足以當之。"伯有賦鶉之賁賁；趙孟曰：
"床笫之言不踰閾，況在野乎！非使臣之所得聞也！"子西賦
黍苗之四章；趙孟曰："寡君在，武何能焉！"子產賦隰桑；
趙孟曰："武請受其卒章"。子大叔賦野有蔓草；趙孟曰：
"吾子之惠也！"印段賦蟋蟀，趙孟曰："善哉，保家之主也！
吾有望矣。"公孫段賦桑扈；趙孟曰："'匪（詩作"彼"）交匪
敖'，福將焉往！若保是言也，欲辭福祿得乎！"卒享，文子
告叔向曰："伯有將爲戮矣！詩以言志：志誣其上而公怨之，
以爲賓榮，其能久乎！"（襄二十七年傳）

這一次的賦詩，草蟲、隰桑都是思慕君子，子展子産借此表示他
們對於趙孟的思慕。黍苗是贊美召伯的功勞，子西借此以表示他
看趙孟是召伯一流人物。蟋蟀説"好樂無荒，良士瞿瞿"，印段的
意思是説趙孟的不荒淫，而趙孟也因爲他賦詩的宗旨在不荒淫，
就稱贊他是"保家之主"。桑扈稱頌君子"受天之祜"，爲"萬邦之
屏"，末句爲"彼交匪敖，萬福來求"，所以趙孟有這幾句的答話。
看這一次的賦詩，他們只是稱頌趙孟；趙孟對於他們的稱頌，有
的是謙而不敢受，有的是回敬幾句好話。單是伯有賦鶉之賁賁是
特異的事。鶉之賁賁一詩主要的話是："人之無良，我以爲兄"，
"人之無良，我以爲君"；内中只有怨憤的意思，全没有和樂的氣
象。所以趙孟説"床笫之言不踰閾"，意謂怨憤是私室的話，不是
在宴會場中可以公布的。

　　在這段故事中，有可以研究的一首詩，就是野有蔓草。這首
詩的原文是：

　　　　野有蔓草，零露漙兮。有美一人，清揚婉兮。邂逅相
　　遇，適我願兮！
　　　　野有蔓草，零露瀼瀼。有美一人，婉如清揚。邂逅相

遇，與子偕臧！

這明明是一首私情詩。"臧"就是"藏"；"適我願"就是"達到目的"。男女二人在野裏碰見，到隱僻的地方藏着，成就他們的好事：這個意思是很顯明的。在規行矩步的道學家看起來，便是真的男女相遇也不應當説出這句話，何況在宴集賓朋的時候敢公然唱出這類淫詩，豈不是太放肆了！有人硬要解釋這個難題，便説："這並非淫詩。試看伯有賦了鶉之賁賁，尚且趙孟要説'床笫之言不踰閾'；若這首真的是淫詩，自然更是'床笫之言'了，爲什麼子太叔不看伯有的榜樣，再去賦這類的詩？爲什麼趙孟嚴於責伯有而寬於責子太叔，反而説'吾子之惠'呢？所以這首詩不是淫詩，就可在此處證明。"我對於這個辨護，可以説他有兩處誤解。第一，"床笫之言"並不是指淫褻，乃是指私室。試看鶉之賁賁的原詩：

　　　　鶉之奔奔（與"賁賁"通）；鵲之彊彊。人之無良，我以爲兄！
　　　　鵲之彊彊；鶉之奔奔。人之無良，我以爲君！

"奔奔"和"彊彊"只是鶉和鵲的動作的形容詞，顛倒押着"爲兄""爲君"的韻，並沒有意義可講。看下兩句，至多只有埋怨長上和不甘受長上的束縛的兩個意思，和男女之欲真是沒有纖毫關係。趙孟説牠"床笫之言"，當然不是指淫欲，所以下面他又説："伯有將爲戮矣，……志誣其上而公怨之，以爲賓榮。""公"是指的"賓"一方面，"床笫"是處的"公"的反面；"上"就是"君"和"兄"，"怨上"既是床笫之言，就不應公然對賓客説，這個意思十分明白。若説這一首詩是淫詩，請問對於"志誣其上而公怨之"一句話要怎樣的解釋呢？第二，"斷章取義"是賦詩的慣例，賦詩的人的心意不即是作詩的人的心意。所以作詩的人儘管作的是言情詩，但賦詩的人儘可用牠做宴賓詩。左傳上有解釋斷章取義的兩段文字：

慶舍之士謂盧蒲癸曰："男女辨姓；子不辟（避）宗，何也"？曰："宗不余辟，余獨焉辟之！賦詩斷章，余取所求焉；惡識宗！"（襄二十八年傳。盧蒲癸娶慶舍之女，兩家同是姜姓，所以有人這樣問。盧蒲癸是慶舍的寵臣，慶舍正執齊國的政，所以有"余取所求"的答。）

鄭駟顓殺鄭析而用其竹刑。君子謂子然"於是不忠。苟有可以加於國家者，棄其邪可也。靜女之三章，取'彤管'焉。竿旄'何以告之'，取其忠也。故用其道不棄其人。"（定九年傳）

盧蒲癸的意思是說：賦詩只須取自己要的東西，不必還出牠的娘家。君子批評駟顓的話是說：靜女的詩義並不好，只是靜女詩中的"彤管"是一個好名目，就可取了。竿旄的詩也並不忠，只是竿旄詩中有"何以告之"一句，很有"忠告善道"的意思，就可算忠了。"惡識宗"，就是不管作者的本義；"棄其邪"，就是棄掉不可用的而取牠可用的。所以那時的賦詩很可稱做象徵主義。做詩的人明明是寫實，給他們一賦就是象徵了。

有人說：野有蔓草若是私情詩，如何會收到樂章裏去，供給宴會的應用呢？其實無論什麼時候的樂章都脫離不了言情之作；何況春秋時並沒有經過漢宋儒者的陶冶，淫風的盛翻開左傳就可以看見，如何情詩入不得樂章！既入了樂章，大家聽得慣了，自然熟視若無睹，可以移作別種意思的象徵了。我常說：那時人賦詩，樂工"一唱三歎"的歌着，用不到自己去唱，正像現在人的點戲。現在人喚優伶到家裏做戲，祝壽演蟠桃會，娶婦演閨房樂，上任演滿床笏，這是實指其事，和宴會中賦草蟲隰桑相類的。至於偏在象徵方面的，也看了事情而定。記得民國二年，二次革命起後，袁世凱差馮國璋和張勛打下南京，懷仁堂上唱戲慶賀，因爲那時江蘇都督一個位置給馮給張很費斟酌，所以點了一齣取帥印，又點了一齣雙搖會。雙搖會明明是一齣妻妾爭夕的淫戲，如何可以在總統府裏演唱？也無非做得長久了，大家忘其爲淫戲，只覺得可以做別種意思的象徵了！

再看鄭六卿爲韓宣子賦詩的一段事：

鄭六卿餞宣子於郊，宣子曰："二三君子請皆賦，起亦以知鄭志。"子齹賦野有蔓草；宣子曰："孺子善哉！吾有望矣。"子產賦鄭之羔裘；宣子曰："起不堪也！"子太叔賦褰裳；宣子曰："起在此，敢勤子至於他人乎！"子太叔拜；宣子曰："善哉，子之言是，不有是事，其能終乎！"子游賦風雨；子旗賦有女同車；子柳賦蘀兮。宣子喜曰："鄭其庶乎！二三君子以君命貺起，賦不出鄭志，皆昵燕好也。二三君子，數世之主也，可以無懼矣！"宣子皆獻馬焉，而賦我將。子產拜，使五卿皆拜，曰："吾子靖亂，敢不拜德！"（昭十六年傳）

這一次，因爲韓宣子要"知鄭志"，所以鄭六卿賦的都是鄭詩。鄭國的詩是情詩最多，所以這一次賦的詩也是情詩特多；如子太叔賦的褰裳，就是情思很蕩的：

子惠思我，褰裳涉溱。子不我思，豈無他人？狂童之狂也且！
子惠思我，褰裳涉洧。子不我思，豈無他士？狂童之狂也且！

這正是蕩婦罵惡少的口吻，説："你不要我，難道就沒有別人嗎?"淫浪的態度真活畫出來了！子太叔斷章取義，用在這裏，比喻他願意從晉，只恐晉國的拒絕；所以韓宣子就説："我在這裏，怎會使得你去尋別人呢!"子太叔拜謝他，他又説："沒有這樣的警戒，那能有始有終呢!"可見斷章取義的用處，可以不嫌得字句的淫褻，不顧得作詩人的本義。

賦詩的應用，除了合歡以外，又有用在請求上的。如襄二十六年傳，記晉平公把衛獻公囚了起來，齊景公鄭簡公到晉國去替他説情：

> 齊侯鄭伯爲衛侯故如晉，晉侯兼享之。……國景子相齊侯；……子展相鄭伯。……晉侯言衛侯之罪，使叔向告二君。國子賦轡之柔矣；子展賦將仲子兮。晉侯乃許歸衛侯。

轡之柔矣的詩逸去了；將仲子兮在鄭風裏，原文如下：

> 將仲子兮，無踰我園，無折我樹檀！豈敢愛之，畏人之多言。仲可懷也；人之多言亦可畏也！

這首詩的大意只是"人言可畏"。子展要晉侯放出衛侯，所以賦了這首詩去諷他，説："別人要疑心你爲臣執君(衛獻公復國，孫林父愬於晉)了！你不怕他們的多説話嗎?"晉侯悟得他的意思，所以也就答應了。

賦詩既可用在請求方面，自然也可反轉來用在允許方面。如：

> 申包胥如秦乞師，曰："吳爲封豕長蛇，以薦食上國；虐始於楚。寡君失守社稷，越在草莽，使下臣告急。……"

秦伯使辭焉，曰：“寡人聞命矣；子姑就館，將圖而告”。對曰：“寡君越在草莽，未獲所伏，下臣何敢即安”！立，依於庭牆而哭，日夜不絶聲，勺飲不入口，七日。秦哀公爲之賦無衣；九頓首而坐。秦師乃出。（定四年傳）

無衣的詩是：

　　豈曰無衣！與子同袍。王于興師，修我戈矛；與子同仇！

秦哀公賦這詩，就是表明他已經完全允許了他的請求了。

　　賦詩要表出賓主的好意是通例，也有用來當笑罵的。但我雖是説出這句話，心中卻很疑惑，不敢決定牠的有無。如：

　　齊慶封來聘，其車美。孟孫謂叔孫曰：“豹聞之，服美不稱，必以惡終。美車何爲！”叔孫與慶封食，不敬；爲賦相鼠，亦不知也。（襄二十七年傳）

試看相鼠篇中説的是什麼話？

　　相鼠有皮，人而無儀！人而無儀，不死何爲！

這實在罵得太不成樣子了。説他聽了不知，我想没有這樣的糊塗人罷？（這一則與上面伯有賦鶉之賁賁的一事，我很疑心是左傳的作者裝點出來的。左傳的作者最歡喜把結果的成敗做論人的根據；他看見伯有與慶封都不得善終的，就替他們編造了不好的故事，也説不定。）

　　從這許多賦詩的故事看來，可以歸納出一條通例，是：

自己要對人説的話借了賦詩説出來。所賦的詩，只要達出賦詩的人的志，不希望合於作詩的人的志，所以説"賦詩言志"。

以上幾種用詩，都是把詩唱的，還有一種用詩，是雜在言語中説的。因爲這些詩唱得多了，盡人能穀曉得，所以引來説話格外覺得簡明有力。又那時許多國家相處很近，交涉的事極繁，所以很講究説話。如下一節：

> 叔向曰："辭之不可以已也如是夫！子產有辭，諸侯賴之；若之何其釋辭也！詩曰：'辭之輯矣，民之協矣；辭之懌矣，民之莫矣'，其知之矣！"（襄三十一年傳）

看了可見要使自己説的話有效力，總要使得別人心折我這一番話。在現在時候，要使別人心折我的話，便可把學理去支配事實，説某一件事是合於學理的，某一件事是不合於學理的。那時人没有學問觀念所以只消用社會上傳誦的話去支配事實，説某一件事是合於老話的，某一件事是不合於老話的。社會上傳誦的話有兩種：（一）諺語，（二）詩。諺語總帶一點訓誡的口氣；詩卻不止於訓誡，還有自達情意的，有講一件事情的，有稱贊人家的。凡是要説一句話，可以在詩上找到同意義的句子的，就可將詩句囫圇的搬出來。詩的應用方面既廣，所以比較諺語説得更多。他們引詩，也不在於了解詩人的原義，只要説在口裏順，或者可以做得自己的話的證據。

言語中用詩句來發揮自己的情感的，如：

> 趙穿攻靈公於桃園；宣子未出山而復。太史書曰："趙盾弑其君"，以示於朝。宣子曰："不然！"對曰："子爲正卿，

亡不越境，反不討賊，非子而誰！"宣子曰："烏呼，'我之懷
矣，自貽伊慼'，其我之謂矣！"（宣二年傳）

用詩句批評一件事情的，如：

衛獻公自夷儀使與甯喜言；甯喜許之。太叔文子聞之
曰："烏乎，詩所謂'我躬不說，皇恤我後'者，甯子可謂不
恤其後矣！……詩曰'夙夜匪懈，以事一人'，今甯子視君不
如弈棋，其何以免乎！……"（襄二十五年傳）

又如：

鄭大夫盟於伯有氏。裨諶曰："是盟也，其與幾何！詩
曰：'君子屢盟，亂是用長。'今是長亂之道也；禍未歇也！"
（襄二十九年傳）

用詩雜在說話裏最有效力的地方，是做辯論的根據。如：

晉師從齊師，入自丘輿，擊馬陘。齊侯使賓媚人賂以紀
甗，玉磬，與地。……晉人不可，曰："必以蕭同叔子爲質，
而使齊之封內盡東其畝"。對曰："蕭同叔子，寡君之母也；
若以匹敵，則亦晉君之母也。吾子布大命於諸侯，而曰必質
其母以爲信，其若王命何！且是以不孝令也。詩曰：'孝子
不匱，永錫爾類'，若以不孝令於諸侯，其無乃非德類也乎？
先王疆理天下，物土之宜而布其利，故詩曰：'我疆我理，
南東其畝。'今吾子疆理諸侯，而曰盡東其畝而已，唯吾子戎
車是利，無顧土宜，其無乃非先王之命也乎！……今吾子求
合諸侯以逞無疆之欲，詩曰：'布政優優，百祿是遒'，子實

不優而棄百禄，諸侯何害焉！……”晉人許之。（成二年傳）

這種話用在外交席上，可以摧折對方的氣焰，自是很妙的辭令。但終究覺得危險，因爲詩上本只是隨便一句話，並没有天經地義在内，若對方用了辭義相反的一句詩來反駁時，就很爲難了。

上一段的引詩是順着詩義説的，又有急不暇擇，把詩句割裂了應用的。如：

晉郤至如楚聘，且涖盟。楚子享之，子反相；爲地室而縣焉。郤至將登，金奏作於下，驚而走出。子反曰：“日云莫矣，寡君須矣，吾子其入也！”賓曰：“君不忘先君之好，施及下臣，貺之以大禮，重之以備樂，如天之福，兩君相見，何以代此。下臣不敢！”子反曰：“如天之福，兩君相見，無亦唯是一矢以相加遺，焉用樂！寡君須矣，吾子其入也”！賓曰：“若讓之以一矢，禍之大者，其何福之爲！世之治也，諸侯間於天子之事，則相朝也，於是乎有享宴之禮，——享以訓共儉，宴以示慈惠；共儉以行禮，而慈惠以布政，——政以禮成，民是以息，百官承事，朝而不夕，此公侯之所以扞城其民也。故詩曰：‘赳赳武夫，公侯干城。’及其亂也，諸侯貪冒，侵欲不忌，爭尋常以盡其民，略其武夫以爲己腹心，股肱，爪牙。故詩曰：‘赳赳武夫，公侯腹心。’天下有道，則公侯能爲民干城而制其腹心；亂則反之。今吾子之言，亂之道也，不可以爲法！”（成十二年傳）

這一番話説得何等凌厲，楚國的君臣就給他折服了！但試把兔罝原詩看來：

肅肅兔罝，椓之丁丁。赳赳武夫，公侯干城！

　　　肅肅兔罝，施于中逵。赳赳武夫，公侯好仇！
　　　肅肅兔罝，施于中林。赳赳武夫，公侯腹心！

這三章詩，原只有贊美武夫爲公侯出力的一個意思；因爲奏樂上的需要，把牠重複了兩遍。武夫做公侯的干城，和做公侯的腹心，全沒有什麼差別。郤至爲了辯駁子反的"兩君相見，無亦唯是一矢以相加遺"一句話，要得到"今吾子之言，亂之道也"一個結論，不惜把牠打成兩截：以"公侯干城"屬治也，"公侯腹心"屬亂世。但若是有人問他："第二章的'公侯好仇'如何處置呢？"恐怕他自己也答不出來了！

　　以上說的，都是說話中特意引詩，又有不是特意引詩，只是隨便說來，和"成語"一例用的。如：

　　　晉荀偃士匄請伐偪陽，……圍之，弗克。……偪陽人啟門；諸侯之士門焉。縣門發，鄹人紇抉之以出門者。……孟獻子曰："詩所謂'有力如虎'者也！"（襄十年傳）

孟獻子不過要稱贊叔梁紇的力大，恰巧詩句中的"有力如虎"可以引用，所以就隨便說了出來。

　　最奇怪的用詩，是把詩句當"歇後語"或"猜謎"一樣看待。如：

　　　諸侯伐秦，及涇莫濟，晉叔向見叔孫穆子曰："諸侯謂秦不恭而討之，及涇而止，於秦何益！"穆子曰："豹之業及鮑有苦葉矣，不知其他！"叔向退，召舟虞與司馬曰："夫苦匏不材，於人共濟而已。魯叔孫賦匏有苦葉，必將涉矣。具舟除隧，不共有法。"是行也，魯人以莒人先濟，諸侯從之。（國語魯語下）

爲什麼叔向一聽到叔孫穆子這句話就知道他要渡涇？原來匏有苦葉的原文是：

匏有苦葉；濟有深涉。深則厲；淺則揭。

説的是深有深的渡法，淺有淺的渡法。叔孫穆子舉了這首詩名，又説"不知其他"，分明説他渡涇的主意早就打定了。又如：

侯犯以郈叛。……叔孫謂郈工師駟赤曰："郈非唯叔孫氏之憂，社稷之患也；將若之何?"對曰："臣之業在揚水卒章之四言矣!"叔孫稽首。（定十年傳）

唐風揚之水的卒章是：

揚之水，白石粼粼。我聞有命，不敢以告人!

駟赤心中本來想逐去侯犯，所以叔孫問他，他就舉了這個章名來回答，大意是説："我是有計策的；但應當秘密做去，不敢告人"。叔孫聽了，也暗暗的明白，所以對他稽首。

我前面説他們用詩和用諺沒有分別，現在比較一看，更可明白。那時言語中常用的詩句，該括起來也不過一百句。用得最多的是：

贊美：——淑人君子，其儀不忒。
　　　　布政優優，百禄是遒。
　　　　樂只君子，邦家之基。
罵詈：——人而無禮，胡不遄死!
　　　　人之無良，我以爲君!

　　　　　誰生厲階，至今爲梗！
悲歎：——我之懷矣，自詒伊慼！
　　　　　人之云亡，邦國殄瘁！
　　　　　我躬不閱，皇恤我後！
勸誡及陳述：——禮義不愆，何恤於人言！
　　　　　　　兄弟鬩於牆，外禦其侮。
　　　　　　　民之多辟，無自立辟。
　　　　　　　無念爾祖，聿脩厥德。
　　　　　　　他人有心，予忖度之。

左傳中引的周代諺語不及詩多，但也可看到一點模樣：

　　　山有木，工則度之；賓有禮，主則擇之。（隱十一年傳）
　　　匹夫無罪，懷璧其罪。（桓七年傳）
　　　心苟無瑕，何恤乎無家！（閔元年傳）
　　　輔車相依；脣亡齒寒。（僖五年傳）
　　　心則不競，何憚於病！（僖七年傳）
　　　非宅是卜，唯鄰是卜。（昭三年傳）

在此可見諺與詩的形式是很相似的；用諺與用詩是沒有分別的。惟諺語大概偏於勸誡及陳述一方面，而在贊美，罵詈，悲歎三方面不得不捨諺用詩。

　　詩句用得長久了，後來就真變成諺語了。如：

　　范蠡進諫曰：“……天節不遠，五年復反。……先人有言曰：‘伐柯者其則不遠。’今君王不斷，其忘會稽之事乎？”（國語越語下）

這一句先人之言，就是豳風中"伐柯伐柯，其則不遠"的詩句；因爲用得久了，就變成"伐柯者其則不遠"的諺了。

　　春秋時，這三百多篇詩的流傳是很廣的，試看上面引的賦詩便可明白。季武子與韓宣子賦詩一節，武子先賦的是大雅，宣子答的是小雅，武子又答的是召南。又如七子賦詩一節，子展賦的是召南，伯有賦的是鄘風，子西子産公孫段賦的是小雅，子太叔賦的是鄭風，印段賦的是唐風。一時的賦詩，樂聲就各各不同。更看當時人常説在口頭的幾個詩句，也是各處的詩都有。可見樂聲雖是分了多少國，而引用牠的原没有劃分國界，這三百多篇詩真是行遍中原的了。這單是就地域方面看；若在階級方面看，當初做詩時雖分階級，而後來用詩的便無階級。如：

　　　　穆叔如晉，……晉侯享之。金奏肆夏之三，不拜。工歌文王之三，又不拜。歌鹿鳴之三，三拜。韓獻子使行人子員問之曰："……吾子舍其大而重拜其細，敢問何禮也？"對曰："三夏，天子所以享元侯也，使臣弗敢與聞。文王，兩君相見之樂也，臣不敢及。鹿鳴，君所以嘉寡君也，敢不拜嘉！四牡，君所以勞使臣也，敢不重拜！皇皇者華，——君教使臣曰：'必諮於周。'臣聞之：訪問於善爲咨，咨親爲詢，咨禮爲度，咨事爲諏，咨難爲謀，——臣獲五善，敢不重拜！"（襄四年傳）

這只是宴享一個諸侯的大夫，而天子的樂詩已經搬了出來，可見：(1)階級制度的破壞；(2)各種階級的樂詩，一個階級——諸侯——都能完備。一國都有了各國的樂詩，一階級都有了各階級的樂詩，所以這三百多篇詩更爲一般人——至少是貴族的全體——所熟習，覺得真是人生的日用品了。

　　在此，我又覺得傳説中的"太史采詩"一事是可疑的。第一：

這三百多篇詩是春秋時人唱得爛熟的，也是聽得爛熟的，有許多是西周時傳下來的，有許多是春秋時加進去的，傳了六七百年，僅僅有這三百多篇熟在口頭，記在本上，若真有采詩之官，這個官未免太不管事了。第二：左傳上記的各種徒歌全没有采入詩經，這都是合着"觀風"一個宗旨，可以入樂的，但竟没有入樂，可見當時入樂的詩真是少之又少，完全碰着機會，並不是有人操甄録的權柄。所以我們可以説：這三百多篇詩的集成一部經書，固是出於漢人（或戰國人），但詩經的一個雛形已經在春秋時大略固定。采詩之官即使有，也是"使公卿至於列士獻詩，瞽獻曲"的一類，不必定爲一個專職，而且在春秋時也見不到這些痕跡了。

我們看了上面的許多叙述，可以作一個結論：

詩經是爲了種種的應用而産生的，有的是向民間采來的，有的是定做出來的。牠是一部入樂的詩集；大家對於這些入樂的詩都是唱在口頭，聽在耳裏，記得熟了，所以有隨意使用牠的能力。他們對於詩的態度，只是一個爲自己享用的態度；要怎麽用就怎麽用。但他們無論如何把詩篇亂用，卻不豫備在詩上推考古人的歷史，又不希望推考作詩的人的事實。正如現在一般人看演戲，只爲了酬賓，酬神，和自己的行樂，並不想依據了戲中的事去論古代，也不想推考編戲的人是誰。所以雖是亂用，卻没有傷損詩經的真相。

三　孔子對於詩樂的態度

孔子是和詩經有大關係的人，一般人都説詩經是經他删過的。删詩問題放在下面再説；單説他所處的時勢，真是樂詩的存亡之交，他以前樂詩何等的盛行，他以後就一步步的衰下去了。

（左傳自定公四年秦哀公爲申包胥賦無衣後，就不曾載過賦詩的事。）再看他的生性，對於樂詩是何等的深嗜篤好。論語上記的：

子在齊聞韶，三月不知肉味，曰：“不圖爲樂之至於斯也！”（述而）
子與人歌而善，必使反之而後和之。（同）
“興於詩，立於禮，成於樂”。（泰伯）

他這等的歡喜樂詩，恰恰當着了樂詩衰頹的時勢，使他永遠在社會的逆流之中，勉力作一個“中流砥柱”，他的地位的重要也可見了。現在先説他對於詩的見解，再説他遭着的樂的潮流。

孔子最歡喜説詩，又歡喜勸人學詩。論語上説：

子所雅（常）言：詩，書，執禮，皆雅言也。（述而）
陳亢問於伯魚曰：“子亦有異聞乎？”對曰：“未也。嘗獨立，鯉趨而過庭，曰：‘學詩乎？’對曰：‘未也。’‘不學詩，無以言。’……”（季氏）
子謂伯魚曰：“女爲周南，召南矣乎！人而不爲周南、召南，其猶正牆面而立也與！”（陽貨）
子曰：“小子何莫學夫詩！詩，可以興，可以觀，可以群，可以怨，邇之事父，遠之事君；多識於鳥獸草木之名”。（同）

他説的“不學詩，無以言”，即是用詩到言語中，他説的興，觀，群，怨，以至事父事君，即是要用詩去實施典禮，諷諫，賦詩等方面的社會倫理。惟“多識於鳥獸草木之名”一個意思，左傳等書上沒有説起。漢書藝文志説：“登高能賦，可以爲大夫”，恐古代也有這個應用。這些都是春秋時詩學的傳統觀念。所以他又説：

　　"誦詩三百，授之以政，不達，使於四方，不能專對，雖多，亦奚以爲!"(子路)

可見他對於詩的觀念離不掉當時的實用；只是所説興觀群怨有些涵養性情的見解，似比當時人稍高超些。

　　他較爲特殊的用詩，是説詩的象徵。如：

　　子貢曰："貧而無諂，富而無驕，何如?"子曰："可也；未若貧而樂，富而好禮者也。"子貢曰："詩云：'如切，如磋，如琢，如磨'，其斯之謂與?"子曰："賜也始可與言詩已矣，告諸往而知來者!"(學而)

　　子夏問曰："'巧笑倩兮，美目盼兮，素以爲絢兮'，何謂也?"子曰："繪事後素。"曰："禮後乎?"子曰："起予者商也，始可與言詩已矣!"(八佾)

"切磋琢磨"是形容君子風度的美，不即是"貧而樂，富而好禮"。"素以爲絢兮"是説本質與裝飾的好，也不即是"禮後"。子貢子夏不過會用類推的方法，用詩句做近似的推測，孔子已不勝其稱贊，似乎他最歡喜這樣用詩。這樣的用詩，替牠立一個題目，是"觸類旁通"。春秋時人的賦詩已經會得觸類旁通了；在言語裏觸類旁通的，別地方似乎沒有見過，或者是他開端。經他一提倡之後，後來的儒家就很會這樣用了。如中庸説：

　　詩云："潛雖伏矣，亦孔之昭。"故君子內省不疚，無惡於志。君子之所不可及者，其唯人之所不見乎!

中庸的作者是引這句詩去講慎獨的功夫的。我們看這詩的原文：

　　　　魚在於沼，亦匪克樂：潛雖伏矣，亦孔之炤。憂心慘
慘，念國之爲虐！（小雅正月）

這是一片愁苦之音，意思是説：像魚的隱伏在水底，也會給敵人
看清楚，没法逃遁，甚言國家苛政的受不了。中庸的作者把牠節
取去了，這句詩也就變作"莫見乎隱，莫顯乎微"的意義，成爲有
哲學意味的詞句了。這樣的用詩到言語中，雖是比春秋時人深了
一層，走的依然是春秋時人的原路。
　　總之，孔子對於詩，也只是一個自己享用的態度。他看詩的
作用，對於自己是修養品性，對於社會是會得周旋上下，推論
事物。
　　那時的音樂界可就大改變了！在論語上，可以看出孔子時音
樂界有三個趨向，孔子對牠們各有反動。
　　第一個趨向是僭越。僭越是春秋時很普通的事情，如晉侯享
穆叔便用了天子享元侯的樂，似乎由來已久，不值得注意。但論
語中有孔子極生氣的話：——

　　　　孔子謂"季氏八佾舞於庭，是可忍也，孰不可忍也！"（八
佾篇）
　　　　三家者以雍徹。子曰："'相維辟公，天子穆穆'，奚取
於三家之堂！"（同）

看孔子説話的態度真是氣憤極了。或者諸侯僭用天子的禮樂是由
來已久，而陪臣僭用天子的禮樂還是在孔子時剛才發端，亦未可
知。他對於這個趨向的反動是主張正名，主張從先進，主張禮
寧儉。
　　第二個趨向是新聲的流行。三百篇的樂譜如何，我們固是無
從曉得，但只句子的短，篇幅的少，可以猜想牠的樂譜一定是極

簡單，極質直的，奏樂的時候又一定是很遲緩的。大概總是四拍子，每一個字合一個或數個音符；即使有唱有和，恐怕只是重複，不是繁複。唐開元時，因爲要行鄉飲酒禮，所以替已經亡了樂譜的鹿鳴四牡……十二首詩重新製了樂譜。現在把鹿鳴首章鈔在下面：

<pre>
呦清黃呦南鹿蕤鳴姑　　食南野姑之太苹黃
我蕤有林嘉應賓南　　　鼓林瑟南吹清黃笙林
吹蕤笙林鼓南簧姑　　　承應筐清黃是姑將南
人林之南好黃我姑　　　示林我南周清太行清黃
</pre>
（朱熹儀禮經傳通解卷十四引。）

這雖不知真合於古樂與否，但想來差不甚遠，因爲照詩經的句法必不會有複雜的音調，這是可以推知的。到春秋末葉，音樂界上起了一種新聲。這種的新聲究竟如何雖不可知，然變簡單爲複雜，變質真爲細緻，是從批評牠的說話裏可以推見的。國語上說：

> 晉平公說新聲，師曠曰：“公室其將卑乎！君之明兆於衰矣！夫樂，以開山川之風，以耀德於廣遠也。風德以廣之；風山川以遠之；風物以聽之；脩詩以詠之，脩禮以節之。夫德廣遠而有時節，是以遠服而邇不遷。”（晉語八）

師曠說舊樂“脩詩以詠之，脩禮以節之”，可見新聲是不合於詩，不合於禮，可以專當音樂聽，不做別的應用的。又說舊樂“有時節”，當謂舊樂依於禮，有節制，不能伸縮，可見新樂因爲不依於禮，沒有節制，聲調可以伸縮隨意，不立一定的規矩的。正如現在的音樂，老六板是很平正的，變成花六板就輕巧靡曼得多了。老六板的工尺是有一定的；花六板的工尺就沒有一定，只要不走板，便可隨着奏樂的人的能力，能加進多少就加進多少。奏老六板時，覺得調子太簡單了，非有歌詞跟着唱不好聽；花六板固然也可以做歌譜，但因爲牠本身好聽，就容易使人專聽樂而不唱了。

孔子與晉平公同時。晉語裏的"新聲"是否即論語裏的"鄭聲"，或鄭聲還是另外一種樂調，這種問題現在雖未能解決，總之，新聲與鄭聲都不是爲了歌奏三百篇而作的音樂，是可以斷言的。孔子對於鄭聲最爲深惡痛絕。論語上説：

> 顏淵問爲邦，子曰："行夏之時；乘殷之輅；服周之冕；樂則韶舞。放鄭聲；遠佞人：鄭聲淫；佞人殆。"（衛靈公）
> 子曰："惡紫之奪朱也！惡鄭聲之亂雅樂也！惡利口之覆邦家者！"（陽貨）

孔子始終把鄭聲與"佞人利口"並舉，可見這種聲調複雜了，細緻了，使得人家歡喜聽，如佞人利口的引得人家留戀一樣。孔子説牠亂雅樂，或者那時人把鄭聲與雅樂一起奏，如今戲園裏崑曲、京調、秦腔雜然間作；或者那時人把三百篇的歌詞改合鄭聲的樂調，如今把崑戲翻做京戲：這種情形可惜現在也無從知道了。但我們可以説，新聲的起是音樂界的進步；因爲雅樂是不能獨立的，只做得歌舞的幫助，而新聲就可脱離了歌舞而獨立了。孔子一面説出應該提倡的音樂：

> 顏淵問爲邦，子曰："……樂則韶舞"。（衛靈公）
> 子謂"韶，盡美矣，又盡善也"。（八佾）
> "師摯之始，關雎之亂，洋洋乎盈耳哉！"（泰伯）
> "關雎：樂而不淫，哀而不傷。"（八佾）

一面説出應該禁絶的音樂——鄭聲。他的宗旨很明白，便是：雅樂中正和平，可以到“樂而不淫，哀而不傷”的程度，所以應該提倡；鄭聲富於刺戟性，使人聽了神魂顛倒，像被佞人纏住一般，一定要到“樂而淫，哀而傷”的程度，所以應該禁絶。這是他的中庸主義的實施！

第三個趨向是雅樂的敗壞。僭越既成了風氣，小貴族各各要充做大貴族，原有的樂工一定不敷應用，不得不拉雜充數。拉雜充數得多了，自然要失掉原有的本相了。正如從前人家出喪，凡是功名大一點的，可到督撫衙門裏去請轅門執事——軍事的儀仗——做誥命亭的先驅，所以六沖，八標，鑾駕等各種東西都是衙門裏公役拿的。自從光復以來，大出喪成爲普遍的風俗，不是功名人也要充做功名人，轅門執事勢所必有，但督撫衙門卻早已不存在，所以有專管喪儀的“六局”出來包辦，誰家要用就立刻可用。轅門執事固是行用得廣了，但治軍的威儀從此變成了鋪張人家喪事場面的東西，它的原意義已失掉了。加以一般人的心理都歡喜錦上添花，再要使得儀仗熱鬧一點，勢必出於裝點，於是轅門執事的人打扮得像做戲一般，牠的真面目又失掉了。春秋末年的僭越情形，現在固不得而知，但因了要熱鬧而失掉真相，自是可以有的結果。何況鄭聲流行，大家爲牠顛倒，雅樂給牠弄亂，明見於孔子的説話，當時雅樂的敗壞自在情理之内。孔子對於這個趨勢的反動是“正樂”。論語上説：

“吾自衛反魯，然後樂正，雅頌各得其所”。（子罕）

孔子秉着好古的宗旨，又有樂律的智識，所以能把雅樂在鄭聲擾亂之中重新整理一番，回復了牠的真相。但可惜古樂到底喜歡的人太少，所以孔子和弟子隨便説的詩義還有得流傳下來，而用了全副精神所正的樂調到戰國時已經不聽見有人説起了。

微子篇又有一段記載魯國樂官四散的事：

> 太師摯適齊；亞飯干適楚；三飯繚適蔡；四飯缺適秦；
> 鼓方叔入於河；播鼗武入於漢；少師陽，擊磬襄入於海。

這一段話覺得很不可靠，因爲一個班子分散開來，各人到一國或一處大水裏去，是不會有的事。況且當時新聲的流行決不會獨盛於魯，而齊楚河漢人的一點沒有受到影響，可以容得師摯一班人去行道的道理。若説齊楚河漢等地方新聲的盛也和魯國差不多，這一班人又何必去。想記者的意思，也不過要形容出雅樂敗壞的樣子；或是聽得有樂官離散的事，從而加以裝點，亦未可知。要之，雅樂到了孔子時，決不能維持牠的原來的地位了！

四　戰國時的詩樂

孔子對於鄭聲，已有"淫"的批評了；到戰國時，又有比鄭聲更淫的樂調起來。禮記樂記篇説：

> 鄭衛之音，亂世之音也。……桑間濮上之音，亡國之音也。……

如何喚做"亂世之音"，"亡國之音"呢？樂記又説：

> 亂世之音怨以怒；……亡國之音哀以思。

可見鄭衛之音是"怨以怒"的，桑間濮上之音是"哀以思"的。照我們的猜想："怨以怒"當是悲怨中帶着粗厲；用現在的聲調來比，覺得鄭衛之音似乎是秦腔一流。"哀以思"當是很沈下，很靡曼，要表出纏綿悱惻的意思而不免於卑俗；用現在的聲調來比，覺得桑間濮上之音是申曲淮調一流。對於這個假定，有韓非子一則可證：

> 衛靈公將之晉，至濮水之上，稅車而放馬，設舍以宿。夜分而聞鼓新聲者而說之。使人問左右，盡報弗聞。乃召師涓而告之曰："有鼓新聲者，使人問左右，盡報弗聞，其狀似鬼神；子爲聽而寫之!"師涓曰："諾"，因靜坐撫琴而寫之。……
>
> 遂去之晉。晉平公觴之於施夷之臺。酒酣，靈公起，公曰："有新聲，願請以示。"平公曰："善。"乃召師涓，令坐師曠之旁，援琴鼓之。未終師曠撫止之，曰："此亡國之聲，不可遂也!"平公曰："此道奚出?"師曠曰："此師延之所作，與紂爲靡靡之樂也。及武王伐紂，師延東走，至於濮水而自投，故聞此聲者必於濮水之上。先聞此聲者其國必削，不可遂。……"（十過篇）

這一段固是神話，固是戰國時人依附了"晉平公說新聲，師曠諫"的故事而造出來的，但很可判定濮上之音實是一種"靡靡之樂"。因爲這種音樂太靡靡了，弄得聽的人流連忘返，喪了志氣，所以罵牠是"亡國之音"。樂記上形容得好：

> 世亂則禮慝而樂淫，是故其聲哀而不莊，樂而不安，慢易以犯節，流湎以忘本，廣則容姦，狹則思欲，感條暢之氣，滅平和之德。是以君子賤之也。

這種的音樂風靡了一時，中正和平的雅樂如何再會得存在！

再看戰國時的樂器，也和春秋時大不同了。除了琴、瑟、鐘、鼓之外，春秋時的主要樂器，是鼗、磬、柷、敔，木石的樂器是很多的；戰國時的主要樂器，是竽、箏、筑、缶，偏於絲竹的方面了。春秋時樂的主要的用，是做歌詩的輔佐，戰國時音樂就脫離了歌詩而獨立了。試看戰國時聲樂的故事：

趙王……與秦王會澠池。秦王飲酒酣，曰：“寡人竊聞趙王好音，請奏瑟。”趙王鼓瑟。……藺相如前曰：“趙王竊聞秦王善爲秦聲，請奏盆瓴，……以相娛樂。”……秦王不肯擊瓴，相如曰：“五步之內，相如請以頸血濺大王矣！”……於是秦王不懌，爲一擊瓴。（史記八十一，廉頗藺相如列傳。）

高漸離擊筑，荆軻和而歌，爲變徵之聲；士皆垂淚涕泣。又前而爲歌曰：“風蕭蕭兮易水寒，壯士一去兮不復還！”復爲羽聲慷慨；士皆瞋目，髮盡上指冠。（史記八十六，刺客列傳。國策燕策卷三同，惟“羽聲慷慨”作“慷慨羽聲”。）

“夫擊甕，叩缶，彈箏，搏髀而歌呼嗚嗚，快耳目者，真秦之聲也。鄭、衛、桑間、昭、虞、武、象者，異國之樂也。今棄擊甕叩缶而就鄭衛，退彈箏而取昭虞，若是者何也？快意當前適觀而已矣！”（史記第八十七卷，李斯列傳，諫逐客書。）

“臨淄甚富而實，其民無不吹竽，鼓瑟，擊筑，彈琴。”（國策齊策上，蘇秦説齊宣王語。）

“臣聞趙，天下善爲音。”（國策中山策司馬憙見趙王語。）

“齊宣王使人吹竽，必三百人。（韓非子內儲説上。）

從這幾則看，戰國的音樂重在“器樂”而不重在“歌樂”很是明白。

若依春秋時的習慣，趙王與秦王在澠池宴會，彼此一定是賦詩了；但他們只有奏樂。我們讀完一部戰國策，看不到有一次的賦詩，可見此種老法子已經完全廢止。至於司馬熹説趙國"天下善爲音"而不説"天下善爲歌"，齊宣王聚了三百人專吹竽而不再使人唱歌，也可見戰國時對於器樂的注重。器樂爲什麽會比歌樂注重？也無非單是音樂已經極可聽了，不必再有歌詞了。

戰國時也有詩，但這時的詩和春秋時的詩不同：有可以合樂的，有不必合樂的；文體也變了。試看戰國策所引：

> 范雎曰："……臣聞善爲國者內固其威而外重其權。穰侯使者操王之重，決裂諸侯，剖符於天下，征敵伐國，莫敢不聽；戰勝攻取則利歸於陶，國弊御於諸侯；戰敗則怨結於百姓而禍歸社稷。詩曰：'木實繁者披其枝，披其枝者傷其心。大其都者危其國；尊其臣者卑其主。'……臣今見王獨立於廟朝矣！"（秦策三）

> 王立周紹爲傅，曰："……寡人以子之知慮，爲辨足以道人，危足以持難，忠可以寫意，信可以遠期。詩云：'服難以勇，治亂以知，事之計也。立傅以行，教少以學，義之經也。'循計之事，失而累，訪議之行，窮而不憂：故寡人欲子之胡服以傅王乎？"（趙策二）

我們看這兩處引的詩，覺得與詩經文體相差很遠：第一首是整整的七言，不必説是詩經裏沒有的。第二首雖是四言，然而完全像説話，並不像詩。但一看楚詞，七言的詩就來了：

> 若有人兮山之阿，被薜荔兮帶女蘿：既含睇兮又宜笑；子慕予兮善窈窕。乘赤豹兮從文貍；辛夷車兮結桂旗！被石蘭兮帶杜衡；折芳馨兮遺所思。（山鬼）

又一看荀子的椸詩，像説話般的詩也來了：

> 道德純備，讒口將將；仁人絀約，敖暴擅强。……昭昭
> 乎其知之明也，鬱鬱乎其遇時之不祥也！拂乎其欲禮義之大
> 行也，闇乎天下之晦盲也！皓天不復，憂無疆也。千秋必
> 反，古之常也。弟子勉學，天不忘也。聖人共手，時幾將
> 也。（賦篇）

楚詞是合樂的，尤其是九歌招魂等一類巫覡的歌詩；荀子的詩似
乎是只讀不唱了。這一類只讀不唱的詩，可以説和“賦”没有
分别。

從這許多的例，可見戰國時三百篇的樂詩既不通行，（不能
説絕跡，因爲漢初竇公制氏還會奏雅樂，或者宗廟中還有得用；
不過決没有人睬牠，民衆也没有聽到的機會。）詩體也很自由，和
春秋時大不同了。春秋時人一舉一動都可與詩經發生關係，戰國
時人便可與詩經斷絕關係了。

戰國時一般人與詩經斷絕了關係，把春秋時的音樂喚做“古
樂”，丢在一旁，不願聽了。惟有儒家因爲秉承孔子的遺訓，仍
舊是鼓吹風雅。樂記上説：

> 魏文侯問於子夏曰：“吾端冕而聽古樂則唯恐臥；聽鄭
> 衛之音則不知倦。敢問古樂之如彼，何也？新樂之如此，何
> 也？”子夏對曰：“今夫古樂：進旅退旅；和正以廣；弦匏笙
> 簧，會守拊鼓；始奏以文，復亂以武；治亂以相；訊疾以
> 雅。君子於是語，於是道古；修身及家，平均天下。此古樂
> 之發也。今夫新樂：進俯退俯；姦聲以濫，溺而不止；及優
> 侏儒獶雜子女，不知父子。樂終不可以語，不可以道古。此
> 新樂之發也。……”

孟子上也説：

　　　莊暴見孟子曰：“暴見於王（齊宣王），王語暴以好樂，
暴未有以對也。”曰：“好樂何如?”孟子曰：“王之好樂甚，則
齊國其庶幾乎?”他日，見於王曰：“王嘗語莊子以好樂，有
諸?”王變乎色，曰：“寡人非能好先王之樂也，直好世俗之
樂耳!”（梁惠王下篇）

這兩個國君遥遥正相對，魏文侯很老實的説自己不願意聽古樂，
但想不出這緣故，去問子夏。齊宣王看孟子問他好樂，恐怕他又
來做古樂的説客了，所以先把自己的嗜好去罩住他一番話。齊宣
王是最歡喜聽三百人的吹竽的，所以他厭惡古樂的程度更高了。
其實這並不是兩個國君没出息，只是社會全部的心理的表現。老
實説：到了那時，尋常人固然不歡喜古樂，即儒家亦何曾懂得古
樂？即看上面引的樂記，可知古樂是依於禮的；新樂是只管娛
樂，和禮全没有關係的。依於禮，所以聽了樂會有“修身及家，
平均天下”的觀念；只管娛樂，所以浸在裏頭，非至“獶雜子女，
不知父子”不止。（這並不是説古樂比新樂好，不過説古樂是爲禮
節而音樂，新樂是爲音樂而音樂。）這是古樂與新樂兩條截然不同
的路，是合不攏的。孟子一心要行王道，所以聽得齊宣王好樂，
就不管他好的是什麼樂，立刻説“齊國其庶幾乎?”等到宣王對他
説了所好的是世俗之樂，不是先王之樂，他又説“今之樂由（猶）
古之樂也”。他讀了古人的書，只以爲好樂可以王，而不去看看
世俗之樂的結果到底可以王不可以王，可見他對於古樂與新樂的
真相是没有明瞭的。再看全部孟子裏，除了講詩義，没有一回講
到詩的音樂的。恐怕孟子看詩經已和現在人看元曲差不多了。
　　儒家雖讀先王之詩，但不懂得“先王之樂”，在領會方面已經
差一點了；雖是不懂得先王之樂，但一定要去講先王之詩，説出

的話又不免隔膜了。所以戰國時一班儒家講詩，不得不偏在基本意義一方面，又揣測到歷史一方面。詩的基本意義和歷史是春秋時人所不講的；到這時，因爲脱離了實用，漸漸的講起來了。孟子拿牠講古代的王道；高子拿牠分別作者的君子小人（見孟子告子下）。一部詩經，除了考古證今以外，沒有別的應用。他們雖極佩服孔子，然而孔子的恨鄭聲，正雅頌，他們不但做不到，也沒有這個印象了。

五　孟子説詩

孟子是孔子以後最大的儒者，他又最歡喜講詩，後人受他的影響不小，所以有提出詳論的必要。

孟子是主張王道的人，他説詩的宗旨，就是把詩句牽引到王道上去。詩經本不是聖人之作，經他一説，就處處和聖人發生了關係了。如：

孟子見梁惠王，王立於沼上，顧鴻雁麋鹿曰："賢者亦樂此乎?"孟子對曰："賢者而後樂此，不賢者雖有此不樂也。詩云：'經始靈臺，經之營之；庶民攻之，不日成之。經始勿亟，庶民子來。王在靈囿，麀鹿攸伏；麀鹿濯濯，白鳥鶴鶴。王在靈沼，於牣魚躍。'文王以民力爲臺，爲沼，而民歡樂之，謂其臺曰靈臺，謂其沼曰靈沼，樂其有麋鹿魚鼈。古之人與民偕樂，故能樂也。"（梁惠王上篇）

王（齊宣王）曰："……寡人有疾，寡人好勇。"對曰："王請無好小勇！……詩云：'王赫斯怒，爰整其旅，以遏徂莒，以篤周祜，以對於天下'，此文王之勇也。文王一怒而安天

下之民。今王亦一怒而安天下之民，民惟恐王之不好勇也！……"（梁惠王下篇）

王曰："寡人有疾，寡人好貨。"對曰："昔者公劉好貨。詩云：'乃積乃倉，乃裹餱糧，於橐於囊，思戢用光，弓矢斯張，干戈戚揚，爰方啟行。'故居者有積倉，行者有裹糧也，然後可以爰方啟行。王如好貨，與百姓同之，於王何有！"（同）

王曰："寡人有疾，寡人好色。"對曰："昔者大王好色，愛厥妃。詩云：'古公亶父，來朝走馬，率西水滸，至於岐下。爰及姜女，聿來胥宇。'當是時也，內無怨女，外無曠夫。王如好色，與百姓同之；於王何有！（同）

照這樣看來，別人無論說到那一方面他總可拿詩經上的話做激勸，這自是他的好手段。至於實際上是否如此？官書的話是否可靠？詩上的話與他自己說的歷史是否適合？都不在他的意想之內。

他要借詩經來推行他的王道，固是他的苦心，但對於詩經本身的流弊是多極了。第一，是沒有時代觀念。孟子也曾說道：

以友天下之士爲未足，又尚論古之人。頌其詩，讀其書，不知其人可乎！是以論其世也。是尚友也。（萬章下篇）

這段話真是很好的讀書方法。可惜他自己就是最不會論世尚友的人。他看得時代的好壞是截然的，是由幾個人做出來的，所以說：

文武興，則民好善，幽厲興，則民好暴。（告子上篇）

他因爲認定詩經是歌詠王道的書，所以又説：

> 王者之跡熄而詩亡；詩亡然後春秋作。（離婁下篇）

這種話到後來便成了詩學的根本大義。他只看見詩經與春秋是代表前後兩種時代的，不看見詩經與春秋有一部分是在同時代的。他只看見詩經是講王道的，不看見詩經裏亂離的詩比太平的詩多，東周的詩比西周的詩多。他只看見官撰的詩紀盛德，不看見私人的詩寫悲傷。後來的詩學家上了他的當，把這句話作爲信條，但悲傷亂離的詩是掩不没的，講不過去，只得説“詩亡，謂黍離降爲國風而雅詩亡也。”（朱熹孟子注。）可見他們已經承認“王者之跡熄而國風不亡”了。然而大小雅中一首一首的看去，悲傷亂離的詩也是很多，又講不通了，只得説“幽厲無道，酷虐於民，以強暴至於流滅；豈如平王微弱，政在諸侯，威令不加於百姓乎！”（正義引鄭志。）可見他們又承認“王者之跡熄而雅詩不亡”了。他們很想替孟子包謊，結果卻説成“幽厲酷虐而爲雅，平王微弱而爲風”，依然遮不住“王者之跡熄而詩亡”一句話的牽強附會的痕跡。但雖然遮不住牽強附會的痕跡，而詩經上一首一首的時代就因了這句話而劃出界限來了！

　　孟子硬派定詩經都是西周的詩，不但“詩亡然後春秋作”一語可證，只看他引閟宮一詩也可見。閟宮上説：

> 周公之孫，莊公之子。

魯國没有第二個莊公，則這首詩所頌的人是僖公，很是明白。下面説：

> 戎狄是膺，荆舒是懲，則莫我敢承！

原爲僖公跟了齊桓公打過楚國，在召陵駐過一回兵，説的大話。孟子不看上文的“莊公之子”，也不想西周有没有“荊舒是懲”的事，他以爲有這樣好的武功，當然是王者的功業，這首詩在魯頌裏，當然是周公的功業，於是他在駁斥陳相時就引用道：

今也南蠻鴃舌之人，非先王之道。……魯頌曰：“戎狄是膺，荊舒是懲”，周公方且膺之；子是之學，亦爲不善變矣！（滕文公上篇）

這決不是隨便説話的過誤，因爲他在罵楊墨的時候又引了這句詩：

聖王不作，諸侯放恣，處士橫議，楊朱墨翟之言盈天下。……楊氏爲我，是無君也；墨氏兼愛，是無父也！……詩云：“戎狄是膺，荊舒是懲，則莫我敢承”，無父，無君，是周公所膺也！（滕文公下篇）

可見他確認這句話是指的周公，是指的“聖王作”的時候。有人説他也是斷章取義，並非過誤。但春秋時人的斷章取義是説得通的，因爲他們只取詩句的意思，並不説作詩的人的歷史，孟子就説不通了，他明明指定了周公了，明明派在“聖王不作”的反面了，他已經把頌春秋時人的詩裝在西周初年的歷史上了！

他的第二項壞處，是没有真確的研究宗旨。孟子上有一段話：

咸丘蒙曰：“……詩云：‘普天之下，莫非王土；率土之濱，莫非王臣’，而舜既爲天子矣，敢問瞽瞍之非臣，如何？”曰：“是詩也，非是之謂也；勞於王事而不得養父母也。

曰：‘此莫非王事。我獨賢勞也！’故説詩者不以文害辭，不
以辭害志；以意逆志，是爲得之。如以辭而已矣，雲漢之詩
曰：‘周餘黎民，靡有孑遺’，信斯言也，是周無遺民也！”
（萬章上篇）

這一番話實在很對。他説詩直要探到詩人的心志裏，可以見得他
的精細。春秋時人説“賦詩言志”，是主觀的態度；他改爲“以意
逆志”，是客觀的態度。有了客觀的態度，才可以做學問，所以
他這句話是詩學的發端。要是他在詩學發端的時候就立了一個很
好的基礎，是何等可喜的事！不幸他雖會立出這個好題目，卻不
能達到這個好願望。他雖説用自己的意去“逆”詩人的志，但看得
這件事太便當了，做的時候太鹵莽了，到底只會用自己的意去
“亂斷”詩人的志。以至閟宮的時代還没有弄清楚，周公膺戎狄的
志倒輕易的斷出來了；縣詩上只説公亶父娶了姜女，而公亶父好
色的志就被他斷出來了，“内無怨女，外無曠夫”的社會情形也看
出來了。試問這種事實和心理是如何的“逆”出來的？他能明白的
答覆嗎？再看他和公孫丑論詩的一節：

公孫丑曰：“詩曰：‘不素餐兮’，君子之不耕而食，何
也?”孟子曰：“君子居是國也，其君用之則安富尊榮；其子
弟從之則孝弟忠信。‘不素餐兮’，孰大於是！”（盡心上）

我們試把魏風伐檀篇翻來一證：

坎坎伐檀兮，寘之河之干兮。河水清且漣兮。不稼，不
穡，胡取禾三百廛兮？不狩，不獵，胡瞻爾庭有懸貆兮？彼
君子兮，不素餐兮！

這明明是一首罵君子不勞而食的詩，那時説“君子”，猶後世説“大人先生”，只是“貴”的意思，並没有“好”的意思。所説“不素餐”，猶説“豈不素餐”，——大雅文王篇“世之不顯”，即是“世之豈不顯”；左傳襄二十五年“甯子視君不如弈棋”，即是“甯子視君豈不如弈棋”，——全没有“其君用之則安富尊榮，其子弟從之則孝弟忠信”的意思。不但没有，並且適在孟子所説的反面。公孫丑的問句並没有錯，孟子的回答卻大錯了！

這種的以意逆志，真覺得危險萬分。回想春秋時人的斷章取義，原是説明本於自己的意思，代他們立一個題目，可以説是“以意用詩”。以意用詩，則我可這樣用，你可那樣用，本來不必統一。至於孟子，他是標榜“以意逆志”的人，詩人的志本只有一個，不能你這樣猜，我那樣猜。這原是一件很難的事，然而孟子卻輕輕的襲用了“以意用詩”的方法，去把“以意逆志”的名目冒了！

他一個人胡亂説不要緊，影響到後來的學者，——照了他的路走，遺毒可就不小。二千年來，大家做詩學，遵循的是經典上的詩説；經典上的詩説可分二種：第一種是春秋時人的“用詩”，第二種是孟子以來的“亂斷詩”。這一班後學者，不管得用詩與亂斷詩，以爲載在經典的詩説都是“以意逆志”的先正典型：於是野有蔓草不是淫詩了！於是鶉之奔奔確是淫詩了！於是伐檀的君子是“仕有功乃肯受禄”的了！大家心目中，以爲惟委曲解詩才爲以意逆志。試引清儒的話來看：

> 詩之學與他經異。他經直而明；詩則曲而婉，言在於此而意屬於彼。故必如莊子所云“吾虛與之委蛇”而言不盡者見。此孟子所謂“不以文害辭，不能辭害志；以意逆志，是爲得之”之説也。（諸錦詩瀋序）

詩陳王業，而無一言及后稷公劉之締造；詩戒成王，而

無一語述祖功宗德之艱難；詩作於周公，而其辭宛然紅女田
父之告語：明乎此而三百五篇皆可類推。（范家相詩瀋豳風
七月篇）

這便是説，講詩非"無中生有"不可。明明是一首紅女田父的詩，
一點没有説到祖功宗德，但因爲以意逆志的結果，就成爲"周公
陳王業戒成王而作"的詩了。他們以爲：惟其没有説到王業，所
以一定是王業；惟其没有聖人氣息，所以一定是聖人。照這樣
講，他本身就很危險。因爲我們若是替他們開玩笑，説"凡是字
面上説得最悲苦的，就是内幕裏極快樂的；字面上説得最快樂
的，就是内幕裏極悲苦的"，他們有什麽方法駁倒我們呢？這並
不是我個人的胡鬧，試看漢朝人作的詩序便很明白。我們上邊引
的楚茨，説：

　　　我黍與與；我稷翼翼。我倉既盈，我庾維億。既醉既
飽，小大稽首："神嗜飲食，使君壽考！"

這不是説的收穫很好，很快樂的祭禮嗎？一到漢朝人手裏，便同
牠做一個序道：

　　楚茨，刺幽王也。

爲什麽要刺幽王呢？他又説：

　　　政煩，賦重；田萊多荒；饑饉降喪；民卒流亡；祭祀
不饗。

他爲什麽要這樣説？我們也可以套了詩學專家的話去替他解釋：

作者刺"田萊多荒"而詩言"我稷翼翼"，作者刺"饑饉降喪"而詩言"既醉既飽"，作者刺"祭祀不饗"而詩言"神嗜酒食"，蓋作者言在於此而意屬於彼。如必以爲豐年祭祀之詩，此"以文害辭"，"以辭害志"之爲也。"以意逆志"，則序言爲不誣矣！

這並不是我的滑稽，正是歷來詩學專家保守他們附會的壁壘，抵抗別人理性的攻擊的老法子。實在他們太滑稽了！

孟子把春秋時人用詩的慣例去説詩，進而亂斷詩本事，又另換了一個新題目，結果，鬧成了幾千年的迷霧，把詩經的本來面目蒙蔽得密不通風。這個新題目，我們不但不反對，並且很歡迎；不過孟子實行這個新題目的態度太不對了，使得我們不能不劇烈反對。正如從前人不明白政治法律的原理，以爲做官爲的是一己的尊榮，只要掌到權柄，顯出威風，心願已了；我們雖是鄙薄他，但也覺得他的智識淺得可憐，用不着反對他。若是現在法政學校畢業的人做了官，口裏聲聲説的是擁護人權，看他的行爲處處是蹂躪人權；社會上一班糊塗人看了他們，以爲蹂躪人權的實施就叫做擁護人權：我們看了，就應劇烈的反對他們，説："你們既標榜了擁護人權，就不應該再做蹂躪人權的事了！你們自己説謊話的罪還小，害了一班糊塗人跟着你們走，這個害處就不淺了！"孟子能彀知道"尚友論世"，"以意逆志"，對於古人有了研究歷史的需求，確然是比春秋時人進步得多了。但既有了研究歷史的需求，便應對於歷史做一番深切的研究，然後再去引詩才是道理。他竟不然，説是説得好聽，做出來的依然和春秋時人隨便用詩的一樣，甚而至於亂説閟宫所頌的人，亂説詩經亡了的年代，造出春秋時人所未有的附會，下開漢人"信口開河"與"割裂時代"的先聲，他對於詩學的流毒，到了這般，我們還能輕易放過他嗎！

以上三章所説的詩經經歷，我們可以在此作一結論：

從西周到春秋中葉，詩與樂是合一的，樂與禮是合一的。春秋末葉，新聲起了。新聲是有獨立性的音樂，可以不必附歌詞，也脱離不了禮節的束縛。因爲這種音樂很能悦耳，所以在社會上占極大的勢力，不久就把雅樂打倒。戰國時，音樂上儘管推陳出新；雅樂成爲古樂，更加衰微得不成樣子。一二儒者極力擁護古樂詩，卻只會講古詩的意義；不會講古樂的聲律。因爲古詩離開了實用，大家對牠有一點歷史的的態度。但不幸大家没有歷史的智識可以幫着研究，所以結果只造成了許多附會。

十二，一，十五始草；二，三草成。

附

顧頡剛啟事 *

我做的詩經的厄運與幸運不過四分之一，原想即行續下，不幸我的身子病了，兩個月來没有爽快過一天，竟不能如願。等到回復了健康，自然勉力做完。恐勞閱報諸君盼望，所以在此聲明一下。再，登出的五章，閱報諸君如有匡正或商搉的地方，請函小説月報社轉交，這是我很願聽得的。

---

* 1923 年 5 月 1 日作。原載小説月報第十四卷第五號，1923 年 5 月 10日。

碩人是閔莊姜美而無子嗎?[*]

一　姚際恒説

我在詩經的厄運與幸運的第一章裏説左傳説"莊姜美而無子，衛人所爲賦碩人也"。現在碩人詩中既説她的家世不誤，又極意形容她的美貌，若左傳不是依據了詩經去造事實的，這個詩本事可以算得可靠。但近讀姚際恒的詩經通論，就覺得我這個斷語下得太輕率了，這個詩本事依然靠不住。姚氏説：

> 小序謂閔莊姜，詩中無閔意，此徒以莊姜後事論耳；安知莊姜初嫁時何嘗不盛，何嘗不美，又安知莊公何嘗不相得，而謂之閔乎！左傳云……"無子"，亦據後事爲説，不可執泥。小序蓋執泥左傳耳。大序謂"終以無子"，尤襲傳顯然。

可見碩人詩中如果寫的確是莊姜，也只是説她的美盛，並不是説

---

* 1923 年 3 月 11 日作。原分載小説月報第十四卷第四、第十二號，1923 年 4 月 10 日、12 月 10 日；又合載古史辨第三册。

她的無子。左傳説她"美而無子，衛人所爲賦碩人也"，把作詩的緣故側重在無子上，現在知道這句話是完全錯了。這首詩的本事，我們是無從曉得了。因此想，左氏是慣於附會的，他既會把"非無子"説成"無子"，怎能保證他不把"非莊姜"説成"莊姜"，到底這首詩寫的是不是莊姜，也覺得可以疑惑了。

二　崔述説

我前讀左傳，信從牠所説的碩人一詩的本事。後讀姚際恒的詩經通論，又把左傳上的記載懷疑了。近讀崔述的讀風偶識，見他對於碩人也有很好的解釋。他與姚際恒一樣的對於詩序攻擊，一樣的對於左傳寬恕它文句的疵病；但他比姚際恒講得周密些。詩經裏可以尋出本事的詩太少了，碩人一詩既有首章的事實記載，自然是很可注意的事。對於這詩的解釋，我們應該多多採集，備將來的論定。所以把崔述原文鈔錄於下：

> 碩人，序以爲閔莊姜之詩，謂"莊公惑於嬖妾，使驕上僭，莊姜賢而不答，終以無子，國人閔而憂之"。朱子集傳從之，更無異説。余按此篇凡四章，首章言其貴，次章言其美，三章言其婚成，四章言其媵衆，毫不見有刺莊公之意。不知序與傳何從而知之？且玩詩詞，乃其初至時作，當其初至，何由預知異日莊公之不見答以至無子而閔之？其三章云"大夫夙退，無使君勞"，方且代體莊公"宴爾新婚"之情而惟恐其過勞，烏有所謂憂其不答者哉！揆序與傳之意，皆由誤解春秋傳文，遂並以誤解詩。春秋傳云："衛莊公娶於齊東

宫得臣之妹，曰莊姜，美而無子，衛人所爲賦碩人也。"此詩
次章正言莊姜之美，則是以此詩證其美，非以此詩證其無子
也。若云"美，衛人所爲賦碩人也，而無子"，則語不成
文矣。

答朱鴻壽書[*]

鴻壽先生：

　　讀來書，敬悉一切。承你謬獎，使我增愧。我現在病已好了；只是生活沒有安定，零碎事務太多，沒法作長篇論文。我想，我的這篇詩經論文縱不能一時作完，若每年做出一部分，三四年後也不怕不完工了。

　　承詢野有蔓草的賦詩取義，這也不過是"好德如好色"的意思。子大叔對趙孟，子齹對韓宣子賦這詩，是把趙孟韓宣子比作美人，説他如何的美，自己如何的愛他，如何的想他；如今會見了，才了卻這筆相思債了。所以趙孟答説，"吾子之惠也！"這就是説"這真是你給予我的美情呵！"韓宣子答説，"孺子善哉！吾有望矣！"也就是説"你的情誼這等地好呵！真使我樂觀得很呵！"在這些話上，都可見那時賦詩並不以敘述男女之情爲猥褻，拿好色的話對賓客送情也不算失禮；不但不算失禮，並且對手方正是極樂受的。

　　　　　　　　　　　　　　　顧頡剛。十二，十一，三。

　　* 原載小説月報第十四卷第十一號，1923 年 11 月 10 日；又載古史辨第
　　　三册。附文同。

附

朱鴻壽：詢野有蔓草的賦詩義書

振鐸先生：

我近讀說報，最喜歡的是先生們底詩經研究的文字。先生們努力做這神聖的工作，小子謹額手以表無限的欣謝！

頡剛先生底詩經的厄運與幸運，登到第五章（四分之一），不幸有了貴恙，未能續下。不知現在顧先生已回復了健康否？我很抱歉地這樣的問，我很盼望他就能夠續下去。這定有多數人同樣的地切盼着吧？

又顧先生在第二章講"賦詩"的一段裏引的子大叔賦野有蔓草，趙孟曰"吾子之惠也！"和子齹賦野有蔓草，韓宣子曰"孺子善哉！吾有望矣！"他們賦詩是"斷章取義"的，這兩處各賦野有蔓草，不知他們取的是什麼"義"？我未能了解。先生有暇，請在說報通信欄內詳明地指教我，答覆我！（下略）

朱鴻壽上。

從詩經中整理出歌謠的意見 *

　　詩經三百零五篇中，到底有幾篇歌謠，這是很難說定的。在這個問題上，大家都說風、雅、頌的分類即是歌謠與非歌謠的分類，所以風是歌謠，雅頌不是歌謠。這就大體上看固然不錯，但我們應該牢牢記住的，這句話只是一個粗粗的分析而不是確當的解釋。

　　我們看國風中固然有不少的歌謠，但非歌謠的部分也實在不少。如召南的何彼襛矣，與大雅的韓奕的性質是相同的，——牠們都是祝頌結婚的詩。鄘風的定之方中，如放在雅裏豈不是斯干；如放在頌裏豈不是閟宮？——牠們都是建國家，聚生息的詩。至于采蘩、采蘋，更和雅中的楚茨、鳧鷖沒有分別了——牠們都是祭祀的詩。樛木、螽斯，更和雅中的天保、蓼蕭沒有分別了——牠們都是祝頌的詩。這一類的詩，雖是在國風裏，我們也不能認為歌謠，因為這是為應用而做的。

　　反看小雅中，非歌謠的部分固然多，但歌謠也是不少。如采薇、出車，不是與豳風的東山相同嗎？——牠們都是征夫懷歸的詩。如苕之華，不是與檜風的隰有萇楚相同嗎？牠們都是不願有生的詩。如蓼莪，不是與唐風的鴇羽相同嗎？——牠們都是哀念父母的詩。如何草不黃，不是與豳風的破斧相同嗎？——牠們都是怨恨出兵的詩。如黃鳥，不是與魏風的碩鼠相同嗎？——牠們

* 原載歌謠週刊第三十九號，1923 年 12 月 30 日；又載古史辨第三冊。

都是欲棄去一地而他適的詩。如我行其野，不是與邶風的谷風相同嗎？——牠們都是棄婦的詩。説到了邶風的谷風，更想起小雅的谷風：牠們的意義是一致的（始厚而終棄之），怨恨是一致的（一云，"將恐將懼，維予與汝；將安將樂，汝轉棄予！"一云，"昔育恐育鞠，及爾顛覆；既生既育，比予于毒！"），即起興也是一致的（一云，"習習谷風，以陰以雨"；一云"習習谷風，維風及雨"）。小雅谷風之爲歌謠，是很顯明的了。所以這一類的詩，雖是在小雅裏，我們不得不認爲歌謠，因爲這都是平民的心底裏的話。

　　大雅和頌，可以説没有歌謠。（國風與小雅的界限是分不清，小雅與大雅的界限分不清，大雅和頌的界限分不清，而國風與大雅和頌的界限是易分清的，這待以後細論，今不舉。）其故，大約因爲樂聲的遲重不適於譜歌謠，奏樂地方的尊嚴不適於用歌謠。小雅的樂聲，可以奏非歌謠，也可奏歌謠，故二者都占到了一部分。這是我的假定。

　　我始終以爲詩的分爲風雅頌是聲音上的關係，態度上的關係，而不是意義上關係。聲音上的關係，如左傳所記的"頌琴"，章太炎先生説的"雅"同"烏"，"雅聲"即"鳴鳴之聲"。態度上的關係，如阮元説的"頌"即容貌之"容"，以形容表所歌之義，有類今之戲劇。音樂表演的分類不能即認爲意義的分類，所以在從詩經中整理出歌謠來，應就意義看：一首詩含有歌謠的成分的，我們就可説牠是歌謠，風雅的界限可以不管；否則就在國風裏也應得剔出。

　　再有一個意思，我以爲詩經裏的歌謠都是已經成爲樂章的歌謠，不是歌謠的本相。凡是歌謠，只要唱完就算，無取乎往復重沓。惟樂章則因奏樂的關係，太短了覺得無味，一定要往復重沓的好幾遍。詩經中的詩，往往一篇中有好幾章都是意義一樣的，章數的不同只是換去了幾個字。我們在這裏，可以假定其中的一章是原來的歌謠，其他數章是樂師申述的樂章。如：

　　　月出皎兮。佼人僚兮。舒窈糾兮，勞心悄兮。
　　　月出皓兮。佼人懰兮。舒憂受兮，勞心慅兮。
　　　月出照兮。佼人燎兮。舒夭紹兮，勞心慘兮。

這裏的“皎、皓、照”，“僚、懰、燎”，“窈糾、憂受、夭紹”，“悄、慅、慘”，完全是聲音的不同，借來多做出幾章，並沒有意義上的關係（文義上即有不同，亦非譜曲者所重）。在這篇詩中，任何一章都可獨立成爲一首歌謠。但聯合了三章則便是樂章的面目而不是歌謠的面目了。

　　我們在這裏，要從樂章中指實某一章是原始的歌謠，固是不可能，但要知道那一篇樂章是把歌謠作底子的，這便不妨從意義上着眼而加以推測。雖則有了歌謠的成分的未必即爲歌謠，也許是樂師模仿歌謠而做出來的，但我們的研究之力所可到的境界是止於此了，我們只可以盡這一點的職責了。

　　我對於從詩經中整理出歌謠的意見是如此，乞讀者教正。手頭無書，且無閒暇，待以後更爲詳論。

　　　　　　　　　　　　　　一二，一二，二六。

論詩經所録全爲樂歌[*]

詩經所録是否全爲樂歌，這在宋代以前是不成問題的。墨子書中言"弦詩三百，歌詩三百，舞詩三百"（公孟）。司馬遷在史記孔子世家中也曾説過："三百五篇，孔子皆弦歌之，以求合韶武雅頌之音。"他的話是否確實（三百五篇是否皆孔子所歌？三百五篇是否皆可合韶武雅頌之音？）是另一問題，但他以爲詩經所録的詩全是樂歌這一個意思是很顯明的。自宋以來，始有人懷疑内有一部分詩是徒歌。前年我在歌謡週刊（第三十九號）中曾説詩經所收的民間徒歌已經全由樂工改爲樂章，魏建功先生反對這個意思，著論駁了（見歌謡週刊四十一期）。現在我把這個問題根本討論一下，試作一個解答。請魏先生和讀者諸君指正。

一　徒歌與樂歌形式的不同

我前數年搜集蘇州歌謡，從歌謡中得到一個原則，即是徒歌中章段迴環複沓的極少，和樂歌是不同的。徒歌中的迴環複沓，只限於練習説話的"兒歌"（如吳歌甲集所録的天上星、碰碰門等

---

* 原載北京大學研究所國學門週刊第十至十二期，1925 年 12 月16—30日；又載古史辨第三册。

篇），依問作答的“對山歌”（如甲集所録的啥人數得清天上星、山
歌好唱口難開等篇）。此外，惟有兩類也是迴環複沓的，一是把
樂歌清唱的徒歌（如蘇州景、四季相思、孟姜女十二月花名等篇），
一是模仿樂歌而作的徒歌（攤子上的唱本很多這一類，例如依了樂歌
的蘇州景而作的留園景、遂園景等；買唱本的人照着牠唱了，就變成
了徒歌了）；但這兩類實在算不得徒歌。除了這四類，所有的成人的
抒情之歌大都是直抒胸臆，話説完時歌就唱完，不用迴環複沓的形式
來編製（如甲集所録的姐妮有病在香房、忽然想起縐眉頭、俏佳人臨
鏡把頭梳等篇）。吳歌甲集中有兩篇東西是從樂歌變成徒歌的，我們
可以借此看出樂歌與徒歌的形式的不同。今鈔録于下，作一比較：

甲之一　跳槽（樂歌）

自從一別到呀到今朝，
今日相逢改變了！
郎呀，另有了貴相好！
噲呀，噲噲唷，郎呀，另有了貴相好！

　　＊　　　　　　＊　　　　　　＊

此山不比那呀那山高；
脱下藍衫換紅袍。
郎呀，容顏比奴俏；
噲呀，噲噲唷，郎呀，金蓮比奴小。

　　＊　　　　　　＊　　　　　　＊

打發外人來呀來請你，
請你的冤家請呀請弗到，
郎呀，撥勒別人笑！
噲呀，噲噲唷，郎呀，撥勒別人笑！

　　＊　　　　　　＊　　　　　　＊

你有呀銀錢有呀有處嫖，

小妹妹終身有人要！

郎呀，不必費心了！

噲呀，噲噲唷，郎呀，不必費心了！

＊　　　　　＊　　　　　＊

你走呀你的陽呀陽關路；

奴走奴的獨木橋！

郎呀，處處去買香燒！

噲呀，噲噲唷，郎呀，處處去買香燒！

甲之二　　跳槽（徒歌）

自從一別到今朝，

今日相逢改變了！

女兒的貴相好，

此山不比那山高；

脫脫藍衫換紅袍。

人也比奴好；

容也比奴俏。

打發外人來請你，

請你的冤家請亦請弗到；

撥勒別人笑！

你走你的陽關路；

奴走奴的獨木橋！

偕倷各處去買香燒！

乙之一　　玉美針（樂歌）

楊柳兒青青，楊柳兒青青，

青青的早上同郎去游春，同郎去游春。

游春之後失落了玉美針，失落了玉美針。

有情的人兒哎，人兒哎，失落了玉美針，失落了玉美針。

那一個公子拾去奴的針，拾去奴的針？

有情的人兒哎，人兒哎，拾去奴的針，拾去奴的針，

輕輕巧巧送上我家門。

有情的人兒哎，人兒哎，送上我的門，送上我的門，

青紗帳裏報報你的恩！

有情的人兒哎，人兒哎，公婆知道棍子打上身，棍子打上身，

有情的人兒哎，人兒哎，打來打去打不掉奴的心，打不掉奴的心！

有情的人兒哎，人兒哎，必要寫退婚；

一乘小轎抬到娘家門，抬到娘家門。

有情的人兒哎，人兒哎，這是爲何因？

有情的人兒哎，人兒哎，這是爲何因？這是爲何因？

十二十四偷情到如今，偷情到如今。

有情的人兒哎，人兒哎，不認這門親，不認這門親。

一乘小轎抬到庵堂門，抬到庵堂門。

手揺佛珠念上幾卷經，念上幾卷經；

有情的南無觀世音，南無觀世音，不修今生修來生，修一修來生，

修上一個有情郎君，有情郎君，

有情的南無觀世音，南無觀世音，過上幾十春，過上幾十春！

乙之二　玉美針（徒歌）

楊柳那得青青，

青青那得早起，失落了個玉美針。

誰家的公子拾了奴的針？還了奴的針？

十三歲，要偷情；

偷到如今，終弗能稱心。

剛剛稱心，夫家知道一定要退婚。

叫肩小轎，抬進庵門；

先拜彌陀，慢拜尼僧；

削落兩根頭髮，做個尼僧。

"月亮裏點燈，挂啥明（名）！"

從今以後，終弗偷情。

在以上四首裏，可見樂歌是重在迴環複沓的，徒歌則只要作直捷的陳述。樂歌的跳槽每章第一句第五字必重沓，第三句必以"郎呀"起，第四句必把第三句重沓了一下而加上"噲呀，噲噲唷"；到了徒歌裏，這些規則都沒有了。本來的五章，到了徒歌裏也併作一首了。樂歌的玉美針，每句必重沓，或一次，或二三次；間了一句，必以"有情的人兒哎，人兒哎"引起（此歌也必可以分成若干章的，但因石印唱本有脫誤，故現在分不清；如能得到牠的全文或樂譜，必可把章數整理出來）；到了徒歌裏也完全沒有了。一篇近四百字的長歌，變到徒歌時只縮成一百字了。這是什麼緣故？因爲樂歌是受樂譜的支配的：

(1)歌詞雖很整齊（如跳槽，前二句爲七言，後二句爲五言），但樂譜並不也是這樣整齊，所以歌詞以外的羨聲只得插進襯字（如"郎呀"），墨字（如"到呀到"），儗聲（如"噲呀，噲噲唷"，這是摹儗樂聲的，不知道應該叫作什麼，姑立此名）等許多東西。有了這些東西，歌詞既與歌譜密合，而歌聲也愈覺得宛轉可聽了。

(2)樂譜是很短的，但歌卻不能同牠一樣的短，所以樂譜要複奏，歌詞便依了牠的複奏而分章（例如跳槽，樂譜複奏

　　　　五次，歌詞便編制五章）。

至于徒歌，則毫不受這種的束縛，所以牠不必有襯字一類東西，也用不着分章；牠所重的只是在發抒情感。就是從樂歌裏變來的，也只要取了樂歌裏面的主要意思，而把廻環複沓的章句都删去了。樂歌變徒歌既如此，徒歌變樂歌當然如彼：本來沒有章段的都分出章段來了，本來沒有襯字的也加進襯字去了。叠章，叠句，叠字，大都由此而來。

　　用了這個眼光去看詩經，便覺得裏面樂歌氣味的濃重。例如鄭風的溱洧：

　　　　　溱與洧，方渙渙兮。
　　　　　士與女，方秉蕑兮。
　　　　　女曰"觀乎"？ 士曰"既且"。
　　　　　"且往觀乎！ 洧之外洵訏且樂"。
　　　　　維士與女，伊其相謔，贈之以芍藥。
　　　　　＊　　　　　　　＊　　　　　　　＊
　　　　　溱與洧，瀏其清矣。
　　　　　士與女，殷其盈矣。
　　　　　女曰"觀乎"？ 士曰"既且"。
　　　　　"且往觀乎！ 洧之外洵訏且樂"。
　　　　　維士與女，伊其相謔，贈之以芍藥。

這兩章中，除了"方渙渙兮"，"方秉蕑兮"和"瀏其清矣"，"殷其盈矣"之外是完全相同的；而這不同的地方只是兩句無關緊要的話，並沒有必須分成兩章的需要。倘在徒歌中，只要一首也就够了。鄭風中叠爲二章，可見這是樂歌，所以樂譜複奏了一回時，歌詞就複唱了一遍。至于歌詞不複沓的，如邶風的谷風，衛風的氓，也無礙其爲樂歌，因爲樂歌中凡是叙事的，或是意境較複雜的，樂譜雖複奏而歌詞不必複沓，如攤簧，彈詞，大鼓書等都是這般。

　　前年冬間，我應歌謠週刊的要求，草草寫成了從詩經中整理出歌謠的意見一文，中説：

　　　　我以爲詩經裏的歌謠，都是已經成爲樂章的歌謠，不是歌謠的本相。凡是歌謠，只要唱完就算，無取乎往復重沓。惟樂章則因奏樂的關係，太短了覺得無味，一定要往復重沓的好幾遍。詩經中的詩，往往一篇中有好幾章，都是意義一樣的，章數的不同只是換去了幾個字。我們在這裏，可以假定其中的一章是原來的歌謠，其他數章是樂師申述的樂章。

下面引了月出一篇作例而説道：

　　　　這裏的"皎、皓、照"，"僚、懰、燎"，"窈糾、慢受、夭紹"，"悄、慅、慘"，完全是聲音上的不同，借來多做出幾章，並没有意義上的關係（文義上即有不同，也非譜曲者所重）。在這篇詩中，任何一章都可獨立成爲一首歌謠，但聯合了三章則便是樂章的面目而不是歌謠的面目了。

　　　　我們在這裏，要從樂章中指實某一章是原始的歌謠固是不可能，但要知道那一篇樂章是把歌謠作底子的，這便不妨從意義上着眼而加以推測。雖則有了歌謠的成分的未必即爲歌謠，也許是樂師模仿歌謠而做出來的，但我們的研究之力所可到的境界是止於此了，我們只可以盡這一點的職責了。

這文的大體的意思，我至今還没有變。

　　魏建功先生見了此文，表示反對。他和我討論"詩中歌謠是否爲已成樂章的歌謠問題"，他的結論是："歌謠是很注重重奏複沓，重奏複沓是人工所不能强爲的……所以重奏複沓是歌謠的表現的最要緊的方法之一。"他的文中的理由是以下諸點：

（1）歌謠的作用與詩的作用是同樣的，爲的是要發洩内心的情緒；因爲内心的情緒没有一定，所以發表的東西也没有一定的格調。

（2）詩的往複重沓，無論意思是否相同，都有牠的不得已，並不因於奏樂的不得已。

（3）奏樂的有味無味，在於譜調的製作的好壞，並不能因往復重沓好幾遍而定。

（4）我們雖不能分别詩經中何者是歌謠與何者不是，卻要相信由歌謠而成的詩的本相不能"定"是只有一個原來歌謠，其他是樂師申述的樂章。

（5）數章中改換的字句的意義或同或異；我們不能因爲牠意義相同，便説牠有申述的糅合。

（6）改換一二字而複奏的，多少總有程度的深淺或次序的進退；就是没有分别，而作者以聲音改換的複奏，不能不説他内心情緒非如此不可。

（7）就歌謠的實例看，大都用同樣的語調，隨口改換字句唱出來，兒歌尤其是的。

現在把我的回答的話依了這個次序寫在下面：

（1）歌謠與詩的作用確是同樣的，都爲了發洩内心的情緒而作。内心的情緒是没有一定的，所以除了聲調的諧和以外，都不應當有一定的格調。但到了樂章裏，有了樂譜的束縛，便不能如此了。例如作七言絶詩的，無論内心的情緒怎樣湧溢，但每首只能有二十八字，每句只能有七字，句中也只能有平平仄仄的格律。作詞曲的受樂譜的束縛更甚了；作者既選定了一個詞牌，總必得那樣做。李煜的浪淘沙，岳飛的滿江紅，情緒是奔放極了，但格律卻不能不與一般平庸人所作的有詞無情的東西一樣。要純粹的自由發抒情感而不受固定的格調的束縛，只有現在的白話詩是可以的，但又不可入樂了(現在的白話詩也有迴環複沓的，這是模仿樂歌而作，是另一事)。徒歌是什麽，是里巷間婦人女子販夫走卒發抒情感的東西，他們在形式上所要求的只在聲調的自然諧和，不像士人大夫與樂工們的有固定的樂律可以遵守，他們要直捷叙述時就直捷叙述，要迴環複沓時也無妨迴環複沓。但因徒歌中需要迴環複沓的甚少，大致偏重在直捷叙述方面，所以他們的發洩内心情緒雖與樂歌同，而格調的没有一定卻與樂歌異。我在上次文中曾説，"樂章因奏樂的關係，太短了覺得無味，一定要往複重沓的好幾遍"。魏先生質問道："爲什麽在這篇裏複沓一遍爲二章就有了意味? 爲什麽在那篇裏複沓要到三遍爲四章才有意味呢?"我以爲這個問題只要看現在的樂歌就可明白。現在樂歌中，五更調必爲五章，十送情哥、十杯酒、十把扇子等必爲十章，唱春調大都爲十二章，學校裏的唱歌大都爲二章至四章。這或者因調子上的關係，或者因習慣上的關係，都説不定。樂歌的章數雖有多少，但牠的意味的一部分在複沓，也和不分章段的徒歌的形式不同，乃是很明顯的。

(2)徒歌的迴環複沓，自只在作者的内心情緒的不得已。樂歌的迴環重沓，則樂調的不得已重於其内心情緒的不得已。例如作五更調的，不能因情緒已竭而縮之成三，也不能因情緒有餘而衍之成七。又如作唱春調的，他的内心情緒也許比作五更調的短淺得多，但他既以十二個月編排了，則無論如何必把歌中事實凑到第十二個月而止。

(3)樂聲的有味無味，確在於譜調的製作的好壞而不關於迴環複沓了若干度。但這是專爲品評樂譜者説的，不是爲普通聽歌者説的。若目的重在聽歌，要從聽唱的歌詞中得到盡興的愉快，便不能不把樂譜迴環複沓的奏上好幾遍，把歌詞也隨着唱上好幾遍了。四季相思的調，五更調的調，唱春調的調，十八摸的調，當製譜的時候原只有要求音調的諧和有味，何嘗定出非四、非五、非十二、非十八首歌詞不可的規則出來。但是樂工爲了職業的關係，希求聽歌者的盡興，便不由得不把歌詞迴環複沓上四度、五度、十二度、十八度了。這種的希求與限制是唱徒歌的所沒有的。

（4）我們確應相信由徒歌變成的樂歌不能在一篇中惟有一章是原來的歌詞。例如唐風的葛生：

> 葛生蒙楚，蘞蔓於野。
> 予美亡此，誰與獨處！
> ＊　　　　＊　　　　＊
> 葛生蒙棘，蘞蔓於域。
> 予美亡此，誰與獨息！
> ＊　　　　＊　　　　＊
> 角枕粲兮，錦衾爛兮。
> 予美亡此，誰與獨旦！
> ＊　　　　＊　　　　＊
> 夏之日，冬之夜。
> 百歲之後，歸於其居！
> ＊　　　　＊　　　　＊
> 冬之夜，夏之日。
> 百歲之後，歸於其室！

這首詩前二章的句式一律，第三章的起興的式子與前二章不同，後二章的句式又另是一種樣子。其中是否有二章是原來的徒歌詞，或是否全篇經過樂工的改竄，現在已無法知道，我們決不能斷定裏面的某章是當時徒歌的本相了。我們只能説這首詩是富有民歌意味的樂歌。我上次所舉的月出，這次所舉的溱洧，都是最整齊的幾章，這一章與那一章的意義是没有分别的；在徒歌中是可以不複沓的，所以我懷疑裏面有一章是徒歌的本真，其餘是樂工申述的樂章。但天下的事决不會整齊畫一到極端，所以適用於月出和溱洧的未必便適用於關雎和葛生。

（5）這一條，魏先生引碩鼠的重言“適彼樂土”爲證，證明這是作者要表明棄此遠去的决絶的態度，詞句的複沓由於情緒的不得已，不能説裏面有一句是樂工申述的。這個意思，我極以爲然。這樣的例在徒歌中也儘有可舉。例如吴歌甲集第六十二首重言“㜺哭哉”，第七十九首重言“小登科”，皆是。但是請魏先生不要誤會我前一文的意思，以爲樂歌是必須複沓的，徒歌是必不複沓的。我也知道徒歌中是可以有複沓的，但只限於作者内心情緒的不得已的宣洩，故複沓處較少，就是複沓也没有極整齊的格調。至於樂歌，則因樂譜複奏的關係，即使内心情緒的宣洩已盡於一章，但也必敷衍成爲若干章，所以牠的複沓是極整齊的複沓；這些複沓，有的在意境上尚可分出些深淺，有的竟是全同。詩經上各篇的複沓之章，都顯出牠的樂歌的樣子，所以我有這樣的話。魏先生若單舉了碩鼠的重言“適彼樂土”來證明不能僅以複沓的句子作樂歌的證據，我當然贊同。若説碩鼠的全篇三章雖是意義一致，但我們還只能説牠是徒歌的本相，我就禁不住要樹異議了。

（6）複沓諸章在意義上雖有程度的深淺或次序的進退，但不能説這是徒歌的本相而不是樂工所申述，因爲申述的人也儘有使先後各章分出深淺及進退的道理。何况實際上也並不如是。例如魏先生舉的鄘風的牆有茨篇，牠的原文是：

　　　　牆有茨，不可掃也。
　　　　中冓之言，不可道也。……
　　　　＊　　　　＊　　　　＊
　　　　牆有茨，不可襄也。

　　　　中冓之言，不可詳也。……
　　　　＊　　　　＊　　　　＊
　　　　牆有茨，不可束也。
　　　　中冓之言，不可讀也。……

魏先生説：

　　　　"掃"和"襄"和"束"是一層進一層的動作。
　　　　"不可道"簡直是"不能説"；"不可詳"就是"可説而不可
　　細説"；"不可讀"卻便是"可説而不可多説。"

照這樣講，這首詩的程度的深淺便成不了下列的方式：
　　第一章——牆有茨，最淺；中冓之言，最深。
　　第二章——牆有茨，漸深；中冓之言，漸淺。
　　第三章——牆有茨，最深；中冓之言，最淺。
我真不明白，爲什麼"牆有茨"和"中冓之言"的程度的深淺要反其
道而行呢？這明明只取押韻罷了，有什麼深意在内！（起興與意
義無關，見吳歌甲集寫歌雜記）。我們還是不要這樣的深文周納，
繼漢代經師的步武吧。至於魏先生説，"就是没有分别，而作者
以聲音改換的複奏，不能不説他内心非再三詠歎不足以爲懷的緣
故"，那是無理由的要把詩經歸到徒歌之下，我更不敢贊同了。
　　（7）魏先生所舉的歌謡上的實例，大都是"兒歌"（如紅雲嫁黑
雲、姑娘弔孝等）和"對山歌"（如酉陽山歌、江陰船歌等）；至於
"成人的抒情之歌"則絶少（天吓天一首確屬於這一類，但樂歌的
氣味甚重，恐是把樂歌清唱成徒歌的，與孟姜女十二月花名同）。
對山歌因問作答，非複沓不可，例如江陰船歌既用"舍個彎彎天
上天？"發問，作答的當然説"亮月彎彎天上天。"兒歌注重於説話
的練習，事物的記憶，與滑稽的趣味，所以也有複沓的需要。例

如姑娘弔孝一歌，一個女孩子的未婚夫死了，想去弔孝，問娘應穿什麼，娘答以"紅紗衫兒，紅紗裙兒"；問爺，爺變説"綠紗衫兒，綠紗裙兒"；問哥，哥又説"黃紗衫兒，黃紗裙兒"；問嫂，嫂纔説"白紗衫兒，白紗裙兒"而止。這樣的迴環複沓，是重在小兒意中的滑稽趣味和紅綠等顏色的記憶，毫不帶着情感的色彩。至於重要發抒情感的成人之歌，有這樣的迴環複沓的格調的卻絕不多見，看我搜集的吳歌可知。去年適之先生也曾告訴我："外國歌謠大都是迴環複沓的，中國歌謠中頗少此例，也是一個特異的現象。"這個問題當然不是我的學力所可討論。我現在所要説明的，是我們今日的成人的抒情之歌極少複沓的這是事實；我們古代的成人的抒情之歌極少複沓的這也是事實（詳見下）。詩經中帶有徒歌性質的諸篇都是成人抒情之歌；這些歌什九複沓，與現在流行及古代流行的徒歌不同。所以這很有把徒歌改爲樂歌的傾向。

　　總以上所説，可以把我的意思做一個簡單的結論：

　　　　徒歌是民衆爲了發洩內心的情緒而作的；他並不爲聽衆計，所以沒有一定的形式。他如因情緒的不得已而再三詠歎以至有複沓的章句時，也沒有極整齊的格調。

　　　　樂歌是樂工爲了職業而編製的，他看樂譜的規律比內心的情緒更重要；他爲聽者計，所以需要整齊的歌詞而奏複沓的樂調。他的複沓並不是他的內心情緒必要他再三詠歎，乃是出於奏樂時的不得已。

　　　　詩經中一大部分是爲奏樂而創作的樂歌，一小部分是由徒歌變成樂歌。當改變時，樂工爲牠編製若干複沓之章。這些複沓之章，有的似有一點深淺遠近的分別，有的竟沒有，但這是無關重要的。至於詩經裏面的徒歌和樂歌的分別，我們現在雖可用了許多旁證而看出一個大概，但已不能作清楚明白的分析了。

二　從事實方面證明詩經
所録全爲樂歌

以上答覆魏先生的話都是偏於理論方面的；但我自審對於文學原理及音樂原理没有深澈的瞭解，不敢自信。不過我還可以從許多事實方面證明詩經所録全爲樂歌，在這些方面我敢於自信。

第一，我們看春秋時的徒歌可以證明詩經是樂歌。今就左傳、國語、論語、莊子、孟子等書所記録的鈔出若干條於下：

(1)晉輿人誦(左傳僖公二十八年)：

原田每每，舍其舊而新是謀。

(2)宋城者謳及華元答謳(左傳宣公二年)：

(甲)睅其目，皤其腹，棄甲而復。

(乙)牛則有皮，犀兕尚多。棄甲則那！

(丙)從其有皮，丹漆若何！

(3)聲伯夢歌(左傳成公十七年)：

濟洹之水，贈我以瓊瑰。歸乎，歸乎，瓊瑰盈吾懷乎！

(4)魯國人誦(左傳襄公四年)：

臧之狐裘，敗我於狐駘。我君小子，朱儒是使。朱儒，朱儒，使我敗於邾！

(5)宋築者謳(左傳襄公十七年)：

澤門之皙，實興我役。邑中之黔，實慰我心。

(6)鄭輿人誦(左傳襄公三十年)：

(甲)取我衣冠而褚之。取我田疇而伍之。孰殺子產，我其與之！

(乙)我有子弟，子產誨之。我有田疇，子產殖之。子產
而死，誰其嗣之！

(7)南蒯鄉人歌(左傳昭公十二年)：

我有圃，生之杞乎。從我者子乎。去我者鄙乎。倍其鄰
者恥乎。已乎，已乎，非吾黨之士乎！

(8)宋野人歌(左傳定公十四年)：

既定爾婁豬，盍歸我艾豭？

(9)萊人歌(左傳哀公五年)：

景公死乎不與埋。三軍之士乎不與謀。師乎，師乎，何
黨之乎！

(10)申叔儀歌(左傳哀公十三年)：

佩玉繠兮，余無所繫之。旨酒一盛兮，余與褐之父
睨之。

(11)齊人歌(左傳哀公二十一年)：

魯人之皋，數年不覺，使我高蹈。惟其儒書，以為二
國憂！

(12)輿人誦惠公(國語晉語三)：

佞之見佞，果喪其田。詐之見詐，果喪其賂。得國而
狃，終逢其咎。喪田不懲，禍亂其興。

(13)國人誦共世子(國語晉語三)：

貞之無報也，孰是人斯而有斯臭也！貞為不聽，信為不
誠。國斯無倅，偷居倖生。不更厥貞，大命其傾！威兮
懷兮，各聚爾有以待所歸兮。猗兮違兮，心之哀兮。歲
之二七，其靡有徵兮。若狄公子，吾是之依兮。鎮撫國
家，為王妃兮。

(14)楚狂接輿歌(論語微子篇)：

鳳兮，鳳兮，何德之衰？往者不可諫，來者猶可追。已
而，已而，今之從政者殆而！

(15)楚狂接輿歌(莊子人間世篇):

鳳兮,鳳兮,何如德之衰也!來世不可待,往世不可追也!天下有道,聖人成焉。天下無道,聖人生焉。方今之時,僅免刑焉。福輕乎羽,莫之知載。禍重乎地,莫之知避。已乎,已乎,臨人以德。殆乎,殆乎,畫地而趨。迷陽,迷陽,無傷我行!吾行郤曲,無傷我足!

(16)孔子聽孺子歌(孟子離婁篇):

滄浪之水清兮,可以濯我纓。滄浪之水濁兮,可以濯我足。

這些歌雖未必一定可靠(例如莊子上的接輿歌詞與論語上的大不相同,又如國人誦共世子的説了許多應驗的豫言),但總可以窺見一點當時徒歌的面目。這些徒歌的形式,我們可以綜括爲下列諸點:

(1)篇幅長短不等,但都沒有整齊的章段。長的如國語誦共世子,莊子接輿歌,但並不像詩經所錄的一般分成若干章。短的如左傳晉輿人誦,宋野人歌,僅有兩句,也是詩經裏所沒有的。

(2)篇末多用複沓語作結。如聲伯夢歌的"歸乎,歸乎,瓊瑰盈吾懷乎!"魯國人誦的"朱儒,朱儒,使我敗於邾!"南蒯鄉人歌的"已乎,已乎,非吾黨之士乎!"萊人歌的"師乎,師乎,何黨之乎!"論語接輿歌的"已而,已而,今之從政者殆而!"皆是。這或者取其搖曳有致,或者取其慨歎有力,皆未可知。

(3)篇末如不用複沓語作結,亦多變調。如鄭輿人誦的甲篇首二句皆云"取我",末一句變爲"執殺";乙篇首二句皆以"我有"起,末一句變爲"子產而死",皆是。

(4)篇中用對偶的很多。如宋築者謳的以"澤門之晳"與"邑中之黔"對，輿人誦惠公的以"佞之見佞"與"詐之見詐"對，又以"得國而狃"與"喪田不懲"對，孔子聽孺子歌的以"水清濯纓"與"水濁濯足"對，皆是。若莊子接輿歌，則幾乎全篇是對偶了。但無論如何用對偶，卻沒有很整齊的章段，改去數字而另成一章或數章的。我很疑心徒歌裹的對偶，到了樂歌裹就用來分章了。

(5)孟子所載孺子歌是反覆説正反的兩個意思的。魏先生曾舉江陰船歌"結識私情勿要結識大小娘"和"結識私情總要結識大小娘"作例，證明徒歌是可以複沓的。但這正是與孺子歌一樣，是兩個意思的轉説，不是一個意思的復説。

從以上諸條看來，古代徒歌中的複沓是可以有的，但往往用在對偶，反覆，尾聲，而不是把一個意思複沓成爲若干章。

左傳中也有類似詩經格式的歌詞，如隱公元年的鄭莊公母子的賦和昭公十二年的晉侯齊侯的投壺詞：

　　（甲）
大隧之中，其樂也融融。（鄭莊公）
大隧之外，其樂也洩洩。（武姜）
　　（乙）
有酒如淮，有肉如坻。寡君中此，爲諸侯師！（中行穆子爲晉昭公）
　有酒如澠，有肉如陵。寡人中此，與君代興。（齊景公）

如果牠們確是徒歌，牠們的性質也等於"對山歌"。凡是對山歌，起的人先唱了什麼，接的人就用了原來的格式接上什麼。例如魏先生舉的酉陽山歌和江陰船歌都是。如不是對上什麼，即是反言什麼。例如魏先生舉的江陰船歌中的"結識私情弗要結識大小娘"和"結識私情總要結識大小娘"兩首。總之，凡是兩個人對唱的徒歌，總容易取同樣的格式。若是一個人獨唱的徒歌，把一個意思用同樣的話改去數字而複沓爲數章的，實很不經見。

當時的樂工採得了徒歌，如何把牠變爲樂歌，我們現在固然無從知道，但不妨做上一點臆測。假使我做了樂工，收得了南蒯鄉人的一歌，要動筆替牠加上兩章，便爲下式：

（一）我有圃，生之杞乎。從我者子乎。去我者鄙乎。倍其鄰者恥乎。已乎，已乎，非吾黨之士乎！

（二）我有圃，生之榛乎。從我者賢乎。去我者疿乎。倍其鄰者顛乎。已乎，已乎，非吾黨之人乎！

（三）我有圃，生之桑乎。從我者臧乎。去我者狂乎。倍其鄰者亡乎。已乎，已乎，非吾黨之良乎！

這是最老實的叠章法，文辭的形式全沒有改變。倘使不老實一點，也可改成下列的方式：

我有圃，生之杞。子之從我，寧爾婦子。
我有圃，生之鞠。子之去我，自詒顛覆。
我有圃，生之李。子之倍鄰，實維爾恥。
予口諄諄，乃不我信。已乎，已乎，非吾黨之人！

這樣一來，便把這首徒歌的意思融化在四章樂歌之內，樂歌的形式也與綠衣、燕燕、新臺、大車等詩相似了。後人雖是知道牠是從徒歌變來的，但如何在這篇樂歌之中再理出一首原來的徒歌來呢？所以我們固然知道詩經中有若干篇是富有歌謠的成分的詩，但原始的歌謠的本相如何，我們已見不到了，我們已無從把牠理析出來了。

第二，我們從詩經的本身上看，可以證明詩經是樂歌。徒歌

因爲不分章段，所以只要作一方面的叙述。樂歌則不然，牠因爲遷就章段之故，往往把一方面鋪張到多方面。例如魏先生舉的鄘風桑中篇的三章，即可以見出從徒歌的一方面變爲樂歌的多方面的痕跡：

> (1)爰采唐兮，沫之鄉矣。云誰之思？美孟姜矣。
>   期我乎桑中，要我乎上宫，送我乎淇之上矣。
> (2)爰采麥兮，沫之北矣。云誰之思？美孟弋矣。
>   期我乎桑中，要我乎上宫，送我乎淇之上矣。
> (3)爰采葑矣，沫之東矣。云誰之思？美孟庸矣。
>   期我乎桑中，要我乎上宫，送我乎淇之上矣。

這是一首情歌，但三章分屬在三個女子——孟姜、孟弋、孟庸，——而所期，所要，所送的地點乃是完全一致的。我很不解，是否這三個女子是一個男子同時所戀，而這四角戀愛是同時得到她們的諒解，並且組成一個迎送的團體的？這似乎很不近情理。況姜弋庸都是貴族女子的姓（姜爲齊國貴族的姓；弋即姒，爲莒國貴族的姓；庸爲衛國貴族的姓，錢大昕說），是否這三國的貴族女子會得同戀一個男子，同到衛國的桑中和上宫去約會，同到淇水之上選情郎？這似乎也是不會有的事實。這種境界，在徒歌裏是沒有的。拿搜集到的歌謠看，誰見有既愛了趙姑娘，又愛了錢姑娘，又愛了孫姑娘的。惟在樂歌中的則此例甚多。前曾見一唱本，題爲十個大姐，頗與此詩相類；惜不在手頭，未能徵引。在手頭的，有時調三翻十二郎（紹興思義堂刻本），可以取來作證。今節鈔於下：

> (1)一位姑娘本姓王呀，私情相好十二郎呀。
>   小呀加加，小呀尖尖，小小三來十二郎，喂喂。

(2)大郎哥哥縣裏爲皂隸呀，二郎哥哥家中當粮房呀。

　　小呀加加，小呀尖尖，小小三來十二郎，喂喂。

(3)三郎哥哥家裏裁衣做呀，四郎哥哥府上做皮匠呀。

　　小呀加加，小呀尖尖，小小三來十二郎，喂喂。

(4)五郎哥哥府上糖燒餅賣呀，六郎哥哥家内開茶坊呀。

　　小 呀 加 加，小 呀 尖 尖，小 小 三 來 十 二 郎，喂
　　喂。……

這歌雖没有寫明那一種"時調"，但看"小呀加加，小呀尖尖"等等
有調無義之調，可見這是一篇樂歌。樂歌要把一個調子三反四覆
的重叠，所以他的歌詞容易把一方面鋪張到多方面。在徒歌裏只
要説一隻茶盌，到樂歌裏往往要説七隻茶盌了。在徒歌裏只要説
一把扇子，到樂歌裏往往要説十把扇子了。在徒歌裏只要説一個
情人，到樂歌裏往往要説十二個情人了。因此，我們可以把桑中
篇下一個假設：這詩在徒歌中原只有一章，詩中人的戀人原只有
一個(以地望看來，或許"是美孟庸"，又"孟庸"與"桑中"、"上
宫"均同韻)；惟自徒歌變成樂歌時，才給樂工加上了前兩章。

　　鄭風的山有扶蘇與桑中意味略同。桑中是一男候三女，山有
扶蘇則是一女候二男。其實"子都"爲美男子的稱謂是確的，"子
充"則不過借來湊"狡童"韻脚而已。我們對此，可以假設上一章
(言子都的)是原有的徒歌，下一章(言子充的)是樂工加上的
樂章。

　　又如王風的揚之水：

(1)揚之水，不流束薪。彼其之子，不與我戍申。

　　懷哉，懷哉，曷月予還歸哉？

(2)揚之水，不流束楚。彼其之子，不與我戍甫。

　　懷哉，懷哉，曷月予還歸哉？

(3)揚之水，不流束蒲。彼其之子，不與我戍<u>許</u>。
　　懷哉，懷哉，曷月予還歸哉？

假使這詩確是征夫懷家的徒歌，則作歌的征夫決不會分成三身而同時戍<u>申</u>戍<u>甫</u>又戍<u>許</u>。這也是樂歌的從一方面鋪張到多方面的表徵。

又如秦風的權輿：

(1)於我乎夏屋渠渠，今也每食無餘。于嗟乎，不承權輿！
(2)於我乎每食四簋，今也每食不飽。于嗟乎，不承權輿！

下章先言"每食四簋"，下接言"每食不飽"，着眼點都在飯食，是前後相呼應的，上章先言"夏屋渠渠"，着眼在居住上了，下卻接言"每食無餘"，改説到飯食上，前後就很不相稱。所以我對於此篇，覺得可以下一個假設：這詩原來在徒歌中只有下一章，上章是樂工爲了要重沓一章而硬湊上去的。

以上所説的話，在詩家看來，怕要説我把句義看得太死了，因爲詩歌創作是純任主觀的，不當有清楚的分析。但我所以敢於這樣説，因爲尚有別的方面給我們以詩經是樂歌的證據，我們儘可以在牠的本身上尋出牠從徒歌變爲樂歌的痕跡。

也許有人説："詩經所録的既爲樂歌，安知不全是樂工做出來的，何以見得必是從徒歌變到樂歌的呢？"我對於此説，也表同情。我所以説詩經裏有一部分詩是從徒歌變爲樂歌之故，因爲王制説"命太師陳詩以觀民風"，漢書食貨志説"孟春之月，群居者將散，行人振木鐸徇於路以采詩，獻之太師，比其音律，以聞於天子"，在這些話裏是説詩經中一部分詩是從徒歌變爲樂歌的。

但這些話都是漢代人説的，未必一定可靠。我所以還敢信他們之故，因爲漢以後的樂府也有把民間的徒歌變爲樂歌的（見下）。假使這些話真是無據之談，我所説的徒歌變爲樂歌之説當然可以推翻；但推翻的只是從徒歌變爲樂歌之説，而不是詩經所録全爲樂歌之説。

　　第三，我們從漢代以來的樂府看，可以證明詩經是樂歌。漢書藝文志詩賦略中所著録的有以下諸書：

吳楚汝南歌詩十五篇。

燕代謳，雁門雲中隴西歌詩九篇。

邯鄲河間歌詩四篇。

齊鄭歌詩四篇。

淮南歌詩四篇。

左馮翊秦歌詩三篇。

京兆尹秦歌詩五篇。

河東蒲反歌詩一篇。

雒陽歌詩四篇。

河南周歌詩七篇。

河南周歌詩聲曲折七篇。

周謠歌詩七十五篇。

周謠歌詩聲曲折七十五篇。

周歌詩二篇。

南郡歌詩五篇。

這些各地方的歌詩即是直接詩經中國風一部分的。但這些歌詩決不是徒歌，一因其中有"曲折"（即樂譜），二因牠們都在樂府。詩賦略序中説：

　　自孝武立樂府而采歌謠，於是有代趙之謳，秦楚之風，皆感於哀樂，緣事而發。

漢書禮樂志又説：

> 武帝定郊祀之禮，……乃立樂府，采詩夜誦，有趙代秦
> 楚之謳。以李延年爲協律都尉。

又叙述各地方音樂的樂員道：

> ……邯鄲鼓員二人，……江南鼓員二人，淮南鼓員四
> 人，巴俞鼓員三十六人，……臨淮鼓員三十五人，……沛吹
> 鼓員十二人，……陳吹鼓員十三人，……楚鼓員六人，……
> 秦倡員二十九人，……蔡謳員三人，齊謳員六人。……

那時的奏樂的樣子，從楚辭中可以看得更明白。招魂説：

> 肴羞未通，女樂羅些。陳鐘按鼓，進新歌些。涉江，采
> 菱，發揚阿些。……二八齊容，起鄭舞些。……竽瑟狂會，
> 搷鳴鼓些。宮庭震驚，發激楚些。吳歈，蔡謳，奏大吕些。

又大招説：

> 代秦鄭衛，鳴竽張只。伏羲駕辯，楚勞商只。謳和陽
> 阿，趙簫倡只。

在這些材料中，可見當時樂調最盛的地方，在北是代秦趙齊，在
南是鄭蔡吳楚（藝文志中所載詩，邯鄲是趙，淮南是吳）。因爲那
些地方的樂調最盛，所以著録的歌詩也最多。

隋書經籍志總集類中也有類似漢志所録的歌詩：

> 吳聲歌辭曲一卷。

　　　　樂府歌詩二十卷。

　　　　樂府歌辭九卷。

　　　　晉歌詩十八卷。

　　　　三調相和歌辭五卷。

　　　　樂府新歌十卷。

這些書的名目上，大都寫明是樂府。"吳聲歌"及"相和歌"，晉書樂志上有幾句記載的話：

　　　　凡樂章古辭，今之存者並漢世街陌謠謳，江南可採蓮、烏生十五子、白頭吟之屬也。

　　　　吳聲雜曲並出江南，東晉以來稍有增廣。子夜歌、……鳳將雛歌、……阿子及懊聞歌、……團扇歌、……懊濃歌、……長史變、……始皆徒歌，既而被之管弦。又有因絲竹金石，造歌以被之，魏世三調歌辭之類是也。

　　　　相和歌，漢舊歌也。絲竹更相和，執節者歌。本一部，魏明帝分爲二。

吳聲歌"始皆徒歌，既而被之管弦"，是由徒歌變成樂歌的。相和歌"絲竹更相和，執節者歌"，是猶今攤簧及大鼓書之類。可見隋志所錄的風詩也沒有不是樂歌的。

　　鄭樵通志樂略中白紵歌條下說：

　　　　白紵歌有白紵舞，白鳧歌有白鳧舞，並吳人之歌舞也。吳地出紵，又江鄉水國，自多鳧鷖，故興其所見以寓意焉。始則田野之作，後乃大樂氏用焉。其音出入清商調，故清商七曲有子夜者，即白紵也。在吳歌爲白紵，在雅歌爲子夜。梁武令沈約更制其詞焉。……

　　　　右白紵與子夜，一曲也。在吳爲白紵，在晉爲子夜。故梁武本白紵而有子夜四時歌。後之爲此歌者，曰白紵，則一曲；曰子夜，則四曲。今取白紵於白紵，取四時歌於子夜，其實一也。

這兩段裏，可見白紵歌始爲田野間徒歌，後來成爲樂歌，又加上了舞。過了幾時，又取了牠的樂調，改製子夜歌；本爲一曲的，到這時便變成了四曲。即此可知徒歌的變爲樂歌，是由簡變繁，由少變多的。

總括以上所説，可以寫出一個從徒歌變爲樂歌的程序：

(1)原爲民間徒歌(如吳聲歌)，或民間樂歌(如相和歌)。

(2)爲貴族蓄養的樂工所采，被之管弦，成爲正則的樂歌。

(3)貴族更制其樂(如魏明帝之於相和歌)，或更制其辭(如梁武帝之於白紵歌)，後遂守之不變。

詩經中一部分詩，帶着徒歌的色彩的，牠的變爲樂歌也許照了這個程序。他的能够列入詩經，與兩漢六朝的樂歌列入漢志隋志所録的歌詩集中也許是一樣的。

第四，我們從古代流傳下來的無名氏詩篇看，可以證明詩經是樂歌。前面所舉的春秋時代的徒歌，以及其他時代的徒歌，只爲與政治人物發生關係，故得流傳下來；這原是重在政治人物的事故，並不重在歌謠的本身。其餘和政治人物没有關係的徒歌，早已完全失傳，再不能尋見了。

我讀文選中古詩十九首時，嘗疑這些詩既無撰人名氏，如何會得流傳下來。後讀玉臺新詠(卷一)所載古詩，其第六首開端云：

四座且莫誼，願聽歌一言。請説銅鑪器，崔嵬象南山。

乃知流傳下來的無名氏古詩亦皆樂府之辭。所謂"四座且莫誼，願聽歌一言”，正與趙德麐商調蝶戀花序中所説“奉勞歌伴，先聽調格，後聽蕪詞”，北觀別墅主人誇陽歷大鼓書引白所説“把絲弦兒彈起來，就唱這回”相同，都是歌者對於聽客的開頭語。

納蘭性德渌水亭雜識（卷四）説：

> 焦仲卿妻，又是樂府中之別體。意者如後之數落山坡羊，一人彈唱者乎？

這句話很可信。我們看焦仲卿妻一詩中，如“物物各自異，種種在其中”，如“纖纖作細步，精妙世無雙”，和“云有第三郎，窈窕世無雙”，其辭氣均與現在的大鼓書和彈詞相同。而縣君先來，太守繼至，視歷開書，吉日就在三天之内，以及聘物車馬的盛況，亦均富於唱詞中的故事性。末云，“多謝後世人，戒之慎勿忘”，這種唱罷時對於聽衆的丁寧的口氣，與今大鼓書中單刀赴會的結尾説“這就是五月十三聖賢爺單刀會，留下了仁義二字萬古傳”，吕蒙正教書的結尾説“明公聽了這個段，凡事要忍心莫要高”是很相像的。

漢隋兩志著錄的歌詩集不久都失傳了。我們看玉臺新詠中的古樂府，看樂府詩集中的橫吹曲辭、相和歌辭、清商曲辭、雜曲歌辭……，凡是帶着民歌的氣息的，那一首不是樂歌。更看元代的陽春白雪、太平樂府，清代的霓裳續譜、白雪遺音，凡是著錄當代的歌曲的，裏邊又那一首不是樂歌。再看現在市攤上賣的唱本，有戲本，有曲詞，有模仿樂曲做成的歌詞，可是沒有徒歌。我近來爲孔德學校整理新購的蒙古車王府的曲本千餘册，其中除了戲本之外，有大鼓書，有快書，有牌子曲，有岔曲，有馬頭調，有彈詞，但也沒有一首徒歌。這不必奇怪，因爲徒歌本來不爲人所注意的，本來不使人感到有搜集和保存的價值的（除了與政治人物發生關係）。

　　徒歌的搜集和保存，在紀録歷史方面，始於明楊慎的古今風謠（函海及藝海珠塵本），在紀録地方方面，始於清李調元的粤風（函海本）。他們倆都是"才子"，都是才子故事的箭垛人物（楊慎的故事見於北新書局出版的徐文長故事，李調元的故事見於京報附送的民衆週刊）。惟其是才子，所以纔能超出於當代的學術潮流之外而賞鑑這類真正的民衆文藝。但明清兩代似乎只有他們二人而已（至多也惟有加上一個受了楊慎影響而編古謡諺的杜文瀾，一個受了杭世駿等續方言的影響而編越諺的范寅）。直到現在，纔有用了學術的眼光真正搜集民間徒歌的北京大學歌謠研究會。這種事情，在以前是絶對没有的。我們現在在北京大學裏，耳聞目見的多了，不免以爲搜集民間歌謠是很便當的事，詩經中的一部分既帶着很濃重的民歌色彩，想來也是搜集來的徒歌。但我們一從歷史上觀察，便可知道搜集徒歌是現代學術界上的事情，以前是絶對没有這一個問題的。以前的人儘可以會唱許多徒歌，儘可以聽得許多徒歌，但除了與政治人物發生關係的幾首視爲值得注意之外，是隨地漸滅的。樂工爲了搜取樂歌的材料起見，所以對於徒歌有相當的注意，但他們注意的目的不過取來備自己的應用而已，絶對不是客觀的搜集和保存。西洋人的搜集徒歌的工作固然做得比我們早，但也不過早上數十年而已。總之，自人類始有文化以來，直到十九世紀的初葉，徒歌是没有一天間斷的，但是全世界人對於牠卻是一例的不注意。詩經是二千年前的東西，二千年以前的人是決不會想到搜集和保存徒歌的工作的，所以我敢説這是樂歌。

　　以上四條，是我所以説詩經所録全爲樂歌的理由。現在就把上面的意思括成一個簡單的結論：

　　　　春秋時的徒歌是不分章段的，詞句的複沓也是不整齊的；詩經不然，所以詩經是樂歌。凡是樂歌，因爲樂調的複奏，容易把歌詞鋪張到多方面；詩經亦然，所以詩經是樂歌。<u>兩漢</u><u>六朝</u>的樂歌很多從徒歌變來的，那時的樂歌集又是分地著録，承接着<u>國風</u>，所以<u>詩經</u>是樂歌。徒歌是向來不受人注意的，流傳下來的無名氏詩歌亦皆爲樂歌；<u>春秋</u>時的徒歌不會特使人注意而結集入<u>詩經</u>，所以<u>詩經</u>是樂歌。

三　詩經中有一部分徒歌的討論

主張<u>詩經</u>中有一部分是徒歌的，在<u>魏先生</u>以前有<u>南宋</u>的<u>程大昌</u>和<u>清</u>初的<u>顧炎武</u>。我現在乘討論之便，把他們的議論也考量一番。

<u>程大昌</u><u>詩論</u>（<u>藝海珠塵</u>本；<u>荆川稗編</u>本題<u>詩議</u>）中"南、雅、頌爲樂詩，諸國爲徒詩"篇云：

> <u>春秋</u><u>戰國</u>以來，諸侯卿大夫士賦詩道志者，凡詩雜取無擇。至考其入樂，則自<u>邶</u>至<u>豳</u>無一詩在數。享之用鹿鳴，鄉飲酒之笙由庚、鵲巢，射之奏騶虞、采蘋，諸如此類，未有出南雅之外者。然後知南雅頌之爲樂詩而諸國之爲徒詩也。
>
> 鼓鐘之詩曰，"以雅以南，以籥不僭"。<u>季札</u>觀樂，"有舞象箾南籥者"。詳而推之，"南籥"，二南之籥也；"箾"，雅也；"象舞"，頌之維清也。其在當時親見古樂者，凡舉雅頌率參以南。其後<u>文王世子</u>又有所謂"胥鼓南"者，則南之爲樂古矣。
>
> 詩更秦火，簡編殘缺。學者不能自求之古，但從世傳訓故第第相受，於是靭命古來所無者以爲"國風"，參匹雅頌，而文王南樂遂包統於國風部彙之内。雖有卓見，亦莫敢出衆擬議也。……

顧炎武日知録(卷三)"四詩"條云：

> 周南、召南，南也，非風也。豳謂之"豳詩"，亦謂之
> "雅"，亦謂之"頌"(據周禮篇章)，而非風也。南、豳、雅、
> 頌爲四詩，而列國之風附焉。此詩之本序也。(宋程大昌詩
> 論謂無"國風"之目。然禮記王制言"太師陳詩以觀民風"，即
> 謂自邶至曹十二國爲風無害。)

又"詩有入樂不入樂之分"條云：

> 鼓鐘之詩曰："以雅以南。"子曰："雅頌各得其所。"夫二
> 南也，豳之七月也，小雅正十六篇，大雅正十八篇(詩譜，
> "小雅十六篇，大雅十八篇，爲正經")，頌也，詩之入樂者
> 也。邶以下十二國之附於二南之後而謂之風，鴟鴞以下六篇
> 之附於豳而亦謂之豳，六月以下五十八篇之附於小雅，民勞
> 以下十三篇之附於大雅而謂之變雅，詩之不入樂者也。(釋
> 文云："從六月至無羊十四篇，是宣王之變小雅；從節南山
> 至何草不黃四十四篇，前儒申公毛公皆以爲幽王之變小雅。
> 從民勞至桑柔五篇，是厲王之變大雅，從雲漢至常武六篇，
> 是宣王之變大雅；瞻卬及召旻二篇，是幽王之變大雅。"正義
> 曰："變者雖亦播於樂，或無算之節所用，或隨事類而歌；
> 又在制禮之後，樂不常用。"今按，以變雅而播之於樂，如衛
> 獻公使大師歌巧言之卒章是也。)……

從以上許多話看來，我們可以歸納出他們的幾項主張：

(1)"南"爲樂名；"國風"之名爲秦以後人所剏。

(2)南雅頌爲樂詩；邶以下諸國爲徒詩。

　　以上程大昌説。

（3）南、豳、雅、頌爲"四詩"。

（4）"國風"之名可存，但列國詩只附於四詩。

（5）二南、豳之七月、正小雅、正大雅、頌，爲入樂之詩；
邶以下十二國，豳鴟鴞以下，變小雅、變大雅，爲不入
樂之詩。

以上顧炎武説。

我對於他們的主張，有十分贊成的（南爲樂名），有以爲可備一説
的（南豳雅頌爲四詩），有以爲可商酌的（國風之名），有以爲必不
然的（邶以下諸國及變雅爲徒詩）。今依次叙述於下：

第一，南爲樂名，這是愜心饜理的見解。因爲周南召南的
"南"，正如周頌商頌的"頌"：頌既爲樂名，南亦當然是樂名。
"以雅以南"，確是一個極好的證據。"胥鼓南"一證也是重要的。
從前人因爲要維持一個"國風"的總名，不惜把"南"字解爲"南夷
之樂"（毛傳），又把周南召南的"南"解爲"王化自北而南"（毛詩
序），實在是極謬妄的。

第二，豳爲四詩之一，並無確證。因爲豳是以地名（大雅公
劉"于豳斯館"）名樂聲的，與邶鄘諸名一律。獨把豳詩示異於諸
國，未見其必然。周官雖有"豳詩、豳雅、豳頌"諸名，但周官這
書的可信的價值原不很高，我們終不能據此一言便視爲定論。
（就使可信，也許牠説的豳雅是指小雅中的大田、甫田諸篇；豳
頌是指周頌中的載芟、良耜諸篇。因爲籥章説的"祈年於田祖，
吹豳雅，擊土鼓，以樂田畯"，分明是從甫田篇的"琴瑟擊鼓以御
田祖，……田畯至喜"等話套來的。牠既以小雅爲豳雅，則以周
頌爲豳頌亦屬可能；豐年和載芟都説"爲酒爲醴，以洽百禮"，和
"吹豳頌"而爲"合聚萬物而索饗之"的蜡祭意義亦差同。）

第三，"國風"確是後起之名，但似不是秦以後人題的。荀子
儒效篇中有"風之所以爲不逐者，取是以節之也"的話，是和小雅
的"取是而文之"，大雅的"取是而光之"，頌的"取是而通之"並列

的。樂記記師乙的話，有“正直而靜，廉而謙者宜歌風”，是和“寬而靜，柔而正者宜歌頌；廣大而靜，疏達而信者宜歌大雅；恭儉而好禮者宜歌小雅”連着說的。荀子大略篇中又有“國風之好色也”，是和“小雅不以於汙上，自引而居下”並列的。如果儒效、大略諸篇與樂記均不出於漢人的手筆，則“風”或“國風”之名想來在戰國時就成立了。看大雅崧高篇說“吉甫作誦，其詩孔碩，其風肆好”，又看左傳成九年說鍾儀“操南音”，范文子說他“樂操土風”，則風字的意義似乎就是“聲調”。聲調不僅諸國之樂所具，雅頌也是有的。所以“風”的一名大概是把通名用成專名的。所謂“國風”，猶之乎說土樂。

　　較前於荀子和樂記的有左傳，裏面沒有把“風”字概稱諸國詩的（隱公三年傳的“風有采蘩采蘋”的君子的話，是漢人加上去的）。又較前的有論語，裏面說及周南召南，又說及雅頌，但也沒有說及諸國詩。但牠雖沒有說“國風”，雖沒有說“諸國詩”，卻曾說了兩次“鄭聲”。衛靈公篇云：“顏淵問爲邦，子曰：‘……樂則韶舞，放鄭聲，……鄭聲淫。’”陽貨篇云：“惡鄭聲之亂雅樂也。”孔子是正雅頌的人，他說“鄭聲亂雅樂”，“正”和“亂”正是對立之詞，雅樂既即是指雅頌，則別鄭聲於雅樂之外，似乎他是把“鄭聲”一名泛指着一般土樂（國風）。國風亂雅是可能的事，我們只要看小雅中黃鳥、谷風、采綠、都人士、我行其野等篇，牠們的風格婉變輕逸，與國風極近而與雅體頗遠，就不免引起了這個懷疑。如果牠們確是從國風亂到小雅裏的，則牠們的所以致亂的緣故不出二端：一是由於音調的相近（如徽調與漢調，漢調與京調），一是由於用爲奏雅樂時的穿插（如皮黃班中的小放牛和探親家等小調戲）。這是我暫時下的一個假設。

　　我所以有此假設之故，因爲漢書禮樂志中的紀事也是把燕代秦楚各地的音樂都喚做“鄭聲”的。禮樂志云：

　　　　河間獻王有雅材，……因獻所集雅樂。天子下大樂官常存

肄之，歲時以備數；然不常御。常御及郊廟皆非雅聲。……至
成帝時，……鄭聲尤甚。黃門名倡丙彊景武之屬富顯於世。貴
戚五侯，定陵，富平外戚之家淫侈過度，至與人主爭女樂。哀
帝……即位，下詔曰：“惟世俗奢泰文巧而鄭衛之音興。……
鄭衛之音興則淫僻之化流。……孔子不云乎：‘放鄭聲，鄭聲
淫。’其罷樂府及郊祭樂，及古兵法武樂。在經非鄭衛之樂者，
條奏，別屬他官。”丞相孔光，大司空何武奏：“……楚鼓員六
人，……秦倡員二十九人，楚四會員十七人，巴四會員十二
人，……齊四會員十九人，蔡謳員六人，……皆鄭聲，可
罷。……”奏可。然百姓漸漬日久，……富豪吏民湛沔自
若。……

　　讀此篇，可見當時把楚、秦、巴、齊、蔡等地方的樂曲都喚作
“鄭聲”，而真正的鄭地的樂工在西漢樂府中的倒反没有。又可見
此類樂調，單言則爲“鄭聲”，叠舉則爲“鄭衛之音。”“鄭聲”一名
如此用法，成了一個很普泛的樂調的名字，正如現在所説的“小
調”。禮樂志中又説“貴戚與人主爭女樂”，可見那時的鄭聲中有
一部分是女樂。説起了女樂，使我聯想到論語上的“齊人饋女樂，
孔子行”的故事，又想起招魂所寫的女樂“起鄭舞，發激楚，吳歈
蔡謳”的詞句。恐怕孔子所説的“鄭聲”即是這類女樂，她們是混
合了各地的樂歌而成立的班子。因爲其中的音樂以鄭國爲最著
名，所以總稱爲“鄭聲”。正如現在無論那地的戲班子總喜歡寫
“京都名班”，有一個新出道的小戲子上臺總喜歡寫“北京新到”，
其實裹面儘多土調，或與北京全不相干。他們所以如此，只爲北
京是樂曲最著名的地方呵。

　　凡是土樂，一定是最少紳士氣的。牠敢把下級社會的幼稚的
思想，粗獷的態度，淫蕩的聲音，儘量地表現出來。例如北方的
嗶嗶戲、跑旱船，南方的打花鼓、蕩湖船，以及上海游藝場裹的

四明文戲、揚州小戲、男女化裝蘇灘、化裝申曲（東鄉調），都是。這些東西因爲毫没有紳士氣，所以最爲紳士派所厭惡。他們總想把牠們完全禁絶以正風化，所以四明文戲已不見於寧波而嘣嘣戲也絶跡於北京城。豈但這班衛道的官紳呢，就是我們一輩人亦何嘗不如是。我以前在上海，很想多逛游藝場，現在在北京，很想多逛天橋，不幸同志是永遠難找到的。因此，使我想起了春秋時各國的土樂包羅在"鄭聲"一名之下而爲孔子所痛絶也是很可能的。

這一條衍説得太長了，今把我對於"國風"一名的由來的解釋立一假設如下。各國的土樂原是很散亂的，最先只用國名爲其樂調之名，没有總名；後來同冒於"鄭聲"一名之下；更後乃取"風"（聲調）的一個普通的名詞算做牠們的共名；或更加"國"字於"風"字之上而成今名。

第四，南雅頌固然是樂詩，但邶以下諸國及變雅卻非徒詩。這個問題很複雜，現在分爲下列三事而作解答：

(1)春秋時的賦詩與樂歌。

(2)宗廟燕享所用的樂歌與樂歌的全部。

(3)正變之説的由來。

對於第一問題，我以爲春秋時人所賦的詩都是樂歌。在左傳上，有下列諸種證據：

> 衛甯武子來聘，公與之宴，爲賦湛露及彤弓。不辭，又不答賦。使行人私焉。對曰："臣以爲肄業及之也。昔諸侯朝正於王，王宴樂之，於是乎賦湛露。……今陪臣來繼舊好，君辱貺之，其敢干大禮以自取戾！"（文四年）

> 孫文子如戚，孫蒯入使。公飲之酒，使太師歌巧言之卒章。太師辭。師曹請爲之。初，公有嬖妾，使師曹誨之琴；師曹鞭之，公怒，鞭師曹三百：故師曹欲歌之以怒孫子，以

報公。公使歌之，遂誦之。（襄十四年）

　　叔孫穆子食慶封。慶封氾祭。穆子不説，使工爲之誦茅
鴟。（襄二十八年）

從以上諸故事中，可見春秋時的"賦詩"等於現在的"點戲"。那時
的貴族（王，侯，卿，大夫）家裏都有一班樂工，正如後世的"内
廷供奉"和"家伶"。貴族宴客的時候，他們在旁邊侍候着。貴族
點賦什麽詩，他們就唱起什麽詩來。客人要答賦什麽詩也就點了
叫他們唱。甯武子所説的"肄業"，業即版，所以紀樂譜的（周頌
有瞽篇云："有瞽有瞽，在周之庭，設業設虡，崇牙樹羽"）。師
曹的"誦"巧言，穆子的工的"誦"茅鴟，也許有人據了班固所説的
"不歌而誦謂之賦"（藝文志序）和韋昭所説的"不歌曰誦"（魯語注）
來證明賦詩是徒歌而不是樂歌。但"歌"與"誦"原是互文。先就動
詞方面看，襄十四年傳説"公使歌之，遂誦之"，襄二十八年傳説
"使工爲之誦"，襄二十九年傳説"使工爲之歌"，可見是同義的。
再就名詞方面看，小雅節南山説"家父作誦"，四月説"君子作
歌"，大雅崧高和烝民説"吉甫作誦"，桑柔説"既作爾歌"，可見
也是同義的。"誦"與"頌"通，頌即周頌魯頌之頌，也即歌頌之頌
（嘗疑頌名即歌義，也是由通名變成專名的，與"風"同）。班固和
韋昭的説話，實在是漢人妄生分別的曲解。

　　我們既知道賦詩爲樂歌，試再看以下許多賦詩的故事：

　　　　季武子如宋，……受享，賦常棣之七章以卒。……歸，
復命，公享之；賦魚麗之卒章。公賦南山有臺。……（襄二
十年）

　　　　齊侯鄭伯爲衛侯故如晉，晉人兼享之。晉侯賦嘉樂。國
景子相齊侯，賦蓼蕭。子展相鄭伯，賦緇衣。（襄二十六年）

　　　　鄭伯享趙孟於垂隴。……子展賦草蟲。……伯有賦鶉之

賁賁。⋯⋯子西賦黍苗之四章。⋯⋯子産賦隰桑。⋯⋯子太叔賦野有蔓草。⋯⋯印段賦蟋蟀。⋯⋯公孫段賦桑扈。⋯⋯（襄二十七年）

在第一段裏，常棣、魚麗、南山有臺都是在他們所謂正小雅之内。在第二段裏，嘉樂在所謂正大雅，蓼蕭在所謂正小雅，緇衣在鄭。在第三段裏，草蟲在召南，鶉之賁賁在鄘，黍苗、隰桑、桑扈在所謂變小雅，野有蔓草在鄭，蟋蟀在唐。程大昌説，"春秋戰國以來，諸侯卿大夫士賦詩道志者，凡詩雜取無擇"，這句話是對的。但他接説"至考其入樂，則自邶至豳無一詩在數"，又説"然後知南、雅、頌之爲樂詩而諸國之爲徒詩"，那就錯了！照他所説，不知道何以解於賦詩的"使太師歌"和"使工爲之誦"？要是諸國詩爲徒詩，不知道是否賦魚麗草蟲時則奏樂，賦緇衣蟋蟀時則止樂？要是賦詩時不用樂，又不知道是否他們認爲樂歌的南雅在賦詩時悉當改爲徒歌？顧炎武以正變分別入樂與否，不知是否同一小雅，在賦蓼蕭時則奏樂，在賦桑扈時便輟樂？反覆推證，覺得他們的話實在太牴牾了！

對于第二問題，我以爲宗廟燕享所用的樂歌決不足以包括樂歌的全部。這一件事是程顧二先生的誤解的根源。本來賓祭二事是重大的典禮，所以魯要用禘樂，宋要用桑林（見左傳襄公十年）。他們二人於春秋後千六百年至二千年，在斷簡殘篇中找到了幾篇鄉飲鄉射的禮節單，看到他們行禮時所奏的樂歌總是風和雅的頭幾篇，遂以爲二南與正雅是樂歌，其他是徒歌。他們的理由實在太不充分了！鄉飲鄉射諸篇之外，難道就没有別的典禮嗎？典禮中不用的詩，難道就不能入樂嗎？徒歌與樂歌的界限，難道就分在典禮與非典禮上嗎？孔穎達説："變者雖亦播於樂，或無算之節所用，或隨事類而歌；又在制禮之後，樂不常用。"他用了正變之説及周公制禮之説來分別詩篇，雖是誤謬，但他把變風變雅看爲典禮以外的樂歌，則固有一部分的合理。

現在我就用了儀禮所記的在典禮中的樂詩的樣子，來看那時樂的關係。鄉飲酒篇云（鄉射、燕禮等略同，不備舉）：

衆賓序升，即席。……

設席於堂廉，東上。工四人，二瑟，瑟先。相者二人，皆左何瑟，後首，挎越，内弦，右手相。樂正先升，立于西階東。工入，升自西階，北面坐。相者東面坐，遂授瑟，乃降。工歌鹿鳴，四牡，皇皇者華。……

笙入，堂下磐南，北面立，樂南陔、白華、華黍。……

乃間歌魚麗，笙由庚；歌南有嘉魚，笙崇丘；歌南山有臺，笙由儀。

乃合樂，周南：關雎、葛覃、卷耳；召南：鵲巢、采蘩、采蘋。

工告於樂正曰，“正歌備”。樂正告於賓，乃降。……

主人請徹俎……衆賓皆降。脱屨，揖讓如初，升，坐，乃羞。無算爵，無算樂。

賓出，奏陔。……

明日，賓服鄉服以拜賜，主人如賓服以拜辱。主人釋服，乃息司正。無介，不殺，薦脯醢，羞唯所有，……鄉樂唯欲。

讀了這一段，可以知道典禮中所用的樂歌有三種：（1）正歌，（2）無算樂，（3）鄉樂。正歌是在行禮時用的；無算樂是在禮畢坐燕時用的；鄉樂是在慰勞司正時用的。正歌義取嚴重；無算樂則多量的演奏，期於盡歡，猶之乎“無算爵”的期於“無不醉”；鄉樂則更隨便，猶之乎“羞唯所有”，有什麽是什麽了。鄉樂，鄭玄注道：“周南召南六篇之中唯所欲作，不從次也。”他爲什麽這般說

呢？賈公彥疏道："上注以二南爲卿大夫之樂，小雅爲諸侯之樂，
故知二南也。"他這話如果是確實的，那麼，鄉飲酒原是卿大夫之
禮，他們爲什麼要在正歌中奏諸侯用的鹿鳴諸篇呢？爲什麼賓出
時要奏天子用的陔呢？所以這鄉樂一名，我以爲應該作鄉土之樂
解纔對。因爲慰勞司正是一件不嚴重的禮節，所以吃的東西只要
有什麼是什麼，聽的東西也只要點什麼是什麼。鄉土之樂是最不
嚴重的，故便在那時奏了（周禮旄人的"散樂"也是這類東西；鄭
玄注道："野人爲樂之善者，若今黃門倡矣"，是不錯的）。

　　我們在這裏，可以舉出些比較的例來。以前蘇州的攤簧，有
的前攤（如掃秦、斷橋等）和後攤（如借靴、探親等）的分別。前攤
是叙正經事，說正經話的；在宴會之際，歌者看有幾桌客人便歌
唱幾曲（如桌數過多時，當然也有限制）。唱完了前攤，便請客人
點唱後攤。後攤是偏重在言情及滑稽方面的，主旨在於博得聽者
的笑樂（近來"人心不古"，大家厭聽正經話，所以前攤幾乎是絕
跡了）。用這件事來比較儀禮所載，前攤的性質就是正歌，後攤
就是無算樂和鄉樂。

　　我們更看清宮昇平署的曲本，固然也有姜女哭城、蝴蝶夢等
等社會上通行的不很吉祥的戲，但分量佔得最重的是壽山福海、
景星協慶、鴻禧日永、萬福攸同等等典禮劇。這因爲帝王家是最
重典禮的，所以不得不如此。現在喜慶事的堂會戲，必用大賜
福、百壽圖等等祝頌戲開場，繼之以連陞三級、滿牀笏、金榜樂
等等喜劇。排戲的人也明知座上諸公的趣味並不在此，他們所要
求的乃是梅龍鎮、打櫻桃等等風情劇，或是獨木關、托兆碰碑等
等悲壯劇，但既在典禮的場面之中，便不得不請他們暫時把聽戲
的興致往下一捺，等到典禮方面的應有諸劇演了之後，再由着他
們點唱了。

　　所以我們由此可以知道；我們若因儀禮所記的樂歌的篇名只
有二南和正雅，便以爲邶以下諸國和變雅不是樂歌，這無異於因

今禮（可惜沒有成書，不能徵引）把前攤爲正歌，壽山福海、大賜福爲正劇，便説後攤不是樂歌，姜女哭城、打櫻桃等不是戲劇。程顧二先生的誤解點正在此處。

對於第三問題，我以爲正變之説是絶對不能成立的分類。漢儒愚笨到了極點，以爲“政治盛衰”，“道德優劣”，“時代早晚”，“詩篇先後”這四件事情是完全一致的。他們翻開詩經，看見周南召南的“周召”二字，以爲這是了不得的兩個聖相，這風一定是“正風”。邶鄘衛以下，沒有什麼名人，就斷定爲“變風”了（幽的所以見於籥章，恐怕即因有了周公之故）。他們翻開小雅，看見鹿鳴等篇喬皇典麗，心想這一定是文王時作的，是“正小雅”。一直翻到六月，忽然看見“文武吉甫”一語，想起尹吉甫是宣王時人，那麼，從這一篇起，一定是宣王以後的詩了。宣王居西周之末，時代已晚，政治必衰，道德必劣，當然是“變小雅”了。再從六月翻下去，直到節南山，裏面有“喪亂弘多”之句，心想宣王是不十分壞的，這詩既説得如此，當然是“雖有孝子順孫，百世不能改”的幽王時詩了。從此直到何草不黃四十四篇，就都定爲刺幽王的詩。但自六月以下很有些頌揚稱美的詩，和鹿鳴等篇的意味是相同的，這怎麼辦呢？於是“復古”，“傷今思古”，“思見君子”，“美宣王，因以箴之”等話都加上去了。他們翻開大雅，看見文王、大明等篇，言周初立業的事，當然都是好不可攀的周初人作的，是“正大雅”。翻到民勞，看見裏面有“無良”，“憯恢”，“寇虐”等許多壞字眼，心想從此以後一定是“變大雅”了。但“申伯”“吉甫”等人名還在後面，足見民勞等篇是宣王以前的詩，而宣王以前最著名的暴君是厲王，那麼，民勞以下一定是厲王時詩了。由此着眼，把民勞以下十三篇分配到厲、宣、幽三王，規定爲“變大雅”。他們所謂正變的大道理，老實説起來，不過這一點妄意的揣測。小雅中何以刺幽王詩特多而厲王則沒有？（鄭玄嫌他寂寞，要從刺幽王詩中分出一點給他。）大雅中何以刺厲王詩較多而幽王則特少？這可以説都是由於"吉甫"二字的作梗！這全是閉着眼睛的胡説，不近人情的妄爲，而竟支配了二千餘年的經學家的心，中國的學者的不動天君由此可見了！

顧炎武雖是主張從正變的篇第去分樂詩與非樂詩的一個人，但他卻不是根本相信正變之説的，因爲正變之説的基礎原建築在世次上，他已把世次之説打倒了。日知録（卷三）"詩序"條云：

> 詩之世次必不可信，今詩未必皆孔子所正。且如"褒姒威之"，幽王之詩也，而次於前；"召伯營之"，宣王之詩也，而次於後。序者不得其説，遂并楚茨、信南山、甫田……十詩皆爲刺幽王之作，恐不然也。又如碩人，莊姜初歸事也，而次於後；緑衣、日月、終風，莊姜失位而作，燕燕，送歸妾作，擊鼓，國人怨州吁而作也，而次於前。渭陽，秦康公爲太子時作也，而次於後；黄鳥，穆公薨後事也，而次於前。此皆經有明文可據。故鄭氏謂十月之交、雨無正、小旻、小宛皆刺厲王之詩，漢興之初，師移其篇第耳。而左氏傳楚莊王之言曰："武王作武，其卒章曰'耆定爾功'，其三曰'敷時繹思，我徂維求定'，其六曰'綏萬邦，屢豐年'。"今詩但以"耆定爾功"一章爲武，而其三爲賚，其六爲桓；章次復相隔越。儀禮歌召南三篇，越草蟲而歌采蘋。正義以爲采蘋舊在草蟲之前。知今日之詩已失古人之次，非夫子所謂"雅頌各得其所"者矣。

他這一段話雖未必完全正確（因爲相傳的詩本事不確實的太多，例如武言"於皇武王"，桓言"桓桓武王"，而左傳紀楚莊王言，竟以爲武王自作），但詩篇次第的不可信，他説得已很明白。他不信詩篇的次第，又以爲楚茨以下十詩不是刺詩，那麽，正雅變雅的次第是如何分别出來的呢？他的"正雅爲樂詩，變雅爲徒詩"之説又如何建設起來的呢？這實在是矛盾得可詫了！

顧炎武在"詩有入樂不入樂之分"條説，"以變雅而播之於樂，如衛獻公使太師歌巧言之卒章是也"，是他明知變雅也是入樂的。他又引朱熹的話：

> 二南，正風，房中之樂也，鄉樂也。二雅之正雅，朝廷之樂也。商周之頌，宗廟之樂也。至變雅則衰周卿士之作，以言時政之得失，而邶鄘以下則太師所陳以觀民風者耳，非宗廟燕享之所用也。

這幾句話雖猶爲正變之説所牽纏，但朱熹的意思以爲有典禮所用之樂，有非典禮所用之樂，義甚明顯。現在我更進一步説：我們不能分樂詩爲"典禮所用的"與"非典禮所用的"，我們只能分樂詩爲"典禮中規定應用的"與"典禮中不規定應用的"。例如儀禮中舉的鹿鳴南陔諸篇，以及左傳中所説王宴樂諸侯用湛露、彤弓，是典禮中規定應用的；至於"無算樂"與"鄉樂"，以及左傳中所記的雜取無擇的賦詩，是典禮中不規定應用的。規定應用的，大都是喬皇典麗的篇章；不規定應用的，不妨有愁思和諷刺的作品。這正如今日的堂會戲，除了正式的幾個喜劇之外，也不妨有悲劇和滑稽劇。愁思諷刺的詩因爲出於臨時的點唱，沒有正式的規定，所以用不着寫在禮書上。邶鄘以下和雅中的一部分詩所以特少見於禮書，即因此故。前人不知，就把不見於禮書的算做不入樂的，而又把正變之説硬分出牠們的界限來，所以鬧得觸處牴牾。這全由於他們的眼光太窄，思想太拘泥所致。從實際上看來，他們所謂入樂的何嘗盡是典禮所規定應用的，他們所謂不入樂的又何嘗盡是典禮所不規定應用的。例如二南，是他們確認爲入樂的，但其中汝墳説"王室如燬"，行露説"雖速我獄"，以及小星的嘆命，野有死麕的誘女，這決不會成爲典禮所規定應用的。而他

們所謂不入樂的變雅，如信南山和甫田説"是烝是享"，"以介我
稷黍"，倒確是應用於祭祀的；采菽和白駒説"君子來朝"，"於焉
嘉客"，也確是應用於宴享的。至于崧高、烝民、韓奕諸篇，是
爲了燕享而特制的樂詩，更是明白。所以用了典禮應用之説來分
別樂詩，雖多謬誤，尚有一部分的理由；若用了正變之説來分別
樂詩，簡直是全盤錯亂了！

　　總合以上的説話作一結論，是：

　　程顧二先生之説，可以贊同的是"南"爲樂調，與雅頌並
立；"國風"的一個名詞是後起的。（我疑在未有國風之名時，
諸國樂歌同冒於"鄭聲"一名之下。）至豳與南雅頌並立爲四詩
之説，並未有確證。

　　他們的"邶以下諸國及變雅爲徒詩"之説是極謬誤的。他
們的癥結在於誤認樂歌盡於正歌，而不知道正歌以外的樂歌
儘多。賦詩的雜取正歌以外的詩即是一個很好的證明。他們
又用了正變之説來分別樂詩與徒詩，但正變之説固是漢人依
傍了詩篇的次第而妄造出來的，全没有可信的價值。

　　十四年十一月十八日始草，十二月十六日脱稿。

瞎子斷扁的一例——靜女 [*]

崔述在考信録提要中曾經舉了一個老笑話來説明他所以要做考信的工作的緣故。原文道：

有二人皆患近視而各矜其目力不相下。適村中富人將以明日懸扁於門，乃約於次日同至其門，讀扁上字以驗之。然皆自恐弗見，甲先於暮夜使人刺得其字，乙并刺得其旁小字。暨至門，甲先以手指門上曰："大字某某。"乙亦用手指門上曰："小字某某。"甲不信乙之能見小字也，延主人出，指而問之曰："所言字誤否？"主人曰："誤則不誤，但扁尚未懸，門上虛無物，不知兩君所指者何也？"嗟乎，數尺之扁，有無不能知也，況於數分之字，安能知之！聞人言爲云云而遂云云，乃其所以爲大誤也。史記樂毅傳云："毅留狗齊五歲，下齊七十餘城，唯獨莒即墨未服"，是毅自燕王歸國以後，日攻齊城，積漸克之，五載之中共下七十餘城，唯此兩城尚未下也。此本常事，無足異者。而夏侯太初乃謂毅下七十餘城之後，輟兵五年不攻，欲以仁義服之：以此爲毅之賢。蘇子瞻則又謂毅不當以仁義服齊，輟兵五年不攻，以致前功盡棄：以此爲毅之罪。至方正學則又以二子所論皆非

---

* 原載現代評論第三卷第六十三期，1926 年 2 月 20 日；又載古史辨第三册。

是，毅初未嘗欲以仁義服齊，乃下七十餘城之後恃勝而驕，是以頓兵兩城之下，五年而不拔耳。凡其所論，皆似有理，然而毅初無此事也。是何異門上並無一物，而指之曰"大字某某，小字某某"者哉！大抵文人學士多好議論古人得失而不考其事之虛實。余獨謂虛實明而後得失或可不爽。故今爲考信録，專以辨其虛實爲先務，而論得失者次之，亦正本清源之意也。

他這一番話確是很有趣，可惜這個譬喻還未能密合他所要證明的事實。兩個近視眼固然空指着没有上匾的門楣，但他們畢竟是請人先去刺探過的，所指的地位也没有錯，只要匾掛上去時，他們所說的話原是很正確的。至於夏侯太初們批評樂毅的話，簡直是逞臆的瞎說。他們並未請人刺探過，也未指準上匾的門，只以爲我的想像如此，事實便非如此不可。這比了近視眼的笑話還要胡鬧；要把這種情形加上一個題目，可以叫作"瞎子斷匾"。（斷，讀如包公斷案之斷。）

這種的例非常多，我現在試舉一個。

詩經邶風中有一首詩，唤做靜女，很明白的是一首情詩。它的原文是：

　　靜女其姝，俟我於城隅。
　　愛而不見，搔首踟躕。
　　＊　　　＊　　　＊
　　靜女其變，貽我彤管。
　　彤管有煒，說懌女美。
　　＊　　　＊　　　＊
　　自牧歸荑，洵美且異。
　　匪女之爲美，美人之貽！

這幾句詩並不算得古奧。所難懂的，只是"彤管"和"荑"兩件東西，因爲這是古人日用的東西，時代變了，不容易明白他們的用處了。我們現在可以加上說明的，彤是丹漆，所以左傳上有"彤弓一，彤矢百"的話，而宋城者譏笑華元的棄甲亦曰"丹漆若何"。弓矢甲都用丹漆，可見"彤"並不是很貴重的漆色。"牧"是郊野，從郊野裏拿來的荑，是一種植物。碩人詩中有"手如柔荑"的話，可見荑是柔軟可愛的。這個靜女把丹漆的管子送給所愛，又把柔軟的荑送與他，原是一件很尋常的事。

如果讀者看了以上的話還不十分明瞭這詩的意義，我再把它試譯成白話(慚愧我没有詩才，不能譯得像一首詩)：

幽靜的女子美好呵，她在城角裏等候着我。

我愛她，但見不到(或尋不見)她，使得我搔着頭，好没主意。

※　　　　　　　　※　　　　　　　　※

幽靜的女子柔婉呵，她送給我硃漆的管子。

這個硃漆的管子好光亮，我真是歡喜你(指管)的美麗。

※　　　　　　　　※　　　　　　　　※

從野裏帶回來的荑草，實在的好看而且特別。

但這原不是你(指荑)的好呵，好祇好在是美人送給我的。

這種的翻譯固然是徒勞無功，但竟還算得文從字順。我説出這一句話來，並不是要自夸，實在二千多年中的經學家太可憐了！

漢朝的經師不知道爲什麽會得這樣的異想天開！毛詩故訓傳對於這詩下的注解是：

"靜"，貞靜也。女德貞靜而有法度，乃可説也。"姝"，

美色也。"俟"，待也。"城隅"，以言高而不可踰。"愛而不
見，搔首踟躕"，言志往而行止。"靜女其孌，貽我彤管"，
言既有靜德，又有美色，又能遺我以古人之法，可以配人君
也。古者后夫人必有女史彤管之法。史不記過，其罪殺之。
后妃群妾以禮御於君所，女史書其日月，授之以環，以進退
之。生子月辰，則以金環退之。當御者，以銀環進之，著於
左手；既御，著於右手。事無大小，記以成法。"煒"，赤
貌。"彤管"，以赤心正人也。"牧"，田官也。"荑"，茅之始
生也。本之於荑，取其有始有終。"匪女之爲美，美人之
貽"，言非爲徒説美色而已，美其人能遺我法則。（依段玉裁
<u>毛詩故訓傳定本</u>）

講得巧呵，講得妙呵，一首兒女的情詩竟講到宮庭的儀式，古人
的法度上去了！我若是依了他的説話來翻譯這詩，便成了下列的
數行：

　　　貞靜而有法度的女子這等美色，她等候我在高而不可踰
　　的城隅。
　　　我愛她，我想去見她，但是我的腳步卻停住了，這使得
　　我搔首踟躕呢。
　　　　　＊　　　　　　　＊　　　　　　　＊
　　　貞靜而有法度的女子這等美色，她送給我赤心正人的女
　　史的彤管，這是可以匹配人君的古人的法度。（古時宮中有
　　女史，她是管着后妃群妾在君王那邊住宿的事。她把銀環套
　　在那些后妃群妾的左手上，她們便可住到君王那邊去，由她
　　記着日子；住過了，便把銀環改套在右手。她們有了孕了，
　　就換套金環。這喚做女史彤管之法。無論什麼事，她都應依
　　了老例寫。倘是她失職，她就犯了死罪。）

彤管的顏色很紅……（"説懌女美"句他没有釋。）

　　＊　　　　　　　　＊　　　　　　　　＊

從田官那裏拿來的始生的茅，是取它的有始有終……

我不是單歡喜你的美色呵，實在是歡喜那人送給我的古人的法則。

我翻譯完了之後，自己看着也是莫名其妙。這位女子既然有貞静之德與古人的法度，爲什麽要去等待男子呢？（或許我誤解了，毛傳既没有説明她所等待的是男子，那知道不是她的同性？只因他也没有説明是同性，所以我仍作男子解。）她等待男子也罷，爲什麽偏要等待在高而不可踰的地方呢？詩中的"我"，他既經愛而"志往"了，爲什麽又要"行止"呢？行止，既經冤了這位静女的等待，那你自己也不必怨得搔首踟蹰了。女史的彤管，匹配人君的古人的法度，送給所等待的男子作什麽用呢？難道是教他看看樣子，也記着"進御"和"月辰"的日子嗎？始生的荑，如何又成了有始有終的象徵呢？這個問題，使得我奇怪，使得我疑惑。

　　這是西漢時的説法。到了東漢之初，有一位衛宏出來做毛詩序，他是把"正""變"來分別詩篇的，正的必好，變的必壞。邶風是派在"變風"中的，所以他認定這是生活於惡君主下的人民的呼聲。他做静女的序道：

　　静女，刺時也。衛君無道，夫人無德。

這更使人摸不着頭路了。一首情詩，它若好得成爲匹配人君的法則固然可怪，但也何至於成爲君夫人的無道無德的刺詩呢？

　　東漢末年出了一位鄭玄，他是解經最有名的，一千七百年來的讀經的人們誰不崇拜他。從前有一句學術界的諺語，叫做"寧言周孔誤，諱説服鄭非"。這就是説批評周公與孔子還不要緊，但服虔與鄭玄是決不能錯的。我們只要看經師的別號，不是鄭齋，便是鄭盦，再不然便是師鄭，就可見得他的偶像是怎樣偉大了。他做毛詩箋時，先替衛宏的序加上注解道：

> 以君及夫人無道德，故陳靜女遺我以彤管之法。德如是，可以易之爲人君之配。

這就是説，衛國的詩人憂心國家，要這位無道的君主回心轉意，所以陳説了靜女的許多好處，盼望他尋得了她，換去了原來的無德的夫人。倘使有這一天，這位靜女可以用了她的擅長的彤管之法來輔佐衛君，這位無道之君豈不就變成了有道的嗎？（以上的話都本於唐孔穎達毛詩疏的釋箋的話，不是我的深文周納。）

他又爲毛傳作箋道：

> 女德“貞靜”，然後可畜；“美色”，然後可安；又能服從，待禮而動，自防如“城隅”，故可愛也。“志往”，謂踟蹰。“行止”，謂愛之而不往見。“彤管”，筆赤管也。“説懌”，當作説釋。赤管煒煒然，女史以之説釋妃妾之德，美之。“洵”，信也。“茅”，絜白之物也。自牧田歸荑，其信美而異者可以共祭祀，猶貞女在窈窕之處，媒氏達之，可以配人君。“遺我”者，遺我以賢妃也。

照他這樣説法，這首白話詩又得改過了：

> 靜德和美色兼備的女子，她正等候着媒妁聘好之禮而後行動，她自己防守得像城隅一般的高峻。我雖是心中想去，以至於搔首踟蹰，但我愛她這樣可愛的自防，我終究不去。

＊　　　　　　　　＊　　　　　　　　＊

靜德和美色兼備的女子，她送給我女史用的筆赤管。

這個赤管光彩很好，它給女史用了登記妃妾們進御退御的日月，又做了書說來解釋它，可以成就妃妾們的美德。（此句兼用疏說）

＊　　　　　　　　＊　　　　　　　　＊

從牧田裏帶回來的潔白的茅荑，其中特別美好的可以供祭祀的用處。（這髣髴貞女在深邃之處，只要媒人能彀把她表顯出來，她就可以做人君的匹配。）

咦，我哪裏是稱贊這個女子呢，我只稱贊這個把賢妃送給我的人！

啊喲喲，我寫到末句纔知道，原來這首詩是人君自己做的（或者詩人代人君立言的），他本來希望別人送給他一個賢妃，所以開出的條件：（1）要自防如城隅的貞女，（2）要等着媒妁聘好之禮而後行的賢女。這首詩乃是人君的鳳求凰曲呢！

寫到這裏，我實在沒有勇氣再寫下去了。可憐，可憐，我們有了理性，只是不能對着他們用！

我熬不住有一句話要正告讀者們：我們現在抨擊漢代的經學，並不是要自命不凡，標新立異，也不是爲時勢所趨，"疑經蔑古，即成通人"；實因我們有眼睛而他們沒有眼睛，我們有理性而他們沒有理性，所以他們可以盲目盲心的隨意亂斷，而我們不能如此。

但是，我們是宅心平恕的，我們不願意儘量地責斥他們，我們深知道他們所處的時代是"通經致用"的時代，是"以三百篇當諫書"的時代，所以他們的說詩的宗旨總要委曲宛轉地說到君主的身上，所以有了"彤管"就是女史，有了"靜女"就是賢妃，有了"城隅"就是自防，有了"牧荑"就是祭祀。他們說經的大目的，只是給君主們以警誡勸導。我們現在罵他們穿鑿附會，他們九原有知，亦當首肯；然而這原是他們的苦心呵！

　　但是我們雖可原諒漢代的經師，卻不能原諒漢代以後的經師。漢代以後，時勢變了，學問不專爲君主致用了，這個附會的桎梏是可以自己除去了。撥清前人的曲解，回復經書的真面目，乃是當然應有的事情。歐陽修、鄭樵、朱熹們起來改變舊說，原是他們的理性逼迫着他們擔負的責任。然而八百年來，他們的理性依然受着漢人曲說的壓抑，在學術界中永遠站在下風的地位。這實在是很使人抱不平的。即如“彤管”一名，朱熹在詩集傳中說：“未詳何物，蓋相贈以結殷勤之意耳”，原是極謹慎極確當的說法。但是當時陳傅良就用毛詩義的大帽子來壓他道：“以千七百年女史之彤管爲淫奔之具，竊有所未安。”這句話一向爲經學家所樂道，直到前數年章太炎先生在上海演講時還引用（見國學概論）。這種事看來似小，其實關係卻大。因爲這是把信古的成見壓服自己的固有的理性；有了這種成見，古代學術界的毒燄便永遠留存，純粹的科學研究是提倡不起來的了。

十五，二，十一。

致劉大白：答書[*]

大白先生：

　　從語絲社轉到來書，高興極了。先生把郭璞詩的"陵岡掇丹荑"和梅堯臣詩的"丹茅苦竹深函函"來證明靜女篇中的"荑"就是"彤管"，確當之至。我見不及此，所以雖有攻擊謬說的心，終給謬說迷蒙住了。二千餘年的曲解，一朝揭破，大快，大快！

　　用了先生的話再來譯這一首詩，應成以下的數行：

　　　　幽靜的女子美好呀，
　　　　她在城角裏等候着我。
　　　　我愛她，但尋不見她，
　　　　使得我搔着頭，好沒主意。
　　　　　＊　　　＊　　　＊
　　　　幽靜的女子柔婉呵，
　　　　她送給我這根紅管子。——
　　　　紅管子呵，你好光亮，
　　　　我真歡喜你的美麗。
　　　　　＊　　　＊　　　＊
　　　　你，就是她從野裏帶回來的荑草，

＊　原載語絲第七十四期，1926 年 4 月 12 日，題邶風靜女篇的討論；又載古史辨第三冊。附文同。

實在的美麗而且特別。——

咦，哪裏是你的美麗呢，

只爲你是美人送給我的！

這個譯文，未知有誤否？再請教正。

顧頡剛。三月廿八日。

附

劉大白：關於瞎子斷扁的一例

——靜女的異議

頡剛先生：

　　從現代評論六十三期上，看到你底瞎子斷扁的一例——靜女，我對於你攻擊經師們底異想天開完全同意。但是我對於你底解釋彤管和荑卻有一點不以爲然。我以爲與其把彤管和荑解成兩物，不如把它們解成一物。你把彤字説成丹漆，還難免拘泥於古訓。我以爲彤就是紅色，彤管就是一個紅色的管子。這個紅色的管子，就是第三章“自牧歸荑”的荑。毛傳説：“荑，茅之始生者”；咱們不妨把這荑認爲茅草底嫩苗兒。左傳：“爾貢包茅不入，王祭不共，無以縮酒。”茅既可縮酒，可見茅是有管的。宋梅堯臣詩：“丹茅苦竹深函函”，晉郭璞游仙詩：“臨源挹清波，陵岡掇丹荑”；可見茅有丹茅，荑有丹荑。所以這個彤管，我以爲只是那位靜女從牧場上採回來的一桿紅色的茅苗兒。因爲初生的嫩茅鮮紅而有光，所以那位靜女採回來，贈給她底愛人。因此，第二章底彤管，就是第三章底荑；第二章“貽我彤管”的貽，就是第三章“美人之貽”的貽；第二章底“説懌女美”的女，就是第三章

"匪女之爲美"的女；第二章"說懌女美"的美，就是第三章"洵美且異"的美，也就是"匪女之爲美"的美；而"洵美且異"，就是指"彤管有煒"的"有煒"而言。這樣，二三兩章相承，脈絡貫通，便更覺得"文從字順"了。不知你底意見以爲何如？

　　你底原文，既登在現代評論上；在理，我這信也應該投到現代評論社去才是；但是我總覺得拿我這幾句廢話去占現代評論寶貴的篇幅，不如占語絲篇幅爲妙，所以投向語絲社裏去了。請你恕我！盼你答復！

　　　　　　　　　劉大白。三月七日，在上海江灣。

詩疑序[*]

八九年前，我曾費二年左右的功夫專研究詩經。這是我從事學問的開頭。那時把漢儒的經說和宋儒的經說比較之下，覺得宋儒的見解要比漢儒強得多，雖是用了我們的理性看來還嫌宋儒的不夠徹底。

王柏的詩疑，我是於一九二二年讀到的。他憑着自己的理性，對於詩經的本文作直接的研究，使我在閱讀時受了一回強烈的刺戟。

我對於這本書的見解，以爲他敢赤裸裸地看詩經，使得久已土蝕塵封的古籍顯現些真相，這是他的功。但因顯現了些真相，他便以爲有若干篇是應當早被聖人放絕的，就要代行孔子的職權，把詩經刪掉許多，這是他的罪。幸而宋代的理學家尚未操着絕大的威權，幸而王柏還不是理學家中的正統人物，他僅有這一個擬議而已，否則這幾十篇古詩已不會再見於詩經了！

但拿了我的話來責備王柏，他是不承認的。他以爲惟其詩經是聖經，所以纔去讀它。現在既發見了有許多篇淫詩在裏邊，這些東西是要玷污聖經的，自然應當爲了"衛道"而提議刪去了。換句話說，既承認孔子爲聖道而刪詩，又承認詩經內有淫奔之詩，則"漢、賊不兩立"，除了替代孔子行使職權而刪去之外，更無

* 原載辨僞叢刊詩疑書首，樸社，1930 年 3 月；又載睿湖第二期，1930 年 10 月 1 日；古史辨第三冊；古籍考辨叢刊第一集，據此收入。

他法。

這個問題的癥結，我以爲在"詩三百篇"與"聖經"的合併上。

詩三百篇在孔子時，只是拿來歌唱，拿來當成語使用，大家並不曾以爲裏邊藏有聖人之道。就算藏有聖人之道，而那時的兩性道德也不似後世之嚴，我們只要看左傳便知。所謂"防隔内外，禁止淫佚，男女絜誠"，乃是秦始皇的道德教條，何嘗是孔子説的！

自從戰國的儒者提倡了大家族制度，又經秦始皇們規定了兩性道德的法律，於是貞淫的界限分得極清楚，社會的裁制力又極嚴厲，而詩三百篇中的言情之作都變成了淫詩。

可是詩三百篇是儒者傳下來的，自有"六經"之名，它就成爲六經之一。又傳説這部書是孔子刪成的，去取之間自有一番大道理。那麽，其中的淫詩和漢代的道德觀念恰恰相反，這怎麽辦呢？用了和時代精神相反的東西作爲當世的道德教條所從出的大經大法，這個矛盾又應當怎樣去解釋呢？

漢代經師感受到這種矛盾的痛苦，因此要設法把它解釋得不矛盾，讓它在不相容的時代精神中不失掉它的大經大法的地位。經過他們一番曲解之後，於是這些淫詩又搖身一變，變成了"刺淫"的詩，變成了"惡無禮"的詩，都用了它的反面的意義作爲它的存在的理由。或者又影射了孔子的"吾未見好德如好色"的話，説好色可以喻好德，詩經中許多好色的詩大半是"思賢才"的寄託之詞。這個意思説得最清楚的，便是衛宏的詩序。因爲這是有組織的曲解，所以很能騙住許多人，使他們相信詩序的説話即是孔子刪詩的本義。

但騙人的行爲總有發覺的一天，這些信條維持到宋代漸漸地動搖起來了。歐陽修作詩本義，鄭樵作詩辨妄，對於毛傳、衛序、鄭箋各各起了反響。到朱熹，他承受了歐陽修和鄭樵的學説，做了一部詩集傳，他敢於擯去詩序而直接求之於本經，於是許多久被漢人遮飾的淫詩又被他揭破了真相了。因爲他是理學家的領袖，所以這一部書很風行；一班信古的人雖不以爲然，也不敢怎樣罵他。

然而問題就起來了。朱熹並没有推倒孔子删詩之説，卻先揭破了淫詩的真相，豈不是詩經内部的矛盾又尖鋭化了嗎？他自己也見到這一層，所以説：“凡詩之言，善者可以感發人之善心，惡者可以懲創人之逸志”。他不諱言其中有惡性的詩，但他以爲孔子選它進去的意思是爲“懲創人之逸志”的。這樣一説，總算給他敷衍過去了。

不過這種敷衍門面的話，依舊只可騙庸人而騙不了富有理解力的學者。所以他的學派三傳到了王柏，便以爲詩有淫詩既成定案，它的應當放絶已無疑義，斷之曰：

> 自朱子黜小序，始求之於詩，而直指曰“此爲淫奔之詩”。予嘗反覆玩味，信其爲斷斷不可易之論。律以聖人之法，當放無疑。曰：然則朱子何不遂放之乎？曰：朱子始訂其詞而正其非；其所以不廢者，正南豐所謂“不去其籍乃所以爲善放絶”者也。今後學既聞朱子之言，真知小序之爲謬，真知是詩之爲淫，而猶欲讀之者，豈理也哉！在朱子前，詩説未明，自不當放。生朱子後，詩説既明，不可不放。與其遵漢儒之謬説，豈若遵聖人之大訓乎！（本書頁二〇）

他這番話自然是理直氣壯的。他相信詩是聖人之經，又相信淫詩非聖人之訓，爲要使得它“一本”，所以毅然地主張把這些詩放絶，完成朱熹未完之功。他的主張建築於他的信仰上，他的信仰是儒者們共同的信仰，這有什麽錯處！

他何以解釋詩經中有這許多篇淫詩呢？他説：

　　愚嘗疑今日三百五篇者，豈果爲聖人之三百五篇乎？秦法嚴密，詩無獨全之理。竊意夫子已删去之詩容有存於閭巷浮薄者之口，蓋雅奧難識，淫俚易傳。漢儒病其亡逸，妄取而攙雜，以足三百篇之數，愚不能保其無也。（頁一七）

　　夫書授於伏生之口，止二十有八篇，參之以孔壁之藏，又二十有五篇，然其亡失終不可復見者猶有四十餘篇；其存者且不勝其錯亂訛舛，爲萬世之深恨。今不知詩之爲經，藏於何所乃如是之祕，傳於何人乃如是的，遭焚禁之大禍而三百篇之目宛然如二聖人之舊，無一篇之亡，一章之失。詩、書同禍而存亡之異遼絕乃如此，吾斯之未能信！（頁二三）

這個假設雖不足以證明詩有淫詩的理由，但今本詩經不一定是孔子時詩三百篇之舊，他提出這個問題在基本上是很可能的。

　　因爲他太勇而別人太怯了，所以雖同樣地衛道，他的主張終於沒有人敢接受。到了清代，連朱熹的"二本"的主張也嫌其太激烈了，於是回復到漢人的路上去，説這些詩不是淫詩，是刺淫的，是求賢的。假使詩疑這部書不收入清初的通志堂經解裏，它一定將因學術界的排斥而亡佚了。

　　到了今日，我們承認這些詩篇大都是男女言情之詩，和朱熹、王柏一樣；但我們不承認孔子删詩，不承認詩經中藏着聖人的大道理，卻與朱熹、王柏兩樣。

　　這一部古代的文學書既與聖人分了家，這些情詩（或所謂"淫詩"）就有了它的存在的理由了。

　　我深信將來的學術界如果肯不屈抑自己的理性，我們的主張將一天比一天發展，不但主張非淫詩及聖人删詩的漢人之説要倒壞，即主張是淫詩而漢儒誤收入的宋人之説也要倒壞。王柏的話，以前看作恣肆和狂妄的，將來一定給人看作太拘謹。

　　如果這話不錯，我們可把自漢至今的詩學分做三期：第一期是漢，那時只有倫理觀念，没有歷史觀念，所以不承認詩經在古代歷史上的價值而只承認它在漢代的倫理上的價值。第二期是宋，那時既有倫理觀念，又有歷史觀念，在歷史觀念上不肯不指出它在古代社會的真相，而在倫理觀念上又不忍不維持孔子在經書上的權威，結果弄得聖道與非聖道糾纏不清，没法"一以貫之"。第三期是現在，我們把歷史觀念和倫理觀念分開了，我們讀詩經時並不希望自己在這部古書上增進道德（因爲我們應守的道德自有現時代的道德觀念指示我們），而只想在這部古書裏增進自己的歷史知識（周代的文學史，周代的風俗制度史，周代的道德觀念史……）。就是漢人和宋人之説，我們雖覺得它對於經書的本身或者無益，或者有害，但我們也想在這些書裏增進自己的歷史知識，要把他們所受的時代影響及其在經書上所發生的影響一一挟出，而加入漢和宋的歷史裏。

我們讀了這本書，可見一種學問的發達是很困難的。野有死麕和桑中等詩爲言情之作，這是極明顯的事實。然而漢儒不敢説；宋儒説了還要遮掩；王柏不遮掩了還要備受各方面的詬斥。經歷了二千餘年，到今日，歷史觀念發達了，聖道（秦、漢以下人所述的聖人之訓）的壓迫衰微了，我們方始可以擡起頭來，把詩經"平視"。

我們讀了這本書，又可見打倒偶像這一件事必須在歷史觀念很發達之後纔可做，否則徒然損失許多重要的史料。如果詩經的真相不被漢儒所遮掩，如果漢代的學術界中早有王柏一類人而又得到君主的同情，他所開列的三十餘篇淫詩一定拉雜地摧燒了。試舉一例。漢書藝文志裏不是有許多"吳、楚、汝南歌詩"，"齊、鄭歌詩"，"燕、代謳，雁門、雲中、隴西歌詩"……一類很像詩經的書嗎，爲什麼現在一些都看不見了？這就因爲它們自始至終没有得到聖人的牌子作掩護，它們雖幸而不曾被人曲解，也就不幸而不能給人看重，所以到了西漢以後即在無形中失散了。在這一點上，我們決不該忘記了漢人的保存詩經的功績。

　　王柏這一部著作，不信毛、鄭的傳、箋，不信衞宏的詩序，也不信左傳中的記事（如吳季札觀樂説），甚至連他的太老師朱熹的話也不服從（如揚之水、伐檀等篇説），而單就詩經的白文致力，這是在過去的學術界中很不易見到的。因爲這樣，所以他會得使用以下的幾種方法：

　　第一，他能把經中各篇相互比較，尋出其變遷和脱落的痕跡。例如：

　　　　泉水曰：“毖彼泉水，亦流於淇”；竹竿曰：“泉原在左，淇水在右”。泉水曰：“女子有行，遠父母兄弟”；竹竿亦曰：“女子有行，遠兄弟父母。”泉水曰：“駕言出游，以寫我憂”；竹竿亦曰：“駕言出游，以寫我憂”。疑出於一婦人之手。今分爲二國之風，不知何説以釋愚之疑也哉？（頁五）

　　　　下泉四章，其末章全與上三章不類，乃與小雅中黍苗相似，疑錯簡也。（頁一〇）

　　　　谷風以夫婦相棄，故有“毋逝我梁！毋發我笱！我躬不閲，遑恤我後！”之句。小弁之怨，乃以此四句綴於後，既與前意不貫，而亦非所以戒父也。必漢儒妄以補其亡耳。（頁一二）

這都就材料的比較上見出相類的詩的分化，或相類的文句的誤入，確是客觀研究的一個主要方法。

　　第二，雖在本經中得不到比較材料，但其他古書中有引用詩經的文字的，亦可利用這些間接材料以推見今本的竄亂的痕跡，例如：

　　行露首章與二章意全不貫，句法體格亦異，每竊疑之。
後見劉向傳列女，謂"召南申人之女許嫁與酆，夫家禮不備
而欲娶之，女子不可，訟之於理，遂作二章"，而無前一章
也。乃知前章亂入無疑。（頁一）

這也是一個可以成立的假設。都人士的首章，毛詩獨有而三家均
無；般詩，三家均有"於繹思"一句而毛詩獨無：這不過因爲在西
漢之後，所以能給我們知道。若在三家及毛詩之前而有類此的增
減，我們除了用這種方法之外再如何去求出它的竄亂的痕跡
來呢？

　　第三，雖在本經和其他古書中得不到比較材料，但在本篇的
文義上可以推知其次序的淆亂的，亦可試爲整比的工作。例如：

　　　竊意"土田附庸"之下，辭氣未終，血脈不貫；當以"公
車"以下九句接此爲一章，繼以"泰山巖巖"、"保有鳧、繹"
兩章於此，倫序方整。……欲以"魯侯是若"爲前段之終，後
段自"周公之孫"起，止"萬民是若"終，前爲四章，後爲四
章；"周公之孫""福女"爲一章，"秋嘗"止"有慶"接"天錫公"
止"兒齒"爲一章，三"俾"自爲一章，"徂來"之下自爲一章。
（頁三四—三五）

這是他注意着文義的貫串，疑原文有錯簡，因而以意重定其次第
的。雖未必確是如此，但古書經多次的傳寫，脫、誤、錯亂是常
有的事。詩經雖不至像尚書一樣地破碎，但也決不會和漢以前的
詩三百篇毫無出入。所以能有人超出於經師所定的章句之外，從
文字中推測其原有狀態，也是學術界中應有的一件事。他在這一
方面，至少已給予我們一些啟示了。

　　第四，從本經的題目的類例上可以推知其有許多錯誤的題

目，又可推知其有逸句。例如：

> 　　諸詩多以篇首字爲題，獨巧言於後章提兩字爲題。尋他
> 類例，則知又有桑中當曰采唐，權輿當曰夏屋，雨無極當添
> 兩句，大東當曰小東。"小東"二字既在上，又以小雅之例比
> 之亦當曰小東，如小旻、小弁、小宛、小明是也。若以小東
> 爲題，則"有饛簋飧"當爲第二章矣。常武之詩亦無"常武"二
> 字，但有"王奮厥武"之句，恐如雨無正或逸句。又如酌、如
> 賚、如般之頌，並無題字，恐是大武詩内之章也。（頁一二）

我們看了雨無正篇，韓詩有"雨其無極，傷我稼穡"二句，而毛詩
無之，足見詩有逸句自是可有的事。雨無正的逸句既可在題目上
推出，爲什麼常武等篇就不能這樣呢？賚之"鋪時繹思，我徂惟
求定"，左氏宣十二年傳既説是武的第三章，桓之"綏萬邦，屢豐
年"，又説是武的第六章，則酌與般既無題字，又誇周功，自有
同出於大武一篇的可能了。

　　這種方法，我相信以後研究詩經或其他古籍的人是要充分地
使用的。雖然不該把相傳的本子用己意改變，但是把自己研究的
結果列爲假設，供學術界的討論，這是極需要的。否則，我們對
於學問只是作古人的奴隸而已，哪裏説得上研究！

　　這書的著作，距今近七百年了。在他七百年後的學術界，還
是死氣沈沈，不敢説自己的話，何況他的當世。他雖竭力與陳腐
的思想鬥爭，究竟他被包圍在陳腐的空氣裏，當然免不了受些環
境的錮蔽。所以這本書裏的議論，在我們看來還有許多缺點。

　　第一，他對於詩經的歷史仍信孟子的話。孟子的説話是最不
顧客觀的真實的。他看了公劉的"乃裹餱糧"就會知道公劉好貨，
看了緜的"爰及姜女"就會知道公亶父好色，看了閟宮的"荆、舒

是懲"就會知道周公伐楚，看了詩經中西周的事情多一點就會知道"王者之跡熄而詩亡，詩亡然後春秋作"，用了詩與春秋兩部書來劃分兩個時代。他是一個最没有歷史觀念而最敢引用歷史來論事的人。本書魯頌辨和詩亡辨中設法爲孟子圓謊，實在還不能跳出偶像崇拜的範圍。（魯頌辨中論閟宮一章有錯簡，則頗有可信處，因爲這詩的下半篇中説的話太錯雜了。）

　　第二，他雖有志打破詩序，但實在還免不了受詩序的影響。例如黍離，本没有周大夫感傷宗國的事，魯詩且把這篇放在衛風中，説是衛公子壽閔其兄伋之詩，更可見其與王國不發生關係。韓詩雖把這篇放在王風，但説爲伯封求其兄伯奇不得而作，這件故事乃與魯詩相類。自從作毛詩序的人看此詩放在王風之首，以爲這是周室初遷時詩，就套了箕子麥秀之歌的故事，杜造了一個"周大夫行役至於宗周，傷宗廟、故宫盡爲禾黍"的故事來解釋，騙得人很相信。倘使抛開詩序，便毫無此事根由。本書中乃亦因仍其説。又如三百篇分爲正、變兩部分，亦由詩序來。詩序要將全書拍合歷史，故把前列諸篇放在文、武時而定爲"正"，後列諸篇放在幽、厲時而定爲"變"。但詩篇的次序原没有這樣整齊，所以"正"中也有愁苦的，"變"中也有愉樂的。詩序一味曲解，把它混過了。我們如果打破詩序，則正、變之説自然倒墜。但王柏一方面雖不信詩序，一方面還是提倡正、變之説，屢以正風、正雅爲周公時詩，變風、變雅爲周公以後之詩。甚至詩序中還没有分正、變的頌，他也分起正、變來了。（此等説下卷甚多。）他譏歐陽修云："今又自爲詩譜，定其次序，而又不能不惑於小序之失，何躬病之而躬蹈之乎？"反成了"夫子自道"了！

　　第三，他研究詩經，毫不理會聲歌方面而單注意於義理方面。如云：

　　　　近世儒者乃謂"義理之説勝而聲歌之學日微。古人之詩用以歌，非以説義也。不能歌之，但能誦其文而説其義，可乎！"究其爲説，主聲而不主義如此，則雖鄭、衛之聲可薦於宗廟矣，天作、清廟可奏於宴豆之間矣。可謂捨本而逐末！凡歌聲悠揚於喉吻而感動於心思，正以其義焉爾。苟不主義，則歌者以何爲主，聽者有何味，豈足以薰烝變化人之氣質，鼓舞動盪人之志氣哉！（頁二四）

這是駁鄭樵的話的，其實他看錯了。樂詩的根本在音樂。他如果要把詩經從腐儒手中救出來，而對於本文作直接的研究，則不可沒有性質相同的比較材料。詩本來是樂歌，與後世的樂府詩詞同其性質，則樂府詩詞正是它的最好的比較材料。鄭樵能彀理會這一點，所以他要把詩經放到聲歌的地位上去研究。這是戰國以後的儒者想不到的一件事。但王柏只會念書而没有受過音樂的陶冶，他看不起音樂，所以他以爲只須談義理，不須談聲歌。他以爲主於聲歌之後將使鄭、衛之聲與天作、清廟相溷。他不知道鄭、衛之聲自有牠的演奏的地方，天作、清廟又另有牠的演奏的地方，不會一講到聲歌就把這些界限混亂了的。他又不知道聲歌的動人不靠在義理，凡能使人聽了迴腸盪氣的實在專賴音調的曲折，其字句是無甚意義的。（讀者諸君如不信，只須去聽幾次名角的戲，得到很大的感動之後，回家後更一翻戲考，就很清楚。）他所謂"苟不主義……聽者有何味"，完全是没有經驗的臆説。因爲他對於詩經主義而不主音，所以要打破南、風、雅、頌的舊次，而退何彼襛矣、甘棠於王風，以豳風七詩分入變雅，以二雅之中不合於正雅之體用者皆歸之王風，全不知道南、風、雅、頌的分别只是一個音樂的分别。

這書不見於宋史本傳的著述目録。目録中但有書疑，又有詩辨説。納蘭成德本書序云："繹其辭，殆即詩辨説；因公於書有書疑，遂比而同之也。"這句話很對。按方回詩可言集序云：

> 別見魯齋詩說，則謂"今之三百五篇非盡夫子之三百五
> 篇。秦法嚴密，詩豈獨全。……"

這段話即在今本上卷（頁一七），可見這一卷應名詩說。又今本下卷爲詩十辨，首有詩辨序，可見這一卷應名詩辨。下卷爲詩辨，上卷爲詩說，則此書自應名詩辨說了。不知何時被何人改題爲"詩疑"。今因此名已"約定俗成"，姑沿用之。

通志堂刻這部書時所依據的板本，納蘭序中未言，不知是宋末原刻抑元、明翻刻。現在我們看得見的最早的本子，已只能推通志堂本了。通志堂本，廣州翻刻了一次。胡鳳丹刻金華叢書，又把詩疑收了進去。故此書現在共有三個本子。金華叢書本即出於通志堂本，所以也可以説這書只有一個本子。

此書下卷的次第，序中早寫明，故甚整齊。上卷沒有序，又是些零碎筆記，其次第凌亂得很。或者因爲他沒有及身親定，後人隨手編次，弄成這樣。現在就用了他的改定詩經的方法，替他照了詩經的篇次排列了。

一九二三年春間，我曾把此書點讀一過。這次回到北平，擬陸續編印辨僞叢刊，遂把舊點覆勘出版。可是詩經的研究已停頓了六七年了，荒疏得很，手頭的工作又多，當不免錯誤。所鈔各家評論，亦未完全。如得讀者諸君補正，幸甚！

我爲什麼要把這本書印出來呢？

王柏的學問，從來不曾給他一個確當的估量。差不多大家一想到他，就顯出一個狂悍的印象來。只有黃百家是能瞭解他的。黃氏在宋元學案中説：

魯齋之宗信紫陽，可謂篤矣。而於大學則以爲"格致"之傳不亡，無待於補。於中庸則以爲漢志有中庸説二篇，當分"誠明"以下別爲一篇。於太極圖説則以爲"無極"一句當就圖上説，不以無極爲無形，太極爲有理也。其於詩、書，莫不有所更定。豈有心與紫陽異哉！歐陽子曰："經非一世之書；傳之謬非一人之失；刊正、補緝非一人之能也。學者各極其所見而明者擇焉，以俟聖人之復生也。"後世之宗紫陽者不能入郛郭，寧守注而背經，而昧其所以爲説，苟有一言之異，則以爲攻紫陽矣。然則魯齋亦攻紫陽者乎！甚矣，今人之不學也！（卷八十二）

他惟其篤信朱熹，所以纔能用了朱熹的方法作出比朱熹進一步的研究。這纔是真正研究學問的態度，也纔是真正繼續大師的工作的態度。我現在把這本書放在這叢刊裏，是要使得大家知道，宋代人的傳道，其是非雖不可知，但宋代人的治學，其方向確没有錯。我們現在正應該照了這個方向再向前走。所謂"學者各極其所見而明者擇焉，以俟聖人之復生也"，必須我們這樣做了，才有聖人復生的希望。聖人不是超人，乃是承受一代一代層積起來的智慧的人。只要我們肯把智慧層積起來，將來的聖人正多着咧！

顧頡剛。一九三〇年二月二十一日。

（俞平伯）論商頌的年代按[*]

頡剛按，春秋僖公四年，"春王正月，公會齊侯、宋公、陳侯、衞侯、鄭伯、許男、曹伯侵蔡，蔡潰；遂伐楚，次於陘。夏……楚屈完來盟於師，盟於召陵。"據史記十二諸侯年表，是年爲宋桓公二十六年。越五年，宋桓公薨，子襄公立，是年爲魯僖公之九年。魯頌商頌文體既絕相似，自是同時代之作，而魯頌作於僖公時，有"莊公之子"一語爲確證，則商頌之爲襄公時作甚是可能。故魯頌曰，"戎狄是膺，荆舒是懲，則莫我敢承"，商頌曰，"撻彼殷武，奮伐荆楚，罙入其阻，裒荆之旅"，蓋同記追隨齊桓公伐楚事也。質之平伯，以爲如何？

二十，九，四。

* 原載古史辨第三册。

（陳漱琴）詩經情詩今譯序 [*]

求偶期間的動物，常發出異樣的鳴叫。人類有了語言，就有兩性相引的情歌，有了音樂，又進展爲各體的情詩。我們可以說，一切的詩歌的出發點是性愛，這是天地間的正氣，寶愛之不暇，何所用其慚怍。

所以中國第一部樂詩集——詩經——裏包含的情詩很多，作者老實地歌唱，編者老實地收錄，他們只覺得這是人類應有的情感，而這些詩，是忠實於情感的産品。

不料秦，漢以降，爲圖家族制度的確立，怕異性的亂宗，嚴禁妻妾不得外淫，寖假而獎勵寡婦的不嫁，以至於願嫁而不得，寖假而剝奪處女行動的自由，以至於超過了罪犯的監視。他們既在男女之間築起了一座鐵的障壁，於是大家弄得耳無聞，目無見，而唱情歌，作情詩的機會就大大地減少了。加以佛教傳入，視男女的接近爲猥褻，於是大家更覺得不好意思提起這件事了。

可是，求偶是動物的本能，人類既非槁木死灰，何能遏止這種衝動。所以人們偶然得到機會，依然要發洩，要歌唱。只是寫在詩集裏時，就不勝社會道德的壓迫而有了慚怍之心。因爲不好意思老實講，所以別的詩有題而情詩獨爲“無題”。元稹爲鶯鶯作的詩，不收入長慶集，只讓別人編入補遺。和凝少年作的香匲詩，做了大官後嫁名於韓偓。孫原湘爲屈、錢二女友所作詩，要

---

[*] 原載詩經情詩今譯書首，女子書店，1932 年 7 月。

置於天真閣文集之外。陳文述把所作的豔體詩別編爲碧城仙館詩鈔，而不敢刻進他的頤道堂集中。這都是情詩的變態！因爲這樣，所以詩集雖有千萬部，但大都是只有格律而沒有性情的，詩而沒有性情，還算什麼詩！

只有朱彝尊敢把他的愛的故事作爲長篇的風懷詩，録入曝書亭集。有幾個朋友勸他，不要放進去罷，他説："吾寧不食兩廡豚，不删風懷二百韻！"這的確是一個例外的勇士，雖則他的詩裏太喜歡堆砌典故，仍算不得一首好的情詩。至於其他的人，爲了想吃聖廟的豚而不敢不删其風懷詩的，一定有些白描能手作成的好詩，可惜都在孔子的牌子之下燒去了！

詩經，漢以來都説是孔子删詩而成的。那麼，就有問題來了。孔子既然鐵青了臉皮設下了禮教之大防，何以在他親手删定的詩經中竟清楚地放着許多情詩呢？對於這衝突的解釋，是説这些詩不是情詩，乃是思賢才，刺時君……有治國平天下的大道理的詩。經了二千餘年來的曲説，注釋的書可以裝滿一間屋子，似乎已經給牠們解釋得伏伏貼貼，再没有懷疑之餘地。

可是，時代變了，封建社會，宗法思想，一切瓦解了。既失去了這曲説的背景，當然沒有這曲説的存在的餘地，而這些情詩的真面目又復透露，又復爲人所歡欣贊歎。所以十年以來，常有人用白話文作翻譯。最早的是郭沫若先生的卷耳集，於今有陳漱琴女士的這一輯。

國風中的詩篇所以值得翻譯，爲的是有真性情。這些詩和唐人的絶句，宋人的詞，近代的民間小曲，雖遣辭有工拙的不同，而敢於赤裸裸地抒寫情感則無異。中華民族的文化，苦於禮法的成分太重而情感的成分太少，似乎中庸而實是無非無刺的鄉愿，似乎和平而實是麻木不仁的病夫。我們要救起我們的民族，首須激起其情感，使在快樂時敢於快樂，悲哀時敢於悲哀，打破假中庸、假和平等毒害我們的舊訓。而情感最集中、最深入的是男女之情，故以打破宗法的家族制度下的障壁爲第一義。這些吐露真性情的詩篇，使人讀了發生共鳴，感到其可寶貴，從而想到自己性情的可寶貴，就是打破這種遏抑自然的障壁的好工具。

我希望儲皖峰先生和陳女士再譯下去，把國風及小雅中的情詩全部譯出，使這些僅存的古代情詩能爲今日的青年所認識，使今日青年的熱情能爲這些古代情詩所鼓盪，那麼，他倆爲古今人通其郵，功德真無量，至於不易解釋的句子，是須賴長期的研究的，只要逐次修改好了。

我還有一個"愚見"，要借着這個機會獻給青年們：

詩經中的情詩，有不勝單戀的痛苦的，如關雎的"悠哉悠哉，輾轉反側"，澤陂的"寤寐無爲，涕泗滂沱"都是，但是他們決想不到自殺。現在青年們，一朝失戀，就服安眠藥水而長眠了。雖說古人不足法，但我覺得這樣輕生總是不對。一個人生在世上，所負的責任實在太重。爲了失戀而斬絕了一生的歡樂，是可以的，但並不以此而即解除社會的責任，因爲別方面對你並不像逝去的戀人一樣的冷酷呀。況且人之大欲，曰食與色，食以延長個己的生命，色以延長種族的生命，目的本來在求生，何能反趨死道！所以我很希望大家讀了這本書，能夠接受些詩經的人生觀。就是：愛情固須真摯，要"之死矢靡它"，處到不順的境遇時，也儘可以發"穀則異室，死則同穴"的空幻的慰藉，但必須待諸"百歲之後，歸於其居"，而不可在憤懣時作不勝刺戟的自殺！必須有了這一點積極的精神，耐得住這一點強烈的痛苦，纔能在他方面作事業的奮鬥。否則一不如意，立刻灰心，這種人到社會上去一定是容易墮落的，他或她的死正所以證明其意志的薄弱，我們決不值得對於這種人表示同情。

二十一、五、十四，杭州。

（程大昌）詩論序 *

一、三家詩

現在我們讀詩經，從它的本質上看，當然是一部現存的中國最古的詩歌集，是非常寶貴的文學遺産；倘然用史學眼光看，又是一部東、西周時代的政治史和社會史的記録，是最有價值的歷史文獻。至於研究天文學史、生物學史、農業史的人們也都可以在這部書裏找到他自己所需要的古代資料。

可是這些話對漢朝人講，他們是不了解的，或是不敢也不願想的。爲什麼呢？第一，他們覺得這是一部孔子所編訂的倫理教科書，在每一篇裏甚至在每一句、每一字裏都含有重大的教育意味，這可應合於論語裏所説的"子曰：'詩三百，一言以蔽之，曰："思無邪！"'"第二，西漢立於學官的魯、齊、韓三家詩，魯詩出申培，他是楚王太子的師傅；齊詩出轅固，他是清河王的太傅；韓詩出韓嬰，他是常山王的太傅：這三位開山祖師身居師傅之位，擔負着輔導諸侯王的重要任務，他們講詩經，不是爲詩經而講詩經，乃是借着詩經這部書來宣傳他們的政治目的。這個目

---

* 1957 年 7 月作，未畢，録自底稿。

的，漢書儒林傳裏説得最清楚：

> 　　王式……爲昌邑王師。昭帝崩，昌邑王嗣立；以行淫亂
> 廢。昌邑群臣皆下獄誅，……式繫獄當死。治事使者責問
> 曰：“師何以亡諫書?”式對曰：“臣以詩三百五篇朝夕授王，
> 至於忠臣、孝子之篇，未嘗不爲王反復誦之也；至於危亡失
> 道之君，未嘗不流涕爲王深陳之也。臣以三百五篇諫，是以
> 亡諫書!”使者以聞，亦得減死論。

這可見這班擔任師傅的人們要在詩經裏邊找出忠孝的好榜樣給貴
族們學習，又找危亡的壞榜樣讓貴族們作鑑戒，就是想引導他們
到詩經裏去尋得自己立身行事的標準，好好地維護封建統治階級
的既得利益。不但皇帝和諸侯王該受這般的詩經教育，就是后妃
和大夫的夫人也該受這般的教育。劉向列女傳説：

> 　　自古帝王必正妃匹，妃匹正則興，不正則亂。夏之興也
> 以塗山，亡也以妺喜。殷之興也以有娀，亡也以妲己。周之
> 興也以太姒，亡也以褒姒。周之康王夫人晏出朝，關雎起
> 興，思得淑女以配君子。夫雎鳩之鳥猶未嘗見乘居而匹處
> 也。夫男女之盛，合之以禮，則父子生焉，君臣成焉，故爲
> 萬物始。（魏曲沃負）

劉向是傳魯詩的，這段話可以相信是魯詩的説法。匡衡也有類似
的話：

> 　　妃配之際，生民之始，萬福之原。婚姻之禮正，然後品
> 物遂而天命全。孔子論詩，以關雎爲始，言太上者民之父
> 母，后、夫人之行不侔乎天地，則無以奉神靈之統而理萬物

之宜。故詩曰：“窈窕淑女，君子好俅。”言能致其貞淑，不
貳其操，情欲之感無介乎容儀，宴私之意不形乎動靜，夫然
後可以配至尊而爲宗廟主，此網紀之首、王教之端也。（漢
書匡衡傳）

匡衡是傳齊詩的，我們也可以相信這段話是齊詩的説法。關雎這
一篇，從今日看來只是一首情詩，男的一方面害着單相思，睡不
着覺，想用音樂去和他的對象表示好意；想不到給漢朝的詩經學
家一講便會講出太姒思得淑女以配君子和后、夫人配至尊而爲宗
廟主的大道理和大場面來。在這等要求之下，一部詩經就不得不
劃成兩部分：一部分是美詩，就是所謂“正風、正雅”；另一部分
是刺詩，就是那“變風、變雅”。他們希望在這等的教育之下，皇
帝可以不爲幽、厲而爲文、武，皇后可以不爲褒姒而爲太姒，諸
侯王可以不爲衛宣公、陳靈公而爲召康公、衛武公，諸侯王的夫
人也可以取法於召南中的采蘩、采蘋的夫人。所以龔遂説：“詩
三百五篇人事浹，王道備。”（漢書武五子傳）因爲漢朝舉用士人作
官是把“通經術”做第一個標準的，所以這部文學書便變質而成爲
倫理教條。

　　這樣的講詩，在當時社會裏固然可以起些穩定的作用，但無
疑是極度主觀主義的。試把現存的韓詩外傳和列女傳來看，它們
用的都是講故事的方式，講了一段故事之後就用詩詩經裏的辭句
斷章取義，隨便比附，正如諺語所謂“扯在籃裏就是菜”，只顧一
時在口中講得動聽或在筆下寫得痛快，哪有什麼正確性可言！
（這固然在春秋、戰國時代已經開了這個方向，但到漢代則變本
加厲。）加上三家既已分立了三個博士，必然彼此講得不同，才好
各成其一家之言，所以有時不免故意立異來表示自己的特色。例
如王風的黍離説：“行邁靡靡，中心搖搖。知我者謂我心憂，不
知我者謂我何求。”一看就知道是作者心中有很深的痛苦，所以一

路行走一路在發洩悶氣。但究竟是哪一人作的呢？劉向新序節士篇説：

　　　　衛宣公子壽閔其兄伋之且見害，作憂思之詩，黍離之詩是也。

這可以代表魯詩説。爲什麼衛國人作的詩會列在王風？依我猜來，這詩在今本裏是王風的第一篇，前面緊接著衛風的木瓜，恐怕他在魯詩裏是放在衛風的末尾的，因爲在衛風，所以魯詩的博士們只就衛國的歷史安排而説爲公子壽所作。到了韓詩就不然。太平御覽卷四六九道：

　　　　韓詩曰：“黍離，伯封作也。”

這個故事見於曹植的令禽惡鳥論，説是：

　　　　昔尹吉甫信後妻之讒而殺孝子伯奇，弟伯封求而不得，作黍離之詩。

尹吉甫是周宣王的卿士。我們把兩家之説一比較，就知道同是這一篇詩，一個放在春秋時代的衛國，一個放在西周時代的王朝，時間相去約一百二十年，地點相去約一千多里，西周都鎬，離東土的衛國遠着呢，爲什麼説是伯封作，依我猜測，大約因爲它在韓詩裏列於王風之首，就不妨推到西周去了。

　　齊地是方士們的大本營，陰陽五行的學説特別發達，所以詩經學的發展又另開了一條路綫。漢元帝時，爲了兩次地震，下詔求言，中郎翼奉奏封事道：

易有陰陽，詩有五際，春秋有災異，皆列終始，推得失，考天心，以言王道之安危。……臣奉竊学齊詩，聞五際之要，十月之交篇，知日蝕、地震之效昭然可明。（漢書翼奉傳）

怎麽叫做"五際"呢？孟康注引詩内傳説："卯、酉、午、戌、亥也。"詩緯推度災説："建四始、五際而八節通。卯、酉之際爲改政，午、亥之際爲革命。"詩緯汎歷樞説："卯，天保也。酉，祈父也。午，采芑也。亥，大明也。"汎歷樞又説："大明在亥，水始也。四牡在寅，木始也。嘉魚在巳，火始也。鴻雁在申，金始也。"這些話本來不好懂，經清代连鶴壽細心研究的結果，著爲齊詩翼氏學一書，把他們的説法排列了出來，才使我們知道陽性的木、火、金、水分布四方，叫做"四姑"。亥爲革命，是一際；卯爲陰、陽交際，是二際；午爲陽謝陰興，是三際；酉爲陰盛陽微，是四際；戌爲極陰生陽，是五際；這叫作"五際"。他又把小雅和大雅的詩一百十一篇分成亥、寅、卯、巳、午、申、酉、戌八部，陰、陽相乘，叫做"八節"。齊詩學家用了這個方法來占卜吉、凶，然後詩經和周易的陰陽、春秋的災異、尚書的洪範五行成爲一色的貨物，即是貨真價實的術數之學。本來詩人言情述志的文藝創作，可是隨着儒生們對於封建統治者的迎合，一變而爲美、刺的倫理教條，再變而爲吉，凶的占卜技術，這是作詩時所萬難想象到的。

爲有這般地變化，愈講愈失去了真面目，所以就在漢朝已給明眼人覷破。漢書藝文志説："漢興，魯申公爲詩訓故，而齊轅固、燕韓生皆爲之傳，或取春秋、采雜説，咸非其本義。與不得已，魯最爲近之。"顏師古注道："與不得已者，言皆不得也。三家者不得其真而魯最近之。"魯爲什會在"不得其真"之中"最爲近之"？史記儒林列傳説："申公獨以詩經爲訓以教，無傳疑；疑者則闕不傳", 見得他還有些闕疑的精神, 不敢作過度的附會。

二、毛詩

以上三家, 從古文經學興起之後都被稱爲"今文詩"。今文經學是隨着時代的發展而慢慢演化的, 古文經學則是突然興起的蒼頭軍, 它的統帥是劉歆。自漢成帝使謁者陳農求遺書於天下之後, 書籍集中皇室, 就令各種專家編校。劉歆是繼承他的父親劉向的編校工作的。他見到幾部經典, 才把古文詩學的毛傳表章起來, 王莽時立於博士。他們説毛公是趙人, 他得子夏學派的傳授, 曾做過河間獻王的博士, 子夏是孔子的弟子, 這來頭就大了, 地位當然超過了荀況再傳弟子的申培, 更不要説來歷不明的轅固、韓嬰。這部書的政治目的固然也是三家這一套, 但它特別注重訓詁, 比了今文家言客觀性較強。因爲古文經學內容豐富, 爲東漢一代的儒者所推重, 所以雖没有正式立學官, 而衛宏替它做序, 馬融替它做傳, 鄭玄替它做箋, 把詩和春秋左氏傳、三禮、史記等書打通, 使得人們讀着可以左右逢源, 所以聲勢就大了起來, 壓倒了三家。到曹魏時齊詩竟先亡了, 到西晉時魯詩也跟着亡了。韓詩雖存可是再没有傳授的人, 從此毛詩取得了獨霸的地位。凡是讀詩經的只有讀它一部書。衛宏作的詩序, 本來是一整篇, 像史記的太史公自序一般; 到後來被人分析開來, 放在每篇詩的前面, 而且用大字寫着, 異於毛傳、鄭箋的夾行小字, 這就使得讀詩的人, 感到它是和聖經平等的, 必然是子夏所作, 得到孔子删定的真意。因此使得蕭統文選選錄毛詩序時就直題了"卜子夏"。除了馬融所作的傳亡佚之外, 大家對於毛傳、衛序、鄭箋極端尊信, 想不到其中存在着什麼問題。

三、韓愈與歐陽修、蘇轍之疑毛詩

　　毛詩這般獨霸了詩經之學約八百年，韓愈才提出了微微的疑義，説詩序不可能是子夏作的，有三種原因。又過了二百年，歐陽修就詩經逐篇推敲，覺得序和傳、箋都有和詩人本意不合的地方，而且這三者又有很多自相矛盾的地方。他用極緩和的態度、極確切的證據把這些破綻揭發了出來，撥除這些榛莽，稱之爲"論"；又把自己涵泳經文所得，寫出他想像中的詩人的原意，稱之爲"本義"，其有未詳的則闕疑。這樣一部詩本義，因爲它能破能立，使人讀了不由得不信；就是懷着滿腹成見的人，要維持原有的權威，也苦於不易反駁，只得空罵幾聲完事。與他同時有蘇轍，作詩傳，對毛詩也略略地表示他的不滿。

四、鄭樵與朱熹之疑毛詩

　　歐陽修是開頭和毛詩走不同道路的人，但還没有想澈底摧毀這壁壘，所以他的詩本義後還附着鄭氏詩譜的訂正本，爲衛序再作一次有歷史性的宣傳。又過了約一百年，鄭樵繼承他的學問，更進一步，對於詩序和傳、箋作猛烈的攻擊，説詩序是"村野妄人"所作，斥毛、鄭輩是"村里陋儒"，一切作不容情的批判。因爲他的態度太激切了，逼得衛道的先生們紛紛起來反對，他的詩傳和詩辨妄畢竟都散佚了。但他的書雖散佚，而數十年後他的同鄉後學朱熹根據了他的學説，著了一部詩集傳和詩序辨説，靠了他在教育界的權威，這部書竟成了一部詩經讀本，在學校裏沿用了幾乎八百年之久。雖然好古的人還要恢復毛詩，但時代潮流已不容許逆轉了。鄭樵説："夫學之本在詩，詩之本在聲。"又説："古之詩，今之辭曲也。"又説："古者三百篇之詩皆可歌，歌則各從其國之聲。"又説："若不能歌之，但能誦其文而説其義，可乎？不幸腐儒之説起，齊、魯、韓、毛四家各爲序訓而以説相高，漢朝又立之學官，以義理相授，遂使聲歌之音湮没無聞。"他大聲疾呼地要在音樂觀點上研究詩經，這是恢復經學的文藝性的一個絕大的轉變。鄭樵破壞的是毛詩傳、序、箋，破得澈底；建設的是從音樂觀點研究詩經。這兩方面都是他比歐陽修進步的地方。

五、程大昌之音樂觀點

比鄭樵行輩稍後的程大昌，字泰之，徽州休寧人，宋紹興二十年（公元一一五〇）進士，官龍圖學士，謚文簡。他讀過歐陽修的書（見論八），但没有見着鄭樵的書，他態度也比較温和，但取逕卻與鄭樵相同，他要從早期的材料裏看出詩經的原來面目，也要從音樂的觀點着手研究。他對於大、小雅的分别，説："均之爲雅，音類既同，又自别爲大、小，則聲度必有豐殺、廉肉，亦如十二律然，既有大吕又有小吕也。"（論一）他對於孔子所説"關雎樂而不淫，哀而不傷"説："是説也，夫子非以言詩也；或者魯太師摯之徒樂及關雎，而夫子嘉其音節中度，故曰雖樂矣而不及於淫，雖哀矣而不至於傷，皆從樂奏中言之，非以叙列其詩之文義也。"（論九）因此詩論是他的一篇有創造性和系統性的論文。

六、南是樂調之證

在舊說裏，周南、召南、邶、鄘、衛、王、鄭、齊、魏、唐、秦、陳、檜、曹、豳稱益"十五國風"。他發現了國風是後起的名詞，二南不是國風而是"南"，南是古代樂器之名，也就是用了這樂器而唱出的聲調之名。這是對於毛詩部次及詩序理論一個釜底抽薪的打擊，爲歐陽修和鄭樵所沒有看出，而是他的一個發現。他的積極的根據是有三項：

1. 詩小雅鼓鐘

鼓鐘欽欽，鼓瑟鼓琴，笙磬同音，以雅以南，以籥不僭。

這分明是用了鐘、瑟、琴、笙、磬諸樂器來奏"雅"和"南"的調子，再用籥來舞的。"南"和"雅"是平列的樂調。

2. 禮記文王世子

凡學世子及學士，必時。春、夏學干、戈，秋冬學羽、籥，皆於東序。小樂正學干，大胥贊之。籥師學戈，籥師丞贊之。胥鼓南。

小樂正、大胥、籥師、籥師丞、胥都是樂官名。許多樂官教世子和學士以文、武之舞，而胥打着南的樂器來節舞，則南爲重要的樂器可知。

3. 左氏襄二十九年傳

吴公子札來聘，……請觀於周樂。……見舞象箾、南籥者，曰：“美哉，猶有憾！”（按“象箾”，賈逵、服虔注均謂“象，文王之樂舞象也。箾，舞曲名”〔史記吴世家集解及詩經注疏引〕，析爲二名。程大昌詩論二説：“箾，雅也；象舞，頌之維清也”，亦析爲二事。惟下文又有“箾之舞象”一語，與此衝突。然左傳下文“見舞韶箾者”，箾爲簫，舞韶時所執，則此“象箾”亦應爲一名，杜預注“象箾，舞所執”，是也。）

是執箾以舞象，執籥以舞南。以上三證，言南必及籥，南是一種舞樂毫無疑義。現在詩經裏的周南、召南，即係舞南時的歌舞可知。這是周人的主要舞樂，所以冠於詩經之首。而詩毛傳云：“南夷之樂曰南”，禮記鄭注云：“南，南夷之樂也”，分明是望文生義的解釋。至於衛宏説的“南，言化自北而南”，更是閉了眼睛的説話。

他提出的消極的證據有一項，是：

論語載孔子語，云：“吾自衛反魯，然後樂正，雅、頌各得其所。”又云：“人而不爲周南、召南，其如正牆面而立也與！”

一部論語裏，有雅，有頌，又有南，可是没有國風這個名詞。

七、國風之名，程大昌以爲怎樣來的

然則國風之名是哪裏來的呢？

第一，左襄二十九年傳記季札觀樂，"爲之歌邶、鄘、衛，曰：'……是其衛風乎！'"又"爲之歌齊，曰：'美哉，泱泱乎！大風也哉！'"均有"風"字。程大昌以爲這是使左傳作者誤認"風"爲十三國詩的總名的根原，於是隱三年傳有"風有采蘩、采蘋，雅有行葦、泂酌，昭忠信也"的話，使"風"和"雅"對立。禮記樂記在程氏所擧左氏之外，還有："寬而舒靜、柔而正者宜歌頌，廣大而靜、疏連而信者宜歌大雅，恭儉而好禮者宜歌小雅，正直而靜、廉而謙者宜歌風"，使"風"和"雅"、"頌"配對。

第二，荀況也因誤認季札的話而於儒效篇道："故風之所以爲不逐者，取是以節之也。小雅之所以爲小雅者，取是而文之也。大雅之所以爲大雅者，取是而光之也，頌之所以爲至者，取是而通之也。"（程氏云云，出於誤記。）大略篇云："國風之好色也，傳曰：'盈其欲而不愆其止，其誠可比於金石，其聲可内於宗廟。'小雅不以於汙上，自引而居下，疾今之政，以思往者，其言有文焉，其聲有哀焉。"

第三，漢的詩師最早爲申公，其師是浮丘伯，浮丘伯的師是荀況，所以後出的詩序也就説"一國之事繫一人之本，謂之風"，以風與小雅、大雅、頌並立爲"四始"，而没了南名。

第四，司馬遷作史記孔子世家，也説："古者詩三千餘篇，及至孔子，去其重，取可施於禮義，……關雎之亂以爲風始，鹿鳴爲小雅始，文王爲大雅始，清廟爲頌始。"程説："作大序者又取司馬遷'四始'而擴大之。遂明列其品曰風、雅（小雅、大雅）、頌，分爲四詩，是謂四始，詩之至也。"（論六）

八、程大昌説十三國詩是徒詩

　　看這樣嚴整的風、小雅、大雅、頌的排列，"國風"這個名詞就建立起來，而且"風"已包括了"南"了。程説："四始立，而國風之體，上則揜没二南，使其體不得自存"，這是確實的。他重新建設了"南"爲樂調之名，和十三國詩有異，因此他要推翻"國風"這個名詞，因此説左傳、荀子、詩序、史記所説的"風"都是襲用的誤解。他並説，二南是樂詩，十三國是徒詩。"詩皆可采而聲不入樂"（論一）。"列國之詩，其必自有徒詩而不堪入樂者"（論十七）。顧炎武日知録裏沿用了這個説法。又説："詩更秦火，簡編殘闕，學者不能自求之古，但從世傳訓故第第相受，於是羿命古來所無者以爲國風，參匹雅、頌。"（論二）他要從標卷的名題上改正，悉去"國風"之名（見論十二）。

　　依現在的看法，他的見解對不對呢？我説：他的説法一部分是絶對正確的，那就是南爲樂調之名，與雅、頌並立；但一部分是絶對錯誤的，那就是説十三國是徒詩和"國風"這個名詞由於誤解而來。正確的部分，他的書具在，不必申説。錯誤的部分，則必須作些説明，使得後來的人不致再走這條錯誤的道路。

九、十三國詩不是徒詩
——周漢的情形

　　十三國不是徒詩，這只要看左傳記季札觀樂，"使工爲之歌周南、召南，……爲之歌邶、鄘、衛，……爲之歌王，……爲之歌鄭……”等可見。爾雅釋樂：“徒鼓瑟謂之步，徒吹謂之和，徒歌謂之謠，徒擊鼓謂之咢，徒鼓鐘謂之脩，徒鼓磬謂之寋。”工是樂工，據儀禮鄉飲酒諸篇的記載，這班樂工是奏着瑟、笙、磬、鐘、鎛、鼓、鞉、簜、籈諸樂器而歌的，民間的歌固然可以是徒歌而樂工的歌則必然是樂歌，不然，季札“觀於周樂”就聽不到邶、鄘等十三國的詩了，禮記王制篇説：“命大師陳詩以觀民風”，民風而出於太師所陳，那便是徒詩也會變成了樂詩。漢書食貨志説：“孟春之月，……行人振木鐸徇於路以采詩，獻之大師，比其音律，以聞於天子”，采來的詩要由太師比其音律，更是樂歌的證據。固然這些都是漢人之言，但在事實上也必然如此。試看現在的徒歌，我們只能在街道上或院子裏聽得；至於在聯歡會或大典禮中所聞，那有一首不是樂歌的？

　　不但周代的情形是這樣，即漢代的情形也是這樣。漢書禮樂志中記漢哀帝要罷鄭、衛之音，丞相孔光等條奏中所開的名單，有邯鄲鼓員、沛吹鼓員、陳吹鼓員、東海鼓員、淮南鼓員、臨淮鼓員、江南鼓員、巴俞鼓員及秦倡員、蔡謳員、齊謳員等，這種都是地方調，而皆在樂府，即可知其都有音樂伴奏。再看藝文志中歌詩一類，有吳楚汝南歌詩、邯鄲河間歌詩、齊鄭歌詩、淮南歌詩、左馮翊秦歌詩、京兆尹秦歌詩等，正可和上面一班樂府人員聯繫起來，知道禮樂志中所記的各地方樂工即是歌唱這一類地方詩辭的。再看藝文志，有河南周歌詩七篇而又有河南周歌聲曲折七篇，有周謠歌詩七十五篇而又有周謠歌詩聲曲折七十五篇，篇數都同，可見一是記錄歌辭、一是記錄曲譜的。所謂“河南周”，就是十三國中的王。詩和樂的關係這般地密切，所以十三國爲徒詩不入樂之説絕對不能成立。

　　毛圜有桃傳：“曲合樂曰歌，徒歌曰謠。”初學記引韓詩章句：“有章曲曰歌，無章曲曰謠。”證以周謠歌詩聲曲折，則兩説皆誤，惟照爾雅釋樂說則尚可，謂之徒歌者，樂器僅一種也。

一〇、"國風"之名勢所必有，
並非絕對要不得

　　再說"國風"這個名詞固然是後起，但也決不太後。只要看大雅崧高篇"吉甫作誦，其詩孔碩，其風肆好，以頌申伯"的話，就可知道"詩"與"風"對稱，詩是歌的詞句，風是歌的樂調。"國"是地方的意思，"國風"就是各地方的樂調，這個名詞原是順理成章的。現在習慣用的名詞有京劇，有地方戲；京劇爲北京的戲劇家所創造和發展，地方戲則有秦、晉、豫、漢、徽、湘、川、桂、滇、粵、閩、越、申、錫、淮揚、黃梅等諸種腔調及若干種彈詞、鼓書、小調。那麼，我們不妨說：二南、雅、頌是王朝的歌樂，相當於今日國都中的京劇；十三國是各地方的歌樂，相當於今日秦、晉、漢、徽、湘等地方戲。左傳說魯國樂工"爲之歌邶、鄘、衛"，而季札說"是其衛風乎"，單舉其國名言之則曰"衛"，兼舉其聲調言之則曰"衛風"，字數雖有不同，意義卻並無出入。程大昌說這是左氏和荀況誤認的根源，實在是他的深文周納，不可信據。至於南、雅、頌之外還有王風，諸儒不勝其推測，其實這正如今日京劇之外還有京音大鼓，一是有歌有舞的大班子，一是兩三個人所奏的曲藝，場面不同，當然可把王風列於國風之中，而與南、雅、頌分開。這與"以天王之尊下伍列國"的等級觀念是沒有任何關聯的。

一一、燕享用樂與鄉樂

爲什麼享用鹿鳴，鄉飲酒用鵲巢，射用騶虞、采蘋，不出南、雅之外呢？就因爲在大場面裏，不可能用小規模的曲藝，或因王朝之官自高自大，看不起地方樂調，以致被擯，都説不定。但看儀禮裏就有“無算樂”與“鄉樂”，可見就不限於南、雅了，不過没有舉出名題來，程氏説：“考其入樂，則自邶至豳無一詩在數”，這是不合事實的。

一二、從季札觀樂語可以推定左傳著作時代，但尚在漢前

除此之外，我們再要問程大昌所據的左傳季札觀樂一段文字是否絶對可以信據的？這回答是否定的，因爲它裏邊充滿了預言，而這些預言又十分符合於後來的事實，季札不是先知或神巫，他不可能説出一連串必中的預言，分明是後來人替他補作的。試看季札聘魯是公元前五四四年的事，而文中説：“爲之歌陳，曰：‘國無主，其能久乎！’”按楚惠王滅陳在前四七八年。又説：“爲之歌鄭，曰：‘美哉！其細已甚，民弗堪也，是其先亡乎！’”按韓哀侯滅鄭在前三七五年。又説：“爲之歌魏，曰：‘美哉！渢渢乎……以德輔此，則明主也！’”按晉獻公滅魏是前六六一年事，季札時已没有魏國存在，哪裏來的明主？明主，史記吳世家引作“盟主”，那麼必然在第二個魏國勢盛之後。這第二個魏

國，始周威烈王命魏斯（魏文侯）爲諸侯，那是前四〇三年事，三家分晉是前三七六年事，魏惠王後元年與諸侯會於徐州以相王是前三三四年的事，從“盟主”的字面看，該是會諸侯以相王之後吧！又説：“爲之歌齊，曰：‘美哉，泱泱乎！大風也哉！表東海者其大公乎？國未可量也！’”按吕尚固爲太公，田和亦爲太公，周安王命田和爲齊侯在前三八六年，田氏完全吞併姜齊在前三七九年，齊威王稱王在前三五二年，齊宣王伐取燕在前三一四年，大約這就是所謂“國未可量”吧？又説：“爲之歌秦，曰：‘此之謂夏聲。夫能夏則大，大之至也！其周之舊乎？’”按季札之世，最大的國家是晉、楚，秦國僻在西隅，不與中原諸侯之會盟，哪能稱爲“大之至”？秦之强自孝公用商鞅變法始，這事在前三五九年，得魏河西地在前三三〇年，惠文王稱王在前三二五年，滅巴蜀在前三一六年，取楚漢中地在前三一二年，拔韓宜陽在前三〇七年，秦昭王稱西帝、致東帝於齊湣王在前二八八年，這才可説是“大之至”。這時上距季札聘魯已經二百五十餘年了。在公元前四世紀之末和三世紀之初，確然秦是“大之至”，齊是“未可量”，它們是東西兩大國；而魏則惠王以來霸權已替，如果沒有“德輔”必然失卻“盟主”的地位，所以要替它擔心；陳呀鄭呀則老早亡了。時代標識如此清楚，而後人因爲這段文字編排在左氏的襄二十九年傳裏，下距孔子反魯編訂六經有六十餘年，就老實相信它真是季札的説話，豈非上了大當！程氏既“虞不臘矣”，知道左氏“不獨不與夫子同時，亦恐世數相去差遠矣”（論五），又説：“左氏之生，在況（荀況）前後則未易亟斷”（論六），是其對於左傳的成書的時代已有所窺見，而獨信從觀樂一段是真的季札之語，豈非知二五而不知一十。可是這段文字究竟下距漢武帝置五經博士（前一三六年）還有一個半世紀，還保存了戰國人的經説，所以有“舞象箾、南籥者”，見得南是一種舞樂，可與小雅中的“以雅以南，以籥不僭”相證；而豳在秦前，魏、唐在秦後，和漢代的國風的次序不同；又無商、魯二頌。這依稀保存了一部秦火以前的詩經的古本，它的時代和荀子正相近，它們自該用相同的術語，所以還是名貴的資料，能給程大昌以有力的啟發。程大昌根據了它來駁正漢儒之説是站得住腳的，但不當以爲它“遠在六經未作之前的‘魯府古藏本’”而已。

一三、二南著作時代

二南的著作時代，左傳説：“使士爲之歌周南、召南，曰：‘美哉，始基之矣！猶未也’。”因此漢儒以爲是文王時，杜預左傳集解説：“周南、召南，王化之基。猶有商紂，未盡善也。”歐陽修、程大昌没有推翻它。其實周南汝墳篇的“魴魚赬尾，王室如燬，雖則如燬，父母孔邇”，分明是西周被犬戎所滅後的詩，而衛序卻説“文王之化行乎汝墳之國，婦人能閔念其君子”，弄得後人只好説紂末天下大亂時事。召南何彼襛矣的“曷不肅雝，王姬之車。……平王之孫，齊侯之子”，分明是平王的孫女兒嫁給齊侯的詩，那時已入春秋了，春秋經莊公元年：“王姬歸於齊”，而毛傳卻説：“平，正也。武王女，文王孫，適齊侯之子。”鄭玄更好了，説“齊侯”是“齊一之侯”，於是乎平王的謚法和齊侯的國名都講成了一般性的形容詞。程氏既以“平王”爲周平王，但仍承認二南爲“文王南樂”，又説：“關雎，文王時固已有之。”（論十六）又説：“周公居中，王畿在焉，故所得多后妃之詩。”（論十五）這還是受的毛傳和衛宏序的影響。

一四、程氏對於所謂"古序"的尊重

　　程氏曾嚴正地攻擊衛序(見論九、十六),但因南陔等六笙詩的序只有簡單的一句(如"南陔,孝子相戒以養也"),與其他的序上下相重的(如"召旻,凡伯刺幽王大壞也。旻,閔也。閔天下無如召公之臣也")有異,因説序有"古序"(也稱之爲"先序")與"宏序"(也稱之爲"續序"),如"關雎,后妃之德也"是古序,"風之始也,所以風天下而正夫婦也"以下一大段是宏序,宏序"皆漢以後語,本無古據"(論九),而古序則"非一世一人之所能爲也。采詩之官本其得於何地,審其出於何人,究其主於何事,具有實狀,致之太師,上之國史,國史於是采案所以,綴辭其端而藏諸有司"(論十一)這般地確實可靠。其實上一句如果真是采詩官、太師、國史的合作,則四家詩的序應當完全相同才是,何以毛詩序説:"黍離,閔宗周也。周大夫行役至於宗周,過故宗廟、宮室,盡爲禾黍,閔周室之顛覆,彷徨不忍去而作是詩也",傳魯詩的劉向,於新序中以爲黍離爲衛公子壽閔其兄伋之作,韓詩又説"黍離,伯封作也",同是一詩而有三説,上下相差了數百年呢!南陔等六詩並非亡逸,只是笙奏之樂,只有樂調,並無其詩,作毛詩序的人只因儀禮鄉飲酒篇中説"乃問歌魚麗,笙由庚;歌南有嘉魚,笙崇丘;歌南山有臺,笙由儀",又説"笙入,立於縣中,奏南陔、白華、華黍",就硬搬來,插入小雅魚麗、南有嘉魚、南山有臺之後,使得毛詩的篇目有三百十一篇,顯得它比三家詩多些罷了。所謂"有其義而亡其辭",這義本是出於衛宏的鑿空幻想。儀禮燕禮篇中尚有"升歌鹿鳴,下管新宮",衛宏卻一時粗心,忘把"新宮"鈔入序中,使毛詩再多一篇了。新宮是管樂,南陔等六篇是笙樂，都是器樂而非歌樂，有類於京胡中的哭皇天等調子。這一件事，毛公是不知道的。程氏説序本合編，"至毛公分冠者，玄之在漢蓋親見也"，其實鄭玄上距毛傳之出已二百年，哪會親見！又説："毛氏之傳固未能悉勝三家，要之有古序以該括章指，故訓詁所及，會一詩以歸一貫，且不至於漫然無統。"（論十三）又説："序之發明於詩爲不少矣，而又可廢乎？"（論十七）這樣的信服推崇，則原有時代的限制性，我們是可以原諒的。

一五、詩論對於今後研究詩經的效用

（原缺，未作）

周官辨非序[＊]

—— 周公制禮的傳説和周官一書的出現

一、周官的組織成書和周初的實際官制以及周公的政治工作的種種矛盾

周官這部書，相傳是西漢的河間獻王劉德（漢景帝子，公元前一五五年立，前一二九年卒）搜集來的一部先秦舊書，内分六官：一、天官冢宰；二、地官司徒；三、春官宗伯；四、夏官司馬；五、秋官司寇；六、冬官司空。其中單單缺掉了最後一部分，因此用了另外一部内容相似的考工記補着。這書的作者相傳是周朝初年"制禮作樂"的周公旦。劉德把這部書獻給皇室後，不但没有得到統治階級的重視，而且頗受當時學者們的批判。自從王莽居攝（公元六年），他一心摹仿周公的行爲和制度，預備奪取漢家的皇位，國師劉歆在皇家書庫裏發現了這書，獻給王莽，從此它就走了紅運，立於博士。等到王莽政權失敗，這部"國典"當然廢掉；但儒生們依然在私下裏學習，直到經學方面的權威鄭玄

＊ 1955 年 12 月作。1979 年 1—4 月增訂。原載文史第六輯，中華書局，1979 年 6 月。

（公元一二七──二○○年）替它作了注解，這書就和儀禮、禮記並列於三禮之中。唐人既爲它作疏，又把全部文字刻入開成石經，在我國的封建社會裏列入十三經，哪一個人敢不把它看作一部煌煌法典！但到了今天，我們就該用另一種眼光來對待它了！

周人立國於渭水流域，在武王克殷和周公東征的兩次勝利戰爭之後，周家的勢力急遽地發展到河、濟、江、淮諸流域，疆土的廣袤遠遠超過了夏、殷二代。倘使他們不會好好地治理國家，那末當時殷人的潛力還存在着，殷的若干與國如徐、楚、奄等也還有些實力，少數的周人將爲多數的殷人所擊潰。武王既死，周公獨肩大任，他在那時必然要爲鞏固周王室的政權而花費極大的心力去解決許多問題。左傳説的"周公弔二叔（管、蔡）之不咸，故封建親戚以蕃屏周"（僖二十四年），孟子説的"周公思兼三王以施四事，其有不合者，仰而思之，夜以繼日；幸而得之，坐以待旦"（離婁下），都表現了他是如何苦心孤詣地撐拄這個新建的國家。

尚書裏有一篇立政，"政"即"正"，"立政"就是設置官吏，這是周公告誡成王該如何用人行政的書。這裏邊載有許多官名，可以見出那時政府組織。它開頭説：

> 王左右常伯、常任、準人、綴衣、虎賁。

這些官是經常跟隨在周王的左右的。其中"綴衣"即後世的"尚衣"，掌管王的衣服，"虎賁"護衛王的安全，都只是近侍小官。還有上面三位，看下文説：

> 宅乃事，宅乃牧，宅乃準，兹惟后矣。

可以知道他們都是高級的官吏："準"的意義是公平，"準人"當是司法的長官；"任"是執掌政務的長官，故云"事"；"伯"是管理民事的長官，故云"牧"。古籍簡奧，它的意義固難確定，但這三個官必然是最高的行政長官，可能即是王朝的"司徒、司馬、司空"，也即是金文裏的"三有事"。下文又説：

> 文王、武王……立民長伯，立政：任人、準夫、牧，作三事；虎賁、綴衣、趣馬、小尹、左右攜僕、百司、庶府；大都、小伯、藝人、表臣百司、太史、尹伯、庶常吉士；司徒、司馬、司空、亞、旅；夷、微、盧烝，三亳、阪尹。

這一張官名單子寫得糊塗，很難分析。勉強説來，"任人"即常任，"準夫"即準人，"牧"即常伯，"作三事"即詩經雨無正中的"三事大夫"，都是機要大臣，這是第一組。"虎賁"、"綴衣"見前；"趣馬"是管馬的，"小尹"是小臣之長，"左、右攜僕"是持王用的器物或御車的僕夫，"百司"是在内廷分管王的事務的，"庶府"是分管王的庫藏的：這些都是王的侍從，所謂宮中之官，爲第二組。"大都"是管諸侯和王子、王弟們的采邑的，"小伯"是管卿、大夫的采邑的，"藝人"是居官的技術人員，如卜、祝、樂師、工師之流，"表臣百司"是在外廷分管政務的，"太史"是記事和作册命的，"尹伯"是百官之長，"庶常吉士"是許多擔任常務的士，這些都是辦理政務的，所謂府中之官，爲第三組。"司徒"、"司馬"、"司空"在這裏別於"任人"、"準夫"、"牧"而言，恐是指諸侯的三卿；"亞"是位次於卿的大夫，"旅"是位次於亞的衆大夫，這些人大概都是侯國之官，爲第四組。"夷"、"微"、"盧"是當時的一些落後部族，"烝"是他們的君長而服屬於周的；"三亳"是殷代先前的都城所在，"阪"是險要的地方，爲了防止叛亂，在那裏都設"尹"防守：這些都是封疆之官，爲第五組。照此説來，第一組是王的樞密，第二組是王的近臣，第三組執行政務，第四組處理侯國事務，第五組處理邊疆事務。這些解釋是二千年來經師們的研究成果，如果不錯，可見那時建官，雖沒有系統的編制，而由內及外，次序秩然，也可以推測周初的政府組織是相當嚴密的。又這一篇的最後一段説：

> 周公若曰："太史、司寇蘇公：式敬爾由獄以長我王國；兹式有慎，以列用中罰！"

文中又舉出一個管理刑獄的"司寇"之官，不知道是不是尹伯中的一個，也不知道他對上級的準人或準夫又該如何分別職權？又周公説到謹慎刑罰，連帶稱到"太史"，似乎太史也兼監察的職務，像秦、漢時的"御史"一般。可惜當時詳細的官名和職務，以及其中上下級的關係，現在我們已經無法清楚地知道了。

周公告誡成王是這樣説的。如果立政篇確是西周傳下來的，那麼這裏所記的當然可以實定爲周初的官制。但這種政府組織並不出於周公所手創，因爲文中説明了由於"文王、武王立民長伯"而有這種種的官員的。

當時周公十分費力地解決了無數困難問題，爲周家奠定了長期的最高統治權，所以後世人都説"周公制禮"。左傳記魯國季文子的話道：

> 先君周公制周禮，曰："則以觀德，德以處事，事以度功，功以食民"；作誓命曰："毀則爲賊，掩賊爲藏；竊賄爲盜，盜器爲奸。主藏之名，賴奸之用，爲大凶德，有常無赦！"在九刑不忘。（文十八年）

照這段話看來，可以知道周公當時確有制作的禮典和刑典等書流傳下來，到春秋時魯國還保存着。

至於周公制禮的年代，則尚書大傳説：

> 周公攝政，一年救亂，二年克殷，三年踐奄，四年建侯衛，五年營成周，六年制禮、作樂，七年致政成王。（通鑑外紀卷三引）

話説得這般明白，他制禮作樂在攝政的第六年，那時已没有内亂外患了；工作了一年就完成，所以在第七年上可以還政於成王了。這是戰國、秦、漢間的一個極盛行的傳説。若問他們有什麽根據，他們可以回答説出在尚書裏的洛誥，在那篇書的結尾説：

> 惟周公誕保文、武受命，惟七年。

這就是周公攝政七年的證據。按洛誥中間説：

> 周公曰："王肇稱殷禮，祀于新邑，咸秩無文。……"

一般經師都解"殷"是盛大的意思，説是周公制定了盛大的禮節在洛邑中祭祀，一切禮節都有次序而不紊亂（"文"即"紊"）。又洛誥開頭説：

> 周公拜手稽首曰："朕復子明辟。……"

他們解釋"復"是繳還的意思，説是周公這時對成王説："我現在繳還給您這個明君的位子。"其實這三條證據都是大成問題的。成王營洛邑，先命召公去規劃，再派周公去監造；造成之後，周公復命，對成王説："我回報給您明君。""復"原是回報的意思。周官中屢見"復逆"字，鄭衆云："復，奏事也。"那知道給後人纏錯了，竟説作繳還了。這條證據取消之後，周公就根本没有返政的事；既没有返政，也就説不到攝政的事了。洛陽既造成一個新都，舉行了一次落成的祭祀，這“殷禮”很可能是殷商的禮，因爲殷的文化高於岐周，典章制度比較完備，祭祀的典禮場面大得很，所以周人克殷之後大量采用了殷的文化。康誥裏講到刑法，叫康叔去執行“殷罰”和“殷彝”就是一些例子。洛邑中“殷士”和“庶殷”甚多，祭祀時采用了殷的儀式本是一件很平常的事。大豐簋銘：“衣祀于王”，古“衣”、“殷”二字相通，所以“殪戎殷”會誤寫爲“一戎衣”，被後人誤解爲一穿上軍裝就佔領了“天下”了。卜辭中屢見“多后衣”，知道周人的衣祭襲自商人，可以作爲這裏“殷禮”的旁證（李平心先生説）。至於結尾的“七年”乃是古代紀年的方式，只是説洛邑的落成典禮在成王七年舉行，並不是説周公攝政有七年的經歷。

　　“周公制禮”這件事是應該肯定的，因爲在開國的時候哪能不定出許多的制度和儀節來；周公是那時的行政首長，就是政府部門的共同工作也得歸功於他。即使他采用了殷禮，也必然經過一番選擇，不會無條件地接受，所以孔子説：“周因於殷禮，所損益可知也”（論語爲政）。既然有損有益，就必定有創造的成分在内，所以未嘗不可説是周公所制。不過一件事情經過了長期的傳説，往往變成了過分的夸大。周公制禮這件事常説在人們的口頭，就好像周代的一切制度和儀節都由他一手訂定，而周公所定的禮則是最高超的，因此在三千年來的封建社會裏，只有小修改而無大變化，甚至説男女婚姻制度也是由他所創立，那顯然違反了歷史的真實。又周初的典籍除了幾篇詩、書之外，全已失傳，要在現存的古書裏找出周公制禮的證據，僅僅只有左傳一條，實在是絶大的缺憾；但我們決不能因爲憐惜它的缺憾而便隨意用了穿鑿附會的方式來替它彌補。

二、戰國時代的統一希望及其
實現帝制的準備工作

到戰國時代，由於農業生産和商業交換的發展，打破了地區性的割據狀態，大家正在努力地創造一個新局面。它和春秋時代不同，用最簡單的話來説，就是統治全局的力量，春秋時是"霸"，戰國初轉爲"王"，後來又借用了上帝的位號而升爲"帝"了。

西周初葉，周王室有充分的武力足以駕馭諸侯、抵抗異族。到了昭王之後，王室漸衰；有的諸侯因吞併附近的弱小國家而日益强大，脱離了周王室的羈絆；四方的異族又不斷地侵襲進來，結果西周被滅於犬戎，周平王只得東遷到洛陽。東遷之後，周王室更振作不起來，諸侯和王室的關係也愈來愈趨於薄弱，北方的狄族、南方的楚族又急劇地内侵，許多周王所封的侯國一個接着一個被他們所吞併，如果當時諸夏的集團裏没有一個領袖自己跳出來把在他附近的各個諸侯聯結成一條堅强的戰綫，眼看中原就會滿遭外族的蹂躪。齊桓公憑借着自己的一份好基業，又得着了一個好幫手——管仲，看準了那時的形勢，毅然地提出"尊王、攘夷"的口號，號召諸侯們同心協力，擁護周王，抵抗楚、狄，於是就由他開創了一個新局面，由霸主來代替周王執行統治諸侯的大政。——"霸"即是"伯"的異寫，伯者長也，即是諸侯中的領袖。

齊桓公死後，齊國内亂，霸主的地位當然要讓給別國，後來就長期落在晉國人的手裏，可是齊國的經濟地位是晉國搶不了的。史記貨殖列傳説：

太公望封於營丘，……勸其女功，極技巧，通魚鹽，則人物歸之，繦至而輻湊，故齊冠、帶、衣、履天下，海岱之間斂袂而往朝焉。

其後齊中衰，管子修之，設輕重九府，則桓公以霸，九合諸侯，一匡天下；而管氏亦有三歸，位在陪臣，富於列國之君。是以齊富强至於威、宣也。

齊國的自然資源有魚和鹽，特種農業作物有桑和麻，手工業生產品有冠、帶、衣、履，全是人生日用的必需品，所以貨物成天價打包，用大量的車子運輸到別國；大政治家管仲又有理財的本領，他自己就有三個庫藏（三歸，解釋不一，今用武億群經義證説）。齊國的富饒狀況真是説也難盡。其後晉國武力雖强，但分於魏、趙、韓三家，力量分散；姜齊雖也變爲田齊，可是它的經濟依然發達，所以齊威王、宣王兩世正是齊國富强達到了最高峰的日子。

當戰國之初，一班强國之君雖因自己力量的充足而發生了自豪感，但對於微弱的周天子還保留着相當的敬意。吳王夫差被滅於越，越王勾踐稱霸中原時，史記説：

勾踐已平吳，乃以兵北渡淮，與齊、晉諸侯會於徐州，致貢於周。周元王使人賜勾踐胙，命爲伯。（越王勾踐世家）

齊威王呢，他也懷着和勾踐同樣的心情，史記説：

昔者齊威王嘗爲仁義矣，率天下諸侯而朝周。周貧且微，諸侯莫朝而齊獨朝之。（魯仲連鄒陽列傳）

勾踐和齊威王兩位希圖的是什麼？原來齊桓公和晉文公的霸業，

實際上固由他們自己爭取，而名義上則是<u>周王</u>所賜予的，<u>勾踐</u>和<u>齊威王</u>也正盼望着<u>周王</u>賜給他們一個"侯伯"的名義咧。可是天下大勢已經變化，這般守舊的想法，事實證明是白費心思了。<u>史記</u>接着説：

> 居歲餘，<u>周烈王</u>崩；<u>齊</u>後往。<u>周</u>怒，赴於<u>齊</u>曰："天崩、地坼，天子下席。東藩之臣<u>因齊</u>後至，則斮！"<u>齊威王</u>勃然怒曰："叱嗟，而母，婢也！"（同<u>上</u>）

<u>周</u>人太不量力，仗着腐爛的臭架子，竟敢對還肯向他表示低頭敷衍的大國之君斥罵一頓，甚至説要砍他的頭，無怪<u>齊威王</u>要惡聲相報了。從此以後，他看清楚連"霸"的一個名義也用它不着了，只消自己稱"王"就是。可是過了些時候，局勢又發展了，稱"王"還覺得不够，想更爬上一層而做"帝"了。——所謂帝，就是當時大家心目中統一天下的最高君主的新稱號，從天上的"皇天上帝"假借來的。

當<u>秦孝公</u>變法之後，<u>秦國</u>驟躋富强，伐<u>魏</u>，伐<u>韓</u>，伐<u>楚</u>，滅<u>巴</u>、<u>蜀</u>，着着勝利，所以<u>秦惠王</u>就自稱爲"王"；到<u>秦昭王</u>時，六國俱已稱王，他覺得本國的强盛已經超過了他們，又想稱"帝"，但東方還有一個富强的<u>齊國</u>存在，<u>秦國</u>雖强，一時還擴張不到那裏，於是他想和<u>齊</u>王平分天下。<u>史記</u>説：

> 王（<u>齊湣王</u>）爲東帝，<u>秦昭王</u>爲西帝。<u>蘇代</u>自<u>燕</u>來，入<u>齊</u>。……<u>齊</u>王曰："嘻，善，子來！<u>秦</u>使<u>魏冉</u>致帝，子以爲何如？"對曰："……<u>秦</u>稱之，天下惡之，王因勿稱以收天下，此大資也！……釋帝，天下愛<u>齊</u>乎？愛<u>秦</u>乎？"王曰："愛<u>齊</u>而憎<u>秦</u>。"……於是<u>齊</u>去帝，復爲王；<u>秦</u>亦去帝位。（<u>田敬仲完世家</u>）

即此可見秦國的致帝於齊固然是它的"遠交近攻"的一種策略，但在客觀事實上齊的經濟實力地位在六國中確是最高的，比起其他諸國各自稱王來說，它實在已具有了稱"帝"的資格了。

但兩雄是不能並立的，在統一的要求十分高漲的時候，哪會容許東、西兩方分帝而治！試看湣王的父親宣王和孟子的一段對話：

> "……抑王興甲兵，危士臣，構怨於諸侯，然後快於心與？"
>
> 王曰："否，吾何快於是，將以求吾所大欲也！"
>
> 曰："王之所大欲可得聞與？"王笑而不言。
>
> 曰："爲肥甘不足於口與？輕暖不足於體與？抑爲采色不足視於目與？聲音不足聽於耳與？便嬖不足使令於前與？王之諸臣皆足以供之，而王豈爲是哉？"
>
> 曰："否，吾不爲是也！"
>
> 曰："然則王之所大欲可知已！欲辟土地，朝秦、楚，莅中國而撫四夷也！……"（梁惠王上）

齊宣王之所以常常動了刀兵去侵略鄰國，經孟子的層層逼詢，原來是在他一身已有了滿足的享受之外，還想要達到"莅中國而撫四夷"的大願望。所以當燕王噲讓國於子之，燕國人心震動的時候，他就趁火打劫，大舉伐燕了。他正夢想着秦王的俯首來朝，哪裏願意和他平分天下！

齊宣王既處心積慮地想成爲一個統一天下的大君，他必然想到統一之後該作些怎樣的措施，並認識到這件非常偉大工作的複雜性和困難性，知道該和許多知識分子共同討論和計劃，於是他儘量把齊國有學問的人請來；還感不足，再優禮延攬別國的名士，請他們一起來參加討論這個大問題。他這一個舉動，主觀的願望固然只是想完成他的"大欲"，但是客觀的成就卻大大地豐富了齊國的文化，使得它在歷史上留下了一個不可磨滅的業績。

當時齊宣王在國都臨淄的稷門之外建設了一個文化中心，一般人稱之爲"稷下"。劉向別錄説：

> 齊有稷門，齊之城西門也。外有學堂，即齊宣王立學所也，故稱爲"稷下之學。"（太平寰宇記卷十八引）

史記田敬仲完世家也説：

> 宣王喜文學、游説之士，自如騶衍、淳于髡、田駢、接子、慎到、環淵之徒七十六人，皆賜列第爲上大夫，不治而議論。是以齊稷下學士復盛，且數百、千人。

又孟子荀卿列傳也説：

> 自騶衍與齊之稷下先生，如淳于髡、慎到、環淵、接子、田駢、騶奭之徒，各著書言治亂之事以干世主，豈可勝道哉！
> 自如淳于髡以下皆命曰"列大夫"，爲開第康莊之衢，高門大屋，尊寵之。覽天下諸侯賓客，言齊能致天下賢士也。

從這幾段材料裏，可見齊宣王請到的一班名士，尊以上大夫的頭銜，居以高門大屋，不把行政事務麻煩他們，只要求他們儘量議論和著書。他特別邀請的共七十六人，此外的學士還有數百千人。其中人物如宋鈃、尹文（這二人在稷下，見漢書藝文志注引劉向別錄）、田駢、慎到、環淵等都有高深的哲學或法理學的造詣；淳于髡則能言善辯，偏重於政治方面，他是這一個集團的領

袖。（騶衍、騶奭等都在後期，史記誤説。）在這樣一個極優越的
環境裏，他們擺脱了一切的顧慮，天天在討論各種學問和政治策
略，自然容易有所成就。（他們在哲學方面的貢獻，見郭沫若先
生十批判書稷下黄老學派的批判，本文不再涉及。）

　這班稷下先生的議論的中心，當然是建立統一帝國時代的新
制度。劉向別録説：

　　王度記，似齊宣王時淳于髡等所説也。（禮記疏卷四十
三引）

王度記本是被編入大戴禮記的，不幸大戴禮記後來亡失了四十七
篇，這篇也滅没在裏頭，現在我們看不見了。猶幸在東漢時代，
班固的白虎通義、許慎的五經異義、鄭玄的三禮注等書裏都有些
引用，現在鈔録出來一看：

　　天子冢宰一人，爵、禄如天子之大夫。（白虎通上，爵
篇引）
　　子、男三卿，一卿命於天子。（白虎通上，封公侯篇引）
　　臣致仕於君者，養之以禄之半。（白虎通上，致仕篇引）
　　百户爲里；里一尹，其禄如庶人在官者。（禮記王制注
引）
　　玉者有象君子之德，燥不輕，濕不重，薄不澆，廉不
傷，疵不掩，是以人君寶之。天子之純玉尺有二寸；公、侯
九寸，四玉一石也；伯、子、男俱三玉二石也。（白虎通下，
文質篇引）
　　大夫俟放於郊三年，得環乃還，得玦乃去。（禮記正義
四，曲禮下引）
　　天子以鬯；諸侯以熏；大夫以蘭、芝；士以蕭；庶人以

艾。(周禮疏十九，鬱人引)

天子、諸侯一娶九女。(白虎通下，嫁娶篇引)

天子駕六；諸侯與卿同駕四；大夫駕三；士駕二；庶人駕一。(詩正義三之二干旄引異義引)

——以上均見清臧庸拜經日記七引他的高祖臧琳困學鈔中所輯本。

後這些斷簡殘篇裏看，可以窺見這部王度記是如何規定了天子、諸侯、大夫、士、庶人各階級的享用和婚娶、祭祀等的等級制度，如何規定了諸侯裏分別出公、侯、伯、子、男的五等爵制度(周代實際上無此分別，見郭沫若先生金文叢考中金文所無考及我所著史林雜識裏的畿服篇)，以及大夫在致仕中和放逐中的待遇，民間以百戶爲一里的組織。如果這篇文字真如劉向所説，是淳于髡等在齊宣王時代所作，我們憑了這些綫索，可以斷言這班"不治而議論"的稷下先生的中心任務就是議定齊宣王所設想"莅中國而撫四夷"時的具體設施。

春秋戰國期間，諸侯未敢稱王時，在禮制上僭越的已很多。稱王之後，更可以名正言順地實行天子之禮。所以稷下先生擬訂的禮制，有些可能在齊國實行過。當時的齊王雖還沒有統一寰宇，卻早已把自己看成了"天子"。試看樂毅帥了五國之師伐齊，入臨淄，齊湣王出亡，魯仲連敘述這事道：

　　齊湣王將之魯，夷維子爲執策而從，謂魯人曰："子將何以待吾君？"魯人曰："吾將以十太牢待子之君。"夷維子曰："子安取禮而來吾君？彼吾君者天子也！天子巡狩，諸侯辟舍，納筦籥，攝衽抱机，視膳於堂下；天子已食，乃退而聽朝也。"(史記魯仲連鄒陽列傳)

夷維子所説的是天子巡狩時諸侯對他該行的儀節。齊本來是侯國，哪裏來的“天子巡狩禮”？這很可以猜想，該是王度記的作者們替齊王所擬定的一套排場，如果平時不行這些典禮，那末齊湣王在流亡之中是不會想到要舉行這個典禮的。

孟子裏還有一段極難解釋的話，就是“明堂”的問題：

> 齊宣王問曰：“人皆謂我毀明堂，毀諸，已乎？”孟子對曰：“夫明堂者，王者之堂也！王欲行王政，則勿毀之矣！”（梁惠王下）

明堂是王者之堂，齊宣王要在那裏實行王政，這正該得着全國的擁護，爲什麽竟會有許多人勸他把這座規模最大的殿堂拆毀了呢？看趙岐的注，明堂是周天子東巡狩時朝諸侯之處，宣王是諸侯，不該用它，所以許多人主張毀掉，這似乎趙岐竟忘記了宣王的父親威王早已稱“王”，用不着再謙居於諸侯了。所以這個問題的解答，要借助於呂氏春秋。呂氏書説：

> 齊宣王爲大室，大益百畝，堂上三百戶。以齊之大，具之三年而未能成。群臣莫敢諫王。春居問於宣王曰：“……以齊國之大，具之三年而弗能成，群臣莫敢諫，敢問王爲有臣乎？”……王曰：“春子，春子，反！何諫寡人之晚也？寡人請今止之！”（驕恣篇；又見新序刺奢篇）

明堂一名“大室”，所以這裏所説的“大室”即是孟子所説的“明堂”。我們由此可以知道，齊國人所以要毀明堂，原不是爲了顧全周與齊之間的君臣關係的矛盾，而只因建築工程太大，糜費國帑太多，又不切於君臣們實際生活的緣故。於是我們就該提出一個問題：齊宣王爲什麽會得忽發奇想要建築這所“大益百畝，堂上三百户"的大廈來？這又可以猜想，那班稷下先生裏有不少的陰陽家，他們提出一個偉大的"王者之堂"的計劃，要齊王住在裏面，像月令所説的，一個月更換一個地方，這樣就可以隨順了"四時"和"十二月"的次序而頒行各種政令了。他們把這個"天人相應"的計劃書奏給宣王，宣王本來是一個好大喜功的君主，一時高興，就命工程師照着這個計劃建築起來。後來這所大廈雖因本國官吏們的反對而停止了建築，可是這個理想卻已傳播開來，成爲西漢以來宗教、政治、法令、學術各方面熱烈鼓吹討論的大問題。凡管子裏的幼官、吕氏春秋裏的十二紀、淮南子裏的時則、禮記裏的月令和明堂位、尚書大傳裏的洪範五行傳、逸禮裏的王居明堂禮以及漢書藝文志裏的明堂陰陽三十八篇等等，都是發揮這一個理想的計劃；而這個大建築到了王莽時也居然具體地實現了。

還有一項大典禮——封禪，也是從齊國鼓吹起來的。史記封禪書説：

> 自古受命帝王曷嘗不封禪！

這句話説明了凡是受有天命而做帝王的人必須到最高的山上用"封"禮來祭天，再到高山下面的小山上用了"禪"禮來祭地，作爲答謝上帝任命他做"天子"的好意。爲什麽要在最高的山上舉行這個典禮呢？因爲上帝住在天上，人們惟有到最高的山上才可有"呼吸直通帝座"的功效。至於"封"和"禪"的地方，據他們説，禪地可以變動，封則只有泰山一處。所以封禪書記管仲(?)的話道：

> 古者封泰山、禪梁父者七十二家，而夷吾所記者十有二焉。昔無懷氏封泰山，禪云云；處羲封泰山，禪云云；神農封泰山，禪云云；炎帝封泰山，禪云云；黄帝封泰山，禪亭

亭；顓頊封泰山，禪云云；帝嚳封泰山，禪云云；堯封泰山，禪云云；舜封泰山，禪云云；禹封泰山，禪會稽；湯封泰山，禪云云；周成王封泰山，禪社首。皆受命，然後得封禪。

可見歷代受命的帝王到泰山修封已成爲一定不移的典禮，所以後來秦始皇、漢武帝們也各爲這件事情着忙，紛紛擾擾地鬧了幾百年。然而古代王者建國的地點不同，在他們的王畿裏各有高山，例如周都豐、鎬，那麼西周附近的山推武功的太白山爲最高，它拔海四千公尺。爲什麼周成王住在鎬京，要舉行確定天子身份的煌煌大典，竟會放棄這座眼前的高山，偏偏到很遙遠的東方去，上那拔海才一千五百餘公尺的泰山去修封呢？這又可以猜想，因爲當時各諸侯國之間交通不太發達，齊國人的眼孔小，他們錯認了泰山是世界上最高的山，以爲它最能接近上帝，而齊威王以下已經稱王，稱王即是做天子，該到泰山上去答謝。稷下先生們的議論和著作本來都是爲齊王朝服務的，所以古代的七十二王就都該到泰山去封禪，而傳說中的管仲也就記得這十二家了。漢書藝文志裏有古封禪群祀二十二篇，恐怕就是出於他們的手筆。

　　從齊宣王即位到王建的滅亡約有一百年的歷史，稷下之學始終繼續着，這只須看騶衍、騶奭一班人都生於戰國末年，而司馬遷卻把他們放到齊宣王時代的稷下去，這分明是他們當王建時居於稷下的誤記。以齊國物質條件的優越，戰國時代思想學術的輝煌，有了這樣的最高學府長期存在，當然會發揮出很大的功能。就從上面舉出的巡狩、封禪、明堂三個問題來說，它們就是在秦、漢時代非常活躍於君臣們的心目中的三件大事，成爲當時政治界和學術界的熱烈討論的焦點，就可以懂得稷下之學，它的波瀾是何等地壯闊，流澤又何等地漫長了。

　　魯國人是最喜歡講人事往來的儀節的，但他們所講的儀節只是社會上日用的行事，絕不恢詭可喜，史記孔子世家説：

> 魯世世相傳，以歲時奉祠孔子冢；而諸儒亦講禮鄉飲、
> 大射於孔子冢。……
>
> 適魯，觀仲尼廟堂、車服、禮器，諸生以時習禮其家，
> 余祇回留之不能去云。

他們所講的只是士、大夫們的冠、昏、喪、祭、射、鄉、朝、聘等儀節，這就是魯高堂生所傳的禮經十七篇，後世稱爲儀禮的。至於齊人所講的禮，偏重在統一王朝的大典章，規模宏大，熱鬧程度遠遠高出於魯人。西漢末年，劉歆要立逸禮三十九篇於學官，其中有天子巡狩禮、朝貢禮、烝嘗禮、禘於太廟禮、王居明堂禮等等，實在就是齊國稷下先生們放言高論的成就和他們敞開胸懷所擬定的開國制度，也許是漢代的齊國學者傳衍稷下之風而撰作的文字。這魯、齊兩種學風的本質截然不同，然而都名爲"禮"，漢代齊、魯之學既各爭短長，大、小兩戴記又都是混合編纂而成，這就使得兩千餘年來的學者們尋不出它們的端緒來。清代邵懿辰的禮經通論約略看出了這兩種趨勢，但還未能探本窮源。所以我現在就根據了戰國時代的政治情況和齊國的學術組織與學風，寫出這一章來做一個總説明。但文獻散亡，直接的證據已太少，大家只該把它看作一個可能的假設就是了。

三、孟子口中的周代"王政"説

孟子是鄒國人，鄒與魯是近鄰，他又受業於子思的門人，所以他的學術派別應該是魯國的；然而他的才氣博大，不屑於幹那

些繁文縟節的儀式和辯論，又到齊國做過宣王的卿，雖不在稷下之列，而和淳于髡、宋鈃一班稷下先生卻都交朋友，他也希望齊宣王真能用了"仁政"而王天下，所以他的學術精神是比較偏向齊國的。他的書裏大部分是發揮他的政治理論，但具體地講述到制度的也有幾處。例如北宮錡問他：

> 周室班爵、祿也如之何？

他回答道：

> 其詳不可得聞也，諸侯惡其害己也而皆去其籍。然而軻也嘗聞其略也。

他先講"班爵"的制度，說是：

> 天子一位，公一位，侯一位，伯一位，子、男同一位，凡五等也。君一位，卿一位，大夫一位，上士一位，中士一位，下士一位，凡六等。

前面的五等是王國和侯國的統治階級的領導者等級，後面的六等是王國和侯國內部的統治階級的位次。再講到"班祿"的制度，他說：

> 天子之制，地方千里，公、侯皆方百里，伯七十里，子、男五十里，凡四等。不能五十里，不達於天子，附於諸侯，曰"附庸"。
> 天子之卿受地視侯，大夫受地視伯，元士受地視子、男。

> 大國地方百里；君十卿禄，卿禄四大夫，大夫倍上士，上士倍中士，中士倍下士，下士與庶人在官者同禄，禄足以代其耕也。
>
> 次國地方七十里；君十卿禄，卿禄三大夫，大夫倍上士，上士倍中士，中士倍下士，下士與庶人在官者同禄，禄足以代其耕也。
>
> 小國地方五十里；君十卿禄，卿禄二大夫，大夫倍上士，上士倍中士，中士倍下士，下士與庶人在官者同禄，禄足以代其耕也。

照他所説，從大夫到下士的禄制各國都一樣，只是君和卿有分別。如果拿了下士的俸禄做單位，那麼，大國的卿禄等於下士的三十二倍，君禄等於三百二十倍；中等國的卿禄等於下士的二十四倍，君禄等於二百四十倍；小國的卿禄等於下士的十六倍，君禄等於一百六十倍。天子的地比大國廣十倍，他的禄就該抵得下士的三千二百倍了。再説到農夫，是：

> 耕者之所獲，一夫百畝；百畝之糞，上農夫食九人，上次食八人，中食七人，中次食六人，下食五人。庶人在官者其禄以是爲差。（萬章下）

他説一個農夫的勞動力，看他的强弱勤惰程度，養活的家口自五至九人；在官的庶人，如府、史、胥、徒之類，以及下士，都和農夫一樣，他的俸入也可以養活五至九人。孟子所説的數目字似乎十分準確，可是他開頭已自己説明了"諸侯惡其害己也而皆去其籍"，然則他在實際上已没有真的周制可見，所謂"軻也嘗聞其略"者只是一種傳聞之辭或是"想當然"的説法罷了。

他提到農業生産，主張用井田制度。這制度是：

> 請野九一而助，國中什一使自賦。……餘夫二十五
> 畝。……
>
> 方里而井，井九百畝，其中爲公田。八家皆私百畝，同
> 養公田，公事畢然後敢治私事，所以別野人也。（滕文公上）

在這裏他説到賦税的制度，規定國中（都城和近郊）的生産十份中抽取一份；野中（遠郊）行井田制，以九百畝爲一井，分給八家，每家一百畝，當中的一百畝爲公田，八家共同耕種；農民們應該耕好了公田之後再耕私田。他又解釋"助"的意義道：

> 夏后氏五十而貢，殷人七十而助，周人百畝而徹：其實
> 皆什一也。徹者，徹也。助者，籍也。……詩云："雨我公
> 田，遂及我私。"惟助爲有公田。由此觀之，雖周亦助也。
> （滕文公上）

這裏他没有講得很明白。我們體會他的語意，是夏代農民每家授田五十畝，不論豐年或荒年，全都要繳出一定的賦，所以叫做"貢"；商代每家授田七十畝，以六百三十畝爲一區，劃成井田，八家各耕九分之一，公田則互助耕作，對於政府只把公田的收獲繳上，所以叫做"助"；周代每家授田一百畝，以九百畝爲一區，九家通力合作，把全部收獲分作十份，一份歸公，九份分給九家，所以叫做"徹"，徹者通也。因爲孟子所根據的是小雅大田之詩，詩中有"雨我公田，遂及我私"的話，而小雅是周人所作，所以他説"雖周亦助"。他覺得這三種制度中，只有"助"是八家同耕公田，用公田的生産來完糧，實産若干就繳納若干，最爲合理，所以引龍子的話道："治地莫善於助"。然而他舉出的證據只有大田中的一句話，夏、商的田制得不着一點兒資料來作證，而且這一句周人的話也只能説明殷人的"助"，反而不能説明周人的

"徹"，豈不是有些兒遺憾嗎？

　　孟子喜歡説"王政"，他所謂王政固然是所謂古先聖王之政，但也就是他想像中將來統一時代的制度和當時爭取統一的一個方法。他對齊宣王説：

　　　　昔者文王之治岐也，耕者九一；仕者世禄；關、市譏而不征；澤、梁無禁；罪人不孥。（梁惠王下）

"仕者世禄"是説上代做了官，子孫世世代代得受禄養，這和他在別處所説的"士無世官"（告子下）的意義恰好相反，在他的話裏可算是一個矛盾；但這卻是古代的實際情況。他説文王時的關吏和市吏的職務只在查察形跡可疑的人，並不向人民征税；湖泊和魚梁是都歸人民共有的，國家用不着設下禁令。在另一處他又説：

　　　　市廛而不征，法而不廛，則天下之商皆悦而願藏於其市矣。關譏而不征，則天下之旅皆悦而願出於其路矣。耕者助而不税，則天下之農皆悦而願耕於其野矣。廛無夫、里之布，則天下之民皆悦而願爲之氓矣。（公孫丑上）

他要求齊宣王模仿文王的仁政來減輕人民的負擔，可見當時各國市房有征，貨物有税，關是又查察又抽捐的，農民是既服力役又出田賦的，民間是按里和按家收錢的，當時的統治階級對於人民的壓榨實在太厲害了。孟子爲了維護領主和地主階級的剝削與壓迫的長遠利益，反對對農民和商民進行無限制的剝削與壓迫，主張讓人民能够生活下去，忍受封建的統治與剝削，而不致被迫起來造反，所以用了周文王成就王業的由來來歆動當時最高統治者，説"諸侯有行文王之政者，七年之内必爲政於天下矣"（離婁上），又説"以齊王，由（猶）反手也"（公孫丑上）。然而他在這些行政方面一處也舉不出實際的證據來，可見他只是針對時弊而立言，並不是在他所讀的書裏確實找出了這些周初的歷史。

孟子又勸齊宣王信任臣子們，要像手足一般地關切。他説：

> 有故而去，則君使人導之出疆，又先於其所往。去三年不反，然後收其田里。（離婁下）

這和王度記説的"大夫俟放於郊三年，得環乃還，得玦乃去"，正是同樣地優待有封邑的官吏們的辦法。

四、荀子的"法後王"説及其論設官分職的大綱

荀子是孟子的晚輩，他住在稷下有很長的一段時間。史記孟子荀卿列傳説：

> 荀卿，趙人，年五十始來游學於齊。……田駢之屬皆已死，齊襄王時而荀卿最爲老師，齊尚修列大夫之缺，而荀卿三爲祭酒焉。齊人或讒荀卿，荀卿乃適楚，而春申君以爲蘭陵令。

劉向的荀子書録也説：

> 方齊宣王、威王之時，聚天下賢士於稷下，尊寵之，……號曰列大夫；皆世所稱，咸作書刺世。是時孫卿有秀才，年五十始來游學。……至齊襄王時，孫卿最爲老師。

這兩段文字在時間上均有矛盾。威王（公元前三五八——前三二
〇年）是宣王的父親，倘使荀卿在威王時已到稷下，他的年代必
然早於孟子，不可能在威王的曾孫襄王（公元前二八三——前二
六五年）手裏還做老師；而春申君相楚則在楚考烈王時代（公元前
二六二——前二三八年），如果他五十歲到齊，從齊威王時起一
直到楚考烈王時才做蘭陵令，那麼他便非活到一百七八十歲不
可，這當然不合情理。案應劭風俗通義説：

> 齊威、宣之時，孫卿有秀才，年十五，始來游学。至襄
> 王時，孫卿最爲老師。（窮通篇）

“五十”改爲“十五”，縮短了三十五年，“威”字又算是誤衍，則他
二十歲以前游學稷下，經過宣、湣、襄三世，在齊約有四十餘
年，在時間上不可謂不久；他學問既好，資格又老，所以幾度做
了稷下學派的領袖。我們明白了他的約略的年代，就可以從他的
三十多篇書裏看出他的政治思想和稷下的後期學風。

荀子主張“隆禮”，希望人們“始乎誦經，終乎讀禮”，所以
他説：

> 人道莫不有辨，辨莫大於分，分莫大於禮，禮莫大於聖
> 王。聖王有百，吾孰法焉？故曰：文久而息；節族久而絶；
> 守法度之有司極禮而褫。故曰：欲觀聖王之跡則於其粲然者
> 矣，後王是也。（非相篇）。

他所謂“辨”，就是分別上下的等級和親疏的關係；他所謂“分”，
就是上下和親疏間的名分關係。這原是禮家討論一切制度的中心
問題。荀子説的“衣服有制，宮室有度，人徒有數，喪祭、械用
皆有等宜”（王制篇），可以説自從王度記以至漢代的禮家是越討

論而越細密的，甚至細密得到了不能實行的地步，例如"宗法"和"喪服"便是。這班人把討論出來的禮算做"古禮"，實在説來，其中小部分是各時代和各地方曾經實行過而經禮家們重新整理過的，大部分則只是禮家們在紙片上排列出來的。他們所謂"親親以三爲五，以五爲九"（禮記喪服小記），就是他們慣用的越分越細的排列方式。荀子時代當然已有這般傾向，但卻還没有達到那般細密的程度。

在"禮"上，荀子和孟子有一點很不相同的地方，就是"法先王"和"法後王"。孟子喜歡把各種制度往上面推，説到井田是夏貢、殷助、周徹；説到學校又是夏校、殷序、周庠：總要舉出古代的因革來表示他所説的是有本之談，後來就開了董仲舒三代改制質文和小戴禮記中明堂位的一派，使得每一件事物在另一個朝代裏必然改名換樣，然而要他們找出真實的證據來卻是手裏空空的，所以這不能不叫它做"託古改制"。荀子則不然，他説古先聖王的一切禮制都因時間的久遠而消滅了，只有"後王"的制度才是明白可據的事物，所以應當以後王爲法則。他的話是正確的，慢説"諸侯惡其害己也而皆去其籍"，就是諸侯不去其籍也同樣地歸於消滅。試問魯春秋爲什麽不始於伯禽而始於隱公，竹書紀年爲什麽記晉事始於殤叔而不始於唐叔虞？這没有別的原因，只爲當時記載的工具——竹、木簡——傳了幾百年之後是必然朽蠹了的。（現在的考古學者所以還能發掘到漢初的竹簡和帛書，那是因爲那時的葬制密不通風，才得免於腐爛的緣故。）尚書爲什麽會有幾篇殷商和周初的文字，那是經過了好多次的傳寫而得保存的；但是經過了多次傳寫之後就必然有它的訛誤和修改，所以我們不可能把它完全讀通。西周的東西尚且傳不到東周，何況西周以上的！荀子老實説要觀後王的粲然之跡，那無疑是用李悝的魏文侯、用吳起的楚悼王、用商鞅的秦孝公、用稷下先生的齊宣王這一輩人所訂立的各種新制度。所以孟子和荀子雖是同説王道，同救時弊，然而孟子的態度卻不及荀子的坦白和合於實際。

荀子裏有一篇王制，其中序官一章寫出了各種官吏的執守。
他道：

宰爵，知賓客、祭祀、饗食犧牲之牢數。司徒，知百
宗、城郭、立器之數。司馬，知師旅、甲兵、乘白之數。修
憲命，審詩商，禁淫聲，以時順修，使夷俗、邪音不敢亂
雅，大師之事也。修隄梁，通溝澮，行水潦，安水藏，以時
決塞，歲雖凶敗水旱，使民有所耘艾，司空之事也。相高
下，視肥墝，序五種，省農功，謹蓄藏，以時順修，使農夫
樸力而寡能，治田之事也。修火憲，養山林、藪澤、草木、
魚鱉、百索，以時禁發，使國家足用而財物不屈，虞師之事
也。順州里，定廛宅，養六畜，閒樹藝，勸教化，趨孝弟，
以時順修，使百姓順命，安樂處鄉，鄉師之事也。論百工，
審時事，辨功苦，尚完利，便備用，使雕琢文采不敢專造於
家，工師之事也。相陰陽，占祲兆，鑽龜，陳卦，主攘擇五
十，知其吉凶妖祥，傴巫、跛〔擊〕（覡）之事也。修〔採〕（埰）
清，易道路，謹盜賊，平室〔律〕（肆），以時順修，使賓旅安
而貨財通，治市之事也。〔抏急〕（折愿），禁悍，防淫，除
邪，戮之以五刑，使暴悍以變，奸邪不作，司寇之事也。本
政教，正法則，兼聽而時稽之，度其功勞，論其慶賞，以時
慎修，使百吏〔免〕（勉）盡而眾庶不偷，冢宰之事也。論禮
樂，正身行，廣教化，美風俗，兼覆而調一之，辟公之事
也。全道德，致隆高，綦文理，一天下，振毫末，使天下莫
不順比從服，天王之事也。

他一口氣數出了十五個官，其中級別最高的是"一天下"的天王；
其次辟公和冢宰，是幫助天王宣揚教化和總理政務的；下邊是司

徒管內政，司馬管軍事，司寇管刑事，都是主要的政務；司空管水利，工師管工務，治田管農業，鄉師管農民，虞師管山林和藪澤，都是主要的生產工作；此外還有治市管市政，宰爵管招待，巫、覡管占卜，大師管音樂，屬於生活和文化的部門。官名雖舉得不多，可說已得其要領。這些應該是戰國時代的真實官制，和孟子的單說幾句空話是不一樣的。

荀子還有幾句話極像孟子的，他說：

> 田野什一。關、市譏而不征。山林、澤梁以時禁發而不稅。相地而衰政（征）。理道之遠近而致貢。（王制篇）

這不是類似孟子所說的"文王之政"嗎？荀子卻只說是王者應行的事情，沒有套上文王的大帽子。又孟子雖說"澤、梁無禁"，而在別的地方卻說：

> 數罟不入洿池，魚鱉不可勝食也。斧斤以時入山林，材木不可勝用也。……是使民養生、喪死無憾也。（梁惠王上）

他要使山、澤在一定的時候聽任人民取用，而不是終年開放，流於浪費，這正與荀子的"山林、澤梁以時禁發而稅"一說符合。至於"相地而衰政"類似禹貢所定的九州貢賦，按着當地的物產和規定的當地的農產量進貢到王朝，不要求各地方一致，"理道之遠近而致貢"，也和禹貢甸服的"百里總，二百里納銍，三百里納秸、服，四百里粟，五百里米"含義相近，為了照顧遠道人民轉運的不便，讓住得越遠的農民輸送的物產越少。

孟子道性善，荀子道性惡；孟子法先王，荀子法後王；荀子又在非十二子篇裏大罵孟子，他們二人在學術理論上顯然站在敵對的地位。然而他們為了維護地主階級的根本利益，反對無限制地剝削壓迫，使人民能够生活下去，封建王權能够長期維持下去，在這一方面，他們兩人卻是完全一致的。

五、管子書的出現及其六官說和組織人民的胚胎思想

管子一書是先秦諸子中的巨帙，歷來相傳是幫助齊桓公成就霸業的管仲所作。齊桓公的霸業，開創了春秋、戰國間四百餘年霸主統治的局面，這是齊國人常常引以自豪的，也就連帶仰慕着管仲。孟子裏有一段對話寫出了這種情形：

公孫丑問曰："夫子當路於齊，管仲、晏子之功可復許乎？"

孟子曰："子誠齊人也，知管仲、晏子而已矣！……管仲得君如彼其專也，行乎國政如彼其久也，功烈如彼其卑也，爾何曾比予於是！……"

曰："管仲以其君霸，晏子以其君顯，管仲、晏子猶不足爲與？"

曰："以齊王，由反手也！……當今之時，萬乘之國行王政，民之悦之猶解倒懸也。故事半古之人，功必倍之，惟此時爲然！"（公孫丑上）

由於時代的需要不同，統治者的願望和辦法也就不同，孟子責備管仲只能成就霸業而不能成就王業，實際上是他自己不能認識歷史發展的必然規律。然而鼓吹王道的孟子們雖要竭力抹煞管仲，管仲的歷史地位終是打不倒的，齊國人還是紀念他，因此齊國就

有很多的管子書。劉向管子書録説：

> 臣向言：所校讎中管子書三百八十九篇，太中大夫卜圭書二十七篇，臣富参書四十一篇，射聲校尉立書十一篇，太史書九十六篇；凡中、外書五百六十四。以校除復重四百八十四篇，定著八十六篇。

管子的書已經這麼豐富了，然而史記管晏列傳説：

> 吾讀管氏牧民、山高、乘馬、輕重、九府，……詳哉其言之也！

劉向解釋道：

> 九府書，民間無有。山高，一名形勢。（管子書録）

可見司馬遷讀的管子書，隨手舉出的五篇名目，經歷短短的七十年，到劉向時已有缺佚，那麼從先秦到漢初，缺佚的管子書必然更多了。管仲本是一個幹實際政治工作的人，哪會有空閒功夫去著書，更哪會成爲一位大著作家！而且管仲生於公元前七世紀的初葉，那時誰也想不到私人可以著作流傳這一回事，爲什麼他竟大著而特著，有這樣豐富的遺文呢？這不用説：從戰國到漢初人所著的書，只是有話忍不住，寫了出來，希望激起別人的同情和擁護，實現自己的理想，決不會想保留著作權或要借此留名於後世的，所以那時齊國人的著作或居留於齊的別國人的著作就大量地歸到“管子”的名下了。郭沫若先生稷下黄老學派的批判説：

> 黄帝本是皇帝或上帝的轉變。這個名稱，我們在……陳侯

因資敦裏面開始看見。陳侯因資就是齊威王。那器的銘文道："……其唯因資揚皇考昭統，高祖黄帝，邇嗣桓、文，……"是說遠則祖述黄帝，近則承繼齊桓、晉文之霸。黄帝的存在已經爲齊國的統治者所信史化了。齊威王要"高祖黄帝"，這應該就是黄、老之術所以要託始於黄帝的主要原因。……漢書藝文志小説家中有宋子十八篇，"其言黄、老意"；尹文子一篇列於名家，顏師古引劉向云："與宋銒俱游稷下"。莊子天下篇以宋銒、尹文爲一系。宋銒既"言黄、老意"，可知尹文是以道家而兼名家。……最近我在管子書中發現了他們的遺著，便是心術、内業、白心的幾篇。心術、内業是宋子書，白心屬於尹文子，我已有宋銒尹文遺著考詳細論證之。（十批判書頁一五二——一五四。宋銒尹文遺著考收入青銅時代。）

從郭先生的發見看來，管子一書裏就有宋銒、尹文的著作，他倆是稷下學派中的道家和名家。道家和名家的著作尚且會放到管子書裏，那麼政治經濟學説的著作當然更該一古腦兒收進去了。因此，我很懷疑管子一書竟是一部"稷下叢書"，所以除了政治經濟學説各篇而外，有弟子職、小稱等儒家言，七法、法禁等法家言，幼官、四時、五行等陰陽家言，兵法、制分等兵家言，地員、水地等農家和醫家言，這就因爲稷下之學的方面本來即很廣泛的緣故。明白了這一點，我們就可以洗出這部書的真正時代和真正價值。現在就簡單地抽出它的政治計劃來一看：

在"官制"方面，它第一個提出一個特殊的制度，説：

昔者黄帝得蚩尤而明於天道，得大常而察於地利，得奢龍而辯於東方，得祝融而辯於南方，得大封而辯於西方，得后土而辯於北方。黄帝得六相而天地治，神明至。

　　蚩尤明乎天道，故使爲當時。大常察乎地利，故使爲廩
者。奢龍辯乎東方，故使爲土師。祝融辯乎南方，故使爲司
徒。大封辯乎西方，故使爲司馬。后土辯乎北方，故使
爲李。

　　是故，春者，土師也；夏者，司徒也；秋者，司馬也；
冬者，李也。（五行篇）

在這一章裏，第一段把蚩尤等六人分配到上、下和四方，第二段
説明這六相的官職，第三段把春、夏、秋、冬四時拍合東、南、
西、北四方之官。篇名五行，分明這篇出於陰陽家的手筆。古代
的官制，本有"天子六卿"的傳説（見尚書甘誓），所以這裏有"六
相"：其中最尊的是明於天道的"當時"和察於地利的"廩者"；次
一級是掌農田的"土師"，掌内政的"司徒"，掌軍事的"司馬"，掌
刑法的"李"。其所以把它們分配於四時，因爲春主生，故以土師
屬之；夏主養，故以司徒屬之；秋主殺，故以司馬屬之。獨有這
個李卻難於解釋。李者理也，主刑罰，刑罰也該屬於肅殺的秋天
的，爲什麼把它歸到了閉藏的冬？按古代"兵"和"刑"本來不很分
清，所以國語記臧文仲的話道：

　　刑五而已。大刑用甲、兵，其次用斧、鉞；中刑用刀、
鋸，其次用鑽、笮；薄刑用鞭、扑：以威民也。故大者陳之
原野，中刑致之市、朝：五刑三次。（魯語上）

甲兵是戰爭的工具，也是斬殺俘虜的工具，所以執行地點在原
野；刀鋸以下是刑事，所以執行地點在市、朝。從後世的觀念説
來，這是不可能混同的，但古代竟用"刑"的一字包括起來了。又
尚書堯典云：

> 帝曰："皋陶，蠻夷猾夏，寇賊奸宄，汝作'士'，五刑
> 有服，五服三就；五流有宅，五宅三居：惟明克允！"

"蠻夷猾夏"是國與國間的戰爭，該用軍事來解決，其鎮壓對象是
敵軍；"寇賊奸宄"則是本國的內部變亂，該用刑法作鎮壓，其鎮
壓對象是罪犯，然而在虞廷之上，這性質不同的兩職竟都由"士"
這一官來擔任，"五服三就"也即是臧文仲所說的五種刑罰在原
野、市、朝三處地方來執行，可見這也是兵和刑不甚分析的一種
處理。再從戰神來看，史記說：

> 八神將自古而有之，或曰太公以來作之。……三曰"兵
> 主"，祠蚩尤。（封禪書）

蚩尤是戰神，所以有和黃帝戰於涿鹿之野的傳說（史記五帝本
紀）；劉邦起兵時也就"祠黃帝、祭蚩尤於沛庭而釁鼓"（史記高祖
本紀），然而尚書呂刑篇說到刑法的起源，則是：

> 蚩尤惟始作亂，……苗民……制以兵，惟作五虐之刑
> 曰法。

也把"法"往上推到蚩尤。從這些證據裏都可見出古代兵、刑不甚
分別的制度。後來司馬專主軍，司寇專主刑，刑事脫離了軍事而
獨立，這纔是一種進步的表現。所以管子所說的"秋者，司馬也；
冬者，李也"，不但五行分配職官的學說為管仲活着的時代所未
有，就是兵、刑截然分職恐怕也是管仲時代所沒有想到的。又蚩
尤本來該作"司馬"或"李"而這篇中卻任命他做"明天道"的"當
時"，后土該作"土師"或"廩者"而任命他作"辯北方"的"李"，這
種分配方式也使人不易解釋。

　　至於管子所説的"秋者，司馬也；冬者，李也"，好像確把"兵"和"刑"分作兩事，那是時代越後，分析職官越細的證據，我們可以分作兩點來講：

　　其一，古代分析一年中的時間原只"春"和"秋"兩個季度：春季是種植的時間，秋季是收穫的時間，所以魯國的史書盡管春、夏、秋、冬四季俱備，但書名只叫作春秋，表明分別這兩個農業上的重要時間。到後來，人事分工細了，才從春季裏分出夏季來，又從秋季裏分出冬季來，因此在堯典有"羲、和四宅"的記載。吉林大學教授于省吾同志曾對我説："在甲骨文裏只有'春'、'秋'。其'冬'、'夏'兩字乃是研究甲骨文的學者從後世（東周以下）的觀念裏硬按上去的"（大意如此；詳細證據，他必然有專文舉出）。所以，"冬"是"秋"的延長，"刑"從"兵"分出也是一事分化爲兩事。堯典裏，舜命臯陶的話，把"蠻夷猾夏"和"寇賊奸宄"合爲"士"的一官兩職是合於早期的社會思想和政府組織的，而堯命羲、和四子的宅居四方乃是較後分化的。

　　其二，"李"即"理"，兩字同音通用。春秋時"行李"的官名、後世的"大理"、"理刑"的官名都由此來。詩魯頌泮水云："矯矯虎臣，在泮獻馘。淑問如臯陶，在泮獻囚"，好像作戰的"虎臣"和審訊俘虜的"臯陶"確是兩個職事，正和管子所説："秋者，司馬也；冬者，李也"相合。其實，這正和"冬"是"秋"的延長而分爲兩個季度一樣，是一事的兩種處理。在一次戰事中，把在戰場上斫下來的敵人的頭顱和耳朵獻給統治者論功定賞的是"虎臣"，這正和商鞅行法，"計首論功"一樣；至於活捉來的敵人，則送到像臯陶一般"淑問"的官吏處去定罪，罪輕的作爲奴隸來使用，罪重的便"推出轅門處斬"。用現在的話講來，這位善於斷案的便是"軍法官"。軍法官有當機立斷之權，不像一般管民間訟事的法官要"三推四問"，論起職位來依然是"司馬"方面的屬官，不該另出一名爲"李"。管子所以説"秋者，司馬也。冬者，李也"，就是這篇的著作者要把軍法官跟一般法官分別開來，使得"天、地、春、夏、秋、冬"六官具備，正和陰陽家從秋季裏分出冬季一樣。試看西漢時竇嬰犯了死罪，"系於船司空"（見史記魏其武安侯列傳），司空在周官裏本是職掌製造的，屬於冬官，可是也管死囚，這便是秋、冬兩官向來不太分明的一個遺留現象。我記得清代法律，凡是犯了死罪而不是"斬立決"的人總要等待"秋後處決"。秋天本是刑殺的季節，爲什麼不在秋天斬而偏要遲到冬天執行呢？這就因爲冬天是秋天延長出來的緣故。

在管子裏講到如何把全國人民組織起來的辦法，是有極重要的記載的。小匡篇説：

> 昔者聖王之治其民也，參其"國"而伍其"鄙"。……
>
> 制國以爲二十一"鄉"：商、工之鄉六，士、農之鄉十五。公帥十一鄉，高子帥五鄉，國子帥五鄉。參（三）國，故爲三軍。
>
> 公立三官之臣；市立三鄉；工立三族；澤立三虞；山立三衡。
>
> 制五家爲"軌"，軌有"長"；十軌爲"里"，里有司（這句，看上下文，本當作"里有'里有司'；"只因後人誤認"里有"二字的重文爲衍文，把它刪去，便與上下文不合了）；四里爲"連"，連有"長"；十連爲"鄉"，鄉有"良人"；三（按依下文當作"五"）鄉一"帥"（按依下文當作"師"）。

這把全國分爲"國"和"鄙"兩大區："國"指都城和近郊，立三分制；"鄙"指遠郊，立五分制。就國説，是士、農、工、商四類人都有的。制五家爲一軌，十軌爲一里，四里爲一連，十連爲一鄉，一鄉計一千家；整個的"國"區分爲二十一鄉，齊君自己領十一鄉，齊國的貴族高子和國子兩家各領五鄉，組織爲三軍。因爲一國三軍，所以官、市、工、澤、山也都用了三數來分組。這個制度的好處，書上説：

> 作内政而寓軍令焉：爲高子之里，爲國子之里，爲公里，三分齊國以爲三軍；擇其賢民使爲“里君”，鄉有行伍、卒長，則其制令，且以田獵，因以賞罰，則百姓通於軍事矣。

可見這是把全國人民納入於軍事組織的一種辦法。下文又説：

> 五家爲“軌”，五人爲“伍”，“軌長”率之。十軌爲“里”，故五十人爲“小戎”，“里有司”率之。四里爲“連”，故二百人爲“卒”，“連長”率之。十連爲“鄉”，故二千人爲“旅”，“鄉良人”率之。五鄉一“師”，故萬人一“軍”，五鄉之師率之。
>
> 三軍：故有中軍之鼓，有高子之鼓，有國子之鼓。春以田曰“搜”，振旅；秋以田曰“獮”，治兵。是故，卒、伍政定於里；軍、旅政定於郊。内教既成，令不得遷徙，故卒伍之人，人與人相保，家與家相愛。……夜戰，其聲相聞，足以無亂；晝戰，其目相見，足以相識。……是故以守則固，以戰則勝。

這是在和敵國作戰時團結起來的情況。若在平時呢，則是：

> 高子、國子退而修“鄉”，鄉退而修“連”，連退而修“里”，里退而修“軌”，軌退而修“家”。是故，匹夫有善，故可得而舉也；匹夫有不善，故可得而誅也。政既成，鄉不越長，朝不越爵；罷士無伍，罷女無家。……士莫敢言一朝之便，皆有終歲這計；莫敢以終歲爲議，皆有終身之功。

靠了全國群衆的力量，使得人們只能聽從上級的命令，有作戰的義務，而沒有遷徙的自由；又只能作好事而不敢作壞事，都有長期的計劃而不爲一時的利益改變了職業，這樣當然有利於封建統治。至於"鄙"，則有五屬的制度：

> 制五家爲"軌"，軌有"長"；六軌爲"邑"，邑有"司"；十邑爲"率"（依下文應作"卒"，下同），率有"長"；十率爲"鄉"，鄉有"良人"；三鄉爲"屬"，屬有"帥"；五屬一"大夫"。武政聽屬；文政聽鄉。

住在鄙內的全數是農民，一鄉爲三千家，一屬爲九千家，五個屬設一個大夫管着。這個管"武政"的"五屬大夫"的責任是這樣：

> 正月之朝，五屬大夫復事於公。擇其寡功者而譙之曰："列地分民者若一，何故獨寡功？何以不及人？教訓不善，政事其不治？一、再則宥，三則不赦！"……於是乎五屬大夫退而修"屬"，屬退而修……"鄉"，鄉退而修"卒"，卒退而修"邑"，邑退而修"家"。是故……政成國安，以守則固，以戰則強。封內治，百姓親，可以出征四方，立一"霸王"矣！

在同書的立政篇裏，又有相類似而不完全相同的規制：

> 分國以爲五"鄉"，鄉爲之"師"。分鄉以爲五"州"，州爲之"長"。分州以爲十"里"，里爲之"尉"。分里以爲十"游"，游爲之"宗"。十家爲"什"，五家爲"伍"，什、伍皆有長焉。
> 築障，塞匿，一道路，博出入，審里閭，慎管鍵，管藏於"里尉"。置"閭有司"以時開閉，閭有司觀出入者以復於里尉。凡出入不時、衣服不中、圈屬群徒、不順於常者，閭有

司見之，復無時。若在長家子弟、臣妾、屬役、賓客，則里尉以譙於"游宗"，游宗以譙於"什、伍"，什、伍以譙於"長家"。譙敬而勿復。一、再則宥，三則不赦。

這種人民的組織和監督是多麼地嚴密！一國分作五鄉，每鄉設"鄉師"一人；一鄉分作五州，每州設"州長"一人；一州分作十里，每里設"里尉"一人；一里分作十游，每游設"游宗"一人；一游分作十（?）什，每什設"什長"一人；每什各分兩伍，每伍設"伍長"一人，管着五個家。此外又有"閭有司"，管着里門，凡見有形跡可疑的人立刻向上級報告。如果人家的子弟、賓客、奴隸有可疑的，那麼里尉就一路責問下去，直問到這一家。國和家這般緊緊地聯繫着，當然敵人再也鑽不進一個空子來了。

因爲有了這種嚴密的組織，所以政府的政策和法令一直能够貫徹到最基層。同篇中説：

正月之朔，百吏在朝，君乃出令布憲於國。五鄉之師、五屬大夫皆受憲於太史。大朝之日，五鄉之師、五屬大夫皆身習憲於君前。太史既布憲，入籍於太府。……

五鄉之師出朝，遂於鄉官，致於鄉屬，及於游宗，皆受憲。憲既布，乃反致令焉，然後敢就舍。就舍，謂之"留令"，死罪不赦。

五屬大夫皆以行車朝出朝，不敢就舍遂行；至都之日，遂於廟，致屬吏，皆受憲。憲既布，乃發使者，致令以布憲之日、蚤晏之時。……憲未布，使者未發，不敢就舍；就舍，謂之"留令"，罪死不赦。

憲既布，有不行憲者，谓之"不從令"，罪死不赦。考憲而有不合於太府之籍者，侈曰"專制"，不足曰"虧令"，罪死不赦。

這又是何等嚴格的法治手腕！他們的“布憲”和“行憲”是何等地鄭重！但我們要問：這真是管仲所定的制度嗎？從文中齊桓公與管仲一問一答及高子、國子與齊君統率三軍的形式看來，這好像是管仲的，所以編國語的人就把小匡一篇略加壓縮和修改，算作齊語。但在封建領主時代，大小貴族各有各的地盤和臣民，不可能打開畛域，一起交給國君作出整個的組織和分配。這一定是戰國時代領主制快到了消滅的時候的計劃，與其說是管仲的，實在不如說是商鞅的。史記商君列傳說：

> 孝公……以衛鞅爲左庶長，卒定變法之令，令民爲“什”、“伍”而相收司、連坐。不告奸者腰斬。告奸者與斬敵首同賞；匿奸者與降敵同罰。……有軍功者各以率受上爵；爲私鬥者各以輕重被刑。大小僇力本業耕、織，致粟、帛多者復其身；事末利及怠而貧者舉以爲收孥。……於是太子犯法，衛鞅曰：“法之不行，自上犯之！”……刑其傅公子虔，黥其師公孫賈。明日，秦人皆趨令。……集小都、鄉、邑、聚爲縣，置令、丞，凡三十一縣。爲田開阡、陌、封疆而賦稅平。平斗、桶、權、衡、丈、尺。……居五年，秦人富強。

這是把國內原有貴族的小圈子的土地封疆一齊劃平了，許多封建領主自己隨意規定的制度都給“國定”的制度所統一了，然後把人民完全組織起來。他的法是“令民爲什、伍而相收司、連坐”，這不是和管子的“人與人相保”是同樣的辦法嗎？他們的目的，都是要使“卒、伍政定於里”而後“軍、旅政定於郊”，達到富強的王業。可是，商鞅固然爲了適應戰國時代的要求而嚴立這些法制，難道生在春秋前期的管仲已經能預定這個適應於戰國中期的法制嗎？我們可以猜想，這是在商鞅變法之後，看了他的榜樣而齊國

方面也興起了一批法家，他們要爲齊國訂立嶄新的制度而上託於
管仲以自尊。因爲他們所擬定的制度不止一份，所以小匡裏"制
國以爲二十一鄉"，而立政裏卻是"分國以爲五鄉"；小匡的鄉只
一千家，而立政的鄉竟爲五萬家，距離得這麼遥遠！又王度記作
得早，所以只説"百户爲'里'，里一'尹'"，人民組織非常簡單，
而小匡則里下有"軌"，里上有"連"和"鄉"，立政則里下有"游"、
"什"、"伍"，里上有"州"和"鄉"，立政的"里"且增多到一千家，
十倍於王度記了。

因爲這許多全是齊國人空想出來的制度，當時又没有確實數
字的統計資料可以依據，所以在乘馬篇裏又有些人作出了不成樣
子的計劃來：

> 方六里，命之曰"暴"。五暴命之曰"部"。五部名之曰
> "聚"；聚者有市，無市則民乏。五聚命之曰某"鄉"。四鄉命
> 之曰"方"。"官制"也，官成而立邑。
>
> 五家而"伍"。十家而"連"。五連而"暴"。五暴而"長"，
> 命之曰某"鄉"。"邑制"也，邑成而制事。
>
> 四聚爲一"離"。五離爲一"制"。五制爲一"田"。二田爲
> 一"夫"。三夫爲一"家"。"事制"也，事成而制器。

這章文字一定有大錯誤：第一段説"五暴曰部，五部曰聚，五聚
曰鄉"，是一鄉爲二十五部，一百二十五暴；第二段説"五暴而
長，命之曰某鄉"，是一鄉只有"五暴"；第三段説四聚一離，五
離一制，五制一田，二田一夫，三夫一家，那麼一家倒有六百聚
之多。如果不是鈔寫的人大錯特錯，便是作者是一個低手人，連
算術都不會，只會隨便亂寫。

如上所述，僅就小匡、立政、乘馬三篇文字看管子中對於人
民的組織的計劃，盡管其中記載的制度非常豐富，而這種制度從

實際出發的卻是很少，從空想裏構成的倒佔了多數。但是這種空想的計劃也可以表現一個時代的精神，所以我們正好從管子一書裏看出從戰國到西漢的齊國方面對於社會組織的種種設想。周官中對於全國人民的組織也有種種的設想，可見這兩部書必然是個孿生子，所以會有這樣密切的關連。

六、曲禮中的官制

小戴禮記裏保存了一篇很凌亂的記載，也談到古代的官制，篇名叫做曲禮，大概出於漢初人所纂輯。"曲"的意義是叢雜而不成系統的，可以把莊子上的"一曲之士"來比擬。但它在講到官制方面的這段文字卻有比較重要的提示：

> 天子建"天官"，先"六大"，曰：大宰、大宗、大史、大祝、大士、大卜，典司六典。
> 天子之"五官"，曰司徒、司馬、司空、司士、司寇，典司五衆。
> 天子之"六府"，曰：司土、司木、司水、司草、司器、司貨，典司六職。
> 天子之"六工"，曰：土工、金工、石工、水工、獸工、草工，典制六材。

在這段文字裏，把天子的官吏分爲"六大"、"五官"和"六府"三類；又把從事手工業的人民總括爲"六工"，而其所典藏的原材料則是"六材"。除了司民事的"五官"外，都以六數分配，這似乎和周官的把"天、地、春、夏、秋、冬"分爲六官的有些相像，但其實際卻有根本性的差異。

差異在什麼地方？是在神權思想的濃薄有異上。古人迷信上帝和祖先的在天的神靈是非常真摯的，好像人們的一舉一動都看在上帝和祖先的眼睛裏，"作善降之百祥，作不善降之百殃"是天經地義的反應。所以每一個新朝天子都是接受了天命（這就叫做"受命"）而革掉前朝的命的（這就叫做"革命"）。例如<u>詩大雅大明</u>説：

> 維此<u>文王</u>，小心翼翼，昭事上帝，聿懷（來）多福。厥德不回（違），以受方國。

又<u>大雅皇矣</u>説：

> 皇矣上帝，臨下有赫（顯），監觀四方，求民之莫（瘼）。維此二國（<u>夏</u>、<u>商</u>），其政不獲。維彼四國（四方之國），爰究（謀）爰度（居）。……乃眷西顧，此（<u>周</u>）維與宅。

這就可見，在周人的心目中，上帝是怎樣地威靈顯赫，只要他不喜歡那個大國時，就會四面去尋找替代的人。上帝覺得<u>商王</u>不好，想撤換他的王位，待他走向西方時才找到了這位"小心翼翼，昭事上帝"的<u>周文王</u>，於是把天下交給他了，上帝也就住到<u>文王</u>那裏來了。

至於祖先，也和上帝一樣地威靈顯赫。<u>書盤庚中</u>載<u>盤庚</u>向朝中諸臣説話時，他道：

> 古我先王暨乃祖乃父胥及逸勤，予敢動用非罰！……兹予大享于先王，爾祖其從與享之。作福作災，予亦不敢動用非德！……罰及爾身，弗可悔！

這本是商王盤庚想遷都到殷地，但當時一班貴族不願意，盤庚强迫着他們走，想用刑罰來制裁他們，所以他就對着一班世臣説："從前我的先王和你們的祖和父都曾經同過着安樂和辛苦的生活，我哪敢對你們作出過度的刑罰呢；現在我要向先王舉行一回大祭祀了，你們的祖先也一起受祭。你們的作善而得福或作惡而得災，都有先王和你們的祖先來處置你們！"這祖先的亡靈的威嚴是何等地顯赫，也就有力地保衛了盤庚自己的王權。

在這樣的空氣裏，可見"人"和"天"是怎麽地緊緊連繫了的："人"的最高領導是"王"，他的一切行動都代表着"天"，這可説是"王權"和"神權"的結合，實際上則是他用了"神權"來鞏固他自己的"王權"。所以在這二千多年來的封建專制主義的社會裏，最高統治者發布重大的命令時，開頭總是"奉天承運（"天"是上帝，"運"是五德轉移的規律）皇帝詔曰"，即是這種方式的繼承。

曲禮裏説："天子建'天官'，先'六大'，曰：大宰、大宗、大史、大祝、大士、大卜，典司六典。"所謂"天官"就是六種代表神的意志的官，"大宗"是主宗廟祭祀的，"大祝"是主向神們禱告的，"大卜"是主向神們詢問吉凶的，這都容易看出。"大宰"呢，我看它的原始意義是掌祭祀時屠殺牲畜的一個頭子，這只要到北京的"天壇"裏看一下"打牲亭"，便可知道皇帝祭天時殺牲的規模是如何地巨大。後來失掉了原義，便成爲"總百官"的"宰相"了。"大史"是天子的秘書，爲天子向天和祖寫讀祝文的。"大士"該是助祭的官，像詩大雅文王裏所説的"殷士膚敏，裸將（灌鬯）于京；厥作裸將，常服黼（裳）冔（冠）"一類，因爲祭祀是件大事，奔走篩酒、上飯、送菜、焚帛一類的服務人員就不可不多了。這些人一多，就必然有一個司儀員管着他們，這就叫作"司士"。（依郭沫若先生説，"大士"即與"大史"爲對的"右史"，説詳下，也可討論。）

這六種官之所以總名爲"天官"，就因他們所做的事都是對宇宙中最高級的上帝和統治集團中的已死了的祖先打交道的事的。郭先生在整理金文中發見了小盂鼎的銘文中有下列幾句話：

> 佳八月既望，辰在甲申，昧喪（爽），三左、三右多君入服酉（檽）。明，王各（格）周廟。

他推想這"三左、三右"即曲禮中的"天王六大"，因爲三人站在王左，三人站在王右之故。他再用書顧命文作證。當成王死後，康王繼位時，顧命説：

> 王麻冕、黼裳，由賓階（西階）隮（升）；卿士、邦君麻冕、蟻（玄色）裳：入即位。太保、太史、太宗皆麻冕、彤裳，太保承介（大）圭，上宗奉同（爵名，祭時酌酒者）、瑁（玉器名，用來冒諸侯的圭璧的），由阼階（東階）隮。太史秉書，由賓階隮，御王册命。

宋蔡沈集解道：

> 太保受遺（成王遺命），太史奉册（新王的受命證書），太宗相禮，故皆祭服也。……太保、宗伯以先王之命，奉符寶以傳嗣君，有主道焉，故升自"阼階"。太史以册命御王，故特書由"賓階"以升。

郭先生在周官質疑裏又説：

> 準顧命文，知大宰、太宗在王之右（以階而言由西，以位而言則在王右），大史在王之左。與大史爲對之"大士"亦稱"右史"（曲禮："史載筆，士載言"，玉藻："動則左史書

之，言則右史書之"），自亦在王右。如是，則六大之中之太
祝、太卜在王左矣。"三左"即大史、大祝、大卜；"三右"即
大宰、大宗、大士。

他更繪爲一圖，我們復製如下。

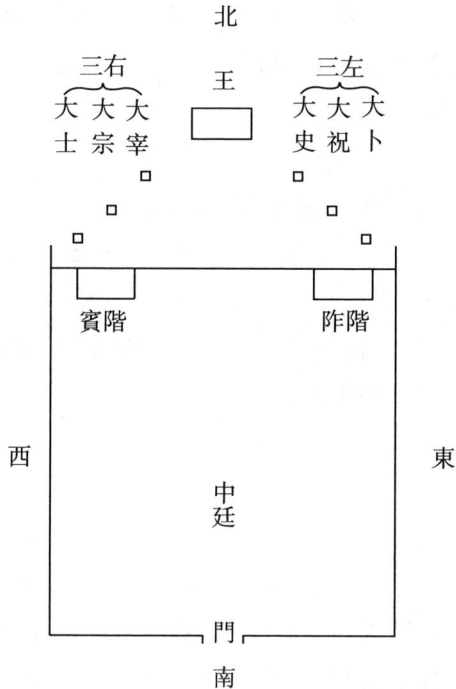

這樣看來，那部叢雜無緒的曲禮倒保存了真實的古史遺文，
勝於周官的表面上似乎很有系統而實際上則是拼湊加僞造。即此
"天官"一詞，曲禮上講的是神職，而周官上講的卻是皇帝宮中的
執事之官，兩者在"神"和"人"的思想上迥然不同。鄭玄看了這兩
者的不同，他的禮記注硬説："此蓋殷時制也"，這真是閉着眼睛
的胡言，攪亂了古代思想史的進程！

至於執掌民事的“五官”，其中“司徒、司馬、司空、司寇”四官爲載籍所常見，可不置討論外，“司士”則僅此一見，我們可以研究。按左傳昭十七年郯子朝見魯君時叙述他的家譜，而郯是東夷所建的國，東夷是多數崇拜“鳥”圖騰的，所以把鳥名稱呼他們的職官，而曰：

> 祝鳩氏，司徒也。鴡鳩氏，司馬也。鳲鳩氏，司空也。爽鳩氏，司寇也。鶻鳩氏，司事也。五鳩，鳩民者也。

杜預集解：

> “鳩”，聚也。治民上聚，故以“鳩”爲名。

這就説明了這些處理民事的長官都把鳩集人民作爲主要的任務，而其中有“司事”一名，恰和曲禮的“司士”同樣地稀見於他書。按王國維觀堂集林釋史云：

> 古之官名多由史出，殷、周間王室執政之官，經傳作“卿士”，而毛公鼎、小子師敦、番生敦作“卿事”，殷虚卜辭作“卿史”，是卿士本名史也。

王氏這個發見，正可把曲禮和左傳兩字之異打通了。
至於“六府”一名，見於左傳文七年晉郤缺的一段話裏：

> 夏書曰：“戒之用休，董之用威，勸之以九歌勿使壞”。九功之德皆可歌也，謂之“九歌”。六府、三事，謂之“九功”。水、火、金、木、土、穀，謂之“六府”。正德、利用、厚生，謂之“三事”。

又書禹貢裏也有"六府孔修"的話。可見一切物質，最切於民生日用的是"水、火、金、木、土、穀"六種財富。有了這六種物質財富的，纔可以建立起國家來，這是古人在思想中把一切物質歸納出來的一個定律。到了戰國時代鑽出一班陰陽家，把"水、火、木、金、土"五項物質定爲"五行"，並且規定了這五行的運行和相生、相克的原則，配合於各時代裏的歷史，並且規定了各部門行政項目的時間，於是有月令一書的出現，成了發展科學的極大障礙。他們單獨丟掉了最切近於民生日用的"穀"，難道他們不要吃飯的嗎？真正可憐又可恨！

最後一項是"六工"，這六工所主管的項目是"土工、金工、石工、木工、獸工、草工"，都是關於農業和手工業的，擔任操作的人即使不是奴隸也必然是個農奴。這倒可以把鄭玄的注文和賈公彥的疏文作爲説明，因爲他倆都是注過考工記的。

"土工"，陶、旊（作簠、簋，即飯食用具）也。"金工"，筑（書刀）、冶（煎金）、鳧（鍾）、㮚（量器）、段（鍛；錢、鎛——均農器）、桃（刃、劍）也。"石工"，玉人（圭、璧），磬人也。"木工"，輪（車輪）、輿（車床）、弓、廬（戈戟之屬）、匠（建築）、車（大車、羊車）、梓（杯勺、筍、虡）也。"獸工"，函（甲鎧）、鮑（治皮）、韗（以皮冒鼓）、韋（熟皮爲衣）、裘（狐裘之屬）也。"草工"（葦席、盛食之器）。

這是古代手工業的一篇總賬。那時"工、商食官"（見國語晉語），所以這些手工業都歸官辦，成爲"天子之六工"。

總的説來，曲禮這書雖凌雜無緒，但頗合古代的政治制度，不像周官的真僞混雜，使讀者容易上當。爲了我們要對周官作出批判，所以先來表章曲禮中的官制記載的近於實際。

七、漢文帝令博士們作王制
時所取的資料

　　小戴禮記裏又有一篇王制，一望這個名題就可以明白它的性質和王度相同，都是規定建國時的主要規劃的。鄭玄三禮目録云：

　　　　名曰王制者，以其記先王班爵、授禄、祭祀、養老之法度。此於別録屬制度。（禮記正義卷首引）

其實這篇文字並不是"先王之法度"，它的內容也不止於這四項，還有職官、朝聘、巡狩、田獵、賦稅、學校、選舉、喪祭、刑法、道路、邊裔……等項，可以説這書雖然簡單，而凡是建立國家的弘綱巨節都已具備了。這篇文字的著作時代，孔穎達正義説：

　　　　王制之作蓋在秦、漢之際。知者，案下文云："有正聽之"，鄭云："漢有'正平'，承秦所置"。又有"古者以周尺"之言，"今以周尺"之語，則知是周亡之後也。故鄭答臨碩云："孟子當赧王之際，王制之作復在其後。"盧植云："漢孝文皇帝令博士諸生作此王制之書。"

漢代的經師們本來最喜歡把書籍的年代提向遠古，而對於這篇的晚出書卻沒有加以回護。盧植的説法是根據史記封禪書來的。封禪書説：

趙人新垣平以望氣見上，……於是貴平上大夫，賜累千金；而使博士諸生剌六經中作王制，謀議巡狩、封禪事。

又史記索隱引劉向別錄云：

文帝所造書有本制、兵制、服制篇。

可見漢文帝居於大一統之世，又當漢皇室的政權穩固之後，由於方士和儒生們的慫惥，想定出許多開國制度，博士諸生們就應詔做出這些書來以供採掇，這和稷下先生的工作非常相像。別錄所説的本制，當即封禪書裏的王制。兵制、服制等篇俱已亡佚，只有王制一篇傳了下來，被收進了小戴禮記。

這篇文字，照司馬遷説，它的資料是從六經中抽取的；其實先秦諸子它也一律選用。即如開頭所講的"分田制禄"就是直鈔孟子中"周室班爵、禄"一章，只是稍微有些改動。第一，孟子把"天子"列爲一等，和荀子把"天王"列在序官裏一樣，而"子"和"男"則同列在末一等裏；王制則説：

王者之制禄、爵，公、侯、伯、子、男，凡五等。

它没有提到"天子"的等級，想是因爲到了秦、漢時代，皇帝的地位太尊嚴了，人們不敢再把他和諸侯同列於五等之中了，所以改把"子"、"男"分列爲二等。其二，孟子説"天子之卿受地視侯，大夫受地視伯，元士受地視子、男"，而王制則説：

天子之三公之田視公、侯；天子之卿視伯；天子之大夫視子、男；天子之元士視附庸。

這又因爲漢代以丞相、太尉、御史大夫爲三公，地位在九卿之上，所以卿以下就不得不挨次推下了一位。從這些地方看來，它的時代性是非常顯明的，司馬遷和盧植的話可説是絕對正確。

郡、縣的制度，從春秋、戰國以來因爲大國的拓地而逐漸發展，到秦始皇統一六國而普遍化。漢初人不瞭解這是時代的潮流，誤認爲秦的滅亡由於不封子弟和功臣所致，所以漢初又恢復了封國的制度。但這僅是一股反時代的逆流，所以不到幾十年又逐一分化或撤消了。博士諸生是慣於讀死書的，他們看不清時代的趨勢，只覺得"周公封建親戚以蕃屏周"是一個天經地義的制度，而漢初的疆土又大大地超過了周初，因此他們就在王制裏作了極整齊和極生硬的規定：

> 凡四海之内九州，州方千里。州建百里之國三十，七十里之國六十，五十里之國百有二十，凡二百一十國。名山、大澤不以封。其餘以爲附庸、閑田。……
>
> 天子之縣内方百里之國九，七十里之國二十有一，五十里之國六十有三，凡九十三國。名山、大澤不以盼。其餘以禄士，以爲閑田。
>
> 凡九州，千七百七十三國。天子之元士、諸侯之附庸不與。

作者認爲整個的天下方三千里，分畫成九個州，每州都是整整齊齊地方一千里；把八個州封給子弟和功臣，共計一千六百八十國；天子自己管着一個州，把它的小一半封給三公、卿、大夫，共九十三國，大一半的田産則專供給王室的開銷。這真是一個稱心如意的算盤！他們不想，封國是世襲的，而子弟和功臣卻會一代一代地增長起來，如果在開國時已經完全封出，過了幾代又該如何去安插？他們又不想，九州的地形是大有參差的，東邊幾州平原多而山澤少，開方計里而封國固然不太困難，但西邊幾州則是山岳地帶，絶少平原，既經規定了"名山、大澤不以封"，試問怎樣還能方方整整地每州封上二百一十國？所以這些規劃分明只是紙片上的玩意兒，和現實聯繫不起來的。

在官制方面，王制所規定的王朝官吏委實太稀少了，它説：

> 天子三公、九卿、二十七大夫、八十一元士。

這從大官到小官用了"三"數乘了三次，只有一百二十人。這一個大一統的皇帝的朝廷裏爲什麼設官會如此地稀少？這個問題連慣於附會的鄭玄也覺得它太不像樣了，他便注道：

> 此夏制也。明堂位曰："夏后氏之官百"，舉成數也。

本來他認爲王制是作於周赧王以後的，到此也感到了這個難以解釋的矛盾，只好把它往前推，推到極簡樸的上古去，説是夏制了。到了近代，章炳麟不客氣地批評道：

> 尤瀆亂不經者，以爲天子之官，三公、九卿、二十七大夫、八十一元士。此非孟子所説，而與昏義、尚書大傳、春秋繁露、白虎通義相扶。……是則百二十官各爲正長，九卿之寺徒有正卿一人，更無僚屬爲之贊助，其叢脞不亦甚乎！……余以王制、昏義、書大傳、春秋繁露皆不達政體者爲之，名曰博士而愚莫甚焉！（太炎文録一，駁皮錫瑞三書）

真的，堂堂一個天朝的組織哪能這般地簡單！如果將來真能發見夏代的制度，我想決然不止這個數目。但它説到外州的官制倒還是大模大樣的：

千里之外設方伯。五國以爲屬，屬有長；十國以爲連，連有帥；三十國以爲卒，卒有正；二百一十國以爲州，州有伯。

八州：八伯、五十六正、百六十八帥、三百三十六長。八伯各以其屬屬於天子之老二人，分天下以爲左、右，曰"二伯"。……

天子使其大夫爲"三監"，監於方伯之國；國三人。

以上共五百九十四人，較中朝的官幾乎多至四倍。其中地位最高的是"左伯"和"右伯"，這二伯領導着"八伯"；八伯統率着"八州"；天子又派使者到各州去監察，每州三人。這個說法有幾處來源：第一，詩經裏有周南、召南，所以樂記說："五成而分周公左、召公右"，公羊傳又說："自陝而東者，周公主之；自陝而西者，召公主之"（隱五年）；這裏也就跟着說"二伯"了。第二，尚書大傳說舜"元祀，巡守四岳、八伯"，這八伯的名義據它說是陽伯、儀伯、夏伯、羲伯、秋伯、冬伯等，大概是把一年的四時和堯典的羲、和四子混合編制的；這裏的"八伯"當然和它有着血統的關係。第三，在管子小匡和立政兩篇裏，"屬"、"連"、"卒"的組織和"長"、"帥"的官名都已見過，這裏只是把這些名詞重新編排了一下而擴大到八州去。第四，漢書地理志云："周既滅殷，分其畿內爲三國。……邶以封紂子武庚；庸，管叔尹之；衛，蔡叔尹之：以監殷民，謂之三監"；這裏所說的"三監"，意義雖有不同，而字面則顯然是借用這件故事的。即此可知，這外州的官制雖然比較堂皇，實際上則全由拼湊而來。

封禪書說博士們作王制謀議巡狩、封禪事，按王制文中具體說出的巡狩制度，是：

天子五年一巡守。

　　歲二月，東巡守，至於岱宗，柴而望祀山、川，覲諸侯。問百年者就見之。命大師陳詩以觀民風。命市納賈以觀民之所好惡，志淫好辟。命典禮，考時、月，定日；同律、禮、樂、制度、衣服，正之。山川神祇有不舉者爲不敬，不敬者君削以地。宗廟有不順者爲不孝，不孝者君絀以爵。變禮、易樂者爲不從，不從者君流。革制度、衣服者爲畔，畔者君討。有功德於民者加地進律。

　　五月，至於南嶽，如東巡守之禮。八月，西巡守，至於西嶽，如南巡守之禮。十有一月，北巡守，至於北嶽，如西巡守之禮。

　　歸，假於祖、禰，用特。

他們規定了天子每五年該出去一整年，周游四方，把四岳之官所在地作爲行轅；每到一個岳，就須祭祀山、川，朝見諸侯，訪問耆老，考察風俗，執行賞罰，並統一曆法、禮節、音樂、服裝等等制度，這無疑是有利於政治和文化的統一。可是天熱的時候偏向南行，到了天冷卻要北征，似乎不近人情，無奈五行學説的排列法不能改變，天子巡守禮就必然該和王居明堂禮取得一致。至於巡狩時的種種考核制度，則和秦始皇的歷次東巡大有關係。按史記秦始皇本紀，二十八年刻石琅邪臺，説：

　　維二十八年，皇帝作始。……東撫東土，以省卒士。……普天之下，摶心揖志。器械一量，同書文字。……匡飭異俗，陵水經地。……除疑定法，咸知所辟。方伯分職，諸治經易。……奸邪不容，皆務貞良。……端直敦忠，事業有常。……

又三十七年刻石會稽，也説：

皇帝并宇，兼聽萬事，遠近畢清。……貴賤並通，善惡陳前，靡有隱情。飾省宣義，有子而嫁，倍死不貞。防隔內外，禁止淫佚，男女潔誠。……大治濯俗，天下承風，蒙被休經。……

從這兩段話裏，可以看出，秦始皇的巡狩不但要統一制度，把器械和文字等完全規範化，而且要定出倫理教條，使得奸邪都要改務貞良，男女間也要防隔內外，直管到寡婦不許再嫁。這就是王制裏的觀民風和正制度的由來了。

八、周官的出現及其和詩、書、金文中的周制以及管子等擬定的制度的矛盾

從以上所說的許多事實和記載看來，可以知道統一天下的制度，在秦始皇併吞六國以前早已準備了一百多年。在這一百多年裏邊，我們固然有理由說齊國人曾經定出了許多大計劃，但我們不能說只有齊國一國在準備，因爲楚在春秋初即已稱王，到戰國時拓地已達方五千里，而秦、魏、趙、燕諸國既都稱王，就誰也懷着統一天下的雄心，既經有了這樣雄心就誰也不免有所計劃，這些計劃用文字寫出來的便是後王的制度。例如晉代在魏襄王冢裏發掘出來的竹書，其中有周食田法一種（見晉書束皙傳），說不定就是魏人對於班禄的預定計劃而託之於周的。又如尚書中的禹貢，其中細細地規定了九州的貢物和田賦，看它所有說到的地名最詳於西北和西南，我們也可以推測，這是秦人對於統一後預定的貢賦計劃而託之於禹的。等到六國完全併入於秦，六國所草的計劃必然有某些部分爲秦人采擇施行的。例如始皇初併天下，就

推"五德終始之傳"，定了"水德"的制度，這五德終始說分明是齊人騶衍所創，又齊國的封禪禮當始皇東巡到泰山時就取來用了，這都是些很明顯的例子。可是統一天下爲郡縣以及中央專制政治的出現畢竟是史無前例的，爲了適應這個新環境還得作長期的摸索。從漢高祖時叔孫通定朝儀，蕭何次律令，到漢文帝時賈誼、公孫臣、新垣平等計劃改曆法和服色，再到漢武帝時趙綰、王臧等計劃立明堂、草巡狩和封禪諸儀，結果郊祀的制度成於司馬談等之手，改定曆法的事情成於司馬遷等之手，封禪的大典也由公孫卿等一班方士鼓吹而實現，以及置五經博士、設博士弟子員等學校制度，令郡國舉孝廉的選舉制度，置刺史部十三州的監察制度，算商車、設告緡令、置均輸、平準諸官等財政制度均於武帝一代中次第建立，這纔具備了真正統一的規模，那時已在秦始皇併吞六國後一百多年了。這統一大業的完成竟如此地不易！

在這前後二百餘年之中，國家在計劃，私人也在計劃，作者的本領有高有低，作出的計劃當然也有精粗和美惡的等次。雖是存留的文件不過當時千百分之一二，但我們對於這些遺文墜簡總應當逐一地作出個分析論定才是。

現在我舉出一個最重要而又最精密的政府組織的計劃——周官。它是一部四萬五千多字的大著作，其中存在的問題非常複雜，這裏不可能詳細討論，只能作一個簡單的介紹。

周官這部書，是用官制聯繫着各種制度的。它的設官的系統很有些像管子五行篇，也是用了天、地、四時來分配六個部門的政務。天官的首長叫做"冢宰"，他的屬官六十三；地官的首長是"司徒"，他的屬官七十八；春官的首長"宗伯"，他的屬官七十；夏官的首長"司馬"，他的屬官六十九；秋官的首長"司寇"，他的屬官六十六；冬官的首長"司空"，這篇亡了，不知道屬官有多少。就以上的五官説來，已有三百六十六個官職，每一個官府的人員多寡不等，所以在這書中，王官和官屬不下數萬人，正好跟王制中寥寥落落的朝官作一個鮮明的對比。按書序裏曾説：

> 成王既黜殷命，滅淮夷，還歸在豐，作周官。

僞古文尚書的周官篇因此就做出文章，説：

> 惟周王撫萬邦，巡侯、甸，四征弗庭，綏厥兆民，六服群辟罔不承德，歸於宗周，董正治官。……冢宰掌邦治，統百官，均四海。司徒掌邦教，敷五典，擾兆民。宗伯掌邦禮，治神、人，和上下。司馬掌邦政，統六師，平邦國。司寇掌邦禁，詰奸慝，刑暴亂。司空掌邦土，居四民，時地利。六卿分職，各率其屬，以倡九牧，阜成兆民。

這篇文字可説是周官一書的提要。它雖是魏、晉間人所僞作，卻把六卿的執守講得極爲簡明。大概説來，朝廷及宮中的事務統歸冢宰去處理，王畿内人民的教、養的事務統交給司徒，宗教、文化的事務全歸宗伯，諸侯、軍旅的事務全歸司馬，刑獄、治法的事務全歸司寇，工程的事務全歸司空。因爲周成王的王業是周公所促成的，所以在書序的篇次裏，周官又緊挨着立政，其時周公正住在豐邑，所以人們便根據了尚書學家的説法，斷定這部書是周公晚年手定的一部大結構。可是立政一篇也曾叙述許多官名，它自内而外，由近及遠，既不見六卿的分職，更不見用了天、地、四時而分配六種政務。同一個時代，同一個人物，所述的官制竟有如此的差異，這不能不説是一個很可疑的大問題。

周官這個名題是隨着這部書來的，它既題爲"周"，顧名思義，當然作者確指爲周的官制。就説尚書立政是第二手的資料，未必完全可據，那麽西周的史料最可信據的無疑是鐘、鼎彝器上的銘辭。郭沫若先生把這些銘辭和周官比較，就發現了許多的矛

盾。他著有周官質疑(見金文叢考),舉出了許多例子。有如"善夫",即是周官的"膳夫",大克鼎銘説:

> 王呼尹氏册命善夫克。王若曰:"克,昔余既命女出内(納)朕命,……"

小克鼎銘又説:

> 王命善夫克舍命于成周,遹正八自(師)。

善夫克既出納王命,又遹正八師,分明是參預政事的大官,可是在周官裏只是幾個職位很卑的上、中、下士。又如"趣馬",即是金文中的"走馬",周官裏這一職務人數甚多,位僅下士,但師兌毀銘説:

> 王呼内史尹册命師兌:世師龢父嗣左右走馬,五邑走馬。錫女乃祖巾、五章(璋)、赤舄。

即此可見他的地位並不低微。證以詩經十月之交篇云:

> 皇父卿士,番維司徒,家伯維宰,仲允膳夫,棸子内史,蹶維趣馬,楀維師氏,豔妻扇方處。

又雲漢篇云:

> 鞫哉庶正,疚哉冢宰,趣馬、師氏、膳夫、左右。

可見這些官吏都是天子的近臣,够得上和天子之妃并列的。雖是從字面上看來，他們只管理天子的某一部分生活，而實際上卻掌握着政權，所以他們做得好時便爲人民所歌頌，做得不好時便爲人民所痛罵。其中“師氏”一官也是金文和周官都有的，但在金文裏是管着征伐、戍守、射箭等的武職，而在周官裏則屬於司徒，前面説：

> 掌以媺（美）詔王，以三德教國子，……凡國之貴游子弟學焉。

好像是貴族學校的老師；下文卻説：

> 使其屬帥四夷之隸，各以其兵服守王之門外，且蹕朝；在野外則守内列。

那麽這仍是一個武臣。一個人的才分固然可以兼資文武，但一個職位就不容兼掌文武，尤其是以周官分職之細，而説從事教育的師傅可以和從事戰鬭的師旅合爲一官，這豈非失去了六卿分職的原有意義。

毛公鼎和矢令彝都有“卿事寮”之文，“卿事”即“卿士”。從上引詩經的兩段文字看，知道卿士的地位高出於司徒和冢宰之上。可是周官裏卻没有這一官，它的兼綜六官的還是冢宰。又司寇一官，據揚殷銘云：

> 王若曰：“揚，作嗣工，官嗣量田甸，眔（暨）嗣㞐（居），眔嗣芻，眔嗣寇，眔嗣工司。……”

司甸、司㞐、司芻均周官所無。揚這位大員以司空而兼司寇等一大套事務，足證司寇之職本來低於司徒、司馬、司空，不和他們并列。在這些地方，都可以看出周官這部書對於真正的周代的官制的認識只在依稀彷彿之間，所以把金文、詩、書和它相證都不能印合一致。至於冢宰的"天官"和司徒的"地官"兩個頭銜，郭沫若先生的金文所無考（亦見金文叢考）説：

> 金文中"天"若"皇天"等字樣多見，均視爲至上神；與天爲配之"地"若"后土"等字樣則絕未有見。……是則"地"字當是後起之字。地與天爲配，視爲萬彙之父與母然者，當是後起之事。

按"地"與"天"爲配是陰陽學説發達後的事情，"四時"分配"四方"則是五行學説發達後的事情。管子和周官中的六官以天、地、四時命名，分明都是由於陰陽家和五行家們的鼓吹的結果。但陰陽、五行學説本是各説各的，並不容易樹立起一個嚴格統一的標準來，所以拿周官和管子相比較，則"司徒"改居"大常"之位，"司馬"改居"司徒"之位，"司寇"改居"司馬"之位，"土師"併入了"司徒"，又增加了"宗伯"和"司空"。

周官中最重要的部分是地方制度，它規定：王國百里内爲"鄉"，共六鄉，百里外爲"遂"，共六遂，是直屬於王的；遂以外喚作"稍"、"縣"、"都"，是卿、大夫及王子、弟的采邑。鄉的組織，是：

> 五家爲比，使之相保。五比爲閭，使之相受。四閭爲族，使之相葬。五族爲黨，使之相救。五黨爲州，使之相賙。五州爲鄉，使之相賓。（大司徒）

於是各爲設官：每五家設一"比長"，位下士；每二十五家設一"閭胥"，位中士；每百家設一"族師"，位上士；每五百家設一

“黨正”，位下大夫；每二千五百家設一“州長”，位中大夫；每一萬二千五百家設一“鄉大夫”，位爲卿；每二鄉設一“鄉老”，位爲公。拿它來和管子合看，制度雖很相像而家數則有不同，小匡的“鄉”一千家，立政的“鄉”五萬家，這裏的“鄉”則是一萬二千五百家；立政的“州”一萬家，這裏的“州”則是二千五百家；基層組織，這裏的“比”即等於小匡的“軌”。至於把人民組織起來之後：

> 乃會萬民之卒伍而用之，五人爲“伍”，五伍爲“兩”，四兩爲“卒”，五卒爲“旅”，五旅爲“師”，五師爲“軍”，以起軍旅，以作田役，以比追胥，以令貢賦。（小司徒）

這是每家出一個人參加地方組織，“伍”由比來，“兩”由閭來，“卒”由族來，“旅”由黨來，“師”由州來，“軍”由鄉來，一鄉是一萬二千五百家，所以一軍爲一萬二千五百人。因此，比長即是伍長，閭胥即是兩長(?)，族師即是卒長，黨正即是旅帥，州長即是師帥，鄉大夫即是軍帥。這裏的“伍”、“卒”、“旅”、“師”、“軍”諸名都見於管子書，只是人數不同而已。又管子和商鞅都以二伍爲什，這裏獨説“五伍爲兩”，也是不同的一點。

管子書的中心問題是“作內政而寓軍令”，周官的中心問題也是這樣，所以管子説“內教既成，令不得遷徙”，這裏也説：

> 徙於國中及郊，則從而授之。若徙於他，則爲之旌節而行之。若無授無節，則唯圜土內之。（比長）

所謂“授之”，鄭注説：“或國中之民出徙郊，或郊民入徙國中，皆從而付所處之吏，明無罪惡”，這是説人民因必要而遷家時，必須由這邊的官吏把這一家交給那邊的官吏。倘使搬到遠地方去，一定要取得國家的旌節作證。如果不這樣做，就要關到監牢

（圖土）裏了。又管子說：“人與人相保，家與家相愛”，這裏也說：

> 五家爲比，十家爲聯；五人爲伍，十人爲聯；四閭爲族，八閭爲聯；使之相保相受，刑罰、慶賞相及相共，以受邦職，以役國事，以相葬埋。（族師）

管子說“匹夫有善，故可得而舉也；匹夫有不善，故可得而誅也”，這裏也說：

> 三年則大比，考其德行道藝而興賢者、能者，鄉老及鄉大夫帥其吏與其衆寡以禮禮賓之。厥明，鄉老及鄉大夫、群吏獻賢、能之書於王；王再拜受之。退而以鄉射之禮五物詢衆庶。……此謂使民興賢，出使長之；使民興能，入使治之。（鄉大夫）
>
> 若國大比，則考教、察辭、稽器、展事，以詔誅、賞。（鄉師）

管子說“正月之朔，……君出令布憲於國，……遂於鄉官，致於鄉屬，及於游宗皆受憲”，周官也說：

> 大司徒之職，……正月之吉，……乃縣教象之法於象魏，使萬民觀教象。……
>
> 鄉大夫之職，……正月之吉，受教法於司徒，退而頒之於鄉吏，使各以教其所治。……
>
> 州長，……正月之吉，各屬其州之民而讀法。……正歲，則讀教法如初。……
>
> 黨正，……及四時之孟月吉日，則屬民而讀邦法以糾戒

之。……正歲，屬民讀法。……

族師，……月吉，則屬民而讀邦法。……

閭胥，……凡春、秋之祭祀、役政、喪紀之數，聚衆庶。既比，則讀法。……

大司徒縣法和鄉大夫頒法之後，州長一年該向人民讀法兩次，黨正一年讀法五次，族師一年讀法十二次，閭胥每逢集會的時候就讀法，把"法"作爲治理國家的主要工具。這樣看來，周官明明是法家之書，而兩千年來爲了它有着周公這頂大帽子壓在上面，而周公又是孔子所夢寐不忘的人，以致被人錯認作儒家之書，這是多麽地可怪又可笑的事呵！

六鄉之制已如上述，再看六遂的制度：

五家爲鄰，五鄰爲里，四里爲酇，五酇爲鄙，五鄙爲縣，五縣爲遂，皆有地域溝樹之，使各掌其政令、刑禁，以歲時稽其人民而授之田野，簡其兵器，教之稼穡。（遂人）

這和六鄉同樣地組織家數，分成六級，只是名目各有不同。住在遂裏的人民負有務農和備戰的兩項任務。其官，鄰長無品級，里長是下士，酇長是中士，鄙師是上士，縣正是下大夫，遂大夫是中大夫：比六鄉各低一級。他們的讀法雖不如六鄉之勤，但督察並不稍懈，仍要"以時數其衆庶而察其媺、惡而誅、賞"（鄙師）。

六遂以外的地區，是鄉大夫們的采邑，所以設官簡單得多；從小司徒之文看來，知道那裏的人民組織在井田上：

乃經土地而井牧其田野：九夫爲井，四井爲邑，四邑爲丘，四丘爲甸，四甸爲縣，四縣爲都，以任地事而令貢賦，凡稅斂之事。

這個制度是十六井爲一丘，六十四井爲一甸，二百五十六井爲一縣，一千零二十四井爲一都。一夫受田百畝，每井爲九百畝，故云"九夫爲井"。其所以叫作"井"，因爲這一個字就是灌溉系統和交通系統的象形。遂人職云：

> 凡治野，夫間有遂，遂上有徑；十夫有溝，溝上有畛；百夫有洫，洫上有涂；千夫有澮，澮上有道；萬夫有川，川上有路，以達於畿。

遂、溝、洫、澮、川是大小溝渠的系統，徑、畛、涂、道、路是大小行車路綫的系統，看它一條河、一條路的排列，何等地有秩序！可是，問題就來了："九夫爲井"是可以開方的，"十夫有溝"如何開得成方？既開不成方，又如何可以徑界井田？小司徒和遂人兩文所以會有這樣的矛盾，我們猜想，在這些制度裏一定有相當大的想像的成分在內，作者偶不經心，就留下了這個罅隙。又考工記裏的匠人也說到這個問題，云：

> 匠人，爲溝洫。耜廣五寸，二耜爲耦。一耦之伐，廣尺，深尺，謂之𤰝。田首倍之，廣二尺，深二尺，謂之遂。九夫爲井，井間廣四尺，深四尺，謂之溝。方十里爲成，成間廣八尺，深八尺，謂之洫。方百里爲同，同間廣二尋，深二仞，謂之澮，專達於川，各載其名。

一井方一里，一邑方二里，一丘方四里，一甸方八里，這是容易推算的。但成方十里，同方百里，和甸、縣、都的廣袤如何合得攏來？因爲有這矛盾，所以鄭玄就用調和的方式注釋道：

> 方十里爲成，成中容一甸，甸方八里，出田稅；緣邊一

里，治洫。方百里爲同，同中容四都，六十四成，方八十里，出田税；緣邊十里，治澮。(考工記注)

他主觀地認爲治田的人和治水的人是應當分開的，所以方八里的"甸"即在方十里的"成"的中間，讓方八里內的人獨任田税，而緣邊各一里的人擔當治洫的事。"都"和"同"的關係也是這樣，因爲澮是專達於大川的水道，需要更多的人擔任治水的工作，所以就讓方八十里內的人獨任田税，緣邊各十里的人擔當治澮的事。這原是他想像中的生産方式，作經的人可以有想像的自由，作注的人當然也可有他的自由了。

至於軍事動員，稍人職云：

> 稍人，掌令丘乘之政令。若有會同、師田、行役之事，則以縣師之法作其同徒、輂輦，帥而以至，治其政令，以聽於司馬。

可見都鄙的人民雖然住得較遠，也同樣擔負着兵役和其他力役的義務了。又鄭玄在注小司徒時，引司馬法道：

> 六尺爲步。步百爲畝。畝百爲夫。夫三爲屋。屋三爲井。井十爲通。通爲匹馬，三十家，士一人，徒二人。通十爲成，成百井，三百家，革車一乘，士十人，徒二十人。十成爲終，終千井，三千家，革車十乘，士百人，徒二百人。十終爲同，同方百里，萬井，三萬家，革車百乘，士千人，徒二千人。

十井爲通，計九十家，逢到戰事時由三分之一的農户擔任一匹馬、一個士(正兵)、兩個徒(勤務)。由此累進，則方百里的同就可以出到一百輛革車、一千個士和二千個徒了。

但周官裏還有另一種授田的辦法，大司徒説：

> 凡造都鄙，制其地域而封溝之，以其室數制之：不易之地家百畝，一易之地家二百畝，再易之地家三百畝。

所謂不易之地，是土壤肥饒，年年可以播種，故一家百畝；一易、再易之地，土壤磽瘠，必須休息一兩年再耕種方可有收穫。這是很現實的計劃，但對於上面整整齊齊的"一夫百畝"的井田制度來講卻不免彼此牴牾了。又遂人職云：

> 辨其野之土，上地、中地、下地以頒田里：上地，夫一廛，田百畝，萊五十畝；餘夫亦如之。中地，夫一廛，田百畝，萊百畝；餘夫亦如之。下地，夫一廛，田百畝，萊二百畝；餘夫亦如之。

這條的意思本來也和上條一樣，但田地數目卻更放寬了，本來不易之地家百畝，現在又添上了五十畝了。至於"餘夫"，本由宗法制度來，父親的財產不能遍給諸子，所以規定由長子承繼大宗的遺產，庶子只分得很少一點。井田制度固由國家授田，但因按家給地，餘夫仍不能多取。孟子説一夫百畝而餘子只有二十五畝，就是爲着這個緣故。若如周官所説，不論上、中、下地，餘夫同長兄完全一樣，那就是"正夫"而不成其爲"餘夫"了。按商鞅之法，"令民父子、兄弟同室内息者爲禁"，這是要打破宗法組織的長、庶之分，使得每一個人民都直接隸屬於國家；在這種情形之下，餘夫的名義當然取消，他們所得到的田地和長兄不再有差別。周官這段文字似乎是接受了商鞅的主張，所可詫怪的它爲什麼還保留着這個"餘夫"的名義呢？這裏雖然存在着矛盾，但究竟也是周官出於法家的一個證據。

力役和賦稅的制度是跟着土地制度來的。均人職云：

> 凡均力政以藏上下：豐年則公旬用三日焉，中年則公旬用二日焉，無年則公旬用一日焉。

按王制説："用民之力，歲不過三日"，現在一旬竟要用到三天，一年就是一百多天，榨取量豈非太高？所以鄭玄只得注道："公，事也。旬，均也"，用另一義來解釋了。

又載師職云：

> 以廛里任國中之地，以場圃任園地，以宅田、士田、賈田任近郊之地，以官田、牛田、賞田、牧田任遠郊之地，以公邑之田任甸地，以家邑之田任稍地，以小都之田任縣地，以大都之田任畺地。

> 凡任地，國宅無徵，園廛二十而一，近郊十一，遠郊二十而三，甸、稍、縣、都皆無過十二；唯其漆林之征二十而五。

> 凡宅不毛者有里布。凡田不耕者出屋粟。凡民無職事者出夫、家之征。

愈近國都的地方徵收的賦稅愈少，愈遠則愈多，所以都城裏的住宅是没有徵的，園藝場徵二十分之一，近郊的士田、賈田等徵十分之一，遠郊的牛田、牧田等徵二十分之三，都鄙之地就徵到十分之二，漆林竟徵到二十分之五。這和孟子所説的"野九一，國中什一"，荀子所説的"田野什一"，王制所説的"公田藉而不税"都完全不同。總而言之，這是統治階級爲了擴大自己的勢力和財力的需要，儘量地加增農民的負擔而已。至於住宅空地不種桑麻的罰出里布（錢），有田不耕的罰出屋粟（三家的稅粟），閑蕩無業的人罰出夫、家之徵（田畝的夫稅和徭役的家稅），這都是督促人民從事生產，也即是當時法家重農而禁游食之民一種堅決的方術。

周官最重視理財，可以說沒有一個角落不曾着眼。大宰以九職任萬民，這九職是：

> 一曰三農，生九穀。二曰園圃，毓草木。三曰虞、衡，作山、澤之材。四曰藪牧，養蕃鳥獸。五曰百工，飭化八材。六曰商賈，阜通貨賄。七曰嬪婦，化治絲枲。八曰臣妾（奴隸），聚斂疏材。九曰閑民，無常職，轉移執事。

這件賦稅的大事，既有了大宰主持於上，又有閭師主持於下：

> 凡任民，任農以耕事，貢九穀；任圃以樹事，貢草木；任工以飭材事，貢器物；任商以市事，貢貨賄；任牧以畜事，貢鳥獸；任嬪以女事，貢布帛；任衡以山事，貢其物；任虞以澤事，貢其物。凡無職者出夫布。

它把人民分成三農（平地、山、澤之農）、園圃、藪牧、工、商、婦女、臣妾、閑民等類，每一種人都得把自己所生產的提出若干貢獻上去，其他沒有生產的也得出錢出力。所貢的東西，大宰職中稱爲"九貢"，把鄭眾和鄭玄的注合起來看，是：

1. 祀貢——犧牲、包茅之屬。
2. 嬪貢——絲、枲等衣服原料。
3. 器貢——銀、鐵、石磬、丹漆等實用器物。
4. 幣貢——玉、馬、皮、幣等物。
5. 材貢——櫄、榦、栝、柏、篠、簜等竹木之材。

6. 貨貢——金、珠、龜、貝等自然之物。

7. 服貢——絺、紵等衣服材料。

8. 斿貢——羽、毛等可爲旌旗的。

9. 物貢——各地的特産如魚、鹽、橘、柚之類。

因爲各個方面的生産品都成了貢物，都城裏貢物山積，所以天子的府庫特多，有“大府”、“玉府”、“內府”、“外府”等等。孟子説“澤、梁無禁”，荀子説：“山林、澤梁以時禁發而不税”，到了周官，就有林衡、川衡、澤虞、山虞一班官吏“爲之屬禁”，使其地之人守其財物，以時入之於“玉府”了。單説王室管理財政的官就有司會、司書、職內（納）、職歲、職幣等等，領着大批職員：

　　以參互考日成，以月要考月成，以歲會考歲成。（司會）
　　三歲，則大計群吏之治，以知民之財，器、械之數，以知田野夫家、六畜之數，以知山林、川澤之數。（司書）

不但進貢的東西不許有一些兒遺漏和差錯，就是人民的私有財産也得一件件申報上去，在天子那裏都有可以稽考的數目字。

再説關、市之徵，在周官裏也是十分注意的。

　　司門，掌授管鍵以啟閉國門；幾（譏）出入不物者；正（征）其貨賄。凡財物犯禁者舉之。
　　司關……司貨賄之出入者；掌其治禁與其征廛。凡貨不出於關者，舉其貨，罰其人。

“舉”就是現在所説的“充公”，司門、司關之官不但徵收貨税，而且犯禁的貨物要隨手充公，不經過關的貨物也要充公。以戰國時商業交換的發達，關門上所收的貨税和没收的貨物一定佔了一個很大的數量。至於市，則組織得更細緻了。市官之長爲“司市”，下大夫二人爲之，其屬有士二十八人，府、史、胥、徒一百四十四人，他們的職務是分割市區，平定物價，統一度量，禁止詐僞，判決辭訟。其次有"質人"，管商品的契約；有廛人，管收稅和罰款。此外，是司市所任命的官，每二十四肆設"胥師"一人，管着政令，又設"賈師"一人，管着物價；每十肆設"司虣"一人，禁止鬭囂和游蕩；每五肆設"司稽"一人，察盜賊；每二肆設"胥"一人，執鞭巡查；每肆設"肆長"一人，依着價值而排列貨物：真是細密到了極點。按蘇秦說齊宣王道：

> 臨淄之中七萬户……甚富而實，其民無不吹竽、鼓瑟、彈琴、擊筑、鬭雞、走狗、六博、蹹鞠者。臨淄之塗，車轂擊，人肩摩，連衽成帷，舉袂成幕，揮汗成雨。家殷人足，志高氣揚。（史記蘇秦列傳）

臨淄是當時各國中最大的一個都市，在這樣一個大都市裏，商業的繁盛自不消說，而惡劣分子混集其間的也最多，所以有大規模地設官管理的必要。從這一點上看，周官似乎是齊國人的著作又增加了一個可能的條件。齊國固然有儒家，但法家更佔勢力，因爲治理這樣一個殷富的大國，不用法是不行的，所以這書裏講到關和市，就和孟、荀、王制的"關、市譏而不征"的作風大不相同了。

周官我敢斷定是齊國人所作，但今本周官是否即是齊國的原本，我卻不敢斷定。只就這書裏的封國看，大司徒職說：

> 凡建邦國：……諸公之地，封疆方五百里。……諸侯之地，封疆方四百里。……諸伯之地，封疆方三百里。……諸子之地，封疆方二百里。……諸男之地，封疆方百里。

又職方氏説：

> 凡邦國，千里，封公以方五百里則四公，方四百里則六
> 侯，方三百里則七（"七"字訛，當作"十一"）伯，方二百里則
> 二十五子，方百里則百男。

同樣，它講到畿服制度時也是大有開展的。職方氏云：

> 乃辨九服之邦國：方千里曰王畿；其外方五百里曰侯
> 服；又其外方五百里曰甸服；又其外方五百里曰男服；又其
> 外方五百里曰采服；又其外方五百里曰衛服；又其外方五百
> 里曰蠻服；又其外方五百里曰夷服；又其外方五百里曰鎮
> 服；又其外方五百里曰藩服。

這樣整整齊齊方一萬里的疆域，遠遠超出了禹貢五服的方五千
里。因爲疆域廣了，所以封起諸侯來，手面就闊，不能和孟子、
王制等文相比。在孟子、王制裏，公國方百里，現在大至二十五
倍了。在王制裏，方千里的一州要封二百一十國，現在只够封四
個公國了，就是完全封男國也只够一百個了，爲什麼中國的土地
會這般地擴大？經師們的解答，説是由於周公的武功。鄭玄在禮
記王制注裏説：

> 春秋傳曰："禹會諸侯於塗山，執玉帛者萬國。"……中
> 國而言萬國，則是諸侯之地有方百里，有方七十里，有方五
> 十里者，禹承堯、舜而然矣。要服之内地方七千里乃能容
> 之。夏末既衰，夷狄内侵，諸侯相併，土地減，國數少。殷
> 湯承之，更制中國方三千里之界，亦分爲九州，而達此（王
> 制）千七百七十三國焉。周公復唐、虞之舊域，分其五服爲

九；其要服之內亦方七千里，而因殷諸侯之數，廣其土，增其爵耳。

他說在唐、虞、夏的時代，中國本來方七千里，封得下一萬個國；夏末因夷狄的侵略而土地減少，又因諸侯的兼併而國數也減少，所以湯有天下之後就把中國改爲方三千里的疆界，封了一千七百餘國，如王制所説（讀者應記得王制設官少，鄭玄説它是夏制；現在又因疆界狹而説爲殷制了）；等到周公東征，疆界又擴大到七千里（職方氏九服方一萬里；大行人以“蠻服”當“要服”而止於此，故鄭玄據之而説七千里），可是國數已少，所以諸侯們的封域不妨擴大，這就是像周官所説的。他有志替王制和周官兩部不同的書作一個調和派，解決它們的內部矛盾，這態度對不對呢？按禮記明堂位云：

> 武王崩，成王幼弱，周公踐天子之位以治天下。……七年，致政於成王。成王以周公爲有勳勞於天下，是以封周公於曲阜，地方七百里。

周公是特等的功臣，可封七百里，那麼其他的功臣們封上四百里、五百里之地似乎也不算太廣了。可是即此一事，孟子裏就有一個極好的反證：

> 魯欲使慎子爲將軍。孟子曰：“……殃民者不容於堯、舜之世！……”慎子勃然不悦曰：“此則滑釐所不識也！”曰：“吾明告子：……周公之封於魯，爲方百里也；地非不足而儉於百里。……今魯方百里者五，子以爲有王者作，則魯在所損乎？在所益乎？……”（告子下）

魯國初封是否方百里，孟子的話或有出入；但到戰國中葉，魯境方五百里，則孟子和慎滑釐的對話必不容有錯誤。魯國的疆域沿革，西周一代史料缺乏，無法知道；東周時幸而有了春秋和左傳兩部書，我們可以說它疆土的開拓實由吞併鄰國而來，那時被滅於魯的國有極、須句、根牟、鄆、鄑等；魯奪自宋國的地有郜、防等；奪自邾國的地有訾婁、繹、漆、閭丘、濫、啟陽、平陽等；奪自莒國的地有向、牟婁、防、兹、鄆等：這是没法掩蓋的事實。戰國前期恐又有些發展。在周初，以周公這樣的大勳勞，他的兒子伯禽的封地當然會比別國一概大，所以魯頌裏記載成王的話道：

> 王曰："叔父，建爾元子，俾侯於魯；大啟爾宇，爲周室輔。"

然而經過了七百年的向外擴張才掙得方五百里的基業，可見周官裏的"封公以五百里"的話是絕對不可信的。至於鄭玄所説的中國疆界，殷末方三千里，周初方七千里，不但無此記載，並且無此傳説，當然只是他的主觀幻想所構成的曲解罷了！

於是我們要問：爲什麼周官裏的疆域會得這般地擴大了呢？這當然由於秦始皇和漢武帝向北、西、南三邊拓地的結果。王莽曾經説過：

> 漢家地廣二帝、三王，凡十二州（按，實際是十三州，見我所作的兩漢州制考，這裏説"十二州"，是王莽依堯典所改定），州名及界多不應經。堯典十有二州，後定爲九州。漢家廓地遼遠，州牧行部遠者三萬餘里。謹以經義正十二州名分界，以應正始。（漢書王莽傳上）

可見周官中説的中國疆界和封國諸條原是把西漢的疆域作爲地理
背景的，哪裏知道竟給鄭玄錯認爲周公時代的疆域了！明堂位上
所以説周公受封七百里，只因王莽事事模仿周公，他封了"安漢
公"之後，他的一班黨羽都請元后加封他土地，因而有了明堂位
的記載作爲他應該加封的前例。這篇文字的插進禮記，隋書經籍
志上本已説明了這是東漢時的馬融所幹的。

　　周官這部書和現實政治發生關係是王莽和劉歆的事情。當王
莽毒殺平帝，立孺子嬰做他的傀儡，自稱"攝皇帝"的時候，劉歆
和博士七十八人上書道：

　　　　居攝之義，所以統立天功，興崇帝道，成就法度，安輯
　　海内也。……周武王既没，周道未成，成王幼少，周公屏成
　　王而居攝，以成周道。……太皇太后則天明命，詔安漢公居
　　攝踐祚，將以成聖漢之業，與唐、虞、三代比隆也。攝皇帝
　　遂開秘府，會群儒，制禮作樂，卒定庶官，茂成天功。聖心
　　周悉，卓爾獨見，發得周禮以明因監，則天稽古而損益焉。
　　（漢書王莽傳上）

當成王幼年周公攝政的時候曾經制禮作樂以"定庶官"，現在王莽
的環境恰巧和周公印合，於是他在秘府裏發得了周禮（周官的別
名），而這書是由劉歆斷説爲"周公致太平之跡"的（見賈公彦序周
禮廢興），他就拿來選擇應用，該損的損，該益的益，完成了他
爲漢制禮的大事業。文中稱爲"發得"，乃因久久擱置在秘府，好
像古代文物埋在土裏，給考古家發掘出來的一樣。可是這發得的
日期卻在他做攝皇帝之前，因爲平帝元始四年，

　　　　徵天下通一藝、教授十一人以上及有逸禮、古書、毛
　　詩、周官……通知其意者皆詣公車。（同上）

可見那時周官一書的地位已經和逸禮等書同等地提高起來了。劉歆是表章古文經最出力的一個人，當漢哀帝時，他在秘府裏校書，就因爭立古文尚書、毛詩、逸禮、春秋左氏傳四種古文經典於學官，爲博士和大臣們所拒絶，他內不自安，請求外調，那時並沒有説起周官，似乎他還沒有注意到這部書，但也許就包括於逸禮一名之下。漢書藝文志説：

　　周官經六篇：王莽時劉歆置博士。

又可見這書從秘府中提了出來而立於學官，作爲經書的一種，已在王莽攝政的時候。那時劉歆作爲王莽的爪牙，典着"儒林史卜之官"，再也不怕人們反對了。因爲有這一段非常明顯的歷史記載，所以我們可以相信那時擁護周官的人就是説它爲周公所作，因爲王莽、劉歆的宣傳是如此説的；凡是不信周官的人則説它出於劉歆所造，因爲這是王莽當政時代發得的書。其實，部分的僞造是必有的，九服和封國而外，在春官篇内，如昊天上帝高於五帝之制，如南、北郊之制，如五岳之制，如三皇、五帝的史統，都是西漢時代熱烈討論的問題，該是劉歆把這些資料整理好了插進去以適應時代要求的；至於全書，它是法家的著作，和西漢的儒家思想絶不相同，而迂拘的儒家也一定沒有這般大的氣魄建設起這個龐大帝國組織的大系統來。（劉歆爭立的古文經，固然有些小修改，如上舉的春官部分和左傳的書法部分都是，但大體上還是保留原樣，不曾下過大工夫。否則左傳裏的"周公制周禮"的一段話必然會得鈔進周官了。）

　　經過我們上面的推考，知道周官和管子的文辭雖有參差，而其中心思想則同是組織人民，充實府庫，以求達到統一寰宇的目的，由此可以猜測它出於齊國以及別國的法家，跟周公和儒家根本不生關係。它上面可以聯繫到齊宣王立稷下之學、燕昭王爲郭隗築黄金臺、秦孝公尊顯商鞅等等戰國時代的史事，下面則可以聯繫到王莽的託古改制。因爲這書不成於一人，也不作於一時，所以其中的制度常有牴牾和不可信的成分。然而其中也必然保存了一部分的古代的真制度（例如不用牛耕、没有鐵器等事項），值得我們重視，所以需要細細地分析出來而部分地歸到正確的古代史裏去；就説是出於戰國和西漢時代的人們的計劃，那也應當分析出來而歸到戰國和西漢的政治經濟思想史和宗教史裏去。如果隨手放過或隨意屏斥則都是不應該的。

九、周官的列入經書和後人
對於這書的批判

自從王莽把周官立於學官之後，不過十幾年，他便被劉家更始的軍隊殺死，這書又遭到廢棄。到東漢時，有一個劉歆的弟子杜子春住在終南山裏，保存了這部書，鄭衆、賈逵聽得，前往受業，各作注解，就這樣地傳了下來。其後鄭玄把周禮、儀禮、小戴禮記三書一齊注了，後人稱作"三禮"；周官巍然居首，它就穩穩地奠定了儒家的禮學。

但漢代人對於這書卻有很多懷疑的。賈公彦序周禮廢興説：

> 然則周禮起於成帝、劉歆，而成於鄭玄，附離之者大半。故臨孝存以爲武帝知周官末世瀆亂不驗之書，故作十論、七難以排棄之。何休亦以爲六國陰謀之書。惟有鄭玄遍覽群經，知周禮者乃周公致太平之跡，故能答臨碩之論難，使周禮義得條通。……是以周禮大行。（周禮疏首）

臨碩(字孝存)引的漢武帝的批評，可惜不曾傳下來，我們無法知道他的根據何在。臨碩自己對周官作的十論、七難，當是很有條理的批判文字，也可惜失傳了；連鄭玄的答難一書也一起失傳了。何休以爲"六國陰謀之書"，這句話説得很中肯，所謂"陰謀"即是私下的計劃，所謂"六國"是指周、秦以外的人，這和我們研究的結果大致符合；可惜他的全文現在也看不見了。從賈公彥的話裏，知道周禮的大行於世，完全是鄭玄的功勞。

周官的弘大的規模是具有高度誘惑力的，當宇文泰在西魏執政的時候，他的環境很像王莽的獨攬大權，所以魏恭帝三年，

> 春正月丁丑，初行周禮建六官：以太祖(宇文泰)爲太師、大冢宰、柱國；李弼爲太傅、大司徒；趙貴爲太保、大宗伯；獨孤信爲大司馬；于謹爲大司寇；侯莫陳崇爲大司空。初，太祖以漢、魏官繁，思革前弊，大統中，乃命蘇綽、盧辯依周制改創其事，尋亦置六卿官。然爲撰次未成，衆務猶歸臺閣；至是始畢，乃命行之。(周書文帝紀下)

這是把理想的周禮實行於現實的政府組織的第一次。到唐玄宗時，又依傍了周官而作唐六典，宋陳振孫直齋書録解題云：

> 唐六典三十卷，題"御撰，李林甫等奉敕注"。案韋述集賢記注："開元十年，起居舍人陸堅被旨修六典，手寫白麻紙凡六條，曰'理、教、禮、政、刑、事'典，令以類相從，撰録以進。張説以其事委徐堅思之，歷年未知所適。又委毋煚、余欽、韋述始以令式入六司，象周禮六官之制，其沿革並入注，然用功艱難。其後張九齡又以委苑咸，二十六年奏草上；至今在書院，亦不行。"今案新書百官志皆取此書，即太宗貞觀六年所定官令也。……唐志内、外官與周制迥然不

同，而强名六典可乎！善乎范太史祖禹之言曰："既有太尉、司徒、司空而又有尚書省，是政出於二也。既有尚書省而又有九寺，是政出於三也。"本朝裕陵（宋神宗）好觀六典，元豐官制盡用之，中書造命，門下審覆，尚書奉行，機事往往留滯；上意頗以爲悔云。（卷八，職官類）

漢代以下的官制明明是由秦、漢的官制演進而來，卻爲了好古和尊重周官的關係，要作削足適履式的配合，雖是很艱難地完成了使命，結果還是左衝右突地不適用。自從宇文周以後代代相沿，設吏、户、禮、兵、刑、工六部，好像周官的六卿分職已經成爲天經地義不可改變的制度，其實仍因實際的需要，隨時別設各種行政機關，可見一味地沿襲古制，尤其是計劃中懸擬的制度，在實行的時候必然會碰到許多窒礙的。

到了北宋，王安石爲了國家財力困窮，師法周官中的理財制度，設"制置三司條例"，興農田水利、青苗、均輸、保甲、免役、市易、保馬、方田諸役，號爲"新法"。宋代士大夫們本是喜歡考究古書的，這時他們對於王安石所定的新制度卻發生了反感，也就遷怒到周官，説它是一部"僞書"，例如胡安國、胡宏父子就決然以爲周官是"王莽令劉歆撰"的（朱子語類引），又説：

六官之所掌，辭繁而事複，類皆期會簿書之末，俗吏掊克之所爲，而非贊冢宰進退百官、均一四海之治者也。（胡宏皇王大紀）

原來他們看慣了漢以下的糅合儒、道兩家的所謂"政簡刑清"的政治學説和實際政治，想不到另有一套法治的制度存在，所以會斷説這是俗吏們的掊克行爲。其餘如司馬光、蘇轍、晁公武、洪邁、魏了翁、包恢等都有類似的批評。

【到了清初，有萬斯大的周官辨非、方苞的周官辨等書出現，他們都有高度的批判能力，超過了宋人的意氣用事。我將來如果還有氣力，想總輯爲周官考辨集語一書，讓大家看看各個時代的人們對於這書中曾有過哪些疑惑和不滿。

方苞之後，又有一位楊椿，他作了一部周禮考；可惜這部書沒有刻出，稿本也失傳了。幸而這書的序還保存在他的孟鄰堂文鈔裏，可以看出一個大概。現在摘鈔一段如下：

　　　　是書非周公作也。疑其先出於文種、李悝、吳起、申不害之徒，務在富國強兵，以攻伐、聚斂爲賢；而其人類皆堅強猛鷙，有果毅不群之材，故能謀之而必行，行之而必成，而其書亦遂得傳於世。遭秦之火，散亡遺佚，間有存者。後人綱羅摭拾，匯爲此書……其殘篇斷簡，亦或意爲增損，故複重缺裂，自相矛盾，且以周、秦後事附入者在在有之。

我們讀了這幾句話，真像獲得了打開千年鐵門的一把鑰匙：知道這原是一部戰國時的法家著作，在散亡之餘，爲漢代的儒家所獲得，加以補苴增損，勉強湊足了五官；然而由於儒、法兩家思想的不同，竟成了一個“四不像”的動物標本！這就是我寫這篇文字的結論。但這是一個大問題，還得做細緻的分析研究，方能徹底解決，我這篇論文不過是開了一個頭而已。】

現在説到這部萬斯大的周官辨非。

萬斯大，字充宗，浙江鄞縣人，生於一六三三年（明崇禎六年癸酉），卒於一六八三年（清康熙二十二年癸亥），年才五十一歲。他的父親名泰，字履安，明崇禎時舉人，明亡後隱居以終。萬泰有八個兒子，都受業於黃宗羲之門，其中以第六子斯大和第八子斯同爲最有名，萬斯同就是以布衣修明史的。他們一家都富於民族思想，雖然學問很好而不願在異族統治下求取功名，更不肯做官。萬斯大的民族思想更強，他自署爲"褐寬博"，堅決表示和當前的政治絶緣。張煌言幫助鄭成功圖謀恢復不成，被清軍所捕，殺於杭州，棄骨荒郊；萬斯大尋得他的尸首，安葬在南屏山，每逢春秋就上墳祭祀。當清朝入關時他只有十二歲，而能這般地茹苦含辛，終他的一生，這不能不説是難能可貴的。

萬斯大的學問，專精於三禮和春秋。他的著作刻出的唤作經學五書，計學禮質疑二卷，周官辨非二卷，儀禮商二卷，禮記偶箋三卷，學春秋隨筆十卷。他對於春秋本想做一部大書，已輯至二百四十卷之多，不幸給大火燒掉了。現存的經學五書都只是零星小種，但是其中的批判精神甚爲旺盛。黄宗羲給他做的墓誌銘説：

充宗生逢喪亂，不爲科舉之學，湛思諸經，以爲非通諸經不能通一經，非悟傳注之失則不能通經，非以經釋經則亦無由悟傳注之失。何謂通諸經以通一經？經文錯互，有此略而彼詳者，有此同而彼異者；因詳以求其略，因異以求其同，學者當致思者也。何謂悟傳注之失？學者入傳注之重圍，其於經也無庸致思；經既不思則傳注無失矣，若之何而悟之！何謂以經解經？世之信傳注者過於信經，試拈二節爲例：八卦之方位載於經矣，以康節離南、坎北之臆説，反有致疑於經者。"平王之孫，齊侯之子"，證諸春秋，一在魯莊公元年，一在十一年，皆書"王姬歸於齊"，周莊王爲平王之孫，則王姬當是其姊妹，非襄公則威公也。毛公以爲武王女，文王孫，所謂"平王"爲平正之王，"齊侯"爲齊一之侯，非附會乎！如此者層見叠出。充宗會通各經，證墜緝缺，聚訟之義涣然冰泮，奉正朔以批閏位，百注遂無堅城；而老生猶欲以一卷之見申其後息之難，宜乎如腐朽之受利刃也。

從這裏可以知道，他治學有三個方法：1. 通諸經以通一經，2. 悟傳注之失以通經，3. 以經釋經而悟傳注之失。這三個方法是循環的，就是必須批判了舊注而後可以認識經義，認識了經義而後更可以對舊注作不容情的批判；至於經中有不同，則用比較群經的方法來決定它的是非。實在説來，即是一個方法，就是處處分清時代的先後，使得先期的經不爲後期的經和傳注所淆亂而已。這可以説是他的歷史觀念的表現。他的朋友鄭梁替他做的傳中也説：

　　　　蓋翁虛心博學，以經解經，不立異，不苟同，不爲先入之言所主，不爲過高之説所搖，故能推倒一世、親見古人如此！

這似乎可以説是一種兼備着虛心和勇氣的科學家的典範！

　　這一部周官辨非，主要的目的是在批判周官裏的官繁和賦重，他用的方法是把五經、論語、孟子來比較周官，即是通群經以通一經的方法。這個方法固然不錯，但和他的“因異以求其同”的目的還是不合的。爲什麽？論語、孟子完全是儒家言，五經也都經過儒家的一番筆削，當然也就是儒家化；獨有這部周官原是法家所計劃的政府組織法，給糊塗的漢人硬放進儒家的經典裏去，所以通了儒家的群經卻依然通不了它。不過經萬斯大嚴格比較之後，兩方面的不同面目已非常顯著，我們要把它們分開時也就容易下手。所以，這不能通於“合”的卻可轉一個方向而通於“分”，這正是研究周官時的一番必要的功夫，而萬斯大已經替我們分擔一部分的辛勞了。

　　這部書裏，如辨大司徒以土圭求“地中”的不可能，辨遂人的溝洫制以十數進的不合於井田制，都是從實際出發，見得周官只是紙上文章。又如據周人祭祀必用騂牛而辨牧人“陰祀用黝牲毛之，望祀各以其方之色毛之”是和月令一般的陰陽家言，據春秋、戰國時鞭刑僅施於賤者，車裂僅用於重要的政治犯，而辨條狼氏“誓馭曰車轘，誓大夫曰敢不關，鞭五百”的不合，這都是根據了真的古代制度以推翻僞古制的。又如大宗伯的“春見曰朝，夏見曰宗，秋見曰覲，冬見曰遇”，好像是整整齊齊的諸侯四時朝見天子的制度，但據儀禮則諸侯見天子拜稽首時叫作“覲”，覲前自通姓名叫作“朝”，據春秋則諸侯相見也叫作“朝”，諸侯未及期而相見叫作“遇”，原不能都歸到朝王的制度裏去。周官中既拼湊了這三個名目分屬於三時，又硬生出“夏見曰宗”一語，見得作者只是率意安排，貌似整齊而實大亂古制。又如校人職，天子十二閑，凡馬三千四百五十六匹，而主馬之官和養馬之役通計爲五千六百五十三人，人數幾倍馬數，簡直成爲笑談，可知作者定這計劃時只是隨意寫下了人數，並沒有布算。他這般地揭發，真如黃宗羲所説，有“渙然冰泮，遂無堅城”的感覺。

可是萬斯大的批判一切以儒家的道德觀念爲標準，所以我們在今天看來，他也有疑得不確當的地方。例如大司寇“以兩造禁民訟，入束矢於朝，然後聽之。以兩劑禁民獄，入鈞金三日乃至于朝，然後聽之”，他替窮人們抱不平，説沒有錢的人就不能打官司了。可是，管子小匡篇裏説：

> “制重罪，入以兵甲、犀脅、二戟；輕罪，入蘭盾、鞈革、二戟；小罪入以金鈞；分宥薄罪，入以半鈞。無坐抑而訟獄者正，三禁之而不直，則入一束矢以罰之。”

可見齊國的獄訟本有入束矢、鈞金的定例，不是出於周官作者的臆説。又媒氏“中春之月，令會男、女，於是時也奔者不禁；若無故而不用令者罰之”，更使得萬斯大嚇得跳起來，斥爲敗禮傷教之尤。其實，這倒許是真正的古制。清陸次雲跳月記云：

苗人之婚禮曰跳月。跳月者，及春月而跳舞求偶也。載陽展候，杏花柳稊，庶蟄蠕蠕，箐處穴居者蒸然蠢動。其父母各率子女擇佳地而爲跳月之會。父母群處於平原之上；子與子左，女與女右，分列於廣隰之下。……

女並執籠，未歌也，原上者語之歌而無不歌。男並執笙，未吹也，原上者語以吹而無不吹。其歌哀艷，每盡一韻，三叠曼音以繚繞之。……手則翔矣，足則揚矣，……初則欲接還離，少且酣飛暢舞、交馳迅逐矣。

是時也，有男近女而女去之者，有女近男而男去之者，有數女爭近一男而男不知所擇者，有數男競近一女而女不知所避者，有相近復相捨、相捨復相盼者。目許心成，籠來笙往，忽焉挽結，於是妍者負妍者，媸者負媸者，媸與媸不爲人負不得已而後相負者；媸復見媸，終無所負，涕洟以歸，羞愧於相負者。

彼負而去矣，渡澗越溪，選幽而合，解錦帶而互繫焉，相攜以還於跳月之所，各隨父母以返而後議聘。聘以牛，牛必雙；以羊，羊必偶。先野合而後儷皮，循蜚氏之風歟？……（北墅緒言卷三）

這正是"仲春之月，令會男女，奔者不禁"的一幅生動的畫面。陸次雲到過貴州，親見苗族行這婚禮，他也覺得古代的漢人也許是這樣做的。可見我們研究古史和古書，必須取得民俗學的資料尤其是少數民族的資料作爲比較的工具，然後一部分在古史和古書上沒法解決的問題可以順利地得到解決。

顧頡剛。一九五五年十二月二十三日。

附

王煦華後記

　　一九五五年，顧先生寫的周官辨非序，於一九七九年作了一些文字上的修改，增加了“曲禮中的官制”一章（即第六章），改題爲周公制禮的傳説和周官一書的出現，在文史第六輯發表；爲了切合題意，他又改寫了一個簡單的結尾，刪去了原來最後論述萬斯大周官辨非的三千餘字。作爲此書的序來説這部分是很重要的内容，爲此，我恢復了原題，改寫的結尾（自“到了清初”至末尾的“我這篇論文不過是開了一個頭而已”），加【】以資區別，原來的三千餘字則置於其後。

　　　　　　　　　　　王煦華　二〇〇四年九月十八日

周官辨序 *

——方苞考辨周官的評價

　　清代封建統治者利用帝王的威權，開了四庫館，把古今的書籍一部一部地審查，凡是合於他們需要的放進四庫全書，稱爲"著録"；如有對於異族統治、帝王、經典表示不滿意的，就使内容精彩，也只載書名於目録中而斥其書，喚做"存目"。萬斯大的周官辨非和方苞的周官辨同是被扔到存目裏的，這没有别的理由，只爲他們敢於疑及經典。

　　方苞生於一六六八年（清康熙七年戊申），卒於一七四九年（乾隆十四年己巳），時代稍後於萬斯大，批評精神也較差於萬斯大。他們二人治學宗旨不同，萬氏是以經證經又以經破傳注的超漢、宋學派的學者，方氏則是程、朱的信徒，爲宋學的一派。

　　方苞和戴名世是好朋友。戴氏留心南明史事，他著的南山集中有用南明年號記事的文字，表現了他心懷故國的民族主義，方氏替他作序，到一七一一年（康熙五十年）兩人同時被逮捕。過了兩年，戴氏被殺而方氏獲釋。方苞在監獄裏，一心專注在周官、儀禮兩部注疏上。顧琮叙述這事，説：

　　　　獄辭五上，五折本。凡覆奏行刑者，即執縲索俟於門外，而方子删截注疏不輟。同繫者厭之，投其書於地，曰：

* 原載文史第三十七輯，1993 年 2 月。

"命在須臾，奈旁人訕笑何！"方子曰："朝聞道，夕死可矣！"（周官辨序。此序因無關重要，本書未録。）

在這裏，可以看出他那麼地鎮定和努力！因爲他曾經下過這等深澈的功夫，所以後來就做了許多研究三禮的書：周官集注十二卷，周官析疑三十六卷，考工記析疑四卷，儀禮析疑十七卷，喪禮或問一卷，禮記析疑四十八卷。他無疑是一位禮學專家。只因他晚年，漢學家起來把宋學壓低，後來漢學益盛而宋學益衰，所以他的著作，阮元、王先謙兩刻清經解都没有採入；人們談起方苞，只看他是一位桐城派文章的正宗而模糊了他的學術工作。他屈抑了二百年了！

這部周官辨是他研究周官的一部小書，但卻全是他的心得。其中辨僞二篇，是辨周官中被竄入的經文之僞；辨惑八篇，是辨漢以下對周官解釋和批評之惑。他基本的態度，還是相信周官是周公致太平的書。但他曾把管子跟它對看，而説：

> 管子治齊，號爲能用周官之法；然簡節而疏目，視周官爲僅存其大略矣。（辨惑七）

他又説：

> 管氏之書，掇拾近古之政法，……則衆法家所附綴而成，且雜以道家之説，……其本真蓋無幾。（望溪全集卷四，删定荀子管子序）

從這裏推測，他必已看出周官有法家言的傾向，只是經典的威權太重，壓得他不敢直説出來而已。

説周官爲劉歆所僞造或竄亂，宋人已開其端，但還没有作深

刻的研究。方苞則把漢書王莽傳和周官對讀，發見它們的類同之
點，而王莽是"發得周禮以明因監"的人，他的黨羽劉歆又是"校
理祕書，始得列序，知周公致太平之跡"的人，他們二人一吹
一唱，必然有爲了新朝的需要而竄入的文字。在他的檢討之下，
以爲下列幾點是可疑的：

(1)王莽既以公田口井布令，不能遽變十一之稅，所以他説
    "漢法名三十稅一，實十稅五"，他想增加稅收而要以經
    典爲根據，劉歆承其意而竄入地官載師云："遠郊二十而
    三，甸、稍、縣、都皆無過十二。"（辨僞一）

(2)王莽立山澤六筦，榷酒鑄器，稅衆物以窮工、商，劉歆
    就竄入地官廛人云："掌斂布——絘布、總布、質布、罰
    布、廛布——而入於泉府。"（辨僞一）

(3)王莽貸民以財，使置產業，而分其贏得，劉歆就竄入地
    官泉府云："凡民之貸者，與其有司辨而授之，以國服爲
    之息。"怎麼知道它由於竄入？因爲司市云"以泉府同貨而
    斂、賖"，是有斂有賖而没有貸的。（辨惑一）

(4)王莽之法，私鑄的以伍坐罪，没入爲官奴婢，人民犯法
    的用十萬計數，逮捕後另配爲夫婦、劉歆就竄入地官媒
    氏云："中春之月，令會男女，於是時也奔者不禁。若無
    故而不用令者，罰之。司男女之無夫家者而會之。"（辨僞
    二）

(5)王莽性好時日小數，他行軍時的誓衆之辭必有申嚴於時
    日機祥而重其罪責的，劉歆就竄入秋官條狼氏云："誓邦
    之大史曰殺，誓小史曰墨。"（辨惑四）

(6)王莽喜歡厭勝，妖妄愚誣；所以遣使負鷩持幢，又令武
    士入高廟拔劍四面提擊，又鑄威斗，鐫銅人膺文，桃湯
    赭鞭，鞭灑屋壁，劉歆就竄入夏官方相氏云"掌蒙熊皮，
    黃金四目，玄衣、朱裳，執戈、揚盾，帥百隷而時儺，

以索室毆疫；大喪先匶，及墓，入壙，以戈擊四隅，毆方良”，又秋官壺涿氏云：“掌除水蟲，……若欲殺其神，則以牡橭午貫象齒而沈之，則其神死，淵爲陵。”又䕞蔟氏云：“掌覆夭鳥之巢，以方書十日之號、十有二辰之號、十有二月之號、十有二歲之號、二十有八星之號，懸其巢，則去之。”又庭氏云：“射國中之夭鳥。若不見其鳥獸，則以救日之弓與救月之矢射之。若神也，則以太陰之弓與枉矢射之。”（辨僞一）

在上面六項裏，他所疑的經文只有九條，比了萬斯大提出七十餘條，僅佔八分之一。兩相對勘，萬、方同疑的有載師、廛人、泉府、媒氏諸條；方氏所疑而萬氏不疑的有條狼氏誓大史、小史之文及方相氏；至萬氏所疑而方氏所信且特爲辨解的，如於壺涿氏、䕞蔟氏、庭氏三條，他只不信它的殺神、射神、方書十日等怪異行動，至於他們的職掌是以爲應當有的，他説：

　　夏、秋二官毆疫，禬蟲，攻貍蠱，去妖鳥，毆水蟲，所以除民害、安物生、肅禮事也。……害氣時作，妖鳥夜鳴，人之所忌，其氣僄足以召疾殃，故立爲經常之法，俾王官帥衆而驅之，引弓而射之，則民志定、其氣揚而夭厲自息矣。（辨僞一）

這和萬氏根本否認的態度有所不同。司門、司關、司市的“舉其貨”，萬氏信鄭注以爲沒收，方氏根據了管子的“以時簡稽師馬、牛之肥瘠，其老而死者皆舉之”，以爲“舉”乃是登記的意思。這是很好的一個解釋。又大司寇的入束矢、鈞金然後聽訟，萬氏以爲貧者將没法控訴，方氏説：

　　周官之法，六鄉之獄訟，鄉師聽之；六遂之獄訟，遂

師、遂大夫聽之；公邑之獄訟，爲邑者聽之；市及門、關之
獄訟，市師、質人聽之，附於刑而後歸於士；都家之獄訟，
都家之士與其長成之，……尚慮其無所赴訴乎！其造於大司
寇而求伸者，必事久變生。……故曰"以兩造禁民訟，以兩
劑禁民獄"，明所禁乃兩造、兩劑之不具者耳。禁之而不能
止，則使入矢以明直，入金以示信，所以使訟且獄者難其
事，而薄物細故可以內恕而中止也；所以使被訟獄者懼於情
不能匿、罪必有加而私自服也。（辨惑四）

周官中秋官的組織本最嚴密，所以有些小事情，下層已經解決，
用不着告到上邊來；而告到上邊來的又必具備兩造（原告、被告）
和兩劑（兩方面的供辭），所以他以爲束矢、鈞金正是作爲保證金
之用，使得兩造更把這事看得鄭重些的。關、市、山、澤之政，
萬氏因爲它和孟子、王制等不合，疑它是屬民以自養的政策，方
氏信"其皆所以利民，而上則一無所利"（辨惑三），這未免太樂
觀，太把周官聖道化了。

這本書中講得最好的是鄉官制。原來六鄉有比長、閭胥、族
師、黨正等官，六遂有鄰長、里宰、酇長、鄙師等官，萬斯大一
算有四萬多人，歐陽修把它和其他王官合算有十四萬多人，大吃
一驚，覺得設官委實太多了；有官即有祿，王畿千里的田哪裏够
分配！方苞則説：

其爲道也，即近以致遠，盡小以爲大，所用之正、長即
其鄉之民也，所布之憲令即民之家事也。條分而縷析，綱舉
而維張，以施典法，如木之有根。……千里之內，一事之失
宜，一民之不率，舉可知也。……秦、漢以後，大州、壯縣
疆圉或數百里，而掌事者不過數人，徵輸、獄訟、盜賊、役
事紛然而百出，耳目思慮苟有不及，吏必緣之以爲奸，此斯

民之所以苦病而無所底告也。

　　周公之法，治、教、禮、政、刑、事皆起於二十五家之長。財賦之徵斂，閭胥、里宰掌之以聽於閭師、遂師，公田之歲入、九職之作業不問而可知也，而長吏苛斂，胥役侵牟、保正破家之患無自而生矣。觿撻罰之事，閭胥、里宰掌之，其不率教而有獄訟者，鄉師，遂師立聽而斷之，附於刑而後歸於士，而士之治各有期，則蔓延久繫、無辜失業、薄罪瘐死之患無自而生矣。五家相保以簡罷民，既以清盜賊之源，而伍、兩既定，以地遠近相比而追胥，則民之守望相助即所以詰邦盜也。閭胥、里宰以歲時數其眾寡，辨其施舍，而又合聯以役國事，則久暫、勞逸可以互均，喪、疾、事故可以相代也。

　　其用意尤深遠者：以修農事，則比邑之民可以移用，而天期、地澤、風雨之急，救之也時，而土無遺利。以育賢才，則鄉、州之選始於家塾，而六德、六行、六藝之實，觀之也察，而士無遁情。典法之施，半寓於民間之飲食、喪、祭、冠、婚，而禮無不達。有司所課，下及於比戶之女功，而教無不行。至於軍旅之興，將無非其長，伍無非其鄉，晝戰目相識，夜戰聲相聞，其懽欣足以相死。古之聖人所以能使天下爲一家，中國爲一人，此其樞紐也！（辨惑六）

這幾段話最能表達出周官的法治精神。他爲什麼能够這樣地瞭解？那就因爲他讀了管子，懂得這個法治的意義，所以他就用了管子的話來解釋周官了。讀了這一篇，再來看歐陽修、萬斯大們的駁辨，那麽他們就都不免落入了形式主義。

至於這班基層組織人員的祿食，他解説道：

　　古有不命之士，有無田之士。……蓋閭胥、比長雖曰中士、下士，其實耦耕之民也，師、田、行役常與其曹偕作並息而他無事焉，以其材力稍優，故進其等以率其曹，即秦、漢以還所賜之民爵是也。至於族師，則所轄稍衆而其事亦較繁，……其身不得即事於南畝，故倍授之田，使得傭閒民，耦强力以代其耕。……至於六遂，則其事較簡而其爵亦較卑。即通王畿之内，百夫之長皆受倍田，不過三萬餘家，所佔之地不及一同之半，而何憂其不給哉！（同上）

這就是説國家的基層工作幹部，不脱産的多，脱産的少，所以地寡不妨礙官多。他有這樣精湛的見解而竟埋没了二百年，真可説是漢學家們太没有理解力了！

不過，方苞所舉出的周官中幾節他所定的僞竄文字，從現在看來，理由實在不充足。例如媒氏"大會男女"之文，他雖也把管子的"掌媒合獨"來比較，可是終究不能勝過禮教的觀念，於是説管子是衰世之法，成周之盛不應有這種悖理逆天之事，道學面孔擺得十足。他不知道，直到現在，我國西南部的兄弟民族裏還有很多地方用了這個禮來成婚的。又如載師、廛人的重税，泉府的取息，固然王莽時有相像的政令，難道戰國時代就没有這種横征暴斂嗎？如果不這樣，孟子爲什麽説"庖有肥肉，廐有肥馬，民有飢色，野有餓莩，……爲民父母行政，不免於率獸而食人"呢？王莽喜歡厭勝固是事實，但古代社會迷信色彩的濃重是更明確的事實，即以漢代而論，武帝時的巫蠱，哀帝時的西王母籌，均先於用周官的王莽而存在，爲什麽要把這些神怪行動的責任獨獨歸給王莽？方氏用了"子不語：怪、力、亂、神"的標準來看古書，不知道古人原是最喜歡談怪、力、亂、神的，不然，孔子就不會提出這個問題；不然，楚辭裏哪會有九歌，左丘明的書爲什麽會被人們批評作"浮夸"，荀子序官爲什麽要把巫、覡也列了進去？即如方相氏"蒙熊皮、黄金四目"固然可怕，可是左傳説：

宋公享晉侯於楚丘，請以桑林。……舞師題以旌夏，晉
侯懼而退入于房。去旌，卒享而還。（襄十年）

桑林是商代的舞樂，晉悼公過宋國，宋平公款待他，請他看桑
林，本是迎賓的一種好意，卻嚇得他逃進了房，足見這個舞樂的
道具一定有非常可怪的樣子。按方相氏云"毆方良"，據鄭注云
"方良，罔兩也"。"方"和"罔"，"良"和"兩"，因音同而通用。又
按國語魯語：

季桓子穿井獲如土缶，其中有羊焉，使問之仲尼。……
對曰："丘聞之：木石之怪曰夔蝄蜽，水之怪曰龍罔
象，土之怪曰羵羊。"

"蝄蜽"即"罔兩"，它可以寫作"方良"，那麼"方相"就是孔子所説
的"罔象"無疑。周官裏用了水怪罔象之名作爲官名，叫這個官去
驅逐木石之怪罔兩，那麼他必然覺得自己應該先扮作怪物的樣
子，然後可以達成這個嚇退真怪物的任務，所以蒙熊皮而黃金四
目正是必要的裝扮，哪能一定説是到了王莽當政的時候才會這樣
做？至於壺涿氏的殺水蟲之神，神死而淵爲陵，庭氏用了救日之
弓和救月之矢去射看不見的妖鳥，拿了太陰之弓和枉矢去射妖鳥
之神，説不定竟是民俗學上極重要的資料，它保存了古代的真事
實和真想像呢。

　　以上所説，可以看出方苞所決定的劉歆竄入周官的幾條是很
少可信的。他用了後代的思想來判別古代文籍的真僞，是他的非
歷史主義的表現。然則劉歆真没有把周官潤色過嗎？那也不然。
廖平古學考裏有周禮刪劉舉例一篇，分作違經、反傳、無徵、原
文、闕略、改舊、自異、矛盾、依託、徵莽、誤解、流誤十二
項。他説：

　　按前人删改周禮者多矣，皆以意爲之；或乃去其真者，許其偽者。今立十二證目爲主，必十二證全者乃删之。如不能悉全，亦必有八、九證者乃可。

他舉出的例子是九服，又舉出應删之文如朝、宗、覲、遇，如幽雅、幽頌，如連山、歸藏，如賦、比、興等，都是證佐昭彰，可以斷定的。廖平的方法謹慎而細密，我們應該採用。須知周官一書，哪些是真，哪些是偽，這個繁重的工作現在剛開了一個頭，任務的完成有待於後起者的努力呢。

　　望溪全集裏還有幾篇文章，辨儀禮的喪服，禮記的明堂位、文王世子，尚書的君奭序，史記的周本紀及燕、魯世家等都經過劉歆的改竄，和本書脈絡相通，現在一併輯出，列爲本書的附錄之一。這些話在實際上開了康有爲新學偽經考和崔適史記探源的先路，可是在康、崔兩家的書裏卻一句也沒有提及方苞的姓名，漢學對於宋學的門戶之見深到這樣，豈不可怕！
　　又康有爲偽經考裏漢書劉歆王莽傳辨偽一篇，鈔錄原文而加以辨說，足供讀本書者的參考，所以編爲附錄之二。這也是我們打破他們的宗派主義的圈子的一點意思！

　　　　顧頡剛。一九五五年十二月二十八日。

禮經通論序[*]

—— 儀禮和逸禮的出現與邵懿辰考辨的評價

　　我國古代的教育分爲詩、書、禮、樂四門，詩是唱的歌，書是誦讀的史書，禮是表演的公私儀節，樂是演奏的音樂和歌舞。這是封建社會裏貴族的子弟們所必該有的修養。論語説：

　　　　子所雅言：詩、書、執禮，皆雅言也。（述而）

這裏没有提到樂，因爲樂和詩即是一事，樂是詩的曲譜，詩是樂的歌辭；樂該多練習而不必多講説，所以不在雅言之内。禮所以稱爲"執"，因爲它是要實際演習和應用的，不像詩、書般但資歌誦而已。因此，禮固然可以有書本記載，但也不一定必須有書本記載。左傳裏説：

　　　　司鐸火，火逾公宫。……子服景伯至，命宰人出禮書以待命。（哀三年）

這是當時魯公室有成文的禮書的證據。禮記雜記篇説：

　　　　恤由之喪，哀公使孺悲之孔子學士喪禮，士喪禮於是

* 原載文史第三十八輯，1994 年 2 月。

乎書。

魯國有不少的士，數百年來經辦過多少次喪事，其有士的喪禮是無疑的，但一定要等到魯哀公派孺悲到孔子那裏去學了士喪禮，才寫出一篇士喪禮來，足證在這事以前，士喪禮是有其禮而無其文的。沒有成文的禮並不妨礙行禮，例如現在民間通行的婚、喪、祭祀、交際等儀節，有哪幾處是寫出條文來的？如我們所見，在這幾十年裏，儀節的變化正是最劇烈的時候，只因它沒有被寫出來，以致過去極通行的禮，到現在，一般人已經説不清了。

孔子是一個好行古禮的人，論語八佾篇裏記載了他看不慣春秋末年大夫們上僭諸侯甚至上僭天子的禮而説出好多的生氣話。他要把西周時的禮恢復起來，使得那時的階級制度保存勿替，所以説：

> 拜下，禮也。今拜乎上，泰也。雖違衆，吾從下。（子罕）
> 射不主皮，爲力不同科，古之道也。（八佾）

他既講儀文又講禮意，所以他的門弟子中很多禮學專家，蔚成一個極大的學派。這班門弟子的身份都是士，爲要切合實用，所以講的士禮特多。但士是可以上升爲大夫的，就常得和國君相見，所以也要講些大夫的禮；又諸侯朝見天子時該由大夫們作擯、介，所以又連帶講到覲禮。這樣地講了二、三百年，寫定了一部禮經，作爲規範化的各種儀節，從此每回演習和實行時就有一定的方式了。

禮經這書，由於經師們太過尊崇，他們認爲説它作於孔子還嫌不够味兒，因此又上推爲周公所定而孔子所述。其實，它固然出於孔門，卻不出於孔子手定，清代學者如毛奇齡，汪琬、顧棟高、袁枚、崔述等都有檢舉，將來當輯爲禮經考辨集語，讓人們看個真確。諸家中尤以崔述的話最能指出它的時代：

> 　　古者公、侯僅方百里，伯七十里，子、男五十里，而今聘、食之禮，牲牢、籩豆之屬多而無用，費而無當。度其禮每歲不下十餘舉，竭一國之民力猶恐不勝。至於上士之祿僅倍中士，中士僅倍下士，下士僅足以代其耕，而今士禮，執事之人實繁有徒，陳設之物燦然畢具，又豈分卑祿薄者所能給乎！此必春秋以降，諸侯吞併之餘，地廣國富，而大夫、士邑亦多，祿亦厚，是以如此其備，非先王之制也。（豐鎬考信録卷五）

他用的孟子分田制禄説固然未必一定是古代的實況，但他指出禮經裏的奢侈程度，令人想見春申君的珠履三千人，孟軻氏的後車數十乘，認識到戰國時代榨取量的空前提高。不但這樣，自從孔子卒後直到漢興，二百七十餘年中，儒家思想也在不斷地變化，禮經的文字必然也隨着改變。試看墨子節葬下云：

> 　　以厚葬久喪者爲政，君死喪之三年，父、母死喪之三年，妻與後子死者五，皆喪之三年。

又非儒下云：

> 　　儒者曰："親親有術。"……其禮云："喪父、母，三年；妻、後子，三年。"

又公孟篇云：

　　喪禮：君與父、母、妻、後子死，三年喪服。

這是墨子最反對儒家的一點，因爲喪服太多太長，就大大地妨礙了行政和生產的工作；實際上，三年之喪也正是士、大夫們邑多祿厚的表現，否則他們就無法停止了三年的生產來行這親親之術。墨子一書裏三次舉出了儒家的三年之喪有五種：君、父、母、妻及後子(爲後之子，即長子)，應該是戰國初年禮經的喪服篇中的話。但到了今本喪服裏，父先母卒則爲母三年，父在爲母只有一年，夫爲妻也只有一年，這樣的改變，不知道是不是爲了墨家的反對而修正，還是純出於男尊女卑的觀念？就這一點看來，我們現有的禮經已經和墨子時代的儒家的禮經不是同樣的面目了，更不要說到孔子時代了。

　　禮經在西漢時有三個本子，大戴的、小戴的和劉向的。鄭玄作注時，編次用劉向本，如下：

　　(1)士冠禮　(2)士昏禮　(3)士相見禮　(4)鄉飲酒禮　(5)鄉射禮　(6)燕禮　(7)大射儀　(8)聘禮　(9)公食大夫禮　(10)覲禮　(11)喪服　(12)士喪禮　(13)既夕　(14)士虞禮　(15)特牲饋食禮　(16)少牢饋食禮　(17)有司徹

它總共十七篇，可是實際只是十五篇，因爲士喪禮太長，分作上、下篇，摘下篇首二字而名爲既夕；少牢饋食禮也是這樣，下半篇題作有司徹。這些禮如果用了階級來劃分，那麼屬於士的有冠、昏、相見、喪、虞、特牲饋食六篇，屬於士、大夫的有鄉射、鄉飲酒二篇，屬於卿、大夫的有少牢饋食一篇，屬於諸侯、卿、大夫的有燕、大射、聘、公食大夫四篇，屬於天子、諸侯的有覲一篇，通乎上下(即上自天子，下至士)的有喪服一篇。所以禮經一書，大、小貴族日用的禮節可以説是大致具備。

　　司馬遷是一個博極群書的人，他曾到曲阜去看諸儒在孔子的廟堂和墳墓上演習鄉飲、大射諸禮，對於這十七篇的性質應當瞭解。可是表示不滿足的第一個人就是他。史記儒林列傳説：

> 諸學者多言禮，而魯高堂生最本。禮固自孔子時而其經
> 不具；及至秦焚書，書散亡益多。於今獨有士禮，高堂生能
> 言之。而魯徐生善爲容，孝文帝時，徐生以容爲禮官大夫，
> 傳子至孫徐延、徐襄。……延及徐氏弟子公户滿意、桓生、
> 單次皆常爲漢禮官大夫。……是後能言禮爲容者由徐氏焉。

他説高堂一派傳禮經，徐生一派傳禮容，傳禮經的爲博士之學，
傳禮容的爲禮官之學；而禮經一書，孔子時已缺，秦焚後更缺，
所以傳下的經只有士禮。他是不是没有把全書遍讀一過呢？還是
如康有爲所説，這段文字是後人竄改的呢？（康説見新學僞經考
卷二史記經説足證僞經考。）

因爲禮的範圍牽涉極廣而禮經只有這十七篇，所以許多人懷
疑它不完全；又漢代人熱烈討論的一代大典如巡狩、封禪、郊
祀、明堂諸問題均屬於天子之禮，而這書裏全都没有，也使得議
禮的人感覺着它有缺陷。既有缺陷，就有了彌補的必要。到漢成
帝時，劉歆在祕府校書，發見逸禮三十九篇，説是魯共王壞孔子
宅時所得的古文經，給孔安國獻上去的（見劉歆讓太常博士書）。
哀帝時，劉歆請求把它立於學官，爲了博士們反對，没有實現。
直至王莽居攝中，劉歆握有文化工作的大權，才達成他的志願。
漢書藝文志是根據劉歆的七略做的，説道：

> 禮古經五十六卷；經〔七十〕十七篇，后氏、戴氏。

劉歆一貫的作風是把古文經壓倒今文經，所以這裏禮古經在上，
今文經十七篇在下。今文十七篇加上逸禮三十九篇共爲五十六，
其時已用古文把十七篇改寫過了，所以禮古經爲五十六卷。藝文

志又説：

> 帝王質文，世有損益。至周，曲爲之防，事爲之制，故曰"禮經三百，威儀三千"。及周之衰，諸侯將踰法度，惡其害己，皆滅去其籍，自孔子時而不具。至秦，大壞。漢興，魯高堂生傳士禮十七篇。訖孝宣世，后倉最明，戴德、戴聖、慶普皆其弟子，三家立於學官。禮古經者，出於魯淹中及孔氏學，〔七十〕十七篇文相似，多三十九篇，及明堂陰陽、王史氏記所見，多天子、諸侯、卿、大夫之制；雖不能備，猶瘉倉等推士禮而致於天子之説。

這段文字大概録自七略中的輯略，它坐實了十七篇全是士禮，三十九篇則多天子、諸侯、卿、大夫之制。又譏諷后倉們没有高級貴族應用的禮，所以逢到需要的時候只有把士禮推上去，如因士冠而推出公冠和天子之冠等，遠不及逸禮有完整的一套。這幾句話實在道出了逸禮出現的使命！

這部禮古經立於學官才十餘年，王莽失敗，就和周官同樣廢掉；不過它不像周官那樣幸運有杜子春、鄭衆們替它保存和流傳，所以除了鄭玄作儀禮（禮經的改名）注時曾參考其中十七篇的古文之外，再没有經師整理過。它不知在什麼時候亡掉，簡直連它的篇目也不可考了。後人讀了漢書藝文志，曉得十七篇外還有三十九篇逸禮，每每歎惜它的亡佚；元吴澄因有儀禮逸經傳的纂輯。

邵懿辰生於一八一○年（清嘉慶十五年庚午），卒於一八六一年（咸豐十一年辛酉）。他生當清代今文經學突起的時候，和今文派的幾位健將劉逢禄、魏源、龔自珍等並世，因此也感染了這個風氣，注意到漢代今、古學的問題上。他在這書中説：

> 劉歆曰：“魯共王得古文於壞壁之中，逸禮有三十九，書十六篇。天漢之後，孔安國獻之。”此劉歆之姦言也！書十六篇，余既博考而明辨之矣。（論逸禮三十九篇不足信）

可見他對於劉歆請立的四種古文經典，先辨了逸書，再辨這逸禮。可惜他的辨逸書的文字已完全散失，而以辨逸禮爲主的這部通論也只保存得上卷。這是他的研究工作的不幸，也是研究經學史的人們所共同感覺的不幸！

這書卷首有他給張銘齋的一封信，說他懷疑逸禮的起源由於悟出禮運篇的一個誤字。按禮運云：

> 是故夫禮，必……達於喪、祭、射、御、冠、昏、朝、聘，故聖人以禮示之，故天下、國、家可得而正也。……夫禮……其行之以貨、力、辭讓、飲食、冠、昏、喪、祭、射、御、朝、聘。

兩處寫的都是“射、御”，可是御只是一種技術而不是一種禮節，和冠、昏、喪、祭並列是不恰當的，因此他想起了昏義裏說的：

> 夫禮，始終冠，本於昏，重於喪、祭，尊於朝、聘，和於鄉、射。

拿來相比，知道“射御”定是“射鄉”的訛文。因此，他又想起儀禮疏裏說的：

> 鄭又云“大、小戴及別錄此皆第一”者，大戴、戴聖與劉向爲別錄，十七篇次第皆冠禮爲第一，昏禮爲第二，士相見爲第三。自兹以下，篇次則異。大戴則以士喪爲第四，既夕

爲第五，士虞爲第六，特牲爲第七，少牢爲第八，有司徹爲
第九，鄉飲酒第十，鄉射第十一，燕禮第十二，大射第十
三，聘禮第十四，公食第十五，覲禮第十六，喪服第十七。
（卷一，“士冠禮第一”下）

這個次序恰好和“冠、昏、喪、祭、射、鄉、朝、聘”相應，因分
爲四際、八類。今列表以明之：

```
      ┌ 壹、別男女 ┌ 一、冠——1. 士冠、3. 士相見
      │           └ 二、昏——2. 士昏
      │ 貳、親父子 ┌ 三、喪——4. 士喪、5. 既夕、6. 士虞
 禮   │           └ 四、祭——7. 特牲饋食、8. 少牢饋食、
 經  ─┤                        9. 有司徹
      │ 叁、序長幼 ┌ 五、鄉——10. 鄉飲酒、11. 鄉射、12. 燕
      │           └ 六、射——13. 大射
      └ 肆、嚴君臣 ┌ 七、聘——14. 聘、15. 公食大夫
                  └ 八、朝——16. 覲
```

還有一篇喪服，因爲它兼顧到別男女、親父子、序長幼、嚴君臣
的，所以放在最後。有了這個表，就可以知道禮經並没有殘缺，
凡儒家所謂的“人倫綱紀”這裏已經完全。至於逸禮所補諸篇，固
然是高級貴族所用，卻與一般士大夫無關。他説：“常與變不相
入，偏與正不相襲”，也是言之成理。

從禮經的完全，就可看出逸禮的補充是不需要的。既没有補
充的需要，就可知道它不出於孔門相傳而只是由於漢人所編集。
他指出其中王居明堂禮的剽竊，道：

月令注及皇覽引王居明堂禮數條，皆在尚書大傳第三卷
洪範五行傳之中。……然觀其文意實與伏生五行傳前後相
協，必非古王居明堂禮而伏生全引入於大傳也，則爲劉歆剽

取大傳以爲王居明堂禮明矣。即此一端而其他可知，亦猶十六篇逸書即僞武成之劋世俘解，見其他皆作僞也。

他又指出劉歆所説魯國桓公傳授逸禮的誣妄，道：

> 歆又謂"傳問民間，魯國桓公、趙國貫公、膠東庸生之遺學與此同，抑而未施，……外内相應"。庸生者，謂古文尚書也。貫公者，謂毛詩、左氏春秋也。桓公即孝文時善爲禮容徐公之弟子，謂其學即逸禮也。夫桓生與公戶滿意、單次並爲徐氏弟子，在景、武之間，距歆世遠矣，而所善爲容未必能爲經，即能爲經未必知有逸經也。此亦歆之誣説也。

他對於逸禮的結論，是：

> 與十六篇僞古文書同，大抵禿屑叢殘，無關理要。

我們決不否認劉歆真實地掌握了一些古代的資料，因爲漢興百餘年來，祕府裏積聚的古文籍着實豐富，他在這個環境裏恣意搜尋，必然得着許多瓌寶，要表章這些瓌寶原也有其需要；但他志欲補經，就大言欺世，説得自孔壁，想借着孔子的招牌來提高他私人纂述的地位，以與當時的五經博士爭勝，弄得古代的真資料裏邊混入了很多的他的主觀成分，淆亂了資料的時代，這一種態度是必該受到嚴厲的批評的。

邵懿辰除了批評逸禮之外，又改正儀禮之名爲禮經，説禮經該與禮記相接近而與周官分開；又指出吉、凶、賓、軍、嘉五禮是作周官的人所特創的名目，所以不見於他書；又考出子游傳禮最得禮意，他的一派的著作收入禮記的有曲禮上、下篇、玉藻（與曲禮銜接）、檀弓上、下篇、禮運、禮器（與禮運銜接）、郊特牲（與禮器銜接）、仲尼燕居，共九篇，這對於先秦儒家思想的整理有一定的貢獻。至於他的書中有許多迂腐的論調，那是百年以前的人們所免不了的。

　　這書既以批評逸禮爲中心，而逸禮遺文分散在各書，不易尋覽。劉師培是近代專治古文經學的人，他著有逸禮考一書，搜羅逸禮最多；生前稿本未刊，其後編入劉申叔先生遺書。現在就把這篇文字編作這書的附錄，供讀者們對勘。

　　　　　　　顧頡剛。一九五五年十二月二十六日。

公羊學論文[*]

桓公七年夏穀伯綏來朝鄧侯吾離來朝

穀伯綏來朝，鄧侯吾離來朝，其名何也？曰：失地。徐彥疏引曲禮"諸侯失地，名。"按禮記鄭注：諸侯失地，名，"絕之。"孔疏："春秋莊十年秋九月，荊敗蔡師於莘，以蔡侯獻舞歸。傳曰：'何以名？絕。曷爲絕之？獲也。'"啖助曰：凡人君奔例書名者，罪其失地，言非復諸侯也。是諸侯失地則名，猶鄭伯突、衛侯朔、衛侯衎之例。然春秋失地之君來朝來奔者多矣，如郕子，如盛伯，皆不名，而責之於穀、鄧者，何也？曰：不同姓。按解詁云：名者，見不世也。徐彥疏曰：郕子、盛伯皆不名者，兄弟故也。又按傳於郕、盛，皆曰何以不名？兄弟辭也。解詁曰：郕，魯之同姓，故不忍言其絕賤，明當尊遇之，異於穀、鄧也。書者，喜內見歸，盛亦同義；而穀、鄧不然，則猶莒子庚與邾婁子益之例，故書名。此親親而疏疏之義也。朝例時，云桓公七年夏，足矣，此責穀、鄧不月，何也？曰：朝惡人。按文十二年春王正月盛伯來奔，解詁曰：月者，前爲魯所滅，今來見歸，尤當

* 1917 年 6 月 2—3 日作。

加意厚遇之。夏穀、鄧來朝,解詁曰:下去二時者,桓公以火攻
人君,故貶,明大惡;不月者,失地君朝惡人,輕也。夫桓公之
惡著矣,穀、鄧負失地之罪而朝賊害之君,則猶桓二年之滕子,
桓十五年之邾婁人、牟人、葛人之例,故不月。此善善而惡惡之
義也。失國而稱侯朝,何也?曰:待之如初。按傳云:其稱侯朝
何?貴者無後,待之以初也。解詁云:穀、鄧本與魯同貴爲諸
侯,今失爵亡土,來朝託寄也,義不可卑,故明當待之如初,所
謂故舊不遺則民不偷。無後者,施於所奔國也。猶妻得配夫,託
衣食於公家,子孫當受田而耕,故云爾。穀梁傳曰:嘗以諸侯與
之接矣,雖失國,弗損吾異日也。即附此義。范甯疏因推至入春
秋以來雖無同好之事,蓋春秋前有之。穀、鄧與魯有好,故言名
以彰失國,稱朝以見和親,蓋循何氏不遺故舊之義,從而爲之辭
也。其信否未可知。徐彥疏引禮記郊特牲諸侯不臣寓公,故古者
寓公不繼世。按諸侯不臣寓公,鄭注:寓,寄也。孔疏曰,喪服
傳云:寄公者何也?失地之君也。或天子削地,或被諸侯所逐,
皆爲失地也。諸侯不臣者,不敢以寄公爲臣也。古者寓公不繼
世。孔疏曰:寄公之子爲臣。此厚厚而薄薄之義也。綜是四者,
則穀、鄧來朝,以失地而名,以不同姓而名,以朝惡人而不月,
以不遺故舊待之如初而稱侯朝,其大義可見矣。董子繁露滅國篇
曰:鄧、穀失地而朝魯桓,鄧、穀失地,不亦宜乎?此亦過其朝
惡人也。至於陸淳,獨持異義,謂三家說春秋義例不盡,左氏賤
之既不取,公、穀失地之君亦非是。以爲諸失國之君,唯隨敵以
歸去則書名,奔他國則不書名。兩國於例,固非失國,假令實非
奔魯,而公待以朝禮之故,即當書云穀伯、鄧侯來奔,某日朝
公;不應越例書名,而没其來奔也。禮記諸侯失地名,滅同姓
名,此說春秋之義,記此語而録之,非自古有此例。諸侯失國,
自辱其身,猶至書名;況行夷禮,辱及宗廟,見輕儕列,而得不
名乎云云。以爲鄧、穀書名,由於用夷禮,非由於失國。夫唐代

學者，三傳束閣，獨抱遺經而究終始，其禍於陸氏爲甚。彼謂來朝而非來奔者，以未見鄧、穀之亡。按春秋亡國，有不書其滅而於他事見之者，如邢衞之城（城邢城楚丘而知狄滅邢衞）是也。鄧、穀之朝，例亦同是。經文桓公三年秋，七月壬辰朔日有食之，既。傳曰：既者何？盡也。解詁曰：光明滅盡也。是後楚滅鄧、穀，上僭稱王，故尤甚也。楚滅鄧、穀不書者，後治夷狄。是則鄧、穀亡國，何氏已詳言之，其徵應、其書法，皆可知也。陸氏生唐代，能自謂其考故出漢師之上，而決其用夷禮乎？若云失地之君，唯隨敵以歸去者則書名，奔他國則不書名，此唯見蔡侯獻舞等耳。即以邾婁子益喻之，哀七年秋公伐邾婁，八月己酉入邾婁，以邾婁子益來。此固隨敵以歸去矣，而哀十年春王二月邾婁子益來奔，此豈如陸氏所云奔他國則不書名哉！陸氏欲順成其說，遂謂禮記所云，非古有此例，至欲改定書法，以從實事。蓋不識春秋之特筆，徒自形其臆說而已。

莊公十年三月宋人遷宿
閔公二年春王正月齊人遷陽

傳曰：王者封諸侯，必居土中，所以教化者平，貢賦者均。故國不能遷。殷之七遷其都，王者無外，猶之未遷也。太王居邠，去之岐山之下，避狄人之侵而民從之也。至於春秋之世，則異是矣。傳曰：遷者何？其意也。遷之何？非其意也。所謂其意者，如邢遷於陳儀，衞遷帝丘，或自請遷，或見強遷，而猶爲列國也。所謂非其意者，如宋人遷宿，齊人遷陽，不煩兵武，就而有之，雖當時未滅，終不得在也。蓋能以國遷曰某遷，徙而臣之曰遷某，此春秋之微旨也。今按莊公十年三月宋人遷宿，解詁

曰：不道所遷之地。徐疏曰：不言於某，知非實遷。是宿之遷即
亡也。凡滅國書月，如莊十年冬十月齊師滅譚，十三年夏六月齊
人滅遂者是。此書月者。解詁曰：遷取王封，當與滅人同罪也。
宋以兵繞取其地，使不得通四方，宿窮，從宋求遷。而稱人者，
何也？解詁曰：宿君遷，宋因臣有之，不復以兵攻取，故從國辭
稱人。徐疏曰：端拱取宿，不煩兵武，人人皆欲，故以國辭稱
人。是則書人者，不以兵攻取也。書者，解詁曰：宋當坐滅人。
宿不能死社稷，當絶。主書者，從宋。疏曰：言主書此事者，正
欲從而罪宋遷取王封，但因見宿君不死社稷之惡耳。夫諸侯有守
土之責，社稷遷而不死，又妬奔他國以求興復，宋罪固大，宿責
惟均；然無宋罪則無宿責，故宋爲主也。又按閔公二年春王正月
齊人遷陽，其書月，其稱人，其主書，皆與宋人遷宿同。解詁
曰：不爲桓公諱者，功未足以覆比滅人之惡也。徐疏曰：遷取王
封，因而臣之，雖當時未滅，終不得在。故云比滅人之惡矣。竊
以爲何氏之言慮有未當。夫春秋爲賢者諱，齊人遷陽，齊桓公之
事也，桓公有繼絶存亡之功。僖公十七年夏滅項，君子爲之諱，
不言齊滅之；而此則直言齊人者，何也？滅項，傳云：春秋爲賢
者諱，此滅人之國，何賢爾？君子之惡惡也疾始；善善也樂終。
桓公嘗有繼絶存亡之功，故君子爲之諱也。解詁曰：繼絶立僖
公，存亡存邢衛杞。是則立僖公，存邢衛杞之後，君子乃爲之諱
耳，其前固不諱也。且曰：君子之惡惡也疾始，善善也樂終，是
則疾始惡而樂終善，其意尤顯，故齊師滅譚，齊人滅遂，與齊人
遷陽，同一書法，明非終善也。滅遂，解詁曰：不諱者，桓公行
霸，不任文德而尚武力；又功未足以除惡。徐疏曰：論語云：齊
桓公九合諸侯，不以兵車之力。謂自此以後。又曰：春秋褒貶，
皆以功過相除計，桓公之立，雖有北杏之會，前有篡逆滅譚之
非，論其功不足而惡有餘，故不爲諱也。而言未者，欲道其九合
之後，功足以除惡。是則齊桓在九合之後功始足以除惡，而君

子善善樂終，乃爲滅項之諱也。今何氏於遷陽曰：不爲桓公諱者，功未足以覆比滅人之惡也。於滅項曰：繼絶存亡，足以除殺子糾滅譚遂項；覆終身之惡。服楚功在覆篡惡之表，獨於遷陽不舉，是則遷陽似特惡於滅譚遂殺子糾，終身之惡可覆，而遷陽之惡不可覆，終身之過可除，而遷陽之過不可除也。何寬於三而嚴於一乎？故竊謂何氏於春秋疾始樂終之義，有一問之未達也。夫春秋特爲桓公諱滅項耳，未嘗爲其諱殺子糾滅譚遂也。殺子糾滅譚遂，存亡繼絶之功，固可覆之除之矣；然非殺子糾滅譚遂之時，所應覆除而諱之者也。遷陽則猶是矣。徐彥曰：滅譚遂皆月者，是時未足以覆之也。故齊人遷陽，書月、書人而不爲諱者，非功未以覆惡也，是時未足以覆惡也。

致錢玄同：答書[*]

玄同先生：

對於春秋一經的意見，我和先生相同。其故，因：——

(1)論語中無孔子作春秋事，亦無孔子對於"西狩獲麟"的歎息的話。

(2)獲麟以後定爲"續經"，没有憑據。春秋本至"孔丘卒"，儒者因如此則不成爲孔子所作，所以揀了一段較爲怪異的記載——獲麟——而截止，以爲此前爲孔子所作，孔子所以作春秋是爲了"感麟"，此後便爲後人所續。

(3)如果處處有微言大義，則不應存"夏五""郭公"之闕文。存闕文是史家之事。

(4)春秋爲魯史所書，亦當有例。故從春秋中推出些例來，不足爲奇。

(5)春秋中稱名無定，次序失倫（舉例見六經奧論卷四"例"條），如果出於一人之手，不應如是紊亂。何況孔子的思想是有條理的，更何至於此。可見其出於歷世相承的史官之手。

(6)孟子以前無言孔子作春秋的。孟子的話本是最不可信。

至春秋何以説爲孔子所作，這步驟我試作以下的假定以説

* 原載北京大學研究所國學門週刊第一期，1925 年 10 月 14 日，題春秋與孔子；又載古史辨第一册，分題如上。

明之：——

 (1)春秋爲魯史所記的朝報。這些朝報因年代的久遠，當然
  有闕文；又因史官的學識幼稚，當然有許多疏漏的地方。

 (2)孔子勸人讀書，但當時實無多書可讀，詩書是列國所共
  有的，易與春秋是魯國所獨有的(依左傳所記)，均爲七
  十子後學者所讀之書。

 (3)春秋當然不至"孔丘卒"而止，但因儒者的尊重孔子，故
  傳習之本到這一條就截住了。如此，春秋就髣髴是儒家
  所專有的經典了。

 (4)春秋成爲儒家專有的經典之後，他們尚不滿意，一定要
  説爲孔子所作。於是又在"西狩獲麟"截住，而説孔子所
  以作春秋是因於"傷麟感道窮"。

 (5)自有此説，於是孟子等遂在春秋内求王道，公羊氏等遂
  在春秋内求微言大義。經他們的附會和深文周納，而春
  秋遂真成了一部素王手筆的經典。

以上的話，未知先生以爲如何？匆促寫此，淺陋的很，請
指正。

頡剛敬上。十四，三，廿一。

附

錢玄同：論春秋性質書

頡剛先生：

 先生對於春秋一經的意見，頗願賜教一二。弟以爲此書只有
兩個絶對相反的説法可以成立：

 (一)認它是孔二先生的大著，其中蘊藏着許多"微言大義"及

“非常異義可怪之論”，當依公羊傳及春秋繁露去解釋它（自然公羊及繁露的話決不能句句相信，但總是走這一條路去講）。這樣，它絕對不是歷史。

（二）認它是歷史。那麼，便是一部魯國底“斷爛朝報”，不但無所謂“微言大義”等等，並且是沒有組織，沒有體例，不成東西的史料而已。這樣，便決不是孔二先生做的；孟子書中“孔子作春秋”之説，只能認爲與他所述堯、舜、禹、湯、伊尹、百里奚底事實一樣，不信任它是真事。孔丘底著作究竟是怎麼樣的，我們雖不能知道，但以他老人家那樣的學問才具，似乎不至於做出這樣一部不成東西的歷史來。

我近年來是主張後一説的。但又以爲如其相信“孔子作春秋”之説，則惟有依前一説那樣講還有些意思。

　　　　　　　　　　玄同。一九二五，三，十六。

附

錢玄同：論獲麟後續經及春秋例書

頡剛先生：

本年三月里您回我的信，談對於春秋的意見，大體我都佩服；只有兩點，我跟您所見不同，寫在下面請教：

（1）獲麟以後底“續經”並非魯史之舊，乃是劉歆他們僞造的。左傳是真書，但它本是國語底一部分，並非春秋的傳。康長素底僞經考與先師崔觶甫先生底史記探源、春秋復始中都説漢書藝文志有新國語五十四篇，這是“原本國語”，劉歆把其中與春秋有關的事改成“春秋左氏傳”；那不要的仍舊留作國語，遂成“今本國語”。這話我看是很對的：

　　左傳中記周事頗略，故周語所存春秋時代底周事尚詳（但同於左傳的已有好幾條）。

　　左傳記魯事最詳，而殘餘之魯語所記多半是瑣事；薄薄地兩卷中關於公父文伯的記載竟有八條之多。

　　左傳記齊桓公霸業最略，"管仲相桓公，霸諸侯，一匡天下"底事蹟竟全無記載，而齊語則專記此事。

　　晉語中同於左傳者最多，而關於霸業之犖犖大端記載甚略，左傳則甚詳。

　　鄭語皆春秋以前事。

　　楚語同於左傳者亦多，關於大端的記載亦甚略。

　　吳語專記夫差伐越而卒致亡國事，左傳對於此事的記載又是異常簡略，與齊桓霸業相同。

　　越語專記越滅吳之經過，左傳全無。

綜上所記，此詳則彼略，彼詳則此略，顯然是將一書瓜分爲二。至於彼此同記一事者，往往大體相同；而文辭則國語中有許多瑣屑的記載與支蔓的議論，左傳大都沒有，這更顯出刪改底痕跡來了。劉歆把國語底一部分改成春秋的傳，意在抵制公羊傳。漢書劉歆傳說，"歆治左氏，引傳文以解經"，這就是他給春秋跟國語底一部分做媒人的證據。所以左傳中的"春秋經"實在比公羊傳中的還要靠不住。那幾條"續經"，我以爲是他們假造了來破壞公羊傳所云"何以終乎哀十四年？曰，備矣"這句話的。以上的話似乎做了"今文家"底話匣子，其實不然。我現在對於"今文家"解"經"全不相信，我而且認爲"經"這樣東西壓根兒就是沒有的；"經"既沒有，則所謂"微言大義"也者自然是"皮之不存，毛將焉附"了。（但關於漢代今古文之爭這重公案，則至今承認康崔之說，以爲是劉歆他們鬧的鬼。所以對於今之左傳，認爲它裏面所記事實遠較公羊傳爲可信，因爲它是晚周人做的歷史，而公羊傳則是"口說流行"，至漢時始著竹帛者；至對於左傳之"五十凡"及所論書法等等，則認爲比公羊傳所論微言大義更爲不古，更不足信。）

（2）春秋乃是一種極幼稚的歷史，"斷爛朝報"跟"流水賬簿"兩個比喻實在確當之至。它本來講不上什么"例"。您説"春秋爲魯史所書，亦當有例"，我竊以爲不然。其實對於歷史而言例，是從劉知幾他們起的；不但極幼稚的春秋無例可言，即很進步的史記，漢書等亦無例可言。章實齋説，"遷書體圓用神，班氏體方用智"，哪有這回事！不過司馬遷做文章貴自然，班固做文章尚矜鍊罷了。講到"稱名無定"，更不算什么一回事。比春秋進步得多的"左傳"稱名更無定，史記也是這樣；漢書較守規矩了，但還稱田千秋爲"車千秋"。關於這一點，倒未必是古人底壞處，只是後人愛"作繭自縛"罷了。（我底偏見，以爲凡講什么文章公式義例的都是吃飽飯，没事幹，閑扯淡。）

玄同。一九二五，九，二十二。

春秋研究講義

春秋研究課旨趣書 *

　　中國的古代史書中最重要的，誰都知道是尚書和春秋；尚書是東周以上的記載，春秋是東周中一大段的魯國編年史。可是從前人只看見"致用"而看不見"求真"，一定要替它們穿上一身很不自然的外套，硬把它們裝成了聖人的大法，好讓他們用了自己造成的偶像來支配天下人的道德學問和萬世帝王的政治法典。

　　這種觀念自戰國時已然，到漢代更厲害，所謂"儒者"本領，只是用了很巧妙的言語把這些平凡的文籍解釋得和他們理想中的聖道相當。二千年來，朝代雖更易了不少，但社會的組織沒有改變，學術思想的演進實在遲緩得很。雖以清代考證學的發達，捉到了許多的真實，但終不敢明白説出它們只是兩部歷史書。劉知幾説："曩賢精鑑，已有先覺，而拘於禮法，限以師訓，雖口不能言而心知其不可者蓋亦多矣！"處在聖道的積威之下，便是"心知其不可"也"口不能言"，這是何等的痛苦呵！

　　* 中山大學油印。原載中山大學語言歷史學研究所週刊第五集第五十七、五十八合期，1928 年 12 月 5 日；又載中國古籍研究第一卷，上海古籍出版社，1996 年。

　　我們現在要明白地說：尚書和春秋僅僅是兩部歷史書，聖人的法則是後來加上去的。這並不是我們比古人聰明，也不是我們比古人膽大，乃是社會上對於學術界的拘束和限制到現在都解除了，許我們這樣說了。我們應當感謝這個時代！我們應當不錯過這個黎明的時代！我們應當承受這個時代給與我們的工作！

　　尚書，我上學年任了一年的課。只因這部書的本子問題太多，真偽之辨一時也得不到完滿的解答，所以一年中發的講義實在只有一束"尚書學沿革史"的材料，而沒有說到"歷史學下的尚書"。現在任春秋課，可以進一步了，因為以前的學者用了歷史學的態度治春秋的雖然很少，很不占勢力，總算開闢了這條路了。最顯著的如杜預的春秋釋例，顧棟高的春秋大事表，都能用分析和歸納的方法從春秋經傳中尋求當時的歷史材料。

　　從前人研究學問，最吃虧的是只會籠統地看，平面地看，而想不到分別地看，系統地看。就拿春秋學來說，他們把"經"與"傳"是看作一物的，"傳"與"注"、"注"與"疏"也是看作一物的，經傳中的"經"與"史"（即"聖人的大道理"與"史事"）也是看作一物的。因為這樣，所以性質十分不相容的東西會得雜湊在一處，弄得處處似是而非，一時不容易尋出它們各個的真相。現在編纂講義，想把許多混亂的材料分類，從它們各個的本身上指出各個的歷史上的地位。分類的大別如下：

　　　　甲種——"春秋本經"。對於本經作本子的考訂；記出它的異文、闕文；研究續經的真偽；統計經中所記的事實等等。

　　　　乙種——"春秋三傳"。考三傳的來源和發展，研究公羊、穀梁是否同出於子夏，左傳是否左丘明作以釋經抑或析自國語，以及三傳記事的異同，經義的異同等等。

　　　　丙種——"經的春秋"。把從前人用了聖人制作的眼光解釋春秋的話，依着時代去排次序，看出在各個的時代之下，孔子作春秋的心理和書法的規則是怎樣的不同，怎樣的變遷，這一班經師如何使春秋中一個一個的字都摻進了自己的靈魂而昌言爲孔子的意見。

丁種——“史的春秋”。把從前人用了歷史眼光在春秋經傳中搜集得來的史料分類輯錄，以見我們可以見到的春秋時代的歷史的範圍有怎樣大，内容有怎樣多；還看前人所没有注意的問題而現在可以提出的有多少，規定一個此後努力的計劃。

照這樣做去，我們應當編印的講義是很多的。但這門功課限在半年内授畢，而且現在學校内印刷講義也有問題，很怕發不完。只得盡了我的力量做去，到年假時再定辦法。

關於這門功課的參考書，重要的大約如下：

春秋公羊傳

春秋穀梁傳

春秋左傳（以上三種可看十三經注疏，注疏以粵刻本爲最易得）

國語（以黄丕烈士禮居叢書翻刻宋本爲善，翻刻黄本甚易得）

春秋異文箋（清趙坦著，學海堂經解本。集録三傳中春秋經之異文最完備）

左氏春秋考證（清劉逢禄著，學海堂經解本。清代公羊注之善者）

春秋復始（崔適著，北京大學鉛印本，此書以公羊經傳分類排列，使它成一個系統）

穀梁補注（清鍾文烝著，清經解續編本。清代穀梁注之善者）

春秋左傳詁（清洪亮吉著，清經解續編本。清代左傳注之善者）

　　春秋繁露（漢董仲舒著，浙江圖書館刻二十二子本最易得）

　　春秋董氏學（康有爲著。將繁露分類，求其條理。以上探孔子作經之本意）

　　春秋筆削大義微言考（康有爲著，假定在春秋經外另有一本魯史官之春秋而從公羊傳中推測孔子修改之筆墨）

　　孔子改制考（康有爲著，從戰國、秦、漢人書中尋求孔子改制立教作經之大義。以上三書皆北平海王村公元長興書局出版）

　　春秋胡氏傳（宋胡安國著，通行本。其書自創一家之說，明初立於學官，支配學界者二百餘年，可略加翻檢，以觀宋人主張）

　　春秋釋例（晉杜預著，古經解彙函本最易得。是書以經文分別比較，並輯錄地名、世族、長歷諸種材料，開分析研究之先河）

　　春秋大事表（清顧棟高著，單行本、清經解續編本。是書以春秋中所記事實分類排列，推求其因果關係，作五十表，又輿圖一卷，實爲研究春秋之最有科學方法者）

　　春秋世族譜（清陳厚耀著，浙江圖書館邵武徐氏叢書本。此書圖春秋世族系統最明白）

　　左傳事緯（清馬驌著，通行本。此書以左傳所記事實改作紀事本末，最易檢查）

　　　　　　　　　　　　　　十七，十，二。

案語[*]

春秋經（公羊傳本）
（春秋研究講義甲種之一）

　　頡剛案：漢書藝文志著録春秋，有"古經"與"經"之別。古經者，左氏傳之經也。經者，公羊、穀梁二傳之經也。然三傳之經，文字互異，不但古與今異，穀梁亦與公羊異。取異文校之，公羊經於時令或缺書而穀、左補之，公羊經於地名或不爲標識而穀、左則輒加"邑"旁，似穀、左爲後起，曾將公羊之經整理一過者。觀僖公二十一年經，公羊本作"會於霍"，穀梁本作"會於雩"，左氏本又作"會於盂"，是則穀對公爲形訛，左對穀爲音轉，相承之跡有可尋者。又定公四年經，公羊本作"戰於伯莒"，穀梁本改寫"莒"之同音字作"伯舉"。左氏本既於"舉"字承穀梁矣，又改寫"伯"之同音字作"柏舉"。準此以觀，則穀梁本取自公羊，左氏本又出於穀梁可知。至左氏經文，同於穀梁者十之七八，此又易見者也。今寫定本經，依據公羊，取其成書較早，保存真面目可較多也。至分條之事，古今曾無討論，本各不同。以意分合，慮多誤謬，記此以待將來改定云。

---

　　* 1928 年 10 月—1929 年 1 月作。中山大學油印。原載中國古籍研究第一卷。

續經
（春秋研究講義甲種之二）

　　顧剛案：公、穀二家經文皆止於哀十四年"西狩獲麟"，漢人言春秋者亦無不謂獲麟爲孔子之絶筆，是經文終訖之點未有異論也。自左氏傳出，其經乃終於哀十六年"孔丘卒"，蓋所以表示其出於魯史，視經師之輾轉傳寫者爲得真。後之人既不敢搖動絶筆獲麟之説，又不敢顯斥左氏傳之非，因名之曰續經，説之曰弟子補記，此二十六條文字遂若真出於魯史矣。今先録其原文而次各家考辨於後。

公、穀記孔子生説
（段玉裁，經韻樓集卷三）
（春秋研究講義甲種之三）

　　顧剛案：五經中材料真僞問題惟尚書爲獨多，商、周之書尚滋疑竇，遑論虞、夏。禮雖有僞，而未合併。易雖合併，而未淆亂。詩則但有僞説而無僞經。春秋難治，亦在僞説；若經文則顯然有羼入痕跡者不過兩處：其一，襄二十一年書"孔子生"；其二，"西狩獲麟"之後有續經三年。前一事爲公、穀所有而左氏所無。孔子位不過大夫，依春秋記事之法，卒日尚不當書，何況於生。其出於經師謬增，不待詳辨。然增入之時代必不甚遲，故當穀梁傳之出已沿襲此文於公羊經，而又糾正其"十有一月"之誤。及左氏傳出，欲明其出於國史而不出於私家，以記"孔子生"之嫌於私尊也，則削去之；以孔子有相魯（孔子曾於夾谷之會相定公，乃相禮之相，非相國之相。自戰國時以相爲官名，於是誤會爲孔子相魯）之傳説也，則增入"孔子卒"而續經至三年。要之，皆私心妄作，尊人以圖自尊，吾輩以春秋時代之歷史觀春秋者當絶去之無疑。今録段玉裁一文，以見"孔子生"一條爲傳家所記，且本多不同。復録鍾文烝之説，以見此條雖爲傳家所記，而加人之意直欲廁經，非甘居於傳也。至此條及續經以外，有無經師妄溷之語，則有待於吾等之努力推勘，未可豫知者矣。

續經舊説
（春秋研究講義甲種之四）

頡剛案：左氏傳既出，仗其事實之豐富，文采之華贍，占絶對之優勢，故得以晚出之書奪取春秋學之正統；然"獲麟"以下經文，終因"孔子作春秋"之説過盛，"春秋終於獲麟"之説過堅，不能詐得學者之信仰，雖賈逵等古文學專家，亦但云"弟子所記"耳。至"小邾射以句繹來奔"之無以解於前傳之"春秋書三叛人名"，"四月己丑孔丘卒"之有乖史體及錯迕日月，雖癖左如杜預，亦不能解其疑。是知心勞日拙固作僞者之同悲，不因所託之高便可掩盡天下目也。今從春秋左傳正義中録出唐以前人之説如下。

證續經之謬（劉逢禄，左氏春秋考證卷一）
（春秋研究講義甲種之五）

頡剛案：清代中葉而下，因考證學之突進，經古文學不復能支持學者之信仰，於是西漢今文學以興。劉逢禄持公羊義以攻左氏，又加以考證之密，其所著左氏春秋考證，直揭左傳作僞之由來，而爲之分析解剖，還之於其所根據之書，雖黨護左氏者曾不能反脣以稽，則其書之精切可知也。兹就其書中録出辨續經之文，以見續經本身之錯誤。文中所論，以公羊義相難者，若依何休移弑日於上月之説以定先幽後弑者之書法，若謂書"輒來奔"則有責以拒父之意，雖在公羊家自有其壁壘，而由我等視之則固無客觀之真實性。至"晉侯伐鄭"一條，謂是時晉臣專兵，晉君安得自將伐鄭，則實有歷史之根據，足爲續經致命之傷。其他若"有星孛"而不著其處，"成叛"而不書其人，"戚"爲衛地而復書"入衛"，質諸春秋記事之成法，故當不爾。續經之出於漢人僞造，而非魯史所書，孔子弟子所錄，奚容疑哉！

春秋闕文表
（顧棟高，春秋大事表第四十三）
（春秋研究講義甲種之六）

顧剛案：論語載孔子之言曰，"吾猶及史之闕文也，今亡矣夫！"此語意義雖不可盡曉，要之史有闕文，自是當時事實。蓋古者竹簡繁重，易於斷爛，年代愈多，墜失愈甚。春秋之所以始於隱公，或隱公以前方策無存，弗可稽考，或墜失之餘，可用韋編聯串之者僅限於隱公以下，皆未可知；即隱公以下，亦前略而後詳，斷爛之文，自所難免。及其成爲經典，儒者輾轉寫錄，又不能無脫誤。文籍考證之業未興，無人起而訂正之，此脫誤者遂終於脫誤矣。其始對此闕文誤文尚持存疑之態度，例如公羊傳於"紀子伯""夏五"等條皆曰"無聞焉爾"。終則曲爲解釋，必尋出一筆削意義而後快。蓋在經師眼光中，春秋爲孔子所作，其聖道淪浹於全書，必不使存一字之虛文，既有其文必有其義，義雖幽隱，猶可鈎而出之。其志願如是，是以彼輩每逢不可通之字句，亦能索得聖人之深意。孔子復生，當嘆後學者設想之工巧一至此也。顧棟高春秋闕文表細研經文，綜觀各家之說，臚列日食闕書日朔者，外諸侯卒闕書名者，時月日闕誤者，王不稱"天"者，夫人姓氏不全者，殺大夫闕書名者，伐國闕書"人"字者，盟會有闕文者，外諸侯名謚國名闕誤者，以及侵戰圍滅人救城築蒐狩等有闕或有衍者，得百餘條，一一證明之，而後春秋之闕文、省文、誤文、衍文可一覽而知，向所謂其中含有聖人之深意者亦不待爭辨而破。惟顧氏狃於孟子"孔子作春秋"之説，謂前史有闕者，聖人必以其不關勸懲，削而不録，則可謂未達一間。蓋春秋即使真出孔子之筆，而孔子固是愛惜"史之闕文"者，未必忍棄之也。原篇分列表格，嫌其不醒目，改爲直行如下。

公羊傳中之春秋經
（梅思平，民鐸雜誌六卷三號）
（春秋研究講義甲種之七）

　　頡剛案：今所得見之春秋經以公羊傳所録者爲最早，應爲最近於真之一本，則其完善之程度如何，自爲吾人所當究。據公羊學家自言，此猶是聖人筆削原本，未嘗有所增竄闕失。然顧棟高春秋闕文表則已彙合三傳，指出誤處百餘條矣。吾友梅思平先生，精研春秋，其論公羊傳及公羊學一篇，復在顧表之外指出闕文衍文若干處，且謂公羊經文有從左氏傳文竄入者。其言創闢，足資吾輩研究引導，故爲易一名題而録之於甲種之中。

春秋經異文
（春秋研究講義甲種之八）

　　頡剛案：春秋一書，在三傳未起之前固有之，及已有三傳則其書隱焉。我等今日欲讀春秋，惟有索之於三傳之中，而三傳所録文各不同，吾人將何所依乎？非但春秋之文無所依據也，即春秋時代之人名地名有異文者及史事因異文而致異説者，亦不知其孰正與孰訛。故今日整理春秋之第一事，在集録三傳之異文而比勘之。雖其結果仍不能判別黑白，歸於一是，然其變易之處開卷

即知，知西漢三百年中曾有此不同文之三本，則自不抱守一家之
説而以爲正矣。校勘經文，以趙坦春秋異文箋爲最密，今據之爲
表。原書以左氏居前，公、穀居後；今既知左氏後出，故更定其
次序云。

春秋三家異文覈
（朱駿聲，聚學軒叢書第二集）
（春秋研究講義甲種之九）

　　頡剛案：春秋經既有異文，則考此異文之孰是孰非自爲學者
應有之事。顧其中是非紛紜已甚，有前本誤而後本改正之者，亦
有前本不誤而後本乃誤改之者；有兩文俱可通者，亦有兩文俱不
可通者。欲一一考定之，固非旦夕間事也。清代學者對於此方面
之研究，以趙坦春秋異文箋、李富孫春秋三傳異文釋（別下齋叢
書本）兩書爲最詳；惜其文繁富，未能録入講義。朱氏此書，卷
帙無多，又説理精密，開示研究方法甚衆。雖非逐條作考證，而
窺豹一斑可知全體，三家經文之所以異，及如何因異文而造僞事
以證實之者，其消息不難於此中索之矣。

春秋三傳異同考（吳陳琰，藝海珠塵本）
（春秋研究講義甲種之十）

　　頡剛案：吾人既睹繁複之春秋經異文，苟不慣爲校勘之工作
者，必將目爲之眩，無從得下手處。吳氏此文，雖未有創見，而
歸納分類，條理甚明，讀此一篇，然後對於三傳經文之異同可作
簡單之論列矣。前代學者鄙薄比次之學，以爲胥吏所能，無關弘
恉；今日正不當存此成見。蓋吾人爲學應備三種條件：求得豐富
之材料，一也；就此材料同異之點，爲之分類，貫以系統，二

也；以精鋭之眼光外觀材料之全體，内察材料之成分，使其涵義顯現，爲我所用，三也。苟能如此，則雖至冥頑之物亦莫不躍然生動，聽駕馭而長驅。比次之學固亦學問中一階段也。

史記儒林列傳（春秋家）
（春秋研究講義乙種之一）

　　頡剛案：三傳源流，就我等今日所知，左氏最先出，公、穀次之，成爲定説久矣。顧吾人一讀紀載其事最早之史記儒林傳，則但有公、穀而無左氏，即穀梁亦僅一言而止，與前後文皆不相承，頗有竄入之嫌，是所道者惟有公羊一家耳。假使左氏之傳實自吳起、荀卿而來，至於張蒼、賈誼、貫公之倫，史記何得盡没而不書乎？讀此文，自可知當司馬遷之世，春秋之學但有公羊，其大師則董仲舒、胡母生、公孫弘也。

漢書藝文志春秋類
（春秋研究講義乙種之二）

　　頡剛案：班固作漢書，其藝文志因襲劉歆七略，略加增損。劉歆爲古文學家領袖，故其書尊古學而抑今學，序次經傳悉以古學置前。又其時經史之界尚未嚴別，故當時所有史書悉入之春秋類中。此最早之春秋學書籍目録也，雖未可盡信，而應用至繁，更當熟誦者。

漢書儒林傳（春秋家）
（春秋研究講義乙種之三）

　　頡剛案：凡百事物之地位必待比較而後明顯。史記儒林傳於春秋家專記公羊一家之學，乃無"公羊"二字可見，誠以當時之春秋學僅有此一家，無煩特立標幟也。及宣帝時立穀梁，平帝時又立左氏，於是"公羊"一名以對稱之需要而始著，史記所謂"治春秋"者至漢書遂不得不爲"治公羊春秋"矣。史記於穀梁，僅云"公孫弘集比其義，卒用董仲舒"耳，至漢書乃有武帝使江公與仲舒議事，又有衛太子私問穀梁事。（其云甘露元年，召蕭望之等大議殿中等事，並本傳所未言，不可信，俟後辨。）史記於左氏，不道一字，而漢書言其授受之跡，自張蒼以迄劉歆，系統甚明；乃至賈誼所作之左氏傳訓故，本書藝文志所不載者，而亦有之。假使穀梁、左氏在武帝時確已如漢書所言之昌盛，則司馬遷之見識何其弇陋，而生於二百年後之班固又何其多聞耶？故漢書儒林傳者，東漢初年之西漢經學史之傳説也。當是時，後起之古文學已大彰矣，其標揭之本學先師及其私造之榮譽故事已得學者之承認矣。司馬遷之世尚未有此，故不知當如此書；班固之世既已有此，便不容不如此書也。

劉歆傳（漢書卷三十六，附楚元王傳）
（春秋研究講義乙種之四）

　　頡剛案：劉歆之前，左丘之書僅一國語而已。國語固亦記春秋時事者，然當時人以聖經視春秋而以歷史視國語，各有封域，不相涉也。及劉歆起，不甘使春秋終於爲聖經，而欲摻入多量之歷史成分，使之回復歷史書之地位，於是分析國語，隸於經文各條之下，名之曰"春秋左氏傳"，而後春秋一經始有鼎峙之三傳，而後學者對於春秋之觀念漸漸改變，終至公、穀衰微而左氏獨顯。此西漢學者之所痛心而吾儕所爲拊掌者也。假使劉歆不施此割裂手段，託聖言而表章左丘之書，則國語沈幽中秘，或遂泯滅，春秋時代之歷史遂無可考見矣。今錄劉歆傳於下，俾讀者知其爲左氏傳奮鬥之經歷，並以知彼之所以開罪於經學界而有功於史學界者蓋如此。

春秋三傳三家注序
（春秋研究講義乙種之五）

　　頡剛案：三傳專家之學，除三傳本身外，今多不可見。唐人正義所本，公羊則何休注，穀梁則范甯注，左氏則杜預注。三家注之爲三傳學之正統，蓋千五百年於玆矣。然何休生於東漢之季，好以讖緯説經；杜、范二家并在晉代，已頗有歷史眼光，不完全自束於一家派之內：故欲睹三家之真面目不能但據三家之注而以爲定論也。段玉裁論治經之法，謂當以伏、孔還伏、孔，賈、杜還賈、杜。吾人今爲春秋之學，自當以春秋經還春秋經，以三傳還三傳，以三家注還三家注，以三傳正義還三傳正義，務使之析而不混，然後可見其異同之所在，然後可見其遞變之綫索，而不至誤甲爲乙，雜丙於丁矣。

經典釋文序録（陸德明，春秋類）
（春秋研究講義乙種之六）

　　頡剛案：以漢書儒林傳視史記儒林傳，時期之伸展，材料之增多，固已足使司馬遷卻步。但遞衍至於隋、唐，則班固又成落伍之卒，其所記多闕略矣。觀經典釋文所言，公羊、穀梁皆有名字，又有其師。左氏之傳，自張蒼、賈誼而上，更有曾申、吳起之倫；而漢書謂賈誼傳貫公者，此乃爲賈誼傳賈嘉，賈嘉傳貫公。時代愈後，其所記愈前；文物愈無徵，其記載愈多：學術史之進展方式與古代史固無殊也。

公羊先師考
（江藩，隸經文卷四，清經解續編本）
（春秋研究講義乙種之七）

　　頡剛案：公羊學之出甚早，而其傳學之系統乃不可詳。史記、漢書僅言胡母生、董仲舒而已，未嘗言其出自何人。經典釋文雖有公羊高受經於子夏之說，而公羊高與胡、董之間固尚未聯屬也。至徐彥作公羊疏，乃據戴宏之言，謂子夏六傳而至胡母生，其中間五代皆爲公羊氏父子相傳之家學。按胡母生之去子夏凡四百年，則必師之授皆在耄年，弟子之受皆在齠齔而後可，是豈事實乎！江氏此文，辨胡、董之學不出於公羊高，辨何休之學出於胡母生，異於董氏家法，是皆卓識，研究春秋學史者不可不知也。

公羊學傳授表（康有爲，春秋董氏學卷七）
（春秋研究講義乙種之八）

　　頡剛案：康氏春秋董氏學一書，竭力表章董仲舒，謂其直接孔子之傳，謂其繁露一書爲真孔子之微言大義所在。其信實之程度如何，當於講義丙種中論之。惟其所列"傳經表"，爬梳兩漢公羊家學之系統，甚爲詳密，研究春秋三傳沿革史者不可不察。按漢書儒林傳贊云，"自武帝立五經博士，開弟子員，射科設策，勸以官祿，訖於元始，百有餘年，傳業者寖盛，支葉蕃滋，一經說至百餘萬言，大師衆至千餘人，蓋祿利之路然也。"春秋之學，西漢最盛，而董仲舒爲大師，康氏所謂"自君臣士大夫政事法律言議皆以公羊爲法，公羊博士之傳遍天下，雲礽百萬皆出江都"（傳經表序）是也。乃康氏此表，經籍所載既已盡錄，又從碑碣中全鈔孔宙、魯峻之門生百人，悉承認爲傳授春秋學者，又延長其時期至於三國，竟寥寥不及二百輩，何哉？夫以禄利之路而興者終以禄利之路而亡，西漢春秋學之發達果何補於春秋耶！康氏奉董氏學爲正統，故題是表曰"傳經表"；嫌其與他家混淆，改署曰"公羊學傳授表"。

關於公羊傳之記載及評論
（朱彝尊，經義考卷一百七十）
（春秋研究講義乙種之九）

頡剛案：朱氏經義考集録古今經部書籍之記載及評論，俾吾人得略見此方面之傳説之演進與學者中心觀念之變遷，事甚善也。今鈔出關於公羊傳者四十餘條，加以此題。諸君讀此，當思何時始有公羊高之名，何時始有公羊受經於子夏之事，譽公羊者如何謂其理精義密，詆公羊者如何謂其深文曲説，執中者又如何取其長而去其短，就此搜求材料，爲系統的公羊學史之研究，則是篇雖簡略，固有導夫先路之功矣。

公羊傳當正其名曰春秋傳
（崔適，春秋復始卷首序證之一）
（春秋研究講義乙種之十）

頡剛案：公羊傳之名，後人習而不察，以爲其固所有者。自有此名而公羊傳確定爲公羊氏所作矣。公羊高之家學且傳衍至五世矣。苟徵其實，則公羊氏特春秋家先師之一，而公羊傳爲何人所著乃屬不可知之事。此義先發於顧炎武，其時今古文之別不明，故不能識此名之由來。及至清末，崔適起而證之，始知公羊傳一名蓋出於古文家所加。然崔氏信史記之説，謂孟子、荀卿等捃摭公羊傳之文以著書，則實犯倒果爲因之病，梅思平先生已駁正之矣。

論公羊傳及公羊學
（梅思平，民鐸雜誌六卷三號）
（春秋研究講義乙種之十一）

頡剛案：公羊家多非常異義可怪之論，其原因何在，目的爲何，古來從無有揭破之者。梅氏此文，依西漢時勢以求公羊家春秋大義之來源，其説至爲精當。蓋一種學派之所以興起及其所以得占勢力，必有其足以供應時代之需要之特點在。及需要既失，則其爲物遂成殭名，無復支配民衆信仰之力矣。吾人若能悟此一義，則對於公羊學之盛固不必笑漢人之愚，而公羊學之衰亦不必贊後人之智也。

春秋繁露目録
（春秋研究講義乙種之十二）

頡剛案：欲知西漢之公羊家言，公羊傳以外又有董仲舒之春秋繁露當讀。漢書藝文志列“董仲舒百二十三篇，公羊董仲舒治獄十六篇”。漢書舉其著作，爲“聞舉、玉杯、蕃露、清明之屬”。是則董仲舒之書初無總名，而繁露爲百二十三篇中之一篇可知；隋、唐以後，始定一篇之名爲總名耳。自公羊學不昌，其書亦僅存，故闕誤甚多；經歷清代學者百餘年之考訂，始可章句。其書言陰陽五行，言求雨止雨，溢出經義範圍之外，故清四庫總目列之於春秋類附録，示與他種説經書有異。然戰國、秦、漢間人説經體例固與後世不同，以今所見，若韓詩外傳、尚書大傳、易繫辭傳、禮大小戴記等，皆雜録故事，獨抒己意，名雖釋經而實離經萬里者。自古文學家起，學者說經始日就繩墨。蓋以古籍視經書之觀念漸強，以聖道視經書之觀念漸弱；以研究古籍自視之觀念漸強，以宣揚聖道自視之觀念漸弱。此學術之進步，不當用之以繩前代也。春秋繁露一書，可使吾人知西漢時以春秋致用之方術，及其致用之範圍，於以瞭解漢人之思想，自有其甚高之歷史價值。今選録其文於講義丙種，而先將其目録附於公羊傳論文之後，俾有以比類知方焉。

穀梁廢興源流（柳興恩，
穀梁大義述卷三十，清經解續編本）
（春秋研究講義乙種之十三）

　　頡剛案：穀梁之興也隱，傳也微。其書隨經立義，比於後世講章，既不敢如公羊之放言，又不能如左氏之篤實。其所以得保存至於今日者，非賴其本身之價值，實賴“三傳”一名為其維繫。換言之，即幸有敵對之家派使其勉強有別樹一幟之名義，乃得於春秋學中占一地位者也。讀柳氏此篇，可知其書雖數度立於學官，然未嘗有一世之大昌盛而時時被黜，長在若存若亡之間，亦大可憐矣！

論穀梁傳
（鍾文烝，穀梁補注卷首，清經解續編本）
（春秋研究講義乙種之十四）

　　頡剛案：鍾氏此文，於穀梁傳與各方面之關係叙述頗詳，雖多偏袒之辭，然作穀梁通論者未能或之先也。其中據陸賈新語之文，謂穀梁傳文為漢初人所引，易於惑人，不得不辨。蓋漢書司馬遷傳稱遷取戰國策、楚漢春秋、陸賈新語作史記，今新語之文悉不見於史記，即此可以明其僞也。

清代穀梁學專箸二種序例
（春秋研究講義乙種之十五）

頡剛案：穀梁之學自來未昌，范注楊疏之外鮮有專書。雖以清代經學之盛，而學海堂經解中獨缺其篇。直至道光之季，丹徒柳興恩始成穀梁大義述，分類叙録。迄咸、同間，嘉善鍾文烝又有穀梁補注之作，補正范、楊之書，義理彌以邃密。得此二君，穀梁之出爲不虛矣。其書皆收入清經解續編中，今録出其序例。

論穀梁傳及穀梁注
（陳澧，東塾讀書記卷十）
（春秋研究講義乙種之十六）

頡剛案：前人爲學，不能別信仰與研究爲二，故對於所研究之事物即作無條件之信仰，先置此事物於真且善之地位而後鑽研之。是以解釋雖紛紜，而所研究者終爲絶對之是；破綻雖屢屢呈露，而其基礎終不爲動搖。例如穀梁，柳興恩、鍾文烝兩家治之各數十年，勤且精矣，然對於穀梁之著作者及其著作年代乃毫無創見，徒襲前人舊説，以爲近於孔子，先於公羊，表示其在春秋學上地位之尊崇而已。此病不除，一切研究俱失其根本，實際事物之面目永不可見矣。陳蘭甫先生生清代中葉之後，其時思想已漸從漢學家派中求解放，故其所言能得客觀之真實。東塾讀書記一書，平實説理，創獲殊多。其論穀梁襲用公羊，不見左傳，拘泥文例，缺乏事實，雖寥寥短章，而穀梁之真面目即此可窺，其地位亦即此可定。學問必如此作，始可免於經師之腐化焉。原文爲札記體，今各冠以題，分爲十章，以便省覽。

穀梁氏亦古文學
（崔適，春秋復始卷首序證）
（春秋研究講義乙種之十七）

　　頡剛案：穀梁之爲今文學，千古無異辭。然其事實之根據僅有漢書儒林傳一則耳，其他西漢人之書中及其言語中固未道也。漢書創於劉歆，成於東漢之世，彼所記者是否真事實，抑係學派上所必需增加之故事，實有考慮之餘地。崔懷瑾先生生於清末，其時對於古代學派之情狀日益明白，更加探討，始發見穀梁之亦爲古文學。蓋漢書儒林傳記穀梁學，謂武帝之世董仲舒與江公辨，公孫弘卒用董生，而漢書董仲舒傳及公孫弘傳俱無之。又謂宣帝之世召蕭望之、劉向等大議殿中，平公羊、穀梁同異，而漢書蕭望之傳及劉向傳等亦俱無之。若曰偶遺，諒不至記述與此事有關係之人物時完全遺卻。若曰不必複載，又與本書記述他事成法相違。此正如諸古文僞經出現皆歸之於河間獻王及魯共王，而史記二人傳中固不道其一字也。崔氏又以向來說爲治穀梁學之尹更始、劉向等所引春秋之語皆在公羊傳中，證彼輩未嘗受穀梁學；又據梅福傳及章帝紀，證西漢末東漢初人本以穀梁與他種古文書同列；又據梅福所上書，證穀梁之出在劉歆校書之後：論皆甚確。雖寥寥數葉，實近世春秋學上一大發見，而漢書儒林傳之語根本不足信從可知矣。

關於左氏傳之記載及評論
（朱彝尊，經義考卷一百六十九）
（春秋研究講義乙種之十八）

　　頡剛案：左氏傳一出現，即備受當時儒者攻擊。其後雖奪二傳之席，而懷疑之者仍世不絕，皆謂其於經外自成一書，劉歆作僞之功固不能盡掩天下目也。至於清代，劉逢禄窮治其獄，作爲左氏春秋考證，譬諸僞古文尚書之遇閻若璩，更不能以遁辭相應矣。今録經義考之文，以見自漢迄明千六百餘年中之論調。

左氏學行於西漢考（劉師培，左盦集卷二）
（春秋研究講義乙種之十九）

　　顧剛案：左氏傳之傳授系統，史記無之，漢書有之而不詳，至經典釋文則甚完備矣。劉氏此文，爬梳西漢人言語中引左氏者舉而出之，悉歸之於左氏學派，而後此學派之人物滋多於前矣。夫左氏之書是否可爲西漢人所見，一問題也；左氏之書是否即春秋之傳，又一問題也。究竟此等西漢人引左氏書，視爲春秋之傳而引之乎，抑視爲古代史書而引之乎？視爲春秋之傳，則不可無傳授系統，其立一學派固宜。若視爲古代史書，則博覽者所能涉，不必自成一家也。劉氏此文，但可證明左氏書爲西漢學者所見耳。夫苟不爲西漢學者所見，則劉歆主張立學之時，諸儒何以知其不傳春秋耶？

春秋戰國間之左傳（劉師培，左盦集卷二）
（春秋研究講義乙種之二十）

　　顧剛案：清末今古文之門户又大啟。康有爲、崔適等爲今文家，揚公羊而抑左傳，謂公羊爲真孔學，左傳爲劉歆以國語竄改而成者。章炳麟、劉師培等則持古文説，謂左傳爲春秋之真傳，公羊乃末世口説耳。古文説，舊説也，自劉歆以來二千年未嘗變。今文説，創見也，由歷史之考證而建立者也。論理，自當新派勝而舊派敗；但舊派亦頗能搜集證據以相牴角，故兩方之訟迄今未決。吾輩若能善用方法，繼續努力，以超家派之眼光俯觀彼輩之所爭執，則將來宣判者固非異人任也。劉氏此三篇，標揭左傳於三傳爲最先出，戰國儒生均稱其書爲春秋，諸子之書亦多採錄其文，以證左傳爲孔子嫡傳，春秋正統。初讀其文，引證繁博，誠似不謬。然劉氏於古春秋記事成法考（亦見左盦集卷二）已云“古代史官所記，其書均以春秋名”，則荀子、韓非子等引左傳而謂之春秋，安知非視爲古代史官所記，而曰必視爲聖經之傳乎？況自西漢末葉以前，有稱左氏一書爲春秋傳者乎？夫有僞材料之真書，亦有真材料之僞書。公羊傳，西漢經師之真著作也，其中逞臆而談，顛倒事實者不知凡幾。左傳，劉歆分析之以附經者也，然確爲古代史官世傳之歷史書，爲春秋戰國間人所得見者。左傳之價值自在其材料之真，而不在其爲聖經之傳。劉氏此數篇，於其材料之真固已證成之矣。原文三篇，今合錄之，冠以一題曰“春秋戰國間之左傳”，蓋劉氏之恉欲明左傳之書在春秋戰國時已形成，其書式歷秦、漢而未變；若吾輩之意，則但許題曰“春秋戰國間之左氏書”耳。

左氏非丘明辨（鄭樵，六經奧論卷四）
（春秋研究講義乙種之二十一）

　　頡剛案：左傳之著作時代，向不成爲問題。不特師丹、公孫祿之倫未嘗藉此以攻劉歆，即作左氏膏肓之何休亦未能於此得其癥痕。蓋既有古文學家宣傳左丘明親見孔子之説，學術界中亦遂安之若素矣。直至北宋，王安石始舉韓魏殺知伯事，謂去孔子六七十年，決非丘明所及見。其所疑凡十一事，惜不傳於世。越數十年，鄭樵又著論明左傳爲六國時人作，設有八驗，雖於理未盡當（如第八條謂左氏爲楚人，實無理由），而左氏與孔子不並世，其義已顯。清代學者亦多疑之。如姚鼐謂“其言陳氏‘八世之後莫

之與京’，又‘其相胡公大姬已在齊矣’，言魏氏‘公侯之子孫必復
其始’，明是六國人語”（惜抱軒集），焦循謂“吾於左氏之説信其
爲六國時人，爲田齊三晉等飾也”（左傳補疏序），皆足補鄭氏所
未備。然若確定左氏爲六國時人，則其傳經之地位將突然低落；
此實爲癖好左傳者心所不忍，故輒起而護之。俞正燮曰：“傳書
附益，古多有之；丘明可續經，曾申吳起何不可續傳。”（癸巳類
稿）李慈銘曰：“左氏一書自爲聖經羽翼，其中要不無取義未純，
此蓋十七子之言，已皆不能無疵；又經戰國、秦、漢，至東京始
立學官，尤不免後人屢入。”（孟學齋日記）凡此紛紛之論，今不必
遽作左右袒；要當待吾輩努力研究之後判決之耳。馬驌左傳事緯
中載有左氏小傳一篇，信如其説，則左氏不特與孔子並世，且其
世系行事亦多可徵矣。合鄭氏之文而録之，俾諸君自抉擇焉。

左丘明之姓氏
（春秋研究講義乙種之二十二）

　　頡剛案：春秋三傳之著作人俱有問題。公羊子爲公羊傳中所
記先師之一，其名字邑里本無徵考。至漢志而識爲齊人；至戴宏
而得其名曰高，並得其子孫之名曰平、地、敢、壽。於是公羊傳
遂爲公羊高一家之言，傳至公羊壽而著於竹帛者矣。穀梁之出，
初亦不詳其作者。漢志謂爲魯人；應劭謂其名赤；阮孝緒謂其名
俶字元始：言雖惑亂，猶可曰得其主名。若左傳，則著作人之姓
名邑里顯於世者特早。論語中有“左丘明恥之，丘亦恥之”之孔子
口語；雖不言其作傳，然與史記“魯君子左丘明……成左氏春秋”
之句合而觀之，則左傳出於魯人左丘明之手已可謂爲無疑之事
實，遠非公羊穀梁之必待東漢以下人揭露其名者比矣。然左丘明
之名氏依然有問題在。“左”爲氏乎？抑爲官乎？“丘”爲姓乎？抑
“左丘”爲複姓乎？“明”爲名乎？抑“丘明”爲重名乎？是皆不易解

決者也。茲所録三篇，皆關於此問題之討論。其中以何説爲長，其所持證據有無不可信者，論語、史記之言有無加以審查之必要，此等需待我輩尋求之事固尚不少也。

左氏春秋考證上卷（劉逢禄，皇清經解本）
（春秋研究講義乙種之二十三）

　　頡剛案：左氏不傳春秋，西漢人已言之，顧二千年來無證實之者。劉逢禄生清代中葉，承莊存與之學，奉公羊之書爲春秋學正統，故常思破壞左傳以定其一尊。自今日觀之，彼之動機雖不純，而其成績實爲一大創獲。左氏春秋考證一書，抉出劉歆作僞痕跡無數，或本爲一篇而茲中裂，或前無其文而茲新增，或連年斷闕而敷之以他事，或遷就凡例而衍之爲故實，摘伏闡微，使左氏春秋不得復成爲春秋傳，其力至強，其證至確，雖偏袒左氏者曾不能爲之作辯護矣。其中固有以空論譏彈者，又有承認公羊之肊説爲真事實而橫擊左氏者，要其所得至多，不容以小疵掩也。原書兩卷，上卷依左傳文字次第施以評判，下卷則舉史記、漢書等所録之左氏師承事實一一剖別之；蓋一爲本書材料之分析，一爲本書歷史之檢查也。今分寫爲二篇。

左氏春秋考證下卷（劉逢禄）
（春秋研究講義乙種之二十四）

　　頡剛案：左氏傳成立之根據在於漢書藝文志及儒林傳，蓋沿襲劉歆之學説而不自覺者。然劉歆、王莽兩傳記其立學之經過，已予讀者以不少之暗示。更稽史記所言，又與西漢末葉之説相舛戾。藝文、儒林兩篇之孤文單證，雖引得後來無數之信徒，輾轉應用，成爲事實，而終不足當歷史學者之一分析也。

孟子所言之春秋
（春秋研究講義丙種之一）

　　顧剛案：論語中記孔子言行至詳，然於春秋未嘗道其一字。假使春秋確爲孔子所作，似不應沈寂如斯。紀載所及，首言孔子作春秋者，當推孟子。孟子以禹抑鴻水，周公兼夷狄，孔子作春秋，爲三聖人之三大事，是其視春秋一書已含有極重大之神秘意義。又云"其文則史"而"其義則丘竊取之"，意謂聖人著作之義超出於文字跡象之外。凡漢代以下學人日於冥漠之中探索孔子之微言者，此其先聲也。又謂"春秋無義戰"，亦啟春秋有貶無褒，苛刻誅心之論之始。夫孟子生戰國中葉，而所持論調乃竟與漢、宋迂怪之儒相類，則春秋一書非先以魯史記之資格通行於社會而後塗以聖道之色彩，乃先有聖道憑附之要求而後託出魯史記以當之，可知也。以此之故，吾人可以斷言春秋一書在初發現時即佔有聖道之地位，而孔子之所以成爲聖人亦緣是而得有實際之證明。戰國以後，詩、書則説爲孔子所刪，易、禮則説爲孔子所作，凡兩周僅存之書莫不以慣用於春秋之方式加之，孔子之微言大義於是乎悉古代之文籍而包舉之矣。此又孟子之所不及料也。

墨子明鬼篇（節録）
（春秋研究講義丁種之一）

　　顧剛案：春秋爲孔子筆削魯史而成，言者至衆。吾人即承認此語爲真實，亦須質問孔子未筆削時之魯史如何，當日之他國史書又如何。關於此二問題，材料苦少，不能作完滿之解答。墨子、國語二書頗言魯史以外之春秋，明鬼篇載其語尤詳，謂杜伯射宣王見於周春秋，莊子儀擊簡公見於燕春秋，袾子橐觀辜見於宋春秋，盟羊觸中里徹見於齊春秋。墨子佚文又有"百國春秋"之語。信如其言，則各國史書皆號春秋，其體例有如國語，其紀事自西周以來。然古人著書本無考實其所言之觀念，墨子雖生孟子之前，而墨子一書實成於孟子以後。（作孟子時尚只知爲斷片的記叙，雖發揮彌暢，其著書方式固承論語也。作墨子時則已能標主義爲文題，作系統之論議，至早亦當在荀卿之世矣。）當是時，春秋經已因儒家之鼓吹而占有弘厚之勢力，居歷史之正統，作墨子者或以此而稱各國史書爲春秋，未可知也。觀孟子稱晉史爲乘，楚史爲檮杌，則各國史書名目殆不當如墨子所言之整齊。故吾人在此篇中未必能得甚多證明，但可藉知當日史書好談神怪，爲一通例而已。左傳所記，若公子彭生化爲大豕以駭齊襄公，楚子玉不肯以瓊玉畀河神而致死，以較杜伯、觀辜之故事，若出一轍。古代史官既有其特殊之注意如此，是以春秋經中多記災異實由當時信仰而來，即使一一有勸懲褒貶之義存於其間，亦止如村嫗談天，借雷擊以儆不孝之所爲耳！

頡剛附案：觀戰國時以"春秋"名書者之多，足見春秋經勢力之大，故一提出時即得於詩書禮樂之外特樹一幟，而隻字不見於論語者乃得爲孔子全部政治倫理思想之所寄。此非有非常異義，不足以動人視聽。故知迂怪之談已漸滋於戰國，不當獨責董仲舒輩也。管子本偽書，出西漢時人雜集，國語亦戰國人作，其稱史書爲春秋皆不足異。至公羊傳所舉之不修春秋，特經師肊造之名，以表示孔子曾作如是之筆削云爾。

魯之春秋（顧炎武，日知録卷四）
（春秋研究講義丁種之二）

頡剛案：春秋既爲魯史，則必不始於隱公。此隱公以前之簡策，將爲孔子所删耶？抑孔子時已不存耶？又春秋既云孔子所作，則必與魯史原本不同。此兩種春秋之差異至何程度：小不同耶？大不同耶？此等問題，皆爲研究春秋者所應發。然材料不足，實無解答之望。今所可求而得者，惟左傳中有韓宣子觀書於魯太史而見春秋一事，公羊傳有不修春秋一事，坊記有魯春秋去夫人之姓曰吳一事。合此三事觀之，則孔子筆削魯春秋以成今之春秋固是事實。然此三書皆出於西漢，左傳所以有韓宣子見魯春秋一事者，或即爲表明孔子不作春秋計，或竟爲續經張本，未可知也。若公羊、坊記所説，則或出於探索聖人之微言，以坐實其筆削之事，亦未可定。觀不修春秋之文爲“雨星不及地尺而復”，是所雨之星將及地而忽升騰，未嘗墜於地也；君子修之之文曰“星霣如雨”，則隕落矣。將以記異乎，何改異而使之不異？將以記有此一事乎，何改變事實，以不墜者爲墜？進退失據，何修之云！至去夫人之姓曰吳一事，疑因論語陳司敗之問而緣飾之者。總之，如不能發見魯春秋原本而與今之春秋比勘，則孔子筆削一事尚無確據，不能因傳説之力之强而輕予承認。至於春秋之始於隱公，可信爲簡策之朽蠹散失，蓋春秋之前半脱簡甚多，有不成文者，有半年中不著一字者，有半年中但書時月而不記一事者；後半則事跡整具，異於前之斷爛：隱公以前，當更零落，或竟全佚，故今之春秋託始於是也。凡孟子“詩亡然後春秋作”之説，公羊家以隱公爲受命王之説，杜預以隱公爲讓國賢君，望其光啟王室之説，顧炎武“惠公以上之文無所改”之説，皆於窈冥之中求孔子託始之故者，實爲筆削一義所誤。若閻若璩，以劉歆之凡例而歸之於周公，此又惑於更後起之説以斷論古籍者也。

春秋左氏經傳集解後序（杜預）
（春秋研究講義丁種之三）

　　頡剛案：予於上篇按語云：“如不能發現魯春秋原本而與今

之春秋比勘，則孔子筆削一事尚無確據，不能因傳説之力之强而輕予承認”。難者將曰，苟不能發現魯春秋原本，孔子筆削之説固難承認，然則春秋爲未筆削之魯國史書一義便可作無證據之承認乎？爲欲距此詰問，故先言曰，是有證，證在竹書紀年！竹書紀年者，戰國時魏之史書而發見於晉初者也，以是與魯之史書春秋校，則記載之方式相同，將謂魏之史書亦曾經聖人之筆削耶？且紀年稱與魯隱公盟於姑蔑者曰“邾莊公”，而春秋則曰“邾婁儀父”，紀年稱狩於河陽者曰“周襄王”，而春秋則曰“天王”，是紀年出於後人所記，如史記之年表然，故以謚號稱前世王侯，而魯之春秋則直爲當代史官手筆，未加整理，故但得記王侯之爵位，必俟其没而葬焉始舉其謚耳。使春秋果經孔子筆削，何不改稱謚號，俾某王某侯一一明白，而乃任其以十數世相同之爵位名號亂讀者之目乎？杜氏以春秋校紀年，知紀年事實多符左氏，因斷言公、穀爲近世穿鑿之書，則“以史證史”之功，足以破僞聖經而定真史料者，固如此其有效也。獨惜紀年一書亡於宋代（今本竹書紀年乃後人蒐輯佚餘，並附加他説而成），未能有豐富之材料供我輩之旁證，而杜氏爲春秋學大師，既讀竹簡，亦僅記其概略，弗復詳考，於以知學問之業至爲難言，苟不進步至某一階段，即不能確見某一物之真價值；物雖呈露，猶無睹耳。嗟乎，紀年發見，距其埋藏之日僅六百年耳，竹簡漆書猶未蠹蝕也；今則距太康又千六百餘年矣，縱秦、漢以前之國君尚有以史書殉葬者，而竹簡之壽命固不及甲骨，吾人能發見商代之書，亦能望發見春秋、戰國時書乎？將春秋一書終無充分之比較材料可得乎？讀杜氏此文，恨不能追索之於晉、唐間矣！

史通六家篇［節録］（劉知幾）

（春秋研究講義丁種之四）

　　頡剛案：欲明春秋在歷史書中之地位，不可不先求古代史官記事方式之種類。古代記錄，以甲骨卜辭及彝器銘辭觀之，則卜辭似春秋而銘辭似尚書。尚書、春秋洵爲東周以前史書之兩大體，徵諸古籍古物而可知者。夫記事則文字務簡，記言則範圍務狹（以記一人一次之言爲主）；此非有意以求高古，乃當時人之記載能力僅可如是也。若錯綜記叙論議，使一事始末歷歷如見，如國語之所爲者，疑出於戰國之世。蓋競爭急劇，言語文字使用過繁，故得有突飛之進步，而史官與諸子之文遂皆恢奇浩瀚，不可方物。凡墨子所記周、燕諸國之春秋，及左丘國語所援用之各國史書，當悉爲此時所作。然此猶以事件爲單位，事書則言止，未嘗以年代爲其系統也。自劉歆作僞，析國語以就春秋，而後以年爲經，以事爲緯，以經爲綱，以傳爲目，別闢一史體。於是東周之史事得一整理，不以春秋之單簡而失其事，亦不以國語之碎雜而亂其時。故劉歆者，溝通春秋與國語二書之媒介，調和編年與紀事二術之技師，經學之罪人而史學之功臣也。史通六家篇分析史體爲尚書、春秋、左傳、國語、史記、漢書六種，而春秋時代之史書居其三。彼雖不知自春秋至於國語越數百年，自國語至於左傳又越數百年，此三書實經歷長時期之演進而成，初非一時之作品，然此三書所給與後世史學界之影響則叙述甚明。循誦其文，知春秋一體，除史記以來作本紀者略仍其體例外，即已廢棄不用。國語之風亦爲史、漢之體所奪，戰國策之後無以是擅名者。惟左傳一體，本書出現不久，便爲荀悦漢紀所本，而張璠、干寶以下若干家沿之。蓋其條理最清，記事最備，宜爲進步之史學界採用。自宋代司馬光作資治通鑑，朱熹之徒作通鑑綱目，而此體之勢力益廣，學子誦習，皆承其流，寖假而爲史書之正統矣。劉歆之澤，豈不遠哉！

春秋論（歐陽修，歐陽文忠公全集卷十八）
（春秋研究講義丁種之五）

頡剛案：吾人研究春秋，目睹以極簡單之史事而爲至怪誕之塵霧所籠罩，或將鄙薄前人理性之不足，容許其包圍二千年者。此誠不能爲前人曲諱，然國家以是爲功令，人民以是爲信仰，雖欲破之，勢固不可。且亦常有勇夫起爲繼續之反抗運動，不以威權弱其氣。故啖助、趙匡獨抱遺經，抨擊三傳。劉知幾立於歷史觀點申左惑經，其所惑之經即公、穀以來之經説也。歐陽修標“求是”之義而斥三傳爲妄意聖人。唐、宋人之不受舊説束縛如此。然此雖不信春秋經説，猶承認春秋本經爲聖人之筆也。至王安石，乃直稱本經爲“斷爛朝報”，並孔子作春秋之傳説而亦推翻之。研究春秋至此，已可不復有塵霧蔽人之明矣。不幸理學勃興，思傳道者必爲孔子造成一新偶像，故繼三傳而握權威之新注終歸於又一妄意聖人之胡安國，而劉、王諸家之言且被視爲邪説焉。及理學之勢力衰而漢學起，學術界中一切以漢人之説爲標準，爲基礎，三傳之焰於是復熾，漢以下人所作之直接研究遂爲時人所羞道，若未嘗有此一事。至於今日，漢學之勢力又衰，吾輩生當此時，乃得放懷天地間，在自由之立場上作古文籍之客觀研究，以繼續唐、宋人所粗發其緒而未昌大之事業。可見學術演進之道路，實受規範於風氣，固非個人之力所可左右也！歐陽氏春秋論三篇及春秋或問，以三傳紀事之異於經，其義理又皆不可通，故提出不信任三傳之議。循此而加推求，則其可指摘者至多。夫昔之不破，固自有其庇護之勢力在，今則懷疑已公認爲學問之方法，求真已公認爲學問之目的，若猶容許此等無根之説之存在，實爲吾輩之大恥。擊而碎之，諸君儻有意乎？

清代中葉之春秋論三種
（春秋研究講義丁種之六）

　　頡剛案：春秋一書究爲經乎，抑爲史乎？此問題蓋常發生於有思想之學者中，而迄不得一解決者也。將曰春秋是經非史，則其所以成爲經書之條件實不過傳注中之若干義例；然此類義例往往彼此抵牾，即在一書之中而先後所説亦復抵牾，聖人之大經大法度不至如此惑亂。若曰春秋是史非經，何以孟子謂孔子作春秋而亂臣賊子懼？何以孟子又謂春秋爲天子之事？經書條件既覺其不穩固，孟子之言又無懷疑餘地，故學者大率委蛇兩端之間，不敢下一斬釘截鐵之斷語。自公羊學家主純經説及王安石主純史説外，其他皆左右做人，踟躕無主者也。上篇録歐陽修説，彼但守本經而不信三傳，三傳固可破矣，然屏除傳之義例而讀經，固但見其史而不見其經，若爲別作一義例，是“具曰予聖”，又無以自安也。是故三傳既破則經之權威亦將以無所安頓而倒墜，倒墜則春秋爲史書之本相可見。推歐陽氏之所以不敢更進一步者，仍以孟子之説爲之牽制也。清代學者之論議，有似乎歐陽氏者，以吾所見，有錢大昕、夏炯二家，故録出之而次其後。劉逢禄有駁錢氏之文，亦並録之。吾人於此，可知研究春秋者甚有求光明之志，而終糾纏於孟子之言，雖敢言春秋爲魯史之原文而終不敢不謂其中有聖人褒貶警誡之深意，雖敢言孔子作春秋後亂臣賊子未嘗懼而終不敢不謂苟用孔子之法則可使亂臣賊子懼，委曲求全之心如此其苦也！劉氏，純粹公羊學家也，故其言一往而無顧瞻，曰“春秋無達例，貴賤不嫌同號，美惡不嫌同詞”，曰“春秋因魯史以明王法，猶六書之假借，説詩之斷章取義”。此言也，蓋謂春秋本無客觀之條理，故無傷於抵牾，亦不須真確之事實，故不害爲寓言。説至此，經學家之態度已大白，更不必下一轉語。何所謂聖人，何所謂聖經，皆經學家自賦之威權，以武斷與不許懷疑而成立者也。劉氏譏錢氏之言曰，"春秋不及左氏"。又曰，"春秋不足爲左氏之目録"。又曰，"春秋且不如畫一之良史，何必非斷爛之朝報"。斯固春秋之真面目，真價值，雖經學家亦未嘗不知；非以譏人，直自詈耳！

第一學期平時課題 *

一

推勘春秋經中之缺文。（例如桓公四年七年僅有春夏，即可知其缺秋冬。又如"夏五""郭公"多不成語，"公即位"或書或不書，即可知其有脱文。）

二

擇取公羊、穀梁、左氏之一種，依據傳文，點讀經文，在講義上改變分段及句讀。（此份講義所録經文雖依公羊本，但分段分句並未全依，因其實有講不通處。但經文出於三傳，我們由三傳點讀經文實爲應有之工作，不能管其義理不通。作此題者如怕自己鈔寫一過，可到史學系重領講義一份，以紅筆改之。）

---

*　録自原稿。

三

　　從春秋經中推考春秋時代事勢之變遷。（例如晉國始見於僖公，可見春秋初年晉與魯尚不通問。又如宣公時"始稅畝"，可見春秋中葉以前魯無稅畝之制。作此題者最好先不讀三傳，因一讀便易受三傳之暗示，看春秋時代之事或將羼入漢代的眼光，不如先將春秋經細讀一過，雖簡略已甚，不可知其詳，然猶可求得一些真相也。又如春秋時力足以左右時局之國君實不止五個，但為"五霸"一名所拘，在通常的觀念中總以為春秋時代只有五個霸主。今可從春秋經中尋出召集盟會，主持征伐的國君共有哪幾個，即由此推求春秋時代之霸主實有多少。春秋經中，凡魯君加入之盟會征伐必以魯君領銜，此乃史官紀事成法，非實事，可用史記十二諸侯年表比勘之。）

四

　　從春秋經中求出當時史官所注意之事實之範圍。（例如隕石於宋，鸛鵒來巢，在現在看來是不足記的事，而在當時則詫為奇事，大書特書。從這種地方可以見出春秋時史官的知識程度。）

五

　　從春秋經記事中，研究其記載方式有無因史官之更易而有改變。（例如春秋初稱楚為"荊"，桓公之世忽記"子同生"之類。）

六

把春秋經分類（或依事實分，或依國家分，都可），並爲作種種統計（由諸君自己想）。

七

從春秋經中歸納其記事之種類，應分若干綱，若干目，作一個簡明的表。

八

試從春秋經中推尋其記事義例。（作此文時不要看三傳，免受其暗示。）

九

將春秋經中人名編一索引（注明其年與國）。

十

將春秋經中地名編一索引（注明其年與國）。

十一

以史記十二諸侯年表與春秋經對勘，作一最細密而又最明顯之春秋年表。

十二

比較三傳所録春秋經異文，尋求其轉變的痕跡，研究三傳的發生次序。（這是問，穀梁是否出在公羊後，左傳是否出在穀梁後抑在公羊前。崔適説："古者字少，一字恆箑數義，故多假字；後世各造本字分用之。故有古人用假字，後世易以本字者；未有古人用本字，後世易以假字者。"這句話很可作我們研究春秋經異文發生次第的標準。）

十三

把春秋經中重要的異文列舉出來，指出其如何影響於事實。（這是問，爲何因文字不同而致有不同之解釋，爲何因解釋不同而致有不同之事實。）

十四

從許多異文的材料中，歸納出它們的通則（例如公羊的"邾婁"，穀梁、左氏必作"邾"），並指出其參差不齊之處（例如公羊的"運"，穀梁、左氏或作"鄆"，或作"鄟"）。

十五

從三傳的春秋經異文中，指出其最重要之異點，並研究三傳文義以何爲長。

十六

將三傳中因異文而生出之異解鈔寫出來，研究其孰爲近理，孰爲完全出於主觀。

十七

用顧棟高的方法，看春秋經中再有可指出的闕文、衍文、誤文否。

十八

研究從闕文衍文而妄生出來的褒貶義，總括起來有若干類。

十九

條列在三傳不同的經文之下的闕文衍文，三傳所作解釋之不同的褒貶義。

二十

彙合前人所論闕文異文之語，試寫一"假定的春秋經"，凡可以改正的錯誤，都給它改正了。凡應有闕文的地方，都加上闕文的符號；其未能考定的便加上存疑的符號。

二十一

將史記儒林傳、漢書儒林傳、經典釋文序錄所言之春秋三傳之傳授系統，列表以比較之，尋出其逐漸增加之層次，作"西漢時之春秋學史"一文。

二十二

依公羊學傳授表，參考他書（如各史藝文志、儒林傳及各家書目等），列其箸述，看這班人有哪些書遺下來，這些書到現在還存留否。如已佚去，有什麼方法可以把這些斷簡殘篇輯集出一些。

二十三

康氏傳經表欲尊董仲舒爲唯一的正統，故撇去胡母生而不言。我們没有這個成見，應當重列一表，把不重要的刪去（如孔宙魯峻等碑中的門人未必盡傳春秋之學），把應補的補進去，把他們的系統顯得更清楚些。

二十四

將關於公羊學之傳說之演變歷程畫一圖表，看這些傳說從哪個時代發展起，到哪個時代纔停止發展。

二十五

將諸書所載穀梁學派之事實作一"傳經系統表"，看它從哪時起，至哪時止，中段有無間斷處。

二十六

根據崔適考證，看剛纔所列之穀梁系統表是否全盤被推翻了？

二十七

綜合各家考證及評論穀梁之説，作一簡單之叙述，説明其自出生以至成長之經歷。（前人誤認之穀梁歷史亦可寫出，與其真歷史相比較。）

二十八

將公羊傳與穀梁傳對看，看他們的重要意義同的有多少，異的有多少？用我們的眼光來批評，是的有多少，非的有多少？

二十九

根據劉師培所蒐集之證據，作"西漢以前之左氏春秋（左傳是後出的名詞，我們不用它）在歷史書中之地位"一文，將此等材料作一系統之排列。

三十

漢書劉歆傳説劉歆"引傳文以解經"，那麼，我們所見的有經有傳的左傳是劉歆排列而成的。請把左傳細細翻幾次，看其有無割裂之跡。（所謂割裂者，即明明是一段文章，只因要分隸數條經文，硬把它裂做幾段。）又請把左傳與經文細細校對幾次，看它只管記事不管經文的有多少。（例如某一年中有經的都没有傳，卻盡説些不相干的事。）

三十一

請買一部左傳，將劉逢禄左氏春秋考證按條寫在書端，並將左傳之文依劉氏之語加以鈎乙，爲從"左傳"中整理出"左氏春秋"之豫備。

三十二

將劉逢禄左氏春秋考證加以審查，其純粹用客觀者有若干，其以公羊學爲主見而反對左傳者有若干，條列其目。

三十三

將左傳中之凡例，及"君子曰""孔子曰"之文輯出。（這一部分是使左氏春秋所以成爲春秋傳的主要成分；輯了出來，可使左傳與春秋分家。）

三十四

彙合關於春秋三傳的傳説，作下列的研究：

1. 各種傳説出現的時代，
2. 各種傳説所託的時代，
3. 三傳所奉的始祖的事實，
4. 三傳所列的傳經系統的事實，
5. 各種傳説固定的時代，
6. 自漢至清公認的三傳的經歷情狀，
7. 各種傳説被破壞的經歷，
8. 我們今日所知的三傳實狀。

學期試題 *

(1)以下各題，如用問答體作答，至少須作三題；如用論文體作答，可但作一題；多作數題者聽便。

(2)就是不作的題目，希望於試畢之後也去想一想，因爲這都是研究春秋的必具的常識，不應當不知道的。

一，春秋這部書，經學家説是完全的聖經，史學家説是斷爛的朝報，你覺得哪一説爲合理？

二，如果春秋是經，則孔子筆削的證據在哪裏？公羊穀梁左氏自稱得到孔子的真傳的證據又在哪裏？如果他們確受孔子的真

---

* 1929 年 1 月作。中山大學油印。

傳，何以會得互相乖異？

三，如果春秋是史，那麼在當代的歷史書中的地位是怎樣的？它在現代的歷史書中的地位是怎樣的？（這就是問：春秋時代没有了春秋，那時的當代歷史成爲怎樣？現代没有了春秋，現代的春秋時代的歷史成爲怎樣？）

四，用歷史書的眼光來看春秋，當時史官紀事的方法是怎樣的？用經書的眼光來看春秋，聖人制法的手段又是怎樣的？他們注意的範圍有怎樣的不同？

五，春秋有没有凡例？如果有的，這凡例是周公制定的呢？是史官制定的呢？是孔子制定的呢？是戰國以來的儒者制定的呢？還是没有專門制定的人而是由長期中積累而成的呢？

六，孟子説，"詩亡然後春秋作"，春秋是作於詩亡之後嗎？他又説，"春秋，天子之事"，春秋是天子之事嗎？他又説，"孔子成春秋而亂臣賊子懼"，孔子作春秋後，亂臣賊子真的懼怕了嗎？如果都不是，他爲什麼要這樣説？

七，春秋成爲聖經的基礎建築於哪些事實上？它的威權是怎樣大起來的？如果我們不信三傳，春秋還可以成爲一部聖經嗎？

八，春秋是如何出現的？出現之後，它給與社會怎樣的影響？戰國秦漢間有多少書是以"春秋"爲名的？它們的體例和春秋同不同？此後用了春秋的方式記載後世事的又有多少書？

九，孔子作春秋的傳説有多少？請舉出數事。

十，歷來懷疑春秋經傳的有哪些人？疑經最徹底的是哪一個？他們爲什麼没有成功？

十一，春秋何以始於隱公，終於獲麟，這是以前學者常常討論的一個問題。他們討論的結果大概有多少種説法？在你的眼光中以爲怎樣解釋妥當一點？

十二，春秋中顯然有竄入痕跡的有多少條？續經是魯史原文呢？還是左傳家造出來呢？

　　十三，三傳中所載經文爲什麼會有異文？這種異文有沒有使得春秋大義爲它改變？

　　十四，用了聖經的眼光看，春秋是不該有闕文的，這句話你信得過嗎？如信不過，請你把闕文的種類略略開些出來。十二公之世，以哪幾世闕文爲最多？也請你估計一下。爲了闕文，有沒有生出曲說來？如果有的，也請你舉出數例。

　　十五，下列數事，歷來歧說甚多；請你揀選兩三條，把它們所有的歧說列舉出來：

隱公不書即位　　　　　　春王正月

天子使宰咺來歸惠公仲子之賵

尹氏卒　　　齊仲孫來　　　趙盾弒君

許世子止弒其君買　　　孔子生

　　十六，漢書藝文志的春秋家裏，有幾種經，幾種傳？用今文古文分起來應當怎樣分？

　　十七，"公羊"一名是什麼時候露臉的？爲什麼要有這個名？穀梁傳是什麼時候露臉的？左氏傳是什麼時候露臉的？

　　十八，三傳師承系統。漢書儒林傳比史記儒林傳多出了多少？經典釋文叙錄又比漢書儒林傳多出了多少？何以時代愈後，古代的師承系統反愈伸長？

　　十九，左傳中的話何時始給人引用？公羊穀梁兩傳中的話何時始給人引用？

　　二十，公羊子的時代有哪幾說？穀梁子的時代有哪幾說？左丘明的時代有哪幾說？他們是何處人？

　　廿一，子夏和春秋的關係是從什麼時候起的？子夏和公羊穀梁的關係是從什麼時候起的？子夏和胡母生的關係又是從什麼時候起的？

　　廿二，董仲舒和胡母生的關係怎樣？他們是不是師弟？學說是不是一致？他們的學說以何時爲最盛？後來有沒有斬絕？我們要看他們的真面目，應當向什麼書裏找去？

廿三，西漢的時勢如何影響於春秋學？春秋學又如何影響於西漢時勢？

廿四，穀梁傳與公羊傳的關係怎樣？穀梁在西漢時的故事有沒有一件靠得住的？

廿五，左丘明與孔子的關係有三説，論語上説，"左丘明恥之，丘亦恥之"，則他似是孔子的前輩。嚴氏春秋説，"孔子與左丘明乘如周，觀書於周史"，則他似是孔子的同輩。荀崧説，"孔子作春秋，左丘明子夏造膝親愛"，則他又顯然是孔子的後輩。以上三説中，你贊同哪一説呢？還是一説都不贊同呢？

廿六，左丘明既是"論本事而作傳，明夫子不以空言説經"（漢書藝文志），爲什麼漢博士要説"左氏不傳春秋"（劉歆傳）？左丘明既是作傳以授曾申，申授吳起，直到荀卿張蒼（春秋孔疏引劉向別錄），爲什麼范升要説它"師徒相傳又無其人"（後漢書）？

廿七，説左傳成於春秋有什麼證據？説它出於戰國的又有什麼證據？主張它作於春秋時而又不能掩其戰國時的痕跡的，他們用什麼方法替它辨護？他們爲什麼要替它辨護？

廿八，左傳中的材料，在春秋時的地位怎樣？在戰國時的地位怎樣？在西漢時的地位怎樣？

廿九，劉歆爲左傳奮鬬的歷史怎樣？他在經學和史學上的功罪怎樣？

三十，左傳除得到劉歆的努力宣傳之外，還得到了什麼人的鼓吹提倡，它的地位始得鞏固？

卅一，春秋、左傳、國語，這三部書的關係究竟怎樣？它們給與後世的影響哪一個大？

卅二，劉逢禄的左氏春秋考證的主要意義是什麼？他的辨證方法怎樣？他捉到的最確切的證據是哪幾件？

卅三，我們如果要從左氏傳中析出左氏春秋，或欲以所析出之材料混合國語而還其原來面目，應當怎樣做纔對？請擬出一個工作的計畫。

　　卅四，請你把知道的研究春秋學的重要參考書列舉出來。

　　卅五，春秋學到現在可以作一個結論嗎？還是離開得到一個結論時還遠着呢？如還遠着，則今後我們研究這門學問的方向應當在哪裏，現在應當提出哪幾個問題去研究？

　　卅六，研究春秋比研究尚書，哪一個難，哪一個易？易在哪裏，難在哪裏？這兩門學問，你喜歡的是哪一種？

　　卅七，在這一學期所發的講義中，你最愛讀的是哪幾個人的議論，最討厭的是哪個？最容易看的是哪幾篇，最難看的是哪幾篇？在沒有發的講義中，你有明白哪幾個問題的渴望？

(陳槃)左氏春秋義例辨序 *

　　同學陳槃庵先生把五年的精力集中在左氏的義例上，做成了這部書。承中央研究院的好意，約我在本年暑假中來京校讀。用了十多天的工夫，方得翻閱一過。讀完了，高興極了，想不到向來糾纏不清的左氏凡例，現在竟捶碎在槃庵的手下了！

　　實在説，自有左傳以來，許多經師就對它很不滿意。劉歆一班人説它是傳孔子之經的，但同時的一班經師就説"左氏不傳春秋"。究竟説左氏傳春秋的有什麼證據呢？他們説：凡例是孔子筆削春秋時所定下的規則，左氏既記齊桓晉文的事，又記丘所竊取的義，當然是親見親聞，全得孔子的真意的。試看公羊傳裏常有"無聞焉爾"，穀梁傳中又有"其一傳曰"，左傳便沒有這種話頭，這就足以證明左氏是直接傳之於孔子的，所以沒有關疑的地方，而公穀乃是間接又間接得來的，竟弄不準確孔子的意思了。再問説左氏不傳春秋的又有什麼證據呢？他們説：這種凡例的是非是和孔子的原意衝突的，拿來比較公穀二傳就見出很多的短處，這明明是後人作了插進去的。左氏本來獨自成書，硬把它裝扮成這個模樣，才成了春秋的傳。——在槃庵這部書中，就儘搜集這類"反左傳"的材料。

　　左氏傳不傳春秋這個問題，解決的關鍵就在凡例的真不真上。而要問凡例的真假，先須問經文是怎樣來的。在孟子書中，

---

　　* 1936 年 7 月作，未畢。録自原稿。

本説春秋"其文則史"，原是魯史官所記的舊文。史記中説"孔子筆則筆，削則削"，縱使此言絶對不虛，可見這些經文也不是孔子寫出來的，而是就當時史官的記載筆削的。"筆削"這句話，含義就很參差，多改一些和少改一些，就可以差異得很多。究竟孔子改得多呢，還是少呢？再問，孔子爲什麽要筆削魯史呢？回答的話只有一句：他是要定褒貶，作後人的懲勸。這就是説，他有他的政治學説，苦於權臣當道，發不出來，所以借着褒貶古人來表示他的主張。然則這部春秋，表面是史書，内部是孔子的政治哲學，裏面藏着孔子一貫的主義。然而"夏五""郭公""寔來"，這種闕文，保留了有什麽用呢？保留闕文是史官的事，從今日説是研究學問的事，表示主張是用不着的。因此可以説，即使有筆削，也筆削得不多。既經筆削不多，便是史官的原文保留得多，史官重在記事，所記的事並不定要褒貶，所以不關於褒貶的一定很多。何況春秋有没有筆削是一個問題，即使有筆削，其筆削者是否孔子還是一個問題。既没有"不修春秋"作比較，這種問題是不能斷説的。

凡例，是可以有的。一個人記日記，尚且有他自定的凡例。所以這人的日記上天天記着陰晴和温度，而那人可以不記；那人的日記上天天記着吃飯和睡覺，而這人也可以不記。記的方式，有詳有略，詳的一天可以寫滿幾張紙，略的只有幾句話，甚至於日子之下完全空着，然而他們都受生活的規範，同樣經過許多人事的。再看現在的報紙，各報有各報的風格，新聞題目或者只有一行大題目，或者還有幾行小題目。所以各人有各人的方法，其所寫作的東西也就各有各人的凡例。説春秋經是孔子一手作成的，那就應前後一模一樣；何以先書"荆"，後書"楚"？單書"子同生"，不書别的公子生？何以桓公之世，於元、二、十、十八諸年書"春王正月"，而於三、四、五、六、七、八、十一、十二、十四、十六、十七諸年則書"春正月"？

（下缺）

（陳槃）春秋“公矢魚于棠”説跋 *

槃厂此文，以射魚爲宗廟之事，泮宮爲習射之地，搜羅證據至富，其説明亦至詳，古禮燦然復明，爲之稱快不已。顧予對於左氏之文頗有不解者。左氏述臧僖伯之諫曰，“鳥獸之肉不登於俎，皮革齒牙骨角毛羽不登於器，則公不射，古之制也。”味此語，是凡充祭之物，皆由公射之。其曰“古之制”者，當時人所稱古制，即承認其爲至今可行之制，是至僖伯言此之時猶行也。隱公欲矢魚於棠，正合古制，僖伯將贊翊之不暇，而何來此諫哉？何以其諫曰“皁隸之事，官司之守，非君所及”與上所云公不射非祭之物相剌謬哉？左氏述僖伯語，既知矢魚爲古制，其經文又書曰“矢魚”，是方當褒隱公爲知禮，而何以知其爲觀魚而非矢魚也？何以敢斷“矢魚”之非禮也？故此短短一段文中，其矛盾凡二：僖伯主公當射祭而又云非君所及，一也；左氏經文爲“矢”而傳文爲“觀”，二也。謂左氏在公、穀之前耶，何以其記事不從經文之“矢魚”而同公、穀之“觀魚”？謂左氏在公、穀之後耶，又何以其經文獨異公、穀而作“矢魚”？反覆推論，蓋不瞭其所以然之故。至於陳魚而觀，實是笑談。夫爲嬉戲而觀魚，爲其躍於淵，游於藻，洋洋而逝，以魚之樂興己樂

* 原載中央研究院歷史語言研究所集刊第七本第二分本，1936 年。

也。若陳魚而觀，則何必如棠？入鮑魚之肆可已。隱公雖愚，諒不如是之煞風景。

　　　　　　　　　　二十五年七月十七日，顧頡剛附記。

春秋三傳及國語之綜合研究[*]

題記

　　予於一九四二年在重慶中央大學任教。抗日戰爭中，一切設備不足，當時僅憑數部書開講，學校印刷講義亦復不便，只得信口發揮。其時劉起釪同志爲高材生，錄有筆記。四三年春，以反動政府教育部長陳立夫壓迫校長顧孟餘辭職，予憤懑其事，偕之離校。索居柏溪，頗欲寫爲論文，向劉君借取筆記，囑長女自明鈔之。鈔猶未盡，遣嫁貴陽，由先妻履安鈔訖。而是年夏日，履安遽逝，此最後之十五頁竟爲其絕筆矣。自是擾攘紛紜，不復能事筆墨。雖在篋中，迄未能加條理。歲月不居，忽忽廿一年矣。今春北京大學約講經學，取出備講，而便血之症又作，精力已不及。承林劍華先生好意，許爲董理，不勝銘感，爰濡筆記之，以志戰中之傷痛焉。

　　一九六四年五月五日，顧頡剛書於朗潤園。

* 巴蜀書社，1988 年 3 月；又中華書局香港分局，1988 年 6 月。

致林劍華先生函

劍華先生：

　　茲將剛在<u>中央大學</u>所講春秋三傳研究<u>劉起釪</u>同志所記一册稿本送上。惟此爲剛信口所講，<u>劉君</u>信手所記，不可爲定稿，故請您鈔時，先統看一遍，分出章節，並爲修改，再行鈔寫，免致將來印出，貽笑大方，實爲厚幸！

　　全文擬改題爲春秋三傳及國語之綜合研究。當時在抗戰中，無書可檢，故極爲粗略，甚或謬誤。您改鈔時，先須查書，好在舍間古籍略備，如有需要之書，請囑<u>尹如澹</u>同志檢出爲荷。

　　今日文字，最好用白話叙述（古籍原文則仍其舊），否則亦用淺近文言。又書名號爲《　》，人名、地名則不加標。鈔寫時請改橫行，引文概低三格（其成段者如此，文中牽引者便不必）。凡此式樣，<u>尹同志</u>皆知之，可以詢問。

　　<u>春秋經</u>、<u>公羊傳</u>、<u>穀梁傳</u>、<u>左傳</u>、<u>國語</u>、<u>史記</u>六部書互相關聯，請囑<u>尹同志</u>找出數部，以便翻檢。稿紙亦請囑其檢出，務須一律。

　　諸多麻煩，感謝之至！

　　敬祝撰祺！

<u>顧頡剛</u>上。五月五日

附

劉起釪識

　　釪以一九四二年始受業於頡剛師，聽講春秋戰國史課，發聾啟瞶，不意自以爲頗熟習之春秋、左、國諸書竟如是其多故也，蓋亦由是而始習辨析古籍之方。先生所授勝義紛紜，常娓娓引經籍舊文，或苦於匆遽不易索解，余悉心聆聽，先生常反復講析某一義，余爲求簡要而不失其真，輒以淺近之文言三兩語檃栝以錄其大意，故常有先生話音甫落，余錄其意已畢，筆亦隨停，以是聽課一學期，而所錄才及四萬許字。學期既畢，先生收閱學生筆記，指余本許爲得師門之意。明年謂釪，將錄副以存之。四六年釪倖以先生研究生，隨讀於吳下先生寶樹園，承以余本見還。不虞暌違涉世，久更迍邅，余本竟遭毀佚，常悵惘自失。近年問學之餘，嘗叩以所錄副本，承以尚存篋中見告，私衷竊幸之，而無暇覓閱。既嬰山頹木壞之悲，先生遺文咸集中董理。八二年秋杪，余託先生女公子洪尋取此本，煩王煦華君自積稿中覓出，勞尹如濬君代錄一本見貽。回首前塵，忽忽四十年矣，當時絳帳聲容笑貌宛在憶中，翻讀舊文，有如隔世！而學殖未進，無薄就足以承傳師學，乃霜鬢侵尋，滋自愧已！徑就原稿稍整齊厘訂成目錄弁諸卷端既畢，爰記其經過如此。一九八二年冬月，起釪氏識於北京勁松寓樓。

一、引言

國史之有文字記載而極可靠者自春秋始。三皇五帝尚矣，實茫昧難稽，不可得而聞其詳。夏之建國，現亦僅知其爲一大部落。商代雖因近世於地下史料發掘特多，可識其略貌，然尚不能斷定其史事，其記載少，無整部之史書可稽。西周初年亦無何詳盡記載，史記所載略可窺其一二，然其所本僅尚書、詩經、世本等書，故語焉不詳。且其敘述文、武之事備而成、康以後反寥寥，可知周初歷史之難盡徵信。及至春秋，情形大變，儒家稱孔子筆削魯史而成春秋，遂有正式歷史之記載，開吾國史學之新紀元焉。（按：筆者，修改也；削者，刪除也。筆削魯史成春秋，此儒家所傳，言孔子修改其不合微言大義、刪其無關治道人倫者，而成正式之史書也。後因尊之曰春秋經。）

足供吾人今日研治古史之書前夫春秋者，厥惟尚書。然尚書中虞書、夏書文體較平易，恐爲漢初擬託之產品（按：似略嫌過遲），商書恐亦春秋時代之作，是其書雖古史重要史料，其確實性尚有待夫吾人之尋求。至史記十二諸侯年表，自西周末年屬王被逐共和行政起，始有正確之年代，然無詳盡史實之記述。必至春秋時，然後不但年代記載清晰，且史事之記載較前亦詳，故謂春秋爲我國有確史記載之始，蓋非虛論也。（考西周末年之共和行政，“共和”二字之釋義凡二：（1）周召共和，同心共濟。（2）共伯和代攝王事。此說又有謂衛武公名和，共爲衛地名，因曰共和，此較可信。蓋某人或某王朝以地爲名，商時已然，如盤庚遷殷，商遂稱殷是。）

春秋戰國史之研究，清人馬驌、陳厚耀、李鍇等皆曾致力，然尚未完成此工作，有待乎後學之繼起。三氏之著述有：

馬驌：繹史（凡一百六十卷，記三代事，以原材料採紀事本末體編次，内容豐富，爲研究古史之要著。）

陳厚耀：春秋戰國異辭（凡五十四卷，附三卷。搜羅有關材料，類比排例，並加以異同之意見，其方法較馬著爲進步。）

李鍇：尚史（凡一〇七卷，據繹史材料改爲紀傳體。）

三氏皆清初人，馬書爲純客觀之史料，李書則加主觀見解，陳書則別其材料爲兩種，其正確者書以大字，不正確者則以小字，要皆爲吾人治春秋戰國史，除春秋經、戰國策二書外之可珍史籍也。

春秋戰國一辭，來自春秋經、戰國策二書，則此二書實吾人治此斷代史所必讀之書，尤當重視者也。

二、春秋經論

1. 體裁

春秋本於魯史而成，魯史文體與商代龜甲獸骨之刻辭相類似，即與當時各國史書文體亦莫不同，故春秋文辭殊簡略，蓋由於當時記載所用非布帛，而概係竹簡，簡厚重而幅小，勢不可繁書，於史事之記載，只能力求簡略，而於簡略中蓄其深意，是以所載皆只記時記地記事，語簡意賅而無穿插之描寫與詳盡之叙述，惟以一二字作褒貶之權衡於其間，如"某年某月某日，秦王與趙王會於澠池，令趙王鼓瑟"，有時有地有事而以寥寥數文盡之，“令”字則即寓褒貶之語，“春秋筆法”即此之類也。

2. 作者

儒家相傳春秋爲孔子筆削魯史而成，以後世考之，春秋一書確經修改而成，蓋觀其所遺存較原有紀事爲少也。惟筆削者是否確爲孔子，則無實據可考，有待吾人詳推以尋之也。

(a)由筆削之跡尋之

玆先論春秋所經筆削之跡，以尋其作者是否果爲孔子。

春秋分等級爲公、侯、伯、子男四等而確定其名分，觀之鐘鼎文此種名號雖亦有之，然尚無確分等級之意味，必春秋始嚴格分別，此春秋經過筆削之明證也。如鄭一定稱伯，宋一定稱公，齊一定稱侯，楚一定稱子，許乃稱男，等等。此皆始自春秋，前此固無此硬性規定之稱呼也。考“公”與“君”古時相同，“子”則稱其未成年時，“侯”與“男”則爲封爵所稱，“伯”則來自宗法。伯者，霸也，長也，如康叔封侯(康爲封地，周封之以監殷餘民。殷民居衛，故衛爲監督區，逸周書作雒篇云“俾康叔宇于殷”，史記魯世家作“封康叔於衛”，是衛即殷，觀尚書康誥“殪戎殷”而中庸則爲“一戎衣”，知殷、衣、衛皆一音也。)而康叔之子康侯則稱康伯，父叔而子伯者，因伯爲大宗之稱也，叔則爲小宗之稱矣。故“伯”之稱自宗法起，而非由封建起也。如下表所示：

$$
大宗\begin{cases}大宗(長子)(稱伯)\\小宗(次子)(稱叔)\begin{cases}大宗(長子)(稱伯)\\小宗(次子)(仍稱叔)\end{cases}\end{cases}
$$

然則此筆削之以確定爲此種等級者爲誰乎？吾人惟聞孟子以後有

此種等級之説。孟子萬章下云："天子一位，公一位，侯一位，伯一位，子男同位，凡五等也。"又云："天子之制地方千里，公侯皆方百里，伯七十里，子男五十里。"是諸侯地分別：

　　　　　公（一百里）──侯（一百里）──伯（七十里）──子、男（五十里）。

似此等級分明之規定，始聞於孟子，前夫此未嘗有之，而春秋乃嚴格別之，則執此筆削之役者其惟道名分之儒家（甚至孟子以後之儒家），或無疑乎？然其以"長"義之"伯"而置於"侯"下，義實不可通也。按其實故當爲：

侯、男　　封爵之名
伯　　　　諸侯之長或家族之長之名
公、子　　國君通稱（宋爲殷之裔故稱公。子是未成齡之君所稱，或蠻夷之君所稱，徐、楚、吳與周疏遠，皆在邊荒，故皆稱子。君未正位亦稱子。）

而孟子以後諸侯封爵四等之説已牢不可破，根深蒂固矣，直至近日因金文研究之成果而後知其謬。甚矣，蔽説之難解也。此春秋經筆削之跡一。

　　禮記坊記："魯春秋猶去夫人之姓，曰吳，其死曰：孟子卒"，蓋吾國同姓不婚之禁周時早定（古者姓與氏有別，姓爲女子用，不能改易；氏則男子稱之，可以變用），時魯因修吳好，昭公取吳女，而魯、吳同姬姓，故作史者諱之。於其死原當書"孟姬卒"者，改姬爲子書之，及修春秋，復削去"夫人姬氏至自吳"句而僅留"孟子卒"之文，此春秋經筆削之跡二。

　　公羊莊七年傳，"不修春秋曰：雨星不及地尺而復，君子修之曰：星霣如雨"，此春秋經筆削之跡三。

　　春秋有時一年僅有十數字，原來之魯史記當絶不至若是之簡單，此可知春秋曾經筆削之跡四。

又如"宋伯姬(是爲魯女之嫁於宋者)死於火，其嫁也，齊人來媵，衛人來媵，晉人來媵"，蓋以其死於火，故書其嫁時之情形，記其來媵之國。而他國之女出嫁來媵者今皆無其文，知被刪去矣。此春秋曾經筆削之跡五。

觀此即可知春秋經確曾經後人以己意將魯史筆削而成也。然謂其成於孔子則無據，以其義有出於孔子之後可知。

(b)由"春秋筆法"而有曲筆尋之

次論春秋筆法是否爲春秋所擅？當時史官天職咸重直筆，而魯史反多曲筆，果孔子修之，宜如是乎？

按春秋戰國時歷史之主要內容爲：

（一）種族之統一，各部族之合爲民族。

（二）等級制度之崩潰。

（三）宗教信仰之衰微。

是時代歷史大勢，固趨向於等級制度之崩潰，社會之雲擾鼎沸，率由是起，而修春秋者，痛心疾首，必欲維護此等級制度。莊子天下篇："春秋以道名分"，所謂名分，指古代等級上下名分甚嚴，不相逾越，旨在阻絕僭越。是以"吳、楚之君不書葬"，以吳、楚僭稱王，故不書之，以示天無二日，民無二王也。（按：如書葬則必稱爲某某王矣。）以此爲"筆法"，故孟子曰："孔子成春秋而亂臣賊子懼。"然使亂臣賊子懼者果春秋乎？此種褒貶筆法果春秋所擅乎？吾人可一究之。

宣二年："晉趙盾弒其君夷皋。"此根據晉之赴告而書。書於晉乘者，晉史董狐也。且書以示於朝，宣子曰："不然。"對曰："子爲正卿，亡不越竟，反不討賊，非子而誰？"此以責任關係斷然書之以示褒貶者，晉史官也。

襄二十五年："齊崔杼弒其君光。"此亦齊太史所書。崔子殺太史，其弟嗣書而死者二人，其弟又書，乃舍之。南史氏聞太史盡死，執簡以往，聞既書矣，乃還。此不避誅戮而書亂臣賊子之事者，齊史官也。

由此可知此種令"亂臣賊子懼"之"春秋筆法"，實爲所有各國史官之天職，有膽力盡職守之史官固當如是者也。而反觀春秋，則可見出魯之史官獨無此膽力！按魯之君被弒者五：隱公爲桓公所弒，桓公爲齊人所弒，子般爲慶父所弒，閔公亦爲慶父所弒，子野(惡)爲東門襄仲所弒是也。被逐之君二：昭公爲季氏所逐，哀公爲三家所逐是也。而春秋於隱公則書"公薨"，於桓公則書"公薨於齊"，於子般、子野則曰"子卒"，於閔公亦僅書"公薨"。於逃亡則但書"公遜於齊"。足見魯史官之不敢直書其事，修春秋時據魯史原文不加改，是此等誅"亂臣賊子"之筆法轉不見於春秋。"春秋筆法"春秋豈得擅之哉！使孔子而果修春秋也，於此史官應守之天職，於此誅亂臣賊子之鐵筆，固不當不用也。雖後儒於此仍有解釋，謂係"尊君親上"，故與書他國之事不同。然苟在誅亂臣賊子之心也，必如晉史齊史之直書本國之事乃爲功，孔子既有意爲微言大義修春秋，於此自不容"曲筆"，而有此者，則孔子是否親修春秋實可疑也。(春秋之有"曲筆"，頗失其歷史學上之價值，後人易爲所蔽。禮記明堂位："是故魯王禮也，天下傳之久矣，君臣未嘗相弒也"，是即爲春秋經上無弒君之文所紿也。)

(c)儒家言孔子作春秋定六經之可疑

儒家傳孔子作春秋定經籍等偉大工作，言之鑿鑿，以爲孔子刪詩、書，正禮、樂，贊易，作春秋，然有大可疑之處。

(一)論語中只有詩、書、禮、樂而無春秋之文，論語爲孔子死後數十年之作，是於其初死時尚無孔子作春秋之說也。(二)論語中謂孔子"述而不作"，足反證孔子不作春秋矣。

孔子之態度極客觀，不以己意去取古籍，其言曰："吾猶及史之闕文也，今亡矣夫"，可知其不至於亂古籍之真者矣。春秋經上保存可見之闕文處不少，而以桓公時闕文最多。史書體例，雖無事亦當繫時書之，如但書春正月夏四月即可。而桓公四年七年皆缺秋冬之文，春夏亦各僅一條，顯然爲闕文也。又恒五年："甲戌己丑陳侯鮑卒"，一卒而有兩日，不可通，左氏乃釋爲"再赴也"，穀梁則以爲"甲戌之日出，己丑之日得，不知死之日，舉二日以包之"，皆故爲説以彌縫之。不知甲戌之下有闕文，程子始明之焉。又桓公六年"寔來"，十四年"夏五"，其實寔爲人名，其上必有闕文，夏五其下必闕月字。孔子之時春秋之闕文如此，孔子不亂之也。蓋竹簡載史，日久必壞，春秋二四二年，其中壞必多矣，安在其有孔子所作存於其間耶？

至孟子滕文公下乃謂"孔子成春秋"，豈春秋成於孔、孟之間歟。

(d)由春秋"始終"之義是否確有尋之

復次，春秋之"始終"之義，是否果有取義，而爲孔子所定之也，亦殊可疑。

春秋何以始自隱公，釋者有數説：（一）隱公值平王時，所以自東遷起，紀中興也。然平王東遷時爲魯孝公，孝公而後惠公，惠公而後始爲隱公，故當始於孝公而不當始於隱公也。於是有第（二）説：謂孔子敬隱公之仁而傷其亡也，然何以不自開國君之更可敬者始？此亦講不通。可從者其惟第（三）説：清江永群經補義："疑當時魯春秋惠公以上魯史不存，夫子因其存者修之，未必有所取義也。"

春秋絕筆於獲麟，儒家亦謂由於夫子之怨道窮，是絕筆有所取義矣。然據史例，書一年之事必繫四時，獲麟在哀十四年，經文應終於十四年冬，而終於春者何耶？而左氏經則終於哀十六年夏孔丘卒。後世古文家因稱獲麟以後至於孔丘卒之文爲"續經"，謂爲後人所續。今文家則根本謂春秋經爲後人所作，據其經文載孔丘事，則今文家之説不爲無見也。

且襄二十一年公羊："十有一月，庚子，孔子生"，穀梁："庚子，孔子生"（其上文爲十月而非十一月），顯見春秋之爲孔子以後所修，明矣。非然者，孔子生卒何至在春秋也？（釙於此點頗疑之，公、穀之文原爲兩家所增，由於公、穀之尊聖人，附書其生卒於文中亦未嘗不可。左傳之經無此，儒先傳稱係"弟子欲記孔子之卒，採魯史以續之"，此亦有可能也。）

(e)由春秋"三世"之義之無據尋之

復次，請爲一論春秋"三世"之義：

> 所傳聞世（九十六年）隱、桓、莊、閔、僖；
> 所聞世（八十五年）文、宣、成、襄；
> 所見世（六十一年）昭、定、哀

此漢儒之説也，董仲舒春秋繁露："於所見微其辭，於所聞痛其禍，於所傳聞殺其恩，與情俱也。"

昭二十五年："秋七月，上辛，大雩，季辛又雩。"公："又雩者非雩也，聚衆以逐季氏也。"同年："九月己亥，公孫於齊。"不書出亡而曰孫，不書聚衆攻季氏而隱曰雩，此即所謂"微其辭"云。——昭，所見世也。

文十八年："冬十月子卒"，公羊："何以不日，隱之也，何隱爾，弒也，弒則何以不日，不忍言也。"子惡被弒而諱之，謂爲"不忍言"，此即所謂"痛其禍"云。——文，所聞世也。

莊公三十二年："冬十月己未子般卒"，此乃書日非"不忍言"矣。此即所謂"殺其恩"云。——莊，所傳聞世也。

此以孔子之生世年代定春秋之所謂"三世"。

今文家又有所謂張三世，則爲：

一、據亂世——内其國而外諸夏（爲諸侯互爭時期）。

二、升平世——内諸夏而外夷狄（爲五霸尊王攘夷時期）謂如宣十一年：“秋，晉侯會狄於攢函”是。穀：“不言及，外狄也。”

三、太平世——諸夏夷狄爲一（爲諸侯共盟時期）謂如哀四年：“晉人執戎蠻子赤歸於楚”是。

此三世之説殊難稽信也。事實上春秋世愈降則愈不太平，政亂民苦無可告訴，可謂太平乎？使孔子而果修春秋，當不至揚亂世指爲太平也。

（f）由不載春秋初年大事尋之

今查春秋初年大事爲春秋經所不載而犖犖有關者，計之如次：

（一）曲沃伐晉（晉穆公）。

（二）晉滅耿、霍、魏。

（三）楚滅申、息、鄧。

孔子而修春秋，於此關係當時之巨變，足寓微言大義者，不容不書。

（g）較以竹書紀年知春秋非事後追記之書

吾人兹復可以竹書紀年與春秋比較觀之，由其異同，可覘古者於當時史事記載及事後史事記載其措辭之有別，而後知春秋果爲何時之作。

按竹書紀年爲三家分晉後魏國之史記，有時仍以晉爲本國，其史亦記於竹簡，淪於地者數百年，晉時始在河南汲縣魏襄王塚中發掘而得，故亦稱汲冢紀年。共七十五本，爲最早之編年通史也，晉人以古文易今文，此後日之竹書紀年本也。

兹略舉其文與春秋之文比較數則於次：

春秋	竹書紀年
公及邾儀父盟於蔑	魯隱公及邾莊公盟於姑蔑
狄入衛	衛懿公及赤狄戰於洞澤
虞師晉師滅下陽	獻公會虞師伐虢滅下陽
晉侯及秦伯戰於韓，獲晉侯	秦穆公渡河伐晉惠公見獲
天王狩於河陽	周襄王會諸侯於河陽
齊師遷紀、邢、鄑、郚	齊襄公滅紀、邢、鄑、郚

由上知春秋爲當時史官之書，記當時之事，於各國君死後之廟謚尚不知，故但書名或爵，未能書其謚號也。竹書紀年則爲戰國時追記春秋時之事，於各國君之謚號皆已知之，故盡書其謚號而不復名。孔子而修春秋也，則當遵史例，於事後追記，當盡書廟謚，而不當仍爲當時之文，由此可知春秋實當時魯史官之作，孔子不得而"作"矣。

3. 命名

按春秋之命名有數説：

（一）春——賞；秋——刑。則即褒貶也，此説不確。

（二）魯史記之名。孟子曰："楚謂之檮杌，晉謂之乘，而魯謂之春秋，其實一也。"杜預序："記事者以事繫日，以日繫月，以月繫時，以時記年……故史之所記必表以首事，年有四時，故錯舉以爲所記之名也。"

（三）當時之史皆稱春秋，而非魯史之獨名。墨子："吾見百國春秋。"

以後兩説近是，第二説尤有可信也。

4. 用曆

相傳夏、商、周曆所建各異，謂之三正：（夏建寅，商建丑，周建子、秦建亥、漢初沿秦曆仍建亥，武帝太初元年改正朔建寅，始復夏曆，以沿用至清。）

三正{
子　丑　寅　卯辰巳午未申酉　戌　亥

夏正——十一十二夏正二三四五六七八　九　十

商正——十二商正二　三四五六七八九　十　十一

周正——周正二　三　四五六七八九十　十一十二
}

（附）秦正——二　三　四　五六七八九十十一十二秦正

漢書律曆志：六曆 1. 黃帝曆；2. 顓頊曆；3. 夏曆；4. 殷曆；5. 周曆；6. 魯曆。

春秋蓋用周曆。其所書春王正月，以示天下宗周，即周曆也。子丑寅三月乃爲春天，是以時令早於夏曆兩月，氣候遲於夏曆兩月。定元年：“冬十月隕霜殺菽。”周之冬十月則夏之秋八月也，八月隕霜殺菽，此可異故記之。

春秋經用周曆，以根據魯史也。而傳根據晉史，晉國用夏曆（杜預春秋後序：“晉太康中汲縣人發其界內舊塚得古書，曲沃桓伯之十一年十一月，魯隱公元年正月也，皆用夏正建寅之月爲首”），故傳亦從夏曆，以是經傳記時各不同，茲舉數例以見之：

僖五年經：“春，晉侯殺其世子申生”，而傳在上年之十二月，左傳作者乃以“晉侯使以殺太子申生之故來告”書於是年春以彌縫之。

僖十一年經：“春，晉殺其大夫丕鄭父。”而傳在上年之冬，左傳作者亦以“晉侯使以丕鄭之亂來告”書於是年春以彌縫之。

僖十五年經："十有一月壬戌，晉侯及秦伯戰於韓，獲晉侯。"而傳則爲："九月，晉侯逆秦師，……壬戌，戰於韓原。"經爲十一月壬戌，而傳爲九月壬戌，而傳無彌縫之説，殆未覺察也。

僖十七年經："冬十有二月乙亥，齊侯小白卒"，而傳則曰："冬十月乙亥，齊桓公卒，易牙入與寺人貂因内寵以殺群吏，……十二月乙亥赴，辛巳夜殯。"傳亦無彌縫之説，想亦未覺察也。而史記齊世家："桓公病，五公子各樹黨爭立，及桓公卒遂相攻，以故宮中空，莫敢棺；桓公屍在床上六十七日，尸蟲出於户。"蓋由於周曆夏曆之錯置未察，史公因左傳之文推其日而演成此誤焉。

文元年左傳："於是閏三月，非禮也。"繼曰："先王之正時也……歸餘於終。"今發現之甲骨文有殷之閏十三月。又成十八年經："春王正月，晉殺其大夫胥童"，而傳在上年冬十二月後之閏月，亦相差也。

由是知春秋經用周曆，而左傳則據晉史用夏曆也。

（附）由建正而產生之三統説

三統 ｛ 黑統　夏建寅黑統
　　　白統　商建丑白統
　　　赤統　周建子赤統

而三統相循環，此或爲漢改正朔時所杜撰。因漢初沿秦曆建亥已久，至太初欲改建寅復夏正，須理論爲基礎也。

三、春秋時代歷史重心之分期

甲

春秋第一期(齊始稱霸、晉國定霸)

　　1. 召陵之師(僖四年)

　　2. 泓之戰(僖二十二年)

　　3. 城濮之戰(僖二十八年)

　　4. 殽之戰(僖三十二年)

第二期(晉、楚相持)

　　1. 邲之戰(宣十二年)

　　2. 鄢陵之戰(成十六年)

　　3. 向戍弭兵(襄二十七年)

第三期(吳、越突起)

　　1. 吳入郢(定四年)

　　2. 於越滅吳(哀二十二年)

　　簡圖以明之：

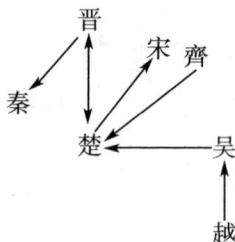

乙

春秋大義──尊王攘夷

攘夷復可分三期

1. 內其國而外諸夏──晉定霸前

2. 內諸夏而外夷狄──晉稱霸時

3. 諸夏夷狄合一──晉、楚勢平時

四、春秋三傳論

據漢書藝文志：

<pre>
        ┌公羊傳┐
        │   ├口説
        │穀梁傳┘
春秋傳 ┤ 左氏傳──書於簡策
        │鄒氏傳（無師）
        └夾氏傳（未有書）
</pre>

史記十二諸侯年表序："爲有所刺譏褒諱挹損之文辭不可以書見也。魯君子左丘明懼弟子人人異端，各安其意，失其真，故因孔子史記具論其語，成左氏春秋。"

茲據以分論之：

1. 論公羊、穀梁

隱二年："紀子伯莒子盟於密。"必伯字上漏一國名，乃公羊："紀子伯者何，無聞焉爾"，使孔子誠無聞，則必削去不書矣。桓十四年："夏五"，公羊："夏五者何，無聞焉爾"同一謬。然則此等語是否爲公羊高所作？按統計公羊中所見傳人名：

> 子公羊子曰（桓六、宣五）
>
> 子沈子（隱十一、莊十、宣元）
>
> 子司馬子（莊三十）
>
> 子女子（女音汝）（閔元）
>
> 子北宫子（哀四）
>
> 魯子（莊三、二十三、僖五、二十、二十四、二十八）
>
> 高子（文四）

子公羊子凡二見，而他人數見者尚多，使此傳果公羊所作，不當自衹書其名二次，抑根本不應當自書其名也。

徐亨公羊傳疏引戴宏序："子夏傳公羊高，高傳其子平，平傳其子地，地傳與其子敢，敢傳於其子壽，至漢景帝時壽乃與齊人胡母子都著於竹帛。"

崔適春秋復始："戴宏序乃有公羊氏之世系及人名，何以前人不知而後人知之也？且合仲尼弟子列傳、孔子世家與十二諸侯年表、六國表、秦本紀、漢諸帝紀觀之，子夏少孔子四十四歲，孔子生於襄公二十一年，則子夏生於定公二年，下迄景帝之初，三百四十餘年，自子夏至公羊壽甫及五傳，則公羊氏世世相去六十餘年，又必父享耄年，子皆夙慧，乃能及之，其可信乎？"

至於穀梁，"穀"與"公"爲雙聲，"梁"與"羊"爲叠韻。隱五年："考仲子之宫，初獻六羽。"公羊傳："初獻六羽，……譏始僭公也。……天子八佾，諸公六，諸侯四。"穀梁傳："穀梁子曰：舞夏，天子八佾，諸公六佾，諸侯四佾，初獻六羽，始僭樂矣。"雙聲叠韻之名已跡近冒牌爲可疑，而其内容往往完全一致，觀上所引可知。公羊傳於漢武時已定，司馬遷時穀梁傳猶未出，直至漢宣帝時始出。漢書儒林傳："太子既通公羊，復私問穀梁而善之，宣帝即位，聞衛太子好穀梁，以問韋賢、夏侯勝及史高，皆魯人也，言穀梁子本魯學，公羊氏乃齊學，宜興穀梁。甘露元年召名儒大議殿中，多從穀梁，由是穀梁之學大盛。”則穀梁實後起。應劭曰：（漢書注引）“子夏傳穀梁赤。”阮孝緒七錄：“穀梁子名俶，字元始。”顏師古漢書注：“名喜，傳孫卿，卿傳魯申公，申公傳瑕丘江公”，不僅穀梁有三名皆不同，而子夏春秋人，孫卿戰國人，穀梁子壽何能如是高，得師子夏而弟孫卿，孫卿兩傳何以又能及漢武時？是不足置信明甚。

　　莊二年：“公子慶父帥師伐於餘丘。”公羊：“邾婁之邑也，曷爲不繫乎邾婁，國之也，曷爲國之，君存焉爾。”穀梁：“公子貴矣，師重矣，而敵人之邑公子病矣，其一曰：君在而重之也。”末一句即鈔公羊也。又文十二年：“子叔姬卒。”公羊：“此未適人，何以卒，許嫁矣。”穀梁：“其曰子叔姬，貴之也，公之娣妹也，其一傳曰：許嫁以卒之也。”亦同上情形。可知穀梁傳一定成於公羊傳後，且一定多鈔襲公羊之書。

　　公穀之義，誠多牽强，如桓元年：“春王正月公即位”，公羊曰：“繼弑君不言即位，此其言即位何？如其意也。”穀梁曰：“桓無王，其曰王何也？謹始也。……元年有王，所以治桓也。”又閔元年：“冬，齊仲孫來。”公羊曰：“齊仲孫者何？公子慶父也，公子慶父則曷爲謂之齊仲孫？……外之也。……子女子曰：‘……齊無仲孫，其諸吾仲孫歟？’”何以即知齊不能亦有仲孫？且既外之，何以莊三十三年書“公子慶父如齊”，閔二年書“公子慶父去奔莒”，而不稱齊仲孫也？況慶父本人行仲，本人尚不得謂之仲孫，必其孫以後始可稱之也。又定四年：“蔡侯以吳子及楚人戰於伯莒，楚師敗績。”“吳入楚”文意本甚顯然，而公羊家謂此於吳則褒，於楚則貶。其言曰：“吳何以稱子，夷狄也而憂中國”，於後則曰：“吳何以不稱子，反夷狄也，其反夷狄奈何，君舍於君室，大夫舍於大夫室，蓋妻楚王之母也。”又莊十年公羊：“州不若國，國不若氏，氏不若人，人不若名，名不若字，字不若子。”

觀莊十：“荊敗蔡師於莘”，成七：“吳伐郯”，宣十五：“晉師滅赤狄潞氏”，莊二十三年：“荊人來聘”，僖二十九：“介葛盧來”，隱元：“公及邾儀父盟於蔑”，文九：“楚子使椒來聘”，謂即莊十公羊所言之注腳云。又隱元：“天王使宰咺來歸惠公仲子之賵。”公羊：“惠公者何？隱之父也；仲子者何，桓之母也。”穀梁：“母以子氏，仲子者何？惠公之母，孝公之妾也。賵，贈人之母則可，則人之妻則不可。”又隱二：“夫人子氏薨。”公羊：“夫人子氏者何？隱公之母也。”穀梁：“夫人者，隱之妻也。”又隱二：“戎伐凡伯於楚丘以歸。”公羊：“凡伯者何？天子之大夫也；其言伐之何？執之也；執之則言伐之何？大之也；曷爲大之？不與夷狄之執中國也。”穀梁：“戎者，衛也；戎衛者爲其伐天子之使，從而戎之也；楚丘，衛之邑也。”又隱二：“滕侯卒。”公羊：“何以不名，微國也。”穀梁：“滕侯無名，少曰世子，長曰君，狄道也。”凡此皆據一二字各逞私臆妄爲解說，或無中生有，或顛倒史實，要皆爲憑空撰語自圓其說者，公羊誕矣，穀梁尤甚焉。

荒誕之甚者如桓十一：“鄭伯寤生卒，……宋人執鄭祭仲，突歸於鄭，鄭忽出奔衛”（仲，祭足字）。公羊：“祭仲……何以不名？賢也。何賢乎祭仲？以爲知權也。……宋人執之，謂之曰：‘爲我出忽而立突。’祭仲不從其言，則君必死國必亡；從其言，則君可以生易死，國可以存易亡。……權者何？權者反於經，然後有善者也。”已誕矣。穀梁：“曰突，賤之也；曰歸，易辭也。祭仲易其事，權在祭仲也。死君難，臣道也，今立惡而黜正，惡祭仲也。”說適與公羊反，而誕實同。春秋原不過記其事而已，而公、穀存如許褒貶於其中，向壁虛造而已。

2. 論左傳

(a)左傳之原本

西漢時尚無左傳之名，而左氏春秋則實已存在。太史公自序：“左丘失明，厥有國語”（報任少卿書同），又報任少卿書：“乃如左邱明無目，孫子斷足，終不可用，退論書策以抒其憤”，皆可知左丘明之有著作（然左丘，氏也，蓋居於左丘，以地爲氏，如梁丘者是，不得謂爲左氏，而當稱左丘氏）。五帝本紀：“予觀春秋、國語，其發明五帝德、帝系姓章矣。”又十二諸侯年表：“於是譜十二諸侯，自共和訖孔子，表見春秋、國語，學者所譏盛衰大指著於篇。”又可知左丘明之著作，其史料之價值與春秋並，爲太史公所採用。論語公冶篇：“子曰巧言令色足恭，左丘明恥之，丘亦恥之；匿怨而友其人，左丘明恥之，丘亦恥之。”可知左丘明與孔子爲同時代人，且長於孔子。然十二諸侯年表又云：“魯君子左丘明懼弟子各安其意，失其真，故具論其語成左氏春秋。”此節恐爲後人插入，因左氏春秋與左傳實不能完全具有一致之性質，且左氏春秋一猶呂氏春秋、虞氏春秋，非即春秋經之傳也。且左丘明姓左丘，著國語，今忽又稱左氏，前後實相背。而左丘既長於孔子矣，乃左傳有“悼之四年”之文，魯世家悼公在位三十七年，當在獲麟後五十年，顯然左氏之壽不能長至此時猶能秉筆傳春秋也。

左傳莊二十二年：“陳人殺其大夫御寇，陳公子完奔齊，齊使敬仲爲……工正。……初，穆氏……妻敬仲，其妻占之曰：吉，是謂鳳凰于飛，其鳴鏘鏘，有嬀之後，將育於姜，五世其昌，并於正卿，八世之後，莫之與京”，足證此爲田氏篡齊後所著。

又左傳閔元年：“晉侯作二軍……趙夙禦戎，畢萬爲右，以滅耿、滅霍、滅魏。……賜趙夙耿，賜畢萬魏，……偃曰：‘畢萬之後必大，“萬”，盈數也，“魏”，大名也，以是始賞，天啟之矣……。’初，畢萬筮仕於晉，辛廖占之曰吉，公侯之卦也，公侯之子孫必復其始”，由此可推知左傳大概係魏人所作，故褒其先世若是。苟非然者，畢萬於時甚微，其後嗣魏絳在晉世位亦不隆，何能獨膺異獎也。又左傳襄二十九年："吴公子札來聘，……請觀於周樂，使工爲之歌……魏，曰：美哉……以德輔此，則明主也。……聘於齊，說晏平仲，謂之曰……齊國之政，將有所歸，未獲所歸，難未歇也！……如晉……說趙文子、韓宣子、魏獻子，曰：晉國其萃於三族乎？"又昭二十八年："仲尼聞魏子之舉也，……曰：……魏子之舉也義，其命也忠，其長有後於晉國乎？"又昭二十九年："晉國……鑄刑鼎，著范宣子所爲刑書焉。仲尼曰：晉其亡矣，失其度矣！"（所謂仲尼曰者，皆左傳作者託仲尼之名以自述也。）後來之事，斷不當事先瞭然若是，蓋爲三家分晉後之文無疑。亦即魏人之所作也，善夫姚姬傳氏之言曰："余考其書於魏氏事造飾尤甚，竊以爲吴起爲之者蓋尤多，夫魏絳在晉悼公時甫佐新軍，在七人下耳，安得平鄭之後，賜樂獨以與絳？……國風之魏，至季札時已亡矣，與邶、鄘、鄶等，而札何獨美之曰以德輔此則明主也？……明主之稱乃三晉篡位後之稱，非季札時所宜有，適以見其誣焉耳。"（惜抱軒文集左氏補注序）

經義考引盛如梓說："左氏，晦庵以爲楚人，項平父以爲魏人，魏人爲允。"春秋係魯史，左氏係晉史，不能合冶於一爐，非如公羊、穀梁之爲完全解經自有密切聯繫也。

左傳好作預言，襄二十七年："鄭伯享趙孟於垂隴……伯有賦鶉之賁賁，……卒享，文子告叔向曰：伯有將爲戮矣，志誣其上而公怨之以爲賓榮，其能久乎？……叔向曰然。……所謂不及五稔者，夫子之謂矣……。"及襄三十年，"鄭良霄（伯有）出奔許，自許入於鄭，鄭人殺良霄"，果如所言。魯昭公去國，原爲國之不幸，左傳竟亦於其初時有所預言斷其必逐，所謂左傳好以成敗論人也，"（襄公薨，昭公立）比及葬，三易衰，衰衽如故衰，於是昭公十九年矣，猶有童心，君子是以知其不能終也"，此即其故造之預言；又昭二十五年"有鸜鵒來巢……師巳曰，異哉吾聞文成之世童謠有之曰：‘鸜鵒之巢，遠哉遙遙，裯父（昭公名）喪勞，宋父（定公名）以驕，鸜鵒鸜鵒，往歌來哭。’童謠有是，今鸜鵒來巢，其將及乎？”豈有預言而連姓名猶能於數百年前知之不爽者，顯爲僞作也（昭公以二十五年被逐，此即其年春之語也）。昭三十二年：“十二月……公薨。……趙簡子問於史墨曰，季氏出其君而民服焉，諸侯與之，君死於外而莫之或罪也。對曰：天生季氏以貳魯侯，爲日久矣，民之服焉，不亦宜乎！魯君世從其失，季氏世修其勤，民忘君矣，雖死於外，其誰矜之，社稷無常奉，君臣無常位，自古以然……”季孫之後即篡魯爲費惠公者，亦預爲費惠公立預言也。此皆可知爲後人之作，斷非當時真有之也。

　　除預言外，左傳尚有不可信者，則宮闈事也。桓十六年：“初，衛宣公烝於夷姜，生急子，……爲之娶於齊而美，公取之，生壽及朔，……夷姜縊，宣姜與公子朔構急子，公使諸齊，使盜待之莘……殺之。”

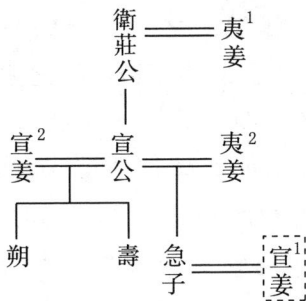

此於事誠可能，但考之年代，隱四年：“衛人立晉（宣公名）”，桓十三年“宣公卒”，則共二十年，二十年之時間，既取莊公之夷姜烝之矣，生急子年尚不大，其能爲取妻，縱早當亦須十餘二十歲，生子斷無即能長至能構急子之理，則其事之不確實明矣。

　　又夏姬爲左傳豔稱之美色，然以時間考之，亦多不近理。宣九年：“陳靈公與孔寧儀行父通於夏姬，……泄冶諫曰：‘公卿宣淫，民無效焉。’……二子請殺之，……遂殺泄冶。”又宣十年：“陳靈公與孔寧、儀行父飲酒於夏氏，……徵舒病之。公出，自其厩射殺之，二子奔楚。”此時夏姬之子已能殺君並能逐走二權臣，必已屆壯年，則夏姬亦必已中年，尚能引君臣淫亂。及宣十一年：“楚子爲陳夏氏亂故，伐陳……殺夏徵舒。”再至十餘年後之成二年載：“楚之討陳夏氏也；莊王欲納夏姬，申公巫臣曰，‘不可……’，子反欲取之，巫臣曰：‘是不祥人也，是夭子蠻（其兄），殺御叔（其夫），弑靈侯，戮夏南（即徵舒），出孔儀，喪陳國……。’王以予連尹襄老，襄老死於邲，其子黑要烝焉。……巫臣……以夏姬行，……遂奔晉。”成七年：“子重、子反殺巫臣之族……巫臣請使於吳，晉侯許之。……教吳乘車……戰陳，教之叛楚。……吳始伐楚。”以一過中年後之婦女，能使楚王君臣爭欲得之而伐其國，及予一大臣後，又足引其子烝之，另一陰謀者費盡心機以求之，至十餘年後，夏姬宜垂垂老矣，乃復攜之叛國逃晉，至爲此婦人引鄰國以禍其本國，是此婦一何殊異如此！則其事之傳奇性强，誠難徵實者也。

按當時左傳原亦雜記體之史，猶國語、戰國策、說苑、新序、世說新語、唐語林、宋裨類鈔，清之野史等類，其故事爲一條條者，故有重複者。例：（一）子產問晉平公疾，昭元年：“晉侯有疾，鄭伯使公孫僑如晉聘且問疾，叔向問焉，曰：‘寡君之疾病，卜人曰：“實沈臺駘爲祟”，史莫知之，敢問此何神也？’子產曰，‘……后帝……遷實沈於大夏，主參，唐人是因，故參爲晉星。……臺駘……宣汾洮、障大澤，以處大原……則臺駘汾神也……’”。昭七年則曰：“鄭子產聘於晉，晉侯有疾，韓宣子逆客私焉，曰：‘寡君寢疾，夢黃熊入於寢門，其何厲鬼也？’對曰：‘……昔堯殛鯀於羽山，……其神化爲黃熊以入於羽淵，實爲夏郊，三代祀之，……其或者未之祀也乎？……’”此必係一事，兩人記載各有不同，即年有亦各不同，遂誤爲二則，不然，事不應相似巧合若是。（二）宋人會晉楚之成，成十一年：“宋華元善於令尹子重，又善於欒武子。……冬，華元如楚，遂如晉，

會晉楚之成。"成十二年繼曰:"宋華元克會晉楚之成,夏五月,
晉士燮會楚公子罷許偃,癸亥盟於宋西門之外。"襄二十七年,
"宋向戌善於趙文子,又善於令尹子木,欲弭諸侯之兵以爲
名,……晉人許之,……楚亦許之,……將盟於宋西門之外。"事
亦極似,多亦係一事訛傳爲二。此其誤者必爲前者,向戌之事則
屬真。蓋晉楚之成,兩國之屬國皆當與盟,魯爲晉屬未與盟,此
當不成盟也。襄二十七年經:"叔孫豹會晉趙武、楚屈建、蔡公
孫歸生、衛石惡、陳孔奐、鄭良霄、許人、曹人於宋。"可知行成
必俱會也。

　　上預言之記載(神祕性),宮闈之記載(傳奇性),一事誤傳爲
兩事之記載(無意之誤會,整理之不善),爲左傳中不可信之三種
史料也。

　　朱子語類:"左氏所傳春秋事恐八九分是",已言之矣,然恐
尚不及八九分也,錢玄同先生謂視左傳猶三國演義,則近之也。

　　唐啖助三傳得失議:(啖曾著春秋集解,已佚,其徒陸淳爲
纂"春秋集解纂例"存之,見古經解彙函)"予觀左氏傳,自周、
晉、齊、宋、楚、鄭等國之事最詳,晉則每一出師具列將佐,宋
則每因興廢備舉六卿,故知史册之文每國各異,左氏得此數國之
史以授門人,義則口傳,未形竹帛。後代學者乃演而通之,總而
合之,編次年月以爲傳記,又廣採當時文籍,故兼與子產、晏子
及諸國卿佐家傳并卜書、夢書及雜占書、縱橫家、小説、諷諫等
雜在其中,故叙事雖多,釋意殊少,是非交錯,混然難證。其大
略皆是左氏舊意,故比餘傳其功最高,博采諸家,叙事尤備,能
令百代之下頗見本末。因以求意,經文可知。"例:晉文將攘楚:
"使郤縠將中軍,郤溱佐之;使狐偃將上軍,讓於狐毛而佐
之;……使欒枝將下軍,先軫佐之;荀林父禦戎,魏犫爲右"(僖
二十七年)。邲之戰,"晉師救鄭,荀林父將中軍,先縠佐之;士
會將上軍,郤克佐之;趙朔將下軍,欒書佐之;趙括、趙嬰齊爲

中軍大夫；鞏朔、韓穿爲上軍大夫；荀首、趙同爲下軍大夫；韓厥爲司馬”（宣十二年），所謂每一出師備列將佐是也。又例：宋昭公將去群公子時：“於是公子成爲右師，公子友爲左師，樂豫爲司馬，鱗瞱爲司徒，公子蕩爲司城（司空也），華御事爲司寇”（文七年）；宋昭公被殺時：“於是華元爲右師，公孫友爲左師，華耦爲司馬，鱗瞱爲司徒，蕩意諸爲司城，公子朝爲司寇”（文十六年）；所謂每因興廢，備舉六卿也。故依啖氏之説，左氏蓋薈萃衆史而成。

宋程公説：盡畢生之力纂春秋分記九十卷，其世家四十四卷：周二卷，魯六卷，晉六卷，齊三卷，宋一卷，衛二卷，蔡一卷，陳一卷，鄭三卷，曹一卷，燕一卷，秦一卷，楚四卷，吳一卷，次國二卷，小國七卷，四夷二卷。是中晉本凡一九九頁，魯一六八頁，楚一一二頁，鄭一一〇頁，齊八二頁，宋六〇頁，衛六〇頁，周四八頁，吳二八頁，秦二一頁，陳二〇頁，蔡一四頁，曹一二頁，燕六頁，共約一千頁，晉去五分之一矣。春秋時在晉勢力下因而附記之歷史者：周、魯、鄭、齊、宋、衛、曹；在楚勢力下因而從楚史附記之歷史者：鄭、陳、蔡、吳；此諸國之事多爲與晉楚有關係者乃得記，齊桓公召陵之師，乃有屈完沮其勢之語，此或即爲楚國之記載，故張己勢也，且“齊侯曰：豈不穀是爲，先君之好是繼，與不穀同好者如何?”此顯然爲楚國史官之記，蓋中原之君自稱“寡人”，惟楚乃自稱“不穀”也。

（b）左傳之派別——劉歆請立左氏之爭

上所論皆左傳之原本，兹一論左傳之派別：

今古文之分，漢代所爭，漢後少注意及之，至清代始復有今古文之爭，由於研究漢學而起。

今文——當代流行之文字（漢時文字）（隸書）由孔子時傳寫，至漢時人以漢時隸書寫之。

古文——古代文字（周時文字）（古文）（大篆）（籀書）

西漢時大抵爲今文，然亦有古文，史記儒林傳："孔氏有古文尚書，安國以今文讀之，因以起其家，逸書得十餘篇。"

今古文之爭起端於劉歆，歆主張立下列諸書於學官：

1. 古文尚書
2. 毛詩
3. 逸禮
4. 左氏春秋

其時已立學官者，除施、孟、梁丘、京氏四家易外，於上列四經立學者爲：

1. 今文尚書歐陽、大、小夏侯三家
2. 詩齊、魯、韓三家
3. 禮後倉學派大、小戴二家
4. 春秋公羊傳、穀梁傳二家（公羊復分嚴、顏二家）

當時歆請立此四書，所最受反對者爲左氏春秋，皆以爲"左氏不傳春秋"；次則尚書，以爲"以尚書爲備"。（按：此二語皆見劉歆移太常博士書引。）漢書劉歆傳："歆校祕書見古文春秋左氏傳，大好之。……初左氏傳多古字古言，學者傳訓詁而已，及歆治春秋，引傳文以解經，轉相發明，由是章句義理備焉。"然由是有可疑者，崔適春秋復始："傳自解經，何待歆引？歆引以解，則非傳文。原其大旨，謂解經之文，歆所作爾。"

漢書劉歆傳："歆以爲左丘明好惡與聖人同，親見夫子，而公羊、穀梁在七十子後，傳聞之與親見之，其詳略不同。"崔適復始曰："曰'歆以爲'則是歆之創論，前人所未有矣。"

劉歆傳："及歆親近，欲建立左氏春秋及毛詩、逸禮、古文尚書皆列於學官，哀帝令歆與五經博士講論其義，諸博士或不肯置對，……諸儒皆怨恨，……儒者師丹爲大司空亦大怒，奏歆改亂舊章，非毀先帝所立"，諸反對者"以尚書爲備"一語不正確，蓋誥誓之詞自可多，書經未能畢收之也。至謂"左氏不傳春秋"則屬確言，左氏果不如公、穀之傳經也。

漢書王莽傳：“公孫禄議曰：‘國師嘉新公（劉歆）顛倒五經，毀師法，令學士疑惑，宜誅以謝天下’。”

後漢書范升傳：“尚書令韓歆上疏欲爲左氏春秋立博士，詔下其議，……升起對曰‘左氏不祖孔子而出於丘明，師徒相傳又無其人’，……乃奏左氏之失凡十四事。”

左傳確係古書而又甚佳，然當時反對如是之烈者，其必有因，則左氏確非傳經者也。

劉逢禄左氏春秋考證、龔自珍左氏決疣（佚）辨左氏最力，康有爲原本國語乃欲復左傳本來面目爲國語。此三人皆清代之今文家。古文家章炳麟則著春秋左傳讀，專駁劉逢禄之說。崔適春秋復始則又今文家之說也。

范升已言左傳師徒相傳無其人，然其後已排出師承系統，漢書儒林傳：“漢興，北平侯張蒼及梁太傅賈誼、京兆尹張敞、大中大夫劉公子皆修春秋左氏傳。誼爲左氏傳訓詁，授趙人貫公，爲河間獻王博士，子長卿爲漢蕩陰令，授清河張禹長子，禹授尹更始，更始傳子咸及翟方進、胡常，常授黎陽賈護季君，哀帝時待詔爲郎，授蒼梧陳欽子佚，以左傳授王莽至將軍，而劉歆從尹咸及翟方進受，由是言左傳者本之賈護、劉歆。”然史記儒林傳於左氏春秋一語未及，至班固時系統乃詳確如此，顯然爲史遷以後人所擬定，不可信也。今列表於下：

①張蒼
②賈誼 ── 貫公 ── 貫長卿 ── 張禹 ── 尹更始 ┐

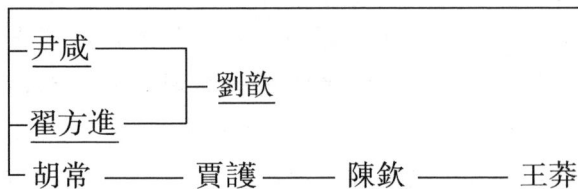

┌ 尹咸 ──┐
│　　　　├─ 劉歆
├ 翟方進 ┘
│
└ 胡常 ── 賈護 ── 陳欽 ── 王莽

③張敞

④劉公子

　　劉逢禄左氏春秋考證：“張蒼傳曰‘好書律、歷’，曰‘明習天下圖書計籍，又善用算律歷’，曰‘蒼尤好書，無所不觀，無所不曉，而尤邃律術’，曰‘著書十八篇，言陰陽律術事’而已，不聞其修左氏也。蓋歆以漢初博極群書者推張丞相，而律術及譜五德可附左氏，故首援之。賈生傳曰‘能誦詩書屬文’，曰‘頗通諸家之書’而已，亦未聞其修左氏傳也。……其所著述存者五十八篇，皆與左氏不合，惟禮容篇一事似采左氏，二事似采國語耳，蓋歆見其偶有引用，即誣以爲爲左氏訓故。賈公當即毛公弟子賈長卿，曰賈生弟子則誣矣。張敞傳曰：‘本治春秋，以經術自輔其政’，其所陳說以春秋譏世卿最盛，君母下堂則從傅母，皆公羊義，非尹氏爲聲子，崔杼非其罪，宋共姬女而不婦之謬説也。”足明漢書儒林傳之説出於歆以後之偽託。

　　更有進者，偽文所竄劉向別録曰“左丘明授曾申，申授吳起，起授其子期，期授楚人鐸椒，鐸椒……授虞卿，虞卿……授荀卿，荀卿授張蒼”，更偽造其前一段矣。今列表於下：

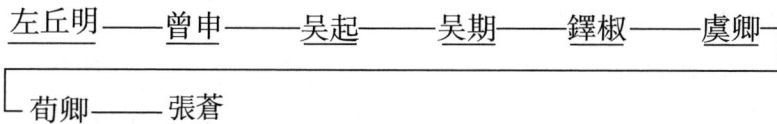

左丘明——曾申——吳起——吳期——鐸椒——虞卿
└荀卿——張蒼

　　經典釋文叙録爲合之曰，“左丘明作傳以授曾申，申傳衛人吳起，起傳其子期，期傳楚人鐸椒，椒傳趙人虞卿，卿傳同郡荀況，況傳武威張蒼，蒼傳洛陽賈誼，誼傳至其孫嘉，嘉傳趙人貫公，貫公傳其少子長卿，長卿傳京兆尹張敞，及傳御史張禹。”按經典釋文叙録爲隋、唐間之書，故得併之，然加蒼傳賈誼及長卿傳京兆尹兩節，顯然可見此爲逐漸加成而有此師承系統，皆古文家之僞託也。今列表於下：

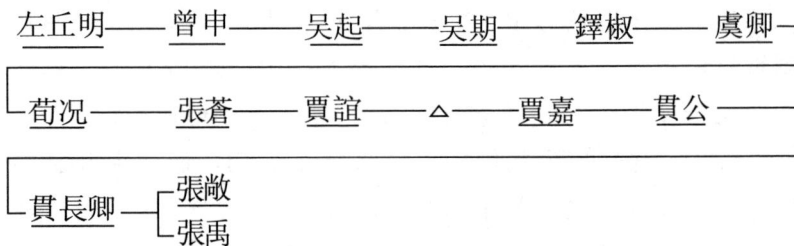

左丘明——曾申——吳起——吳期——鐸椒——虞卿——

└荀况——張蒼——賈誼——△——賈嘉——貫公——

└貫長卿┬張敞
　　　　└張禹

左傳之真可以圖明之：

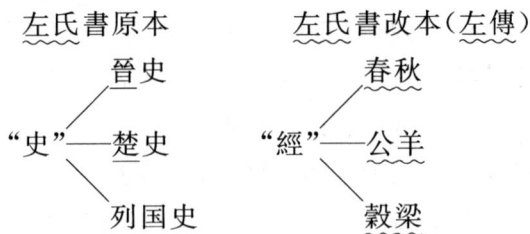

左氏書原本　　　　　　左氏書改本（左傳）

　　　　　　晉史　　　　　　　　春秋
"史"——楚史　　　　"經"——公羊
　　　　　　列国史　　　　　　　　穀梁

清代今文家如劉逢禄輩所欲作之工作即在恢復左氏書原本之"史"書價值而與"經"脱離關係也。

劉逢禄箴膏肓評跋："事固有離之則雙美，合之則兩傷者，余欲以春秋還之春秋，左氏還之左氏，而删其書法凡例及論斷之謬於大義，孤章絶句之依附經文者，冀以存左氏之本真。"

左氏書之改本爲左傳矣，左氏書原本究何名，則殊多説：劉逢禄左氏春秋考證："左氏春秋猶晏子春秋、呂氏春秋也，直稱春秋，太史公所據舊名也。冒曰春秋左氏傳，則東漢以後以訛傳訛者矣。"康有爲新學僞經考："太史公……凡三言左丘明，俱稱國語，然則左丘明所作，史遷所據，國語而已，無所謂春秋傳也。歆以其非博之學，欲奪孔子之統而自立新說以惑天下，……
求之古書得國語與春秋同時，可以改易竄附，於是毅然削去平王
以前事，依春秋以編年，比附經文，分國語以釋經，而爲左氏
傳。""國語行文舊體如惠之廿四年則在春秋前，悼之四年則在獲
麟後，皆與春秋不相比附，雖經歆改竄爲傳，遺跡可考。……蓋
歆託於丘明而申其僞傳，於是尊丘明爲魯君子，竄之史記十二諸
侯年表中；又稱與孔子同觀史記；僞古論語又稱孔子與丘明同
恥，蓋歆彌縫周密者也。"

　　康之斥歆僞造，不詳舉理由，然以今徵之，清代修四庫全書
多所竄改，則劉歆掌祕閣校書自得隨意竄改也。

　　漢書藝文志："國語二十一篇，左丘明著，新國語五十四篇，
劉向所分。"康有爲僞經考即謂："國語僅一書，而志以爲二種，
可異一也；其一廿一篇，即今傳本也，其一劉向所分之新國語五
十四篇，同一國語，何篇數相去數倍，可異二也；劉向之書皆傳
於後漢，而五十四篇之新國語後漢人無及之者，可異三也；蓋五
十四篇者，左丘明之原本也，歆既分其大半凡三十篇以爲春秋
傳，於是留其殘賸掇拾雜書加以附益而爲今本之國語，故僅得二
十一篇也。""考今本國語，周語、晉語、鄭語多春秋前事，魯語
則大半敬姜一婦人語，齊語則全取管子小匡篇，吳語、越語筆墨
不同，不知掇自何書，然則其爲左傳之殘餘，而歆補綴爲之至
明。歆以國語原本五十四篇天下人或有知之者，故復分一書以當
之，又託之劉向所分，非原本以滅其跡。……史遷於五帝本紀及
十二諸侯年表皆云春秋國語，若如今國語之寥寥，史遷不應妄引
矣。"（按晉語多爲春秋時之語，且自其中可見左傳出自國語，康
氏謂晉語多春秋前事一語實誤。）

　　瑞典人高本漢左氏真僞考反康氏等之說，氏就文法上研究，
謂左傳文法前後一致，非人所能假綴。氏以"若""如"二字各有
"if"（倘使）、"like"（好像）二義，經統計而與論語、孟子比較之

（氏稱左傳語法爲左語，孟子及論語之法爲魯語）：

		左傳	論語	孟子
if	若	三三四次	無	二
	如	三	一七	三七
like	若	三	一三	七一
	如	一九九	六九	五〇

是左傳於"若"字大抵爲"if"義，於"如"字大抵爲"like"義，而魯語則於二者之義實常混用也。

又"斯"字有"則"、"此"二義：

		左傳	論語	孟子
斯	則	四	常見	常見
	此	無	常見	常見

又"乎"字代"於"字，"與"字代"乎"字，常見於魯語，左語罕見也。又"及"字和"與"字用法，"於"字和"于"字用法，列表如下：

	左	論	孟
乎（於）	二	二八	四八
與（乎）	無	常見	常見
及、與	用及字	用與字	用與字
於、于	有別（在人名上用於，在地名上用于）	無別	無別

左傳"于""於"之用：

請於武公。

問羽數於眾仲。

鄭武公娶于申。

段入于鄢。

由是知左語與魯語大異，是左丘明必非魯人矣。所謂"魯之君子左丘明"，儒家傷言也。

高本漢的結論："左氏文法與魯語文法絕不相同，其書必非魯人所作，必非魯君子左丘明作，其書爲一人或同派之數人所作，其引用古籍時皆改爲一律的語言文法。""在一切周、秦、前漢古書中，我不曾見着一種書有左傳那樣的文法的，國語比較最近於左傳，我不曾見着別種書在文法上有這樣像左傳的。""此書與魯國儒家沒有關係，至少沒有直接關係，因爲此書的文法與孔門文法全不相同。"

(c)今本左傳之分析

(甲)對春秋經之關係主要點在：(1)有無改經？(2)如何釋經？(3)所謂續經。

(乙)對左氏原書之關係主要點在：(1)如何改爲春秋之傳？(2)有無改變史實？

兹分別論析如次：

(甲)今本左傳對春秋經之關係。

(1)改經以立傳。

傳對經文之改易有因音訛而致者，有徑行改易肆意取義而違異原文者。例如隱二年公羊有"紀履繻"而穀梁作"紀履孺"，左傳作"紀裂繻"。又如桓十五年公羊："公會齊侯於鄗"，穀："公會齊侯於蒿"，此皆音誤；而左傳乃作"公會齊侯於艾"，則艾與蒿皆草類，義近而致誤記也。又如莊元年公羊"單伯逆王姬"，左傳作"單伯送王姬"。又如襄十一年公、穀"同盟於京城北"，左傳"同盟於亳城北"。又如隱三年"尹氏卒"，在公、穀皆釋作"天子之大夫"故稱氏。左傳則改作"君氏卒"，釋爲隱公母聲子。此皆左傳改易之者也。其尤有著者，桓二年，公、穀"秋七月，紀侯來朝"，"九月入紀"，桓三年"六月公會紀侯于盛"，而左傳皆將經文之"紀"改作"杞"，然何以來朝之又伐之？左傳曰"秋七月，杞侯來朝，不敬，杞侯歸乃謀伐之。……九月入杞，討不敬也"，"公會杞侯于郕，杞求成也"。按杞爲夏後當稱公，不則稱子，"王者存二代之後"，杞、宋於周皆特存之也，左傳之改爲不可從。又隱二年公、穀經："紀子伯莒子盟於密"，公羊"紀子伯者何，無聞焉爾。"穀梁"或曰紀子伯（長也）莒子而與之盟，或曰年同爵同故紀子以伯先也"，此解釋尚不佳，左傳乃改經爲"紀子帛莒子盟于密"，杜注"子帛，裂繻字也，莒、魯有怨，紀侯既昏於魯，使大夫盟莒以和解之，子帛……比之内大夫，在莒子上，稱字，以嘉之也。"則故圓其説矣。

（2）釋不書於經之傳。

此類隱元年甚多，隱元年傳："不書即位，攝也。""夏四月，費伯帥師城郎，不書，非公命也。""八月，紀人伐夷，夷不告，故不書。""有蜚，不爲災，亦不書。""冬十月，庚申，改葬惠公，公弗臨，故不書。""衛侯來會葬，不見公，亦不書。""公子豫……及邾人鄭人盟于翼，不書，非公命也。""新作南門，不書，亦非公命也。"其後各年則解釋不書於經之文較少，獨第一年如此多，當係左氏原文所載史料較多，遂編於第一年，爲經所無，乃强爲解釋，顯出於編造左傳者僞作，故第一年多，其後少。

（3）粉飾書法。

春秋經：隱元年"夏五月，鄭伯克段於鄢"。左傳："段不弟，故不言弟。稱鄭伯，譏失教也，謂之鄭志。不言出奔，難之也。"又隱元年"公子益師卒"。左傳："衆仲卒，公不與小歛，故不書日。"又隱三年"夏四月辛卯，君氏卒"。左傳："君氏卒，聲子也。不赴於諸侯，不反哭於寢，不祔於姑，故不曰'薨'。不稱夫人，故不言葬。不書姓，爲公故，曰君氏。"左傳此類粉飾而成之"書法”甚多。

　　(4)標舉凡例。

　　書之有“凡例”始於<u>左傳</u>，吾人今日知此爲歸納<u>左傳</u>全書而得，而<u>左傳</u>作者則以此爲演繹成例，謂係<u>周公</u>所訂云。其凡例合計五十條，稱“五十凡”。如<u>隱</u>七年“<u>滕侯</u>卒”，<u>左傳</u>：“<u>滕公</u>卒，不書名，未同盟也。凡諸侯同盟於是稱名，故薨則赴以名，告終稱嗣也，以繼好息民，謂之‘禮經’。”又如<u>桓</u>三年“公子<u>翬</u>如<u>齊</u>逆女，九月<u>齊侯</u>送姜氏於<u>讙</u>，……夫人<u>姜氏</u>至自<u>齊</u>”，<u>左傳</u>：“<u>齊侯</u>送<u>姜氏</u>，非禮也。凡公女嫁於敵國，姊妹則上卿送之，以禮於先君；公子則下卿送之；於大國，雖公子亦上卿送之，於天子，則諸卿皆行，公不自送；於小國，則上大夫送之。”又<u>莊</u>三年“冬，公次於<u>滑</u>”，<u>左傳</u>：“凡師一宿爲舍，再宿爲信，過信爲次。”又<u>莊</u>十一年“夏三月戊寅，公敗<u>宋</u>師於<u>鄑</u>”，<u>左傳</u>：“<u>宋</u>……侵我，公禦之，<u>宋</u>師未陳而薄，敗諸<u>鄑</u>。凡師，敵未陳曰敗某師，皆陳曰戰，大崩曰敗績，得儁曰克，覆而敗之曰取某師，京師敗曰王師敗績于某。”<u>成</u>十八年“夏，<u>楚子</u>、<u>鄭伯</u>伐<u>宋</u>，<u>宋魚石</u>復入於<u>彭城</u>”，<u>左傳</u>：“書曰‘復入’，凡去其國，國逆而立之曰‘入’，復其位曰‘復歸’，諸侯納之曰‘歸’，以惡曰‘復入’。”然<u>莊</u>五年“冬，公會<u>齊</u>人、<u>宋</u>人、<u>陳</u>人、<u>蔡</u>人伐<u>衛</u>”，<u>莊</u>六年“春正月，<u>王</u>人子突救<u>衛</u>”，“夏六月，<u>衛侯朔</u>入於<u>衛</u>”，乃只書“入”而不書“復入”，亦不書“歸”，<u>杜預</u>注：“<u>朔</u>爲諸侯所納，不稱歸而以國逆爲文，<u>朔</u>懼失眾心，以國逆告也”，然此由公會諸侯納之，無用於<u>朔</u>告之也。其爲故圓其說明矣。

　　<u>唐</u><u>陸淳</u>春秋集傳纂例：“<u>杜預</u>云：‘凡例皆<u>周公</u>之舊典禮經’。按其傳例云：‘弒君稱君，君無道也；稱臣，臣之罪也’，然則<u>周公</u>先設弒君之義乎？又曰：‘大用師曰滅，弗地曰入’，又<u>周公</u>先設相滅之義乎？”此指出“凡例”由<u>周公</u>所定之說爲不合理。

　　(5)僞造“君子曰”、“君子謂”、“<u>孔子</u>曰”、“<u>仲尼</u>曰”。

公羊莊十二年："不修春秋曰……君子修之曰……"。據春秋繁露"昭、定、哀，君子之所見也"，是"君子"確指孔子。而史記十二諸侯年表云"魯君子左丘明"，則又非指孔子矣。大抵公羊中之君子皆指孔子，左傳中則兩者皆可，究不知確何指，要爲後人所加。隱三年"癸未，葬宋繆公"。公羊："故君子大居正，宋之禍，宣公爲之也"。左傳："君子曰，宋宣公可謂知人矣，立穆公，其子享之，命以義夫"。兩相反之意見而皆並託之"君子"所言，使公羊之君子而爲孔子，則左傳者非也，反之亦然。又如襄三十年："宋災，伯姬卒，……葬宋共姬"。公羊："其稱謚何，賢也。何賢爾？宋災，……伯姬曰：吾聞之也，婦人夜出，不見傅母不下堂。……逮于火而死。"而左傳云："宋伯姬卒，待姆也，君子謂宋共姬女而不婦，女待人，婦義也。"左傳意亦適與公羊相反，而復託之"君子謂"，足見左傳處處故與公羊立異也。古史中"君子曰"之文亦常有，如國語之晉語中即多有，然大抵甚簡短，少則爲一二字，多亦不過成句。左傳中最多者竟有達二百三十一字，無異一論文矣(定九年)。左傳書中間亦有簡短者，如文十三年："邾文公卜遷於繹，史曰'利於民而不利於君'……邾子曰：'民苟利矣，遷也吉，莫如之'，遂遷於繹。五月，邾文公卒，君子曰'知命'。"或原文中原已有之文歟？至於莊十六年"鄭伯……刖强鉏，……君子謂强鉏不能衛其足。"宣九年"衛靈公……通於夏姬，……洩冶諫……遂殺洩冶。孔子曰：詩云'民之多辟，無自立辟'，其洩冶之謂乎？"又僖九年"獻公使荀息傅奚齊，公疾召之，……對曰：'臣竭其股肱之力，繼之以忠貞，……不濟則以死繼之。'……里克殺奚齊，……公子卓、荀息死之。君子曰：'詩所謂白圭之玷，尚可磨也，斯言之玷，不可爲也，荀息有焉'。"凡此"君子"之語，竟皆爲明哲保身、與世浮沉之語，與孔子之人生態度適相反也，孔子乃知其不可而爲之者，寧作此語乎？使左傳之"君子"而真爲孔子，則斷不會有此等語者也。

經義考引宋人林栗之説曰：“左傳凡言‘君子曰’，是劉歆之辭。”朱子語録：“左氏所述‘君子曰’，皆鄙陋，因舉‘芟夷蘊崇之’一段，是關上文甚事？”此見隱六年：“鄭伯侵陳，大獲，往歲鄭伯請成於陳，陳侯不許，……君子曰：‘惡不可長，其陳桓公之謂乎！……爲國家者見惡如農夫之務去草焉，芟夷蘊崇之，絕其本根，勿使能殖，則善者信（伸）矣。’”大抵左傳中“君子曰”之文甚多“迂”者，亦甚多“滑”者，孔子當不如是也。

(6)續經。

公、穀之經均止於哀十四年“春，西狩獲麟”。左氏經則止於哀十六年“夏四月己丑，孔子卒”，儒者謂之“續經”。第左氏傳中原未標明續經，皆一律相沿書之。左氏既無“續經”字樣，杜預注云：“‘小邾射以句繹來奔’以下至十六年皆魯史記之文，弟子欲存孔子卒，故并録以續孔子所修之經。”此語當出杜撰，按續經中有“晉侯伐鄭”之文，時晉侯徒居虚位，權落六卿，自不能有伐鄭之事，可見此“經”之出於僞造也。

(乙)今左傳對左氏原書之關係

今本左傳係由左氏原書改造而成。左氏原書如何改造爲春秋之傳，約可尋其跡以得之。

桓元年經：“夏四月丁未，公及鄭伯盟于越”。左傳：“公及鄭伯盟於越。結祊成也。……冬，鄭伯拜盟”。杜注：“鄭伯若自來則經不書，若遣使則當言“鄭人”，不得稱‘鄭伯’，疑謬誤。”

蓋經有其事，左傳作者爲附經文故益之耳。此可知左傳之成爲春秋傳，其出左傳作者附益者多，則其取左氏原書材料附益爲春秋之傳，正其習用之手法爾。

大抵左傳對原本左氏書之改造，約有下列數途：

1. 本無年月日，而勉強爲之安插者（例如楚武王、文王時事）。

2. 本爲一時事，而分插入數年中者（如曲沃並晉時事）。

3. 將國語中零碎記載加以修改並作一篇者（如鄢陵之戰）。

4. 受西漢時代影響而加入者（如漢爲堯後説）。

5. 受東漢時代影響而加入者（如少康中興説）。

6. 在杜預作注後加入者（如秦穆夫人登臺而請之語——此晉懷愍被擄後之作品）。

7. 左傳本有而後人删之者（沙鹿崩時晉史卜之語）。

現分述之：

（1）本無年月而強爲安插者

　　　莊二十年經："春王二月，夫人姜氏如莒。夏，齊大災。秋七月。冬，齊人伐戎。"左傳："春，鄭伯和王室，不克……。夏，鄭伯遂以王歸……。秋，王及鄭伯入於鄔……。冬，王子頽享五大夫。"

左傳素不分春夏秋冬，今乃就經之春夏秋冬比附之，並將有連帶關係之事跡亦按春夏秋冬分述，以此比附其爲傳經之文。

　　　莊二十六年經："春，公伐戎。夏，公至自伐戎。秋，公會宋人、齊人伐徐。冬十有二月癸亥朔，日有食之。"左傳："春，晉士蒍爲大司空。夏，士蒍城絳以深其宫。秋，虢人侵晉。冬，虢人又侵晉。"

是左傳以二事分成四事，用以比附於經之春夏秋冬。杜注："此年經傳各自言其事者，或經是直文，或策書雖存而簡牘散落，不究其本末，故傳不復申解，但言傳事而已。"蓋求其故不得而爲此解釋。

　　桓九年左傳："春，紀季姜歸於京師。巴子使韓服告於楚，請與鄧爲好，楚子使道朔將巴客以聘於鄧，鄧南鄙鄾人攻而奪之幣，殺道朔及巴行人……。夏，楚使鬭廉帥師及巴師圍鄾，……鄾人宵潰。秋，虢仲、芮伯、梁伯、荀侯、賈伯伐曲沃。冬，曹太子來朝（此句見經）。"

此以楚國史料事實雜綴時日中。

　　莊四年左傳："春王三月，楚武王荆尸授師孑焉以伐隨，……卒於樠木之下，令尹鬭祁、莫敖、屈重除道梁溠，營軍臨隨，隨人懼，行成。莫敖以王命入盟諸侯，且請爲會於漢而還。濟漢，而後發喪……。夏，紀侯大去其國，違齊難也。"

春三月至夏僅一月，乃作事如此多，過地如此廣，顯爲不可能，"春三月"之辭，必妄加者也。

　　劉逢禄左氏春秋考證："左氏……未能盡見列國寶書，……惟取所見列國載籍，如晉乘、楚檮杌等，相錯編年爲之，本不必比附夫子之經，故往往比年闕事。劉歆强以爲傳春秋，或緣經飾説，或緣左氏本文前後事，或兼採他書以實其中，……增春夏秋冬之時，……要之皆出點竄，文采便陋，不足亂眞也。"

　　劉逢禄考證證明闕事之年：隱十年，桓元年、七年、九年、十一年、十二年、十三年、十六年，莊元年、二年、三年、四年、五年、六年、七年、十三年、十五年、十七年、二十年、二十六年、二十七年、二十九年、三十年、三十一年等等。

　　(2)本爲一事而分插數年者

　　此種情況左傳中恒見之，茲舉春秋初年楚、晉兩國史事爲例以明之。

　　春秋初年之楚史料：楚武王侵隨（桓六年），隨少師有寵誤國（桓八年），巴子與楚敗鄧（桓九年），屈瑕將盟貳軫（桓十一年），楚伐絞，軍南門（桓十二年），屈瑕伐羅而敗（桓十三年），楚武王荊尸伐隨（莊四年），楚文王伐申（莊六年），楚滅息敗蔡（莊十年），楚滅息（莊十四年），楚文王禦巴伐黃（莊十八、十九年）。然就以上史事觀之，桓六年記楚伐隨，故示以羸師以紿隨，隨寵臣少師勸隨侯戰而季梁止之。桓八年隨用少師言輕戰，爲楚所敗。桓十一年，鄖將與隨、絞、州、蓼伐楚，楚先敗鄖以離之。桓十二年楚伐絞大敗之，時羅人伺隙欲伐楚。桓十三年楚伐羅爲所敗，至莊四年楚武王伐隨而死。凡此明爲一事，原文前後相條貫，乃分繫數年。又桓九年、莊六年所記爲滅鄧一事，莊十年、莊十四年所記爲滅息一事，莊十八年、莊十九年所記則爲禦巴伐黃一事，原文皆密合無間，亦分插數年。（莊六年記滅鄧，歷敍數年事，則又併在一年內。）

　　春秋初年之晉史料：莊十六年左傳：“王使虢公命曲沃伯以一軍爲晉侯。”莊十八年：“虢公、晉侯朝王，王饗醴，命之宥，皆賜玉五瑴、馬三匹。”則此兩事故應在同時爲一事。又莊二十三年傳：“晉、桓、莊之族偪，獻公患之，士蒍曰：‘去富子則群公子可謀也已’。公曰：‘爾試其事’。士蒍與群公子謀譖富子而去之。”莊二十四年：“晉士蒍又爲群公子謀，使殺游氏之二子，士蒍告晉曰‘可矣，不過二年，君必無患’。”莊二十五年：“晉士蒍使群公子盡殺群游氏之族，乃城聚而處之。冬，晉侯圍聚，盡殺群公子。”莊二十六年：“春，晉士蒍爲大司空。夏，士蒍城絳，以深其宮。”按，此四段連敍一事，如將其中年數去之，則成一文，儼似國語一篇也，今乃分插於莊公時傳文數年中矣。

　　（3）改併國語者

　　茲以“鄢陵之戰”論之。先錄國語有關之文：

　　國語晉語六：（一）厲公將伐鄭。（二）厲公六年伐鄭。（三）鄢之戰郤至逐楚共王。（四）鄢之役晉人欲爭鄭。（五）鄢之役晉伐鄭，荊楚救之。（六）鄢之役晉伐鄭，荊救之。（七）鄢之役荊厭晉軍。（八）反自鄢范文子謂其宗祝。（九）既戰獲王子發鈎。

此重複甚多，可知國語非一人所作。

　　鄢陵之戰，范文子不欲戰，時將晉中軍。國語中記文子不欲戰之語甚多：

　　（一）厲公將伐鄭，范文子不欲曰：“若以吾意，諸侯皆叛，則晉可爲也……”

　　（二）鄢之役，晉人欲爭鄭，范文子不欲曰：“吾聞之，爲人臣者能内睦而後能圖外，不睦内而圖外，必有内爭……”

　　（三）鄢之役，晉伐鄭，荊救之，大夫欲戰，范文子不欲曰：“吾聞之君人者，刑其民成而後振武於外，是以内和而外威成……”

　　（四）鄢之役，晉伐鄭，荊救之……欒武子欲戰，范文子不欲曰：“吾聞之，惟厚德者能受多福，無福而服者衆必自傷也，稱晉之德，諸侯皆叛，國可以少安……”

今觀左傳記范文子之語亦不欲戰，惟併之如次：

　　成十六年：晉侯將伐鄭，范文子曰：“若逞吾願，諸侯皆叛，晉可以逞，若惟鄭叛，晉國之憂可立俟也……。”六月，晉、楚遇於鄢陵，范文子不欲戰，郤至曰：“韓之戰惠公不振旅，箕之役先軫不反命，邲之師荀伯不復從，皆晉之恥也。子亦見先君之事矣，今我辟楚人又益恥也！"文子曰：
"吾先君之邷戰也有故，秦、狄、齊、楚皆强，今三强服矣，
敵楚而已，惟聖人爲能內外無患，自非聖人外寧必有內憂，
盍釋楚以爲外懼乎！"

但晉語云：

　　　樂武子欲戰，范文子不欲，曰："……且惟聖人能無外
患，又無內憂，詎非聖人，不有外患，必有內憂，盍釋荆與
鄭以爲外患乎？"……樂武子曰："昔韓之役惠公不復舍，邲
之役三軍不振旅，箕之役先軫不復命，晉國之政固有大恥
三，今我任晉國之政，不毁晉恥，又違蠻夷重之，雖有後
患，非我所知也。"

是左傳稍易國語之文以成左氏之文，特左傳作者易樂武子之言爲
郤至語，然"今我任晉國之政"一語乃樂武子之身份，郤至不能
代，故删之。
　　晉語："厲公六年伐鄭，且使苦成叔及欒黶興齊、魯之師，
楚恭王率東夷救鄭，楚半陳，公使擊之，樂書曰'君使黶也興齊
魯之師，請俟之。'郤至曰：'不可，楚師將退，我擊之必以勝歸，
夫陳不遠忌，一間也；夫南夷與楚來而不興陳，二間也；夫楚與
鄭陳而不興整，三間也；且其士卒在陳而讙，四間也；大衆聞讙
則必懼，五間也。鄭將顧楚，楚將顧夷，莫有鬥心，不可失也。'
郤犨食采邑於苦成，故謂之苦成叔。欒黶，樂書之子。"左傳：
"樂書曰：'楚師輕窕，圍壘而待之，三日必退，退而擊之，必獲
勝焉。'郤至曰：'楚有六間，不可失也，其二卿相惡，王卒以舊，
鄭陳而不整，蠻軍而不陳，陳不違晦，在陳而囂，合而加囂，各
顧其後，莫有鬥心，我必克之。'"

　　晉語：“既退荊師於鄙，將穀，范文子立於戎馬之首曰，‘君幼弱，諸臣不佞，吾何福以及此，吾聞之天道無親，唯德是授，吾庸知天之不授晉且以勸楚乎？君與二三臣其戒之。夫德，福之基也，無德而福隆，猶無基而厚墉也，其壞也無日矣’。”左傳：“晉入楚軍三日穀，范文子立於戎馬之前曰‘君幼，諸臣不佞，何以及此，君其戒之’。”

　　晉語：“反自鄙，范文子謂其宗祝曰：‘君驕泰而有烈，夫以德勝者猶懼失之，而況驕泰乎。君多私，今以勝歸，私必昭；昭私，難必作。吾恐及焉。凡吾宗祝為我祈死，先難而免。’七年夏，范文子卒。”左傳：“晉范文子反自鄢陵，使其祝宗祈死，曰‘君驕侈而克敵，是天益其疾也，難將作矣，愛我者惟祝我，使我速死，無及於難，范氏之福也’，六月戊辰，士燮卒。”左傳將鄙添作鄢陵，以經為鄢陵也，所以書日排比經文，而末不書范文子卒而書士燮卒，因經文卒上冠名故也。成十七年經“六月乙酉同盟於柯陵”，而傳乙酉上之十八日為戊辰，是隨意填之也。

　　杜工部句：“天吳與紫鳳，顛倒在短褐”，足為左氏改國語成書之寫照。

　　(4)受西漢影响加入者

　　司馬遷秦楚之際月表序：“王跡之興起於閭巷，合縱討伐軼於三代，……此乃傳之所謂大聖乎？豈非天哉，豈非天哉，非大聖孰能當此受命而帝者乎！”（按中庸“大德者必受命”。）高祖本紀曰：“高祖沛豐邑中陽里人，姓劉氏字季，父曰太公，母曰劉媼。”父母名字未具，可見高祖之出身微賤，秦楚之際月表所以嘆之也。然至昭帝時漸有造作，漢書眭弘傳（昭帝時人）“先師董仲舒有言‘雖有繼體守文之君，不害聖人之受命’，漢家堯後，有傳國之運，漢帝宜誰差天下求索賢人，禪以帝位而退，自封百里如殷、周二王後，以承順天命”。於是始有漢家堯後之說，而他書未之見也，乃左傳文十三年竟有“晉人患秦人之用士會也，……

乃使魏壽餘僞以魏叛者以誘士會，……秦伯師於河西，魏人在東，壽餘曰'請東人之能與二三有司言者吾與之先'，使士會，士會辭，……秦伯曰：'若背其言，所不歸爾帑者有如河。'乃行。……既濟，晉人謀而還，秦人歸其帑，其處者爲劉氏"之文。後一句語氣不類，當爲欲證明漢爲士會之後故加此語，然後復證士會爲堯後，以證漢之爲堯後也。左傳襄二十四年"范宣子曰'昔匃之祖自虞以上爲陶唐氏，在夏爲御龍氏，在商爲豕韋氏，在周爲唐杜氏，晉主夏盟爲范氏。'"士匃，士燮之子而士會之孫也（士者以官爲氏——士爲理官——范則以封邑爲氏也）。左傳昭二十九年"蔡墨……對曰：'……有夏孔甲擾於有帝，帝賜之乘龍，河漢各二，各有雌雄，孔甲不能食，而未得豢龍氏；有陶唐氏既衰，其後有劉累，學擾龍於豢龍氏，能飲食之，夏后嘉之，賜曰御龍，以更豕韋之後。龍一雌死，潛醢以食夏后，夏后饗之，既而使求之，懼而遷於魯縣，范氏其後也。'"就左傳此三段材料可畫一世系表：

```
陶唐氏…御龍氏（劉累）…豕韋氏…唐杜氏…
┌────────────────────────────────────────┐
│
│          ┌ 范氏
└ 士會──┤
           └ 劉氏─豐公─太公─高祖
```

是漢家門第本高，原爲堯後，而太史公不如是言，固知此爲西漢後期之説，故至漢書，説較史記乃大備。高帝紀贊："春秋晉史蔡墨有言……劉向云：'戰國時劉氏自秦獲於魏，秦滅魏，遷大梁，都於豐……'是以頌高祖云：'漢帝本系，出自唐帝，降及於周，在秦作劉，涉魏而東，遂爲豐公。'豐公蓋太上皇父。……由是推之，漢承堯運……"此材料果屬實，太史公必採用無疑，太史公叙世系好推往古，此其筆法，自序一篇可證也，而史記不如是，可斷言漢初尚無此種説法。後漢書賈逵傳“五經家皆無以證圖讖明劉氏爲堯後者，而左氏獨有明文”。孔穎達左傳正義襄二十四年：“炫（隋劉炫）於‘處秦爲劉’謂非丘明之筆，‘豕韋、唐杜’，不信元愷之言，己之遠祖，數自攻訐。”又左傳正義文十三年：“伍員屬其子於齊，使爲王孫者，知己將死，豫令改族。……士會之帑，在秦不顯，於會之身復無所避，傳説處秦爲劉氏，未知何意言此？討尋上下，其文不類，深疑此句或非本旨，蓋以漢室初興，捐棄古學，左氏不顯於世，先儒無以自申，……插注此辭，將以媚於世。……竊謂前世藉此以求道通……耳。”

欲明此事之背景，當明白此乃牽涉五德終始説：

鄒衍説：

　　黃帝—土德（黃帝時黃龍見，色黃，土色也）
　　夏——木德（禹時青龍見，色青，木葉色也）
　　商——金德（商時白色）
　　周——火德（周時赤色）
　　? ——水德（黑色）

鄒氏本人之書亡，此見呂氏春秋應同篇“代周者必將水德”。此“五德相勝”説也。及秦起乃自膺水德，然不久即亡，漢興乃自有數説：

　（1）水德　漢高祖立黑帝祠（不算秦也）。
　（2）土德　以秦爲水德，漢故當爲土德，此文帝時公孫弘、賈誼之説，漢武乃以土德定制度。
　（3）火德　劉歆、王莽主此説。

漢爲水德土德之説其語猶有稽，爲火德之説無根據，蓋周乃火德也。於是又有“五德相生”説，謂“木生火，火生土，土生金，金生水，水生木。”於漢書律曆志引世經，根據五德相生叙帝王世德終始：

木	伏羲	帝嚳	周
火	炎帝	堯	漢
土	黃帝	舜	莽
金	少昊	夏	（少昊爲勉强加入，以便將漢置火德下）
水	顓頊	商	

乃移周爲木德，漢爲火德，使爲堯後，此則王莽所造稱。莽自稱舜後，堯禪舜，故推漢爲堯後，當亦禪己。漢書元后傳：“莽自謂黃帝之後，其自本曰：‘黃帝姓姚氏，八世生虞舜。舜起嬀汭，以嬀爲姓。至周武王封舜後嬀滿於陳，是爲胡公，十三世生完。完字敬仲，奔齊，齊桓公以爲卿，姓田氏。十一世田和有齊國，三世稱王，至王建爲秦皇所滅。項羽起，封建孫安爲濟北王。至漢興，……齊人謂之王家。’”此其自造爲土德之家譜，以便取漢之火德也。

後漢書賈逵傳：“五經家皆無以證圖讖明劉氏爲堯後，而左氏獨有明文；五經家皆言顓頊代黃帝而堯不得爲火德，左傳以爲少昊代黃帝即圖讖所謂帝宣也，如令堯不得爲火，則漢不得爲赤，其所發明補益實多”，按左傳昭十七年：“郯子曰：‘……昔者黃帝氏以雲紀，故爲雲師而雲名，……我高祖少昊摯之立也，鳳鳥適至，故紀於鳥爲鳥師而鳥名，……自顓頊以來不能紀遠，乃紀於近，爲民師而命以民事。’”於黃帝與顓頊之間多少昊一代矣，圖讖不知有少昊之名，故擬名曰帝宣。

後漢書光武帝紀：“同舍生彊華自關中奉赤伏符至，曰：‘劉秀發兵捕不道，四夷雲集龍鬥野，四七之際火爲主。’”漢爲堯後自昭帝以來已確定，漢爲火德自光武時亦確定，而“爲堯後”，

"爲火德"經典中無他籍有證據，惟左傳於堯後有明文，於火德則加少昊一代，推之漢乃得爲火德。而左傳之文皆此期間所加入，王莽稱漢爲火德以圖篡，光武亦從而稱漢爲火德以受命。

(5)受東漢影响加入者

晉語七："無終子嘉父使孟樂因魏莊子納虎豹之皮以和諸戎，公曰'戎翟無親而好得，不若伐之'，魏絳曰'勞師於戎而失諸華，雖有功猶得獸而失人也，安用之？且夫戎翟荐處，貴貨而易土，與之貨而獲其土，其利一也；邊鄙耕農不儆，其利二也；戎翟事晉，四鄰莫不震動，其利三也；君其圖之'，公說，遂使魏絳撫諸戎，於是乎遂伯。"

左傳之文則有添益，襄四年："無終子嘉父使孟樂如晉，因魏莊子納虎豹之皮，以請和諸戎。晉侯曰，'戎翟無親而貪，不如伐之'，魏絳曰，'諸侯新服，陳新來和，將觀於我，我德則睦，否則携貳；勞師於戎而楚伐陳必弗能救，是棄陳也，諸華必叛。戎禽獸也，獲戎失華，毋乃不可乎。夏訓有之曰，"有窮后羿"。'公曰'后羿何如？'對曰'昔有夏之方衰也，后羿自鉏遷於窮石，因夏民以代夏政，恃其射也，不修民事而淫于原獸，棄武羅、伯囷、熊髠、尨圉而用寒浞，寒浞，伯明氏之讒子弟也，伯明后寒棄之，夷羿……以爲己相，浞行媚於內而施賂於外，愚弄其民而虞羿於田，樹之詐慝以取其國家，內外咸服，羿猶不悛，將歸自田，家衆殺而享之以食其子，其子不忍食諸，死於窮門。靡奔有鬲氏，浞因羿室生澆及豷，恃其讒慝詐偽，而不德於民，使澆用師滅斟灌及斟尋氏，處澆於過，處豷於戈，靡自有鬲氏收二國之燼以滅浞而立少康。少康滅澆於過，后杼滅豷於戈，有窮由是遂亡，失人故也。昔周辛甲之爲太史也，命百官官箴王闕，於虞人之箴曰："芒芒禹跡，畫爲九州，經啟九道，民有寢廟，獸有茂草，各有攸處，德用不擾；在帝夷羿，冒于原獸，忘其國恤，而思其麀牡，武不可重，用不恢于夏家，獸臣司原，敢告僕

夫"。虞箴如是，可不懲乎！'於是晉侯好田，故魏絳及之。公曰
'然則莫如和戎乎？'對曰：'和戎有五利焉，戎翟荐居，貴貨易
土，土可賈焉，一也；邊鄙不聳，民狎其野，穡人成功，二也；
戎翟事晉，四鄰振動，諸侯威懷，三也；以德綏戎，師徒不勤，
甲兵不頓，四也；鑑於后羿，而用德度，遠至邇安，五也；君其
圖之。'公說，使魏絳盟諸戎，修民事，田以時。"此其間加入后羿
一大段，然后羿之事與和戎毫無關連，斷不會魏絳於和戎時必須
論及，察國語前後文並無此痕跡，此顯然爲左傳中硬行加入，此
舉主旨在言少康中興。按左傳中另有一段亦謂此事，哀元年：
"吳王夫差敗越於夫椒，報檇李也，遂入城。越子以甲盾五千保
於會稽，使大夫種因吳太宰嚭以行成，吳子將許之，伍員曰：
'不可，臣聞之，樹德莫如滋，去疾莫如盡，昔有過澆殺斟灌以
伐斟尋，滅夏后相，后緡方娠，逃出自竇，歸於有仍，生少康
焉，爲仍牧正，惎澆能戒之，澆使椒求之，逃奔有虞，爲之庖
正，以除其害，虞思於是妻之以二姚，而邑之綸，有田一成，有
衆一旅，能布其德而兆其謀，以收夏衆，撫其官職，使女艾諜
澆，使季杼誘豷，遂滅過、戈，復禹之績，祀夏配天，不失舊
物。今吳不如過，而越大於少康，或將豐之，不亦難乎？勾踐能
親而務施，……克而弗取，將又存之，……以是求伯，必不行
矣！'弗聽，……越及吳乎。"其所叙夏中興事，凡數要點：

(1)羿代夏

(2)羿收寒浞豷

(3)寒浞殺羿

(4)浞因羿室生澆及豷

(5)澆伐斟灌、斟尋滅夏后相（至少當在殺羿二十餘年後）

(6)夏后相之妻遺腹生少康

(7)少康娶二姚生杼（至少當在澆殺相後二十餘年）

(8)少康滅澆，杼滅豷（杼至少當有二十餘歲始勝任）

此其間后羿篡夏后，夏統中絶者七八十年，竟能有如是之久乎？吾人可按之史記夏本紀：“夏后帝啟崩，子帝太康立。”“帝太康失國，昆弟五人須於洛汭，作五子之歌。”“太康崩，弟仲康立，是爲帝仲康。帝仲康時，羲和湎淫，廢時亂日，胤往征之，作胤征。”“仲康崩，子帝相立。”“帝相崩，子帝少康立。”“帝少康崩，帝予立。”帝相崩後即少康立而無被篡中興之事，此等大事，斷無不書之理，蓋作五子之歌、作胤征等小事猶書之，此等大事果屬事實，斷無不書者也，而不書者，必太史公時尚無此種傳説可知。

孔穎達左傳襄四年疏：“計太康失邦，及少康紹國，向有百載乃滅有窮，據此傳文，夏亂甚矣。而夏本紀云‘仲康崩子相立，相崩子少康立’，都不言羿、浞之事，是馬遷説之疏也。”司馬貞史記索隱：“帝相自被篡弒，中間經羿、浞二氏，蓋三數十年，而此紀總不言之，直云帝相崩子少康立，疎若之甚。”兩氏評馬遷之疏，直不知馬遷之不聞有此事也。至於左氏傳之造此或本楚辭。

按楚辭離騷有文：“啟九辨與九歌兮，夏康娛以自縱，不顧難以圖後兮，五子用失乎家巷，羿淫游以佚畋兮，又好射封狐，固亂流其鮮終兮，浞又貪乎厥家，澆身被服强圉兮，縱欲而不忍，日康娛而自忘兮，厥首用夫顛隕，……及少康之未家兮，留有虞之二姚。”又天問：“啟代益作后，卒然離蠥，何啟惟憂，而能拘是達，……啟棘賓商，九辨、九歌，何勤子屠母而死分竟地？帝降夷羿，革孽夏民，胡射夫河伯而妻彼洛嬪，馮珧利決，封豨是射，何獻蒸肉之膏而帝不若？浞娶純狐，眩妻爰謀，何羿之射革而交吞揆之？阻窮西征，巖何越焉？化爲黄熊，巫何活焉？……惟澆在户，何求於嫂？何少康逐犬而顛隕厥首？……湯謀易旅，何以厚之，覆舟斟尋，何道取之？”

然左傳有而楚辭所無者多：（一）無羿代夏事，（二）無浞滅夏事，（三）無后緡逃出生少康事，（四）無靡助少康復國事，（五）浞子無豷，（六）無少康爲有仍牧正事，（七）無椒女艾等人，（八）無過、戈、斟灌等國。按左傳本之魏史，楚辭記楚國流傳之神話，二者本可不相關，大抵兩漢讀楚辭者多以羿浞之事爲一大事，不可不傳諸史，故左氏作者遂以入之傳。

何以知爲東漢參入者，直接證據尚無之，可有間接證據述於後。

公孫述五行説：

東	木	青		
南	火	赤	漢	
中	土	黄	莽	
西	金	白	述	
北	水	黑		

後漢書公孫述傳引讖書：“孔子作春秋爲赤制，作斷十二公。”又引録運法：“廢昌帝，立公孫。”又引括帝象：“帝軒轅受命公孫氏握。”又引援神契：“西太守，乙卯金”（乙，軋也〔絶也〕，卯金，劉也）。光武帝與公孫述書，“圖讖言公孫即宣帝也，代漢者當塗高，君豈高之身耶？……天下神器不可力爭，宜留三思。”華陽國志引該書：“吾帝繼祖而興，非稱受命”，此二語范書遺之，因公孫述宣傳“一姓不再受命”，故光武帝駁之也（國語記叔向語：“一姓不再興”）。可見光武帝當時尚不知少康中興之事，不然當引少康中興事以駁之。

後漢書王昌傳録王昌（郎）告州郡檄文：“朕孝成皇帝子子輿者也，昔遭趙氏之禍，因以王莽篡殺，賴知命者將護朕躬，解形河濱，削跡趙、魏，……普天率土，知朕隱在人間，南嶽諸劉，爲其先驅，朕仰觀天文，乃興於斯，以今月壬辰即位趙宮。……

蓋聞爲國，子之襲父，古今不易，……故遣使者班下詔書。"事與
少康事最相似，然猶未標榜少康中興事以附麗也。

後漢書祭祀志："詔博士議封禪（建武三十二年），殷統未絕，
黎庶繼命，高宗久勞，猶爲中興；……漢統中絕，王莽盜位，一
民莫非其臣，尺土靡不其有，宗廟不祀十有八年，陛下無十室之
資，奮振於匹夫，除殘去賊，興復祖宗，業就天下，……功德盛
於高宗，……宜封禪爲百姓祈福。"按尚書無逸"其在高宗時舊勞
於外，爰暨小人，作其即位，爰知小人之依，用保惠于庶民"，
司馬彪蓋用此事。然光武之中興決不似高宗而似少康，司馬彪未
引少康事者，蓋當時猶未盛行少康中興之故事也。

及蔡邕光武濟陽宮碑"祀漢配天，不失舊物"二語，則出於左
傳"少康……復禹之績，祀夏配天，不失舊物"。是東漢末年左傳
中已有少康中興語，而東漢初尚無之，足反證此事爲東漢時參
入，其所以欲參入此無非爲光武中興之業反應而出此也。

（6）杜預作注之後加入者

僖十五年左傳："秦獲晉侯以歸，……穆姬聞晉侯將至，以
太子罃、弘與女簡璧登臺而履薪焉，使以免服衰絰逆，且告曰：
'上天降災，使我兩君匪以玉帛相見而以兵戎，若晉君朝以入則
婢子夕以死，夕以入則朝以死，惟君裁之。'乃舍之靈臺。"陸德明
經典釋文："自'曰上天降災'起凡四十七字，檢古本皆無，尋杜
注亦不得有，有自後人加也"（按應只四十二字爲後人加，"乃舍
諸靈臺"五字原文當有，蓋杜注有"靈臺在京兆鄠縣，周之故臺"
之文也），但此段文語意明暢，可以不加注，杜不注亦有可能，
不得遂據杜未注而斷爲後人所加，故陸氏之説理由尚未充足，然
孔穎達之疏則至明顯其爲後人所加矣。孔穎達左傳正義："傳文
於此或有'曰上天降災……'，左傳本無此言，後人妄增之耳，何
以知其然？二十二年傳曰'寡君之使婢子侍執巾櫛'，杜注'婢子，
婦人之卑稱'，若有此言'婢子'，不當舍此而注彼也，又此注云

‘且告夫人將以恥辱自殺’，若有此辭，不煩彼注，……明是本無
之也。”

　　此其辭當自列女傳鈔襲得來，列女傳“秦穆公姬……告穆公
曰‘上天降災，使兩君匪以玉帛相見，乃以興戎，婢子娣姒不能
相教，以辱君命，晉君朝以入，婢子夕以死，惟君其圖之’，公
懼，乃舍諸靈臺”，是其藍本也。

　　(7)左傳本有而後人刪之者

　　春秋僖十四年經：“秋八月辛卯，沙鹿崩”，公羊“沙鹿者何？
河上之邑也”，穀梁“林屬於山爲鹿，沙，山名也”，而左傳無此
解。漢書元后傳：“翁孺（王賀字，莽之曾祖）……徙元城委粟里
爲三老，魏郡人德之，元城建公曰：‘昔春秋沙鹿崩，晉史卜之，
曰：陰爲陽雄，土火相乘，故有沙鹿崩，後六百四十年，宜有聖
女興，其齊田乎，今王翁孺徙，正直其地，日月當之，元城郭東
有五鹿之墟，即沙麓地也，後八十年當有聖女興天下云。’”“晉史
卜之曰”云云，在王莽時左傳應有而今本左傳無之，蓋因土火相
乘，不幸王莽敗，漢仍爲火德，以去之歟？僖十四年左傳“秋八
月辛卯，沙鹿崩，晉卜偃曰‘期年將有大咎，幾亡國’”，按十五
年韓之戰，秦獲晉侯以歸，今本左傳蓋存其事而易其辭也。

　　由以上所叙，今本左傳可以下圖示之：

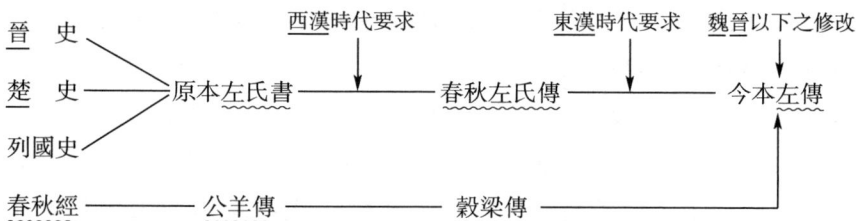

晉　史		西漢時代要求		東漢時代要求		魏晉以下之修改
楚　史	原本左氏書	↓	春秋左氏傳	↓	今本左傳	↓
列國史						
春秋經	公羊傳		穀梁傳			

　　飯島忠夫之支那古代史論謂左傳全爲西漢之產物，其書根據
天文材料；新城新藏則完全反對之（學藝社有譯本）。見仁見智，
各有不同，要之此書優足從長討論之也。

五、春秋戰國史料略論

今先列此諸時期史料如下表：

春秋時記載	戰國時記載	漢代記載
春秋經 金文 　詩 　　＼ 　　　＼一部分 　　　／ 　書	國語（包左傳） 金文 竹書紀年 呂氏春秋 管子 晏子春秋 商君書 論語 孟子 韓非子	戰國策 史記 吳越春秋 越絕書 説苑 新序 左氏一部分 續經
世本—————————————————————→		

　　關於“史”之記載者，尚書酒誥“矧太史友、內史友……”，內史當猶秘書，太史或者爲在外邊工作者。又洛誥：“王命周公後，作册逸誥”，逸，史佚也。“作册”，官名，金文中有“作册豐”、“作册麥”，亦此類也。金文中“太史”“內史”“作册”三官名咸見之，與尚書同，皆史官也。

　　左傳：“左史謂魏莊子”（襄十四年），“楚左史倚相”（昭十二年），“王使內史叔興父策命晉侯爲侯伯”（僖二十八年），“將盟臧氏，季孫召外史掌惡臣而問盟者焉”（襄二十三年），太史之文甚多。

尚書及金文	左傳	周官	禮記玉藻	漢書藝文志
作册 太史 内史	太史 内史 外史 左史 南史	太史 内史 外史 小史 御史 馮相氏 保章氏	左史 右史	左史 右史

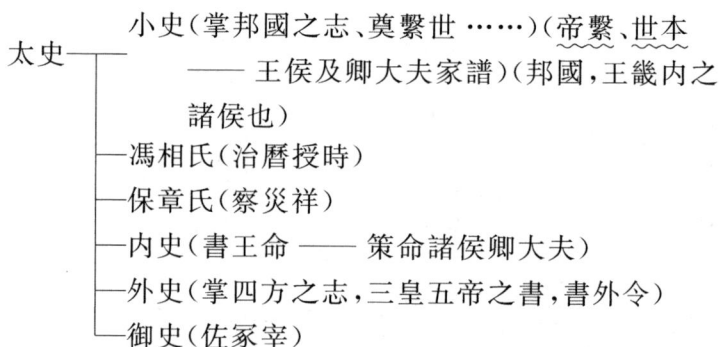

太史
- 小史（掌邦國之志、奠繫世 ……）（帝繫、世本 —— 王侯及卿大夫家譜）（邦國，王畿内之諸侯也）
- 馮相氏（治曆授時）
- 保章氏（察災祥）
- 内史（書王命 —— 策命諸侯卿大夫）
- 外史（掌四方之志，三皇五帝之書，書外令）
- 御史（佐冢宰）

（上依周官列此表）

周官書始見於王莽時，多不可靠，莽傳："發得周禮以明因監"，是此書出王莽時，然此書中有飄邎（原）等字，而他經古籍皆不見，乃於甲骨文中見之，人有謂周官爲真書者。然莽時存古籍尚多，自可採用成僞書也。故周官係"僞書真材料"，其材料有十之二三爲真，然甚多則僞者也，要當爲王莽想像之作。（釬尋究周官所有官制材料，不出春秋周、魯、鄭、衛四國官制範圍，惟其職掌之文有戰國材料，可據此以尋其寫成年代。）

禮記玉藻："動則左史書之，言則右史書之。"

漢書藝文志："古之王者世有史官，君舉必書，……左史記言，右史記事，事爲春秋，言爲尚書，帝王靡不同之。”

　　兩者所言剛剛相反，大抵古者“事”與“言”確實分記，然不必即分兩官記，或者全由一種史官記也。

　　諸子出於王官之論，今考之亦可信，蓋六經實出於王官也，不過其後參入有非出自王官之時代需要耳。

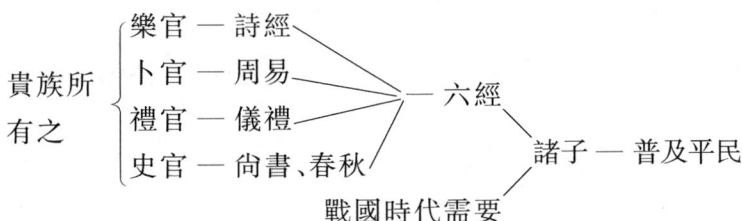

```
            ┌ 樂官 ── 詩經 ──┐
            │ 卜官 ── 周易 ──┤
貴族所      │               ├─ 六經
有之        │ 禮官 ── 儀禮 ──┤        └ 諸子 ── 普及平民
            └ 史官 ── 尚書、春秋┘
                   戰國時代需要
```

　　樂官所用材料出於史官，卜官、禮官往往由史官兼之，故四者中史官最重要。閔二年：“我太史也，實掌其祭。”此史官兼禮官也。太史公自序“文史星曆近乎卜祝之間”，章學誠所謂“六經皆史也”，當即由皆出史官之故。

　　楚語：“教之春秋而爲之聳善而抑惡焉，以戒勸其心；教之世而爲之昭明德而廢幽昏焉，以休懼其動，教之詩而爲之導廣顯德以耀明其志；教之禮使知上下之則；教之樂以疏其穢而鎮其浮；教之令使訪物官；教之語使明其德而知先王之務，用明德於民也；教之故志使知廢興者而戒懼焉；教之訓典使知族類行比義焉。”（申叔時述傅太子法）九種中除禮、樂二者非只限於書籍外，其餘七種書今除故志，訓典二者不知外，其餘皆可見（令則月令其一也，語則國語、家語、論語類也）。（而故志與訓典當是尚書一類。書仲虺之誥襄三十年作仲虺之志。）

　　禮記樂記：“孔子謂賓牟賈曰：且女獨未聞牧野之語乎？……”“語”，當不僅止所說之話，并及其事也。

　　史記秦本紀“其事在商君語中”，“語”亦此義。孝文本紀“事在呂后語中”亦同。陸賈列傳“事在南越語中”，是“語”皆“記載”義，“國語”猶“國別史”也。

史記書中各種體裁，大抵援據先秦之各種書籍，略如下表所示：

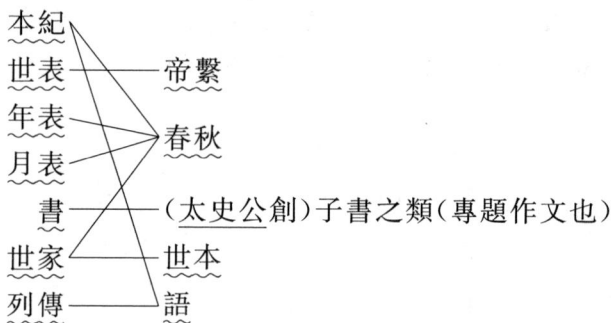

太史公自序“左丘失明，厥有國語”，余前此解釋左丘能文故忌之者咒之失明，與“禹偏枯”、“皋陶瘖”而爲大理官同其用意也。其實不然，周語上：“天子聽政使公卿至於列士獻詩，瞽獻曲，史獻書，師箴，瞍賦，矇誦”，按瞽、師、矇、瞍皆無目者也。箴，襄四年有“虞人之箴”語；誦，左傳亦常有“使工爲之誦之”語，誦，歌也。凡此所舉，除“書”無韻外，如“詩”、“曲”、“箴”、“賦”、“誦”皆韻文，曲則詩譜也。左傳襄十四年，“師曠曰：史爲書，瞽爲詩，工誦箴諫，大夫規誨。”呂氏春秋重言：“天子無戲言，史書之，工誦之，士稱之。”以表列之：

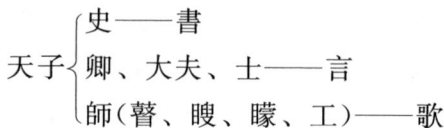

卿、大夫、士，不冥。瞽、史，晉語四：“齊姜曰：吾聞晉之始封也，瞽、史之紀曰，唐叔之世將如商數。”

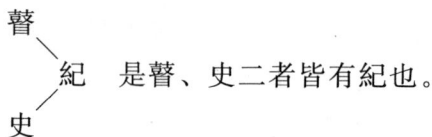

是瞽、史二者皆有紀也。

楚語上："昔衛武公臨事有瞽、史之導"，周語下："單襄公曰：吾非瞽、史，焉知天道？""瞽"焉知天道，實爲"史"之事，瞽、史常聯用故也。至左丘失明之語當由此數詞淆混配合而來，表示之如次：

瞽
史　　瞽、史
　　　　　　　　　左丘失明 ── 盲左
左丘明

詩、書原於史：

史書 ｛ 史官所記（散文）（書）
　　　 瞽者所編（韻文）（詩）

古史韻語很多，如書洪範"無偏無頗，遵王之義，無有作好，遵王之道，無有作惡，遵王之路，無偏無黨，王道蕩蕩，無黨無偏，王道便便。無反無側，王道正直。會其有極，歸其有極。"墨子引此段謂係"周詩"，詩應爲太師所記也。

又詩小雅小旻，"如臨深淵，如履薄冰"，呂氏春秋慎大篇引此作"周書"，"書"乃太史所記也。

茲則二者混不清矣。可見詩、書二者無絕對之分別，故瞽與史亦無嚴格之分別。

周官小史："奠繫世"、"瞽矇諷誦詩，世奠繫"。

論語堯曰："堯曰：咨爾舜，天之歷數在爾躬，允執其中，四海困窮，天祿永終"，亦韻文也。

左傳哀六年："夏書曰：'惟彼陶唐，有此冀方，今失其道，亂其紀綱，乃滅而亡'。"亦韻文也。

孟子引太誓"我武惟揚，侵于之疆，則取于殘，殺伐用張，于湯有光。"又墨子引太誓"天有顯德，其行其章，爲鑑不遠，在彼殷王。謂人有命，謂敬不可行，謂祭無益，謂暴無傷，上帝不常，九有以亡。"此亦韻文也。

疑古人説話如今人唱戲，今戲本相當於詩，小説相當於書。荀子成相篇很像戲本，春秋時所唱之歌也。凡古詩篇或盲人自撰而自唱之，或史官撰而盲人唱之。

虢季子白盤銘“不顯子白，庸武于戎工，經維四方，搏伐厰允，于洛之陽，折首五百，執訊五十，是以先行。桓桓子白，獻馘于王。王孔嘉子白義。王格周廟，宣榭爰鄉（饗）。王曰白父，孔覭有光。王錫乘馬，是用佐王；錫用弓，彤矢其央；錫用鉞，用征蠻方。子子孫孫，萬年無疆。”此厰允當即玁狁，此亦韻文，當係史官所作。載記中四言爲多，大抵即自此等地方來。

左丘明雖不失明，至少與失明者有關也。

研究春秋左傳要籍：

梁啟超：要籍解題及其讀法

顧棟高：春秋大事表

馬驌：左傳事緯

高士奇：左傳紀事本末（分國爲次，在歷代九種紀事本末內）

馬、高兩書皆仿袁樞

梁氏謂吾人今日讀春秋左傳當以社會學眼光，不必斤斤於一國之興亡盛衰。當問當時貴族階級如何受教育？所受者何種教育？當時貴族政治之合議組織如何？其政權授受程序如何？當時地方行政狀況如何？當時國際交涉之法律如何？當時財產所有權及其承襲與後來之異同何若？當時婚姻制度與後來之異同何若？當時人對自然界災變作何等觀念？當時可稱爲宗教者有多少種類？其性質如何？

又可就左傳中有無某種材料以斷定其時有無某種事，如：

(1)春秋時代是否已行金屬貨幣？（呂刑中有罰鍰之語，固有金貨幣也。）

(2)春秋時代是否有井田？

(3)春秋時代是否用鐵器?(農器咸是。)

(4)春秋時代曾否有不行貴族政治之國家?

上數項謂可以反證之材料定之。

六、論國語

國語一書凡分八語:

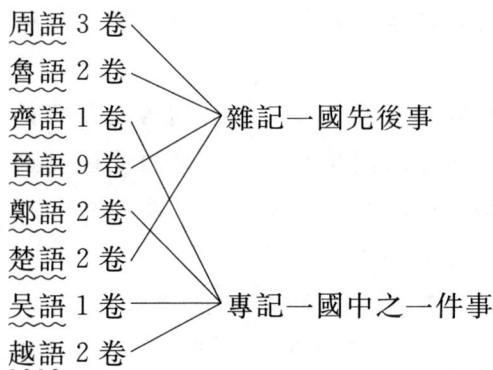

周語 3 卷
魯語 2 卷
齊語 1 卷
晉語 9 卷　　　　雜記一國先後事
鄭語 2 卷
楚語 2 卷
吳語 1 卷　　　　專記一國中之一件事
越語 2 卷

雜記諸事之文成在前,專記一事之文成在後,齊語似全從管
子小匡篇中鈔出。

當可分爲正變兩體:

正體:(司馬遷所見國語):

周、魯、晉、楚。

變體:(司馬遷所未見者):

齊語(齊桓霸業始末)

鄭語(鄭桓公與史伯問答)

吳語、越語上、下(均記越滅吳之經過)

正體爲太史公時所有之文，故史公曾見之；變體則史公未見，然非其時無其文，或曾見之而係在其他語中，故史公未有引用。如鄭語或出周語中，左傳載鄭書二條今鄭語無之：（一）子產引鄭書："安定國家，必大焉先"，（二）司馬叔游引鄭書："惡直醜正，實繁有徒"。

故左傳作者及史記作者所見之國語，非今本國語，材料當較多也。

齊語以校管子小匡篇大同小異，僅：（1）前後秩序稍殊，（2）小匡辭較繁，齊語較簡潔，（3）小匡末一段，桓公將相管仲，齊語無。疑小匡在前，齊語在後。齊語中所有要文，史記中多未引，故知其時尚無齊語，當係後人見小匡篇之齊人記載足補國語之不足，故採入之。

齊語大綱：鮑叔勸桓公用管仲—桓公向魯索取管仲—管仲陳參國伍鄙—四民不雜處—制國爲廿一鄉—修舊法以安國—作內政寄軍令—正月鄉長復事—制鄙—從事諸侯—足甲兵—四方征伐—葵丘之會—存魯—封邢衛—諸國歸齊。

如是大備之文，重要之事，史公寧有不採用之理，必係當時國語中無此文，惟管子中有之，管子爲子書，不足爲史料徵信，故史公不採。吾人可一考齊語之文是否爲春秋時之文，則真僞立判。其中"四民不雜處"之文所言四民，士、農、工、商也。然春秋時士不與農、工、商并列，士屬貴族，而農工商屬庶民。

		貴族			庶民	
春秋	王 —	公 —	大夫 —	士	農、工、商	

		貴族			庶民	
戰國	王 —	公 —	大夫	士、	農、 工、 商	

　　哀二年左傳："趙簡子誓：……克敵者，上大夫受县，下大夫受郡，士田十萬，庶人工商遂，人臣隸圉免"，足證士與庶人工商確不同，"四民"之語必係戰國時代者無疑。齊語"昔聖王之處士也使就閒燕"，此語即露破綻，蓋戰國時語也。春秋時之士皆甚忙，士皆武士，爲國奔命。至戰國時之士然後爲游手好閒之文士。孟子中記馮婦原能搏虎，後慕文士，乃"卒爲善士"，不復搏，後一次復攘臂搏虎，此事在春秋時當爲武士所應爲，然在戰國時尚文士輕武士，故搏虎事雖佳，然"其爲士者笑之"，由此即可知齊語爲戰國時文也。

　　又齊語："桓公曰：'吾欲從事於諸侯，其可乎?'管子對曰：'……君欲從事於天下諸侯，則親臨國，爲游士八十人，奉之以車馬衣裘，多其資幣，使周游於四方，以號召天下之賢士……'"，此又顯然爲戰國時之文。春秋時士皆居國，非專命聘問不之他國。所謂游士，所謂周游，所謂號召天下士，皆戰國時之氣習也。乃至所謂齊桓公"西服流沙"之語，尤非春秋之文，齊桓公推其極只曾西達晉境，斷無達流沙之事也。

　　要之此語進展之序可表明之：

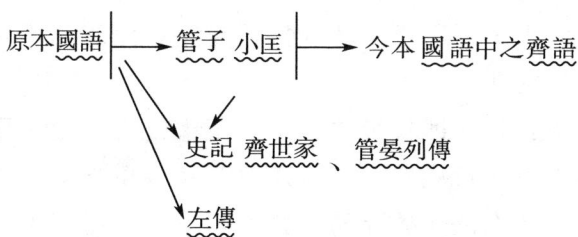

　　再視鄭語：桓公問史伯逃死之所—史伯指虢、鄶可攻狀—史伯謂南方楚將大。桓公問謝西九州—史伯引訓語述襃之二龍流漦生襃姒事—史伯謂周衰晉興，齊、秦亦將興—綜述東、西周間事。此當爲春秋時之文。蓋春秋時强者惟楚，故言楚將大，若至戰國時當不言楚將大而當言秦。此文史記鄭世家約舉其詞，然左傳中的關於鄭事尚多，此鄭語則只記此一事，或者已闕失，或者此段亦從周語或楚語中雜綴而出，以表明其闕失之情形，知今本鄭語只原本鄭語之一部也。

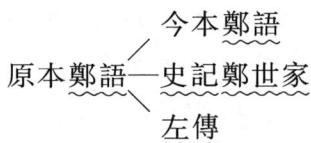

```
              今本鄭語
原本鄭語——史記鄭世家
              左傳
```

　　再次吳語：夫差伐越，勾踐使諸稽郢行成——夫差以將伐齊許越成——夫差與齊戰於艾陵，獲勝——夫差歸責伍員，員自殺——夫差會晉定公於黃池，盟先吳——夫差使王孫苟告伐齊之功於周王——大夫種勸勾踐伐吳，楚申包胥使越——越滅吳。此僅記夫差與越、齊、晉、周之關係，無異一“吳王夫差傳”。

　　再次越語上：勾踐棲會稽，使大夫種行成於吳——子胥勸夫差不許，弗聽——勾踐生聚其民——越滅吳。此文最短，記勾踐自兵敗至復讐。與吳語比觀，知非出一人手。吳語言使諸稽郢行成，此則言使大夫種行成。又吳語言吳之許和由於將伐齊，而此則言由太宰嚭受賄。大夫種勸伐吳之事當在越語，而越語不見，反見吳語，斷知此二文非出一手。

　　再越語下：勾踐即位後欲伐吳，范蠡諫，不聽，敗——勾踐棲於會稽，使大夫種行成於吳——勾踐與范蠡入臣於吳——勾踐歸國與范蠡謀——勾踐四次欲伐吳皆爲范蠡所阻——越興師伐吳，勾踐欲許吳戰，范蠡諫止——居軍三年，吳師潰——夫差行成，范蠡不許，遂滅吳——范蠡逃隱。此文與越語上記同一事，根本不能分上下，其記大有出入，越語上至簡而越語下則文繁倍之，且專記范蠡事，可謂“范蠡興越史”。

　　按此三語之中心人物：

　　吳語──夫差
　　越語上──勾踐（無范蠡語）
　　越語下──范蠡

後二篇知必非出一人手，而三篇中有下列之語共同，知三篇根據於同一材料也。其三篇中相同語爲：

　　（1）吳語，越王曰：昔天以越賜吳而吳不受，今天以吳賜越，孤敢不聽天之命而聽君之令乎！
　　（2）越語上，勾踐對曰：昔天以越予吳而吳不受命，今天以吳予越，越可以毋聽天之命而聽君之令乎！
　　（3）越語下，范蠡……應使者曰：昔者上天降禍於越，委制於吳，而吳不受，今將反此義以報此禍，吾王敢無聽天之命而聽君王之命乎！

亦即可由此知三篇非出一手。苟非然者，豈有一人爲文而於三處互異之理。蓋此三段語意同而記載不同也。

　　按左傳吳越事綱要：（定十四年）"吳伐越，戰於檇李，勾踐使罪人三行自到於行前，因而伐吳，大敗之，闔廬傷死。夫差使人立於庭呼己，三年乃報越。"此段爲極重要事，而吳語及越語上下，均無之，亦可知左傳與國語非出一人手。

　　又哀元年："夫差敗越於夫椒，勾踐保於會稽，使大夫種行成，伍員諫，夫差不聽"，此段則吳語及越語上下均有。又同年："吳師在陳，楚大夫皆懼"，則吳語、越語上下俱無。又哀六年："吳伐陳，楚昭王救之，卒於城父"。哀七年："吳與魯會於鄫，徵魯百牢"，哀八年："吳爲邾故伐魯，盟而還──齊請師於吳以伐魯──吳伐邾"，哀九年："齊辭師於吳──吳城邗，溝通江淮──吳命魯伐齊"，哀十年："吳會魯、邾、郯伐齊，齊人弑悼公以説"諸段，吳語、越語上下皆無之。

又哀十一年："魯會吳伐齊，戰於艾陵，大敗齊師—吳將伐齊，時勾踐朝吳，且饋賂，伍員懼—伍員屬其子於齊，夫差賜劍以死"，此段惟吳語有。

又哀十二年："魯會吳於橐皋"，"衛會吳於鄖"，吳語、越語上下又俱無。

又哀十三年："夫差會晉、魯於黃池—越伐吳，大敗之，獲太子友—吳人告敗於王—盟於黃池，吳、晉爭先—吳執魯子服景伯—越及吳平"，此除執景伯外，吳語俱有，且較此詳。

又哀十五年："楚伐吳，及桐汭"，哀十七年："越伐吳，吳禦之笠澤，越敗之"，哀十九年："越人侵楚以誤吳—楚追越師"，哀二十年："吳殺公子慶忌—越圍吳—趙襄子遣使至吳"，哀二十一年："越遣使至魯"數段，吳語、越語俱無。

又哀二十二年："越滅吳，夫差自殺。"此則吳語、越語上下俱有，且均視此加詳。

數段較觀，則惟重大事故二、三事國語有之，其小故不甚顯要者則左傳多有記載，大抵當係：

（1）史官記載者左傳

（2）近於史官記載者吳語

（3）個人創作者越語上、下

其所成今日情形大約係：

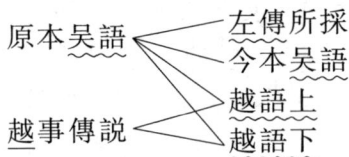

原本吳語　＜　左傳所採
　　　　　　　今本吳語
　　　　　　　越語上
越事傳說　＜　越語下

然則史公所見者係原本吳語，抑經刪節後之吳語耶？按史記吳世家綱要：

吳伐越，勾踐使死士自到，遂敗吳，闔廬傷死—夫差使人呼己，三年乃報越。

夫差元年，習戰。二年，吳敗越夫椒—勾踐棲會稽，使大夫種行成—伍員諫，夫差不聽。七年，夫差伐齊—伍員諫，不聽—吳敗齊於艾陵—吳徵魯百牢。九年，爲鄹（邾）伐魯，與魯盟。十年，伐齊歸。十一年，吳伐齊，勾踐朝吳，伍員懼—夫差賜伍員死—齊人弒悼公—吳師還。十三年，吳會魯衛於橐皋。十四年，吳會諸侯於黃池—勾踐伐吳，虜其太子—吳人告敗—吳、晉爭長—吳與越平。十八年，越伐吳，敗吳於笠澤。二十年，越伐吳。二十一年，越圍吳。二十二年，越滅吳。

　　　　前此以爲：左傳—吳世家
　　　　　　　　　　　　今本吳語

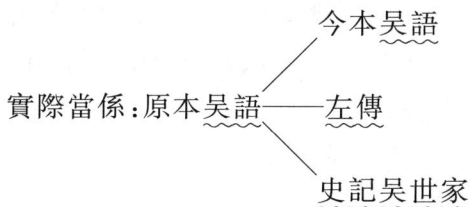

　　　　實際當係：原本吳語——左傳
　　　　　　　　　　　　史記吳世家

史記吳世家故與左傳多相同，然亦有異者，如吳、齊艾陵之戰，左傳作哀十一年，吳世家作夫差七年（哀六年）。按此春秋經亦有記載，知左傳未錯。史記之所以鈔錯，大約因係原本吳語爲片斷之記載，編年不一定正確，遂有此耳，要之史公所見係原本吳語也。

次論越世家，其綱要：

（1）闔閭伐越，敗於檇李，傷死。（與左傳合。）

（2）越聞吳將報越，欲先發，范蠡諫，不聽。（與越語下合。）

（3）吳敗越夫椒，勾踐保於會稽，從范蠡謀，使大夫種行成於吳。（與越語下合。）

(4)子胥言於吳王，不許。（與越語上合。）

(5)勾踐欲自殺，爲大夫種勸止。（未詳所出。）

(6)勾踐以美女寶器獻太宰嚭，嚭言於吳王，許之。（與越語上合。）

(7)子胥進諫，不聽。（未詳所出。）

(8)勾踐反國嘗膽。（未詳所出。）

(9)范蠡勸以國事屬大夫種，蠡爲質於吳。（與越語下合。）

(10)勾踐欲報吳，逢同諫止。（未詳所出。）

(11)夫差伐齊，子胥諫。（與吳語合。）

(12)越向吳貸粟。（未詳所出。）

(13)子胥諫不聽，賜死。（略與吳語合。）

(14)勾踐問范蠡伐吳事。（與越語下合。）

(15)越乘吳會於黃池伐吳，殺其太子。（略與左傳合。）

(16)越圍吳三年，吳敗，使公孫雄行成，范蠡不許，遂滅吳。（與越語下合。）

則史記越世家之所出，大約當係：

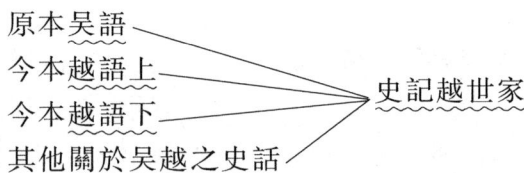

```
原本吳語
今本越語上          史記越世家
今本越語下
其他關於吳越之史話
```

又史記越世家只嘗膽之故事，卧薪之事甚後出，竟不知出自何書。

經義考卷二百〇九引司馬光語：“先儒多怪左丘明既傳春秋，又作國語，爲之説者多矣，皆未甚通也。先君以爲左丘明將傳春秋，乃先采集列國之史，因別分之，取其精英者爲春秋傳，而先所采集之稿因爲時人所傳，命曰國語，非丘明之本志也。故其辭語繁重，序事過詳，不若春秋傳之簡直精明渾厚遒峻也。又多駁雜不粹之文。誠由列國之史學有厚薄，才有淺深，不能醇一故也。不然，丘明作此重複之書何爲耶?"按此段語看出國語爲原料，且爲出於各國而不出於一手之原料，左傳始爲根據原料由一手造成之傳，故其意以爲：

列國之史————國語————春秋左氏傳
（原料）　　　（經過編輯）　（經過改作）

溫公之語雖未推翻左氏傳，要其創説不爲無見，國語僅由一人編輯，左傳乃由一人改作也。

　　春秋哀十三年經："公會晉侯吳子於黃池"，左傳"乃先晉人"，正義："吳語説此事云：'吳公先歃，晉侯亞之'。有此異者，經書'公會晉侯及吳子'，傳稱'公會單平公晉定公吳夫差'，吳皆在下，晉實先矣。經據魯史策書，傳據魯史簡牘，魯之所書必是依實。國語之書，當國所記，或可曲筆直己，辭有抑揚，故與左傳異者多矣。傅玄云：'國語非丘明所作，凡有説一事而二文不同，必國語虚而左傳實，其言相反，不可强合也。'"故當係：

春秋經（先晉）
　　　　　＼
　　　　　　左傳（採吳語之事，用春秋經之次第。）
吳　語（先吳）／

　　由此亦可證明左傳實在國語之後。

附

劉起釪後記
——兼述春秋、左傳學之流變遞嬗

這是一九四二年顧頡剛先生在重慶沙坪壩中央大學歷史系講授春秋戰國史課程時，我寫的筆記。有關它的大略情況，已見顧師的"題記"和我寫在"目録"後的"識語"中。

一九八五年春，巴蜀書社負業務重責的黃葵同志到京過訪，在我的書架上看到這部稿子，嘆爲佳構，尤以它寫成於渝州，無異蜀中佳山水孕育了它，因此亟願由"巴蜀"把它出版。我也很高興顧師這樣的考辨古籍重要論説，能在它的誕生地問世，對於學術事業來説，是非常有意義的。但是我太忙，手頭經常的撰寫任務壓不下，一直捱到八五年底，才抽出四五天時間匆匆把它重看一遍，小作加工，即寄與"巴蜀"，請其出版。但在這次加工中，有幾點要説明一下。

一是書名。這原是顧師所開課程的聽課筆記，所以原稿開頭就寫明爲"春秋戰國史課程"的筆記，顧先生取去録成的副本也就是這樣標寫的。但全文主要是研究春秋、戰國史料，因此題目與内容不能完全切合。最近發現顧先生在一九六四年擬請林劍華先生爲他整理鈔寫這部稿子時給林的信中，提出了要改題爲春秋三傳及國語之綜合研究，這就切合内容了。現在就遵照採用了他親自改定的這一書名。

二是"分出章節，並爲修改"。這也是顧師致林函中提出的。現在章節是分了，但沒有修改。顧師在該函中指出此稿是他當時信口所講，起釪信手所記，不可爲定稿，因此需要修改，以免印出後貽笑大方。這完全是切合此稿情況提出的。當時原擬請林老先生進行此項修改工作，但林正忙於爲顧師鈔寫長達六十萬字的尚書大誥譯證稿，而顧師連年補充修訂，林老連年隨着清稿，因此始終來不及做此項修改工作，就使此稿一直原封不動地躺在顧師書篋中。如果當時由林老修改了，或者由我抽出時間修改了，再經顧師過目審定，那就確能作爲顧師論著提供給學術界。現在顧師已棄世，如果再行修改，則修改成品未經他過目，没法保證符合他的修改意圖，就不便輕率認作他的學術成果。倒是原來這份筆記，經顧先生審閱同意，雖然在寫作方面還感到不足，但内容實質上是準確反映了他的學術的，因此他認可了是他的講課筆記。由此來看，自以保持這部稿子原文不變爲宜，所以這次對它全文就没有進行修改。

但是在加工過程中，給它分出章節，加上章節標題，免不了有些地方要有所訂正。我估計顧師當初講授時，是預先擬具了提綱的，因爲他向來每寫一論文都要先擬提綱，就是從這次細分章節後也看出，它的内容井井有序，應是按照預擬提綱講授的。但顧師在堂上講課時，並不提明章節，每課都平鋪直叙地講本課内容，有時只是説説，"現在講某某問題"，"現在再講某某問題"，以致全學期筆記記完，就像一篇王安石、蘇東坡的萬言書，從頭到尾一氣聯綴下來，没有分章節層次。我只是在學期終了上交筆記前，匆匆按所講的幾部書即春秋經、公羊傳、穀梁傳、左傳、國語等，作爲大段落加以粗略區分，給標以一、二、三、四等次第，只偶在較繁處再分列一兩個 1. 2. 等序號，而作爲全書的系統章節是没有列出的，所以顧先生希望分出章節來，不過我不知道他曾對林老這樣提出過。八二年我得到這鈔本後，自行較仔細地給分了章節，編成目録。這次基本就是在八二年所定章節基礎上進行，主要是推敲了章節標題，使符合内容。標題用字都是據原文中所有擬定，例如文中有一處説："上所論皆左傳之原本，兹一論左傳之派別。"就把此句以上一大節加上"左傳之原本"標題（該節原文中並未提明此點），此節加上"左傳之派別"標題。但

“派別”二字在這裏義不顯豁，就根據原文實際内容加了一個副題“劉歆請立左氏之爭”。而且這些章節標題也是加在原稿稿隙，不改動原有文句，以保持顧先生曾過目的文字原狀。例如稿中有“兹先論⋯⋯”、“次論⋯⋯”，“兹復論⋯⋯”等，是記先生的“現在先講某某”、“現在再講某某”等語句，如果原列了章節次第，就可不用此等詞語，但顧先生原來未分章節講，而是用此等詞語引起下面要講的内容。這次加上 1. 2. 等次第和節目標題、就不删去這些字樣，以保持反映當時顧先生講課語氣的詞句。

這次只在全稿中調整了一處段落的先後，即原稿在叙述了“本無年月而强爲安插者”和“本爲一事而分插數年者”兩大節（此兩節標題也是此次所加）之後，始提到左傳對原本左氏書的改造共有七種情況，上述兩種之外還有五種，因而並列其目爲七條，上兩項即爲一二兩條。而在列完此七條條目之後，即接着述説第三條以下諸種情況。這次特將此總叙七條條目之文移到“本無年月而强爲安插者”一節之前，使之符合叙述順序，亦使前兩節在叙述順序中有着落，並按此七條給這七節各加上節目標題。又此次查對了所引典籍原文，並略補充了些資料。例如關於夏姬事，我深有印象地記得顧師當時在叙述了夷姜、宣姜之後，即接叙了她，而筆記中漏未録其資料，這次特補充引録了有關左傳之文。

這些是這次匆促加工的一些主要情況，如因疏漏錯誤而致印出後“貽笑大方”，應由我承其咎，是由於我没有加工造成的。

三是顧先生希望改用語體來寫的問題。這是本書癥結所在，同於上面的原因，現在已經無法改了。在八二年的“識語”裏我説過，當時是爲了求簡要才用淺近文言來記，可以省時省力而又不失顧師所講大意。我記得當時還以用文言能迅速記下顧先生的講授爲一種樂趣。每堂課很高興地這樣去聽，以能用得心應手的文句把顧先生的深意記下爲快。例如第一堂課講到“三皇五帝”時，顧先生係據他的兩部名著三皇考和五德終始説下的政治和歷史的主要精神講的，他不像有些教授那樣擅長口才，而是娓娓地像道家常一樣慢慢地講這一問題，大概講了好大一陣，我聽出他所要表達的意思主要是認爲"三皇五帝"之説不可靠，這時腦子裏一些司馬遷的現成語句奔赴腕底，立即寫了"三皇五帝尚矣，實茫昧難稽，不可得而聞其詳"三句，把他所講一大段的語意記下。實際上他還没有講完，我弄明了他的大意是這樣，就這樣記了，即袖手等待他講下一内容。到下一内容，我又用同樣手法記，所以全部筆記記得很簡。我自信顧先生的原意是記下了，顧先生後來看了我的筆記也肯定了這點。可惜就是因爲過於求簡，以致把顧師所講的許多豐富内容都放掉了。不僅上面所講的三皇五帝是如此，全書其他所記大都類此，最顯著的如"春秋時代歷史重心的分期"那一章，顧先生講述了它的分期，並提明了每一事件見左傳某年材料，大概至少講了整整一堂課。我聽聽所講的都是史事，而不是考辨異同，這些史事原材料都載在左傳裏，隨時可以去查，因此就没有逐事詳細筆記。只記了先生對這一時代歷史重心分期的兩種分法。等於只記了這一章的提綱，而没有記内容。現在回想起來，真是一種莫大的損失，太可惜了。因爲顧先生叙述史事，決不是只照念史料，必有其精到見解和獨具的論斷，而我當時不曾掌握，失之交臂，再也無法追憶了。又如夏姬事也是一樣，他先説夷姜、宣姜，我還簡要記了内容，到夏姬的講述時也用同一方法，我就只記有此事，並没有把其内容記在筆記中，這次是按照他必引的那些材料追記的。所以爲了求簡求快，用文言做筆記，掛一漏萬之譏，無法逃免。

　　當時之所以用文言來記，除了求簡求快之外，還因顧先生授課所用材料所引原文全是先秦文言，頂多下及兩漢，筆記時使用文言也易與之一致，能順理成章地寫。當時顧先生上課，手裏拿着一部綫裝的春秋左傳注疏本，講到那裏隨時翻到那裏，給學生講讀其文句。有時遇到認爲學生可能聽不清或聽不懂的字句，便在黑板上寫下。我手裏帶着一本開明本十三經經文，用起來很方便，顧先生講到左傳哪一年，我立即翻到哪一年，顧先生手裏的本子在文句之間夾了許多注疏，讀下去很費時，我的是白文，文句連在一起，一氣讀下。所以顧先生所要念讀的文句，還在費時間翻閱尋讀，我就很快把它錄寫完了。如果他還要去寫黑板，我就更快了。這也是我寫這筆記求快的一個方法。等原材料錄寫完之後，顧先生對這些材料進行講解和論斷時，我又用簡短文言來記它，既使文氣一致，又爭取了快。所以我全部筆記，就這樣用文言寫成。（八二年在目錄後寫的“識語”，當時只是爲了留泥爪之跡，像日記一樣只給自己看的，所以又用了文言，也可能是由於結習未除罷，連顧先生的“題記”也未能免此而用了文言。）

現在這文體已不適合時代，改又已不能改，等於成了這本書的痼疾。好在其内容還未失顧先生講授之真，對於他有關春秋、三傳及國語這幾部重要史籍的考辨精義，尚足以完整表述，因此就只好這樣保持原狀獻給學術界了。

再有一點，就是顧先生想改用現代一般出版物所使用標點的問題。這部稿子我原來只隨手斷句，並沒有加正規的標點。顧先生取去錄副後，親自在副本上悉心地給全文加了標點，書名、人名、地名等還是照用舊式標綫法。又原文係用繁體字寫成，顧先生一仍其舊。由於原文所引材料全部是古籍，現在連着字體和標點，也就一仍顧先生之舊交付出版，有賴出版社改用現行標點了。

這部書印成，以字數來説，只是一本小册子。但其内容學術性之强，將有目共睹。我確信顧先生關於春秋、公羊、穀梁、左傳、國語的考辨意見，特別是對春秋和左傳二書許多具體情況的研究論斷，精闢絶倫，必將成爲不刊之論。但其立論的中心要旨在承清季今文學派自劉逢禄、龔自珍以下，直至廖平、康有爲、崔適諸人的學説，揚其餘緒。諸人始發其論，爲學尚見空疏；顧先生爲之條分縷析，充實論證，辨説周詳，體系完密，其立論遠在諸人之上。其説核心在闡發漢今文家所倡"左氏不傳春秋"之語，其所持論則主要在襲用劉逢禄之説，以爲原有左氏春秋，一如晏子春秋、呂氏春秋，而非魯春秋之傳。其次附録了康有爲之説，以爲左傳原本是國語，劉歆始自國語中析出一大部分材料比附爲春秋之傳，並附益以解經之語以惑世人。崔適撰春秋復始以實此説。顧先生指出了康説不詳舉理由，然以清修四庫全書之竄亂舊書例之，足證劉歆亦有可能這樣做。但顧先生對此問題的主要觀點仍依劉逢禄，以爲左傳係劉歆改左氏春秋而成。這是清末以來今文家一家之説，顧先生不是今文家，有好些地方還很不同意今文家，但在這個問題上卻全承襲了今文家，以發抒自己之所見，甚多度越前人之處，一些犀利的見解，精深的辨析，足以幫助我們對春秋和左傳得到深入的和深刻的認識；足以益人智識，擴人眼界。但所謂劉歆改造之説，終究是清末今文學家有所爲而發的一偏之論，常有意輕忽事實，流於武斷，近人錢穆所爲劉向歆父子年譜已作了很好的駁難。至於劉逢禄所爲左氏春秋考證一書，從學術上所作的討論，早已有章炳麟春秋左傳讀逐項作了針鋒相對的辯詰。我們如果平心靜氣地看，章炳麟、錢穆等所舉的許多材料是有説服力的（章説有時還有可商之處），所以劉歆僞造左傳之説，必不能成立。但顧先生對春秋和左傳以及其餘三部書所提出的許多分析和論辨，往往又是卓然屹立的（不過像左傳有受西漢、東漢影響加入内容之説的證據尚不足以完全服人）。因此，這本小書除了所據今文家諸如劉歆僞造之類説法可議外，其對這幾部史籍的本身具體情況所作出的科學分析，是非常可珍貴的。

　　八二年冬，北京大學歷史系請我去接替楊伯峻先生爲研究生班講授春秋左傳，我準備重點介紹顧先生這書的内容，以啓發學生對左傳的研究興趣。但顧先生這書的主旨方面終究是今文學派一家之言，爲了"補偏救弊"，我又準備較全面系統的搜集自先秦以迄近世與左傳有關的各種資料，彙成春秋左傳研究輯證一種，俾與顧先生這部書相輔相成，作爲參考資料。

大抵最早有關孔子的資料如論語等書中，確實看不到孔子曾修春秋的痕跡；而有一位左丘明，則是早於孔子的人。到孟子時就盛稱孔子修春秋，同時孟子、荀子等書中除屢舉春秋之微言外，又較多地引了見於今左氏傳中的一些材料，既證左氏書已存在，又反映儒家已有了孔子修春秋的定說。接着是韓非子、戰國策、呂氏春秋等書中，都引有今左氏傳内容，顯然可徵左氏書在戰國是頗流行的。至汲郡魏襄王遺冢有師春一書，録今左氏傳中諸卜筮，亦足證左氏書在魏襄以前。又左氏書中諸卜筮，亦與汲冢周易卦爻辭同，而與今本周易時有同異，更没有漢以來易傳之文，皆可知左氏書已存於戰國中葉以前。從國策楚策載虞卿引用見於今左氏傳之語而稱爲"臣聞之春秋"，知戰國時左氏已有春秋之名。

至西漢，陸賈新語、賈誼新書、淮南子精神訓、賈山至言、劉向列女傳以及史記、漢書有關西漢傳、志中，多次引用左氏傳；史記亦常稱左氏爲春秋，並嘗與國語並稱"春秋、國語"。而史記的孔子世家、三代世表、儒林傳都説孔子因魯史作春秋。最有關鍵的是十二諸侯年表叙，歷述孔子次春秋，魯君子左丘明懼孔子弟子所傳失真，特因孔子書而成左氏春秋（是則以左丘明與孔子弟子同時），鐸椒採春秋爲鐸氏微，虞卿採春秋爲虞氏春秋，呂不韋删拾春秋集六國時事爲呂氏春秋，荀卿、孟子、公孫固、韓非之徒往往採春秋以著書。上引劉逢禄之書逐段駁此，章炳麟又逐段駁劉，劉師培撰集戰國西漢左傳材料助章張目，近人羅偉漢撰史記此篇考證文最後出，故材料較備。按司馬遷此篇第一次備舉先秦有關春秋與左氏春秋等著作，顯係據戰國後期史料寫成，肯定了春秋與左氏春秋分别由孔子與左丘明作及存在着二者的關係。（但太史公自序與報任安書説左丘明作國語，與全書不一致。此兩文都是變動事實來遷就自己的"孤憤"，故不可信。）其後嚴彭祖又編造説，據觀周篇，孔子和左丘明同車到周史官處觀書，歸來孔子修春秋，左丘明作了傳，則是説兩書寫於同時。這些資料都在劉歆以前。説明歆以前漢人早知有左氏春秋。

西漢末，劉歆校書於中秘，發現古文春秋左氏傳，請立於學官，遭到今文家以左氏不傳春秋爲理由反對而未成（王莽時一度獲立，莽敗又廢）。劉説左丘明是親見孔子的學生，公羊、穀梁則是七十子以後的學生，因而左氏傳較可信。而反對劉歆最力的龔勝，在他論朱博罪時，也引用了左氏傳語，仍稱之爲春秋之義。到東漢初議立左氏傳，爲今文家范升所反對，經陳元堅持，又一度獲立，後復廢。（孔穎達説和帝時得立於學不確。）

以上是左氏春秋自戰國流傳至漢代後，史記認爲它是左丘明爲孔子所修春秋作的傳。到劉歆請以它作爲春秋之傳立於學官時遭到反對，因而它的地位始終不被承認。

東漢時，鄭興、鄭衆、賈逵、許慎等宣揚左氏傳，大都繼西漢原已有及劉歆大力鼓吹之説，以孔子作春秋，弟子左丘明傳春秋，這樣成了東漢關於春秋左傳的定論。同時又出現了左傳傳授系統，先秦時的，見於後來經典釋文叙録和春秋序正義所引稱爲劉向的別録中，由左丘明而曾申、吳起七傳以至漢張蒼；漢代的，見於漢書儒林傳，計有十傳十五人，由張蒼、賈誼等迭傳以至劉歆、王莽。此與史實及諸人本傳不相合之破綻頗多，惟後來春秋序正義據漢代史料叙劉歆以後東漢之世公羊、穀梁二傳日衰，左傳之學大顯，則是事實。漢末公羊家何休力圖排左傳，撰左氏膏肓攻之，爲鄭玄所駁。自此後左傳之學日盛。

至西晉杜預説，"古今言左氏春秋者多矣"，以劉歆、賈逵、許椒、穎容四家之注最好。杜預自己只專修丘明之傳以釋經，"分經之年與傳之年相附，比其義類，各隨而解之，名曰經傳集解。"這裏明白無訛地説清楚，以左氏按年合於春秋以比其義類的，是杜預。就是説，左氏正式成爲春秋左傳，到西晉才開始，其後荀崧、王接等從而推崇左傳，至唐孔穎達五經正義，春秋就承用杜預注。他還提出了丘明姓左，"故號左氏傳也"之説。劉知幾大力申左，在春秋三傳中盛推左傳，并提出新説以爲左丘明"躬爲太史"；評定"左氏之義有三長"，而公、穀"二傳之義有五短"。進一步樹立了左傳的權威。另有陳岳亦推崇左氏。

以上是自東漢至唐，謂孔子弟子魯太史左丘明撰春秋左傳之説獲得確立，左氏學終於大盛。

但就在劉知幾死後三年，出生了一位啖助，他提出了新説，以爲左傳非丘明本人所作，是左氏根據周、晉、齊、宋、楚、鄭數國之史，口授其門人，由門人寫成的。其門徒趙匡進一步説，左丘明是孔子以前人，因此左傳、國語都不是左丘明所作。其門徒陸淳進而又發揚兩代師説。柳宗元同意啖、趙、陸之説，也以爲國語"非出左氏"。又陳商以爲春秋是經，左傳是史，本非一途，杜預不當强合爲一。劉蜕則指出，左傳舉諡，明是後人追修，不是當時之史，與春秋爲當時史官所書不一樣。

啖、趙所開唐人"春秋三傳束高閣，獨抱遺經究終始"的學風，影響了有宋一代，蔚成風氣。歐陽修以爲春秋載史事，多爲三傳所亂；起隱公，止獲麟，皆因舊史，並無所取義。孫復治春秋"不惑傳注，不爲曲説"，開始"專廢傳從經"。相傳王安石甚至連春秋經也説是"斷爛朝報"，但尹和靜説這是"無忌憚者託之介甫之言"，以爲王安石"獨於春秋曰：'此經比他經尤難，蓋三傳都不足信也。'"王撰左氏解，舉左傳非丘明作十一條證據。程頤則指出左傳中"虞不臘矣"及庶長皆秦官秦語，證非左丘明作。劉敞、葉夢得指出左丘氏、左氏爲二，左丘氏爲孔子以前魯君子；左氏爲魯左史，以官爲氏。劉並以爲左傳、國語都不是前於孔子的左丘明所作，而是左氏所作；又撰權衡駁了三傳的義例。葉則以爲左丘明作國語，左氏作左傳；又以爲左傳中有秦官秦禮，且記事至智伯，則其書成於戰國。另葉適也指出左傳、國語作者非一人，左傳雖是爲春秋而作，但非釋經而只傳史，是獨立性的史書，因而只採用了國語中的史料，而不採用其中非記史實之文。又託名鄭樵的六經奧論（或係危邦輔所託），舉了左傳非左丘明作的"六驗"（六條證據）。朱熹以爲是楚人所作，項安世以爲是魏人所作，後人多從項説。至林栗本專主左氏，黜公、穀二傳，又創説左傳中之"君子曰"是劉歆之辭，看來此語啟發了清季今文學派之説。

　　元程端學是左傳研究的名家，他指出，有人以爲左傳和國語都是楚左史倚相所作，此説較近事實，但他更以爲左傳是僞撰。黃澤提出了左氏姓名兩説：（一）複姓左丘，單名明；（二）單姓左，失其名，故稱左氏。又同意左氏是史官，但反對楚左史倚相之説。

　　明徐學謨指出，春秋即據舊史，其中本有缺文，非聖人所筆削。即糾正孟子以來孔子筆削之説，又糾正了公羊、穀梁無字非例之説，足以動搖那種認爲沒有一個字不反映孔子所倡的微言大義，沒有一個字不表達左傳的義例的説法。朱朝瑛上承啖助、趙匡之學，中採葉夢得、程端學之論，下同季本、郝敬之文，亦不依傍三傳爲説，發展了啖、趙以來之學。

　　以上是自唐、宋至元、明學者能獨立思考，因而對左傳提出了好些新看法，他們紛紛排斥三傳，並較有力地提出了左傳、國語作者非左丘明的種種説法。

　　到清代，學者輩出，很多人研究春秋、左傳、國語諸書的豐富內容，從各不同學術角度寫成了精深著作，美不勝收。其考論諸書本身情況的，有如顧炎武據書中所載預言不盡驗，而指出了左氏所記之言不盡可信。姚鼐則以爲左氏非出一人之手，而於魏事造飾尤甚，當由吳起之徒成之者較多。俞正燮則依嚴彭祖嚴氏春秋之語，復持左傳爲左丘明所作之説，惟以丘明姓丘，其稱左氏，由於曾爲左史官（此襲葉夢得説）。同四庫全書官方之説一樣，用意在維持左丘明作傳的傳統説法。

到清代後期直至清末，今文學派劉逢禄、龔自珍、廖平、康有爲、崔適等提出新説，已見上引。康有爲的主旨是要把春秋説爲孔子改制創作之書，公羊則通其"三世"之義，以爲其變法製造理論根據；揚公羊，則必把左傳等幾部古文典籍武斷爲劉歆僞作，説爲助成新莽篡漢之計的"新學僞經"，以此來擡高"通經致用"的今文學，打擊古文學。於是古文家起而反對，章炳麟即同於俞正燮之説，堅持左傳爲左丘明作；劉師培也説孔子據舊史爲經，左丘明據舊史爲傳，以史之詳補春秋之約。但章炳麟可能考慮到論語上明載左丘明在孔子之前，於是又依違姚鼐等人之説，以爲"以左氏名春秋者，以地名也，則猶齊詩、魯詩之比歟？或曰本因左氏得名，乃吳起傳之，又傳其子期，而起所居之地爲左氏，學者群居焉（猶齊之稷下），因名其書曰左氏。"其後錢穆先秦諸子繫年考辨即襲此説，以爲"即以吳起爲左氏人，故稱，而後人因誤爲左姓者耶！"郭沫若青銅時代亦云："吳起乃衛左氏人，以其鄉邑爲名，故其書冠以'左氏'，後人因有'左氏'，遂以左丘明當之。"於是左傳成於衛左氏吳起之説，遂成爲後起頗引人相信之説。

不同的時代，各有不同的探索追尋，漢尋左傳作者爲左丘明，唐且定他爲魯太史，宋、元、明另尋作爲魯左史，楚左史，魏史等等，清以來乃分別尋其爲漢助莽之劉歆、衛左氏人吳起，古今一揆，誰也没有真憑實據，各憑自己的豐富想像，抓一點近似的東西，"深文周納"地來比附，硬要給失名的作者找出他的名字來安上，不安上總覺缺了點什麼。但它本來是缺了，用什麼辦法才能真正改變這一客觀存在着的情況呢！現在可以説"唯一的希望"除了像銀雀山那樣發現戰國時或漢初左氏書竹簡外，是無法解決這一問題的。

　　所有以上這些事實的有關資料，都搜羅包括在春秋左傳研究輯證中（所以我在這裏簡述没注出處）。從這些歷史事實材料中看出，魯春秋、左氏春秋、國語確是在戰國時原已存在的三部書。魯春秋是春秋時期魯國史官當時所記的史書，左氏春秋和國語則是事後追記的史書，即到戰國時期把保存下來的春秋當時各國史料加以編綴撰寫而成。左氏春秋主要採集了大量的晉、楚兩國史料及與之有關各國的一些史料，所以是“薈萃衆史”，例如也曾採用了國語中一些史料，故左氏成書又晚於國語。但三書所記是同一歷史時期的史事，只是彼此的詳略和側重各有些不同，春秋最簡略，左氏最詳備，國語敘事更繁而殘缺最甚。魯春秋成於魯國，左氏春秋最大可能成於三晉中的魏國而與楚國亦有關的人員之手，國語則集各國史料按國録存而大爲殘佚（有四國保存較多，略可窺見原貌；有四國則基本殘缺之後，又零星撿拾其他史料補苴之）。這樣三部叙同一時期歷史而原來各自獨立互不關連的書，流傳到西漢後，魯春秋作爲經典被立於學官（公羊、穀梁兩家只是冬烘地注解經義的書），因而獲得普遍傳習，左氏和國語只是那些有機會見到它的學者才得閱讀。

　　到劉歆大加宣揚後，社會上知道左氏傳的自當漸多，而傳鈔學習它的當然也會漸多，因而有了東漢時盛行的情況。杜預説：“古今言左氏春秋者多矣”當是事實，但所説的“多矣”應該主要始自東漢。這“多矣”中間有不少寫了有關研讀左氏的東西，杜預説晉初“其遺文可見者十數家”，而以劉歆、賈逵等四家寫得較好，都能“名家”。既然當時魯春秋成了官定本經書，爲了瞭解它，讀好它，很幸運有了記載和它同時史事而又詳細得多的左氏和國語在，必然有人用來參照讀通春秋，這也是很自然的事。而用它來參讀春秋，必須首先讀通它本身，於是就出現那十數家“遺文”。這裏似乎用得上劉逢禄的話：“左氏春秋猶晏子春秋、呂氏春秋也。直稱春秋，太史公所據舊名也。冒曰春秋左氏傳，則東漢以後以訛傳訛者矣。"劉逢祿在其著作中常指實爲劉歆僞撰，這裏只說"東漢以後以訛傳訛"，是説得比較穩妥的。因爲錢穆已指出，劉向卒在成帝綏和元年，劉歆領五經在二年，爭立古文經在建平元年，離劉向死時才二年，主管五經才一年，根本不可能有時間僞造左氏傳。即使隨其父校中秘書時，時間也不長，要對六藝、傳記、諸子、詩賦、數術、方技等六類大量藏書校其異同，加以編次，寫出提要，編纂成輯略（即目録，漢書删其要編成了有名的藝文志），顯然也是忙不過來的。他以其他時間還傳習發展父學，寫成當時在思想方面非常重要的五行傳說（也被漢書採入五行志中），他那裏還有時間僞撰左傳。所以有關劉歆僞造左傳的說法是講不通的。漢書劉歆傳説他只是"治左氏"；"由是章句義理備焉"一句，也是指"治左氏"而言。因爲在他以前，"左氏傳多古字古音，學者傳訓故而已"，所以那十數家"遺文"，顯然很多都只是解釋文字。到劉歆"引傳文以解經，轉相發明"，就是説，他跳出文字解釋之外，利用當時熟讀的春秋經的史事記載來相參解，既用左氏中較詳細的史事讀通春秋，反過來又以得於春秋者"轉相發明"地讀通左氏。所以劉歆寫的也只是"治左氏"的成果，即關於左氏的"章句義理"的解釋文字，所以列入了十數家"遺文"中，與他請立春秋左氏傳於學官本不屬一回事。不能把他對左氏書的解釋工作，說成是僞編了一部春秋的傳。何況以他那麼忙，還有可能他講解左氏之語由門徒記録成書，也不一定即由他自己所寫。更有可能由東漢愛好左氏或受劉歆影響而傳習左氏的人寫成，託之劉歆大名。所以今所見左傳中那些釋經之文，是無法找出它究竟是誰寫出來的。宋林栗説"君子曰"之文是劉歆所撰之説，只是毫無根據的猜想。必欲稽考那些"君子曰"及釋經文句是怎麼來的，大概只能歸之於"東漢以後以訛傳訛"形成的，頂多尋之於"其遺文可見者十數家"中罷，實際是找不到主名的。我們只要知道它是從東漢開始在形成，到西晉杜預才完成了這一魯春秋和左氏春秋的合編工作就行了。

　　我就以這一春秋左傳研究輯證，來爲顧先生這一精深的講學筆記提供一部相輔相成的資料。在據以綜攬了這幾部重要史籍的歷史情況之後，再回頭來看顧先生這部非凡的講學筆記，除了劉歆僞造之說爲受時代學風所影響外，全書精義薈萃，美不勝收。我以爲至少有下列諸義都是卓乎挺拔、確乎可傳的：

　　一、論證了春秋確曾經過筆削；

　　二、考定孔子未修春秋，筆削非出孔子；

　　三、指出公、穀許多牽強之處；

　　四、揭示左傳中三種不可信之史料；

　　五、繪出左傳之真示意圖；

　　六、縷析今本左傳對春秋經之關係；

　　七、縷析今本左傳對左氏原書關係的前面三點（其（4）（5）兩
　　　　點提出新説，醒人耳目，值得繼續探索，但所已提出證
　　　　據尚不足以完全折服人）；

　　八、對瞽與史二者之探索及對當時史職特點之稽考；

　　九、對國語之分析。

有了這許多精義，此書的必將大有益於學術研究，就用不着多説了。

　　最後，關於顧先生在"題記"和信中託以整理鈔寫此稿任務的林劍華老先生，這裏謹沉痛地介紹一下他的令人悼念的遭遇。林老先生對中國古典學術修養湛深，文史造詣均佳，尤擅長書法，能寫一筆特別工整流麗近於館閣體而灑脱秀雅的小楷，如寫在前清括帖中亦是上乘。六十年代初，年已七十餘，閒居在家，因爲和顧先生文史過從，相得甚歡，樂於協助顧先生做研究工作，便自願爲顧先生謄寫各種稿件。當顧先生寫本書"題記"時，林老正每天來到顧先生家，幫助謄寫當時完成了第一稿的尚書大誥譯

證，而顧先生此時正被北京大學邀請去講授經學，住在北大校園內的朗潤園，把帶去備講的本書原稿用過後，即寄給林老請他整理謄寫，因而在給他信中提出了那幾點關於整理謄寫的要求。後來的兩年多內，林老繼續忙於大誥譯證再易稿至四易稿的鈔寫工作，所以沒有動手這部書稿的整理工作。到十年浩劫期間，林老被弄到了福建原籍，竟以將近八十高齡，無緣無故慘遭不幸。消息傳來，真使人痛悼不已。顧師在"題記"中，因此稿最後十五頁為先師母留下的最後手澤，因而黯然記下戰時的傷痛！現在此稿又留下十年動亂的傷痛，實在令人於悒不已！但林老先生的女公子蘭英同志自國外歸來，白手起家，艱難締造了祖國的半導體科學事業，以她的卓越成就擔任了中國科學院半導體研究所所長兼學部委員，對祖國科學事業的發展做出了巨大的貢獻，林老也可含笑於九泉了。

　　本書付印時，顧師離開我們也已五年多了。他本想整理修訂後親眼看到它的出版，以免貽笑大方。現在書印出來，他已看不到了！而我未能有以慰先師於地下，匆匆以未經修訂的稿子付印，貽笑大方將是不免的。今無由自解地懷着沉重的心情寫這篇"後記"，實在無以減輕自己的內咎。

劉起釪　一九八五年十二月
於中國社會科學院歷史研究所

整理史記計畫*

　　一，史記正文及裴駰集解、司馬貞索隱、張守節正義加以校勘及標點，書名爲"史記三家注"。

　　二，本書以商務印書館百衲本二十四史中的宋黃善夫刻本作底本；其有訛誤，依日本古寫本、宋蜀大字本、明南北監本及清武英殿本等加以勘正。集解用蜀大字本校，索隱用汲古閣單刻本校，正義用日本瀧川龜太郎史記會注考證所引古寫本校。

　　三，清代學者對於史記曾用各種比较方法揭發其錯誤而不盡賴板本校勘，如王念孫讀書雜志、錢大昕廿二史考異、梁玉繩史記志疑等書，往往燭照千載之上，本書均擇善而從。

　　四，正文每段自爲起訖，不與注文混雜。凡正文有注解的，無論爲一字或一句，均在文下標明數目字，把注文列號，排在每頁的左側，使誦讀和檢查兩均便利。

　　五，正文中的衍文用〇表出，脫文用小字注出，誤文把所誤的字用〇表出而注正字於其下。注文確知其爲錯誤的即逕行改正，其不易改正的即存疑，增字用（）表出。

　　六，書末附引得，分爲人名、地名、書名三類。注中所释地名，裴駰據的是晉代地，司馬貞與張守節據的是唐代地；今爲便利讀者計，把現在地名附注於引得之內。

　　七，史記各篇所記年代時有參差，自晉代發見竹書紀年而後

---

　　*　交中華書局。録自鈔件。

史記所載戰國年代的錯誤可以糾正。今以公元爲主，王侯紀年次之，編一年表，自西周共和訖漢武帝，正與誤分列，附於書後，使讀者可以自行勘正。可能時並編各時代的地圖，以便與史文對照。

八，本書正文及注文約計二百萬字，引得及年表約計五十萬字。擬用十六開本，正文用新四號字、注文用五號字、校文用新五號字排，分爲甲、乙兩種，甲種洋裝本四冊，乙種平裝本八冊，每冊零售以便購買。

九，本書上半部定於一九五五年六月底交稿，下半部定于同年十二月底交稿。

十，本書由顧頡剛、賀次君編輯；排樣的初校及最後一校由編輯人任之。

一九五四，十，五。

史記序 *

目次

---

* 1955 年 8—9 月作，未畢。其中第五節先載古籍整理與研究 1987 年第
一期，上海古籍出版社，改題現在的史記是司馬遷的原書嗎。

一、史記的世界地位

史記是中國古代第一部具有廣博的資料和系統的組織的大著作，它在中國歷史、文化、學術界裏發生了極其重大的作用，傳衍了極久遠的源流，佔有了極崇高的地位，這是早就爲中國和世界學者們所公認的。金兆梓先生説得最好：

“世界上的歷史著作，最早的當然要推孔子所作的春秋；但緊跟着的就有希臘人希羅多德的波希戰紀和修雪狄士的比羅崩尼蘇戰紀。這三部書都成於紀元前五世紀，春秋稍爲早上幾十年。

“不過希氏和修氏的著作都只是幾場戰爭的記述，還説不上可以‘通古今之變’的通史。真正足以通古今之變的通史，在世界上還要算我國漢代人司馬遷的史記爲最早。

“史記一書，成於紀元前一世紀的初年；所記述的史事，上起紀元前二六九八年，下到紀元前九七年止，包括的時代有二千六百年之久；以地域論，則要包括黃河、長江、珠江三大流域，旁涉的也要東北到朝鮮，西南到越南；計卷數共有一百三十卷，計字數也有五十二萬六千餘言；不但是世界上第一部出現的通史，而且也是世界上第一部出現的宏篇鉅製。在紀元前一世紀初年那個時候，不要說單單限於歷史一科的著作，就是拿任何科目都計算在內，世界上還決不會有這樣大的一部著作。

"就拿史識來講罷，希氏一切以神意爲依歸的斷制姑且不去說他，修氏算是脫卻神的外套了，但也只能就事求其因果；至於司馬遷，卻已有他的科學觀點——經濟史觀了。結尾的那一卷貨殖傳，上從'鄰國相望，老死不相往來'的氏族社會說起，一直要說到'千金之家比一都之君，臣萬者乃與王者同樂止'；從社會發展上去講歷史，在世界上也還是最近百餘年內的事，而他卻在紀元前就這樣說了，這還不夠獨步世界嗎！"（中國的世界第一，第二冊，上海大公報出版。）

我們祖國有了這樣優美而豐富的文化遺產，這決不是一件尋常的事。因此，我們要在二千一百年後他的誕生的紀念日，把這部偉大的史記，加上南朝宋裴駰的史記集解、唐司馬貞的史記索隱、唐張守節的史記正義三部早期的注，集合了三十餘個古本以及各家的考訂，作一回詳細的校正，來供應全世界人民的需要，並上獻於司馬遷的祭壇。

二、司馬談的作史計劃和他所寫的史

我們要說明司馬遷的史記，不得不先講他的父親司馬談，因爲史記這部書是創始於司馬談的。

　　司馬談是漢代夏陽縣（今陝西韓城縣）人。他從了唐都學天文，從了楊何學易經，從了黃子學道論，對於自然科學和人生哲學都有比較深沉的造詣，因此他對於當時流行的各種學派都能批判它們的價值和效果。用那時的話説來，他是一個"通天人之故"的人。他在漢武帝初年，即公元前二世紀的四十年代，任職太史令，接受了無數的公私史料，因此他擁有廣博的歷史知識。

　　當前一一九年（漢書武帝紀誤爲一二二年），漢武帝在隴阪獲白麟，作白麟之歌，後來又改元爲元狩，用了帝王的力量來宣傳這個祥瑞。司馬談是崇拜孔子的，相傳孔子作春秋，絶筆於"西狩獲麟"，現在居於史官地位的他，給這件事刺戟得多麼興奮，就想站起來繼承孔子的史統，從上古帝堯時叙述起，到這次獲麟爲止。這是他的作史的動機。他利用業餘時間，把古今史事搜集整理，逐一分篇寫出。這樣地過了十年，漢武帝要到泰山封禪了，封禪是一代帝王表示他受命於天的大典，輕易看不到，他十分想去觀禮；可是犯了重病，留在洛陽，不得參加。到他臨終的時候，他的兒子司馬遷恰恰從西南趕到，他就執了兒子的手，哭道："我死了以後，你必然繼任我的職位，你可千萬不要忘記我所準備做成的史書呀！自從孔子作春秋以來，多少的明主、賢君和忠臣、死義之士，值得表章的，你一定不要孤負了你的太史的職位呀！"他的兒子聽了，也低着頭流淚道："我一定把您的歷史稿件好好地編出來，完成這個任務！"（關於司馬談作史的事，詳見史林雜識初編中的司馬談作史考。）

　　這些事實或隱或顯地保存在本書末篇太史公自序裏。從這些話看來，可見司馬談已規劃好了把重要人物做中心的歷史體裁，這就是現在史記裏若干篇生龍活虎般的人物傳記的來源。例如刺客列傳裏寫荆軻刺秦王，事起倉猝，武裝的衛士們都在殿下，非有命令不得上來；殿上的群臣手無寸鐵，没法攔阻：正在危急的時候，侍醫夏無且舉起藥囊壓住荆軻，秦王方得拔出劍來，把荆軻刺倒。這一個緊張的畫面是誰傳出來的呢？看篇末讚語説："始公孫季功、董生與夏無且游，具知其事，爲余道之如是。"查荆軻入秦在前二二七年，司馬遷生於前一四五年，相距已八十二年，公孫季功們和夏無且交着朋友，必然是秦末漢初的人，怎麼等待得到司馬遷長大了把這件故事告訴他呢？所以這裹的"余"必然是司馬談，可以證明這篇荆軻傳或整篇的刺客列傳是司馬談所作。他的這篇文章是在表章"死義之士"的標準下寫的，他看出了刺客這個典型在政治上的重大作用及其悲劇性的結局的感染力，就可以知道他想寫的歷史是多麼富於現實生活和戰鬥精神的。這些刺客的行爲，現在看來固然很多是被封建統治者或野心政治家所利用，但在當時"士爲知己者死"及"國士遇我，我以國士報之"的道德信條下，他們是怎麼地忠實追求這個美好的理想，對於認爲朋友的一方極度地愛，對於認爲敵人的一方極度地憎，爲了愛與憎的實踐而把犧牲自己的生命看作一件正當而平常的事。這種典型給司馬談用文字表現了出來，他們的生動的形象就永久地、深刻地留存在讀者的印象裹，使得人們都給這樣的分清敵我、明確愛憎的勇敢精神所感動，同爲了美好的理想而作鬥爭。然而司馬談是爲哪一個階級服務呀？這些刺客是個別的人，他們所屬的階級當時名爲"游俠"，游俠是社會的下層分子，有他們自己的組織，學習武術，專好打抱不平，反抗封建統治者的殘酷壓迫是他們的最重大的任務。因爲這樣，所以游俠被稱爲"以武犯禁"，所謂"禁"就是統治者爲了保護自己的利益而設下的法律，所以統治者對於游俠是不兩立的，一定要把他們剗絶了才安心。刺客的被利用不過是部分的、偶然的事，其他湮没不彰的起義而失敗的英雄人物正不知有多少呢。司馬談能夠注意到刺客，他必然同時注意到游俠，在這一方面看來，至少在他的意識裹不願死心塌地擁護統治階級，因此能同情於這些反抗封建統治的游俠分子，這無疑是一種進步的思想。

又張釋之馮唐列傳裏説："武帝（這二字是後人改的，原文應是'今上'）立，求賢良，舉馮唐。唐時年九十餘，不能復爲官，乃以唐子馮遂爲郎。遂字王孫，亦奇士，與余善。"查武帝繼位時馮唐年九十餘，推他的生年在前二三七年左右，還是戰國末年人；他的兒子馮遂雖然我們不能知道他的生年，但照宗法社會的慣例來講，接補父親官職的必定是長子，那麼他在武帝之初也該是六十歲的老人，而司馬遷還是一個出世不久的小孩子，如何夠得上交朋友而説"與余善"，所以這個"余"也很可能是司馬談。馮唐在歷史上本來沒有起過大作用，不必替他特立一篇傳，只爲司馬談和馮遂的友誼很深，所以順手寫了進去。馮唐告漢文帝道："其後會趙王遷立，其母倡也"，這正和趙世家的贊語中説的"吾聞馮王孫曰：'趙王遷，其母倡也'"一樣。從這件故事可以知道，馮遂從馮唐那裏聽來，司馬談又從馮遂那裏聽來，趙世家和馮唐傳實在出於一源。馮唐是趙國人，他的少年時代記得的祖國故事很多。秦始皇統一之後，爲了防止被征服者的反抗，把六國史書燒個乾淨，所以史記裏的六國年表和六國世家中錯誤和空疏的地方都是多到極點；假使沒有竹書紀年的發見，簡直是没法清理的一筆糊塗賬。但在六國世家裏，只有趙世家一篇是特殊的，其中有屠岸賈滅趙氏和程嬰立孤的事，有趙簡子夢至上帝那裏和上帝賜給他翟犬的事，有趙襄子拜受霍泰山三神的命令的事，有趙武靈王夢見處女鼓琴唱歌而得孟姚的事，都是戰國策和其他古書所未記，而極富於故事性的民間傳説。這也可以想象得到，司馬談爲了馮家多知道趙國的事情，常和他們聯繫，得到許多地方傳説，他就寫入了趙世家。因此可以知道，司馬談作史的方法並不是專搜羅文字記載，他是到處注意人們口中的故事的。再看史記中趙國的將、相像平原君、廉頗、藺相如等人，流寓於趙國的像信陵君，新的封建主像張平、張敖及爲他們而犧牲的像陳餘、貫高，所以能夠寫得這般有聲有色，染了濃厚的故事性，也必然有其經歷了多少年的民間口頭的描寫，而定型於馮家的傳述和司馬談的筆錄。這樣看來，馮唐雖不是一個歷史上的大人物，卻是對於史記的完成有大力的幫助。

司馬談作史，是這樣的遭人便問，聽來就記，不但注意統治階級的一般政治，而且注意到各階層的人民活動，這是何等活潑生動的手腕。因此，他的作史的動機雖出於宗教信仰，但他的作品卻有深厚的社會内容。他的文章，從荆軻傳看來，又是何等的優美。這不是現實主義的創作是什麼！所以司馬談不但是一個大史學家，也是一個大文學家。司馬遷所以能夠成功這樣一部不朽的著作，他的父親送給他這般豐厚的憑藉是一個極大的推動力量。

三、史記中五種體裁的因襲和創造

現在先把史記的體裁講一下。

上面説過：從荆軻傳看來，從司馬談臨死時所説的應當表章的"明主、賢君、忠臣、死義之士"看來，可見他已規劃好了把歷史上重要人物作爲中心記載的一種史書體裁。像本紀裏的項羽、世家裏的陳涉以及七十列傳裏若干突出的人物，當然都是在這個原則下寫出來的。

但史記有五種體裁——本紀、表、書、世家、列傳——是不是完全出於司馬氏父子創造的呢？還是他們也有所因襲的呢？説到這裏，不得不對於我國古代史書的體裁綜合地講一下。

查我國古代史官的記載，有正式寫了頒佈出來的，也有寫了留着供參考的。最標準的正式記載是春秋，它分年、分月、分日地記着，用極簡單的文字記録了比較重大的事件，並用幾個有深刻的政治意義的動詞來判定這個事件的善惡。例如晉文公勝楚之後，會諸侯於踐土，取得盟主的地位，又用了"挾天子以號令諸侯"的手段，把周襄王請來參加，這是晉文公的實力的表現；但"以臣召君"在那時的階級道德上是絕對不許可的，所以史官們就把這事寫作"冬……天王狩於河陽。壬申，公朝於王所"，好像周天子還是威風凜凜的，他爲了狩獵經過這裏，順便接受諸侯們的朝見。這是所謂"曲筆"。晉卿趙氏的勢力在晉國長大起來，執政的趙盾和在君位的晉靈公相處得不好，靈公給趙穿殺了，晉國的史官董狐就用了"誅心"的筆法寫着"趙盾弑其君"，把這條簡牘榜在朝堂上，作爲定案；這件事情報告到各國，魯春秋上也寫了"秋，九月，乙丑，晉趙盾弑其君夷皋"。這是所謂"直筆"。這般簡單而嚴肅的語句是各國一樣的，現存的魯史春秋經和魏史竹書紀年就都是這個體裁。史記廉頗藺相如列傳上記着趙惠文王和秦昭王會於澠池的事，説道：

> 秦王飲酒酣，曰："寡人竊聞趙王好音，請奏瑟！"趙王鼓瑟。秦御史前書曰："某年、月、日，秦王與趙王會飲，令趙王鼓瑟"。藺相如前曰："趙王竊聞秦王善爲秦聲，請奉盆缻秦王，以相娛樂！"……於是秦王不懌，爲一擊缻。相如顧召趙御史書曰："某年、月、日，秦王爲趙王擊缻"。

秦的史官用了"令"字來侮辱趙王，把趙國看成秦的藩屬；藺相如就叫趙的史官用"爲"字來報復，並表示了秦和趙的平等的國際地位。這就叫做"春秋之義，一字之褒，榮於華袞；一字之貶，嚴於鈇鉞"。這是那時認爲維持封建統治最有效的一種文字上的壓力。

次一級的正式史書，有似現存的尚書。那時的統治者向臣民們講一番話，叫做"誥"；出兵的時候向軍官們講一番話，叫做

“誓”；任命某人做什麼官，叫做“命”。誥和誓都是史官直録統治者的説話，時代一久，語言變了，所以極多難懂的地方。命是由史官代作的，正似後世的“制誥”，他們用了樂官作詩詞的方法來做，句子整齊，聲調也鏗鏘，流於文言和駢文的一派。此外，記録臣子們貢獻給君主的意見，或臣子們自相商討的議論，叫做“謨”，寫的也是口語；還有記録君主們的事跡的，叫做“典”，寫的又近文言。這些東西，用現在的名詞來説，都是所謂“檔案”。檔案是可以多到無窮的，但是因爲篇幅較長，不易流傳，現在傳下的尚書只有二十八篇，分爲虞夏、商、周三部分，有些是後人補作的；此外逸周書裏還保存了幾篇早期的文字，鐘鼎彝器如毛公鼎、大盂鼎等又保存了幾篇最真確的文字。尚書和春秋兩體比較起來，我們可以説：春秋專記事，尚書多記言；春秋是主要的史書，尚書是重要的史料。因爲史書的春秋已把某一事件的年、月、日都寫明了，所以在史料的尚書裏也就不注意這些，弄得許多篇“略無年月”。

　　從國語(楚語上)申叔時所講的教導太子的方法裏可以知道當時史書的種類和它所起的作用。他説：

　　　　教之春秋而爲之聳善而抑惡焉，以戒勸其心。教之世而爲之昭明德而廢幽昏焉，以休懼其動。……教之令，使訪物官。教之語，使明其德而知先王之務用明德於民也。教之故志，使知廢興者而戒懼焉。教之訓典，使知族類，行比義焉。

這裏第一種是春秋，其他爲世、令、語、故志、訓典五種。試就現存的材料作一解釋如下：

　　世就是世本，主要記載貴族的世系和年代，也兼及於别的方面。這書用的是表譜的形式，分了類記着。可惜北宋後它已亡

佚，我們只能就清代的幾種輯本見出一個大概。依洪飴孫的輯本
（即秦嘉謨冒名刻本）看，這書區分爲帝繫篇、紀、王侯譜、世
家、大夫譜、傳、氏姓篇、居篇（都邑）、作篇（器物的創造）、謚
法十類；前六類是王、侯、大夫的傳代記錄，後四類是社會現象
的撮要叙述。就所引的文字看來，每條均極簡單。用現在的名詞
説，這種書可稱爲"歷史手册"，是備查檢的一部書。史記十二諸
侯年表序中所説的"太史公讀春秋曆譜諜"，大約就是其中的王侯
譜部分；衛康叔世家贊語中所説的"余讀世家言"，大約就是其中
的世家部分。令大約是法令和時令一類文件，像吕刑、夏小正之
類。語就是國語，這是以事件爲單位的一種記載，它對於某事某
人可以很詳，也可以很略，傳聞互異的也不妨彼此並存，可以説
是一種雜記體的史；它又把一件事情自始至終地記着，也可以説
是紀事本末體的史。因爲史官就他所聞，加上些描寫，所以文辭
優美，奠定了中國文言的基礎；他們也抒寫些自己的意見，稱爲
"君子曰"。史記六國表所説的"獨有秦記，又不載日月，其文略
不具"，大概也是這類東西。故志和訓典的形式不詳，想來故志
就是左傳裏所引的周志、鄭書，大學裏所引的楚書一類文字，是
分國的尚書；而訓典則是斷代的尚書。如果這些解釋不錯，那
麼，古代的史書除了春秋、尚書兩種方式之外，還有世、令、語
三種方式。這種史書都是爲了統治者的需要而作的，所以處處注
意於廢興的戒懼，好使統治者及其子孫提高警惕，永遠保持這個
地盤。強項的史官像董狐，也不過爲晉公室服務，他們從來没有
看見過人民。

　　司馬氏父子生當西漢全盛的時代，用了他們豐富的知識來整
理所能把握住的史料，他們想把相傳的孔子的春秋大義結合自己
的正義感而作爲歷史觀點，混合了春秋、尚書、國語、世本諸種
舊史體裁，創作一部囊括古今各時代、各部族和各階級的通史，
於是他們就把當時所有的歷史資料一齊打通，加以選擇和修改，

而建立史記的新體裁。他們覺得國語一派用細緻的修辭工夫寫出來的四字一句的文章雖然優美而不是真實的説話，所以要寫一部口語式的散文的歷史。他們隱然把本紀、表、書三類作爲"經"，因爲這些都是帝王的政治，關係全面，體制高而影響大；世家、列傳兩類作爲"傳"，因爲這些都是諸侯、大夫和庶民的事情，他們地位較低，關係只是局部的，可以當作本紀、表、書的注解，例如春秋、戰國時的各諸侯世家就是周本紀、十二諸侯年表和六國年表的傳，商鞅、張儀、樗里子、穰侯、白起、范雎、吕不韋、蒙恬、李斯九篇列傳就是秦本紀和秦始皇本紀的傳。因爲是傳，所以把一系列的傳文稱作"列傳"。

史記的"本紀"無疑是效法春秋的，它用帝王的次序和年代扣住許多重要的事情，來見出盛衰興亡的綫索。不過它已把春秋式的文體解放了，不再用很精簡的句子來記述一件事情，也不再有記言和記事的區別，而把檔案式的尚書體裁和雜記式的國語體裁彙合在一起，使得人們一覽之下就可明白這件事情的全貌。至於沒有年代可尋的，如五帝本紀，當然效法於尚書的堯典，只把現存材料略略分出先後而貫穿起來。

史記的"表"是取資於春秋和世本裏的王侯譜的。桓譚新論説："太史三代世表，旁行斜上，並效周譜"（梁書劉杳傳引）。周譜現在看不見了，當即王侯譜的一部分，或類似王侯譜的一部書。凡是佔有高級的政治地位而沒有突出的事蹟可記的人們，例如漢長沙王吳芮以及若干幫漢高祖定天下的功臣都只記在表裏，以免空佔了本紀和世家的篇幅，這是一種最經濟的手段。三代世表序説："余讀諜記，黄帝以來皆有年數；稽其曆譜諜、終始五德之傳，古文咸不同、乖異：夫子之弗論次其年月，豈虛哉！"作者在把後出的資料經過比較和考證之下，發現共和以前的年數，記載雖多而都出於後世的臆測，就毅然決然去掉"年"而專記其"世"，這不能不説是歷史面貌的一次革新。又如秦、楚之際，中央和地方政局的變化最爲劇烈和急速，如果僅僅編年是看不清楚的，於是就創爲"月表"，把極複雜的現象清理了出來，這尤見他們的執簡御繁的巧思。

史記的"書"超出了以人物爲中心的範圍，系統地記載自然界和社會的各種重要動態，這也許是受了世本的居篇、作篇的啟發；但最重要的還是尚書裏的禹貢和洪範兩篇——禹貢是結合自然地理和經濟地理的一部記載，洪範是結合自然現象和社會現象的一部記載，都是"通天人之故"的大文章。看史記把這類記載命名爲"書"，分明就是把它們當作尚書看待。這一部分著作，因襲的成分極少，更可看出作者的創造力的雄厚。所可惜的，是前面禮、樂、律、曆四篇有的亡佚，有的殘缺，我們已不能看到它們的全貌。後面的天官書是當時的天文、氣象實測的記錄和學説的總匯；封禪、河渠、平準三書都是記的漢武帝時的大政，作者觀察的精微，叙述的生動和批評的犀利，真可説在封建社會裏是空前而又絕後的史家直筆。它們都是站在人民的立場上揭破封建統治者殘酷剝削人民的罪惡，爲史學界創立了人民性的光輝傳統；可惜以後的作史者不再有這般大膽，除了明代李贄的藏書有些繼承司馬氏的傾向之外，都重登了司馬氏以前爲統治者服務的舊傳統。

史記的"世家"是混合了春秋、國語和世本裏的世家而成的。諸侯們世次的遞嬗用的就是本紀的方式。從陳涉世家以下，作者用了列傳的體裁來叙述，因爲時代接近，材料豐富，可以加上深刻的描寫了。

史記的"列傳"固然可能有些地方是用世本的大夫譜和傳的，但世本裏原只記着一點枯燥的事實，等於現在人們開出的"履歷"，決不是活生生的；司馬氏父子忠實地描寫傳主們的個性和在他們身上所體現的社會內容，使得讀者們對於每一傳主各各得着了深刻的印象，而傳主們的精神在人間永遠不死，這無疑是他們最偉大的現實主義的創作，超出了以前任何史官的成就。至於他們的眼光和筆觸所達到的乃是整個的社會，所有在政治、軍事、學術、醫、卜、王、商各方面發生作用的人物都收羅了，本國的兄弟民族和當時的亞洲民族的組織、生產、交通也都儘所知道的敘述了。他們不但做實事的敘述，而且隨時對人對事加以批判，這批判的話在形式上是繼承於以前史官的"君子曰"，而賦予以新的内容。他們所批判的當然有許多不同於我們今天的標準，不過在二千年前的史學界裏能有這般現實主義的精神，實在不能不稱道他們是僅見的大手筆。

以上闡明了史記五種體裁的來源。司馬氏的史法不能無所因襲，但是他們的創造的因素遠出於因襲之上，他們的目的性更没有因襲的成分。爲了這部書是他們父子的合作，我們今天已不容易分別出其中哪些是談的，哪些是遷的，而且史記中創造性最充足的是列傳一體，這一體創始於司馬談上面已舉出了有力的證據，所以就把這個問題在這裏先行提出。

四、司馬遷作史記

（一）司馬遷的生年

司馬遷，字子長。他的生年有兩説，都出於太史公自序的注文裏。序道："太史公（司馬談）……卒三歲而遷爲太史令……五年而當太初元年"，索隱引博物志道："太史令茂陵顯武里大夫司馬年二十八，三年六月乙卯除六百石也。"這是根據那時的户籍鈔來的。查司馬談卒於元封元年，"卒三歲"是元封三年，即公元前一〇八年，那時司馬遷年二十八，是他生於武帝建元六年，即前一三五年。序文"五年而當太初元年"下，正義道："按遷年四十二歲"，這不知道根據的是什麼。照他所説推上去，是司馬遷生於景帝中元五年，即前一四五年。這兩説相差了整十年，我們現在暫不討論哪一説對，但歷来替司馬遷作年譜的人，都主張的後一説。

（二）讀書與游歷

司馬遷承受了他的父親的優良的家學，自己又向當時的大師孔安國學尚書，董仲舒學春秋，書本的學問愈加淵博。他又喜歡作長途旅行，據他自序説："二十而南游江、淮，上會稽，探禹穴；闚九疑，浮於沅、湘；北涉汶、泗，講業齊、魯之都，觀孔子之遺風，鄉射鄒、嶧；戹困鄱（蕃）、薛、彭城，過梁、楚以歸"，從這幾句话裏，可以知道他從今陝西出来，經歷河南、江蘇、浙江、江西、湖北、湖南、山東等省，在那時的交通條件下説来，可説是一件極辛苦費力的事。及至他做了郎中的官，前一一一年，漢定西南夷地，立了七個新郡，他又被派"西征巴、蜀以南，南略邛、筰、昆明"，又經歷了今四川和貴州一带，也許到了雲南。又前一一三年，漢武帝踰隴山登空同，前一一〇年武帝自碣石至遼西，歷北邊九原，歸甘泉，前一〇三年武帝北出蕭關，歷獨鹿（即涿鹿），自代而還，他都隨從着，又走了今甘肅、山西、遼寧及内蒙自治區諸地。他走過的地方，不是隨便欣賞些風景，實際上他處處在研究歷史、考察社會情形和民生利病。只要看他在五帝本紀的贊裏説："余嘗西至空峒、北過涿鹿、東漸於海、南浮江、淮矣，至長老皆各往往稱黃帝、堯、舜之處，風教固殊焉"，伯夷列傳説："余登箕山，其上蓋有許由冢云。孔子序列古之仁聖賢人，如吳太伯、伯夷之倫詳矣，余以所聞由、堯義至高，其文辭不少榱見，何哉？"這可見出他的研究歷史的態度，他那時雖然還沒有精密的研究方法，但他把隨處看到的古蹟和聽到的傳說要加以存疑和考信，不把太可疑的事情寫進歷史書裏去，這便是一個很明白的證據。他在河渠書的贊裏說："余南登廬山，觀禹疏九江，遂至於會稽太湟，上姑蘇，望五湖，東闚洛汭、大邳、迎河，行淮、泗、濟、漯、洛渠，西瞻蜀之岷山及離碓，北自龍門至於朔方，曰：甚哉水之爲利害也！"他走遍了東、南、西、北各地，看到了水利，也看到了水害，爲了對於民生的利病着想，所以要作河渠書，表章禹、西門豹（實是史起）、李冰、鄭國、徐伯表等水利專家，給後來人看個榜樣。至於考風問俗，像齊太公世家贊說的"吾適齊，自泰山屬之琅邪，北被於海，膏壤二千里，其民闊達多匿知，其天性也。……稱伯，不亦宜乎！"孟嘗君列傳贊說的"吾嘗過薛，其俗閭里率多暴桀子弟，與鄒、魯殊，問其故，曰：'孟嘗君招致天下任俠姦人入薛中蓋六萬餘家矣'"，也都在實際知識裏求出了風俗和政治、社會的因果來。他在這方面的最高成就有兩篇。一是西南夷列傳，因爲他到過那裏，親自搜集資料，其中的種族、生活、政治關係和開發始末敘述得何等簡單清楚。又一篇就是貨殖列傳，他把全國地方分爲若干經濟區域，從農、林、畜牧和山、海的生產到工人的製造、商人的販運、大都市的興起、人口的繁殖、大商人的享受等等，來推求各地區的風俗形成的規律。這就是他在旅行中的隨處留心的一個總結。以後的史家儘管模仿他的史記的體裁，繼承了他的編排方法，但沒有第二人能彙合當時的經濟情形和社會制度再寫出一篇貨殖列傳來，這就是他所以复然獨出於千古之上的原因，而史記一書所以成爲不朽的著作，初不在於司馬遷精細地讀萬卷書，而實在於他行萬里路的時候能穀捉住活生生的資料。所以，史記這部書，他儘可因襲他的父親的原定的體裁和未成的稿本，然而這捉住活生生的資料一點必然是他超過他的父親的地方。

（三）改曆與作史

前一〇八年，司馬遷任職太史令，他更有機會讀到皇室的藏書，豐富了他著作中的書本資料。

那時漢朝起了改曆的運動，這是統治階級和人民共同感到需要的。原來中國古代因爲交通阻塞，生産聯繫較少，因此各個侯國都有從自己的天文學的成就裏制出曆法的習慣，所以春秋經的第一句“春王正月”就是表明魯國是遵用周朝的曆法的，反過來説，足見別的諸侯不用周曆的就很多；所謂“三正”和“六曆”，就是曆法不統一的明證。秦始皇統一六國之後，車也同了軌了，書也同了文了，度、量、衡也有一定的制度了，只有曆法卻還没有來得及統一，僅僅規定了以建亥之月爲正月。漢初仍用秦正朔，但曆法混亂得很，弄得月盡和月初見了月亮；到了月望，反而虧了；上、下弦時，卻又滿了。有了晦、朔、弦、望之名而無其實，這對於民生日用多麽的不方便。加上以十月爲正月，先冬後春，於四時之序又怎樣的不相應。所以這時激起了改曆運動，希望得到一部正確的曆法，並定建寅之月爲正月。到前一〇四年，大中大夫壺遂、太史令司馬遷等向武帝上言：“曆紀壞廢，宜改正朔。”武帝准許，就令天文專家和曆法專家唐都、鄧平等二十餘人共定太初曆，改元爲太初元年。這件事是司馬遷發動的，他自己也是一個天文、曆法的專家，所以他的書裏就有曆書和天官書。這個簇新的、正確的曆法的頒布使得他興奮地跳起來，比了他的父親踤到獲白麟的祥瑞還要高興。自序裏説：

遷爲太史令……五年而當太初元年，十一月甲子朔旦冬至，天曆始改，建於明堂，諸神受紀。太史公曰：“先人有言：‘自周公卒，五百歲而有孔子。孔子卒後，至於今五百歲，有能紹明世，正易傳，繼春秋，本詩、書、禮、樂之際？’意在斯乎！意在斯乎！小子何敢讓焉！”

按孔子卒於前四七九年，離開獲白麟只三五七年，實行太初曆固然後些，也只三七五年，不但不到五百年，還到不了四百年，而談、遷父子熟讀了孟子，都要提早承受孔子後五百年的道統，這種心理，現在看來未免可笑。但是在那時候宗教的氣雰裏，在那時社會上重大事件的刺激裏，使得他們父子在這般情形之下鼓起了著作的勇氣，於以成就不朽的史記，這是總該感謝的。

那時和司馬遷一塊兒提議改制曆法的壺遂看見他直把“繼春秋”自命，暗笑他的狂態，就用譏諷的方式對他説：“孔子的時候，上面逢不着明君，下面做不出政治工作，所以不得不寫成一部春秋，用了紙上的空文來定出一代王者的法制。現在你既然遇到了英明的天子，自己守着了合適的職務，試問你作這一部書的意思是什麼呢？”質問到這裏，司馬遷無法答復了，只得説：“孔子作春秋，不但是刺譏當世，也要褒美周室。自漢興以來，得到了多少符瑞，定出了多少制度，顯見他受着上天的任命，得着全世界的擁護。上面有了這樣的明聖，若不能把他的功德廣爲傳播，也是我做太史的過失呀。放着皇帝的盛德不記載，掩蓋了功臣世家和賢大夫們的功業不叙述，忘掉了我父親的遺囑，這便是我莫大的罪狀呀。我現在只是把這些故事整齊一下而已，哪裏是把它比作春秋呢！”其實，這些話只是他敷衍壺遂的違心之論，他是決然要根據春秋之義來刺譏當世的。

（四）史記中對當時人物的批評

我們爲什麼要這樣説呢？因爲“善善，惡惡；賢賢，賤不肖”

在那時的道德標準之下清楚地分出這樣的是非愛憎的態度，是春秋的，也是史記的。在司馬遷時認爲古代的所謂"厥協六經異傳，整齊百家雜語"，那是他從書本上鈔來，且不必提它；我們只看和司馬遷並世的人，他是怎麼批評的。他對於當時的丞相公孫弘，説："弘爲人意忌，外寬内深，諸嘗與弘有郤者，雖詳（佯）與善，陰報其禍。殺主父偃，徙董仲舒於膠西，皆弘之力也。"對於御史大夫張湯，既把他入了酷吏傳，又説："所治，即上意所欲罪，予監史深禍者，即上意所欲釋，與監史輕平者，所治即豪，必舞文巧詆，即下户贏弱，時口言，雖文致法，上財察，於是往往釋湯所言。"對於大將軍衛青，他説："大將軍爲人，仁善退讓，以和柔自媚於上，然天下未有稱也。"對於驃騎將軍霍去病，他説："少而侍中，貴，不省士。其從軍，天子爲遣太官齎數十乘，既還，重車解棄粱肉，而士有饑者。其在塞外，卒乏糧，或不能自振，而驃騎尚穿域蹋鞠。"他把他們批評的這般具體。至於給衛青壓迫自殺的李廣和給田蚡構陷致死的竇嬰和灌夫等人，卻又寫得非常忼慨激昂，肝膽照人，使讀者對於他們無不起了深厚的同情。

（五）封禪、平準兩書中對漢武帝的批評

司馬遷最膽大的記録和批評，是他指責漢武帝的兩篇文字——封禪書和平準書。武帝生在漢皇朝的全盛時代，前任的皇帝用了靜默無爲的手段替他積下了偌大一分産業，司馬遷寫出那時的盛況道："漢興七十餘年之間，國家無事，非遇水旱之災，民則人給家足，都鄙廩庾皆滿，而府庫餘貨財。京師之錢累巨萬，貫朽而不可校；太倉之粟陳陳相因，充溢露積於外，至腐敗不可食。衆庶街巷有馬，阡陌之間成群"，是多麼的富庶！可是到了武帝的世裏，卻成了"大農陳藏錢經耗，賦税既竭，猶不足

以奉戰士。"爲什麼會這樣？因爲這個時代是不得不大花錢的時代，而武帝的生性又是一個喜歡大花錢的人。原來當時爲了抵抗匈奴，不能不通西域；通了西域，爲了求道路的便捷，又不能不通西南夷。此外，東南方的東越和閩越正在互相爭戰，珠江流域的南越又反了，如果不加平定，漢皇朝在南方的統治權就有分崩的危險。東北方的朝鮮本來容納了許多燕、齊的亡命之徒，時時起問題。武帝想建立一個大帝國，得到長期的和平，東、西、南、北各路便一齊發動。司馬遷寫出那時的情形道："嚴助、朱買臣等招來東甌，事兩越，江、淮之間蕭然煩費矣。唐蒙、司馬相如開路西南夷，鑿山通道千餘里以廣巴、蜀，巴、蜀之民罷焉。彭吳賈滅朝鮮，置滄海之郡，則燕、齊之間靡然發動。及王恢設謀馬邑，匈奴絕和親，侵擾北邊，兵連而不解，天下苦其勞而干戈日滋。行者齎，居者送，中外騷擾而相奉，百姓抏弊以巧法，財賂衰耗而不贍。"這固然是當時的實在情形，但是中國之所以有這樣一個統一的國家，基礎確是奠定在這兒，這是過渡時代所必有的痛苦，武帝的事業是應當肯定的。這是那時第一件大花錢的事。爲了漢皇朝軍事的勝利，北面立了朔方郡，東北立了滄海郡，西南立了七個郡，南越地又立了九個郡。這些新地方的開闢也是需要花一大筆錢的，司馬遷又寫道："是時漢通西南夷道，作者數萬人，千里負擔饋糧，率十餘鍾致一石，散幣於邛、僰以集之……悉巴、蜀租賦不足以更之，乃募豪民田南夷，入粟縣官，而内受錢於都内。東至滄海之郡，人徒之費擬於南夷。又興十餘萬人築衛朔方，轉漕甚遼遠，自山東咸被其勞，費數十百巨萬，府庫益虛。"把新地方建設起來，移民實邊是一個很重要的條件，所以"徙貧民於關以西，及充朔方以南新秦中，七十餘萬口，衣食皆仰給縣官，數歲，假予產業，使者分部護之，冠蓋相望，其費以億計，不可勝數，於是縣官大空。"又這些新立的郡，爲要使得土著的生活安定，暫時不加剝削，然而客、土間總不易相安，所以更賠錢，他説："番禺以西至蜀南者置初郡十七，且以其故俗治，毋賦税。……而初郡時時小反，殺吏。漢發南方吏卒往誅之，間歲萬餘人，費皆仰給大農。"又那時黃河決口，必須修治，爲了增加生産和便利運輸，又必須開渠，所以他説："河決觀，梁、楚之地固已數困，而緣河之郡，堤塞河，輒決壞，費不可勝計。其後番係欲省砥柱之漕穿汾、河渠"，以爲溉田，作者數萬人。鄭當時爲渭渠回遠，鑿直渠自長安至華陰，作者數萬人；朔方亦穿渠，作者數萬人：各歷二三期，功未就，費亦各巨萬十數。"這樣的左也要錢，右也要錢，拿什麼來應付呢？於是賣官呀，賣爵呀，贖罪呀，入粟呀，入羊呀，出馬呀，一切方法都想盡。但這些枝枝節節的辦法總解決不了問題，於是定出幾種經濟政策來：第一是鹽和鐵的官賣；第二是禁止私鑄錢，並改革幣制，其中有直四十萬的白鹿皮幣；第三是算車、船及商人緡錢，以及對於不準確估計物價的告緡法；第四是置均輸官和平準官，舉辦國營商業，凡天下的貨物，價錢便宜時就收進來，哪裏貴了就賣出去，使得全國物價均平，而贏利歸於國家。在他們嚴厲執行之下，這難關竟渡過去了。這種新政策的執行當然免不了有偏差，奸商又實在多，所以司馬遷説："使孔僅、東郭咸陽乘傳舉行天下鹽、鐵，作官府，除故鹽、鐵家富者爲吏，吏道益雜而多賈人矣。"又説："楊可告緡遍天下，中家以上大抵皆遇告。杜周治之，獄少反者。乃分遣御史、廷尉、正監分曹往，即治郡國緡錢，得民財物以億計，奴婢以千萬數，田大縣數百頃，小縣百餘頃，宅亦如之，於是商賈中家以上大率破。"他又記卜式的話道："縣官當食租衣税而已，今弘羊令吏坐市列肆，販物求利，亨弘羊，天乃雨"，見得桑弘羊、楊可這班"興利之臣"爲害人民，表現了司馬遷所受的孟子"亦有仁義而已矣，何必曰利"的儒家正統思想。但他對於桑弘羊的平準法，説"如此富商大賈無所牟大利，則反本，而萬物不得騰踊"，又説"一歲之中，太倉、甘泉倉滿，邊餘穀，……民不益賦而天下用饒”，還是很公道的批評。

漢武帝的最大的浪費是封禪求仙。封禪本是祭山的典禮，經齊國方士們的塗飾，變成了求仙的手段。秦始皇統一六國之後，東巡郡縣，就上了他們的當，在封禪泰山之後就派方士們入海求三神山，希望在仙人那裏取得不死之藥。漢武帝和秦始皇有同樣的野心，他一生一世在尋神仙。司馬遷目覩方士們的詐騙情形，他根本不相信這種事，所以在封禪書裏處處點出他們的漏洞，隨說隨掃。例如李少君騙武帝道：“祠竈則致物；致物而丹砂可化爲黃金；黃金成，以爲飲食器，則益壽；益壽則海中蓬萊仙者乃可見，見之以封禪則不死，黃帝是也。臣嘗游海上，見安期生，安期生食臣棗，大如瓜。”可是李少君不久病死了。司馬遷接着說：“天子以爲化去，不死，而使黃錘、史寬舒受其方，求蓬萊安期生莫能得，而海上燕、齊之怪迂方士多更來言神事矣。”漢武帝獲白麟是當時一件何等大的祥瑞，可是司馬遷說：“郊雍，獲一角獸，若麟然。有司曰：‘陛下肅祇郊祠，上帝報享，錫一角獸，蓋麟云。’於是以薦時，……風符應合於天也。”“若麟然”、“蓋麟云”，他早已看出不是麟了。武帝信仰壽宮神君，神君時去時來，人看不到他，可是聽得到他的說話聲音，武帝叫人把他的話寫出來，司馬遷批評道：“其所語，世俗之所知也，無絶殊者，而天子心獨喜。其事祕，世莫知也。”欒大是一個最敢說大話的方士，他向武帝說自己常到海裏見安期生、羨門高這輩仙人，說得太動聽了，武帝就賜他金萬斤，僮千人，位樂通侯，又把公主嫁給他，司馬遷說：“大見數月，佩六印，貴震天下，而海上燕、齊之間莫不搤捥自言有禁方，能神仙矣。”待到武帝封泰山，禪肅然山，完成封禪大典，而司馬遷說：“縱遠方奇獸、飛禽及白雉之物，頗以加禮”，原來管子裏講到封禪，需要鳳凰、麒麟、比翼鳥等珍異之物不召自來，武帝卻帶了一個動物園去，到那天才一齊放出來的。又說：“天子既已封泰山，無風雨災，而方士更言蓬萊諸神若將可得，於是上欣然庶幾遇之，乃復東至海上望，冀遇蓬萊焉”，寫出武帝在封禪之後就想去會見神仙，取得不死之藥，多麼饞涎欲滴的景象。到了後來，“方士之候祠神人入海求蓬萊，終無有驗。……天子益怠厭方士之怪迂語矣，然羈縻不絕，冀遇其真”，又寫出武帝也已覷破了方士的欺騙性，然而到底抛不開的主觀唯心思想。最不該的，在大量花錢的時候，封禪書説：“遂東巡海上，……齊人之上疏言神怪奇方者以萬數，然無驗者；乃益發船，令言海中神山者數千人求蓬萊神人”，一派就是上千上萬的，而平準書説：“天子……東到太山，巡海上，……所過賞賜，用帛百餘萬匹，錢金以巨萬計，皆取足大農”，他胡亂耗費的盡是人民的血汗。司馬遷把漢武帝的這種奢侈浪費行爲控訴給人民，也控訴給後世。像這樣忠於歷史、敢寫也能寫一個大時代裏的大人物，司馬遷真可説是一個空前絕後的人！所以一部史記的真價值，並不在他整理古代史料，因爲這種工作，自宋到今的學者比他有本領的實在太多了；至於他所記的戰國、秦、漢這一段，尤其是漢武帝一世，他親自目覩，寫得如此真切，又如此生動，再没有第二部史書比得上來。

（六）史記受封建統治階級的憎惡

爲了司馬遷這般有眼光，有膽量，又有描寫事物的高度技巧，或婉而隱，或怒而直，所以漢書司馬遷傳的贊裏説：“自劉向、楊雄博極群書，皆稱遷有良史之材，……其文直，其事核，不虛美，不隱惡，故謂之實録。”這就是説他能寫出當時的社會矛盾，肯同情於人民的疾苦，他是最富於正義感的一個人。爲了富於他正義感，刺傷了當時的封建統治階級的臉皮，對着他的直筆發抖，所以這部史記就得了謗書的稱號。遠在東漢初年，衛宏即已傳下了他的一段故事，説：“司馬遷作景帝本紀，極言其短，及武帝過。武帝怒而削去之。後坐舉李陵，陵降匈奴，故下遷蠶室；有怨言，下獄死"（裴駰史記太史公自序集解引衛宏漢舊儀注），這固然是不合事實的（見下文），但司馬遷直寫武帝的過失確是一件事實，如果他的文字爲武帝所見，必然要大生氣而削去。到東漢末，王允殺董卓，並收蔡邕治罪，邕請黥首刖足，繼成漢史。太尉馬日磾對王允說："伯喈曠世逸才，多識漢事，當續成後史，爲一代大典。"王允怒道："昔武帝不殺司馬遷，使作謗書流於後世。方今國祚中衰，……不可令佞臣執筆，……復使吾黨蒙其訕議！"邕竟死在獄中（後漢書蔡邕傳）。又三國初年，魏明帝問王肅道："司馬遷以受刑之故，內懷隱切，著史記非貶孝武，令人切齒！"王肅對道："司馬遷記事，不虛美，不隱惡。……漢武帝聞其述史記，取孝景及己本紀覽之，於是火怒，削而投之。於今此兩紀有錄無書。後遭李陵事，遂下遷蠶室。此爲隱切在孝武而不在於史遷也"（三國志王肅傳）。看這幾段文字，當時的統治階級是何等爲了怕受訕議而憎恨了司馬遷的筆墨！所以，史記這部書，從現在看來，無疑地是一部現實主義的作品，也無疑地是充滿了人民性的作品。

（七）史記成書的年代

自前一〇四年頒布太初曆之後，司馬遷正式寫作史記，至前九九年，他不幸碰到了李陵事件。李陵是"飛將軍"李廣的孫兒，極能作戰，那年跟着貳師將軍李廣利擊匈奴於祁連山，爲了要分匈奴的兵力，命李陵將兵五千人獨出居延海北千餘里，爲匈奴單于所率的八萬士兵所圍擊，連戰十餘天，糧食吃盡而救兵不到，沒奈何降了匈奴。武帝召問諸臣，司馬遷說明了李陵陷於絕境的緣故，武帝大怒，以爲他是替李陵游說，把他下獄，到前九八年受了腐刑。武帝愛惜他的文才，受刑後還任他爲中書令，從此常住在宫中，和太監們同列。他受了這般極大的恥辱，時時想死；但又想起孔子在困厄中作春秋等等故事，"思垂空文以自見"，急切地要把史記寫完成。他把他的内心的痛苦統統噴吐在他的報任少卿書裏。

　　從上面的記述，可見他受刑時候史記還没有完成，報任少卿書裏説："凡百三十篇"，可見那時篇名和篇次已經決定。太史公自序裏説"凡百三十篇，五十二萬六千五百字"，則字數也已確定，可見這部書完成於報任少卿書之後。據王國維的考證，報任少卿書寫於前九三年，那麼史記全書完成必在這一年以後。衛宏所説的"坐舉李陵，下獄死"，明是無稽之談。他從前一○四年寫起，到前九三年後完成，大約寫了十二年以上，過半的時間是在受刑之後。

（八）史記記事的下限

　　史記一書的上限，他的自序裏有兩説：一是陶唐，一是黄帝。但陶唐的堯，照他的五帝本紀和三代世表所叙，是黄帝的玄孫，本出一系，本紀又同列一篇，所以不成問題。成問題的是它的下限。自序裏説："至於麟止"，集解引張晏曰："武帝獲麟，遷以爲述事之瑞"，這事在前一一九年（漢書誤爲一二二年）。自序末尾又説："至太初而訖"，太初爲前一○四至前一○一年。漢書司馬遷傳贊云"訖於大漢"，似乎泛指漢代，可是裴駰集解序引漢書這句話卻是"訖於天漢"，裴氏時代較早，他所見的也許是不誤的漢書本子。天漢爲前一○○至前九七年。後漢書班彪傳載班彪的史記後傳略論，説"下迄獲麟"，李賢注説："武帝泰始二年，登隴首，獲白麟"。泰始二年是前九五年。這四種説法，泰始一説是決然錯誤的，因爲那年武帝鑄黄金爲"麟趾褭蹄"，褭是駿馬的名，取瑞於前一一三年渥洼水出天馬，與獲麟同出追憶，李賢把改鑄金幣之年誤認爲獲麟之年了。其他三説，獲麟尚在司馬遷作史記以前，説不定出於他的父親的意思。太初和天漢都在他自己作史的年代之中，看漢興以來諸侯年表和建元以來王子侯者年表都迄太初四年（前一○一），則迄於太初之説似是可信。但他固然可以設立一個下限，然而既有耳聞目覩的新事，也可能超過了這個限度。例如匈奴列傳説到李廣利投降匈奴的事，這事在征和三年，即前九○年，還在天漢之後，似出後人所續；但索隱道：“漢書云：‘明年且鞮死，長子狐鹿姑單于立’。張晏云：‘自狐鹿姑單于已下，皆劉向、褚先生所録，班彪又撰而次之，所以漢書匈奴傳有上、下兩卷’”，那麼李廣利投降以後的匈奴事纔是褚、劉、班所補，班固編匈奴傳，以司馬遷所作的爲上卷，以諸家所補的爲下卷；分明史記中的匈奴列傳還是司馬遷的原本，史記的下限可以遲到這個時候。

（九）史記的書名

他的書，自己没有定下一個總名。漢書藝文志根據劉向、歆父子的七略，記着“太史公百三十篇”，又記“馮商所讀太史公七篇”，可見漢代人就稱這書爲太史公。漢書楊惲傳稱它爲太史公記，褚少孫補龜策傳稱它爲太史公傳，班彪略論及楊終傳又稱它爲“太史公書”，也只是在“太史公”的官名之下隨便加上一個書名的標記。到了隋書經籍志，始有“史記”這個名稱，實在“史記”也只是史書的通稱，例如本書十二諸侯年表所説“孔子……西觀周室，論史記舊聞”，儒林列傳所説“仲尼干七十餘君無所遇，……故因史記作春秋以寓王法”，都泛指前代的史書而言。所以錢大昕史記考異説：“子長述先人之業，作書繼春秋之後，成一家言，故曰太史公書以官名之者，承父志也。以虞卿、吕不韋著書之例言之，當云‘太史公春秋’，不稱‘春秋’者謙也。史記之名，疑出魏、晉以後，非子長著書之意也。"

（十）司馬遷的卒年和史記的傳布

司馬遷的卒年，没有書籍記載到。王國維推測當在前八七年之前，因爲中書令（後稱内謁者令）換了人了。他死後，他的書漸漸出來，他的外孫楊惲把他的全書宣布。這是漢宣帝時楊惲免官前的事，約當前七三—前五四這二十年之間。因此，張鵬一主張司馬遷死在昭帝時，即前八六—前七四年間。這個問題現在也暫不討論。他的全書既宣布，人家知道這是一部綜貫百代而又特詳於漢事的大著作，文學性又這般濃厚，所以就轟動一時，許多人要讀它，讀到的人又有許多想續它。不過當時讀到一部新書，尤其是一部大書，是夠困難的。成帝時，東平王劉宇朝見，上疏求太史公書，大將軍王鳳説："太史公書有戰國從横權譎之謀、漢興之初謀臣奇策、天官災異、地形阨塞，皆不宜在諸侯王，不可予！"就没有給他看（漢書卷八十）。這可見這部書在這時已是一部公同承認的名著，貴族們也急切地想讀，一方面又可見當時的統治階級看它是有利於造反的，只可藏在皇室，不可普及諸侯，更不要説人民了。因此，我們可以推知，這部書在當時流行的範圍是不會很廣的。

五、現在的史記已不是當時的史記

現在我們要問：我們看到的史記是司馬遷的原書嗎？一百三十篇還是五十二萬六千五百字嗎？對於這個問題我們可以斷然否定，因爲這部書裏，有殘缺了的，有被後人删除了的，有被後人增補了的，很多地方已經失去了本來面目。

（一）殘缺

先説殘缺的部分。自序云："藏之名山，副在京師。"是司馬遷爲了怕遺失，把原稿清寫兩部，正的放到山上，副的放在京城。但是他的保存的苦心到底没有合於他的期望。在漢書藝文志的"太史公百三十篇"下，班固注云："十篇有録無書。"司馬遷傳同。他死後没有多少年就缺失了十篇。照衛宏所説，景帝、今上兩篇本紀是爲了批評當時的政治，給漢武帝削去的。裴駰集解引張晏説："遷没之後，亡景紀、武紀、禮書、樂書、兵書、漢興以來將相年表、日者列傳、三王世家、龜策列傳、傅靳蒯成列傳。"張晏的話不知道他的根據所在。顏師古第一個懷疑他的説法，説："序目無兵書，張説非"（司馬遷傳）。可是兵書就是律書的異名，所以周易即有"師出以律"的話。劉知幾史通的古今正史篇裏也懷疑此説，説："十篇未成，有録而已"，又注道："張晏漢書注云：'十篇，遷没後亡失'，此説非也。"可是他駁張晏的話，自己同樣地没有提出證據來。他説十篇本來没有寫成，那麽自序裏爲何竟有全書字數？到南宋，吕祖謙作大事記，他主張：

以張晏所列亡篇之目校之：一、景紀，篇在。二、武紀，亡。三、漢興以來將相年表，書在，闕叙。四、禮書，自"禮由人起"以下草具未成。五、樂書，自"凡音之成"而下草具未成。六、律書，自'書曰七正二十八舍'以下草具未成。七、三王世家，所載惟奏請及策書，或如五宗世家略叙自出，亦未可知。八、傅靳蒯成列傳，篇在，非褚先生補。九、日者傳，自"余志而著之"以上皆史公本書。十、龜策傳，自"褚先生曰"以下乃所補。則班言"無"者，特就中祕所

藏言之耳。（漢書補注引）*

這只承認武紀一篇是亡了的，其他或在或略缺，後人所補的很有限。他又以爲漢書所以說"十篇有録無書"只就王室所藏的說，民間傳本並不如此。這可以說是竭盡迴護的能事。可是三王世家後明明有褚少孫的一段文字，道：

　　褚先生曰：臣幸得以文學爲侍郎，好覽觀太史公之列傳，列傳中稱"三王世家文辭可觀"，求其世家終不能得。竊從長老好故事者取其封策書，編列其事而傳之，令後世得觀賢主之指意。

是褚少孫時三王世家本已無存，所以他求得封策書，替他補了一篇。如果單是皇室無存，何以他所碰到的"長老好故事者"也只藏有封策書的鈔本而沒有這篇世家呢？所以呂祖謙的理由是講不通的。清代中葉，梁玉繩以畢生精力研究史記，作史記志疑，他對於這個問題的看法是：

　　今讀孝景紀，所書惟大事，另一體格，後世史家作帝紀多祖此例，且有漢書所無者，……夫豈他人所能僞哉！將相名臣表，惟缺前序，自高祖元年至太初四年完然具存，天漢已下後人所續，亦如建元侯表之類，非本表有未全也。律書即是兵書，……古者吹律以聽軍聲，所以名"律"爲"兵"，……烏得以爲闕乎！傅靳傳非史公不能作，其叙事簡而有法，與曹相國世家、樊酈滕灌傳同一體例，孟堅仍其文，少所删潤，其闕安在！蓋史記凡缺七篇，十篇乃七篇之誤，故兩漢書謂十篇無書

---

* 王煦華按：文中所引呂祖謙大事記"十篇有録無書"的論述，實是王應麟漢書藝文志考證中所載呂氏之説，王先謙漢書補注引用時，有所删改。大事記關於此事的論述，在解題卷十，景帝元年，意雖同而文字不同。

者固然，而謂九篇具存者尤非也。七篇者，今上本紀一，禮書二，樂書三，曆書四，三王世家五，日者傳六，龜策傳七。或問以"十篇"爲"七篇"之訛何據？曰：史、漢中"七"、"十"兩字互舛甚多，……其所以誤者，篆、隸字形相似，隸釋孔龢碑'三月廿十日'是已。（卷七）

這個推考當然客觀得多。從甲骨文直到隸書，都是在一橫中間的一直較短是"七"字，其較長的是"十"字。但寫的人雖有分別，看的人卻容易弄錯，害得古書裏添了許多麻煩的問題。最顯明的例子，是自序裏的"七年而太史公遭李陵之禍"，漢書鈔録這文卻作"十年"，我們考查年代，漢書是錯誤的。曆書的缺，是他特別提出來的。他在另一場合説：

> 按史公曆書缺，惟存前序。然篇首"昔自在古"至"難成矣"百餘字，乃大戴禮誥志篇孔子稱周太史之語；而倒亂先後，改易字句，不可解。（卷十五）

至於他説景帝紀不缺，理由是"所書惟大事，另一體格"，這實在不能成爲司馬遷所作的理由，反而證明了這篇出於另一個作家之手，所以筆墨會得不同。

今把張晏、呂祖謙、梁玉繩三家的説法，列表如下：

1. 孝景本紀張：缺。呂、梁：不缺。
2. 今上本紀張、呂、梁：缺。
3. 漢興以來將相年表張：缺。呂、梁：書在，缺序。
4. 禮書張、梁：缺。呂：下半篇草具未成。
5. 樂書張、梁：缺。呂：下半篇草具未成。
6. 兵書張：缺。呂：下半篇草具未成。梁：即律書，不缺。
7. 曆書梁：缺。

8. 三王世家<u>張</u>、<u>梁</u>：缺。<u>吕</u>：略如<u>五宗世家</u>。

9. 傅靳蒯成列傳<u>張</u>：缺。<u>吕</u>、<u>梁</u>：不缺。

10. 日者列傳<u>張</u>、<u>梁</u>：缺。<u>吕</u>：上半篇不缺。

11. 龜策列傳<u>張</u>、<u>梁</u>：缺。<u>吕</u>：上半篇不缺。

這是一千多年來考索的結論。我們對這問題，有的可以使用"三人占則從二人之言"的方法來決定，有的還需要繼續研究下去。

(二) 删除

再說被後人删除了的部分。後漢書楊終傳云："受詔删太史公書爲十餘萬言。"可見漢章帝對於史記，或嫌其文繁，或恨其語刻，因此令楊終把它大删特删，只賸下了五分之一。清周壽昌後漢書注補正云：

> 隋書經籍志：衛颯史要十卷，云"約史記要言，以類相從"。颯在建武朝，本傳未載此書。終在顯宗建初年間，又後於颯，不知所删視颯所約何如。又應奉漢事十七卷，亦云"删史记、漢書及漢記"。則史公書在東漢已屢被删削，然此書雜見注中，不載本傳亦以世所行史記皆原本非删節本也。（卷五）

東漢一代，衛颯、楊終、應奉爲使史記適合於應用，疊加删削，這是有史文可稽的，其他不見於史的一定還有。他們的删本固然不即是今本史記，但後人一定有受了他們的影響而對於原本有所删除。試看梁玉繩所舉：

> 今本史記歷經後人增删，非史公之舊，增者猶可辨其僞，删者無從得其真。如朱建傳述平原君諫淮南王反事，云

"語在黥布語中"，而布傳無之，滑稽傳叙淳于髡以隱説齊威王事，云"語在田完世家中"，而世家無之，皆裁割未盡者。……至於逸文墜句，往往見於他書。如漢書五行志……中下引史記曰："秦武王三年，渭水赤者三日；昭王三十四年，渭水又赤三日。"水經注十九引之，明言是史記秦本紀。御覽五十九、六十二引史並同。又論衡禄命篇引太史公曰："富貴不違貧賤，貧賤不違富貴。"此皆漢人所引，得毋被楊終删之，而世猶有真本在耶？……他若水經注、後漢書注、文選注、廣韻注、太平御覽、初學記、藝文類聚、通志氏族略等書均有引史之語，……而御覽尤多，雖未免舛譌，究難盡没。豈歷經傳寫，復有損削歟？（卷三十六）

這真是没有法子挽回的損失！除非再有魏襄王冢和敦煌石室一類祕藏的發見。

（三）增補與竄亂

末了，説到被後人增補的部分，這就舉得出很多的證據，而且是一時討論不盡的問題。史記固然是司馬氏的一家之言，但究竟是一部記載歷史的書籍，歷史是割不斷的長流，所以讀者對於歷史的書籍便有隨時增補的要求。

第一個補史記的是褚少孫，他是漢宣帝到成帝間的人，和司馬遷的時代恰好相接。他是兼通詩和春秋的博士，所以他所補的文字都有"褚先生曰"的字樣。現在可以查到的是三代世表、建元侯表、外戚世家、梁孝王世家、三王世家、田叔傳、滑稽傳、日者傳、龜策傳等篇。他所增補的話雖然淺陋，但態度卻很光明，我們要從史記裏剔去他的附加是很容易的。又匈奴傳末本有褚先生所録，後來班固把它放到漢書匈奴傳下卷裏去（見前），那麽，褚少孫本是續補史記的，不料竟被移轉到漢書了。

其次是劉向、馮商等。史通古今正史篇説："史記所書，年止漢武；太初以後，闕而不錄。其後劉向、向子歆及諸好事者若馮商、衛衡、楊雄、史岑、梁審、肆仁、晉馮、段肅、金丹、馮衍、韋融、蕭奮、劉恂等，相次撰續，迄於哀、平間，猶名史記。"這都是西漢時人，給劉知幾一點，竟有十五位之多。其中馮商是比較突出的一個作家。漢書張湯傳注引如淳曰："班固目錄：'馮商，長安人，成帝時以能屬書待詔金馬門，受詔續太史公書十餘篇'"，又引劉歆七略云："頗序列傳，未卒，會病死。"可見他是受了漢成帝的命令而續史記的，並不是自己"好事"。漢書藝文志："馮商所續太史公七篇"，這比班固目錄少了幾篇，所以藝文志春秋家下注云"省太史公四篇"，姚振宗漢書藝文志條理以爲即是馮氏續書，不與司馬遷相干。他的書是離史記而獨立的，和班彪後傳相似，似乎不致竄亂了司馬氏原書。其他各家，藝文志既未載其書，説不定已和史記混合起來了。如論衡須頌篇説："司馬子長紀黃帝以至孝武，楊子雲録宣帝以至哀、平"，那麼，現在史記裏所載武帝以後的事情，如賈生列傳末説的"賈嘉最好學，……至孝昭時（前八六至前七四）列爲九卿"，楚元王世家的"王純立，地節二年（前六二）中，人上言告楚王謀反，王自殺，國除，入漢爲彭城郡"，齊悼惠王世家的"子横立，至建始三年（前三〇）十一歲卒"，説不定就是楊雄的筆墨。

這十五人之中，最有問題的是劉歆。他是在西漢末年創造古文學派的人，他要把古文尚書、毛詩、逸禮、春秋左氏傳四部古文經典立於學官，就是説他要把這四部古書作爲國家頒定的教科書，因此引起諸儒的不滿意，大家攻擊他，他又反攻他們，究竟寡不敵衆，這件請立學官的事失敗了。到王莽執政，劉歆幫助他在古文經裏隨時找出對於他逐步升爲皇帝的有利的證據，因此古文經得到了政治的力量而站在優勝的地位。可是古文經異軍突起，如果老是和其他古書没有密切的聯繫，則他的學術地位終究是不穩固的，所以他希望在短期間内做成"栽贓誣陷"的工作。於是他請求王莽，在公元四年，"徵天下通一藝、教授十一人以上，及有逸禮、古書、毛詩、周官、爾雅、天文、圖讖、鍾律、月令、兵法、史篇文字通知其意者，皆詣公車。綱羅天下異能之士，至者前後千數，皆令記説廷中，將令正乖謬、一異説云"（王莽傳上）。這"史篇文字"固然可能是史籀篇等文字學書籍，但看平帝紀記同樣一件事，卻作"小學、史篇"，史篇列在小學之外，就可能是指史記這類的史書説的。經過這一次古文學大運動，有數千人幫助他統一異説，改正乖謬，自然把古文經的種子散布到各個角落，在各部古書裏埋伏着援兵，史記作於司馬談、遷父子，那時還没有今文學和古文學的問題，如果不經改動，那麼人家拿它來和古文經一對比，自然立刻顯出了矛盾，所以必在古文經的原則下加以竄改。這件事迷糊了人們一千八百多年，直到清代中葉，因研究漢代經學的發達，在搜集資料而加以分析和考證之下，才提出了這個問題，把劉歆所建立的幾部古文經都推倒了，然後推勘到史記上，發覺史記本是今文學而被人披上了古文學的僞裝。於是十九世紀之末，康有爲作新學僞經考，在其中史記經説足證僞經考及書序辨僞裏指出了史記中多有劉歆竄改的文字，或劉歆取了史記的資料以造作古文經的根據。二十世紀之初，崔適作史記探源，删削了他所認爲劉歆加進史記的文字，希望回復史記的本來面目。經過他們的指點，確使我們看清了若干問題。例如尚書，本是没有一定的篇數可稽的。漢文帝時伏生傳下二十八篇；武帝時又得着泰誓一篇，所以也稱二十九篇。到成帝時，爲了國家安定，想到進行考文徵獻的工作，遣使求遺書於天下，於是人們覺得書有逸篇，而"孔子删書爲百篇"之説起，張霸就把許多零碎句子拼湊在一塊兒，又分一篇作數篇，加上自己的僞造，成爲百兩篇——百篇算是孔子所定的尚書，二篇算是孔子所作的書序。這書序出在司馬遷之後，當然史記裏不會有。可是劉歆表章的古文經裏有逸書十六篇，他所作的七略裏又有“書之所起遠矣，至孔子纂焉，上斷於堯，下訖於秦，凡百篇而爲之序”的話（見漢書藝文志），爲了互相照應起見，他把這部書序幾乎全數插入了史記，弄得許多地方發生了重牀叠屋的現象和並無事實的篇名。例如殷本紀“帝太甲修德，諸侯咸歸殷，百姓以寧；伊尹嘉之，襃帝太甲稱太宗”，本是很順的一句話，他卻把“迺作太甲訓三篇”插入“嘉之”下和“襃”之上。又如盤庚遷殷的事，殷本纪已有“盤庚乃告諭諸侯、大臣曰”一段文字，乃又於“帝小辛立，殷復衰”之下插入“百姓思盤庚，迺作盤庚三篇”，意義自相衝突。這豈非强迫司馬遷爲古文經服務。

　　不過康、崔之説過於急進，希望一下子把這問題弄明白，主觀色彩不免濃重，所以有許多地方是需要我們糾正的。例如崔氏説：“八書皆贗鼎，……皆後人取漢書諸志補之也。”無論班氏的眼光和筆力都够不上，而實際上有許多證據是足以證明漢書鈔自史記的。現在試從史記河渠書裏舉出四個例子。這一篇書，崔適説它“録漢書溝洫志，而去其‘自鄭国渠’以下”。可是河渠書説：“漢興三十九年，孝文時河決酸棗，東潰金隄，於是東郡大興卒塞之。其後四十有餘年，今天子元光之中，而河決於瓠子，東南注鉅野，通於淮、泗。”這河決酸棗和河決瓠子兩件事情都不錯，但司馬遷一時疎忽，年數弄錯了。班固查得酸棗的決口是文帝十四年事，下距元光三年的瓠子決口爲三十六年，所以溝洫志就改寫爲“其後三十六歲，孝武元光中，河決于瓠子”。這很可以見出後人的考核勝過前人，所以能作這字句的修改。如果後人把漢書補史記，何以把本來不錯的“三十六歲”反錯改爲“四十有餘年”呢？這是第一件。又河渠書記塞宣房後，即作結語道：“自是之後，用事者爭言水利，朔方、西河、河西、酒泉皆引河及川谷以溉田……”文氣完具。溝洫志既鈔了這結語，又録元鼎六年兒寬奏請穿鑿六輔渠以益溉鄭國傍高卬之田及太始元年趙中大夫白公復奏穿渠引涇水、齊人延年上書請開大河上領出之胡中等三事，這都是武帝時的事。如果後人鈔溝洫爲河渠，至少顧及司馬遷的生年，把這三件事鈔入，而前所作的結語則删卻或移後。現在溝洫志鈔了司馬遷的結語之後再補入武帝的三事，足知司馬遷作河渠書，或者因爲寫作年代較前，或者覺得這些事不是重點，不必細記，或者因仍他父親的遺稿，叙事終於獲麟，所以元鼎以後六輔渠、白公渠和延年書都没有録，而班固作溝洫志，鈔畢河渠書後乃增此三事，卻忘記了顧及史記結語的文氣。這是第二件。又河渠書裏所録的武帝瓠子之詩，中有句云："爲我謂河伯兮何不仁？泛濫不止兮愁吾人！"這本是一句極爲自然的句子。班固鈔這詩時，也許他覺得天子自稱爲"我"有些不合適，所以改作爲"皇謂河公兮何不仁？"這把武帝推尊得有點荒唐，而且"河伯"改爲"河公"也有些離奇。這是第三件。又河渠書"莊熊羆言臨晉民願穿洛以溉……故鹵地"，溝洫志改作"嚴熊"，這可見班固爲避漢明帝諱，故改"莊"爲"嚴"，又脱落了一個"羆"字。史記之作在前，没有避諱的需要。這是第四件。河渠書一短篇尚且舉得出這幾個證據，他篇也必然可以列舉出若干反證。因此我們必須把康、崔兩家之説加以批判的接受，更精密地研究下去，方能得到一個近真的結論。

西漢以後，爲史記作增補的人還多，最著名的是班彪。他嫌褚少孫、馮商這班人鄙俗，又厭惡楊雄、劉歆這班人褒美王莽，誤後世，惑衆人，以爲他們的能力都不配補史記，他"於是採其舊事，旁貫異聞，作後傳六十五篇"（史通古今正史）。他的兒子班固把史記連同這後傳，重加編次，改作漢書，從此通史變了斷代史，成爲後來正史的定局。這後傳固然是獨立的一部書，雖補史記而不和史記相溷，但讀史的人每有移花接木的行動。試舉一例。史記司馬相如列傳的贊這麽説：

太史公曰：春秋推見至隱，易本隱以之顯，大雅言王公大人而德逮黎庶，小雅譏小己之得失，其流及上，所以言雖外殊，其合德一也。相如雖多虛辭濫説，然其要歸引之節儉，此與詩之風諫何異！楊雄以爲靡麗之賦勸百風一，猶馳騁鄭、衛之聲，曲終而奏雅，不已虧乎！余故采其語可論者著於篇。

這篇話粗粗看來，渾然一氣，似乎由司馬遷一筆揮成。但金王若虛滹南辨惑裏就提出抗議來了，他説：

前漢書全引此語，予嘗疑之。按遷傳雖不著其死之歲月，然云"遷既死後，其書稍出。宣帝時遷外孫楊惲祖述其書，遂宣布焉"，則其死不過在昭、宣之間耳。而雄以成帝元延之初始自蜀游京師，年七十一，卒於王莽天鳳五年，逆而推之，宣帝之二十年雄乃始生，遷著書時安得雄之言乎！是必孟堅所續而後人誤附於史記耳。

原來本是漢書司馬相如列傳裏的一篇贊，不知何時被人移到史記上，改"贊曰"爲"太史公曰"，又加上一句"余故采其語可論者著於篇"，就成了司馬遷的文字了。妄增的人也不想一想司馬遷能不能和楊雄相接，能不能引用楊雄的文字到自己的書裏，真是連歷史常識都沒有，居然也來竄改，可見史記的被混亂確有河水泛濫時泥沙並下的趨勢。至於賈誼的过秦論，除了聲調鏗鏘，並沒有很好的見解。史記裏卻屢次引用，一見於秦始皇本紀贊後；再見於秦始皇本紀重序列秦之先君立年及葬處，评子嬰之不當；三見於陳涉世家，"褚先生曰"一作"太史公曰"：真是"甘蔗渣兒，嚼了又嚼，有何滋味"，史記這部大著作给一班低手人弄壞了。

到了魏、晉之後，史記還有被修改的事。這是崔適所發見的。夏本紀云："太康失國，昆弟五人須于洛汭，作五子之歌"，這本是書序之文竄進去的。崔適説：

> 案各本中云"作五子之歌"，此東晉古文尚書書序語也。楚語："堯有丹朱，舜有商均，啟有五觀。"韋注："五觀，太康昆弟也。觀，洛汭之地。"潛夫論五德志曰："夏后啟子太康、仲康更立，兄弟五人皆有昏德，不堪帝事，降須洛汭，是謂五觀。"然則五觀者，即謂昆弟五人須于洛汭也。漢時書序"須于洛汭"下當有"作五觀"句。晉時"觀"字始以聲轉爲"歌"，段氏以左傳"斟灌"，夏本紀"斟戈"例之，是也。晚出古文尚書讀"歌"如字，增作"五子之歌"，而作歌五章以當之，復改漢時書序"作五觀"爲"作五子之歌"，後人又依既改之書序竄入史記，乃成太史公録東晉人語矣，可笑孰甚焉！
> （卷二）

這可見史記的源源不絕地被改，司馬遷所不及見的書序"作五觀"已是竄入的文字，哪知偽古文尚書一經流行，又被人依了這書而改爲"作五子之歌"。史記一書整理的不易，於此可見。

唐司馬貞作史記索隱，訓詁名物，考校史事，已是客觀的整理，但他終於壓不住補史的慾望，自作補三皇本紀一篇，因爲根據那時對於古史的信仰，五帝之前，必須放個三皇才覺得妥貼。因此，有些糊塗的讀者以爲史記五帝本紀之前有三皇本紀，他們忘記了上面有個"補"字。唐代因爲姓了李，奉道教爲國教，唐明皇升老子韓非列傳於列傳的首一篇，因此，又有些糊塗的讀者以爲史記列傳始於李耳而不始於伯夷。

直到史記有了雕版，文字才有定型，不致再受亡佚、删除、增補、竄亂的非刑，然而已經遲了一千年了！

史記校點説明[*]

　　史記是我國史學和文學上的不朽巨著，兩千多年來一直受着人們的熱愛；只緣没有句讀和段落，不容易摸清楚它的意義，所以時間越隔得遠，和人們的距離越大，因而就限制了作品的真正價值的發揮。劉宋時的裴駰，唐朝的司馬貞、張守節，還有在他們前前後後的人，很多爲史記作過注音、解釋、校勘、考證的功夫。明、清兩代裏，研究的人更多，一班考據家的工作大有助於將來新注的進行不必説，就是一班文學家，也都注意到它的句讀和段落。我們應當感謝淩稚隆、歸有光、吳見恩、方苞、吳敏樹、吳汝綸諸人，如果没有他們的勞動成果，我們要標點這部書時不知要逢到多少的盤根錯節。再有，唐、宋、元、明各代的寫本、刻本，從前的學者和收藏家無論他們怎樣努力搜集，依然見聞不廣，因爲古本太稀，得到的人過於珍惜，不肯公開，就説肯公開，又因散在各地，也没法做集校的工作。自從解放以後，各地的珍貴書籍漸漸地集中到北京圖書館來，即使得不到原本也總可看到照片，於是我們可以做一次比較徹底的校勘，這真是清代的錢泰吉、張文虎們所萬萬得不到的幸運，而我們在毛澤東時代裏所特有的驕傲！所以我們能做這個工作，完全是時代所促成；這部書的出版，如果發現其中有缺失，那我們只該深刻地檢討自己，爲什麽會在這樣優越的環境裏還犯着這些過錯呢？

---

　　* 1956 年 1 月作，未畢。録自底稿。

　　爲了以前没有做好校勘的工作，所以舊本裏誤衍、誤倒、誤改、誤增、脱文、錯簡大都没有糾正，使得史學家憑了誤本而考史，文學家又憑了誤本而評文，循文生義，強作解人，結果隔靴搔癢，徒然浪費了許多時間和精力。例如爲了有誤字、衍字和脱字，讀下去很不順了，大家既不能在校勘上解決這問題，就只有稱讚司馬遷筆法的奇崛，這豈不是因病成妍的笑話。現在我們利用了三十多種本子把認出來的錯誤能改正的都改了，没法改正或不敢遽行改正的也分別在校記里加以説明，又加上標點和分段，使得史記的正文和三家注都比較易讀，也都可以讀的比較正確，雖然其中許多問題還不能解決，但讀者也就容易看出其中有問題，可以群策群力地設法解決；又三家注的矛盾和混亂現象，也可以擇善而從。這也可以説是替將來的定本和新注打下了一個一定程度的基礎。

　　現在先講史記本文的校勘、考證和標點，等一會兒再講三家注的校正、輯補和標點。

　　史記的刻本，據説宋神宗元祐年間（一〇八六——一〇九四），張文潛（耒）曾把三家注合刻過，不過這個刻本早已在世界上絶跡，也得不到一個關於它的詳細記載，只可説距今八百六十年前的這個本子，是史記三家注的最早刻本。北宋時的其他本子，流傳下來的非常稀少，只是些殘篇斷簡，没有拿來做底本的可能。

　　南宋初期的刻本，現在可見的是高宗紹興三年（一一三三）淮南路轉運司刻本，另一部是瞿氏原藏的紹興初刻本，這兩種都只有集解，並且殘缺很多，但總是南宋刻本中比較早的兩部。南宋到孝宗時，天下承平了多年，所以從隆興元年（一一六三）到淳熙十六年（一一八九），在這二十七年之間，所謂中興館閣的藏書漸漸豐富起來了，同時皇室又提倡刻書，由政府鋟版的史部四十六種中即有史記；郡守、監司以及世家豪族們接受這風氣，刻版日繁，所以流傳到今天的有兩種本子比較精美，一是乾道中蔡夢弼本，一是淳熙中耿秉本；可是這兩種雖比較完整而注解不全，仍不能拿來做底本。

　　這回我們校點的史記三家注是根據南宋寧宗慶元二年（一一九六）建安黃善夫刻本做底本的。它具備三家注，可能是淵源於張文潛本，而又篇葉完整，刊刻精美，所以我們決定用它。這個本子原是海内外的唯一孤本，早期流傳到日本去了，所以歷代的中國藏書家和校勘學家們都沒有知道。一九三〇年，張元濟先生在上海商務印書館裏主持編印百衲本二十四史的工作，從日本得來影印，又有博古齋的翻印本，所以這一世所罕見的珍本反比其他的本子流布得更爲廣泛。在清代，這個本子沒有被發現，大家認爲明世宗嘉靖六年（一五二七）震澤王延喆的刻本注解齊全，版式精美，是史記的第一個善本，官修的四庫提要也給予它很高的評價；想不到這王本竟是黃本的翻版。由於翻刻不能像影印那般精確，所以就增加了許多錯脱。王本傳到清代後期也日漸稀少了，同治九年（一八七〇）湖北崇文書局又把它重刻，當然錯脱更多了些。因此，我們這回校點史記，用黃本做底本應該是最適合的，否則它的一翻再翻的刻本必不能受着四百多年的重視。

　　我們既定了這個本子作爲底本，同時就搜集種種不同的版本作爲校勘的資料。我們所能見到的唐、宋以來的各種鈔本和刻本大概如下：

　　（一）唐寫本河渠書殘卷；

　　（二）唐寫本張丞相列傳殘卷；

　　（三）唐寫本酈生陸賈列傳一卷──以上三種約寫於唐初，有集解；均日本神田高山寺所藏；一九一八年上虞羅氏珂羅版影印。

　　（四）唐寫本殷本紀一卷──日本内藤文庫藏，有集解；一九一七年上虞羅氏珂羅版影印入吉石盦叢書。

　　（五）敦煌唐寫本燕召公世家殘卷；

　　（六）敦煌唐寫本管蔡世家殘卷；

（七）敦煌唐寫本伯夷列傳一卷——以上三種約寫於唐初，有集解；均被法國伯希和所盜走，現藏巴黎國家圖書館；北京圖書館據原件攝影。

（八）北宋刊本秦楚之際月表一卷——藏北京圖書館。以下非特別注明收藏所在的都爲北京圖書館所藏。

（九）北宋刊本史記集解殘卷——存一百十六頁。

（一○）北宋刊本史記集解一百三十卷——清駱士奎據北宋刊本校入陳仁錫的史記評林；原書是否存在已不可知。

（一一）宋刊本史記集解一百三十卷——前人定爲南宋紹興初刻本，内有補鈔；原藏常熟瞿氏鐵琴銅劍樓，今歸北京圖書館。

（一二）南宋紹興三年（一一三三）淮南路轉運司刊潘旦校本史記集解一百三十卷——内有元大德本及明、清鈔配。

（一三）南宋乾道七年（一一七一）建溪蔡夢弼刊本史記集解、索隱一百三十卷。

（一四）南宋淳熙八年（一一八一）澄江耿秉重修張杅桐川郡齋本史記索隱一百三十卷。

（一五）蒙古中統二年（一二六一）平陽道段子成刊本史記集解、索隱一百三十卷。

（一六）元至元二十五年（一二八八）安成郡彭寅翁崇道精舍刊本史記集解、索隱、正義殘卷——存七十七卷。

（一七）明正德初年（約一五○一）豐城游明重校蒙古中統本史記集解、索隱一百三十卷。

（一八）明正德十三年（一五一八）建寧官刊本史記集解、索隱、正義一百三十卷。

（一九）明正德間（約一五一六——一五二一）白鹿書院刊本史記集解、索隱、正義一百三十卷——以上三種藏美國國會圖書館，北京圖書館有膠卷攝影本。

（二〇）宋刻明修本（約一五〇六——一五三〇）史記集解、索隱一百三十卷。

（二一）明嘉靖四年（一五二五）金臺汪諒刊柯維熊校本史記集解、索隱、正義一百三十卷。

（二二）明嘉靖六年（一五二七）震澤王延喆翻刻黃善夫本史記集解、索隱、正義一百三十卷。

（二三）明嘉靖十三年（一五三四）秦王藩府刊本史記集解、索隱、正義一百三十卷——原本藏美國國會圖書館，北京圖書館有膠卷攝影本，但這書在國內尚未絕跡。

（二四）明嘉靖十六年（一五三七）楊慎、李元陽、高士奎史記題評一百三十卷。

（二五）明隆慶間（一五六七——一五七二）吳勉學刊本史記一百三十卷。

（二六）明萬曆五年（一五七七）凌稚隆史記評林一百三十卷。

（二七）明萬曆二十四年（一五九六）馮夢禎刊本史記集解、索隱、正義一百三十卷——這即是南監本。

（二八）明崇禎元年（一六二八）陳仁錫史記評林一百三十卷。

（二九）明崇禎十三年（一六四〇）徐孚遠、陳子龍史記測義一百三十卷。

（三〇）明崇禎十四年（一六四一）毛晉刊本史記集解一百三十卷——這即是汲古閣十七史的一種。

（三一）清乾隆四年（一七三九）武英殿刊本史記集解、索隱、正義一百三十卷。

（三二）清同治九年（一八七〇）湖北崇文書局翻刻明王延喆本史記集解、索隱、正義一百三十卷。

（三三）清同治十一年（一八七二）金陵書局刊錢泰吉、張文虎校本史記集解、索隱、正義一百三十卷。

（三四）清光緒十九年（一八九三）廣雅書局重刊毛晉汲古閣單行本史記索隱三十卷。

（三五）清宣統元年（一九〇九）南宫邢氏鉛印本吴汝綸史記點勘一百三十卷。

（三六）一九一四年貴池劉氏景宋刊百衲本史記集解一百三十卷。

（三七）一九一九年吴興劉氏嘉業堂景刊蜀大字本史記集解一百三十卷——此本始刻於五代後蜀，在十世紀的中葉，爲刻本中最古的；但陸續修補於兩宋，其中有三卷據紹興淮南路本所補刻，則已至十二世紀的中葉了。

（三八）日本昭和九年（一九三四）瀧川資言史記會注考證一百三十卷——這是用金陵書局本作底本的。

這些不同時代和不同來源的史記異本，在點校工作上都是非常有用的。可惜我們爲時間所限，不能把這些本子全部校過，只是重點地採用。例如唐和北宋諸本是天壤間的瓌寶，我們自該不放過一個字；淩稚隆本是明代校勘史記的一個總結，汲古閣本根據的是北宋本，武英殿本和金陵局本是清代校勘的一個總結，我們也細細地校讀；其他諸本則只有逢到疑難的時候去作檢查：所以這個工作我們只敢説是一種初步的集校工作。關於這幾十種本子的版式、源流以及同異、優劣，我們準備在附録裏詳細説明。

史記一書在司馬遷死後已有殘缺，接着就給人們增加和竄亂，又經過了兩千年來的傳鈔和翻刻，存在着許多錯誤，可以説今本史記早已失去了司馬氏原著的面目。那些有意的增竄這裏不必説它，至於無意的錯誤也絶不是一時所造成，一本所獨然；因爲由來已久，習非成是，弄得許多地方雖然明知道它的錯誤而竟没有法子去糾正。歷代學者的考證和解釋，固然許多很確當，使人有豁然開朗的快感，但究竟不能斷定司馬遷的原文是這樣，終不便根據了後人的推測來改動史記的本文。我們現在的辦法，是首先比較各本的異文，一一加以推考和抉擇；如果各種本子都錯得一樣，再從史記本身裏尋取内證，又從現今存在而爲史記所援用的古籍，或其他古籍裏徵引史記的文句各方面搜求外證，這多少可以判斷它的是非，知道應該怎樣地取捨，使得錯誤可以減少到最低限度。

對於史記本文的增、删和移動，凡是没有確鑿不移的理由而又有現存的版本可以依據，我們決不輕易地更動一字一句。我們拿了各種本子和黄善夫本比較校勘之後，固然有不少的收穫，但也還有若干問題没法掃除。現在把我們改正史記本文所使用的方法以及有問題而無從解決的困難，分别舉例説明如下：

第一，錯字和倒字。凡錯字、倒字可能改正的，即在原字上加[]號，把改正的字寫在下格的旁邊。例如封禪書：

自華以西名山七，曰華山、薄山。薄山者，襄山也。

可知襄山在華山之西。但名爲襄的山却在河東蒲阪，居華山之東，而華山西有衰山，所以集解説："或字誤也"，正義説："衰，音色眉反。括地志云：'薄山亦名衰山'"，可見這個字在唐本裏實有作"衰"的，宋耿秉本也作"衰"，所以我們就寫作：

薄山者，[襄]衰山也。

"襄"字加上[]，表示它是錯字；"衰"字寫在旁邊，表示它是正字。又楚元王世家：

安王二十二年卒，子襄王經立。

據漢興以來諸侯王年表、漢書諸侯王表和楚元王傳都作"襄王

注”，可知“經”字是“注”的誤文，古人説“三占從二”者；這裏該
是四占從三了，所以就寫作：

　　　　子襄王［經］注立。

這都是我們敢於放手改正的例子。但如秦始皇本紀：

　　　　二十一年，王賁攻薊。

梁玉繩史記志疑説：“年表及王翦傳，王賁擊楚。此言‘攻薊’，
明是‘荆’字之譌，時賁父翦方定燕、薊也。”事實如此，原也應
改，可是我們因爲在幾十種本子裏找不出一個不錯的本子，不敢
輕改本文，所以只在校記裏説明。又如周本紀：

　　　　桓王三年，鄭莊公朝桓王，不禮。五年，鄭怨與魯易
　　許田。

陳仁錫史記評林説：“‘怨’，當作‘宛’。春秋：‘鄭伯使宛來歸
祊。’正義云：‘宛，鄭大夫’，是唐本‘宛’字未錯也。”這話是正確
的。可是鄭世家又説：

　　　　莊公怒周弗禮，與魯易許田。

那麽，周本紀這段文字似乎應讀作：

　　　　桓王三年，鄭莊公朝，桓王不禮；五年，鄭怨，與魯易
　　許田。

這樣，“怨”字或“怒”字是跟着桓王不禮來的，不該改作“宛”字。只是“與魯易許田”和“鄭怨”兩事有何關係？而且三年不禮之後挨到五年才怨也如何講不通？既是唐本作“宛”，還是解爲鄭使大夫宛與魯易許田爲合適。因爲這樣説也有些像，那樣説也有些像，如果我們輕易改動，恐怕失了司馬遷下筆的原意，所以仍只在校記裏説明。至於字有倒置，如孝文本紀説：

> 太仆見馬遺財足，餘皆以給置傳。

索隱引如淳曰：“律，四馬高尺爲傳置”，是傳置是驛馬的一個專名；索隱引如説，足見唐本作“傳置”而不作“置傳”，金陵局本已依着它改，所以我們也就寫作：

> 太仆見馬遺財足，餘皆以給［置傳］傳置。

又如張丞相列傳：

> 孝景前五年蒼卒，……子康代侯。

好像張蒼的兒子名爲張康。其實，高祖功臣侯年表裏明明寫着張蒼之子爲康侯奉，可見此文原應作“子康侯奉代”，只是脱了“奉”字，“侯代”兩字又顛倒爲“代侯”，才有這個錯誤。既金陵本改正在先，現在也就跟着改了。又如陳丞相世家：

> 陛下精兵孰與楚？

漢書陳平傳作“陛下兵精孰與楚”，按之下文説“今兵不如楚精”，可知這句話的意思原是説“陛下的兵與楚比較，誰精？”而“精兵”

二字是倒置之誤。只因現在各本史記一律作“精兵”，我們爲鄭重起見，惟有在校記裏説明而已。

第二，是衍字和脱字。凡是應删的衍字，亦用〔〕號加於這字的上下來表明。例如吕后本紀：

今齊王母家駟鈞，駟鈞，惡人也。

上面的“鈞”字是涉下文而衍，北宋本、中統本都没有，所以寫爲：

今齊王母家駟〔鈞〕，駟鈞，惡人也。

又如管蔡世家：

平侯九年卒，靈侯般之孫東國攻平侯子而自立，是爲悼侯。悼侯父曰隱太子友者，靈侯之太子，平侯立而殺隱太子，故平侯卒而隱太子之子東國攻平侯子而代立，是爲悼侯。

固然史記的文章常患複沓，何以這裏會複沓得兩説“是爲悼侯”？把敦煌唐寫本一校，原來唐本並没有下面的“是爲悼侯”四字，而宋本乃因上文而複衍的，所以現在就用了〔〕號把它删去。

又有底本脱去，經我們校補的字句，就用了（）號寫在旁邊。如張丞相列傳中匡衡條云：

以補百石屬薦爲郎，而補博士，拜爲太子少傅。

唐寫本“拜爲”上有“從博士”三字，各本俱脱，今寫爲

以補百石屬薦爲郎，而補博士，（從博士）拜爲太子

少傅。

又如孝武本紀：

> 方士有言："皇帝時爲五城十二樓，以候神人於執期，
> 命曰'迎年'。"上許之，作之如方。明年，上親禮祠上帝，衣
> 上黄焉。

這段文字讀下去似乎没有問題，方士的話是太初三年説的，禮祠
上帝當然是太初四年的事。可是這段文字鈔自封禪書，而封禪書
則云：

> 上許，作之如方，命曰"明年"，上親禮祠上帝焉。

漢書郊祀志亦然。那麼"明年"就是五城十二樓的總名，意義是顔
師古説的"明其得延年"，決不是第二年的意思。再看北宋本的孝
武本紀，一樣地有這"名曰"二字，所以我們就寫作：

> 上許之，作之如方，（名曰）"明年"，上親禮祠上帝，衣
> 上黄焉。

宋本的可貴就在於此！

　　但有明知是字句的錯脱，卻没有可以依據的版本的。如秦本
紀獻公二十三年：

> 與魏、晉戰少梁，虜其將公孫痤。

三家分晉後已無晉國，就説魏得晉都，也可稱魏爲晉，總之"魏、

晉”二字不可兩存。看六國年表載“與魏戰少梁”，則“晉”當是衍文。但各本皆誤，我們只得不改而説明在校記裏。又如周本紀惠王二年：

> 立釐王弟頹爲王，樂及遍舞；鄭、虢君怒。

據太平御覽卷八五引史記，“樂”上有“遂享諸大夫”五字，和左傳、國語所記相符。今各本俱脱這五字，致使文句割裂，意義不相連貫，我們也只有在校記裏説明。

第三，是誤改和誤增。例如殷本紀：

> 於是紂乃重刑辟，有炮烙之法。……西伯出而獻洛西之地，以請除炮烙之刑。

這個“烙”字實在是個“格”字。吕氏春秋貴直論云：“肉圃爲格”，高誘注：“格，以銅爲之”。史記索隱引鄒誕生“音閣”，也是史記本作“格”字的證據。北宋本和紹興本仍作“格”，足證“烙”字是南宋人的錯改。現在我們又依據了上面各種資料把它改回來了。又如蘇秦列傳：

> 乃飾車百乘，黃金千鎰。

中統本和毛本“鎰”都作“溢”，和索隱相符，足證這個“鎰”字是後人讀了孟子“於宋，餽七十鎰而受”諸文而改的。這字的改固然没有什麽大關係，但看下面一條經一改之後，它出入就大了。管蔡世家云：

> 昭侯將朝於吳，大夫恐其復遷，乃令賊利殺昭侯；已而誅賊利以解過，而立昭侯子朔，是爲成侯。

這一條讀起來很順，誰也覺得利是殺昭侯的賊人之名，所以索隱說：“案利，賊名也。”可是拿左傳來一對，

> 蔡昭侯將如吳，諸大夫恐其又遷也，承。公孫翩逐而射之，入於家人而卒。（哀四年）

原來殺蔡昭侯的是公孫翩。司馬遷爲什麼不寫公孫翩呢？則因那年的春秋經上寫的是“盜賊蔡侯申”，他用了春秋筆法“盜不書名”的意思，把“賊”字替代了公孫翩，其原文當是“賊射殺昭侯”，不知怎樣，有一傳鈔者誤書“射”爲“利”，以誤傳誤，於是又有一個傳鈔者，他確認利爲賊名，就在下文“誅賊”下面也擅加了一個“利”字，就成了一個僞造的人名了。在同樣情形之下，有只是鈔錯而未經潤色的，如六國年表，魏惠王二十七年：

> 丹封名會丹魏大臣。

簡直不知所云，所以各家也没法注。我們看魏世家惠王二十一年：“與秦會彤”，集解引徐廣即以年表此條爲説，可知彤即是丹，乃是魏國的地名。推想這條文字，該是：

> 彤，地名，音丹，魏之邑。

由於字有殘斷，傳鈔的人不管是非地亂寫，錯了四個字，使得我們無論如何都點不成句。更該注意的，這乃是徐廣對於“與秦會彤”的注，卻因誤字太多的緣故，使人疑爲年表之文，竟妄增在年表魏惠王二十七年之内。又如越王勾踐世家：

> 於是舉國政屬大夫種，而使范蠡與大夫柘稽行成，爲質

於吳。

這似乎是很明白的文句，勾踐命范蠡和柘稽二人到吳國講和，且做抵押品，"行成"是講和的意思。但看國語吳語：

> 越王……乃命諸稽郢行成於吳。

諸稽是姓，郢是名，柘稽即諸稽的同音字，史記中稱説一個人，有名無姓固常見，有姓無名的卻少，因此可以推想"柘稽行"即"諸稽郢"的異寫，原文當是"使范蠡與大夫柘稽行爲質於吳"，後人讀得國語，記得諸稽郢行成之事，誤以爲脱一"成"字，就擅補了。他不想吳語所載是在吳未許和之前，所以越要"行成"，至於史記，上文已有"吳王赦越"之語，只要"爲質"，不須行成了。所以這一字的增加雖有根據，反而淆亂了史記的文義。像這類的情形，在史記裏非常普遍，有的可以校勘出來，加以改正，有的因沿誤已久，就無從下手了。

第四，是有意的竄亂和無意的混入。例如仲尼弟子列傳中端木賜條：

> 故子貢一出，存魯，亂齊，破吳，彊晉而霸越。子貢一使，使勢相破，十年之中，五國各有變。

索隱云：

> 按左傳，謂魯、齊、晉、吳、越也。故云：子貢一出，存魯，亂齊，破吳，彊晉而霸越。

（下缺）

附

史記及三家注校勘考證計劃[*]

一、史記本文校勘考證

（甲）底本及據校板本：史記本文選用南宋慶元二年（一一九六）建安黄善夫刊本爲底本。史記舊刻北宋諸本俱不完整，南宋蔡夢弼、耿秉、紹興、淮南路本多有配補，獨黄本完備，且又爲明代王延喆、柯維熊、淩稚隆、秦藩本所從出，在史記各種板本中，具有極高的價值。因其晚出（約在一九一○年始自日本轉流入中國），故清乾隆間四庫館臣未見黄本，便以王本爲最善；後錢泰吉、張文虎校刊金陵本，所據南宋刊本，亦僅見蔡本，蓋限于當時古籍流傳的不廣泛，不集中，以致耗力費時雖多，而殿本、金陵本，亦不能認爲是校勘詳盡的本子。黄本自博古齋及涵芬樓影印後，傳世較它本爲廣，同時它又是上承北宋，下啟明代諸校本的樞紐，所以我們選定它做校勘的底本。整理古籍，必須廣泛的搜集它的異本，用作比較的研究，才能得到豐富的知識，才能掌握本部門的文獻，也才能實事求是地辨明是非，認清作品的真面目。我們現在匯合了唐宋以來各種鈔本、刻本來校勘黄本，計有：（一）唐寫本河渠書殘卷；（二）唐寫本張丞相列傳；（三）唐寫本酈生陸賈列傳；（四）唐寫本殷本紀；（五）敦煌唐寫本燕召公世家；（六）敦煌寫本管蔡世家殘卷；（七）敦煌唐寫本伯夷列傳；（八）北宋刊秦楚之際月表；（九）北宋刊史記殘卷；（十）錢泰吉校北宋本史記集解一百三十卷；（十一）北宋胄監本史記一百

---

[*] 此爲顧頡剛先生應科學出版社約所擬整理計畫，于 1957 年 11 月 14 日交科學出版社，後轉至中華書局。原件爲賀次君先生謄清稿。

三十卷；（十一）宋刊史記集解一百三十卷；（十三）南宋紹興三年淮南路官刊本史記集解一百三十卷；（十四）南宋乾道七年蔡夢弼刊史記集解索隱一百三十卷；（十五）南宋淳熙八年耿秉重修桐川郡齋本史記集解索隱一百三十卷；（十六）蒙古中統二年段子成刊史記集解索隱一百三十卷；（十七）元至元二十五年彭寅翁崇道精舍刊史記集解索隱殘卷七十七卷；（十八）明正德初豐城游明重校蒙古中統本史記一百三十卷；（十九）明正德間白鹿書院刊史記集解索隱正義一百三十卷；（二十）明嘉靖四年柯維熊校史記集解索隱正義一百三十卷；（二十一）明嘉靖六年王延喆刊史記集解索隱正義一百三十卷；（二十二）明嘉靖十三年秦王藩府刊史記集解索隱正義一百三十卷；（二十三）明嘉靖十六年楊慎史記題評一百三十卷；（二十四）明隆慶間吳勉學刊史記一百三十卷；（二十五）明萬曆五年淩稚隆史記評林一百三十卷；（二十六）明北監本史記集解索隱正義一百三十卷；（二十七）明南監本史記集解索隱正義一百三十卷；（二十八）明崇禎元年陳仁錫史記評林一百三十卷；（二十九）明崇禎十三年徐孚遠陳子龍史記測義一百三十卷；（三十）明崇禎十四年汲古閣刊史記集解一百三十卷；（三十一）清乾隆四年武英殿本史記集解索隱正義一百三十卷；（三十二）清同治九年崇文書局翻刻王本史記集解索隱正義一百三十卷；（三十三）清同治十一年金陵書局刊錢泰吉張文虎校史記集解索隱正義一百三十卷；（三十四）清光緒十九年廣雅書局重刊汲古閣史記索隱三十卷；（三十五）清宣統元年吳汝綸史記點勘一百三十卷；（三十六）一九一四年貴池劉氏景宋百衲本史記集解一百三十卷；（三十七）一九一九年劉氏嘉業堂景刊宋蜀大字本史記集解一百三十卷；（三十八）日本昭和九年瀧川龜太郎史記會注考證一百三十卷。這些鈔本和刊本，以及膠卷攝影本、照片等，有的在中國早已失傳，新從外國轉入的；有的世已罕見，向來成爲藏書家私人秘笈；現在都集中在北京圖書館了。我們現在就拿這三十幾種不同的珍貴板本爲史記作一次比較澈底的校勘，可以説是完成前代學者想做而做不到的工作，因之對于一部份的異本，就是一字一劃，也不輕輕放過。我們希望有了這次的校勘，關于史記歷代傳本的異同是非，應該有一些認識，爲將來作一部史記定本，于存善去訛方面，是十分有用的。

（乙）校勘考證的取材與法則：史記一書在漢朝就有殘缺，中間經過千數百年的傳寫、翻刻、增補、竄亂，所以傳世的各種本子，都存在著許多錯誤的地方，尤其是表和書的一部份，早已不復是司馬遷的原著了。並且那些錯誤，不是一時所造成，一本所獨然，而是由來已久，習非成是了。我們現在的辦法是：（一）首先分別清楚傳世各種板本的流傳系統，再比較研究各本的異文異字，把它分別的記録出來，做到絕對忠實，儘量減少遺漏。（二）即或各種本子都錯得一樣，再從史記本身其他相同的記載去采取論證，弄清楚它一字一句，是不是有錯的，又是怎樣致錯的。（三）史記板本異字上不得結論，而史記本身又無可采取論證的，再把史記原所援引而今幸存，或其他徵引的古籍，或者其他古籍裏説明徵引史記的文句以爲外證。（四）我們搜集了從漢到現在一些重要的史記考證和論文，除文章品題之類而外，爲了説明某一字義或事類，擇要的徵引在考證裏。（五）司馬遷敘述漢代及其所經歷一個時期的事，比較詳明，班固的漢書則是以史記爲藍本補續而成；並且漢書直鈔史記文章，無所謂加工改易。可以説漢書就是漢元、成間史記的傳本，這是我們拿唐寫本史記及其他板本遺存的史記舊文，和漢書對勘而新發現的。所以對于漢書與今本史記所有的異文異字，特別重視，在校勘時，同其他史記舊本一般看待。我們用了以上幾個原則和材料來詳細校勘，其目的是在使今天存在史記本文裏的錯字、脱字、衍字、顛倒、誤改、誤增、混入、竄亂、錯簡、補續等問題，分別的得到了解，庶幾司馬遷原著的真正面貌，得復現于今世。司馬遷寫作史記，據他自己説，一方面是忠實地整理祖國的歷史，另一方面，則是通過這部作品，來表現他自己的文采。所以他在文字語言方面的提煉，是極端成功而傑出的；他用那時大衆化的、生動的、富麗而多異采的語言寫出來的句子，和他描寫刻繪得有血有肉的人民活動的歷史故事配合起來，才能在藝術上達到最高的程度，才能具有永恒不絶的感染力。但是由于以上那些情況，多少貶低了它的價值，我們希望這次總匯的校勘，精確的考證以後，雖不能盡掃塵矣，至少可爲這部偉大的祖國遺產，盡到一些整理的責任。

（丙）本文編排方式：史記本文校勘考證只限于白文，不附帶任何注解。底本雖用黄善夫本，形式則用明吴勉學本，篇目次第，一仍其舊。文中每一校勘考證處，在本文注出數字，校勘考證則附于同篇同頁之右方。如本文用新四號字，校勘則用新五號字。

（丁）本文及校勘考證字數：史記本文約五十三萬字，校勘考證約五十萬至六十萬字。

（戊）完稿時間：史記本文校勘考證已經大部完稿，必須再爲查勘一次，另補校幾種較爲重要的本子，擬從本年度五月份算起，十五個月内完稿。

二、三家注校勘考證

（甲）三家注底本及據校板本：（一）裴駰史記集解，以毛氏汲古閣刊集解單行本爲底本，用北宋諸本，南宋諸本，明王本、凌本、柯本，清殿本、金陵本及唐寫本史記殘卷，蒙古中統本，元彭本、大德本殘卷校勘。（二）司馬貞史記索隱以毛氏汲古閣刊宋秘省大字本爲底本，用南宋蔡本、耿本、黄本，蒙古中統本，元彭本、大德本殘卷，明游本、白鹿本、柯本、王本、凌本，清殿本、金陵本校勘。（三）張守節正義用南宋黄善夫本爲底本，以元彭本，明游本、建寧本、白鹿本、柯本、秦藩本、凌本、南監本，清殿本、金陵本，日本史記會注本校勘。集解、索隱、正義三種，並有脱遺，今皆一一補入。其中正義據會注本補入一千餘條。

（乙）校勘考證的取材與方法：三家注的校勘考證及取材方法，一如史記本文的校證方式。三家注史其精深博洽的地方，是非常值得崇敬的，可也不免有牽强傅會，于義難安之處，我們盡力所及的給它校證。因爲史記一書，上起黄帝，下迄漢武，展示了三千多年社會生活的内容，在那些歷史進程中各種現象，是多樣而複雜的；其所涉及的事類既廣，三家徵引以注解史文的古籍舊説也極麗雜。但古籍多已失傳，今存者又與古本有差異，在這方面，是需要爲之查對考證的。且三家舊注，經過了千數百年的傳鈔、翻刻、分析、合併，它的混亂比史記正文更甚。本來一種具有極高價值的古籍，是應該有明白曉暢，堅實可靠的注解，才能幫助讀者，從作品本身吸收到更爲豐富有益的養分。尤其是史記一書，與現代各種學術都有血脈的關係，而三家舊注，根本不能滿足我們這個時代的要求。但是清代學者們以極大的力量去疏證史文，而不敢涉及注解者，就是因爲注解的混亂，比史文多出數倍，又仁者見仁，智者見智，不易替注解作校勘工作。我們今天的校勘考證工作，不能説完全能解決問題但希望成爲不久作史記新注的一個基本工具。

（丙）三家注的編排方式：我們計劃把集解、索隱、正義成爲單獨的三種本子，名爲史記集解校證、史記索隱校證、史記正義校證。三家注原先本是各自單行的，大約當北宋元祐間史文才開始合刻在一起。從注解的單行到合刻，可以説是舊注變動很大的轉折點。今存注解不完全的原因是：（一）今本史記的文字和三家各所依據的板本不同，合刻時强使舊注配合今本，所以有不少改易的地方。（二）注解原都是各自單行，引證或有雷同，合刻時去煩就簡，汰其重複，故多删節。（三）合刻的人有門户之見，不肯兼容異説，在這方面也大大的損毀了原注面目。另外還有兩個原因：一是古本史記和今本有差異，後人爲了牽合今本，不惜假造注解。二是集解注誤作索隱，索隱誤作集解或正義，正義誤作索隱等。這些情況，如果把三家注解各自恢復舊觀，是可以免除的。三家注既各分開了，仍如其舊，史文則只出所解的字句，如所出本文用新四號字排，原注則用五號字，校勘考證則用新五號字，比注文低一格排印。

（丁）三家注字數：集解估計正文及原注約十萬字，校勘考證約十萬字；索隱正文及原注約二十五萬字，校勘考證約二十五萬字；正義正文及原注約三十萬字，校勘考證及補遺約二十五萬字以上。三種約正文及原注共六十五萬字，校勘考證約六十萬字。

（戊）完稿時間：集解校證約需時三月，索隱校證約需時七月，正義校證約需時六月。

史記校證工作提綱[*]

  1. 史記一書爲中國二千年前記載最有系統且最能運用經濟史觀的歷史巨著，具有世界地位，爲我國亟應整理的一部古籍。但因傳鈔一千餘年，每轉一手即多出若干誤字衍字缺字，又時有羼入之語，以致文字的正確性大成問題。宋後雖已刊板，惟因各種刊本即承接各種鈔本而來，不可能一致，故亦甚有異同。爲欲洗出其本來面目，必須做一番"集校"和"考證"的工作。"校"以著其異文，"證"以定其是非。這工作自清代以來已有不少人着手（如錢泰吉、張文虎、張森楷、李笠及日本瀧川資言等），但因未能掌握全面資料，始終沒有能完成。

  2. 自解放以後，私家藏書已集中國家圖書館，向來不易見到的古本，除因兵燹散亡外，現已大致能見。就是流傳在國外的古本（如敦煌所出卷子本史記已無一卷留存中國的），我們雖不得見其真本，而複製本及相片也都有法見到。故清代以來校勘工作者所未完成的志願，今日已可徹底實現；至於他們自身辛勤積累的成就亦可加以整理，作一總結。

  3. 現在研究史記的人都以日本瀧川資言的史記會注考證看作權威的著作。但此書所集資料不但不完備，並且甚多錯誤。詳見程金造同志的批判（山東大學文史哲 1957 年）。除日本方面資料，他和他的後學者可以充分掌握外，對於中國方面之版本及其考證

---

  * 1958 年 1 月下旬作。交科學出版社。錄自底稿。

文字，實多隔靴搔癢，中國資料的數量又遠遠超過日本，此一工作無疑地必須中國人自己起來幹，方能供應全世界研究史記學者的需要。

4. 顧剛本人發願整理史記已歷三十年。抗日戰爭前，曾在北京約集同好，共同工作，出版標點本史記白文一書；但所作校勘記已於抗戰中散失。1954 年重來北京，即邀賀次君同志從事該項工作，由賀同志逐日到北京圖書館，將各種古本一一校勘，錄出其異文，研究其是非，並集錄前人校證文字，散入各條，希望爲史記本書及三家注文作一徹底之校定。

5. 前代注史記者三家，在晉代爲裴駰史記集解，在唐代爲司馬貞史記索隱和張守節史記正義。三家所據的史記本子各有不同，因此所作的解釋就不能一致。除集解在前，爲司馬貞和張守節兩家共見外，司馬與張兩家則互不相謀，彼此未見。宋人刊史記，欲其便於閱覽，將三家注混合編纂，並加刪削，溷爲一書。這樣做的結果，對於不求甚解的學人，隨手涉覽，固然方便，但實際上卻把某一家所據的正文與別一家所據不同正文的注文並在一起，時時會發生抵牾。又正義一書，中國沒有單行本，只有三家注本；日本有舊鈔的單行本，可是又不是張守節的原本而是後人雜集之本，許多不是張守節的話。爲欲以裴還裴，以司馬還司馬，以張還張，使其各個負責，故有必要把三家注分成三部，各家所據正文悉依注文勘定。因此，除將史記本文專作史記校證外，對三家注則分作史記集解校證、史記索隱校證、史記正義校證三部。這四部書的校證文字，據今從工作中的實際體驗，約共 2,000,000 字；連同史記正文及三家注文，約共 3,200,000 字。

6. 1956 年 8 月，我與你社所訂草約，略謂校證字數約 1,100,000，本文字數 500,000。又云三家注校證於 1957 年 12 月完稿，史記校證於 1958 年 12 月完稿。因彼時正在初步工作之中，估計不夠正確。擬請照現今所估，改訂契約。

7. 賀同志從事此項工作時，原稿寫在卡片上，經改定後交尹受、謝延孫兩同志鈔寫，再交程金造同志覆勘，最後由頡剛裁定。現在已交稿樣計三家注部分 30 卷，即 90 份。已鈔而未交稿者約同此數。其他正在鈔寫中與校定中。

8. 以上工作人員，除頡剛在歷史研究所供職，程金造同志在俄語學院任教，各有固定收入外，其他三人均賴頡剛籌款接濟，加上文具、紙張等費，每月約需 180 元，三年以來未曾間斷。以前頡剛曾預支別的出版社稿酬以供此項用途，但現在已不便再支，惟有希望你社鑑其實情，許其一次預支 2,000 元，俾應 1958 年全年需要。俟完稿時連同前支之款一起在稿酬內扣除。

9. 上項請求如承允許，三人生活可得維持，則頡剛敢於保證，至本年年底前可全部脫稿。

標點史記凡例（稿本）[*]

甲　史記本文

一　所據本

　　史記校本，始於清朝中葉的錢泰吉，後來張文虎繼續工作，他們的校本刻於金陵書局，世稱金陵本，是清朝後期的一個善本。但他們的時代，古本分藏在許多有力者的家裏，他們能够看見的還少。解放以後，古本書集中到北京圖書館，就是原本已流到外國去的也有照片可以看見，所以我們這個時代有了全面校勘的條件。我們正在編纂史記校證一書，"校"以著其異同，"證"以明其是非；希望這書完成，史記的文字問題可以達到相當解決的地步。現在這一部史記是我們標點的普及本，取金陵本作底子，凡遇到它錯誤的地方，大體上都用古本校正。校正的方法，大致如下：

---

　　* 1958 年 8 月 7—12 日作。交中華書局。錄自原稿。

二　誤字、誤文和脱文等

誤字有二類：一類是司馬遷原來寫錯的，一類是後人鈔錯或寫得不一律的。

凡是司馬遷原來寫錯的，我們不改，因爲改了就變更了史記的本來面目。試舉兩例：

其一，齊世家，恒公二年："伐滅郯，郯子奔莒"。按春秋莊十年作"齊師滅譚"，"譚"、"郯"音近，大概出於誤記。且郯於戰國時尚存在，安得爲齊桓所滅。現在本文不改，只把我們寫在眉端的提綱改了。

其二，衛世家，獻公十八年："孫文子、甯惠子……怒，如宿"，按左襄十四年傳作"二子怒，如戚"。吳世家，餘祭四年："季札……自衛如晉，將舍于宿"，按左襄二十九年傳作"將宿于戚"。戚爲衛邑，並無異名，而史記皆作"宿"，足證必非後人誤寫。這事已有索隱糾正，我們仍在"宿"旁加上地名標號。

凡是後來人寫錯的，我們一概依原文照改。例如天官書，它既名爲"天官"，其中所分列的自爲中、東、南、西、北五官，這是極顯明的事。但今本史記卻先訛"中官"爲"中宮"，以下就一直錯下去，沒有"官"而只有"宮"了。這是必須改正的，所以我們就把"宮"字改作"官"字。

也有明知道錯寫而未改的，例如天官書中太白星一段，原文是：

其紀：上元以攝提格之歲與營室晨出東方，至角而入；與營室夕出西方，至角而入；與角晨出，入畢；與畢晨出，入箕；與畢夕出，入箕；與箕晨出，入柳；與箕夕出，入柳；與柳晨出，入營室；與柳夕出，入營室：凡出入東西各

五；爲八歲，二百二十日，復與營室晨出東方。其大率，歲
一周天。

按這段文字大有問題，曾次亮同志曾用了天文現象來校正，以爲
應作：

其紀：上元以攝提格之歲與營室晨出東方，至角而入；
與箕夕出，入柳；與角晨出，入畢；與柳夕出，入營室；與
畢晨出，入箕；與營室夕出西方，至角而入；與箕晨出，入
柳；與角夕出，入畢；與柳晨出，入營室；與畢夕出，入
箕。凡出入東西各五；爲八歲，二千九百二十二日，復與營
室晨出東方。其大率，歲一周天。

實際的天文現象必然比傳鈔、傳刻的書本記載靠得住，所以應當
改正。然而一部史記裏邊不知有多少處錯誤，只消看梁玉繩的史
記志疑便可知道，而且我們也不知道這條文字是作者還是鈔者弄
錯的。如果大加修改，就要費很大的功夫，不是現在所許可的
事。我們只有等待條件成熟，集體來做一部史記新注，再來細細
討論這些內容問題，使得本書中一切問題都可以達到解決的
地步。

在史記裏，可以看出有許多衍文、缺文、脫文。現在把可以
改的加以改正，但加上符號。衍文的例子，如龜策列傳：

求財物買臣妾馬牛一日環得過一日不得不得行者不行

這裏有兩個“不得”，下一個是因上文而衍的，所以我們加上刪去
的符號，點作：

求財物，買臣妾、馬牛，一日環得；過一日不得。〔不得〕行者，不行。

缺文的例子，如周本紀：

王赧謂成君楚圍雍氏韓徵粟於周

這文一看便知"王赧謂成君"以下本有一段話，但各本都失掉了；"楚圍雍氏，韓徵粟於周"乃是另外一件事情：所以我們加上虛綫，點作：

王赧謂成君，……楚圍雍氏，韓徵粟於周。

脱文的例子，如韓世家：

楚王聽質子於韓

看這條記載的上下文語氣，一定是不聽，原來掉了一個"不"字，所以我們改作：

楚王不聽質子於韓

把加進的字用小號字排，見得這個字不是傳本史記所有而是由我們加進去的。這樣做法，可以説是小小的加工。

三　異體字

史記經過了一千多年的鈔寫，又經過了近一千年的翻刻，而各時代有各時代的字體，所以會得異同雜出。例如“伍員”或“伍子胥”，從左傳以來都寫作“伍”，可是宋刻本裏有簡寫作“五”的；金陵本爲了尊重古本，也照宋刻改了；宋刻本身字體不一致，以致金陵本的字體也隨着不一致。其他，“敕”字或作“敨”，“旁”字或作“㫄”，“那”字或作“邦”，“留”字或作“畱”。我們覺得現在印出來的書是給現在人讀的，不必一定在今體字之中保存這些古體字，所以改得一律了。

但是因爲附帶印三家注之故，有些字竟不能改。例如秦本紀：

> 獻公……二十一年，與晉戰於石門，斬首六萬。天子賀
> 以黼黻

這“黼黻”“二字明係“黼黻”的變體；別處既都作“黼黻”，這兒當然可改。但史記正義的論字例云：

> 其“黼黻”之字法从“米”，今之史本則有从“岀”。秦本紀
> 云：“天子賜孝公黼黻”，鄒誕生音“甫弗”，而鄒氏之前，史
> 本已从“岀”矣。如此之類，並即依行，不可更改。

既經有了張守節的這個説明，如果改掉，那麼正義的話就會變得沒有着落，令讀者疑惑，所以只得保存了下來。

金陵本是刻於清朝同治年間的，那時不敢不避清帝的名諱，以致改字甚多，如“胤”作“𦙃”，“寧”作“寍”，“貯”作“貯”，“淳”作“湻”等。又爲遵守清朝的功令，尊重孔子，改“丘”作“㐀”。現在把這些諱字都改回來，恢復史記的本來面目。

四　提綱和公元

我們在這個本子裏加進兩件東西，一是提綱，一是在年表裏注上公元。

司馬遷作史記的時候，注意帝王和諸侯的傳授系統和在位的年數，使得我們容易推算當時事件的年代，並看清楚每個統治者鉤心鬥角取得權位的面貌，替他們結一筆清賬，這是好事。但他在叙述這國或這人的事情時，往往夾叙些他國或他人的事情，很容易使讀者發生頭緒紛繁的感覺。現在我們在書眉上寫出各篇的提綱，凡這一國的君主或年代都用黑體字排，這一國或這一人的重要事件則用普通新五號字排，夾叙的他國或他人的事情就不寫上去，這樣可讓讀者一覽即知這一篇的重點所在，並有檢查某人或某事的便利。

各國君主的年代，經過司馬遷苦心排比，列成諸表，已經方便了不少。其後徐廣加上甲子，更便計算。但是那一年離現在有多少年，倉猝間還不容易弄清楚。我們把公元寫上眉端，則史記中各件事實在公元前那一年，距離現在有多少年，一看就知道了，這是便於實用的。

可是，秦始皇統一六國，爲了六國的史書裏很多罵秦國的話，也爲消滅他們的民族觀念，統統燒掉，所以司馬遷得不到六國史書，也就排不好六國年表。自從西晉時發掘汲縣的魏王冢，得到竹書紀年，才有人拿來改正六國表的錯誤。他們知道田齊表裏缺掉悼子和侯剡兩世，司馬遷把威王和宣王的年代移到前面，以致齊伐燕成爲湣王的事，和孟子、戰國策裏説的宣王伐燕不合。又知道魏惠王先是繼承侯位，後來自己稱王，於稱王時改元年，而司馬遷誤認這個稱王所改的元年是他的兒子襄王的元年，以致排到後來空了一段，只得平添出一個"哀王"來頂着襄王的年代。我們現在印出這部史記，還不能做澈底改造的工作，根據竹書紀年來重編一個六國年表。但讀者們應當記住，我們在這個表裏所附記的公元有許多地方是不合於這些事件的發生年代的。我們不但不該笑作者的錯誤，而且還該同情作者在缺乏史料的環境裏勉强作史的苦心！

乙　史記三家注

一　所據本

　　史記有三部舊注：晉裴駰的史記集解、唐司馬貞的史記索隱、唐張守節的史記正義。除了集解爲司馬、張兩家所共見外，司馬和張兩家所著的書是彼此不相聞問的。所以很有些重複的話。

　　裴駰的集解八十卷，大都是鈔集前人的解釋，尤以晉徐廣的史記音義爲多。徐書已經亡佚，虧得給裴駰保存了下來，我們還可以從徐廣的校勘裏推出晉以前的史記的本子。例如陳丞相世家，今本於誅諸呂後只有

　　　　審食其免相

一句，可是徐廣説：

　　　　一本云：“食其免後三歲，爲淮南王所殺；文帝令其子平嗣侯。菑川王反，辟陽近菑川，平降之；國除。”

從這點上，可見史記本子在作集解之前是很有不同的。自從有了集解，凡讀史記的都願意讀有注的本子，史記的本子才固定了。自從有了刻本，凡刻史記的都連刻集解，現在容易看到的如南宋杭州本（文學古籍刊行社影印版）、明末汲古閣本都是這樣。

司馬貞的索隱三十卷，本來是離史記原書而單行的，現在容易看到的是汲古閣本和廣雅書局翻刻汲古閣本。在南宋時，蔡夢弼、張杅兩家爲了便讀，各把集解和索隱合併在一書裹，世稱蔡本和桐川郡齋本。

張守節的正義可是沒有完全的本子流傳下來。我們能見到的最早的本子，就是南宋黃善夫混合三家注的刻本（即今商務印書館百衲本二十四史所用的史記底本）。正義本是一部獨立的書，而獨立的沒有人替他刻，或刻而不傳。三家注合刻本傳下來了，可是有删節。日本有兩個和尚，一名桃源，一名幻雲，他們都鈔史記，日本瀧川資言作史記會注考證（今有文學古籍刊行社影印本），根據了這兩種舊鈔本，補了正義一千條左右。大家很高興，以爲看到史記正義的全貌了。但經程金造同志研究，這些多出的條文大半出於他篇正義文的移綴，其小半也是雜鈔而來，決不是張守節的原著。所以三家注中，只有正義是不全的。

我們現在標點史記，所用的注還是金陵本的三家注；但也把各古本校勘，可以斷定錯誤的就改了。因爲是注文，不比正文這般鄭重，也不願多費讀者的精力，所以應改的就改了。不像正文的加上各種符號。古人説：“誤書思之，亦是一適。”世有好學深思之士，如果不放心我們的擅改，好在黃善夫本和金陵本都易見到，可以取來比較。

二　誤文和缺文

張文虎校刻金陵本，大約對正文很用心（當然也有偶然的錯誤，如衛世家“結纓而死”上漏掉正文十一字），而對注文卻差些，所以注文裏很有些錯字和倒字。例如吳世家“次曰季札”下，索隱説：

徐廣引系本曰：“夷眛及僚眛夷光生。”

這句話讀不下去，而世本一書又已亡佚，無從參考，只得就歷史事實改爲

夷眛及僚。夷眛生光。

“夷眛”，就是“餘眛”的異譯，“光”就是闔廬。史記説：“公子光者，王諸樊之子也”，爲什麼這裏卻説“夷眛生光”呢？原來索隱早已説明：“此文以爲諸樊子，系本以爲夷眛子”，足見史記和世本的記載本是不同的。同注下文又云：

又光言我王嗣國是夷眛子

這句話也是讀不通的，今校正爲：

又光言‘我王嗣’，則光是夷眛子。

像這種地方，都將詳細説明在史記校證裏。

誤文和倒文可改，獨有缺文無法補上。如絳侯世家，正義文作：

越滅吳丹徒地屬楚

爲什麼吳地爲越所滅，反而屬了楚呢？這其中分明有缺文，它的大意一定是説“越滅吳，丹徒地屬越；後楚滅越，丹徒地屬楚”的，但它的意思雖可推而知，它的缺文究竟不能隨意思補綴，所以我們只得加上虛綫，寫作：

　　越滅吳，……丹徒地屬楚。

三　三家注誤説

　　三家的注都作於一千年以前，那時的學術水平不高，物質條件不够，所以錯誤是免不了的。我們現在印出這部史記，既經黏附了這三部注，如果不照注文來點正文，許多地方就會發生矛盾。爲了保持史和注的統一起見，不得不遷就注文來點史文。試舉數例：

　　其一，晉世家，獻公十九年：

　　乃使荀息以屈産之乘假道于虞。

其中“屈産”兩字，若據左氏僖四年傳“夷吾奔屈”和僖二年傳杜注“屈地生良馬”來標點，當然寫作“屈産”。可是裴駰的集解卻引何休的公羊傳注，説：

　　屈産，出名馬之地。

他直把“屈産”作一地名。集解既引用，索隱和正義也没有駁正，所以我們只得點成

　　乃使荀息以屈産之乘假道于虞。

其二，趙世家：

> 簡子出，有人當道。……簡子召之，曰："嘻，吾有所見子晰也！"當道者曰："主君之疾，臣在帝側。"

推尋語意，所謂"見子晰"者，譯爲今語，就是"我是很分明地見過你的"。可是索隱卻説：

> 簡子見當道者，乃寤曰："嘻，是吾前夢所見，知其名曰子晰者。"

他把"子晰"二字看作當道者的名字。因此，我們就只得點作

> 嘻，吾有所見子晰也！

這不但不合事實，並且在文法上也不順利，然而我們只得達背了理智而這樣做了。

其三，就在趙世家裏，惠文王二十六年：

> 取東胡歐代地

這"歐代"兩字固然難解，但看匈奴列傳説：

> 東胡……與匈奴間，中有棄地，莫居，千餘里，各居其邊爲甌脱。

"歐代"與"甌脱"只是一聲之轉，可信爲同語異譯，就是空地的意思。然而索隱説：

　　東胡叛趙，驅略代地人衆以叛，故取之也。

他咬文嚼字，憑空造出東胡驅略代地人衆以叛的一件事情來，來講通這句話。我們依注點史，就只能標作

　　取東胡歐代地。

試想點下這個標號時，我們的心情是如何的痛苦呀！

　　有人説："你們點史記，只依現代學術水準來點好了，何必死守着一千年前的人的誤説？這豈非太拘泥了!"可是，做一件事情，有暫時的辦法，有澈底的辦法；有行暫時辦法的時候，有行澈底辦法的時候。清朝學者對於許多古書都有新注和新疏，獨獨對於史記没有動手，這不是他們懶，實因史記中問題太複雜，牽涉到的各種科學和各種古書又太多，在那時的個體工作的環境裏是無法着手的。解放以來，直到今天，思想大躍進，工作大躍進，像史記這樣富有人民性、光輝照耀全世界的書，在不久的將來，學術機構必然組織人力，集體地整理，編出一部史記新注來；到那時，一切不合理的注譯當然全部推翻了。至於我們現在的工作只是暫時性的，對於不合理的舊注不是不想改，只是時間有限，學力有限，就是改了一些也還是掛一漏萬，起不了什麼大作用。我們只在這兒高聲呼喊：大家不要迷信三家注！我們要爲將來的史記新注準備條件！

四　三家注歧説

　　從前爲古書作注的人，主觀都非常强，所以同一部古書，各家的注釋很難統一。加上讀書的人抱了宗派主義，更要出主入奴，把無理講成有理。史記的三部注裏也有這類的情形。在這種

情形之下，我們標點史文只能擇善而從。

　　試舉一例。魯世家，釐公元年：

　　　　以汶陽鄪封季友。

"汶陽鄪"是一處呢，還是兩處？集解説：

　　　　賈逵曰："汶陽、鄪，魯二邑。"

照他説法，我們該在"汶陽"下加逗號。但索隱説：

　　　　鄪，或作"費"。……按費在"汶水"之北，則"汶陽"非
　　邑。賈言二邑，非也。

我們覺得，汶陽原是一塊很廣大的地面，費乃是一個可以封大夫
的邑；季氏封費，左傳有明文，而季氏封汶陽則於傳無徵：所以
我們應當相信索隱，解作汶水北面的費邑，而標爲

　　　　以汶陽鄪封季友。

注中雖有舊時代經學權威的賈逵説，我們就逕把它否定了。

五　注與正文不相應

　　司馬遷所用的史料，除了幾部經典之外，所有秦、漢時代的
原始資料，作注的人都已看不見，因而他們只能憑了自己的猜測
來注。其中史和注不同的地方，我們也沒有比較資料來斷定它們
的是非，只能讓它們在書本上永遠存在着矛盾。

試舉一例。曹相國世家：

　　　柱天侯反於衍氏。

"柱天侯"不知道是哪一個人，"柱天"也不知道是不是一個地名。索隱説：

　　　天柱侯不知其誰封。……地理志云：天柱，在廬江
　潛縣。

似乎司馬貞所見的史記本子是不作"柱天侯"而作"天柱侯"的，他斷説"天柱"是廬江郡潛縣的一座山。究竟是"柱天"還是"天柱"呢？我們見不到漢朝的直接資料，無法解決這個問題，也就只能讓史文作"柱天"，注文作"天柱"。

丙　標點符號説明

一　句號(。)

凡是成文而意思完足的，我們都加上句號。如五帝本紀：

　　　黄帝者，少典之子，姓公孫，名曰軒轅。

這裏要叙述黄帝這個人，第一件事就是説明他的家族和姓、名，所以説到"名曰軒轅"的時候，這句話的語氣方完，因此就在"軒

轅”下加上句號。下面“生而神靈”云云，是説黃帝的品質，是第
二件事，所以另爲一句。

二　點號（,）

凡是一句話裏可以分開來而且必須分開了才覺得清楚的，我
們都加上點號。即如上一例：

> 黃帝者，少典之子，姓公孫，名曰軒轅。

“黃帝者”是這句的主詞，下文“少典之子”、“姓公孫”、“名曰軒
轅”的三件事都爲説明這個主詞而又是可以分開的，因此就各各
加上點號。

三　逗號（、）

凡是一句話裏連用許多名詞或其他各種詞類，叠累起來，成
爲平列的形式的，我們就從點號裏再加分析，爲它加上逗號。如
五帝本紀：

> 時播百穀、草、木；淳化鳥、獸、蟲、蛾；旁羅日、
> 月、星、辰、水波、土、石、金、玉（此句依注説應如此
> 點）；勞勤心、力、耳、目；節用水、火、材、物。

這裏説的有許許多多東西，而以“時播”、“淳化”、“旁羅”、“勞
勤”、“節用”等動詞引起，如果不加逗號則其所引起的東西分析
不清，意義就不明顯，所以就都加上這個符號。又如本篇：

> 堯使舜入山林、川澤，暴風、雷雨，舜行不迷。”

這裏舜所進入的是“山林川澤”，所遇到的是“暴風雷雨”。暴風和雷雨是兩件事，應當用逗號不用説；“山林川澤”可以分爲兩種東西，也可分爲四種東西，但分析太細時也會遇見困難，大體上山和林可合爲一，川和澤亦然，所以就在“山林”下加上逗點。又如本篇：

> 天下歸舜。而禹、皋陶、契、后稷、伯夷、夔、龍、倕、益、彭祖，自堯時而皆舉用，未有分職。

這裏禹以下十人的名字，加上逗點使它分開，在閱讀時也有方便。別處一連串的地名也是如此。

其他，如刺客列傳：

> 政姊榮……乃大呼天者三，卒於邑、悲哀而死政之旁。

“於邑”、“悲哀”是兩個動詞，這裏叠累着用，加上一個逗號可以分清詞類。又如同篇：

> 嚴仲子亦可謂知人、能得士矣！

“知人”和“能得士”是嚴仲子的兩種行爲，加一個逗號也可把文義顯得更明白些。

然而也不可一概而論。中國古代的詞，單字爲多，如“陰陽”、“上下”、“禮樂”、“進退”、“出入”、“遠近”、“吉凶”、“禽獸”等等，都是合兩個相反的詞爲一詞的，如果一字一點，實在不勝其煩；而且古人以一字爲一詞，後世就合兩詞爲一詞，如以

“陰陽”指自然、“上下”指階級、“禽獸”指動物等，所以一一分析，有時反會失掉原意。現在只有不拘一格，於應分析處加以逗號。例如“禮樂”二字，如只泛指制度或禮節時就不在中間加點；至如樂書裏引樂記説：

故禮以導其志，樂以和其聲，政以一其行，刑以防其姦：禮、樂、刑、政，其極一也。

知樂，則幾於禮矣。禮、樂皆得，謂之有德。

在這類文字裏，禮是禮，樂是樂，很清楚地分開，所以我們就在“禮樂”二字之間加上逗號，使讀者不致含糊讀過。

四　分號（；）

凡是一句話裏有平列的分句，我們都用分號。例如五帝本紀：

生而神靈；弱而能言；幼而徇齊；長而敦敏；成而聰明。

這是用五個分句併成一個全句的。在這句話裏，説明黃帝剛出生時怎樣，幼小時怎樣，成年時怎樣，文法是平列的，然而卻是順叙而下的一句話。這些分句固然也可以讓它們成爲獨立的語句，然而總不如把它們聯串起來成爲一句話更可以把意義看得清楚。

又，兩個獨立的句子，雖然在文法上並沒有聯絡，但在文義上是一氣貫注而下的，也應當用分號。例如同篇：

軒轅之時，神農氏世衰；諸侯相侵伐，暴虐百姓，而神農氏弗能征。

"神農氏世衰"本可以自成一句,但因"諸侯相侵伐,暴虐百姓,而神農氏弗能征"這些話就是説明其"世衰"的情況的,從文義上看應當連接起來,所以我們在"世衰"下用分號,在"弗能征"下用句號。

五 冒號(:)

冒號的用處有好幾種。第一,是總冒下文平列的句子或名詞的。如五帝本紀:

> 西:戎、析枝、渠廋、氐、羌;北:山戎、發、息慎;東:長、鳥夷。

這是把方向來分畫少數民族的,"西"、"北"、"東"諸字有總冒下文的作用。又如夏本紀:

> 濟、河維沇州:九河既道;雷夏既澤,雍、沮會同。

這是用"沇州"這個名詞作爲總冒,引起下文"九河"、"雷夏"等平列的分句的。

第二,是總結上文的。如夏本紀:

> 東漸于海,西被于流沙,朔、南暨:聲教訖于四海。

"聲教訖于四海"是總結上文的"東"、"西"、"朔(北)"、"南"的,因此我在"聲教"之上加一個冒號。又如五帝本紀:

> 五刑有服，五服三就；五流有度，五度三居：維明
> 能信。

五刑有三就，五流有三居，而歸結於“維明能信”，所以在“維明”
的上面加以冒號。

其三，是表示説話的。如五帝本紀：

> 堯曰：“終不以天下之病而利一人！”
> 舜曰：“天也！”

説這話的是堯和舜，所以在“堯曰”和“舜曰”之下加以冒號。至於
在説話裏引用別人的話時也是這般，如殷本紀：

> 紂之臣祖伊……奔告紂，曰：“天既訖我殷命，……今
> 我民罔不欲喪，曰：‘天曷不降威？大命胡不至？’今王其
> 奈何？”

祖伊在對紂説話時轉述了殷民的“天曷不降威？”兩句話，所以我
們在兩個“曰”字下都加以冒號。

其四，表示在説話的語氣裏頓一下，使聽的人特別注意的。
如五帝本紀：

> 舜曰：“嗟，然！禹：汝平水土，維是勉哉！”

這裏在“禹”字上頓一下，好讓禹本人聽了提起注意，好好地繼續
聽取“汝平水土，維是勉哉！”的話，正和現在人寫信，在“某某同
志”之下加一個冒號一樣。

六　引號（" "、' '）

　　凡是引人的説話和文章，在冒號之下就用引號，例已見前，不須贅説。現在要説的是引文裏再有引文，這怎麼辦？我們在這上，無非把雙層引號和單層引號更迭地使用。例如五帝本紀的索隱中有一段話：

　　　　案大戴禮："宰我問孔子曰：'榮伊言"黄帝三百年"，請問黄帝何人也？抑非人也？何以至三百年乎？'對曰：'生而人得其利百年；死而人畏其神百年；亡而人用其教百年。'"則士安之説略可憑矣。

在這裏，索隱引大戴禮記文從"宰我"起，至"用其教百年"止；宰我問孔子的話從"榮伊"起，至"何以至三百年乎"止；榮伊的話則只有"黄帝三百年"一句。我們加上了雙層和單層的引號，就可使每方面的語句都起落分明。
　　其次，有些特别名詞，必須加上引號，才可使它突出，引起讀者的注意。如天官書：

　　　　日方南，金居其南；日方北，金居其北：曰"赢"。……日方南，金居其北；日方北，金居其南：曰"縮"。

又如樂書：

　　　　故商者，五帝之遺聲也，商人志之，故謂之"商"；齊者，三代之遺聲也，齊人志之，故謂之"齊"。

“嬴”和“縮”是當時天文學上的專門名詞，“商”和“齊”是當時音樂學上的專門名詞，如果不加標記，就容易輕輕滑過，所以還是加上引號的好。

古人引書常常不合原書，甚至大大地不合原書。史記中也多此例，如河渠書：

> 夏書曰：“禹抑鴻水，十三年，過家不入門；陸行載車，水行載舟，泥行蹈毳，山行即橋，以別九州；隨山浚川，任土作貢；通九道，陂九澤，度九山。”

在這一段裏，真正見於夏書的，如“十三年”即禹貢的“作十有三載乃同”，“通九道”即禹貢的“導岍及岐，至于荆山……”，“陂九澤，度九山”即禹貢的“九山刊旅，……九澤既陂”；其他還有見於書序的“禹別九州，隨山濬川，任土作貢”。至於“陸行載車”等四句乃是經師們對於皋陶謨的“予乘四載”的解釋；“禹抑鴻水”見於荀子成相篇；“過家不入門”見於孟子滕文公篇，然而孟子卻説爲八年，不是十三年。司馬遷把許多書裏的禹治洪水的記載綜合起來，組織成文，固然見得他的大才，然而把這些話都算作“夏書”，豈不是達反了事實？我們標點河渠書時，明知道它是一盤雜燴，不盡是夏書，然而因爲司馬遷是用了引書的方式寫出來的，爲了遷就作者，只得加上引號。

三家注所引的書，好多已經亡佚，無從查對。他們所引的這些書上的話，開頭固然很容易知道，可是到什麼地方完畢卻極難決定。我們無可奈何，只得體會了它的語氣來分析。是否真是這樣，我們也決不敢輕於自信。

七　破折號（——）

凡是叙述一件事情而插入的話，我們爲了使得文意明白，就用破折號來表示。如五帝本紀：

正月上日，舜受終於文祖，——文祖者，堯太祖也。

"受終於文祖"是舜在受禪時所做的一件事情，"文祖者，堯太祖也"是司馬遷對於這一個專名所作的解釋，二者不是一回事，這裏用了破折號就明白了。又如秦本紀：

孝公……乃拜鞅爲左庶長，——其事在商君語中。

這是作者提醒人們，在讀秦本紀時該同時讀商君列傳，是一句插入的話，所以我們也用了這個符號。

其他，在一句裏邊也有插入幾個字的。如五帝本紀：

黃帝崩，……其孫——昌意之子——高陽立，是爲帝顓頊。

他本意只要説黃帝死後，他的孫子高陽繼位，所以説"其孫高陽立"；但轉念一想，黃帝的兒子很多，如果不把高陽的父親點出，世系就不明白，所以插入了"昌意之子"四字。但如果我們不用破折號，成爲"其孫昌意之子高陽立"，就好像昌意是黃帝的孫子、高陽是黃帝的曾孫似的，那便容易引起誤會了。

八　夾注號（（　））

史記引用古書，惟恐人家不明白，往往隨引隨解，如果不用夾注號，就會使得正文和解釋之文混淆不明。如封禪書：

> 歲二月，東巡狩，至于岱宗（岱宗，泰山也），柴望秩于山川。遂覲東后（東后者，諸侯也）。……五月，巡狩至南嶽（南嶽，衡山也）；八月，巡狩至西嶽（西嶽，華山也）；十一月，巡狩至北嶽（北嶽，恒山也）：皆如岱宗之禮。

這是引了尚書堯典之文而説明五嶽的地點和“東后”的意義的。又如律書：

> 不周風居西北，……至于營室（營室者，主營胎陽氣而產之），東至于危（危，垝也；言陽氣之危垝，故曰危）；十月也，律中應鐘（應鐘者，陽氣之應，不用事也）；其於十二子爲亥（亥者，該也，言陽氣藏於下，故該也）。

本文叙述西北的不周風和天象及月份的關係，其中有許多專門名詞須加解釋，所以本書就隨文作解。在這種地方一一加上夾注號，就可把叙述文字和解釋文字分開，使讀者容易分清楚它們的主和從的地位。

就是同爲叙述文字，有的地方也該用夾注號。如封禪書：

> 少君……嘗從武安侯飲，坐中有九十餘老人，少君乃言與其大父游射處（老人爲兒時從其大父，識其處），一坐盡驚。

"少君乃言與其大父游射處，一坐盡驚"是那回宴飲時的一件事實，文氣是貫注的；"老人爲兒時從其大父，識其處"，乃是把這位老人的回憶插進去的，我們用了夾注號可使文氣不致因插進的話而隔斷。

夾注號和破折號並無嚴密的界限，所以常常通用。

九　問號和驚歎號（？、！）

問號是表示説話人對於某一事的疑問。惊歎號是表示説話人的緊張的情感和迫切的願望。如五帝本紀：

> 堯曰："誰可順此事？"放齊曰："嗣子丹朱開明。"堯曰："吁！頑凶，不用！"

堯要用人行政，詢問在廷諸臣，有什麼人可用，所以"誰可順此事"用問號。待到放齊説丹朱可用，堯就很生氣地説："唉！這個人品質凶頑，是決不可用的！"爲了表示出他對於丹朱的深惡痛絕的神情，所以我們連用了兩個驚歎號。

用驚歎號來表示迫切的願望的。如刺客列傳：

> 田光……趨出。太子送至門，戒曰："丹所報先生所言者，國之大事也，願先生勿泄也！"田光俛而笑，曰："諾。"

在這段對話裏，燕太子丹的神情極緊張，田光則是故意裝出的輕鬆。現在我們就於"願先生勿泄也"之下加上驚歎號，見出太子丹對於田光的深摯的願望。

問號和驚歎號有時是分不開的，往往驚歎裏有疑問，疑問裏有驚歎。我們只能看它的重點在那裏，分別加上兩種符號。如季布列傳：

> 單于嘗爲書嫚呂后，不遜。……上將軍樊噲曰：“臣願得十萬衆橫行匈奴中！”……季布曰：“樊噲可斬也！夫高帝將兵四十餘萬衆，困於平城，今噲奈何以十萬衆橫行匈奴中？面欺！……”

樊噲的“臣願得十萬衆橫行匈奴中”是一句感情衝動的豪語，當然該用驚歎號。季布的“今噲奈何以十萬衆橫行匈奴中”是從“高帝將兵四十餘萬衆，困於平城”的實際經驗而來，是理智的反問，所以可用疑問號；但這句話就他斥責樊噲的氣憤神情而言，用驚歎號也未爲不可。我們現在，因爲它的上文“樊噲可斬也”和下文“面欺”都已用了驚歎號，足夠表示他的氣憤神情，因此在這句下用了疑問號。類似這些地方，很不容易定出一個客觀的標準。我們在這部書裏，一定有許多不統一的處理，該受讀者的批評。

一〇　標號（——　　〰〰）

標號有直綫和曲綫兩種。

其一，凡人名、地名、星名、風名、神名等都用直綫標號。如五帝本紀：

> 舉風后、力牧、常先、大鴻以治民。

這些都是人名。如河渠書：

> 滎陽下引河東南爲鴻溝，以通宋、鄭、陳、蔡、曹、衛，與濟、汝、准、泗會。

這些都是地名。如天官書：

> 斗魁戴匡六星，曰文昌宫：一曰上將，二曰次將，三曰
> 貴相，四曰司命，五曰司中，六曰司禄。

這些都是星名。如律書：

> 不周風居西北。……廣莫風居北方。……條風居東
> 北。……明庶風居東方。……清明風居東南維。……景風居
> 南方。……涼風居西南維。……閶闔風居西方。……

這些都是風名。又如封禪書：

> 其梁巫，祠天、地、天社、天水、房中、堂上之屬；晉
> 巫，祠五帝、東君、雲中、司命、巫族人、先炊之屬；秦
> 巫，祠社主、巫保、族纍之屬；荆巫，祠堂下、巫先、司
> 命、施糜之屬；九天巫，祠九天：皆以歲時祠宫中。

這些都是神名。其他如歲名、律名、官名等都不加標號。至於
“天”、“地”、“日”、“月”等字，大體上都不標；但逢到有必要時
亦加標，如上文神名中的“梁巫祠天、地、天社、天水”即是。又
如天官書中，星名均已加標，如果不把“日”和“月”標出就見得不
統一，故作：

> 其蚤爲月蝕；晚爲彗星及天矢。
> 熒惑有反逆行，……日、月薄蝕，皆以爲占。

還有些名詞，本來是通名，但秦、漢人把它用作了專名的。

如秦始皇本紀：

> 秦并兼諸侯山東三十餘郡。

又留侯世家：

> 左右大臣皆山東人，多勸上都雒陽。

這兩個"山"字不是泛指任何的山，乃是專指崤山而言的。又如始皇本紀：

> 諸侯……以十倍之地、百萬之衆叩關而攻秦。秦人開關延敵，九國之師逡巡遁逃而不敢進。

這裏兩個"關"字也不是泛指任何的關，乃是專指函谷關而言。因爲崤山和函谷關是秦國東向的門户，秦攻諸侯和諸侯攻秦都經過這裏，人們口頭上説得太多了，所以漸漸把通名説成了專名。正如清朝末年，北京開放的公園只有西直門外的三貝子花園（即今北京動物園），凡玩公園的只有這一處，所以漸漸地把"花園"的通名替代了三貝子花園的專名。戰國、秦、漢間人既把通名説成了專名，我們就不得不加上專名的標號，以別異於真正是通名的山和關。

　　説到人，也有類此的情形。如孔子世家，凡是"孔子"字樣，我們當然都加上人名標號，但是有些地方不稱"孔子"而稱"夫子"的，我們就該有些斟酌。"夫子"這個名詞，春秋時本是用作"那位先生"的代稱，是個不見面時的稱呼；戰國時卻變成了當面的尊稱。在這種情形下，無論屬於哪種，我們都不加標號。如：

　　　　子路行，遇荷篠丈人，曰：“子見夫子乎？”

是背後的稱呼。又：

　　　　孔子曰：“賜，……吾道非耶？吾何爲於此？”子貢曰：
　　“夫子之道至大也，故天下莫能容夫子。……”

是當面的稱呼。但到了西漢而下，習慣把“夫子”當作“孔子”的異名同實的專名了。如本篇的太史公贊語：

　　　　自天子、王侯，中國言六藝者折中於夫子，可謂至
　　聖矣！

這裏的“夫子”，我們體會作者的語氣，便知不該不加上標號。又如“大將軍”、“驃騎將軍”等本是官職，屬於通名一類，可以不標，但漢朝人卻把“大將軍”專指衛青，“驃騎將軍”專指霍去病，如衛將軍驃騎列傳說：

　　　　大將軍爲人仁善、退讓，以和柔自媚於上，然天下未有
　　稱也。
　　　　驃騎將軍爲人少言不泄，有氣敢任。

在這種地方，不加標號就顯不出專指衛青和霍去病的意義來。所以這些人名標號是該活用的。
　　說到姓氏的問題，姓張、姓李固然無疑地該用標號，但在階級社會裏，往往階級就是他的氏，也不該不用標號。如：

　　　　周君王赧卒。（周本紀）

　　　周公黑肩欲殺莊王而立王子克。（同上）
　　　王使王孫滿應設以辭。（同上）
　　　獻公……使太子申生居曲沃，公子重耳居蒲，公子夷吾
居屈。（晉世家）
　　　子路入及門，公孫敢闔門。（衞世家）
　　　公叔伯嬰恐秦、楚之内蠶虘也。（韓世家）
　　　乃令大夫種行成於吳。（越世家）
　　　於是恒公問太史伯。（鄭世家）

這些“王”、“王子”、“王孫”、“太子”、“公子”、“公叔”、“公
孫”、“大夫”、“太史”都是職位，但同時也就是他們的氏。我們
如采照了後世的成例，不加標號，對於古代文字是覺得不適
合的。

　　再有一點，凡是在職位上著姓氏的，我們一起加標；其不著
的則視爲通名，不加標。如絳侯世家：

　　　薄昭爲言薄太后，太后亦以爲無反事。

上面的“太后”上冠以“薄”姓，我們加標；下面單稱“太后”時，就
不加標。又如留侯世家：

　　　是時，叔孫通爲太傅，……叔孫太傅稱說古今，以死爭
太子。

上面的“太傅”是官職，爲通名；下面的叔孫太傅則是專指一個人
的，所以看作專名，直標下去。

　　還有少數民族的名稱，有實指的，有虛擬的，也應分別對
待。如秦本紀：

> 昔我穆公……西霸戎、翟，廣地千里。

秦的西邊有戎有翟，所以這裏的戎、翟都是實指的，應加標號。又如陸賈列傳：

> 尉他迺蹶然起坐，謝陸生曰：“居蠻夷中久，殊失禮義。”

我們知道尉他王南越，在他的區域裏的少數民族的名稱是揚越、甌越、駱越……總稱爲“百越”的。這“蠻”、“夷”二字本來也是專名，可是用得多了，卻把它當作少數民族的泛稱，把專名的“百越”也用了通名的“蠻夷”來概括它，所以不應當加上標號。

在這種地方，很費斟酌，然而畢竟也很容易出毛病。因爲司馬遷寫史記時，一定是振筆直書，如行雲、流水一般，隨意揮灑。我們生在今日，既不能起古人於地下而問之，卻要絲絲扣得準，不失掉作者的原意，並且要把全部書的標點統一起來，當然有很大的困難。這些困難的克服有待於長時期的研究，我們在這裏只是開一個頭，以待深入鑽研，逐漸地改正。

標號的第二種是曲綫號，用於書名、詩名、樂舞名。如管晏列傳：

> 吾讀管氏牧民、山高、乘馬、輕重九府及晏子春秋，詳哉其言之也！

這些都是書名。如樂書：

> 漢家常以正月上辛祠太一甘泉，……春歌青陽，夏歌朱明，秋歌西暭，冬歌玄冥。

這些都是詩名。又如吳世家：

> 季札聘於魯，請觀周樂。……見舞象箾、南籥者，……
> 見舞大武，……見舞韶護者，……見舞大夏，……見舞招
> 箾。……

這些都是樂舞名。

曲綫標號的問題很簡單，不須多說。

一一　分段（提行、空一行、空二行）

分段有幾種。其一，凡敘述一事完畢，更敘他事，我們就把
它分開來，以清眉目。如夏本紀：

> 堯崩，帝舜問四嶽曰：“有能成美堯之事者使居官?”皆
> 曰：“伯禹爲司空，可成美堯之功。”舜曰：“嗟，然!”命禹：
> “女平水土，維是勉之!”禹拜稽首，讓於契、后稷、皋陶。
> 舜曰：“女其往視爾事矣!”
> 禹爲人敏給克勤；其惪不違，其仁可親，其言可信；聲
> 爲律，身爲度，稱以出；亹亹穆穆，爲綱爲紀。

這兩段文字本是連貫而下的，但我們因爲前面說的是舜命禹爲司
空的事，後面說的是禹的德性，所以把它分開，提行另起，使讀
者易於領會文義。

可是有些地方雖是幾件事情並列，但因敘述太少，不分段也
不致不清楚，因而就連續了下來。如秦本紀：

> 昭襄王……十九年，王爲西帝，齊爲東帝；皆復去之。

呂禮來自歸。齊破宋；宋王在魏，死溫。任鄙卒。

在這一段裏雖然記了各不相關的四件事情，但每事只作一句讀，加一句號，已很清楚，所以就無須提行。

其二，古人作文和現在人不一樣，爲了一氣貫注，於兩件事情之間每用挈合詞作聯繫，使它成爲“大塊文章”。例如平準書叙卜式的事情，先説他分産予弟，次説他願輸家財擊匈奴，再説輸財給徙民，再説他牧羊上林，終至爲官，云：

> 上以式爲奇，拜爲緱氏令，試之；緱氏便之。遷爲成皋令，將漕最。上以爲式朴忠，拜爲齊王太傅。而孔僅之使天下鑄作器，三年中拜爲大農，列於九卿。而桑弘羊爲大農丞，筦諸會計事，稍稍置均輸以通貨物矣。

孔僅的鑄作器，桑弘羊的筦會計事和卜式的爲令、爲太傅都毫無關係，就使爲表明在同一的時間起見，照後人的體裁，也只該用“是時”字樣接着；可是司馬遷在這裏卻用了兩個“而”字聯了起來。我們現在標點這篇，就事實分段，必應把卜式和孔、桑兩人的事分開，所以“而”字就成了下一段的第一個字，和習用的文例不一致了。

其三，本書叙述的雖只是一件事實或是轉載的一篇議論，然而爲了它太長，只得就它的事理或文氣，分作數段，爲讀者節省注意力。上文所舉的卜式的事情，我們就是這樣處理的。其他如楚世家中懷王爲張儀所欺的一件事，我們便分作下列五段：

1. 張儀勸楚弱齊；
2. 張儀歸秦，不見楚使；
3. 楚與秦戰丹陽，大敗；
4. 楚願得張儀，張儀入楚；

　　5. 張儀私於靳尚，因鄭袖言得釋歸。

又如項羽本紀中"鴻門宴"的一件事，我們便分作下列六段：

　　1. 函谷關有守兵，項羽不得入；

　　2. 曹無傷使人言於項羽，項羽大怒沛公；

　　3. 項伯見張良，沛公以兄事之；

　　4. 沛公至鴻門就宴，經諸險難；

　　5. 沛公脫歸，張良爲謝項羽；

　　6. 沛公殺曹無傷。

至於議論，如樂書裏鈔的樂記，我們不但按篇分開，而且按章分開；又如扁鵲倉公列傳裏所轉錄的淳于意的方書，也是按照病症和治法，替它分章、分節。其他，如鄒陽的上梁王書，司馬相如的上林、子虛賦，都同此例。

　　其四，若干段合爲一大段，在這一大段後空一行，像戲劇中表示一幕的演畢。例如上舉的"鴻門宴"是項羽本紀裏的一大段，此後就是項羽的分封諸侯王，另是一事，所以在沛公殺曹無傷後就空一行。又如五帝本紀，在每一帝後空一行；五宗世家，在每一宗後空一行：都是此意。

　　其五，爲表示年代的分界，也空行。如河渠書，夏禹後空一行，再記戰國的水利；戰國後空一行，再記漢朝的水利。本紀、世家各篇中，每一君主的事情多的各爲一大段，其事情少的則合若干君主爲一大段。如世家中，在春秋時代的開始和結尾亦空一行，使讀者易於記清時代的界線。

　　其六，對於更大的分段，空二行。如老子申韓列傳合老子、莊周、申不害、韓非四人爲一篇，但在敘述中，這四人並無密切的聯繫，和魏其武安侯列傳中竇嬰和田蚡二人事情互相糾纏的不一樣，所以我們就把它在敘完一人之後空着二行再接下一個人，使得眉目更清楚些。其他合傳，如屈原賈生列傳、魯仲連鄒陽列傳、刺客列傳、酷吏列傳等篇，並同此例。

一二　補綴文字（低格、不低格）

　　司馬遷作史記未完，即遭李陵之禍，看他報任少卿書，牢騷抑鬱到極點，恐怕就促短了他的生命，這部書不知道究竟作完了沒有。漢書司馬遷傳録張晏注云：

> 　　遷没之後，亡景紀、武紀、禮書、樂書、兵書（按，即律書），漢興以來將相年表、日者列傳、三王世家、龜策列傳、傅靳列傳。元、成之間，褚先生補缺，作武帝紀、三王世家、龜策、日者傳，言辭鄙陋，非遷本意也。

張晏是三國時人，可見史記在那時是不全的。至於他説"褚先生補"這幾篇，這話不盡可信。褚先生名少孫，漢書儒林傳説他學詩於王式，王式是爲霍光所廢的昌邑王賀的老師。在那個時候，霍光勢燄熏天，所以褚少孫就在三代世表後邊加上一段議論，説：

> 　　漢大將霍子孟名光者，亦黄帝後世也。……黄帝終始傳曰："漢興百有餘年，有人不短不長，出自燕之鄉，持天下之政；時有嬰兒主，卻行車。"霍將軍者，本居平陽自燕。臣爲郎時，與方士考功會旗亭下，爲臣言，豈不偉哉！

這段説話分明在向霍光拍馬，説他有帝王之分，可見一定寫於宣帝地節二年（公元前六九）霍光死之前，和建元以來侯者年表"博陸侯"下説"霍光……子禹代立，謀反，族滅，國除"，顯然是兩個時代的説話。在霍光柄政的時候，褚少孫已能補史記，那時他至少三十多歲，計當生於武帝太初、天漢間（公元前一○○年左右），和司馬遷作史的年代正相值，那末他到元帝末年已有七十多歲，未必能見到成帝，把成帝時事補入史記，張晏所説的：“元、成之間，褚先生補缺”的話是不足信的。漢興以來將相名臣年表直到成帝鴻嘉元年（前二〇），曆書中的曆術甲子篇直到成帝建始四年（前二九），齊悼惠王世家記到成帝建始三年（前三〇）城陽王景卒，都不能説出於褚少孫的手筆。唐劉知幾史通的古今正史篇説：

> 史記所書，年止漢武。太初已後，闕而不録。其後劉向、向子歆，及諸好事者，若馮商、衛衡、揚雄、史岑、梁審、肆仁、晉馮、段肅、金丹、馮衍、韋融、蕭奮、劉恂等，相次撰續，迄於哀、平間，猶名史記。

可見在司馬遷之後，直到西漢末年，補史記的在褚少孫以外還有這十五人。他們隨時添寫，不但補了太初以後的許多事，連三代時事也改動了不少。如崔適史記探源所指出，在宋微子世家裏，記宣公讓位於弟穆公，待到穆公將死，又讓位於宣公的兒子殤公，引了左傳的話，説：

> 君子聞之，曰：“宋宣公可謂知人矣，立其弟以成義，然卒其子復享之！”

這是明白贊美宣公讓國的。後面記到宋襄公和楚成王戰於泓，公子目夷勸他乘楚師未濟時先擊，不聽；楚師已濟而未成陣，又請擊，仍不聽。待到楚人成陣，宋人進擊，大敗下來，襄公傷股，這兒又用了左傳的話，説：

> 國人皆怨公。公曰：“君子不困人於阨，不鼓不成列！”

子魚（即目夷）曰："兵以勝爲功，何常言與！必如公言，即奴事之耳，又何戰爲！"

這是明白譏刺襄公的迂腐行爲的。但到了太史公的贊語裏，卻根本改變了態度，而説：

春秋譏宋之亂自宣公廢太子而立弟，國以不寧者十世。襄公之時，修行仁義，欲爲盟主。……襄公既敗於泓而君子或以爲多，傷中國闕禮義，襃之也，宋襄之有禮讓也。

這又分明襃襄公而貶宣公了。爲什麼在一篇文章裏會得這般襃貶無常、前後不相照顧到如此地步？原來司馬遷的時代，立於學官的春秋之學只有公羊傳一家，公羊是襃襄公而貶宣公的，所以他的贊語裏就用了公羊的標准來作批評。左傳這部書，那時名爲左氏春秋（見十二諸侯年表序中），只做參考資料，不是春秋經的傳。到西漢末年，劉歆表章左傳，把它立於學官，另立了批評的標准來解釋春秋經，於是襃貶處處與公羊傳相反，以建樹其一家之學。宋世家的贊語是司馬遷的本文，而世家中的文字則是給左傳學派所改動了。因此可以明白司馬遷的原本史記的真面目，給後人塗抹太多，已經不大容易認出來；我們雖儘量洗刷，也不過洗刷出一部份而已。

褚少孫補史記，手段雖不高，態度倒是光明的。例如三王世家，他説：

臣幸得以文學爲待郎，好覽觀太史公之列傳。列傳中稱三王世家"文辭可觀"。求其世家，終不能得。竊從長老好故事者取其封策書，編列其事而傳之，令後世得觀賢主之指意。

他在這裏説出了補史的動機和史料的來源。因此，凡是他所補的，如外戚世家、三王世家、日者列傳、龜策列傳等篇都保存了些第一手的材料，使得我們對於漢代社會增多了些認識。

至於武帝本記的大鈔封禪書，禮書的大鈔荀子，樂書的大鈔樂記，以及秦始皇本紀的大鈔賈誼過秦論，都是低手人湊材料的行爲，算不得補史記。賈誼過秦論三篇，司馬遷在始皇本紀的贊語裏説：

> 始皇自以爲功過五帝，地廣三王，而羞與之侔。善哉乎賈生推言之也！曰：“秦并兼諸侯山東三十餘郡，繕津關、據險塞、修甲兵而守之。……”

他鈔的只是下篇。因爲他没鈔上、中二篇，所以褚少孫在陳涉世家後面説：

> 夫先王以仁義爲本，而以固塞文法爲枝葉，豈不然哉！吾聞賈生之稱曰：“秦孝公據殽、函之固，擁雍州之地，君臣固守以窺周室。……”

這是上篇。他爲什麼要鈔在這裏？只因這是陳涉世家，而過秦論上篇中有“然而陳涉甕牖、繩樞之子，甿隸之人而遷徙之徒也”一段，足以説明陳涉起義成功的原因。這三篇文章，司馬遷只録下篇以見秦之所以亡，褚少孫只録上篇以見陳涉之所以起，也儘够了。而淺人不瞭，覺得多多益善，於是把上、中二篇也鈔在始皇本紀之後，迫使司馬遷直做個“文鈔公”，褚少孫再來重複一下，這豈不是一件大無聊賴的事！

史記一書，不但有西漢人的補綴，再有東漢人的增竄。如始皇本紀最後，有一篇文，寫的是：

孝明皇帝十七年，十月，十五日乙丑，曰：“周歷已移，仁不代母。……賈誼、司馬遷曰：‘向使嬰有庸主之才，僅得中佐，山東雖亂，秦之地可全而有。……’天下土崩瓦解，雖有周旦之材，無所復陳其巧，而以責一日之孤，誤哉！”……

這文無頭無尾，初不詳何人所作。幸而集解引徐廣曰：

班固典引曰：“永平十七年，詔問臣固：‘太史遷贊語中寧有非邪？’臣對：‘賈誼言“子嬰得中佐，秦未絕也”，此言非是，臣素知之耳。’”

可見前面一段話是班固對明帝説的，而文稱“孝明星帝”，足見是明帝死後的所追記，已在章、和之世了。又司馬相如列傳贊云：

太史公曰：……相如雖多虛辭、濫説，然其要歸引之節儉，此與詩之風諫何異！揚雄以爲靡麗之賦，勸百諷一，猶馳騁鄭、衛之聲，曲終而奏雅，不已虧乎！……

司馬遷如何看得見揚雄？這竟是一個笑話。及至拿漢書的司馬相如傳一看，原來這段文字全是班固的贊語。班固自有漢書，必不會把這種不倫不類的話插入史記。這一定是史記這篇的贊已經亡佚，後人就把漢書的贊補上，卻忘記了時代的矛盾。

從以上種種的理由看來，史記的文字有缺，有補，有竄亂。可惜現存的比較資料太少，我們不可能一一指出。但是讀者應當注意這個問題，千萬不要迷信史記中每一篇都是司馬遷寫的；就是決定這一篇必出於司馬遷之手，也不要迷信每一個字都是司馬遷所寫。

　　現在標點這書，凡是篇內羼入的後人文字，因爲問題沒有完全弄清楚，也不知道司馬遷記事的下限究竟是那一年，所以都只得當作原文點下，不加區別。凡是附在後面，如褚少孫的明寫"褚少孫曰"、班固的明寫"孝明皇帝"的，我們都低三格排，以示區別。

丁　結語

　　司馬遷作史記，他本沒有準備給我們標點，當然不會處處符合我們標點的要求。我們生在司馬遷後二千多年，不能完全明白他的意思，不能完全讀懂他的文字，也不能完全掌握他所用的一切資料，更不能看到他的史記原稿，而只有抱着後人改了再改和鈔錯了無數次的本子來啃，就是讀不通的地方也得硬點下去，這當然是一件很感痛苦的事。但我們有信心克服這些困難。我們相信，只要用力鑽研，必可逐漸去掉塗上的污泥，一部份、一部份地洗出它的真面目來。

　　這一個本子，只表示我們在現階段的努力，我們本只預備就張文虎的校刻本的基礎上進一步。"史記索引"，亦可隨出；同類的詞語既已編排在一處，必可促進若干問題的解決。北京圖書館藏有自唐到清的四十餘種本子，我們現已全部校了一下，將來整理後當然可以再進一步，寫成"史記及三家注校證"。等到這部書完工，又可去訛存真，更進一步，寫成"史記及三家注定本"。待刊定本出來時，我們現在的這一個本子就可作廢。可是三家注究竟是一千年前的東西，含有許多錯誤的解釋和迂腐的見解，不是我們現代的理智所該接受；我們必得進行"史記新注"的運動，在集中人力和物力之下，各出其專門的知識，給史記正文重作注釋，其有不合事實的地方則予以批判，並附載圖、表，相互映發，使得史記這書能在現階段的學術水平上做一個總結。這書既成，就可用現在的言語譯出，作爲廣大的勞動人民的讀物了。

嚴肅地對待古書，使它爲今人服務，在歷史上現在正是開頭的一頁。我們一方面要對古人絕對負責，一方面又要對今人絕對負責，這是我們的艱苦，也是我們的榮譽。這一點責任感，我們可以肯定地説是有的；但也自知限於知識水平，作得不够，而且有時設計過細，不免左支右絀，有如蠶蛹的作繭自縛。但這也正像蛹變爲蛾的一個必經的階段，我們該在困難中奮鬥。希望讀者們儘量給我們提意見，指導我們走上正確的路，使得我們得爲社會主義總路綫而努力，完成一切該負起的使命！

擬通鑑標點凡例[*]

（一）時代標號：

1. 凡朝代及王室，向來多加一字以顯著其義者，如"陶唐氏"、"有虞氏"、"漢室"、"唐家"等，均全標。

2. 凡朝代之上加君主之姓者，如"曹魏"、"拓跋魏"、"李唐"等，均連標。

3. 凡以書名作時代名者，即以時代名標之，如"春秋"改作"春秋"，"戰國"改作"戰國"。

（二）地名標號：

1. 凡地名，不論其區域之大小，如"中國"、"西域"、"廣通渠"、"臨春閣"、"南内"、"馬嵬坡"等，均標全綫。

2. 凡一地而有數名者，同樣標出之，如"以汴州爲開封府，命曰東都；以故都爲西都，廢故西京，以京兆府爲大安府"，汴州、開封府、東都三名是一地；西京、京兆府、大安府、西都四名是一地。

3. 凡地名之非政治區域而爲社會上通用之名詞，其地域較廣亦較含糊者，爲便利閱者起見亦爲加標，如"江南"、"江東"、"江北"、"江表"、"河朔"等。但其僅用作表示地點之方向者，如"楚子以鄭伯田於江南之夢"，此"江南"猶云江之南，與云"夢在江之南"同義，故"南"字不標。

---

* 1954 年 12 月作。録自底稿。

4. 凡地名雖似通名而實爲專名者，如"關中"之關專指函谷關，"山東"之山專指崤山，亦只得當專名標出。"河"爲黃河之專名，"江"爲長江之專名，當加標。

5. 凡民族之名當與地名同標，然亦有漸漸用作通名者，如"胡"專指匈奴，"蕃"專指吐蕃，自當標，其泛指諸少數民族者則不標，以免與專名混淆。

6. 凡官名之繫以地名者，僅於地名加標，如"荆州刺史"、"平鄉令"、"河北采訪使"。

（三）人名標號：

1. 凡人名、謚號、帝王尊號均標全綫，如"曹沫"、"孟姚"、"北燕簡公"、"文惠皇后"、"高祖文皇帝"、"從天生大突厥天下賢聖天子伊利居廬設莫何沙鉢略可汗"。

2. 凡一人而稱謂不同者，如"蜀王會將佐議稱帝，……己亥，即皇帝位，國號大蜀。……蜀主雖目不知書……"未爲皇帝時稱"蜀王"，已爲皇帝後稱"蜀主"，故同式標出。

3. 凡非真實姓名而習慣上已用作彼人之私名者，如"犀首"、"圯上老人"、"甪里先生"之類，均標全綫。

4. 官名不標，而在當時人口中已用作人名者亦加標，如"大將軍青日退而驃騎日益貴"、"驃騎將軍爲人少言不泄"，此"驃騎將軍"及"驃騎"已用作霍去病之私名，故爲加標。

5. 凡官名而經通鑑用作人名者亦加標。如"黎明，上獨與貴妃姊妹、皇子、妃、主出延秋門"，此"貴妃"二字雖爲官名，但此處已用作楊玉環之私名，與下面之"妃"字未指定爲某人者異，不加標則其義不顯，故亦加標。

6. 凡封爵之繫以地名者，即爲某人之專號，如"商君"、"巴東王"、"隨國公"、"武鄉侯"、"金城公主"、"虢國夫人"等，均加標。

7. 凡官名與人名已混合而不易分者，如"師尚父"、"王子比

干"、"司馬穰苴"等，已成一整個名詞，故標全綫。其易分者，
如"太子胤"、"皇子全"之類皆止標其名，"屈侯鮒"、"峀王訶"之
類分標之。

8. 凡人名與形容詞已混合而不易分者，如"孫臏"之類，亦已
習用爲一整個名詞，故全標之。

（四）書名標號：

1. 凡書名、篇名皆以同樣符號標出，如"史記六國年表"、
"書緯璇璣鈴"、"漢書地理志"。

2. 凡書名之簡稱者，如"班書"爲班固漢書之簡稱，"班志"爲
班固漢書中某志之簡稱，"五代志"爲隋書中某志之簡稱，"舊傳"
爲舊唐書中某列傳之簡稱，均照其全稱加標。

3. 凡不止一書而連稱者，加尖逗號以別之，如"見唐僖、昭
紀"，即見通鑑唐紀中僖宗與昭宗二紀。

4. 凡引書而止稱其本子者，如"廣本劉守光爲寧文所攻"因其
代表書名，亦加標。但如下有書名，則此僅係表示某地之本，應
加地名標號，如"閣本大明宮圖"。

5. 凡歌舞之名依書名例施之，如"五夏：昭夏、皇夏、誠夏、
需夏、肆夏。二舞：文、武二舞"。

（五）句號：

1. 必須文意完足始爲一句，例如"唐開元廿六年置明州，京
師東南四千三百里"、"興寧，漢龍川縣地，江左置興寧縣，唐屬
循州"。

2. 凡主詞賓詞完全者，能作一句即爲一句，不必太長，如
（下缺）

（六）分號：

1. 凡有平列意義之句，中間用分號，如"惡，烏路翻；下
同"。

2. 凡語句太長，則用分號以作小間歇，如"雲夢之竹，天下

之勁也；然而不矯揉，不羽括，則不能以入堅”。

（七）逗號：

1. 凡一詞起下之解釋者加逗號，如“觀，今衛縣”、“痤，才何翻”、“聽，與廳同”。

2. 以前爲誦讀方便，常三四字一點，今爲顧及文法起見，凡有連詞者以不點爲宜，如“決關梁、逾城郭而略盜者，其刑臏”，有一“而”字聯繫上下文，故“郭”字下不加逗號。

（八）尖逗號：

1. 凡一系列人名連書者加尖逗號，如“三祖，謂曹魏父、子、孫：太祖武皇帝、高祖文皇帝、列祖明皇帝”。

2. 凡一系列的地名連書者加尖逗號，如“禄山使張獻誠將上谷、博陵、常山、趙郡、文安五郡團結兵萬人圍饒陽”。

3. 凡一系列的國族名連書者加尖逗號，如“安禄山奏：臣所部將士討奚、契丹、九姓、同羅等勳效甚多”。

4. 凡一系列的官名連書者加尖逗號，如“朝散大夫、右諫議大夫、權御史中丞、充理檢史、上護軍、賜紫金魚袋臣司馬光奉敕編纂”。

5. 凡名物有確指，非逗不易分別者，加尖逗號，如“其窗、牖、壁帶、懸楣、欄、檻”。其以習用名詞泛指者，如“飾以金玉，間以珠翠”，金與玉，珠與翠，雖亦有别，但此處只指其美觀之裝飾言，不必定是此四物，亦不必定限於四物，故“金”下、“珠”下不加點。

6. 凡語中有平列之（下缺）

（九）圓逗號：

1. 凡次於尖逗號之名詞，用圓逗號以别之。人名如“王·李二美人、張·薛二淑媛”。官名如“端明殿學士、兼翰林侍讀學士、太中大夫、提舉西京嵩山崇福宮、上柱國、河内郡開國公·食邑二千二百户·食實封玖百户·賜紫金魚袋臣司馬光奉敕編纂”，自“河内郡開國公”至“食實封玖百户”皆係一事，而不容不再分，故以圓逗號加於中以別之。

2. 連叙之年月日間用圓逗號，如“仁壽元年·春·正月·乙酉朔，赦天下，改元”。

（十）冒號：

1. 凡叙人言及書語者用冒號，如“太子曰：‘然則大將誰也？’弼拜曰：‘唯殿下所擇！’”、“元命苞曰：‘日月出内道，璇璣得其常’”。

2. 凡用“案”或“按”字，有某人考查之意者，下加冒號，如“按：申錫去年七月卒”、“按：此時李訓未爲相”。惟如“按閣本大明宫圖”，則其意爲根據某書，故不用。

3. 凡叙述一事而上加開首辭者用冒號，如“故事：尹於門外下馬”。

（十一）引號：

1. 凡對語用引號，如“文侯問於群臣曰：‘我何如主？’皆曰：‘仁君’”。

2. 凡對語而由第三者所叙述，加以“謂”及“以爲”等字樣者，不用引號。但亦有雖加此等字樣而實係節録原文者，則仍可用引號，如“琦言於上皇，以爲‘今方用兵，財賦爲急，財賦所産，江淮居多，乞假臣一職，可使軍無乏用’”，此用“以爲”字，而下有“乞假臣一職”之語，明係琦言而非轉述，故用此號。

3. 凡成語加引號，如“文士元萬頃等常於北門候進止，時人謂之‘北門學士’”。

4. 凡特别注意之事物加引號，如“楊素造大艦，名曰‘五牙’，上起樓五層，容戰士八百人；次曰‘黄龍’，置兵百人”。

5. 凡對語中引用他人之言及注釋中引用他人之文，用雙套引號，如“子思曰：‘以吾觀衛，所謂“君不君，臣不臣”者也！’”。其雙套之中又有轉述者則用三套或四套引號。如天寶十三載“考異曰：'肅宗實録："十二載，楊國忠屢言禄山潛圖悖逆。五月，玄宗使輔璆琳伺之。禄山厚賂璆琳，盛言禄山忠於國。國忠又言：'禄山自是不復見矣!'玄宗手詔追禄山，禄山來朝"。按玄宗實録，遣璆琳於范陽，在十四載五月，而肅宗實録云十二載，誤也。今從唐曆。'"

(十二)感歎號與問號：

1. 感歎號與問號，須體會其語氣語用之。如"夫以四海之廣，兆民之衆，受制於一人，雖有絶倫之力，高世之智，莫不奔走而服役者，豈非以禮爲之紀綱哉!"此已確定禮爲紀綱，因加重語氣，故用"豈非……哉"字樣，非問語而爲感歎語，故用感歎號。又如卷一："襄子將出，曰：'吾何走乎?'……從者曰：'邯鄲之倉庫實。'襄子曰：'浚民之膏澤以實之，又因而殺之，其誰與我!其晉陽乎，先主之所屬也，尹鐸之所寬也，民必和矣。'"此段中，"其誰與我"、"其晉陽乎"都爲問句形式，而其意則皆非問語，襄子之不走邯鄲與其走晉陽爲其胸中已決定之事實，故"其誰與我"爲不走邯鄲之感歎詞，"其晉陽乎"爲下文之頓重詞。

(十三)標點本書應特別注意之處：

1. 古代字無定體，又兼寫刻，往往一字隨人而異，又多簡筆及誤字。今用鉛模，字體有定，爲便利排工計，應改成一律，其顯著之誤字則改正之。已舉例於擬通鑑排版凡例中，請參看。

2. 胡注引書動有訛誤，如左傳哀二十七年，"趙襄子由是惎知伯"，經典釋文云："惎，其冀反"，而胡注則云"音安冀翻"(卷一，頁二)。又如引"釋文曰：'書，庶也，紀庶物也；亦言著也，著之簡紙，求不滅也'"(卷一，頁七)，"釋文"係"釋名"之誤。此等處皆應改正，庶不致貽誤後人。至其隨意伸縮，但存其意而不盡符原文者，則仍其舊，由胡氏自負其責。

3. 司馬氏考異之文爲胡氏所引者，與原文屢有出入，且考異後每接上胡氏按語，故仍當作胡注引考異，不殊異之於胡注之外。

 4. 凡原文錯誤，一時不易決定其應作何字者，應批出付查。如卷一第三頁注中引孝經説作"孔玄義曰"，孔玄或孔玄義均無其人，如指孔安國則應作"孔氏義曰"，如指鄭玄則應作"鄭玄義曰"。凡若此類，均當提出付查。

 5. 本書卷帙既多，讀者驟難通曉，必須與每册之末附有年代表、世系表、地名今釋、音讀今釋及各種索引，庶可一目了然。

致錢玄同：答書[*]

玄同先生：

昨接來書，談及莊子真僞問題。我的意思，以爲莊子是戰國秦漢間“論道之人”（“道家”一名似出漢人所撰）所作的單篇文字的總集，正與儒者所作的單篇文字總集爲禮記一樣。因爲是許多人所做，故其中有極深的，也有極淺的；時代也有較前的，也有較後的。至“內”“外”“雜”之分法，標準亦不甚鮮明，或者竟是漢人無聊的分別，如“正變風”“正變雅”之分別而已。此意未知先生以爲然否？

頡剛敬上。十四，八，二十六。

附

錢玄同：論莊子真僞書

頡剛先生：

今本莊子三十三篇，思想跟文章前後不一致，説它不全是莊先生個人底著作，自然是對的。但像蘇老大疑心盜跖、漁父、讓王、説劍這幾篇靠不住，拿它們太對不起孔二先生做理由，這卻

---

* 原載古史辨第一册。附文同。

是不能成立的。在那位"改了姓，更了名，喚做漢高祖"的劉老三排了道子，走到山東，請孔二先生底鬼魂吃牛肉以前，尤其是在董道士奏請那位"文成將軍跟五利將軍底信士弟子"劉徹"定孔教爲國教"以前，孔二先生底徒子徒孫雖然布滿天下，可是他老人家底地位實在跟墨老爹莊先生這班人是平等的，墨莊諸公不贊成他底見解，向他開開玩笑，説幾句尖刻俏皮的話來挖苦他，本不算什麽一回事；不像董道士以後，誰要敢對他瞪一瞪眼，挺一挺胸，馬上會有人來把你揪到"兩觀"之下，"嚓"地一聲，腦袋瓜兒就得跟脖梗子告別了也。所以，説墨子非儒不像兼愛，莊子盜跖不像齊物論，若相信兼愛跟齊物論是墨莊兩公底大著，則非儒跟盜跖便不是他們倆底大著，這樣説法是可以的。（據我看來，盜跖底思想跟胠篋實在不差什麽，跟老子第十八、十九兩章也很相同，不過他説得更淋灕盡致罷了。）但即使如此，還是不能斷定他們倆沒有蹧蹋過孔二先生。有人説，莊子底內篇最精深，外篇便遠不及內篇了，雜篇則尤爲淺薄。這話也不可靠。即如雜篇中之天下，真是一篇極精博的"晚周思想總論"，雖然這不見得是莊先生親筆寫的。

　　您前年給我的信論老子跟道家極精闢。關於莊子真偽問題我希望你也賜教一二。

　　　　　　　　　　玄同。一九二五，八，二十四。

附

莊子外雜篇著録考（九年三月作）

　　漢代所定莊子五十二篇，今見郭象本三十三篇外，史記有畏累虛（按史記文云"畏累虛亢桑子之屬皆空語無事實"，疑即指庚桑楚篇所謂“有庚桑楚者，北居畏壘之山”），未必爲篇名，經典釋文有闕奕、意修、危言、游鳧、子胥，北齊書杜弼傳有惠施篇；其餘十數，不可知矣。司馬彪孟氏所注並五十二篇，蓋即漢志所著錄者。至崔譔向秀，删去其半，有内外篇而無雜篇。郭象本較崔向多六七篇而有雜篇；然雜篇多至十一，而外篇視二家且少五六。意者崔向之外篇，郭氏其有所删耶？抑删於外篇而入於雜篇耶？按司馬彪本，外篇二十八，雜篇十四：抑三家之外篇撰録於此而或多或少耶？郭氏之雜篇撰録於此而遺其三耶？

　　陸氏釋文序録云：“莊生宏才命世，辭趣華深，正言若反，故莫能暢其弘致。后人增足，漸失其真。故郭子玄云‘一曲之才妄竄奇説，若闕奕、意修之首，危言、游鳧、子胥之篇，凡諸巧雜，十分有三。……言多詭誕，或似山海經，或類占夢書，故注者以意去取。’其内篇衆家並同，自餘或有外而無雜。”可見淺人依託，其數不尠。惟雜篇以十四篇爲完帙，而今郭本有十一篇遺者僅三，又可見闕奕、意修之類不盡在雜篇也。不盡在雜篇，則在外篇矣。外篇亦有類似山海、占夢者則外雜之並多僞作亦可知矣。

　　郭氏等本去其占夢，山海所類而存其言道者，然讓王、説劍、盜跖、漁父四篇見疑於蘇軾，刻意、繕性兩篇見疑於羅勉道，胠篋等篇見疑於焦竑，至王夫之則舉外篇而綜斷之曰，“非莊子之書”。其言曰：“外篇蓋爲莊子之學者欲引伸之，而見之弗逮，求肖而不能也，故神理不摰，踳駁而不續，固執粗説，忿戾詛誹，徒輕薄以快其喙。其可與内篇相發明者十之二三，而淺薄虛囂之説雜出而厭觀，蓋非一人之手，乃學莊者雜輯以成書。其間若駢拇、馬蹄、胠篋、天道、繕性、至樂諸篇，尤爲惛劣。”王氏之旨，蓋尚右雜篇，以爲捨讓王以下四篇，言雖不純，而微至之語較能發内篇未發之旨，誠内篇之歸趣也。是則雜篇不盡僞，而崔向之本不取，不知其何所指矣。意者郭氏之雜篇即彼之外篇耶？外雜之辨固不能區以別耶？

　　夫以莊子高博之見，發爲瓌瑋之辭，是固衆人之所樂學；而周秦之間游學論道之風盛，道家雜文輯而附於大師莊子之後爲外篇、雜篇，猶儒家之説輯而爲禮記也。謂之爲不僞，則非莊子之書，謂之爲僞，則正古人“言公”之旨焉。太史公爲莊子作傳，已稱漁父、盜跖、胠篋，此章章然不相類者猶在於史遷之前，況求肖而與内篇相發明者安得非周末之書哉！至類似占夢、山海者，當是秦漢風尚神仙，好事者寖以神仙家語附益之。至於晉代，不尚神仙而貴玄談，則其詭妄立顯，故崔向諸家並加刊落耳。夫以意去取，類例亦多。即如禮記，諸家雜聚殆數百篇，戴德戴聖同受禮於后蒼，而德删爲八十五篇，聖删爲四十九篇。是則仁智異見，棄拾隨情，即漢代而可徵矣。

　　　　頡剛案，此篇僅就前人成説略加詮次，毫無心得。莊子的真僞，要去考明白牠確是很難，因爲牠的文字太“詼詭”了，不容易摸出一個頭緒來。但是有許多地方終是可以指出的。例如列禦寇篇説莊子將死之語，天下篇又以莊子爲百家之一而評論之，足見都不是莊子自作。又如胠篋篇説“田成子殺齊君，十二世有齊國”，可見這篇在秦滅齊後做的，如果莊子確與惠施同時，他必不能説句話。其餘諸篇，稱“莊子曰”或“夫子曰”的，即使承認牠們確是莊子之言，也得説是他的弟子所記。又如天地篇稱“夫子問於老聃曰”，下面接以“老聃曰，‘丘，予告若’”，那麼，這夫子是孔子了，這也是很可疑的。又如天道篇和天運篇都有老子告孔子勿語仁義的話，意義是相同的，文章是不同的，可見這兩篇不是一個人所做，兩篇的作者各聽得這一種傳説，大家憑着自己的意思去發揮，所以有這種似異而實同的話，有類於墨子的尚賢以下的上中下篇。以上都是就形式上説；若從思想上面看去，也有很顯著的不同。莊子之學，就內篇上觀察，他是統小大，忘生死，齊是非，不別物我，不知得失，隨變任化而無所容心的。所以他在人間世篇中託了顏淵的話說道：“內直者與天爲徒，外曲者與人爲徒，成而上比者與古爲徒”，下面就借了仲尼的話來破他道：“雖固而亦無罪，夫胡可以及化，猶師心者也！”可見他是要一切無所用心的。但是外雜篇中就很有許多是提倡復古的，攻擊孔子的，引伸老子的，執住的意味很重，作者的意思正要與天，與人，與古爲徒。（固然裏邊的話也有許多酷似內篇的，但這原是它們所以附在內篇之後的理由。）這似乎是道家已成立，要和儒家分庭抗禮時的作品。後來的道教中有老子化胡經，說釋迦是老子的徒弟；莊子外雜篇中再三說孔子好道，向老子及其他道家討教，受盡他們的教誨和申斥，恐怕這些篇章竟是那時人心目中的“老子化儒經”呢？這些事情，哪裏是做逍遙、齊物的莊子所願意做的！所以我對於蘇軾疑盜跖等篇的話也表一部分的同情，爲的是裏邊都罵孔子。但我的觀點與蘇軾的不同之處，他是說莊子不該罵孔子，我是說莊子不屑罵孔子，也想不到罵孔子，罵孔子是後來道家對付儒家的事情。

十五，一，廿八記。

諸子辨序[*]

　　這書原來編在宋濂的文集裏，没有單行本。我最早知道它，是由於姚際恒在古今僞書考的短序中説的"明宋景濂有諸子辨，予合經、史、子而辨之"一句話。但我並没有宋濂的文集，所以不曾讀到。直至一九二〇年十一月中，因標點古今僞書考而檢得此書，一爲北京大學圖書館所藏浦江傅氏刻宋文憲公集本，一爲京師圖書館所藏明刊宋學士全集本，便依據了這兩本鈔録了。可惜這兩本的刊刻都不精，誤字很多。現在發印此書，凡兩本異同處，擇善而從；至於兩本一例錯誤的地方，非灼知其爲某字之誤則不輕於改正，因爲恐怕隨意改了反而更錯。標點舊籍是很不易的，希望讀者肯把我的誤處隨時見告。

　　宋濂是明朝的開國功臣，主修元史，這是大家都知道的。他生於元武宗至大三年（一三一〇），卒於明太祖洪武十四年（一三八一），年七十二。這本書是元順宗至正十八年（一三五八）做的，他那時年四十九。那時明太祖的部將鄧愈打下了建德，宋濂遣妻孥到諸暨山中避難，自己獨住在浦江很寂寞，便把平日積蓄的意見寫成此書。在跋上看，他著這書始於是年三月丙辰（十八日）之後，至六月壬午（十五日）脱稿，不滿三個月。因爲家室屢次遷徙，没有書籍存留，單憑記憶，所以寫得並不詳細。過了兩年，

---

[*] 原載辨僞叢刊諸子辨書首，樸社，1926 年 7 月；又載古籍考辨叢刊第一集。

他就受明太祖的徵召了。

　　宋代辨僞之風非常盛行，北宋有司馬光、歐陽修、蘇軾、王安石等，南宋有鄭樵、程大昌、朱熹、葉適、洪邁、唐仲友、趙汝談、高似孫、晁公武、黄震等。宋濂生在他們之後，當然受到他們的影響，所以他的書裏徵引他們的話很多，尤其是高似孫、黄震二家，而此書的體裁也與子略和黄氏日鈔相類。接着這書的，有他的弟子方孝孺遜志齋集中讀三墳、周書、夏小正諸篇和他的鄉後學胡應麟四部正譌諸書。這一條微小而不息的川流流到了清代，就成了姚際恒的古今僞書考，公然用了一個"僞書"的類名來判定古今的書籍，激起學者的注意了。

　　我們現在要表章這些著作，只爲它們的作者肯用一點自己的心思，能給與讀者一個求真的暗示之故，並不是説他們的批評和考證都是很精確的。老實説，在現在時候，這些著作是早該没有價值的了。即如此書，試看宋濂在序跋中所説的話，成見何等的重，態度何等的迂腐，他簡直是董仲舒請罷百家的口氣。他恨不使莊子受孟子的教誨，恨不强葛洪改學六藝，恨不把公孫龍子燒燬了。他一方面既以吳子的"五勝者禍，一勝者帝"的話爲然，一方面又以吳起的"與諸侯大戰七十六，全勝六十四"的事爲合理，這是怎樣的矛盾自陷？他稱許尉繚子的"兵不血刃而天下親"的話爲慈仁，卻忘記了本書中尚有"古之善用兵者能殺士卒之半，……威加海内"等鼓吹殺人的話。這種遮遮掩掩、縛手縛腳的態度，真使我們看了難過。就是考證方面，也有許多很淺陋的地方。如他信鬻子非僞書，而其理由只是"其文質，其義弘"。他不信化書爲宋齊丘作，而其理由只是"使齊丘知此，則何爲不得其死也？"（裏面自然也有很好的，如亢倉子、子華子、淮南子、文中子諸條。）總之，他是用善惡功過的信條來論定古書的真僞的。這種的觀念，在現代的學術界裏是絕對站不住的了。

　　我們既經看出他們的態度是衛道的態度，他們的思想是淺薄的功利思想，入不得現代的學術界的，爲什麼還要表章他們呢？唉，這原是我們的學術界裏的共同的羞恥！我們的學術界真是太不進步了，在十四世紀是這樣，到二十世紀還是這樣，宋濂們的孤陋的見解比較了現代的一班陳腐的學究式的頭腦尚算得是新穎的。我們現在要做一種開新的工作，還不得不從他們一輩人説起，請他們一輩人做我們的先導。我希望這書出版之後，大家看了，知道在五六百年以前已經露出了這一綫的求真的微光，便想起我們生在今日，應該怎樣地努力，使得我們的成績可以超過他們。若是我們連這一點也没有，甚至於捧了僞書當法寶看待，豈不令古人在地下笑人！

　　再有一層，我們也須知道的。我們現在能有這樣清楚的頭腦，能殼作出比古人精密的考證，滿目看出古人的錯誤，這並不是我們比古人一概聰明，乃是我們遭值的時勢比古人一概好。我們固然要不辜負自己的"一切要求解放"的時勢，但也須原諒古人在他們的"不許發展自己理性"的時勢之下所作的貢獻。在他們那樣的時勢之下，能有這一點懷疑的趨向，多多少少地留傳給我們以零碎的疑古的遺產，使得我們增加了許多尋求真理的勇氣，這真是可以感謝的呵！

　　　　　　　　　　　　　　　民國十五年七月廿七日

諸子辨再版弁言 *

北京社中來信，説諸子辨第一版售罄了，豫備再版。自這本書出版後，我便發現了幾個錯字。現在有改正之望，這是使我很快樂的。到廈門大學圖書館中一查，見有嘉慶庚午金華知府嚴榮所刻宋文憲公全集和同治中胡鳳丹所刻金華叢書中宋學士全集，便借來校對一過。結果，這一本小册子裏竟改正了二十個錯處。這使我很惶恐了！我敬致歉忱於購買初版諸子辨的讀者。十五、十一、十二。

---

* 原載諸子辨再版書首，樸社，1927 年 1 月。

子略節本序[*]

高似孫，字續古，宋餘姚人，中淳熙十一年（公元一一八四年）進士。他的父親是專研究史記的，曾用了二十年功夫作成一部五百萬字的史記注（見史略）。他接受了這個文化傳統，著有經略、史略、子略、集略、騷略、緯略、剡錄、戰國策考等書。經、史、子、集四略是他讀四部書時的提要，都有目錄學上的價值。緯略是他的讀書筆記，戰國策考是他研究戰國策的專著，都有考證學上的價值。此外，剡錄是他做的嵊縣志書，騷略當是他的讀楚辭筆記。其中子、緯二略及剡錄均著錄在清代的四庫全書裏，刻本也多。史略一書，中國早已亡佚；楊守敬到日本訪書，在博物館裏見到宋刻本，影寫後刻入黎庶昌的古逸叢書，國人方得見到。其餘各種連同他的父親做的史記注都已亡了。

戰國時代生產力突飛猛進，社會有急劇的變化，每一思想家爲了宣傳他的一套改造社會的方案，都把自己主張用文字表現出來，稱爲某子，所以那時子書特多，成爲我國思想史上黃金時代的寶貴遺產，到了秦、漢統一成功之後，思想漸趨凝滯，學問轉到了解釋經書方面，具有創造性的著作日少，但終有些不願受經書束縛的人，想跳出這個圈子來寫幾部類似戰國時的子書，像王充的論衡、王符的潛夫論；或者不願意自己出名，收拾了些古人的殘篇斷簡，加以發揮，替古人補出幾種子書，像袁康的越絶

＊ 原載古籍考辨叢刊第一集。

書、張湛的列子。然而做後一工作的人，無疑他的書裏保存的古人原著甚少，而反映出他自身所處的社會環境比較多，例如列子裏所說的"西方之人有聖者"一條隱指釋迦，在莊子以前的列子不可能有這種認識。把時代思潮的層次弄亂，等於把地層弄亂。地層弄亂了，研究地質及考古的人就平添許多麻煩。時代思潮的層次弄亂了，爲後世人認識古代的真相也就多出了若干障礙了。所以，子書時代的辨僞也是讀古書的人一件必要的工作。唐朝柳宗元第一個起來做掃除運動，他的文集裏有七篇辨論子書真僞的文字。

又子書既多，一個人不易遍藏，也不易盡讀，爲了便於全面的省覽，就有摘録的需要。諺語說得好："窺豹一斑，可知全體。"只要選擇的人有眼光，所取的確實是本人的精粹，即可指導讀者在少數的語句裏得到某家學說的中心思想。在這種需要之下，梁朝的庾仲容就搜集了一百零柒部子書，摘取其有代表性的言論，編成子鈔三十卷。到了唐朝，馬總再把它精選一下，編成意林三卷。

高似孫生於宋朝，他接受了唐朝這兩種學風，做成子略四卷。從陰符經到皮子隱書，他搜羅了三十八種子書，有的是鈔撮，有的是舉出歷代注釋本書的書目，有的批判書中議論的是非和本書著作的真僞。

他批判子書的真僞，所受的影響以柳宗元爲最大，所以他的文中引柳氏的話最多。例如柳說"劉向、班固録書無鬼谷子"，他也這樣說，而加了一句"始見於隋書經籍志"，又指出孔叢子有同樣的情形，這是把著作的次序作爲評量其先後出現的尺度的。至於列子，柳氏雖指出僞劉向別録定列子爲鄭穆公時人的不可信，但他對於列子這個人和列子這部書，非但信爲真實，還以爲莊子是鈔列子的，所以他說："要之，莊周爲放依其辭，其稱夏棘、狙公、紀渚子、季咸等皆出列子，不可盡紀。"高氏卻不然，他對於列子這個人，以爲莊子天下篇列叙各家，並無列禦寇，史記又不爲作傳，恐怕和鴻蒙、列缺一般地只是莊子寓言中的人物；對於列子這部書，他以爲書裏和莊子合的有十七章之多，分明是後人從莊子裏抽出來，再加上別的資料拼湊而成的。這豈不是比柳宗元大大進了一步。

高似孫的辨僞方法，有三點值得注意：

第一點，他能從年代的量度上提出問題。例如子思，孟子上屢次説起他和魯穆公的關係，分明是魯穆公時人；史記孔子世家説"伋字子思，年六十二"，又魯世家記哀公在位二十七年，悼公三十七年，元公二十一年，乃及穆公，那麽子思在魯穆公時的年齡當有六十左右。孔子卒於哀公十六年，下距穆公初元七十年，子思勢不能和孔子相接。可是王肅僞作的孔叢子卻記子思和孔子問答的話言。能在學問上質疑問難總當在二十歲左右，那麽，要魯穆公養子思時，子思豈不是已經九十歲了嗎？所以高似孫舉了史記來駁詰道："當是時，子思猶未生，則問答之事安得有之耶？"（按，高氏的話固然不錯，但史記説子思爲伯魚之子，而伯魚先孔子卒，是子思之生應在孔子卒前。他生於孔子卒前而其年止六十二，則必不能和魯穆公相接。所以關於這事，孟子和史記必有一誤，不是子思卒年有問題，便是"魯穆公"爲"魯元公"之誤。）這一個方法是柳宗元所常用的，他論論語的編輯人和列子的時代都用了這個方法來得着比較正確的結論。

第二點，他能從資料的比較上提出問題。例如論語中記曾子語"吾日三省吾身"，到了曾子裏便成了"君子愛日，及時而成；難者不避，易者不從。旦就業，夕自省，可謂守業"一大段話；而下文的"年三十、四十無藝，則無藝矣；五十不以善聞，則無聞矣"，直把孔子所説的"年四十、五十而無聞焉，斯亦不足畏也已"移作了曾子的話；所以高似孫指出曾子書的"辭費"。又如今本戰國策，非常錯雜重複，因此他把史記、新序、説苑三部書裏和戰國策有關的資料提了出來，比較勘正，成戰國策考一書，這是很有價值的比較研究的工作，可惜亡佚了。到了清代，方苞作書刺客傳後，指出重編戰國策的人鈔史記刺客列傳入燕策；吳汝綸作記太史公所錄左氏義後，又指出戰國策中所記的趙武靈王、平原君、春申君、范雎、蔡澤、魯仲連、蘇秦諸大篇也都鈔自史記，甚至把司馬遷的議論也一併鈔進。即此可知我們所見的戰國策決不是劉向校定的戰國策，所以漢末高誘的注僅存八篇。這種討論一定比了高氏更要精密，可以彌補高氏著作亡佚的缺憾。

　　第三點，他注意到古書有綴輯的現象及古書在綴輯中的發展。例如他評鬻子説："其書辭意大略淆雜，……是亦漢儒所綴輯者乎?"評曾子説："自修身至於天圓已見於大戴禮，……他又雜見於小戴禮，略無少異，是固後人掇拾以爲之者歟?"評列子説："是書與莊子合者十七章，其間尤有淺近迂僻者，特出於後人會萃而成之耳。"詳亢桑子説："今讀其篇，往往采諸列子、文子，又采諸呂氏春秋、新序、説苑，又時采諸戴氏禮，源流不一。"他看出這些雖是偽書，但其中保留着若干古代真材料，是偽作的人從各方面檢來而加以編輯的。在這種情況之下，説它全真固不是，説它全偽也不對，我們應當把它分開來看。這個方法也起於柳宗元。柳氏辨文子道："其辭時有若可取，……然考其書，蓋駁書也，其渾而類者少，竊取他書以合之者多。凡孟子輩數家皆見剽竊，……其意緒文辭義又牙相抵而不合，不知人之增益之歟?或者衆爲聚歛以成其書歟?"即是此意。這種溯流尋源的方法，到了清代學者手裏就成了極鋭利的武器，像閻若璩、惠棟、丁晏之於偽古文尚書，孫志祖、范家相之於偽孔子家語，把偽作者的會萃和綴輯的手段完全揭露了出來，哪些是有所根據的，哪些是把原文修改或誤用的，哪些是偽作者杜造出來的，和盤托出，再没有辨護的餘地了。

　　高似孫的著作多是隨筆性的，體例不謹嚴，文辭又拖沓，心得也稀少，在學術地位上不能算高。不過，總是上承柳宗元，下開宋濂、胡應麟的一個人，我們編輯古籍考辨叢刊，不能壓抑他的筆路藍縷的功勞，所以從他的子略裏選取了九篇文字，刊載在這裏。其中還有些問題，例如亢桑子的作者，大唐新語説是"王源"，唐書藝文志説是"王士元"，而高氏作"王褒"，不知道他是否確有所據還是一時的筆誤。

　　子略的版本，現在看得到的最早的本子是宋代的百川學海本和元代的文獻通考、經籍考所引本。到清代，有四庫全書寫本和學津討原刻本。百川本雖早，可是刻得太壞，誤字滿紙，如文子條"李暹"竟譌爲"李白進"，戰國策條"有不可得而辨者"脱一"得"字。四庫本爲求其文從字順，時時憑臆竄改，如戰國策條引柳宗元非國語序"余懼世之學者惑其文采而淪於是非"，所謂"淪於是非"猶言不明於是非，文本不誤，可是館臣疑以爲誤，他們不把柳河東集校勘一下，率意改爲"不論其是非"；又如文子條"學之一臠"，因宋本"學"字簡筆作"孝"，竟改爲"文子之一臠"。學津本即由四庫本來，也没有校勘的價值。只有馬端臨的經籍考是鈔錄較早而又錯誤較少的一個本子，所以凡值譌誤之處，都拿它來定正。至於經籍考也錯誤的，只得附加按語了。

　　　　　　　　　　顧頡剛。一九五五年二月二日。

管子集注序[*]

　　在先秦諸子中，管子是一部極龐雜難讀的書。內法法、明法、禁藏這幾篇有極明確的法治觀念。心術、白心諸篇是很細密的道家學說，內業篇分析心理，是儒家的思想。封禪篇又是鄒衍一派的陰陽家的頑意。（封禪篇雖亡，但史記封禪書所引管夷吾的，故事當與封禪篇有關係。）至於小稱篇敘事及桓公死後，立政篇提到後起的"兼愛""非攻"學說，都是此書成於戰國以後的鐵證。朱熹說牠"只是戰國人收拾仲當時行事言語之類著之，并附以他書"（語類百三十七），這是一個極中肯的推斷。雖然此書原來並沒有標明管仲自著，"齊相管夷吾撰"這一題識是後人所加，（劉向別錄只說管子，潁上人，名夷吾，號仲父。題"齊相管夷吾撰"者，始於隋書經籍志。）雖然先秦諸子書皆其門弟子或賓客或子孫所撰定，不必手著（嚴可均鐵橋漫稾卷八管子跋），可是管子書中的學說思想非春秋時代所應有，和管子沒有什麼關係。與其說是"爲管子之學者爲之"，毋寧說是戰國時代法、儒、道、陰陽諸家學說的混血兒，來得妥當。

　　如果我們認清了這一分野，再拿史料的眼光去審定它，那末，這部書卻有相當的價值。第一，戰國諸子的學說流傳到現在的並不多，管子書中容納的各家學說可以與現在諸子相發明，在哲學史上說，是可貴的瓌寶。第二，此書雖然是後人雜湊成功

---

*　原載圖書館學季刊第五卷第三、第四合期，1932 年 12 月。

的，可是書中所叙的事實並不是全無所本。如小匡篇叙事即和齊語相同，可以推知其他各篇也許各有它的淵源，不盡出於憑空杜撰。我們不能因爲書出依託，便一筆抹殺了。

不幸管子這部書，於來歷不明之外，又加上一重號稱難讀的糊塗賬。歷來學者提到管子，總覺得是糾纏不清。研究此書的困難，可以分訓詁和校勘兩方面説：

(一)訓詁問題　管子文字奇僻，辭義奥隱。宋張嶸管子跋説：“管子書多古字，如‘專’作‘搏’、‘忒’作‘貣’、‘宥’作‘侑’，‘況’作‘兄’，此類甚多。”通行託名房玄齡的尹知章注向來學者都譏爲淺陋、疏略。其解釋望文生義，如張嶸所舉的大匡篇一條——“召忽語曰：‘雖得天下吾不生也，兄與我齊國之政！’”尹注説是召忽呼管仲爲兄，簡直是個大笑話。黄氏日鈔以及清儒王念孫諸人對於尹注都有所糾摘。明劉績補注於尹注雖有所駁正，王念孫惜其“訓詁未閑，校讐猶略”(讀書雜志管子雜志叙)，四庫提要也説他“循文詮解，於訓詁亦罕所考訂”，價值自然不高。清王念孫、洪頤煊、桂馥、梁章鉅、張文虎、俞樾、陳奂、丁士涵、戴望、孫詒讓諸家，對於管子都有所訓釋和校正。經過這些學者的努力，訓詁方面的疑難總算解決了大半。可是管子書中古字古言太多，關於理財的術語更難索解。懸而未決，決而未盡當的問題，當然還有不少，這些的解決，還有待於後來學者的繼續努力。

(二)校勘問題。漢書藝文志著録管子八十六篇。到了宋晁公武著郡齋讀書志時，已説亡了十篇。可是李善注文選陸機猛虎行就説“今檢管子近亡數篇”，四庫提要據之，斷定其在唐初已非完本。又以書多古字古義，流傳既久，譌誤兹多。王念孫謂唐尹知章注已據譌誤之本，强爲解釋，動輒牴牾(讀管子雜志序)，現在最通行的，就是四庫著録的明趙用賢刻本。趙本據説是由宋本翻雕，前有宋張嶸後跋謂：“訛誤甚多，頗爲是正；但其所未解尚十之二三。"趙用賢序也説："正其脱誤者逾三萬言。"所以四庫提要説它："屢經點竄，已非劉向之舊。"此外明人的刻本，更有顛倒錯亂的毛病。類書中如藝文類聚、太平御覽，徵引管子獨少，可資旁證者不多。雖經過清朝一代學者的校讐，但張文虎説戴望的管子校正："多述王氏讀書雜志及陳君奐、俞君樾、丁君士涵之説。……然管子書殘缺舛誤，自宋已然。……今雖稍爲之補苴，於全書不過十之二三，至於真膺雜糅及後人所竄亂，皆不可得而理也。"可見此書之難於整理了。

大凡結帳式的整理工夫，總是後來居上。從戴望管子校正成書到現在，又已五十多年。戴望以後的學者關於管子的著述，又有章太炎、劉申叔諸先生；其餘論學的著作，如孫仲容先生的札迻，江叔梅先生的識小，……又已不少。近幾十年來，日本書籍輸入頗多，他們國中學者也有校釋管子的著作。如有人再做一番裒集的工夫，采録先儒及後出的新説，做一次總結帳的工作，成績定然超過前人。至於結帳工作所必須的條件，我以爲應該：

第一步要博。第一步搜集材料的功夫，總要辦到"網羅無遺"的標準。不但要采輯校補注釋管子本文的著述，就是其他訓詁、小學、詁經、注子的書，只要有新義有確解可以解決管子一字一句的疑難。都要勤於搜討。要搜索到夾縫中平常人所不注意的地方。

第二步要嚴。采輯既多，第二步便是別擇的工夫。采輯不厭詳贍，別擇卻要謹嚴，臚列衆説，紛然滿紙，美惡混淆，不分涇、渭，這祇是鈔書家的工夫，不但使讀者苦其冗雜，而且也失著述體例。

第三步要斷。別擇衆説，截短取長，使它詳贍而不傷於蕪猥，這纔算得條理明晰不失法度的了。可是同釋一義而諸家的説法不同，同校一字而諸儒所主各異。説皆可通，理無兩是，比較短長這就全靠結帳人的斷制了。固然前人著述往往也有羅列衆説，案而不斷，聽讀者自己去取的；但是這只可以省去學問有成的人繙檢的精力，而非所以教初學的"入德之門"。精確的判斷，不僅是是否衆説爲己足，而且要説出所以是與所以否的緣故。

能觳辦到這三個字的步驟，再於諸家注釋校訂之外自附新義，有所發明。那末這一定可以突過前人，後來居上了。

我的朋友瑞安陳繩夫先生，在王、洪、俞、戴諸人之後，替管子作總結賬的工夫。陳先生受了他的鄉先輩孫仲容先生的學風，有漢學家謹嚴的家法，運用他勤慎的手眼，靈敏的心思，來做這一工作，是最適宜不過的了，他把稿本寄了兩册給我，叫我替他寫一篇序文。陳先生的稿本細行密字，丹黃滿紙。可見他用力之勤。我對於管子没有用過深的工夫，而且教課甚忙只能忽忽讀過一遍。關於訓詁方面，陳先生在戴子高後五十年的今天，前人和並時人的著述加多，都足供他徵引援據，資料的憑藉已經無疑地勝過前人。校勘方面，陳先生根據了一個宋本（黃蕘圃藏紹興本），一個元本（丁禹生藏），四個明本，一個日本翻宋本，板本的材料又比前人加多。雖然我没有看見陳先生的定本和全稿，然而"管中窺豹，時見一斑"，以陳先生的憑籍之優厚，和他辛勤的探討，相信他必有很好的成績。號稱難讀的管子有了陳先生的整理，替學者省卻無限的精力，這是一件多麽痛快的事情。所以我很高興的寫幾句話在陳先生的書的前面。

此外，還有一件事應當介紹的：陳先生這部書的本文和注文都一律採用句讀符號。這雖然是一件小的改革，而且與陳先生著述的本身没有多大關係，可是在這泥古的空氣中，替古書作注採用新式標點，是以陳先生這部書開新紀元的。

中華民國二十年十一月，顧頡剛。

從呂氏春秋推測老子
之成書年代[*]

一、引言

　　孔子問禮於老聃的事，見於禮記曾子問、史記孔子世家及孔子家語觀周篇等。二千餘年來，大家已有看作確定的史實；大家以爲老子一定是孔子以前的人，老子一定是論語以前的書。雖有葉適（習學記言）、黃震（黃氏日鈔）、汪中（述學老子考異）、康有爲（桂學答問）等稍樹異議，但決不能摧陷舊説的堅固的壁壘。十五年前，適之先生作中國哲學史大綱，仍作如是觀。這本來是一件可以不生問題的事。不料梁任公先生竟提出反駁，以爲老子必是戰國時的書，他説的話比較葉適們的透闢得多。這麼一來，影響到我們的學術史觀念，頓時起了一次重大的變化。在我的理性的批評之下，覺得梁説是對的，和玄同先生通信時曾略陳其義（見古史辨第一册）。我以爲，在沒有儒家提倡仁義以前，老子説的"絶仁棄義"是無意義的。在沒有墨家提倡尚賢以前，老子説的"不尚賢"也是無意義的。在沒有戰國的游士跑來跑去，"足跡接

＊　原載史學年報第一卷第四期，1932 年 6 月 30 日；又載古史辨第四册。

乎諸侯之境，車軌結乎千里之外”以前，老子説的“使民重死而不遠徙，民至老死不相往來”的話也是無意義的。在没有戰國的詭辨者“知詐漸毒，頡滑堅白，解垢同異”以前，老子説的“絶聖棄知”、“絶學無憂”以及“民之難治，以其智多”的話也是無意義的。

近六七年中，梁任公先生在古書真偽及其年代的講義中又續有論列。錢賓四先生（穆）作關於老子成書時代之一種考察（燕京學報第八期）及國學概論（商務印書館出版），馮友蘭先生作中國哲學史（神州國光社出版），均主老子晚出之論。看來，再經過幾年努力，此問題當不難解決。因爲老子中的意識是戰國時代的意識，而必非春秋時代的意識，其所用的名詞亦復如是，這是很顯明的晚出的證據。

我前讀呂氏春秋，見其中多用老子詞語，但未嘗一稱“老子曰”或“道德經曰”，曾疑此等語都是當時習用的詞語，含有成語及諺語的性質的，到了作老子時乃結集在這部書裏。去年曾向適之先生道之，先生不以爲然，謂安知非因老子一書習熟於人口，遂像諺語一般的使用呢。當時亦無以相難。今年寒假，省親來杭，適值日寇肆虐，杭州甚感壓迫，未敢離親北返，因乞假留此，取呂氏春秋讀了幾遍，又取荀子、淮南子等證之，益自信從前設想的不誤。現在寫出此文，以待商榷。

二、呂氏春秋引書例及老聃在當時的地位，淮南子引老子語的方式

我們從呂氏春秋中去考察老子，應先認明兩點。其一，本書的作者是很肯引用書的，所引的書是不憚舉出它的名目的。所以書中引的詩和書甚多，易也有，孝經也有，商箴、周箴也有，皆

列舉其書名。又神農、黃帝的話，<u>孔子</u>、<u>墨子</u>的話，<u>曾子</u>、<u>李子</u>、<u>慎子</u>、<u>詹子</u>、<u>惠子</u>、<u>莊子</u>、<u>子華子</u>的話都有，亦皆列舉其人名。試以<u>黃帝</u>語爲例：

<u>黃帝</u>言曰：“聲禁重，色禁重，衣禁重，香禁重，味禁重，室禁重。”（去私）

<u>黃帝</u>曰：“帝無常處也，有處乃無處也。”（圜道）

嘗得學<u>黃帝</u>之所以誨<u>顓頊</u>矣，“爰有大圜在上，大矩在下；汝能法之，爲民父母。”（序意）

<u>黃帝</u>曰：“芒芒昧昧，因天之威，與元同氣。”（應同）

<u>嫫母</u>執乎<u>黃帝</u>，<u>黃帝</u>曰：“屬女德而弗忘，與女正而弗衰，雖惡奚傷！”（遇合）

<u>黃帝</u>曰：“四時之不正也，正五穀而已矣。”（審時）

這種“去甚去奢”和“法天地”等旨趣，完全與今<u>老子</u>相合，當是<u>戰國</u>時道家的話。按<u>漢書藝文志</u>諸子篇道家中有“黃帝四經四篇、黃帝銘六篇。黃帝君臣十篇、雜黃帝五十八篇”，<u>呂氏春秋</u>之作者當取材於此。他們引了這種書而明指爲<u>黃帝</u>之言，可見其對於材料的負責任。又如<u>子華子</u>，是一個不甚著名的人（<u>莊子則陽篇</u>中有個<u>華子</u>，似即是他，他處尚未見過），但他們引用他的話的時候也不肯埋没他。故云：

<u>子華子</u>曰：“全生爲上，虧生次之，死次之，迫生爲下。”（貴生）

<u>子華子</u>曰：“丘陵成而穴者安矣，大水深淵成而魚鼈安矣，松柏成而塗之人已蔭矣。”（先己）

<u>子華子</u>曰：“王者樂其所以王，亡者亦樂其所以亡。”（誣徒）

　　　　子華子曰："夫亂世之民長短頡𪘶百疾，民多疾癘，道多裸繩，盲禿傴尩，萬怪皆生。"（明理）

　　　　子華子曰："厚而不博，敬守一事，正性是喜。群衆不周，而務成一能。盡能既成，四夷乃平。惟彼天符，不周而周。"（知度）

呂氏春秋的作者這樣地鄭重，不因他的不甚著名而忽略了記載，使我們在千載之下還能見得這一位主張全生養性的學說的人物，實在不能不感謝他們的不勤説，不蔽善的好意。

　　第二點，當本書著作時代，老聃在學術界中的崇高的地位已被人確認了（我們雖不知道他是什麼時代的人，但我們可以説，在墨子、孟子的時代，他在學術界中是沒有地位的），他作孔子的老師的傳説也發生了（我們雖不知道這個傳説是什麼時候發生的，但我們可以説，在墨子、孟子的時代，這個傳説還沒有發生）。兹將本書中提及老聃（或老耽）的五條錄下：

　　　　荊人有遺弓者而不肯索，曰："荊人遺之，荊人得之，又何索焉！"孔子聞之曰："去其'荊'而可矣！"老聃聞之曰："去其'人'而可矣！"故老聃則至公矣！（貴公）

　　　　孔子學於老聃、孟蘇、夔靖叔。（當染）

　　　　外有所重者，泄蓋内掘，……老聃則得之矣。（去尤）

　　　　故聖人聽於無聲，視於無形，詹何、田子方、老耽是也。（重言）

　　　　老耽貴柔。（不二）

讀此，可見在本書作者的觀念中，確以老子爲春秋時的人，爲孔子所從學，其品格則與詹何、田子方相似的。

　　呂氏春秋的作者既肯明舉其所引的書名和人名，又承認了老子在學術界中的地位，則在這兩個前提之下，我們可以推知，他們如果引用了老子的話，也必當舉出老子的書名。縱然因老子一書流傳已久，有成爲諺語的可能，不必一一舉出書名，但在這樣一部大書裏，如果稱引得多了，也必會露出些引用的痕跡來。不信，請看淮南子。

當淮南子著作時代，正是黃、老之言最占勢力的時候，故引用老子的地方非常多。例如原道一篇，即以老子中語組織成文。故云：

> 原流泉浡，冲而徐盈。混混滑滑，濁而徐清。……已彫已琢，還反於樸。……夫太上之道生萬物而不有，成化像而弗宰。……忽兮怳兮，不可以爲象兮。怳兮忽兮，用不屈兮。……以其無爭於萬物也，故莫敢與之爭。……
>
> 夫善游者溺，善騎者墮：各以其所好，反自爲禍。……故得道者志弱而事強，心虛而應當。……是故欲剛者必以柔守之，欲強者必以弱保之。……故兵強則滅，木強則折。……是故柔弱者生之榦也，而堅強者死之徒也。……

這樣地把老子的文辭、成語和主義融化在作者自己的文章之中，而不一稱“老子曰”，也是可有的事。然而他寫到後來，吐出一句：

> 故老聃之言曰：“天下至柔馳騁天下之至堅。出於無有，入於無間，吾是以知無爲之有益。”

則他的引用老子終於自己宣布出來了。又如齊俗，既說了：

> 性失然後貴仁，道失然後貴義，是故仁義立而道德遷

矣，禮義飾則純樸散矣。

　　故高下之相傾也，短脩之相形也，亦明矣。

暗用了老子的話，但亦説：

　　故老子曰"不尚賢"者，言不致魚於水、沈鳥於淵。

仍明用了。以彼例此，可見呂氏春秋的作者如果因老子一書太通行，可以融化在自己的文章裏而不指明，也必會於無意中流露出一點痕跡來，像淮南子一樣。

三、呂氏春秋語與老子書的比較

　　現在我們即用此標準來審察呂氏春秋中所録的老子的詞語及其意義與老子絶相類的。老子書中，其言雜出，大致可析爲三部分：一爲論道，二爲修身，三爲治民。今先就論道方面把這兩書比較。

　　呂書貴公云："天地大矣，生而弗子，成而弗有；萬物皆被其利而莫知其所由始。"又審分云："全乎萬物而不宰，澤被天下而莫知其所自始。"此與老子二章所云"萬物作焉而不辭，生而不有，爲而不恃"，十章所云"生之畜之，生而不有，爲而不恃，長而不宰"（五十一章略同），三十四章所云"大道氾兮其可左右，萬物恃之而生而不辭，功成不名有，衣養萬物而不爲主"同。

　　論人云："凡彼萬形，得一後成。……故知知一則復歸於樸。"此與老子三十九章所云"萬物得一以生"及二十八章所云"常德乃足，復歸於樸"同。

大樂云：“道也者，視之不見，聽之不聞，不可爲狀。有知不見之見，不聞之聞，無狀之狀者，則幾於知之矣。道也者，至精也，不可爲形，不可爲名，彊爲之〔名〕，謂之太一。”此與老子十四章所云“視之不見名曰夷，聽之不聞名曰希，……是謂無狀之狀，無物之象；是謂惚恍。能知古始，是謂道紀”，及二十五章所云“有物混成，先天地生，……吾不知其名，字之曰道，強爲之名曰大”者同。

樂成云：“大智不形，大器晚成，大音希聲。”此與老子四十一章所云“大器晚成，大音希聲，大象無形”者同。

似順云：“事多似倒而順，多似順而倒。有知順之爲倒，倒之爲順者，則可與言化矣。至長反短，至短反長，天之道也。”此與老子四十章所云“反者道之動”，七十八章所云“正言若反”，六十五章所云“玄德深矣遠矣，與物反矣，然後乃至大順”，二章所云“天下皆知美之爲美，斯惡已；皆知善之爲善，斯不善已。故有無相生，難易相成，長短相形，高下相傾”者同。

制樂云：“故禍兮福之所倚，福兮禍之所伏。聖人所獨見，衆人焉知其極。”此與老子五十八章所云“禍兮福之所倚，福兮禍之所伏。孰知其極，其無正”同。

情欲云：“秋早寒則冬必煥矣，春多雨則夏必旱矣。天地不能兩，而況於人類乎！”慎大云：“飄風暴雨，日中不須臾。”此與老子二十三章所云“飄風不終朝，驟雨不終日。孰爲此者？天地。天地尚不能久，而況於人乎！”同。

再就修身方面看。

貴生云：“天下，重物也，而不以害其生，又況於它物乎！惟不以天下害其生者也，可以託天下。”此與老子十三章所云“故貴以身爲天下，若可寄天下；愛以身爲天下，若可託天下”者同。

用衆云：“醜不能，惡不知，病矣。不醜不能，不惡不知，尚矣。”此與老子七十一章所云“知不知，上；不知知，病”者同。

至別類云："知不知，上矣。過者之患，不知而自以爲知"，則上句逕用老子之文了。

大樂云："故知一則明，明兩則狂。"此與老子二十二章所云"少則得，多則惑，是以聖人抱一爲天下式"同。

尊師云："且天生人也而使其耳可以聞；不學，其聞不若聾。使其目可以見；不學，其見不若盲。使其口可以言；不學，其言不若爽。使其心可以知；不學，其知不若狂。"任數云："何以知其聾，以其耳之聰也。何以知其盲，以其目之明也。何以知其狂，以其言之當也。"這一個腔調，與老子十二章所云"五色令人目盲，五音令人耳聾，五味令人口爽，馳騁畋獵令人心發狂"甚相似。至序意所云"夫私視使目盲，私聽使耳聾，私慮使心狂"，尤與老子義合。

先己云："凡事之本必先治身，嗇其大寶。"情欲云："論早定則知早嗇，知早嗇則精不竭。"此與老子五十九章所云"治人事天莫若嗇；夫惟嗇，是謂早服，早服謂之重積德"者義合。

先己云："故欲勝人者必先自勝，欲知人者必先自知。"此與老子三十三章所云"知人者智，自智者明。勝人者有力，自勝者強"相近。又自知云："存亡安危勿求於外，務在自知。……敗莫大於不自知"，亦與此同義。

論人云："太上反諸己，其次求諸人。其索之彌遠者其推之彌疏，其求之彌彊者失之彌遠。"先己云："不出於門户而天下治者，其惟知反於己身者乎！"此與老子四十七章所云"不出户，知天下；不窺牖，見天道。其出彌遠，其知彌少"者義合。小變老子之文，不言出於老子，猶可言也。至於君守云："故曰：不出於户而知天下，不窺於牖而知天道。其出彌遠者其知彌少"，則逕用老子的話了，但只言"故曰"而不言其出於老子。

任數云："去聽無以聞則聰，去視無以見則明。"此與老子二十二章所云"不自見故明"及二十四章"自見者不明"義合。

先己云："五帝先道而後德，故德莫盛焉。"任數云："至仁忘仁，至德不德。"此與老子三十八章"上德不德，是以有德。下德不失德，是以無德。上德無爲而無以爲，……上仁爲之而無以爲"義合。

精諭云："故至言去言，至爲無爲。"此與老子四十八章云"爲道日損，損之又損以至於無爲"義合。

博志云："用智褊者無遂功，天之數也。故天子不處全，不處極，不處盈。全則必缺，極則必反，盈則必虧。"必己云："成則毀，大則衰，廉則剉，尊則虧，直則骩，合則離，愛則隳。"此均與老子二十二章"曲則全，枉則直，窪則盈，敝則新，少則得，多則惑"義合，文亦相似。

至於描寫得道之人，兩書亦甚相類。老子書中有兩段，其十五章云：

> 古之善爲士者，微妙玄通，深不可識。夫惟不可識，故强之爲容：豫焉若冬涉川；猶兮若畏四鄰；儼兮其若客；渙兮若冰之將釋；敦兮其若樸；曠兮其若谷；混兮其若濁。

其二十章云：

> 衆人熙熙，如享太牢，如春登臺；我獨泊兮其未兆，如嬰兒之未孩，儽儽兮若無所歸。衆人皆有餘而我獨若遺；我愚人之心也哉，沌沌兮。俗人昭昭，我獨昏昏。俗人察察，我獨悶悶。澹兮其若海，飂兮若無止。衆人皆有以而我獨頑似鄙。

呂氏書中亦有兩段。其士容云：

士不偏不黨，柔而堅，虛而實。其狀胅然不儇，若失其一。……故君子之容，純乎其若鍾山之玉，桔乎其若陵上之木，淳淳乎謹慎畏化而不肯自足，乾乾乎取舍不悅而心甚素樸。

其下賢云：

得道之人……狠乎其誠自有也，覺乎其不疑有以也，桀乎其必不渝移也，循乎其與陰陽化也，愻愻乎其心之堅固也，空空乎其不爲巧故也，迷乎其志氣之遠也，昏乎其深而不測也，確乎其節之不庫也，就就乎其不肯自是，鵠乎其羞用智慮也，假乎其輕俗誹譽也。

這四段文字，不但意義差同，即文體亦甚相同，形容詞及其形容的姿態亦甚相同，惟助詞則老子用“兮”，呂書用“乎”爲異，大約這是方言的關係。

更就治民方面看。

貴公云：“昔先聖王之治天下也必先公，公則天下平矣。”這與老子十六章“公乃王”義合。

慎大云：“惟不藏也，可以守至藏。”此與老子八十一章“聖人不積，……既以與人己愈多”義合。

君守云：“君名（原作“民”，依高注改）孤寡而不可障塞。”此與老子三十九章“侯王自謂孤寡不穀，此非以賤爲本邪”義合。

君守云：“故善爲君者無識；其次無事。有識則有不備矣，有事則有不恢矣。”任數云：“君道無知無爲而賢於有知有爲。”此均與老子十章“愛民治國，能無知乎？明白四達，能無爲乎”義合。

君守云：“得道者必靜，靜者無知，……可以言君道也。”又云：“既靜而又寧，可以爲天下正。”任數云：“無言無思，靜以待時；時至而應，心暇者勝。”此與老子三十七章“道常無爲而無不爲，侯王若能守之，萬物將自化。……不欲以靜，天下將自定”，五十七章“我好靜而民自正”，及四十五章“躁勝寒，靜勝熱，清靜爲天下正”之義均合。

任數云：“無唱有和，無先有隨。”審應云：“凡主有識，言不欲先。人唱我和，人先我隨。”此與老子四十九章云“聖人無常心，以百姓心爲心”，六十九章云“吾不敢爲主而爲客”，七章云“聖人後其身而身先”，六十七章云“我有三寶，……三曰不敢爲天下先”義合。

慎勢云：“以重使輕，從。”此與老子二十六章“重爲輕根，……是以聖人終日行不離輜重”義合。

不二云：“一則治，異則亂。一則安，異則危。”執一云：“王者執一而萬物正。”有度云：“先王不能盡知，執一而萬物治。”爲欲云：“執一者，至貴也。”此與老子三十九章“侯王得一以爲天下貞”，二十二章“少則得，多則惑，是以聖人抱一以爲天下式”義合。

知度云：“故有道之主，因而不爲，責而不詔，去想去意，靜虛以待，不伐之言，不奪之事。”有度云：“正則靜，靜則清明，清明則虛，虛則無爲而無不爲也。”分職云：“夫君也者，處虛素服而無智，故能使衆智也；……能執無爲，故能使衆爲也。”此與老子十六章“致虛極，守靜篤；萬物並作，吾以觀復”，十七章“悠兮其貴言，功成事遂，百姓皆謂我自然”，四十八章“損之又損以至於無爲，無爲而無不爲”義合。

行論云：“詩曰：‘將欲毀之，必重累之。將欲踣之，必高舉之。’”這兩句詩實在和老子三十六章太吻合了！那章云：“將欲歙之，必固張之。將欲弱之，必固强之。將欲廢之，必固興之。將欲奪之，必固與之。”

以上的政治主張全屬理論，還可説是偶然相合。至於他們實際的計畫拿來一比較，真覺得更相像了。按老子的政治計畫，積極方面是"重農"，故云：

> 聖人之治，虛其心，實其腹。（三章）
> 我獨異於人而貴食母。（二十章）
> 天下有道，卻走馬以糞。（四十六章。糞，糞田也。）
> 田甚蕪，倉甚虛，……財貨有餘，是謂盜夸，非道也哉！（五十三章）

它因爲重農，所以要去掉害農的兵亂和苛政，故云：

> 師之所處，荆棘生焉。（三十章）
> 天下無道，戎馬生於郊。（四十六章）
> 民之饑，以其上食税之多，是以饑。民之難治，以其上之有爲，是以難治。民之輕死，以其上求生之厚，是以輕死。（七十五章）

其消極方面的政治計畫，是"愚民"。故云：

> 古之善爲道者，非以明民，將以愚之。民之難治，以其智多。（六十五章）
> 不尚賢，使民不爭。不貴難得之貨，使民不爲盜。不見可欲，使民心不亂。是以聖人之治，虛其心，實其腹；弱其志，强其骨：常使民無知無欲，使夫智者不敢爲也。（三章）
> 絶聖棄智，民利百倍。絶仁棄義，民復孝慈。絶巧棄利，盜賊無有。此三者以爲文不足，故令有所屬，見素抱樸，少私寡欲。（十九章）

天下多忌諱而民彌貧。民多利器，國家滋昏。人多伎巧，奇物滋起。法令滋彰，盜賊多有。（五十七章）

在這重農與愚民的兩個主張之下，它理想的社會是：

小國寡民。使有什伯之器而不用。使民重死而不遠徙。雖有舟輿，無所乘之。使人復結繩而用之。甘其食，美其服，安其居，樂其俗。鄰國相望，雞犬之聲相聞，民至老死不相往來。（八十章）

懂得了老子的宗旨，再來看呂氏書，則知度云：

至治之世，其民不好空言虛辭，不好淫學流說，賢不肖各反其質，行其情，不雕其素，蒙厚純樸以事其上。

不即是老子的“虛心弱志”，“見素抱樸”之義嗎？上農云：

古先聖王之所以導其民者，先務於農。民農非徒爲地利，貴其志也。民農則樸，樸則易用，易用則邊境安，主位尊。民農則重，重則少私義，少私義則公法立，力專一。民農則其產復，其產復則重徙，重徙則死其處而無二慮。

這不是發揮重農說嗎？所謂“重徙”，不即是老子的“使民重死而不遠徙”嗎？上農接着說：

民舍本而事末則其產約，其產約則輕遷徙，輕遷徙則國家有患，皆有遠志，無有居心。民舍本而事末則好智，好智則多詐，多詐則巧法令，以是爲非，以非爲是。

這又不是發揮愚民說嗎？它不欲民有遠志，不即是老子的“弱其志”嗎？它不欲民之好智以至多詐，以至巧法令，不即是老子十九章和五十七章之說嗎？至於戰爭，雖因義兵之可以救民而不主廢，但“師之所處，必生棘楚”一句話已在應同篇裏說出來了。

呂氏春秋的作者用了老子的文詞和大義這等多，簡直把五千言的三分之二都吸收進去了，但始終不曾吐出這是取材於老子的，他們何以慎重於子華子等人而輕忽於這位道家的宗主呢？這是一個很有研究價值的問題。

四、“故曰”與“詩曰”

以上許多類似老子的話，在呂氏書中大抵作直叙的口氣，認爲作者自己的文章的。只有兩條，以引用的方式出之。其一：

故曰：“不出於户而知天下，不窺於牖而知天道。其出彌遠者其知彌少”。（君守）

其二：

詩曰：“將欲毀之，必重累之。將欲踣之，必高舉之”。（行論）

這一稱“故曰”，一稱“詩曰”，足見其先於呂書而存在。

按呂書中稱“故曰”者凡十八條，上德篇一條云：

故曰：“德之速疾乎以郵傳命”。

這句話分明即是孟子公孫丑篇的

> 孔子曰：“德之流行，速於置郵而傳命”

的一句話，此所謂“故曰”即是引的孔子之言。（這句話不見於論語，但可視爲傳說的孔子之言而已。）照此看來，也許“不出於户而知天下”一語即是引的老子之言。但是，不是吕氏春秋的作者的話是一件事，是不是老子的話又是一件事，我們不能因爲它不是作者的話便算是老子的話，安知作者不因這一句是習用的諺語，或者是流行於學術界中的格言，順手拈來，以不易指實其人之故，遂稱之曰“故曰”呢？

至於“詩曰”，普通都指詩三百篇。可是，“將欲毁之”這二句是三百篇裏所没有的。高誘注本書，以其既稱“詩曰”而又不見於三百篇，故注云：“詩，逸詩也”，見得這詩是給孔子删掉的。但這個斷案，我們能信任嗎？試再看一個例。本書原亂篇云：

> 故詩曰：“毋過亂門”，所以遠之也。

這是同樣地不見於三百篇而給高誘注爲“逸詩也”的。然而左傳昭十九年記子産的話也有這樣一句，卻云：

> 諺曰：“無過亂門”。民有亂兵，猶憚過之。

可見這句話本是“諺”而非“詩”。吕氏書的作者所以稱之爲詩，或是誤記，或因其尚有上下文，是一種協韻的句子，因而目之爲詩，均未可知。即此可推“將欲毁之”這二句，是戰國人所作的詩，或那時所通用的諺，因它有韻，亦稱之爲詩，本來與詩經毫無關係的。

看了這些證據，我們可以説："不出於户而知天下"的"故曰"和"將欲毀之，必重累之"的"詩曰"，認爲呂氏春秋著作時代通用的成語，則其理由甚充足；若認爲取自老子，那是犯了以後證前的成見。我們可以説，在呂氏春秋一書中，雖到處碰見和老子相類的詞句，但尋不出一點它的引用老子的痕跡。

於是我們可以作一個大膽的假設：在呂氏春秋著作時代，還没有今本老子存在。

五、荀子語與老子書的比較

試再就荀子看。荀子是戰國末年的一個儒家大師，當然主張仁義。但當他的時代已不容他不進而言"道"了，所以他的書裏很多講到道的地方。如：

何謂衡？曰：道。故心不可以不知道；心不知道則不可道而可非道。（解蔽）

道者，古今之正權也。離道而内自擇，則不知禍福之所託。（正名）

所謂大聖者，知道乎大道。……大道者，所以變化遂成萬物也。（哀公）

因爲他講道，所以他也主張退讓。宥坐篇云：

孔子喟然而嘆曰："吁，惡有滿而不覆者哉！"子路曰："敢問持滿有道乎？"孔子曰："聰明聖知，守之以愚。功被天下，守之以讓。勇力撫世，守之以怯。富有四海，守之以謙。此所謂挹而損之之道也"。

這不即是老子的"持而盈之，不如其已"（九章）及"知其雄，守其
雌"（二十八章）那一套嗎？因爲他講道，所以他也主張虛靜。解
蔽篇云：

> 人何以知道？曰：心。心何以知？曰：虛壹而靜。心未
> 嘗不臧也，然而有所謂虛。心未嘗不滿也，然而有所謂一。
> 心未嘗不動也，然而有所謂靜。……虛壹而靜，謂之大清
> 明。……昔者舜之治天下也，不以事詔而萬物成。處一之
> 危，其榮滿側。養一之微，榮矣而未知。故道經曰："人心
> 之危，道心之微。"危微之幾，惟明君子而後知之。

試看所謂"虛"，所謂"一"，所謂"靜"，哪一個不是老子裏的名
詞。至於他引的道經，是一個極可注意的書名，留在下面再論。

他在儒效篇裏寫的聖人的樣子，文體亦極與呂書和老子寫的
得道之人相像：

> 井井兮其有理也，嚴嚴兮其敬己也，分分兮其有終始
> 也，猒猒兮其能長久也，樂樂兮其執道不殆也，炤炤兮其用
> 知之明也，脩脩兮其用統類之行也，綏綏兮其有文章也，熙
> 熙兮其樂人之臧也，隱隱兮其恐人之不當也：如是則可謂聖
> 人矣。

他的形容詞的助詞不用"乎"而用"兮"，更和老子接近了。又其賦
篇中雲賦云：

> 忽兮其極之遠也，攭兮其相逐而反也，卬卬兮天下之咸

塞也。德厚而不捐，五采備而成文。往來惛憨，通于大神。出入甚極，莫知其門。天下失之則滅，得之則存。

此等文辭實與老子同其型式，即此可以推知老子一書是用賦體寫出的；然而賦體固是戰國之末的新興文體呵！

此外，荀子之文和義與老子類同的尚甚多，略舉如下：

君子云：“不矜矣，夫故天下不與爭能。”此即老子“不自矜故長，夫唯不爭，故天下莫能與之爭”（二十二章）也。

勸學云：“頤步而不休，跛鼈千里；累土而不輟，丘山崇成。”此即老子“九層之臺起於累土；千里之行始於足下”（六十四章）也。

又云：“目不兩視而明，耳不兩聽而聰，……故君子結於一也。”此即老子“少則得，多則惑，是一聖人抱一爲天下式”也。

不苟云：“君子至德，嘿然而諭，未施而親，不怒而威。”此即老子“悠兮其貴言，功成事遂，百姓皆謂我自然”（十七章）也。又勸學云：“無冥冥之志者無昭昭之明，無惛惛之事者无赫赫之功”，亦此義。

不苟云：“君子寬而不僈，廉而不劌。”法行云：“廉而不劌，行也。”榮辱云：“廉而不見貴者，劌也。”此即老子“聖人方而不割，廉而不劌”（五十八章）也。

榮辱云：“察察而殘者，忮也。”此即老子“其政察察，其民缺缺”（五十八章）也。

天論云：“其行曲治，其養曲適，其生不傷，夫是之謂知天。故大巧在所不爲，大智在所不慮。”此即老子“曲則全”（二十二章）及“大巧若拙，大辯若訥”（四十五章）也。

正名云：“權不正，則禍託於欲而人以爲福，福託於惡而人以爲禍，此亦人之所以惑於禍福也。”此即老子“禍兮福之所倚，福兮禍之所伏。孰知其極，其無正。正復爲奇，善復爲妖。人之迷其日固久”（五十八章）也。

更就其所用名詞及仂語觀之：

“公”這一個字，古書中只用作制度的名詞（如公侯、公田等），没有用作道德的名詞的（如公忠、公義等）。呂書有貴公篇，又有“清淨以公”（審分）等句，足見這是戰國時新成立的道德名詞。荀子與呂書同其時代，故書中言“公”的也很多。如“公生明”（不苟），“聽斷公”（榮辱），“志忍私，然後能公，……公脩而才，……志安公”（儒效），“公平者職之衡也”（王制），“人主不公，人臣不忠”（王霸），“公道達而私門塞矣，公義明而私事息矣”（君道），“然而求卿相輔佐則獨不若是其公也”（君道），“致忠而公”（臣道），“奄辟曲私之屬爲之化而公”（議兵），“上公正則下易直矣”（正論），“公正無私”（賦篇），皆是。可見此種首先在荀子時最重視，以爲人君所尤不可少的。老子言“容乃公，公乃王”（十六章），正與此同。

又如“玄”字，從前只作顔色解（如玄天、玄黃），而在老子中則以狀微妙之道。故云“玄之又玄，衆妙之門”（一章），“生而不有，爲而不恃，長而不宰，是謂玄德”（十章、五十一章），“微妙玄通，深不可識”（十五章），“玄德深矣遠矣，與物反矣”（六十五章）。荀子中亦用之，故云：“上周密則下疑玄矣，……疑玄則難一”（正論），“交喻異物，名實玄紐”（正名）。雖所用與老子有殊，然其解作幽隱難知固相同也。

“長生久視”，是一甚後起之詞。呂書重己云：“無賢不肖莫不欲長生久視。”荀子榮辱亦言“孝弟原愨，……是庶人之所以取煖衣飽食，長生久視，以免於刑戮也。”而老子五十九章云：“重積德則無不克，無不克則莫知其極，……是謂深根固柢長生久視之道。”

“取天下”，亦是一個甚後起之詞。呂書先己云：“湯問於伊尹曰：‘欲取天下若何？’伊尹對曰：‘欲取天下，天下不可取。可取，身將先取。'"荀子王制亦言"古之人有以一國取天下者。"又王霸云："百里之地可以取天下。……取天下者非負其土地而從之之謂也，道足以壹人而已矣。"又榮辱云："志意致修，德行致厚，智慮致明，是天子之所以取天下也。"而老子二十九章云："將欲取天下而爲之，吾見其不得已"，五十七章云："以無事取天下"，四十八章云："取天下常以無事；及其有事，不足以取天下。"

荀子賦篇云："明白純粹而無疵也。"而老子十章云："滌除玄覽，能無疵乎？……明白四達：能無爲乎？"

荀子君子云："有而不有也，夫故爲天下貴矣。"而老子五十六章云："不可得而親，不可得而疏，……故爲天下貴。"

凡此種種，皆足證明荀子之時代與老子之時代極相近，故其名詞同，其仿語同，其文體亦同。又因二者的時代極相近，故學術家派雖不同而思想則終有一部分絶相類的。荀子的著作時代是我們所知道的，然則老子的著作時代我們雖不知道，亦可因荀子而推知了。

六、老子書援用故言的證據

我甚疑老子一書非一人之言，亦非一時之作，而由於若干時代的積累而成。換言之，此書實有擷取各家學說之精英（即具有格言性的），集合爲一書之可能。其結集之期，大約早則在戰國之末，否則在西漢之初。因其與呂氏春秋及荀子的著作時代相近，故其時代意識亦最相近。我們看了上邊的比較材料，不必說呂、荀勦襲老子，也不必說老子勦襲呂、荀。他們吸着同樣的空氣，受着同樣的刺戟，雖主張不必盡同，但其有一部分的相同實爲自然的趨勢。

　　我們先就老子本書看。在本書中，很可尋出作者的援用故言的痕跡。如：

　　　　曲則全，枉則直，……古之所謂“曲則全”者豈虛言哉，
　　誠全而歸之。（二十二章）

他已說明了“曲則全”一句是“古之所謂”而不是作者自己的話了。又如：

　　　　下士聞道大笑之，不笑不足以爲道。故建言有之，“明
　　道若昧，進道若退，夷道若纇”。（四十一章）

則“明道若昧”以下三句爲昔人所建之言，作者也說明了。又：

　　　　天下多忌諱而民彌貧；民多利器，國家滋昏。……故聖
　　人云：“我無爲而民自化，我好靜而民自正，我無事而民自
　　畜，我無欲而民自樸。”（五十七章）

這章稱所引之言爲“聖人云”，當是彼時學術界中的權威者。可惜他沒有說明是哪一個。又：

　　　　弱之勝強，柔之勝剛。……是以聖人云：“受國之垢，
　　是謂社稷主。受國不祥，是爲天下王。”正言若反。（七十八
　　章）

這也是引了聖人的話以證成己說的，末了還對於這話加上了一句“正言若反”的評語。這聖人爲誰雖未說明，但把莊子天下篇合看，則即是老聃，天下云：

　　老聃曰：“知其雄，守其雌，爲天下谿。知其白，守其
辱，爲天下谷。”人皆取先，己獨取後，曰：“受天下之垢。”

這足以證明老子的二十八章及七十八章都是出於老聃的。除此一
證之外，荀子天論所謂“老子有見於絀，無見於信（伸）”，呂書不
二所謂“老聃貴柔”，均足證成此義。如作老子者竟稱老聃爲聖
人，則老聃必非老子的作者也可知了。又：

　　用兵有言：“吾不敢爲主而爲客，不敢進寸而退尺。”（六
十九章）

這是引兵家言入本書的最顯明的證據。此兵家爲誰雖不可知，但
看不二云：

　　王廖貴先，兒良貴後。

高誘注云：

　　王廖謀兵事，貴先建策也。兒良作兵謀，貴後。

那麼，這句兵家之言恐即是兒良的話吧？漢書藝文志兵書權謀中
有“兒良一篇”，惜不傳了。不然，這是不難證實的。
　　從以上五則裏，可知老子一書不是由一個人憑着自己的思想
寫出來的，它的成分很複雜：有聖人之言，有兵家之言，有古代
遺留之言。只爲老子一書是格言式的韻文而非長篇論文，不必處
處寫出其所引據，所以其餘諸章的來歷就不易查察了。可是，我
們若肯用力，終可以尋出些淵源來。例如三十六章：

> 將欲歙之，必固張之。將欲弱之，必固强之，……

作者雖没有説明是從哪裏引來的，但淮南兵略則云：

> 故用兵之道，示之以柔而迎之以剛，示之以弱而乘之以
> 强，爲之以歙而應之以張。

可見亦是出於兵家的。又六十三章有

> 報怨以德

一語，而論語憲問有下列一章：

> 或曰："以德報怨，何如?"子曰："何以報德! 以直報
> 怨，以德報德。"

則此句乃是取自論語的。倘使不然，則或人之問本是一句成語，
自春秋傳至戰國，在春秋時爲或人所取，在戰國時則爲老子的作
者所取。或者因此有人提出反駁，説：安知或人之問不即是老子
的話，足以證明老子之先於論語呢？我將答説：老子所帶的戰國
色彩，太濃重了。在没有道破這破綻以前，大家不向這方面想，
以爲老子既爲孔子之師，老子當然在論語之前。現在既道破了，
則把這兩書合讀，誰是春秋的，誰是戰國的，一見就分明，已無
從作掩飾。這兩書的比較，也是將來一件必做的工作，但非本文
所討論。現在所要説的，就是："以德報怨"一語既説是老子的，
爲什麼或人之問不稱老子以問，孔子的答也不舉老子以答呢？論
語的話儘有甚似老子的，如顏淵篇中季康子的三問：

　　季康子問政於孔子，孔子對曰："政者，正也。子帥以正，孰敢不正！"

　　季康子患盜，問於孔子。孔子對曰："苟子之不欲，雖賞之不竊！"

　　季康子問政於孔子，曰："如殺無道以就有道，何如？"孔子對曰："子為政，焉用殺！子欲善而民善矣。君子之德風，小人之德草；草上之風必偃。"

這與老子上的：

　　以正治國。……我無為而民自化，我好靜而民自正，……我無欲而民自樸。（五十七章）

　　民不畏死，奈何以死懼之！（七十四章）

　　民之難治，以其上之有為，是以難治。民之輕死，以其上求生之厚，是以輕死。（七十五章）

何等相像！但依據傳說，老子既是孔子之師，孔子為什麼不稱師說以對呢？老子的話，孔子反對的既不稱師，即贊成的亦不稱師，他們師弟的關係不亦太可憐了嗎？所以這幾條，若不是老子的作者承襲孔子的見解，就是他們的思想偶然相合。如把時代倒轉，以為孔子可以看到老子，讀到老子，則"靜"呵，"樸"呵，這些精微的字眼何以不見於論語，甚至不見於孟子呢？

七、戰國時有道家嗎

　　我說老子是戰國末年或是西漢初年的著作，並且是擷取各家說而成的，這是一個很大的問題，決不能在這篇文字中得一定論。現在把我對於道家成立的經過的見解作一簡單的敘述，開一討論的頭，並爲老子著作時代作一旁證。

"道家"這個名詞，我們從漢人的書裏看得慣了，以爲是先於儒家而存在的，在戰國時是儒、墨、道三家鼎足而立的。其實，這完全是錯覺。春秋時何嘗有道家！戰國時何嘗有旗幟分明的鼎峙的三家！莊子天下篇只説"百家之學"，只説"天下之治方術者"。荀子非十二子篇只説"飾邪説，文姦言"的"六説"和"十二子"。呂氏春秋不二篇只舉十個"天下之豪士"。若言其成派的，則呂書當染篇云：

> 此二士（孔子、墨子）者，無爵位以顯人，無賞禄以利人。舉天下之顯榮者，必稱此二士也。皆死久矣，從屬彌衆，弟子彌豐，充滿天下。王公大人從而顯之，有愛子弟者隨而學之，無時乏絶。

下又歷舉其傳授系統云：

> 子貢、子夏、曾子學於孔子。田子方學於子貢。段干木學於子夏。吴起學於曾子。禽滑釐學於墨子。許犯學於禽滑釐。田繫學於許犯。

它爲什麼不加進老子而爲三士，又爲什麼不以莊、列、關尹等算作老子的後學呢？韓非子顯學篇道之更明：

> 世之顯學，儒、墨也。儒之所至，孔丘也。墨之所至，墨翟也。自孔子之死也，有子張之儒，有子思之儒，有顏氏之儒，有孟氏之儒，有漆雕氏之儒，有仲梁氏之儒，有孫氏

之儒，有樂正氏之儒。自墨子之死也，有相里氏之墨，有相夫氏之墨，有鄧陵氏之墨。

韓非已是戰國末年的人了，但他舉出"世之顯學"還只有儒、墨二家，再有一個道家到了哪裏去了！儒之分爲八，墨之離爲三，正可見其因勢力的廣大而分裂，正如今日大黨之下還分小組一樣。如果莊、列、關尹們都是老子學派之下的小組，是其勢力也甚大了，爲什麼還不得列於"顯學"呢？即此可知先秦學派只有儒墨是最盛大的學派，此外是許多小派，而老聃、莊、列、關尹們便是這些小派的宗主，他們並沒有統屬的關係。

　　大家看到這裏，或者要疑惑，以爲老聃、莊、列、關尹都是講"道"的，爲什麼不該視爲同派呢？我說：一個人的思想和他所用的術語，固然受支配於學派，但亦受支配於時代。在春秋時，無論是晉國的叔向，鄭國的子產，吳國的季札，魯國的孔子，總是道"禮"。到戰國前期，無論是墨家的墨子，儒家的孟子，總是道"仁義"。到了戰國後期，不必説莊、列們講"道"，就是儒家的荀子也講"道"了。道，何嘗是一個學派，乃是某一時代中通用的一個術語呵！

　　懂得了這一義，再來看天下、不二、非十二子諸篇，就更明白了。不二云：

　　　　老聃貴柔。孔子貴仁。墨翟貴廉。關尹貴清。子列子貴虛。陳駢貴齊。陽生貴己。……

孔子之後儒分爲八，墨子之後墨離爲三，何嘗無大儒與鉅子崛起其間，但不二篇就不數了，以爲提了他們的領袖孔子、墨翟就足以賅括了。如果老聃確是道家的祖師，那麼關尹以下也就不必提了，爲什麼還要一一列舉呢？依照後來的眼光看，"清"、"虛"、

"齊"、"己"諸義正是道家的法寶，而且在老子中都尋得出類同的詞句的，爲什麼要與老聃分道揚鑣呢？天下篇裏説得更清楚：

> 公而不當，易而無私，決然無主，趣物而不兩，不顧於慮，不謀於知，於物無擇，與之俱往：古之道術有在於是者，彭蒙、田駢、慎到聞其風而悦之。
>
> 以本爲精，以物爲粗，以有積爲不足，澹然獨與神明居：古之道術有在於是者，關尹、老聃聞其風而悦之。
>
> 芴漠無形，變化無常，死與生與，天地竝與，神明往與，芒乎何之，忽乎何適，萬物畢羅，莫足以歸：古之道術有在於是者，莊周聞其風而悦之。

這些話裏，所云"古之道術"雖未必可信，然田駢、慎到、莊周們不與老聃同在一個學派之下，這一個意思已非常明白。就是關尹，雖和老聃同叙，但在下面分述二人的説話時就顯出其不同：

> 關尹曰："在己無居，形物自著。其動若水，其靜若鏡，其應若響。芴乎若亡，寂乎若清。……"
>
> 老聃曰："知其雄，守其雌，爲天下谿。知其白，守其辱，爲天下谷。"……

兩兩相較，仍然是不二所言"老耼貴柔，關尹貴清"，他們的宗旨並不能恰合，不過比了別家還算相近，所以天下把他們記在一起而已。若真如傳説所言，關尹是老子的弟子，則但云"老聃聞其風而悦之"即已足矣，何必更在"老聃"之上加一"關尹"？且即使有意並舉，則老聃師也，關尹弟也，亦當如上面"墨翟、禽滑釐"之例而云"老聃、關尹"；何以稱其人，舉其語，都顛倒了他們的次第呢？大概關尹爲老聃弟子之説，即以兩家學説較近，常給人並稱所致；而老子過關著書的傳說，亦即是由"關尹"這個名字上生發出來的。

八、崔述所提出的老聃與老子的新問題

戰國既沒有道家，漢代的道家是突然起來的嗎？那也不是。漢代的道家即是老聃、關尹、慎到、田駢、列禦寇、莊周一班小派醞釀而成的，老子一書則是這班小派的主義和格言的集合體：這是我的假定。

崔述在洙泗考信錄（卷一）中曾大膽提出一個問題，説老子一書皆楊朱的學説。文云：

老聃之學，經傳未有言者；獨戴記曾子問篇孔子論禮頻及之，然亦非有詭言異論如世俗所傳云云也。戰國之時，楊、墨並起，皆託古人以自尊其説。儒者方崇孔子，爲楊氏説者因託諸老聃以詘孔子。儒者方崇堯、舜，爲楊氏説者因託諸黄帝以詘堯、舜。……今史記所載之老聃之言，皆楊朱之説耳。……

道德五千言者，不知何人所作，要必楊朱之徒之所僞託，猶之乎言兵者之以陰符託之黄帝，六韜託之太公也。……是以孟子但距楊、墨，不距黄、老，爲黄、老之説者非黄、老，皆楊氏也，猶之乎不闢神農而闢許行也。如使其説果出老聃，老聃在楊、墨前，孟子何以反無一言闢之而獨歸罪於楊朱乎？秦、漢以降，其説益盛。人但知爲黄、老而不復知其出於楊氏，遂有以楊、墨爲已衰者；亦有尊黄、老之説而仍闢楊、墨者。揚子雲云："古者楊、墨塞路，孟子辭而闢之，廓如也"。蓋皆不知世所傳爲黃、老之言者即爲我之説也。自是儒者遂舍楊朱而以老聃爲異端之魁，嗚呼，冤矣！

他毫無憑據，就斷定老聃之言即楊朱之説，自嫌鹵莽。近年如唐擘黃先生（鉞），即起駁之。但我以爲這一段文字頗能給我們一些暗示。第一，他謂道德五千言不知何人所作而託之老聃。第二，他説孟子但距楊、墨而不距黃、老。第三，他説黃、老之言即爲我之説。第四，他説自楊朱託黃、老而老聃乃代楊朱爲異端之魁。這四點，都是老聃和老子的新問題。可惜他自己没有證明。現在我試替他證一下。

九、楊朱的真相

自晉人用了他們的頽廢思想作成了楊朱篇放在僞列子裏之後，楊朱的面目使人錯認了千餘年了。其實，這種淫於酒色，縱情任性的見解，"貴己"的楊朱正與它背道而馳。

楊朱的時代及其學説，記載苦少。孟子盡心上云：

　　孟子曰："楊子取爲我，拔一毛而利天下，不爲也。……"

這是大家最熟記的材料。但這話説得太簡單，究竟楊朱如何爲我，不易明白。韓非顯學篇則説得詳細些：

　　今有人於此，義不入危城，不處軍旅，不以天下大利易

其脛一毛。世主必從而禮之，貴其智而高其行，以爲輕物重
生之士也。

這就説得明白，所謂"爲我"即是"輕物重生"，所謂"利天下不爲"
乃是雖利之以天下而猶不肯爲（單看孟子之文，必誤解爲"以之利
天下"，而不知實爲"利之以天下"，與下墨子之"摩頂放踵利天
下"有異）。他義不入危城，不處軍旅，則是反對戰爭的。他看得
生命很重，不願爲外物而傷其生，故不貪一切的利益。這原是很
正當的主張呵！

關於楊朱的最重要的記載，是淮南氾論裏的一段，把他的時
代及其學説的由來都説明了：

夫弦歌鼓舞以爲樂，盤旋揖讓以修禮，厚葬久喪以送
死，孔子之所立也，而墨子非之。兼愛、尚賢、右鬼、非
命，墨子之所立也，而楊子非之。全生保真，不以物累形，
楊子之所立也，而孟子非之。

這段文字告知我們：孔子太貴族化了，所以平民化的墨子起來對
他反動一下；墨子過於向外發展而忘卻了自己了，所以向內發展
的楊子又起來對他反動一下；楊子又流入個人主義了，所以志切
救民的孟子又起來反對他了。孔子、墨子、楊子、孟子，都不是
並世的人，他們正各各代表一個時代。楊朱何嘗縱恣情性，他乃
是一個"全生保真，不以物累形"的篤厚君子。墨子書今存，我們
拿它和孟子比較，覺得孟子和墨子的相同過於其和論語的相同，
因知他雖是痛罵墨子，但因時代的鄰接，救民於水火之念的迫
切，實際上已做了墨子的信徒，不過在墨與儒衝突的地方（如三
年之喪等）則捨墨而從儒罷了。楊朱的書今不傳，無從與孟子作
比較，但即就此鱗爪觀之，我深疑孟子所謂"不動心"、"善養吾

浩然之氣”、“存其心、養其性”等義即是從楊朱方面來的。這雖是一個無法證實的假設，但孟子生當墨、楊之後，親見其外内的牴牾而欲調和之，也是一件可能的事。

一〇、調和楊墨者——子莫與宋鈃

和孟子同時而欲調和墨、楊二家的，現在找得二人。其一是子莫。孟子盡心説：

> 孟子曰：“楊子取爲我，拔一毛而利天下，不爲也。墨子兼愛，摩頂放踵利天下，爲之。子莫執中。執中爲近之。執中無權，猶執一也。所惡執一者，爲其賊道也，舉一而廢百也。”

楊、墨各走極端而子莫執其中，很分明他是一個主張調和内心與外物的。可惜子莫是誰，已無從知道。趙岐注云：“魯之賢人也”，也不過是一個隨便的揣測。孟子説“執中爲近之”，可見他也贊成調和；只是他要加上一個有權的條件。（如何爲有權，他未講明。）又可見他原不是根本反對楊、墨，只是嫌其“舉一而廢百”，要補偏救弊罷了。後人因了孟子書裏有過分的謾罵，就以爲楊、墨是了不得的壞人，可謂不善讀書呵！

還有一個主張調和楊、墨的人，是宋鈃。孟子告子下云：

> 宋牼將之楚，孟子遇於石丘，曰：“先生將何之?”曰：“吾聞秦、楚構兵，我將見楚王説而罷之。楚王不悦，我將見秦王説而罷之。二王，我將有所遇焉。”……

這完全是墨子救宋的精神。所以墨子非攻，他也主張不鬪。荀子正論篇云：

> 子宋子曰：“明見侮之不辱，使人不鬪。人皆以見侮爲辱，故鬪也。知見侮之爲不辱，則不鬪矣。”

韓非子顯學篇云：

> 宋榮子之議，説不鬪爭，取不隨仇，不羞囹圄，見侮不辱。世主以爲寬而禮之。

不過他的主張和墨子的比較，歸宿雖同而動機則異。墨子非攻的動機，由於戰爭的不仁不義與其不中天鬼人之利；他則以侮爲不足辱，侮既不辱自然消息了爭鬪之心。即此可見他們的立場有外內的不同。怎樣可以對於別人的見侮視作不辱呢？他主張減少情欲，且説人的情欲本來是不多的，因爲情欲既少，看外物就淡泊了，別人的侮辱算得了什麼呢。荀子正論云：

> 子宋子曰：“人之情欲寡，而皆以己之情欲爲多，是過也。”故率其群徒，辨其談説，明其譬稱，將使人知情欲之寡也。

這不是“全生保真，不以物累形”的楊朱之説嗎？所以他的學説，很分明地以楊朱之説治身而以墨子之説救世。天下篇云：

> 以禁攻寢兵爲外；以情欲寡淺爲內。

他的調和楊、墨的宗旨，這兩句裏説得再清楚没有了。天下又云：

> 不累於俗，不飾於物，不苟於人，不忮於衆，願天下之安寧以活民命，人我之養畢足而止，以此白心：古之道術有在於是者，宋鈃、尹文聞其風而悅之。

這一段裏講的，也是前半爲楊朱説，後半爲墨子説。楊朱的後學者雖不易考，但宋鈃們的變化了他的學説而延長其生命，這是一件可以確定的事實。（尹文的主張"見侮不鬭"，見吕氏春秋正名。）

拿宋鈃的主張來看老子，則"以道佐人主者不以兵强天下"（三十章），"夫佳兵者不祥之器"（三十一章），禁攻寢兵也。"不貴難得之貨"（三章），"五色令人目盲"（十二章），"見素抱樸，少私寡欲"（十九章），情欲寡淺也。老子的禁攻寢兵，正和宋鈃一樣，是由内發而非由外鑠的。

一一、楊朱的後學者——詹何與子華子

此外，張楊朱之説的，還有詹何。吕氏春秋審爲篇云：

> 中山公子牟謂詹子曰："身在江海之上，心居乎魏闕之下，奈何？"詹子曰："重生。重生則輕利。"中山公子牟曰："雖知之，猶不能自勝也。"詹子曰："不能自勝則縱之，（縱之，）神無惡乎？不能自勝而强不縱者，此之謂重傷。重傷之人無壽類矣！"（莊子讓王文同，"詹子"作"瞻子"。）

此中山公子牟，高誘注云："魏公子也，作書四篇。魏伐得中山，以邑子牟，因曰中山公子牟也。"如其說，是即魏牟。荀子云：

> 縱情性，安恣睢，禽獸之行，不足以合文通治，……是它囂魏牟也。（非十二子）

則魏牟乃是提倡縱恣情性的，與楊朱的重生貴己適相反。（僞列子的楊朱篇若送與魏牟，倒覺得很適合。）因此，詹子以"重生"、"輕利"、"自勝"勸之。這三義都見於老子書。"貴以身爲天下，……愛以身爲天下"（十三章），重生也。"名與身孰親，身與貨孰多"（四十四章），輕利也。"自勝者強，……強行者有志"（三十三章），自勝也。

詹子名何。呂書重言云：

> 故聖人聽於無聲，視於無形，詹何、田子方、老耼是也。

他和老耼、田子方並列爲聖人，可見其在當時學術界中的地位之高。呂書執一篇中還有一段關於詹何的事實及其評語：

> 楚王問爲國於詹子。詹子對曰："何聞爲身，不聞爲國。"詹子豈以國可無爲哉！以爲爲國之本在於爲身，身爲而家爲，家爲而國爲，國爲而天下爲。故曰：以身爲家，以家爲國，以國爲天下：此四者異位同本。故聖人之事，廣之則極宇宙，窮日月，約之則無出乎身者也。

可見這班重生的人並非不要國家，乃因國家的基礎在於身，故以修身爲起點。呂書的作者在評語中這樣地推重詹何，可知詹何是這一派的重要人物。

與詹何抱同樣宗旨的，是子華子。子華子的事實今已不詳（通行的子華子當然是僞書，程本當然是僞名）。呂書貴生篇中録其語云：

> 全生爲上，虧生次之，死次之，迫生爲下。

又加以説明云：

> 所謂尊生者，全生之謂。所謂全生者，六欲皆得其宜也。所謂虧生者，六欲分得其宜也。……所謂死者，無有所以知復其未全也。所謂迫生者，六欲莫得其宜也，服是也，辱是也。辱莫大於不義，故不義迫生也，而迫生非獨不義也，故曰迫生不若死。

我們即此可見主張重生的人不是一味想活，卻是要活得好；所謂活得好，也不在物質的享用上，而在於精神的安慰，故以行不義爲大辱。他們覺得，與其行不義而生，不如就義而死。這何嘗是頹廢的人生觀！可憐的楊朱，一受孟子的罵，再爲晉人所僞，他根本被人誤解了！審爲篇中又記子華子的一段事：

> 韓、魏相與爭侵地。子華子見昭釐侯，昭釐侯有憂色。子華子曰：“今使天下書銘於君之前，書之曰：‘左手攫之則右手廢，右手攫之則左手廢，然而攫之者必有天下’，君將攫之乎，亡其不與?”昭釐侯曰：“寡人不攫也。”子華子曰：“甚善。自是觀之，兩臂重於天下也。身又重於兩臂。韓之輕於天下遠，今之所爭者其輕於韓又遠。君固愁身傷生以憂之，戚不得也。”昭釐侯曰：“善！……”（莊子讓王文同。）

這即是韓非所謂"不以天下大利易其脛一毛"的意思。子華子的言行如此，當然是楊朱的嫡系。

孟子時，"楊、墨之言盈天下"，楊朱的學說確曾一度與儒、墨分庭抗禮。只恨戰國文獻過於缺佚，無從見其終始本末。所幸者，呂氏春秋裏還把這派的學說保存了許多，如本生、重己、貴生、情欲、盡數、審爲諸篇皆是。我們要明瞭楊朱一派的學說，尚有這一點真實的材料可得。

一二、老聃——他的學說與楊朱宋鈃的 "異同，黃老"一名的由來

老聃固然不是楊朱一派，但他生在這種重己貴生的空氣裏（這是我的假定，理由詳下），當然會得受到影響。他的學說似與宋鈃的"見侮不辱，使人不鬭"最相近。不二說"老耽貴柔"，是一明證。天下說得更清楚：

> 老聃曰："知其雄，守其雌，爲天下谿。知其白，守其辱，爲天下谷。"人皆取先，己獨取後，曰："受天下之垢。"人皆取實，己獨取虛。無藏也故有餘，歸然而有餘。……人皆求福，己獨曲全，曰："苟免於咎。"以深爲根，以約爲紀，曰："堅則毀矣，銳則挫矣。"常寬容於物，不削於人。

讀此，可知老聃的主張完全在謙退和濡弱方面。因爲只有這樣，纔可使別人無法對付。好像一個炸彈落在棉花上，就不會爆發。於是他得以曲全，得以免咎了。老子書中，像這類的話甚多，如：

大白若辱。（四十一章）

天下之至柔馳騁天下之至堅。（四十三章）

堅強者死之徒，柔弱者生之徒。（七十六章）

皆是。這等話皆可信其真出於老聃。他和楊朱一派不同的地方，
是那一派只講目的，故以重生爲重生，而他則專講手段，以柔弱
爲重生。所以他説，“反者道之動，弱者道之用”（四十章）。他和
宋鈃一派不同的地方，是宋鈃的見侮不辱，認他人之侮與我無
損，不必理他；而老聃的見解則以爲他人之侮雖與我有損，但我
正可用了不理他的手段而獲得最後的勝利。這是他的利害處，也
即是他比楊朱、宋鈃們進步處。若不是楊朱、宋鈃們提倡重生非
鬥於先，已有若干時的醞釀，他也不會突然想出這種方法來。我
之所以假定老聃生在楊朱、宋鈃之後者，即以此故。

　　如果我這個假定不誤，孟子當然見不到生在他後面的老聃，
當然只能罵那早出世的楊朱；而老聃與楊朱也確有淵源可尋，雖
不能如崔述所云“老聃之言皆楊朱之説”，卻也可説老聃的話中含
有楊朱的成分了。

　　老聃創造了這種學説之後，如何發展，已無材料可證。按漢
志有黄帝銘六篇，今已亡。王應麟漢書藝文志考證云：

　　皇覽記陰謀言黄帝金人器銘，金人銘蓋六篇之一也。

金人銘見於説苑敬慎篇，後轉録於孔子家語觀周篇，其下半云：

　　強梁者不得其死；好勝者必遇其敵。盜憎主人；民怨其
上。君子知天下之不可上也，故下之。知衆人之不可先也，
故後之。温恭慎德，使人慕之。執雌守下，人莫踰之。人皆
趨彼，我獨守此。人皆惑之，我獨不徙。内藏我智，不示人

技。我雖尊高，人弗我害。誰能於此？江海雖左，長於百
川，以其卑也。天道無親，而能下人。戒之哉！

這完全是天下篇所載的老聃的學說，何以數千年前的黃帝已先與
之同呢？由此可以推知，老聃學說的擴張當是倚靠了黃帝的偶
像，自謂"黃帝之道術有在於是者，老聃聞其風而悅之"，於是人
們的信仰便被他激起了。故漢志又云：

　　黃帝君臣十篇：起六國時，與老子相似也。

而我們在呂氏書中所見之黃帝語也塗了甚厚的老子色彩。到了漢
初，"黃老"一名就成立了。考黃帝的列入古史系統，論語、墨
子、孟子皆未言，而始見於鄒衍的終始大聖之篇（見史記孟子荀
卿列傳）。鄒衍生世已當戰國後期，其時黃帝的偶像初立。過了
些時，至戰國之末，則雖以"必定堯、舜"爲愚誣的韓非也不能不
稱黃帝了。淮南脩務云：

　　　世俗之人多尊古而賤今，故爲道者必託之於神農、黃帝
　　而後能入說。亂世闇主高遠其所從來，因而貴之。爲學者蔽
　　於論而尊其所聞，相與危坐而稱之，正領而誦之。

老聃一派人看黃帝正在得勢的時候，趕緊把他拉住，作推行自己學
說的招牌，遂得世主學者的尊崇，因而取得高超的地位，這是很可
能的事情。既以黃帝爲師，又以孔子爲弟子，而老聃的地位益高，
其時代亦遂移前，不作戰國人了，這也是很可能的事情。於是而
"黃、老"成了不解緣了，於是而老聃教訓孔子的故事層出不窮了，
於是而學術思想推演的綫索弄亂了，於是而楊朱一派的地位全給老
聃取而代之了。這是我對於老聃問題的一個基本的假定。

一三、貴清的關尹和貴虛的列子

儒、墨注重的是外物。楊朱矯之，注重的是身和生。老聃更進一步，研究如何可以獲得全生保身的實效的方法。但以戰國文化的燦爛，大家殫智竭慮地尋求新生命，當然更有進於此者。於是又到了一個新境界，討論心和知識的關係和知識的真實問題。首先向這方面走的，似乎是關尹。關尹的事實也不能詳，説他爲老聃的弟子，恐和説孔子爲老聃弟子一樣的不可靠。記他的學説最詳的，也只有天下篇（世所傳的關尹子出於僞造，久有定論）：

> 關尹曰：“在己無居，形物自著。其動若水，其靜若鏡，其應若響。芴乎若亡，寂乎若清。同焉者和，得焉者失。未嘗先人而常隨人”。

他的主義是虛心應物，要外物的真相——在我心映現，而不把私欲去扭亂它。因爲這個緣故，所以他不設成見，常隨人而不先人。他和老聃不同處，老聃要不傷身，他要不傷知；老聃是寬容萬物，他是鑑照萬物。所同的，只是“不先人而隨人”而已。天下篇把他們二人合在一起，不詳其故。至於評論他們的話，云：

> 建之以常無有，主之以太一，以濡弱謙下爲表，以空虛不毀萬物爲實。

這除了“主之以太一”一句不易解釋外，其“以濡弱謙下爲表”是老聃的，“建之以常無有”，“以空虛不毀萬物爲實”是關尹的。

　　和關尹學說相近的，是列子。列子的書也不傳，只有不二所
云"子列子貴虛"一語是最簡要的評語。就這"虛"字看，實與關尹
的"在己無居"及"空虛不毀萬物"無異。但不二卻把他們二人分爲
二家，自當不同。惜兩家著述均不可見，無從證明了。（呂書審
己云："子列子常射中矣，請之於關尹子"，莊子達生亦有關尹教
子列子的話，似關尹爲列子之師，但不知可信否。）

　　老聃以貴柔之故，常以"谿""谷"喻處世之術，與關、列的空
虛相類。老子書中，如：

　　　　致虛極，守靜篤。萬物並作，吾以觀復。夫物芸芸，各
　　　復歸其根。歸根曰靜，是謂復命。復命曰常。知常曰明。
　　　（十六章）

這和關尹的"在己無居，形物自著"的意義絕似。又如：

　　　　道，冲而用之或不盈，淵兮似萬物之宗。挫其銳，解其
　　　紛。和其光，同其塵。湛兮似或存。（四章）

亦與關尹的"芴乎若亡"及"同焉者和"諸義相近。恐怕老子書中亦
有關尹們的成分在內吧？

一四、棄知去己的慎到和莊周及其與 老子書的比較

　　關尹雖虛，只是不設成見而已，他還要有知識。比他更進一
步的，是彭蒙、田駢、慎到一班人，他們不要有知識，不要有是

非。天下説：

> 彭蒙之師曰：“古之道人，至於莫之是，莫之非而已矣。”

又説：

> 田駢……學於彭蒙，得不教焉。

這就是老子所謂“不言之教”了。天下講慎到最詳細：

> 慎到棄知去己而緣不得已，冷汰於物以爲道理。曰：知不知，將薄知而後鄰傷之者也。謑髁無任，而笑天下之尚賢也。縱脱無行，而非天下之大聖。……舍是與非，苟可以免，不師知慮，不知前後，魏然而已矣。推而後行，曳而後往，若飄風之還，若羽之旋，若磨石之隧，全而無非，動靜無過，未嘗有罪。是何故？夫無知之物，無建己之患，無用知之累，是以終身無譽。故曰：至於若無知之物而已，無用賢聖，夫塊不失道。豪桀相與笑之曰：“慎到之道非生人之行而至死人之理，適得怪焉！”

他不要全生保身而要“去己”，他不要鑑照萬物而要“棄知”。他以爲去了己，然後“無建己之患”；棄了知，然後“無用知之累”。他不要賢人，不要聖人，只要像磨石一般成個“無知之物”。他不但要超出儒、墨的是非之爭，連關尹、老聃的“未嘗先人而常隨人”的見解也要撇開，故云“不知前後，魏然而已矣”。自從楊朱立了重內輕外的主張以來，一路地變，變到了慎到，真澈底了，不能更進了。因爲他向了出世的路走，所以那時人笑他爲“非生人之行而至死人之理”。

　　關於慎到，傅斯年先生有一很重要的發見。他覺得天下篇中所云“棄知去己”、“舍是與非”、“塊不失道”等義均與莊子齊物論相合，而“齊萬物以爲首”一語簡直把齊物論的篇名也揭了出來了。這是四年前他在談話中所發表的。那時容肇祖先生亦舉一證以證成之。他説：“史記孟子荀卿列傳中説：‘慎到，趙人，……著十二論’，齊物名‘論’，即是十二篇之一。”他們的見解都是極精確的。按呂書不二言“陳駢貴齊”，陳駢即田駢，亦是齊物論作於他們那一派的證據。齊物論之所以放在莊子裏，或者是漢人的誤編，或者是經過莊子之徒的改竄。看篇末有莊周夢爲胡蝶的事，或以改竄爲近情。否則慎子是莊子之後的人，故可記及莊子。（天下篇非莊周作，言者已甚多，故其中不妨説到慎到。）現在就把齊物論證天下篇的慎到説。

　　慎到的棄知，是要使人知道自己的無知，不强不知以爲知，故云“知不知”。天下篇曾記一惠施的故事，云：

　　　　南方有畸人焉，曰黄繚，問天地所以不墜不陷，風雨雷霆之故。惠施不辭而應，不慮而對，遍爲萬物説，説而不休，多而無已；猶以爲寡，益之以怪。

這强不知以爲知，是慎到所最反對的，故齊物論云：

　　　　六合之外，聖人存而不論。六合之内，聖人論而不議。春秋經世，先王之志，聖人議而不辯。故分也者有不分也，辯也者有不辯也。……故知止其所不知，至矣。

又假王倪之言暢陳智識之不可恃，云：

　　齧缺問乎王倪曰：“子知物之所同是乎？”曰：“吾惡乎知
之！”“子知子之所不知邪？”曰：“吾惡乎知之！”然則物無知
邪？”曰：“吾惡乎知之！雖然，嘗試言之。庸詎知吾所謂知
之非不知邪？庸詎知吾所謂不知之非知邪？且吾嘗試問乎
女：民溼寢則腰疾偏死，鰌然乎哉；木處則惴慄恂懼，猨猴
然乎哉：三者孰知正處？民食芻豢，麋鹿食薦，蝍且甘帶，
鴟鴉耆鼠：四者孰知正味？……自我觀之，仁義之端，是非
之塗，樊然殽亂，吾惡能知其辯！”

他以爲絕對正確的智識是得不到的，世間的是非都出於個人的喜
怒而無客觀的真實，所以他要“舍是與非”。他假託長梧子言道：

　　既使我與若辯矣，若勝我，我不若勝，若果是也，我果
非也邪？我勝若，若不吾勝，我果是也，而果非也邪？其或
是也，其或非也邪？其俱是也，其俱非也邪？我與若不能相
知也，則人固受其黮闇，吾誰使正之？使同乎若者正之，既
與若同矣，惡能正之？使同乎我者正之，既同乎我矣，惡能
正之？使異乎我與若者正之，既異乎我與若矣，惡能正
之？……然則我與若與人俱不能知也，而待彼也邪？

因爲他深感到世間沒有真理，而世人卻汲汲皇皇地尋求真理，使
得愈會欺人的愈受民衆的推尊，所以他要“笑尚賢”，“非大聖”。
齊物論云：

　　故有儒、墨之是非，以是其所非而非其所是。……彼亦
一是非，此亦一是非。果且有彼是乎哉，果且無彼是乎哉？

他什麼都看破了，感到人生的無意義，把自己看成塊然的一物。

故齊物論開頭就説南郭子綦隱几而坐，嗒焉似喪其偶。顔成子游問他道：

何居乎？形固可使如槁木而心固可使如死灰乎？

他的形狀竟像槁木死灰一般，那真是"非生人之行而至死人之理"了。下述子綦之言云："今者吾喪我"，這不是慎到的"去己"嗎？既不知生之足樂，自不知死之足悲，故假長梧子言云：

予惡乎知説生之非惑邪？予惡乎知惡死之非弱喪而不知歸者邪？……予惡乎知夫死者不悔始之蘄生乎？……丘也與女皆夢也；予謂女夢亦夢也。

説到這樣，再有什麼話可説。自楊朱的愛生，竟變爲慎到的待盡，這是當時想不到的轉變，也是戰國時思想自由的結果。但既發展到了盡頭，前面無路可走，從此以後也只有向後轉了！

莊周，今有莊子一書可據，似可説爲材料最豐富的。但此中問題甚多，外篇和雜篇早給人懷疑；就是內篇，近亦知其中有慎到的文字了。所以材料雖多，究竟真出於莊周的有多少，是還待考證的。就説內篇中除了齊物論都是莊周的，則我們可以説，莊周的思想極與慎到相近，這或者即是二家之書錯合在一起的原因。慎到之學，棄知去己；莊周亦然。今先録其去己説的一斑：

女偶……曰："……吾猶守而告之，參日而後能外天下。已外天下矣，吾又守之七日而後能外物。已外物矣，吾又守之九日而後能外生。……"（大宗師）

子桑户、孟子反、子琴張三人相與爲友。……子桑户死，未葬。……或編曲，或鼓琴，相和而歌曰："嗟來桑户乎，嗟來桑戶乎，而己反其真而我猶爲人猗！"……孔子曰：
"彼游方之外者也，而丘游方之内者也。……彼以生爲附贅
縣疣，以死爲決疣潰癰。……"(同)

至於棄智方面：

> 南海之帝爲儵，北海之帝爲忽，中央之帝爲渾沌。儵與
> 忽……謀報渾沌之德，曰："人皆有七竅以視聽食息，此獨
> 無有。嘗試鑿之！"日鑿一竅，七日而渾沌死。(應帝王)
> 顔回曰："墮枝體，黜聰明，離形去知，同於大通，此
> 謂坐忘。"(大宗師)
> 德蕩乎名，知出乎爭。名也者相札也，知也者爭之器
> 也。二者凶器，非所以盡行也。(人間世)

這類的話，書中很多，使人疑二家之説完全一致。但看莊子天下
篇、荀子解蔽篇都把他們二人分開講，似必有其不同之點在。這
只得待將來的徐加分析了。

現在所要研究的，是：老子一書究有哪些是與慎到、莊周的
學説相類的？説到這事，我們立刻可以想到，他們的出世思想全
不見於老子書，而棄知一義則屢屢道及。最顯明的，"知不知"爲
慎到之語，而見七十一章。慎到"笑天下之尚賢"，而老子亦"不
尚賢"。慎到"非天下之大聖"，而老子亦"絶聖棄智"。更以齊物
論證之：論云："知止其所不知，至矣"，即老子"知不知，上"
也。論云："辯也者有不見也，……大辯不言"，即老子"善者不
辯，辯者不善"(八十一章)也。"以無用爲用"一義，莊子中道之
最多，如逍遥游中大瓢五石，大樹擁腫之喻，人間世中櫟社見
夢，商丘大木之喻都是，而老子中亦言"無之以爲用"(十一章)。
莊子中好言畸人，如支離疏、支離無脤、王駘、申徒嘉等皆以喪

足殘形之人克盡天年，克全其道德，而老子中亦言"廣德若不足，建德若偷，質真若渝"（四十一章）。養生主記庖丁解牛，謂"臣以神遇而不以目視，官知止而神欲行，依乎天理，批大卻，導大窾，因其固然，技經肯綮之未嘗"，而老子中亦言"以輔萬物之自然而不敢爲"（六十四章）及"功成事遂，百姓皆謂我自然"（十七章）。

這樣細細比較，老、莊二書意義相同的當然還有許多。但最主要的，則是"齊物"的中心思想。齊物論的大義，是説宇宙的本體無差別相，故云：

> 天下莫大於秋豪之末而大山爲小，莫壽於殤子而彭祖爲夭。天地與我並生，而萬物與我爲一。

這是所謂"天鈞"。但一出了天均，其差別相就顯現了，故云：

> 既已爲一矣，且得有言乎！既已謂之一矣，且得無言乎！一與言爲二，二與一爲三，自此以往，巧歷不能得，而況其凡乎！

但是有道的人應當超出了現象而觀其本體，故云：

> 爲是舉莛與楹，厲與西施，恢恑憰怪，道通爲一。其分也成也；其成也毀也。凡物無成與毀，復通爲一。唯達者知通爲一。

現在拿這個意思來看老子第一二章，則"常道"，"常名"，"玄之又玄，衆妙之門"，本體也。"可道之道"，"可名之名"，"天下皆知美之爲美，善之爲善"，現象也。"常無欲以觀其妙，常有欲以觀其徼”，“有無相生，難易相成，長短相較，高下相傾，音聲相和，前後相隨”，達者之觀物也。秋水篇云：“萬物一齊，孰短孰長，……消息盈虛，終則有始”，這不是說明老子之言即齊物之旨嗎？

老子首章以“道”與“名”並舉，齊物論則以“道”與“言”並舉，言即名也。論云：“道惡乎往而不存，言惡乎存而不可”，這即是老子的“常道”和“常名”。論云：“道惡乎隱而有真僞，言惡乎隱而有是非”，又云：“道隱於小成，言隱於榮華”，這即是老子的“道可道，非常道；名可名，非常名”。

論云：“夫道未始有封，言未始有常”，又云：“孰知不言之辯，不道之道？若有能知此之謂天府”，這即是老子的“無名天地之始”。至其自無名以至有名，論中道之甚詳：

有“始”也者，有未始“有始”也者，有未始有夫“未始有始”也者。有“有”也者，有“無”也者，有未始“有無”也者，有未始有夫“未始有無”也者。俄而有“無”矣，而未知有無之果孰有孰無也。今我則已有謂矣。……

又云：

古之人其有所至矣。惡乎至？有以爲未始有物者，至矣盡矣，不可以加矣。其次以爲有物矣，而未始有封也。其次以爲有封焉，而未始有是非也。是非之彰也，道之所以虧也。

因爲“天下萬物生於有，有生於無”（老子四十章），而“無”又生於“未始有夫‘未始有無’”，故聖人要向這盡頭處看它的妙。因爲萬物既生，往而不返，既立封畛，復彰是非，故聖人又要向那一盡頭處看去，看它們到底得到什麼歸宿（微）。因爲聖人不忍使它們永以是非長短相激盪，所以要使它"歸根復命"。論云：

> 何謂和之以天倪？曰：是不是，然不然。是若果是也則是之，異乎不是也亦無辯。然若果然也則然之，異乎不然亦無辯。化聲之相待，若其不相待。和之以天倪，因之以曼衍，所以窮年也。忘年忘義，振於無竟，故寓諸無竟。

這是齊物論中的致用之術，即大宗師所記的"坐忘"之說，而亦即老子所云"此兩者同出而異名，同謂之玄，玄之又玄，衆妙之門"也。

老子首二章的思想和方術，與齊物論相同若此，這必非偶然的事。依照從前人的見解，莊子爲老子的後學者，莊子一書自有襲用老子的可能。但到了現在，則我們已從種種戰國的材料裏知道老聃與莊周不屬一派，且不到戰國後期也決不會發生齊物論一類的高妙的思想。孔子時的老聃固然談不到此，即楊朱、宋鈃後的老聃也談不到此。而且還有一個證據足以證明他們二人的不同道。養生主云：

> 老聃死，秦失弔之，三號而出。弟子曰："非夫子之友耶？"曰："然。""然則弔焉若此可乎？"曰："然。始也吾以爲其人也，而今非也。向吾入而弔焉，有老者哭之如哭其子，少者哭之如哭其母。彼其所以會之，必有不蘄言而言，不蘄哭而哭者。是遁天倍情，忘其所受。古者謂之遁天之刑。……"

養生主若確是莊子的書，則他以"遁天"稱老聃，其不足於老聃者亦甚矣（莊子則陽篇以"遁其天"與"離其性，滅其情，亡其神"同列），還能算他們是同一派嗎？還能說莊子承老子之學嗎？他們既沒有師承的關係，而其書中的意義乃這樣地相像：這不是老子出於莊子之後的證據嗎？

老子中，以齊物論的思想作成的文字放在開頭，書中又屢作反知識的議論，足見作者對於慎到、莊周們的學說的重視。我們可以大膽說，不到戰國後期是不會這樣的。

一五、道經

大約就在那個時候吧，出來了一部道經。這個名詞，與墨家的墨經合看，見得當時有成立一個道家的可能。若與儒家的孝經合看，就見得這個"道"字差不多已成爲某一派人的標幟了。這一部經久已亡佚，只在荀子解蔽篇裏留下兩句：

> 人心之危，道心之微。

藉此可知這經的作者把心分作兩種：一種是屬於人的，應當戒懼，一種是屬於道的，應當葆養；好像後來宋儒把心性劈做天理人欲兩部分一樣。這當然是提出了心的問題後已入精密分析的時代所說的話。荀子讀到這部書，所以受到它的影響。性惡篇云：

> 今人之性，生而有好利焉；順是，故爭奪生而辭讓亡焉。生而有疾惡焉；順是，故殘賊生而忠信亡焉。生而有耳目之欲，有好聲色焉；順是，故淫亂生而禮義文理亡焉。然則從人之性，順人之情，必出於爭奪，合於犯分亂理而歸於暴。

這裏所説的人之性，人之情，就是道經裏的人心。因爲人心是易爲嗜欲所制的，所以荀子便立性惡之説了。解蔽篇云：

> 夫道者體常而盡變，一隅不足以舉之。曲知之人，觀於道之一隅而未之能識也。……夫微者，至人也。……故濁明外景，清明内景。聖人縱其欲，兼其情，而制焉者理矣。

這是説道心不爲衆人所識，惟聖人能有之。聖人縱其欲，兼其情，無往而不與道心相會，好像孔子所説的"從心所欲，不踰矩"。因爲聖人獨具道心，所以性惡篇裏要"聖人化性起僞"了。

用這個意思來看老子，則"不見可欲，使民心不亂"（三章），"馳騁田獵，令人心發狂"（十二章）者，衆人之"人心"也；"心善淵"（八章），"心使氣曰强"（五十五章）者，聖人之"道心"也。又云"聖人無常心，以百姓心爲心，……聖人在天下，歙歙爲天下渾其心"（四十九章）者，聖人之化性也。以道心微不可見，故常以"不見不聞"狀之，又以"無名""微明"稱之。一章曰："常無欲以觀其妙"，三十四章曰："常無欲可名於小"，都是説道心之微而當用微的方法去認識它的。

道經的話這樣地簡鍊，似乎也是一部格言體的書，開老子之先路的。

一六、愚民説的鼓吹與實現

春秋時，在社會上握權的，都是貴族。到了戰國，平民起來，布衣可以見侯王，立談可以取卿相，遂把貴族階級推翻。這固然是好事，但在社會組織根本變動的時候，當然有許多壞現象出來。那時，大家要學本領，做游士，而不屑從事於農作。因爲相競以智，弄得分門別户，互相攻擊，而又流入詭辨，名實相亂。這些學派本爲救民而反以害民，本爲保生而反以傷生，成了一個大擾亂的局面。許多人對於這種現象痛心極了，追想平民未參政的時代，社會何等安寧，可見壞事之成都由於智識的灌輸和人民的流動。根本的解決是取消游士，教他們歸田務農。這一個見解是戰國末年最普遍的見解。荀子是一個儒家，游士是儒家提倡起來的，當然維持其傳統之見。但他對於詭辨學者也是十分的痛恨。他在正名篇中既舉出他們的"用名以亂名"，"用實以亂名"，"用名以亂實"三種詭辨的方法，又在儒效篇中論之云：

　　若夫充虚之相施易也，堅白同異之分隔也，是聰耳之所不能聽也，明目之所不得見也，辯士之所不能言也。……而狂惑戇陋之人乃始率其群徒，辯其談説，明其辟稱，……夫是之謂上愚！

莊子的胠篋篇不知是什麽人做的，講游士辯者之害更痛切：

　　今遂至使民延頸舉踵曰，"某所有賢者"，贏糧而趣之，則内棄其親而外去其主之事，足跡接乎諸侯之境，車軌結乎千里之外：則是上好知之過也！上誠好知而無道，則天下大亂矣！何以知其然邪？夫弓弩畢弋機變之知多，則鳥亂於上矣。……知詐漸毒，頡滑堅白，解垢同異之變多，則俗惑於辯矣。故天下每每大亂，罪在於好知。

韓非在五蠹、顯學諸篇中既歷指百家言的害事，又提出具體的改革社會的計畫：

故明主之國，無書簡之文，以法爲教。無先王之語，以吏爲師。無私劍之捍，以斬首爲勇。是境內之民，其言談者必軌於法，動作者歸於功，爲勇者盡之於軍。是故，無事則國富，有事則兵強。此之爲王資。

因爲這種思想是那時人的公意，故其後遂有秦始皇的焚書坑儒，強制執行。秦始皇固是摧殘文化，但戰國文化的自身實已走到了結束的境地。老子中，"絕聖棄智"、"使民重死而不遠徙"、"古之爲道者非以明民，將以愚之"諸章，就是在這種時局之下所出現的。

一七、老子一書的總估計

現在，我們對於老子一書可作一個總估計了。

其一，我們可以說，老子一書中包括的時代甚長，上自春秋時的"以德報怨"，下至戰國末的"絕聖棄智"，大約有三百年的歷史。

其二，我們可以說，老子中所包涵的學說甚複雜，自楊朱的貴生，宋鈃的非鬭，老聃的柔弱，關尹的清虛，慎到、莊周的棄知去己，戰國末年的重農愚民思想，以及兒良的兵家言，都有。這一個問題，我們如能研究下去，必可把老子一書的來源分析得很清楚。

其三，我們可以說："道家"是本來沒有這個東西的。凡是戰國時人後來被人拉做道家的，他們各個之間原沒有相互認做同派。當戰國時，最佔勢力的學派是儒、墨，而儒、墨都講外面功夫，其弊至於逆物傷性。凡欲自適其性，內外其心者，對於儒、墨皆持反對的論調；然而這一班人的主張初未一致。至秦、漢間，儒、墨衰微，於是有人建立道家一名，融合這一班人的主張而樹一新旗幟。因其已有二百餘年的醞釀，且集合許多小派而成一大派，所以非常的有力量。老子一書就在這時代要求中取得了普遍的信仰。

其四，我們可以說，老聃是楊朱、宋鈃後的人，已當戰國的中葉。他以學徒的宣傳，使孔子爲其弟子，而他的生年遂移前；又使黃帝與之同道，而他的學術地位遂益高。但在呂氏春秋中只引黃帝書而不引老子書，在荀子中只引道經而不引道德經，可見當戰國之末還沒有今本老子存在。自秦、漢間創設道家，遂集合反儒、墨的各家之言而爲老子，此事當出老聃的後學者所爲，書中亦以錄老聃之言爲多，故使他得獨專其名，於是他乃得兼備各家之長，而取得道家中的最尊的地位。

其五，我們可以說，呂氏春秋中，老子的意義幾乎備具，然絕不統屬於老聃；至淮南子中，則老聃的獨尊的地位已確立（道應篇中，引道家之言以斷事，老子得五十三條，慎子、莊子各得一條）。老子的成書時代必在此二書之間。考呂書作於秦始皇八年（公元前二三九），見序意篇。淮南書作於何年雖不可詳，但據漢書諸侯王表，他立於文帝十六年（前一六四），死於武帝元狩元年（前一二二），必在此四十二年之中。由此可以推測，老子一書的編成是公元前三世紀下半葉之事，其發展則在公元前二世紀。淮南的原道、道應固是這時代潮流下的作品，即韓非子的解老、喻老，莊子中的外篇、雜篇，亦是這一時代之作。

其六，崔述說：“道德五千言……要必楊朱之徒所僞託”，又以“儒者遂舍楊朱而以老聃爲異端之魁”爲寃，此說雖該修正，而實有其相當的理由。因爲在許多反儒、墨的勢力中，楊朱是提出貴生重己的問題最早的一個人，而道德五千言則是集合反儒、墨諸家的大成而使老聃居於道家領袖的地位的一部書，他和它確有相當的淵源。現在試繪一圖以明其脈絡。

（←攻擊號。——承襲號。……受影響號。）

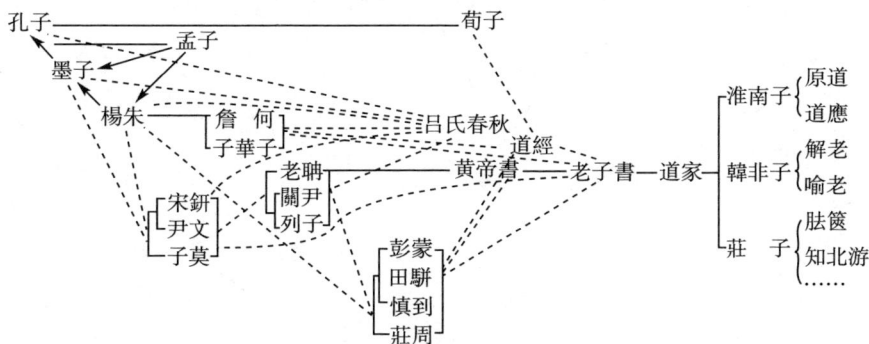

孔子————————————————荀子
　　孟子
墨子
　楊朱　——詹　何
　　　　　　子華子————呂氏春秋
　　　　　老聃　　　　　道經
　宋鈃　　關尹————黃帝書———老子書—道家
　尹文　　列子
　子莫　　　彭蒙
　　　　　田駢
　　　　　慎到
　　　　　莊周

　　　　　　　　　　　　　淮南子　原道
　　　　　　　　　　　　　　　　道應
　　　　　　　　　　　　　韓非子　解老
　　　　　　　　　　　　　　　　喻老
　　　　　　　　　　　　　莊　子　胠篋
　　　　　　　　　　　　　　　　知北游
　　　　　　　　　　　　　　　　……

　　道家的成立以及老子書的來源的問題，蓄在我的心頭已
近十年了（見古史辨第一册上編）。所以不曾寫出者，一來是
沒有暇閒，二來是覺得這個問題太大，亦願多隔幾年着手。
自來杭州，一書未帶，而浙江圖書館的二十二子容易購讀，
遂以一月之力寫成此篇。離開了自己常用的書籍和筆記而作
考證文字，這還是第一次。其中有許多但憑記憶，不能詳其
卷帙，深恐有誤。且此問題究竟太大，必非一篇文字所能解
決。深願讀者對於此篇，以提出問題的眼光讀之，而以嚴正
的態度賜之討論。至我自己，當更集材料，合以舊時筆記，
一二年中續爲文以論之。

　　民國二十一年四月二十日，顧剛記於杭州馬坡巷寓所。